Geschichte der christlichen Theologie

Wolfgang Pauly (Hrsg.)

Geschichte der christlichen Theologie

Einbandgestaltung: Peter Lohse, Büttelborn

Einbandabbildung: Bände aus der Stiftsbibliothek im Kloster St. Gallen;
epa Keystone Risch 2005, picture-alliance/dpa; © dpa-Report

Das Werk ist in allen seinen Teilen urheberrechtlich geschützt.
Jede Verwertung ist ohne Zustimmung des Verlags unzulässig.
Das gilt insbesondere für Vervielfältigungen,
Übersetzungen, Mikroverfilmungen und die Einspeicherung in
und Verarbeitung durch elektronische Systeme.

© 2008 by WBG (Wissenschaftliche Buchgesellschaft), Darmstadt
Die Herausgabe dieses Werks wurde durch
die Vereinsmitglieder der WBG ermöglicht.
Gedruckt auf säurefreiem und alterungsbeständigem Papier
Satz: Janß GmbH, Pfungstadt
Printed in Germany

Besuchen Sie uns im Internet: www.wbg-darmstadt.de

ISBN 978-3-534-16733-3

Inhalt

1.	**Geschichte der Theologiegeschichte** – *Wolfgang Pauly*	9
2.	**Biblische Theologie** – *Christian Cebulj*	16
2.1	Texte als Fenster	16
2.2	Offenbarung und Mysterium: Die Theologie der Einen Bibel	17
2.3	Frühjudentum und Urchristentum	18
2.4	Theologische Konzepte im Neuen Testament	19
2.4.1	Christologie der ersten Generation: Die Logienquelle	19
2.4.2	Die Theologie des Paulus	20
2.4.3	Die Theologie der synoptischen Evangelien	24
2.4.4	Die johanneischen Schriften	31
2.5	Einheit in Vielfalt	34
3.	**Patristik** – *Petra Heldt*	35
3.1	Am Anfang: Eschatologie und Ethik (1. bis 2. Jahrhundert)	36
3.1.1	Credo – Didache – Apostolische Konstitutionen	36
3.1.2	Apostolische Väter	37
3.1.3	Legenden – Poesie – Märtyrerakten	38
3.1.4	Apologeten	39
3.1.5	Gnosis – Irenäus	40
3.2	Die Vernünftigkeit des Glaubens (3. bis 4. Jahrhundert)	43
3.2.1	Ost- und Nordafrika	43
3.2.2	Ägypten	45
3.2.3	Syrien	49
3.3	Die ökumenischen Konzilien: Begegnung von Staat und Kirche (4. bis 5. Jahrhundert)	53
3.3.1	Konstantin und das Konzil von Nicäa: Der Kaiser zieht die Kirche ins Reich	53
3.3.2	Theodosius I. und das Konzil von Konstantinopel: Die Kirche als Mittel zur Reichseinheit	55
3.3.3	Das Konzil von Chalcedon: Die Kirche wird Reichskirche	56
3.4	Neue Spiritualität: Anachoretisches Leben (4. bis 5. Jahrhundert)	57
3.5	Augustinus von Hippo	61
4.	**Das Mittelalter** – *Bernhard Braun*	65
4.1	Zwischen Konstantin und Karl dem Großen	66
4.1.1	Boëthius (um 480 bis um 524)	66
4.1.2	Dionysius Pseudo-Areopagita und der Osten	67
4.2	Die karolingische Renaissance	68
4.2.1	Alkuin und Hrabanus Maurus	69
4.2.2	Johannes Scotus Eriugena	70
4.3	Islamische und jüdische Philosophie und Theologie	71

4.4	Die Reform von Cluny	73
4.5	Die Domschulen	75
4.5.1	Die Schule von Chartres	75
4.5.2	Die Schule von St. Victor	76
4.5.3	St. Denis	77
4.5.4	Cîteaux	77
4.6	Auf dem Weg in die Scholastik – Anselm von Canterbury	79
4.7	Das Hochmittelalter und die Scholastik	80
4.7.1	Petrus Abaelard	82
4.7.2	Die Franziskaner und Dominikaner	84
4.8	Das 14. Jahrhundert und der Nominalismus	90
4.8.1	Johannes Duns Scotus	90
4.8.2	Wilhelm von Ockham	91
4.9	Das Ende des Mittelalters	92
5.	**Die Theologie im Zeitalter der Reformation, der katholischen Reform und der Konfessionalisierung** – *Hubert Filser*	**93**
5.1	Die Reform der Theologie durch den Humanismus	93
5.2	Der reformatorische Neuaufbruch in Theologie und Kirche	94
5.2.1	Die Theologie Martin Luthers (1483–1546)	95
5.2.2	Die Theologie Philipp Melanchthons (1497–1560)	101
5.2.3	Die Theologie Huldrych Zwinglis (1484–1531)	105
5.2.4	Die Theologie Johannes Calvins (1509–1564)	108
5.2.5	Weitere bedeutende reformatorische Theologen	111
5.2.6	Theologie der religiösen Bewegungen und Sondergruppen der Reformation	111
5.3	Die altgläubige Kontroverstheologie	113
5.3.1	Die frühe Kontroverstheologie	113
5.3.2	Neue Form und Qualität der Kontroverstheologie ab 1530	116
5.4	Die Vermittlungstheologie in den interkonfessionellen Einigungsbemühungen	117
5.4.1	Die Vermittlungstheologie des Straßburger Reformators Martin Bucer (1491–1551)	118
5.4.2	Die Theologie des Irenikers und Vermittlungstheologen Johannes Gropper (1503–1559)	119
5.4.3	Weitere Vertreter einer Vermittlungstheologie	120
5.5	Das Ringen um die rechte Theologie in den innerevangelischen Kontroversen und Konkordien	121
5.5.1	Theologischer Dissens in den innerevangelischen Kontroversen	121
5.5.2	Bekenntnisschriften und Konkordien als neue Lehrgrundlagen	122
5.6	Die Konsolidierung der katholischen Lehre auf dem Konzil von Trient	123
5.7	Die Theologie der katholischen Reform	125
5.7.1	Die Elementarisierung der Theologie durch Petrus Canisius SJ (1521–1597)	125
5.7.2	Der theologische Neuansatz des Francisco de Vitoria OP (1483/93–1546)	126
5.7.3	Die theologische Grundlagenreflexion des Melchior Cano OP (ca. 1509–1560)	126
5.7.4	Die Kontroverstheologie des Robert Bellarmin SJ (1542–1621)	127
5.7.5	Weitere Vertreter der nachtridentinischen Kontroverstheologie	128
5.8	Das Zeitalter der Orthodoxie	128
5.8.1	Die Theologie der lutherischen Orthodoxie	129
5.8.2	Theologie der reformierten Orthodoxie	131

5.9	Die katholische Theologie des Barockzeitalters	133
5.9.1	Der Gnadenstreit zwischen Thomisten und Molinisten (1594–1607)	133
5.9.2	Die theologischen Auseinandersetzungen um den Jansenismus (bis 1669)	134

6. Das Zeitalter der Aufklärung und deren Folgen bis zur Französischen Revolution – *Wolfgang Pauly* 136

6.1	Der Begriff „Aufklärung"	136
6.2	Aufklärung als Epochenbezeichnung	138
6.3	Aufklärung als theologische Aufgabe	141
6.3.1	Bibelwissenschaft	141
6.3.2	Praktische Theologie	144
6.3.3	Dogmatik	147
6.4	Deismus	149
6.5	Pietismus	150
6.6	Immanuel Kant (1724–1804)	154
6.6.1	Von der Kritik zum Postulat – Kants Religionsphilosophie	154
6.6.2	Frühe theologische Rezeption Kants	157
6.7	Die jüdische Aufklärung: Haskala	159

7. Das 19. Jahrhundert: Die Entdeckung der Geschichtlichkeit – *Wolfgang Pauly* 162

7.1	Von der Revolution zur Restauration	162
7.2	Philosophisch-theologische Neukonzeptionen	164
7.2.1	Friedrich Schleiermacher (1769–1834)	164
7.2.2	Georg Wilhelm Friedrich Hegel (1770–1831)	168
7.2.3	Sören Kierkegaard (1813–1855)	174
7.3	Entwicklungen in den Kirchen der Reformation	176
7.3.1	Neuluthertum und „Erlanger Schule"	176
7.3.2	Liberale Theologie	177
7.4	Entwicklungen im Katholizismus	182
7.4.1	Die „Tübinger Schule"	183
7.4.2	Reformansätze und Neuscholastik	188
7.4.3	Papst Pius IX. und das Erste Vatikanische Konzil	192
7.4.4	Vom Modernismus zum Antimodernismus-Eid	195

8. Theologien im 20. Jahrhundert – *Wolfgang Pauly* 197

8.1	Neuansätze in den Theologien der Reformation	197
8.1.1	Dialektische Theologie	197
8.1.2	Zentrale Neuansätze	199
8.2	Aufbruchsbewegungen in der Katholischen Theologie und Kirche	209
8.2.1	Nouvelle théologie	209
8.2.2	Papst Johannes XXIII. und das Zweite Vatikanische Konzil	213
8.2.3	Zentrale Aussagen des Konzils	214
8.2.4	Innovative theologische Neuansätze	219

9. Außereuropäische Theologien – *Thomas Schreijäck* 230

9.1	Zum Selbstverständnis der Befreiungstheologien	230
9.2	Lateinamerika	232
9.2.1	Zur historischen Entwicklung in Lateinamerika	232

9.2.2	Optionen und Methode	233
9.2.3	Themen	233
9.2.4	Weitere Entwicklung der Befreiungstheologie und theologische Aktualisierungen in Lateinamerika	234
9.2.5	Indianische/Indigene Theologie	236
9.2.6	Zur Rezeption der Befreiungstheologie	237
9.3	Afrika	237
9.3.1	Historische Entwicklung und kontextuelle Bedingungen	237
9.3.2	Themen und Methoden	238
9.3.3	Mission/Evangelisierung	239
9.3.4	Aktuelle Herausforderungen und theologisch-pastorales Anliegen	241
9.4	Asien	242
9.4.1	Historische Entwicklung und kontextuelle Bedingungen	242
9.4.2	Typologien, Themen und Methoden	243
9.5	Kontextuell-befreiungstheologisches Selbstbewusstsein im ökumenischen Horizont – EATWOT	245
9.5.1	Theologie von der Rückseite der Geschichte aus	245
9.5.2	Geschichte und Arbeitsweise	246

10.	**Feministische Theologie** – *Monika Jakobs*	**247**
10.1	Entstehung und Anspruch der feministischen Theologie	247
10.2	Zugänge	249
10.2.1	Der kritische Blick auf patriarchale Religion	249
10.2.2	Erfahrung und Kontextualität	250
10.2.3	Feministische Theologie und befreiende religiöse Praxis	251
10.3	Themen	252
10.3.1	Gleichberechtigung: Die Forderung nach dem Zugang zum Priesteramt	252
10.3.2	Frauen in der Bibel	253
10.3.3	Feministische Hermeneutik	254
10.3.4	Historische Forschung	255
10.3.5	Systematische Theologie	256
10.4	Institutionalisierung	259
10.4.1	Feministische Theologie an den Universitäten	259
10.4.2	Feministisch-theologische Zeitschriften	261
10.4.3	Wissenschaftliche Vereinigungen	262
10.5	Gender: ein Paradigmenwechsel in der Theologie?	263
10.5.1	Gleichheit und Differenz	263
10.5.2	Dekonstruktion der Zweigeschlechtlichkeit	264
10.5.3	Von der feministischen Forschung zur Genderforschung	265
10.6	Entwicklungslinien feministisch-theologischen Denkens exemplarisch: Die Frage nach Gott	266
10.7	Was bleibt? Feministische Theologie im theologischen und gesellschaftlichen Diskurs	268

Literaturverzeichnis 270

Autorinnen und Autoren 287

1. Geschichte der Theologiegeschichte

Wolfgang Pauly

Theologiegeschichtliche Gesamtdarstellungen sind relativ neue Produkte theologisch-wissenschaftlicher Reflexion. Zwar setzt sich seit der frühkirchlichen Patristik jede theologische Reflexion mit vorausgegangenen Arbeiten auseinander, die unter den Kriterien des eigenen Standpunktes bestätigt, kritisiert oder abgelehnt werden. Das Projekt eines die Genese des christlichen Glaubens als Ganzen beschreibenden Ansatzes aber ist – mit Vorarbeiten im Zeitalter der Reformation – letztlich erst das Produkt des 18. und 19. Jahrhunderts. Zwei Voraussetzungen waren jetzt dafür vorhanden. Zunächst führte der Impuls der Aufklärung verstärkt zu einer kritisch-rationalen Durchdringung auch der christlichen Tradition und zu deren argumentativer Kritik oder Bestärkung. Dazu kommt die Entdeckung der „Geschichte als Prinzip". Damit ist nicht in erster Linie die wichtige Erforschung historischer Zusammenhänge gemeint, sondern vielmehr die Einsicht in die grundsätzliche Geschichtlichkeit und insofern auch Veränderbarkeit aller kulturellen Produkte des Menschen. Die sich in Reformation und Aufklärung verbreitende Einsicht in die Entstehungszusammenhänge selbst der biblischen Schriften führte dann zu einer kritischen Sichtung auch der theologischen Texte der Tradition.

Im Kontext der reformatorischen Aufbrüche des 16. Jahrhunderts suchten die Vertreter der unterschiedlichen Glaubensgemeinschaften ihre je eigene Aneignung und Interpretation der Tradition argumentativ durch einen Rückgriff auf die Quellen zu begründen. Der spanische Dominikaner Melchior Cano (1509–1560) schuf dabei in seinem unabgeschlossen gebliebenen Hauptwerk „de locis theologicis" (ab 1546) ein Schule bildendes Modell theologischer Methodologie. Unter Rückgriff auf das antike Stil- und Argumentationsmittel der „Topoi" sollte Beständigkeit und Wandel einer sprachlich formulierten Glaubensüberzeugung aufgezeigt werden. Verdankt sich sowohl der sprachliche Ausdruck als auch der Inhalt eines „Topos" je unterschiedlichen kulturellen und gesellschaftlichen Rahmenbedingungen, so verweigert er sich einer positivistischen Fixierung. Selbst der gleichbleibende Wortlaut eines Dogmas erfährt so unter anderen kulturgeschichtlichen Rahmenbedingungen unter Umständen eine Bedeutungsverschiebung. Der Pluralität der Entstehungsbedingungen von Glaubensaussagen entspricht dann die Vielfalt stets neuer Übersetzungen der Aussagen in eine konkrete Gegenwart. Eine solche Vorgehensweise ist immer unabgeschlossen und verwehrt sich einer totalen und ungeschichtlichen Systematisierung (vgl. Lehmann 1985).

Der französische Jesuit Dionysius Petavius (eigentlich Denis Petau, 1583–1652) konnte in seinen Werken auf die gerade in Frankreich exemplarisch begonnene kritische Edition und Kommentierung der klassischen Quellen der christlichen Tradition zurückgreifen (vgl. die auf 200 Bände angelegte Ausgabe dieser Quellen durch die französische Benediktinerkongregation des hl. Maurus = „Mauriner"). Petavius gründete auf dieser Quellenerschließung sein

Werk „de doctrina temporum"(1627) und insbesondere seine auf 10 Bände angelegte Reihe „de theologicis dogmatibus".

Der evangelische Kirchenhistoriker Gottfried Arnold (1660–1714) verband Dogmengeschichte mit einem erfahrungsbezogenen Ansatz. Selbst dem radikal-schwärmerischen Flügel des Pietismus angehörend, wird für ihn die Mystik zur wichtigen Ausdrucksgestalt des christlichen Glaubens. Seine „Unparteyische Kirchen- und Ketzerhistorie" (1699/1700) vermittelt damit häufig übersehene oder verdrängte Aspekte der christlichen Glaubensgeschichte.

In der Verbindung von Protestantismus und Aufklärung sieht Johann Lorenz Mosheim (1693–1755) den Durchbruch zur Freiheit in der europäischen Geistesgeschichte. Seine „Institutiones historiae ecclesiasticae" (1755) beschreiben Kirchen- und Theologiegeschichte vor dem Horizont der allgemeinen Zeit-, Kultur- und Philosophiegeschichte. Die Darstellung des christlichen Dogmas wird so immer stärker zur Dogmengeschichte. Der Wahrheitsanspruch des Dogmas selbst wird zunehmend historisiert.

Johann Salomo Semler (1725–1791) verbindet die durch die Aufklärung verstärkte Erkenntnis von den zeitgeschichtlichen Entstehungsbedingungen der Bibel mit der Kritik an deren Verbalinspiration. Wird aber selbst die Bibel als geschichtliche Größe erkannt, dann gilt diese Einsicht auch und gerade für das auf die Schrift aufbauende Dogma. Die geschichtlichen Umstände der Dogmenentstehung sind somit zu klären, ihre Entwicklung aufzuzeigen und sie selbst letztlich als Ausdruck der sie formulierenden Gruppe zu verstehen. Eine hier erstmals als eigene Disziplin im theologischen Fächerkanon geforderte „Dogmengeschichte" versteht sich insofern auch immer als kritische Instanz gegenüber einer das Glaubenszeugnis verwaltenden kirchlichen Institution. Semlers eigene historisch- kritische Dogmengeschichte erschien 1762 bis 1764 unter dem Titel „Geschichte der Glaubenslehre" (vgl. Kantzenbach 1559).

Der protestantische Marburger Theologe Wilhelm Münscher (1766–1814) griff diesen kritischen Ansatz auf und zeigte in seinem vierbändigen „Handbuch der christlichen Dogmengeschichte" (1797–1809) und in seinem „Lehrbuch der christlichen Dogmengeschichte" (1811) anhand von Quellenstudien oft sehr weitreichende Veränderungen auf, welche das christliche Dogma auf seinem Weg durch die Geschichte erfahren hat.

Einen eigenen Schwerpunkt setzte der vom Judentum zum Protestantismus konvertierte Johann August Wilhelm Neander (ursprünglich David Mendel, 1789–1850). Nach Einzeldarstellungen wie derjenigen über den Kirchenvater Tertullian (1824) oder über „das apostolische Zeitalter" (1832) war sein ganzheitlicher Ansatz davon geprägt, Dogmengeschichte nicht auf die Aneinanderreihung von Glaubenssätzen im Sinne rein kognitiv zugänglicher Sachaussagen zu beschränken. So ist seine auf 10 Bände angelegte aber unvollendet gebliebene „Allgemeine Geschichte der christlichen Religion und Kirche" (1825 ff.) zugleich eine Geschichte des praktischen Glaubenslebens und eine Frömmigkeitsgeschichte.

Das klassische Modell einer Gesamtdarstellung der Theologiegeschichte, die sich der Rationalität der Aufklärung, aber auch dem Prinzip der Geschichtlichkeit verdankt, bildet das „Lehrbuch der christlichen Dogmengeschichte" (1947) von Ferdinand Christian Baur (1792–1860). Als exemplarischer Vertreter der sogenannten evangelischen „Tübinger Schule" reflektiert er grundsätzlich das Verhältnis von Dogma und Geschichte und erkennt in jeder Darstellung und Verkündigung dogmatischer Glaubensinhalte stets den „aus seiner Bewegung zur Ruhe gekommenen Fluss der Dogmengeschichte" (Baur 1974, S. 2; siehe die ausführliche Darstellung unter 7.4.1.6).

Eine konfessionell-lutherische Betrachtung bietet Gottfried Thomasius (1802–1875) in „Die christliche Dogmengeschichte als Entwicklungsgeschichte des kirchlichen Lehrbegriffs" (2 Bd. 1874/1876). Den unveränderlichen Grund und Referenzpunkt der christlichen Theologie sieht er im Christusgeschehen, das den absoluten Wahrheitsanspruch stellt. Dogmen als Ausdruckgestalt dieser einmal und unwiederholbar ergangenen Offenbarung unterliegen dagegen geschichtlichen Bedingungen und sind insofern wandelbar.

Eine Schule bildende Systematik der Dogmengeschichte bietet der Lutheraner Thomas Kliefoth (1810–1895). Wird die Entstehung und Veränderung der Dogmen verstanden als die von der Sache her notwendige Entfaltung der Wahrheit, so entwickelt Kliefoth in seiner „Einleitung in die Dogmengeschichte" (1839) einen dazu gehörenden Stufenplan. Vier Themenkreise werden dabei den entsprechenden Zeitepochen zugeordnet: Zentrales Anliegen der Antike war demnach die Christologie beziehungsweise die „Theologie" im engeren Sinne. Im Mittelalter steht mit den Themen „Sünde" und „Gnade" die christliche Anthropologie im Zentrum theologischen Arbeitens. Mit der Reformation und den Themen „Rechtfertigung" und „Heiligung" rückt die Soteriologie in das Blickfeld. Für seine Gegenwart sieht Kliefoth die Thematisierung der Kirche als zentrales Arbeitsfeld. Gerade hier bei der Darstellung der Ekklesiologie sieht Kliefoth auch in Zukunft einen großen Reflexions- und Gestaltungsbedarf. Sein Ansatz ist somit einer der wenigen, der sich als zukunftsoffen und unabgeschlossen versteht.

Für die katholische Theologie und für die entsprechende Theologenausbildung war über Generationen hinweg bedeutsam das „Handbuch der Katholischen Dogmatik" von Matthias Josef Scheeben (1835–1888). Es erschien zwischen 1873 und 1887 in 3 Bänden zu 6 Büchern. Große Sachkompetenz bezüglich der Patristik und Scholastik verbindet sich bei ihm mit der Fähigkeit zur Systematik. Keiner der typischen Theologenschulen des 19. Jahrhunderts zuzurechnen, versucht er eine Reduzierung des Impulses der Aufklärung auf einen reinen Rationalismus ebenso zu vermeiden wie eine Gleichsetzung von gelebter Frömmigkeit mit der unkritischen Übernahme von Glaubenssätzen aus der Tradition. Das Dogma muss nach Scheeben immer neu vermittelt und angeeignet werden und zwar unter den Bedingungen der jeweiligen Zeit und ihrer Fragestellungen (vgl. dazu seine frühe Arbeit „Mysterien des Christentums", 1865).

Eine der bedeutendsten Theologie– und Dogmengeschichten des 19. Jahrhunderts ist das dreibändige „Lehrbuch der Dogmengeschichte" von Adolf von Harnack (1851–1930). Es erschien 1886 erstmals und erreichte bereits 1909 eine vierte, erweiterte Auflage. Auch Harnack gibt vor den geschichtlichen Ausführungen Rechenschaft über Methoden, Aufbau und Wesen einer Theologie- und Dogmengeschichte. Für seinen Ansatz zentral ist die Einsicht, wie stark bereits die jesuanische Botschaft in ihrer Darstellung im Neuen Testament von der griechischen Sprache und Kultur geprägt wurde. Dieser Einfluss konnte sogar so stark werden, dass persönliche Begegnungsgeschichten und die damit verbundenen Erfahrungen bereits in den biblischen Schriften die Tendenz aufweisen, zu einem Lehrgebäude im Sinne der griechischen Philosophie zu werden. Die Botschaft des Juden Jesus von Nazareth, „die neben der Gotteserkenntnis die Grundzüge einer Weltbeurteilung besaß, wurde sofort eingegliedert in eine Erkenntnis der Welt und des Weltgrundes, die bereits ohne Rücksicht auf sie gewonnen war. Demgemäß wurde die Religion sehr schnell zu einer Lehre, welche an dem Evangelium zwar ihre Gewissheit, aber nur zum Teil ihren Inhalt hatte, und demgemäß auch von solchen ergriffen werden konnte, welche mehr nach Erkenntnis als nach Religion suchten" (Harnack 1964, Bd. I, S. 19). Es bleibt die Frage, inwiefern die von Harnack stark beeinflusste „Liberale Theologie" diese von ihm beklagte Tendenz selbst fördert oder verhindert (vgl. dazu 7.3.2.3).

Einen eigenständigen Ansatz einer Theologie- und Dogmengeschichte legt der protestantische Systematiker und Sozialethiker Reinhold Seeberg (1859–1935) in seinem zweibändigen „Lehrbuch der Dogmengeschichte" vor (Bd. I 1895, Bd. II 1898, vgl. Seeberg 1974). Zwar bezeichnet nach Seeberg der Ausdruck Dogma „einen kirchlichen Lehrsatz oder das ganze Gefüge dieser Lehrsätze" (Seeberg 1974, Bd. I, S. 2). Elementar aber ist für ihn die Rückbindung jeder formalen Ausdrucksgestalt des Glaubens an den Gemeindeglauben: „Man kann sich das daran veranschaulichen, dass die wirksame Existenz der Dogmen in der Kirche der Gegenwart nicht etwa zuoberst auf ihrer kirchenrechtlichen Stellung, sondern auf den Gebeten, den Liedern, der Liturgie und den unmittelbaren Äußerungen der Frömmigkeit beruht" (Seeberg 1974, Bd. I, S. 8). Vollzieht sich aber diese religiöse Praxis stets im Kontext der Sozial- und Kulturgeschichte, so „steht auch die Dogmengeschichte in einem inneren Zusammenhang mit den politischen und kulturellen Elementen der Kirchengeschichte" (Seeberg 1974, Bd. I, S. 5). Diese Einsicht in die Geschichtlichkeit des Dogmas schließt prinzipiell den Gedanken der Unabschließbarkeit mit ein. Der permanente Lebensprozess unter jeweils veränderten Rahmenbedingungen sowie die theologische Reflexion über diesen Prozess zeigen sowohl „die Kontinuität des menschlichen Geisteslebens" (Seeberg 1974, Bd. I, S. 4) als auch die Pluralität und Vielfalt innerhalb dieses Gemeindeglaubens und dessen dogmatischer Ausdrucksgestalt: „Daher werden die großen Grundideen des Christentums in den verschiedenen Völkern und Zeiten verschieden ausgelegt und angewandt". „Der hellenistische, der lateinische, der germanische, der romanische und der angelsächsische Geist, sie haben jeder seiner Eigenart entsprechend das Christentum zu besonderen Typen ausgeprägt" (Seeberg 1974, Bd. I, S. 8 f.). Insofern ist die Beschäftigung mit dem Traditionsgut damit auch grundsätzlich offen für Neues. Neue Glaubenserfahrungen erfordern andere Ausdrucksgestaltungen derselben. Pluralität ist für Seeberg allerdings nicht gleichzusetzen mit Beliebigkeit und Relativismus. Er benennt konfessionell unterschiedliche Kriterien der Bewahrheitung der Glaubensaussagen. „Die katholische Kirche stellt ihre Dogmen prinzipiell als Wahrheit hin, sofern sie eben der Kirche entstammen. Das Urteil über die Wahrheit des Dogmas ist also für den Katholiken ein analytisches Urteil: Sofern das Dogma ist, ist es wahr. Der Protestant fasst dieses Urteil über das Dogma aber als ein synthetisches, d. h. das Dogma ist als wahr anzuerkennen, sofern es sich als wahr ausweist. Man könnte auch sagen: Wahr ist das Dogma, sofern es von dem religiösen Glauben reproduziert werden kann" (Seeberg 1974, Bd. I, S. 12). Die starke Rückbindung des Dogmas an die Glaubenspraxis führt zu einer umfassenden Arbeitsaufgabe für die Theologie- und Dogmengeschichte unter Hinzuziehung vielfältigsten Quellenmaterials. Die Arbeit hat gleichsam einen demokratischen Aspekt: „Quellen der Dogmengeschichte sind außer den bezüglichen Beschlüssen, Dekreten, Bullen, Bekenntnissen, die Akten über die Verhandlungen, welchen jene entstammen, ferner die Schriften der positiv oder negativ, direkt oder indirekt bei der Entstehung des Dogmas beteiligten Theologen; aber auch die Zeugnisse für den Gemeindeglauben in Predigten, Liedern, Liturgien, Sitten und Bräuchen usw., wie die kirchenrechtliche Literatur kommen in Betracht, denn sie lassen das wirkliche Verständnis und die Bedeutung der Dogmen, bisweilen auch ihre Motive, erkennen" (Seeberg 1974, Bd. I, S. 15).

Aufbauend auf den bisher dargestellten Systematisierungen einer zweitausendjährigen Glaubensgeschichte entstanden in jüngerer Zeit eine Reihe konfessioneller aber auch konfessionsübergreifender Arbeiten mit je unterschiedlichen Schwerpunkten.

Der Lutheraner Friedrich Loofs (1858–1928) versucht die These Harnacks von der frühchristlichen Hellenisierung zu relativieren durch den Aufweis einer einflussreichen und eigenständigen kleinasiatischen Theologie, obwohl auch diese von der griechischen Sprache geprägt war. Gerade die verstärkte Kenntnis der Kirchenväter führt ihn zur Einsicht in die Vielgestaltigkeit der spätantiken Literatur. Neben seinem Lehrbuch zur Dogmengeschichte fragt er besonders in seinem „Leitfaden für die Vorlesungen über Dogmengeschichte" (1889, vollständig überarbeitete Neuausgabe 1906) nach der kirchlichen Relevanz dieser aufzeigbaren Geschichtlichkeit des Dogmas.

Walter Koehlers „Dogmengeschichte als Geschichte des christlichen Selbstbewusstseins" (2 Bd. 1938/1951) versteht sich als Denkgeschichte des christlichen Glaubens.

Alfred Adam strukturiert in seinem „Lehrbuch der Dogmengeschichte" (2 Bde., 1965/ 1968) das umfangreiche Material nach Hauptthemen wie z. B. Trinität, Christologie, Soteriologie unter Einschluss der Liturgie. Unter dem Einfluss von Gerhard Ebeling und Hans-Georg Gadamer entwickelt Adam eine Hermeneutik, die Dogmengeschichte als Geschichte der immer wieder neuen Auslegung der biblischen Schriften versteht. Dieses Verständnis ist auch offen für eine Umsetzung der biblischen Botschaft in immer neue Kultur- und Sprachkreise. Insofern beschreibt Koehler den Ansatz einer zukunftsoffenen Geschichte einschließlich der Möglichkeit der Transformation des christlichen Glaubens in bisher unerschlossene Dimensionen.

Das posthum erschienene Werk „Der Ausgang der altkirchlichen Christologie" (1957) von Werner Elert (1885–1954) sieht im Gegensatz von Harnack in der Tradition von Kliefoth und Thomasius durch den Christus der Evangelien eine Enthellenisierung des griechischen Geistes vollzogen. Insofern sucht Elert eine ununterbrochene und in seinen Grundzügen nicht entfremdete Kontinuität des christlichen Dogmas von seinem Beginn bis zur Gegenwart.

Einen guten und übersichtlichen Überblick über die „Epochen der Dogmengeschichte" (1963) bietet Bernhard Lohse. Nach Themenkreisen angeordnet unternimmt das vielfach neu aufgelegte Werk zugleich mit der geschichtlichen Darstellung den Versuch eines Gegenwartsbezuges.

Den umfassendsten Versuch einer Dogmengeschichte aus katholischer Sicht stellt das seit 1951 in vielen Faszikeln erschiene „Handbuch der Dogmengeschichte" dar. Die ursprünglichen Herausgeber Alois Grillmeier, Leo Scheffczyk und Michael Schmaus gliedern das Werk je nach den Traktaten der Dogmatik.

Ebenso kann das groß angelegte Werk „Mysterium Salutis" (1965–1976), herausgegeben von Johannes Feiner und Magnus Löhrer als gelungener Versuch angesehen werden, das Glaubensgut der christlichen Tradition nicht nur zu bewahren, sondern es auch für Gegenwart und Zukunft zu erschließen.

Karlmann Beyschlag beschreibt einen sich im Laufe der Textproduktion immer mehr verbreitenden „Grundriss der Dogmengeschichte"(1982 ff.). Der den Erlanger Dogmenhistorikern Gottfried Thomasius und Werner Elert verbundene Ansatz bietet eine Fülle religions- und kulturgeschichtlichen Materials.

Das sowohl die Kultur- und auch die Sozialgeschichte ausführlich rezipierende „Handbuch der Dogmen- und Theologiegeschichte" (1980 ff., Neuausgabe 1998, herausgegeben von Carl Andresen) stellt einen besonderen Glücksfall unter den neueren Darstellungen der Theologiegeschichte dar. Konfessionelle Schwerpunkte und ökumenische Ausrichtung verbinden sich dabei ebenso wie endogene und exogene Faktoren der aufgezeigten Entwicklungsgeschichte. Vor dem Hintergrund einer zunehmenden Globalisierung der Kultur und der Sozial- und Wirtschaftsstrukturen stellen die Autoren verstärkt die Frage nach Identität und Relevanz christlichen Glaubens im Kontext eines weltweiten Pluralismus.

Beachtung verdient das Werk des amerikanischen Lutheraners Jaroslav Pelikan „The Christian Tradition. A History of Doctrine" (5 Bd. 1971 ff.), ebenso „Der Weg der christlichen Theologie" des Oxforder Theologen Alister E. McGrath (Erstausgabe 1994, deutsch 1997).

Mit dem Projekt einer Theologiegeschichte verbindet sich insbesondere in der katholischen Tradition des Christentums ein besonderes Problem: Kann es eine Geschichte im Sinne einer Entwicklung des Glaubensinhaltes und seines formalen Ausdrucks wie auch der darauf aufbauenden theologischen Reflexion überhaupt geben? Oder ist Entwicklung nur zu verstehen im Sinne einer immer tieferen Erkenntnis der ein für alle Mal in Jesus Christus ergangenen und unverändert bleibenden Offenbarung? Als Paradigma für Letzteres können als Reaktion auf die zunehmende Vergeschichtlichung aller kulturellen Leistungen im 19. Jahrhundert Papst Pius IX. und das erste Vatikanische Konzil gelten (vgl. 7.4.3).

Einen Vermittlungsversuch unternimmt Josef Ratzinger mit seiner Problematisierung „der Dogmengeschichte in der Sicht der katholischen Theologie" (Ratzinger 1966). Er bestätigt in seiner Gegenwartdiagnose den Befund der Vergeschichtlichung: Der „geschichtliche Charakter aller Phänomene wird erfasst, das Sein als Gewordensein erkannt, in seinem Werden untersucht, was zugleich die Relativierung der begegnenden Einzelphänomene zur Folge hat, die als Produkte geschichtlichen Werdens ihrer bisherigen Absolutheit entkleidet und in den Prozess der Entwicklung eingefügt werden" (Ratzinger 1966, S. 7). Insofern ist auch der christliche Glaube „in seinen Grundfesten selbst neu in Frage" gestellt, „denn das Christliche war bisher als das Absolute, als das Sich-zeigen der werdelosen Wahrheit Gottes begriffen worden" (Ratzinger 1966, S. 7). Ein ungeschichtliches Glaubensverständnis wie auf dem ersten Vatikanum lehnt er ab: „Der Sinn katholischer Geschichtsschreibung wurde es in gewissem Maß, zu beweisen, dass keine Geschichte stattgefunden hatte" (Ratzinger 1966, S. 11). Er selbst plädiert für eine Dialektik von Gleichbleibendem und Geschichte: „Nur wo diese Identität des sich in der Verwandlung Gleichbleibenden gegeben ist, kann von eigentlicher Geschichte die Rede sein ... umgekehrt: nur wo wirkliches Voranschreiten und Sich-Entwickeln stattfindet, darf von Geschichte geredet werden, die bloße Identität des Sich-Gleichbleibenden ergibt wiederum keine Geschichte" (Ratzinger 1966, S. 9). In der christologischen Rede von der Menschwerdung Gottes, in einem Offenbarungsbegriff, der auch ein Wirken des Geistes z. B. auf Konzilien einschließt, und in einem dynamischen Verständnis des Überlieferungsbegriffes sieht Ratzinger auch nach katholischem Verständnis, dass „aus dem Inneren des christlichen Glaubens selbst heraus die Möglichkeit eines geschichtlichen Verständnisses bzw. umgekehrt ein Zugang zum Verständnis seiner Geschichte sichtbar wird" (Ratzinger 1966, S. 21). Insofern ist für ihn einsichtig, „dass Dogmatik, die nicht auch als Dogmengeschichte betrieben würde, undenkbar wird. Nur in der Geschichte des Glaubens ist der Glaube selbst sinnvoll zu erfassen, nicht in einer abgeschlossenen Systemgestalt, die das geschichtliche Wesen ihrer eigenen Aussagen verdecken müsste" (Ratzinger 1966, S. 24).

Ein biblisch fundiertes Glaubensverständnis und eine diesem entsprechende theologische Reflexion basiert auf Erfahrung, exemplarisch veranschaulicht durch den Umgang Jesu mit den ihm Begegnenden. Insofern scheint es problematisch, wenn zahlreiche theologiegeschichtliche Darstellungen die neutestamentliche Theologie übergehen und erst mit der Patristik die eigentliche Theologiegeschichte beginnen lassen. Nicht aber die Übernahme eines Theoriegebäudes, sondern eine personale Kommunikation prägt den Begriff des Glaubens. Erfahrung als die Welt konstituierendes und diese deutendes Geschehen ist aber ein offener Vollzug, in dem auch Neues und Einmaliges geschieht. Insofern wird auch jede theologiegeschichtliche Darstellung neben den traditionellen Orten und Modi von Glaubenserfahrung offen sein müssen für stets neue Begegnungsgeschichten und deren theologische Reflexion. Lateinamerika und der Feminismus stellen exemplarisch zwei solche Erfahrungshorizonte dar. Eine Theologiegeschichte wiederholt allerdings auch nicht nur die bereits früher erarbeiteten Erkenntnisse und ergänzt diese um neue Themen und Fragestellungen. Wenn Geschichte selbst ein dialogisches Geschehen ist, bei dem Traditionen der Vergangenheit mit dem Erfahrungshorizont der Menschen der Gegenwart korrelieren, dann wird sich in einer solchen Begegnung ebenfalls Neues ereignen. Insofern ist es Aufgabe jeder neuen (Theologen-)Generation, sich diesem Beziehungsgeschehen zu stellen und auf kreative Weise am Kleid der Geschichte weiterzuweben.

2. Biblische Theologie

Christian Cebulj

2.1 Texte als Fenster

Theo-Logie ist der Logos, die Rede von Gott. So erklären wir etymologisch den Begriff „Theologie", der in der vorliegenden „Theologie-Geschichte" konsequenterweise „geschichtlich" entfaltet wird. Da die wichtigste Quelle der Theo-Logie als Rede von Gott die Bibel des Alten und Neuen Testaments ist, erscheint es als selbstverständlich, dass eine Theologiegeschichte beim Anfang beginnt, also mit dem Kapitel über „Biblische Theologie". So programmatisch und begrüßenswert diese Akzentsetzung der vorliegenden Theologiegeschichte auch ist, der „Anfang" ist nicht allzu einfach zu haben. Denn als Leser/innen von biblischen Texten haben wir nie einen direkten Zugriff auf die Geschichte. Biblische Texte enthalten nie objektive Aussagen, sondern sind immer *Texte-in-Funktion* und *Texte-in-Stituation.* Ihre Verfasser wollen ganz bestimmten Leser/innen etwas klarmachen, für eine Sache werben, sie von einer bestimmten Sicht der Dinge überzeugen. Die Texte der Bibel haben demnach eine Art *Fensterfunktion*. Das bedeutet, dass wir Geschichte und geschichtliche Personen immer nur als gedeutete Geschichte und geschichtliche Personen vor uns haben, nie historisch *neutral* oder *objektiv*.

Die historische Vergangenheit der jüdisch-christlichen Geschichte, wie sie in den Texten der Bibel erzählt wird, kann demnach nur aus Texten rekonstruiert werden. Wenn im Folgenden von *Biblischer Theologie* die Rede ist, tun wir das also immer mit der hermeneutischen Selbstbeschränkung, dass die biblischen Texte nie Abbildung der realen Vergangenheit sein können. „Dies deswegen, weil nur das Quellenmaterial für eine Deutung zur Verfügung steht. Dabei hat man sich als gegenwärtiger Rezipient darüber klar zu werden, dass man Vergangenheit nur nach dem Maßstab der Analogie des gegenwärtig Möglichen und Erfahrbaren beurteilt. Gilt doch schon für die biblischen Schriftsteller, dass es auch zur Zeit der Abfassung ihrer Quellentexte die berichteten und erzählten Tatsachen „an sich" nicht gegeben hat (Frankemölle 2006, 39).

In diesem Sinne entdeckt die jüngere Geschichtswissenschaft heute neu, was für die antike Geschichtsschreibung wie für die Autoren der biblischen Schriften selbstverständlich war: Wir vergegenwärtigen uns die Vergangenheit, indem wir aus der Gegenwart über sie erzählen. Indem wir Vergangenheit re-konstruieren, geben wir den erzählten *Fakten* mit den Mitteln der *Fiktion* ihre Zusammenhänge, ihren Sinn und ihre Anschaulichkeit. Gerade für die Texte der Bibel gilt deshalb, dass sie *zwischen Fakten und Fiktion* anzusiedeln sind, wobei der Begriff *Fiktion* nicht als Schmälerung des historischen Wahrheitsgehalts missverstanden werden darf: „Weil die Wahrheit, um dem Leben zu entsprechen, Ermessensspielräume braucht, wird die Historie in gemessenem Rahmen beweglich" (Backhaus/Häfner 2007, 29). *Fiktion* ist den

Texten der Bibel also Theologie, die als *Gotteswort im Menschenwort* Offenbarungscharakter für die christliche Tradition hat. Sie will deshalb als theologische Kategorie ernst genommen werden.

2.2 Offenbarung und Mysterium: Die Theologie der Einen Bibel

In diesem Sinne ist Theologie der Logos, die Rede von Gott. Und in diesem Sinne ist die wichtigste Quelle dieser Rede von Gott die Bibel des Alten und Neuen Testaments. Sie erzählt davon, wie Gott Welt und Mensch geschaffen hat, wie er Israel zu seinem Volk erwählt hat und durch die Geschichte begleitet. Und sie erzählt davon, wie sich Gott in Jesus Christus offenbart und durch Paulus die Völkerwelt mit dem Jesusglauben bekannt macht. Die Heidenmission des Paulus in Kleinasien und Europa war ja letztendlich die Bedingung der Möglichkeit, dass wir heute im Europa des Jahres 2008 Christen/innen sein können.

Die biblische Theologie, die in unserer heutigen Gegenwart betrieben wird, spricht allerdings nicht mehr *unbekümmert* von Gott. Biblische Theologie, die sich um ein erneuertes Verhältnis zwischen Juden und Christen bemüht, hat ihre Unbekümmertheit von Gott zu reden verloren. Das ist nicht nur in Ehrfurcht vor den Opfern der Shoa gut und richtig so. Es entspricht auch der Erkenntnis, dass es in der zweiteiligen Bibel des Alten und Neuen Testaments keine Definition für Gott gibt.

Vielmehr ist die Theologie der Bibel vom Spannungsbogen zwischen *Offenbarung* und *Mysterium* geprägt: Obwohl das Alte und Neue Testament von der ersten bis zur letzten Seite von Gott spricht, von Gottes Zuwendung zu den Menschen erzählt, JHWH fast naiv Gefühle wie Liebe und Zorn zulegt, anthropomorphe Bilder von Gott entwirft und Gott dabei Hände, Herz, Ohren und Augen zuspricht, bleibt das Mysterium des Göttlichen dennoch erhalten. Die anthropomorphen Bilder von Gott sind immer fragmentarisch, zudem steht ihnen das biblische Bilderverbot entgegen. Vor allem die biblischen Überlieferungen des Alten Testaments sind zutiefst geprägt von der spannungsreichen Erfahrung, dass Gott sich dem Volk Israel zwar immer neu offenbart, dabei aber doch *unfassbar* bleibt. Der Gott, der zu seinem Volk spricht, entzieht sich zugleich im Moment des Sprechens, er ist nicht zu (er)fassen, wahrt das Mysterium. Dieses Paradox einer unerreichbaren Nähe Gottes begleitet Israels Gottesbeziehung durch das ganze Alte Testament (vgl. Dohmen 2008, 6).

Es bindet die beiden Testamente der Bibel eng zusammen, insofern die Spannung von *Offenbarung* und *Mysterium* auch im Neuen Testament erhalten bleibt. Zwar redet das Neue Testament vom Handeln Gottes in Jesus Christus und erzählt damit von Erfahrungen, die Menschen im Glauben an das befreiende und rettende Handeln gemacht haben. Schon in den ältesten Schichten des Neuen Testaments bei Paulus bleibt das Mysterium Gottes jedoch erhalten, wenn etwa der Kolosserhymnus Jesus Christus „das Bild des unsichtbaren Gottes" nennt (Kol 1,15).

2.3 Frühjudentum und Urchristentum

Es gehört zur Aufgabe einer Theologiegeschichte, nicht nur inhaltliche Eckpunkte zu benennen, sondern auch eine historische Entwicklung zu beschreiben. Da Lehrbücher der Geschichte immer einen festen Punkt, ein datierbares Ereignis brauchen, an dem der Beginn einer historischen Entwicklung deutlich wird, stellt sich am Anfang dieser Skizze zur Biblischen Theologie die historische Leitfrage nach dem *Seit wann*? Im Rahmen einer Theologiegeschichte spitzt sie sich auf die Frage zu, seit wann sich im eigentlichen Sinne von einer *christlichen Theologie* sprechen lässt.

Wer sich auf die Suche nach einem konkreten Ereignis macht, das den Beginn der christlichen Theologiegeschichte bezeichnet, erinnert sich vielleicht an das vor einigen Jahren medienwirksam gefeierte Millennium: 2000 Jahre Christentum, so hieß es damals zur Jahrtausendwende, seien so erklärbar, dass mit der Geburt Jesu von Nazaret das Christentum entstand. Dabei wurde jedoch stillschweigend vorausgesetzt, dass Jesus sozusagen der erste Christ war und dass seine Jünger Christen waren.

Ein solcher *Anfang* greift zu kurz, denn das Christentum entwickelt sich nicht im luftleeren Raum. Vielmehr ist es wichtig festzuhalten, dass die Anfänge der christlichen Theologie in den Kontext des frühen *Judentums* eingebettet sind. Jesus und seine ersten Anhänger waren Juden, lasen im Alten Testament, der jüdischen Bibel und feierten die Feste des jüdischen Kalenders. Die Frage nach dem *Seit wann*? muss also genauer danach fragen, zu welchem Zeitpunkt sich das Herauswachsen des Christentums aus dem Judentum feststellen lässt und seit wann es eine Trennung gibt. Eng damit verbunden ist die Frage, warum aus der einen (vielfältigen) Religion des Judentums zwei unterscheidbare monotheistische Weltreligionen wurden (vgl. Frankemölle 2006, 23).

„Dass es Judentum und Christentum als zwei zu unterscheidende Weltreligionen gibt, ist religionswissenschaftlich eine banale Feststellung, auch wenn die Erfahrung von gelebter jüdischer Religiosität den Christen in Deutschland mehrheitlich abhandengekommen ist. Grund ist die Zerstörung jüdischer Gotteshäuser, nicht zuletzt die Deportation jüdischer Mitbürger und die planmäßig betriebene Vernichtung des jüdischen Volkes durch die politiktragenden Gruppen des deutschen Volkes in der NS-Zeit – unter dem fast ausnahmslosen Schweigen der christlichen Kirchen" (Frankemölle 2006, ebd.). Darum geht es zwar in der vorliegenden Theologiegeschichte nicht vordergründig. In der Literatur wird m. E. dennoch mit Recht die Vermutung geäußert, dass die Israel-Vergessenheit der Christen in der NS-Zeit (ob bewusst oder unbewusst) mit dem schmerzhaften Abgrenzungs- und Trennungsprozess des Christentums vom Judentum im 1. Jh. n. Chr. zu tun hat.

Dazu ist festzuhalten, dass die Entstehung des Christentums aus dem Judentum wie auch die Abgrenzung des Judentums vom Christentum das Ergebnis eines langen *Trennungsprozesses* ist. Zwar ist der anfängliche Glaube an Jesus als den bereits gekommenen Messias bzw. Christus nicht konfessionstrennend. „Die Messiasfrage hätte nicht unbedingt zu einem innerjüdischen Streit führen müssen. Das jüdische Volk hatte schon öfter Messiasprätendenten gesehen und geduldig auf das Endergebnis des Wirkens solcher Leute gewartet" (Stemberger 1979, 199). Außerdem verlief der Ablösungsprozess „einer kontinuierlich in die Heidenwelt hineinwachsenden Kirche vom Judentum […] an verschiedenen Orten nach seiner je eigenen Gesetzesmäßigkeit" (Theobald 1992, 41). Dennoch entwickelte sich die Jesus-Bewegung vor allem im Jerusalemer Kreis um Stephanus, bei Paulus und mit einiger Verzögerung auch in den matthäischen Gemeinden in eine andere Richtung. „Hier führte die Relativierung der Tora samt jüdischer Halacha unter christologischen Vorzeichen zum Aufbau eines eigenständigen Selbstverständnisses der Jesus-Gemeinden neben dem Israels" (Theobald 1992, 41 f.).

2.4 Theologische Konzepte im Neuen Testament

2.4.1 Christologie der ersten Generation: Die Logienquelle

Mitten in diesen Trennungsprozess von Judentum und Christentum ist die Entstehung des Neuen Testaments eingebettet und führt in der ersten Generation nach Ostern über zwei Wege: Die Heidenmission des Paulus als Ort, an dem die Briefliteratur entsteht und die Israelmission als Ort für die Vorgeschichte der Evangelien. Hier gab es mit der sog. *Logienquelle* auch den ersten Versuch, Jesusüberlieferungen zu sammeln. Die Logienquelle (= Q für „Quelle") ist eigentlich ein „Kind der Wissenschaft" und wurde entdeckt, als die neutestamentliche Exegese vor der Frage stand, wie sich im Rahmen der synoptischen Frage die Zweifachüberlieferungen bei Mt und Lk erklären lassen, die bei Mk fehlen. Die größte Wahrscheinlichkeit gewann die bis heute gültige „Zwei-Quellen-Theorie". Sie basiert auf der Annahme, dass Mt und Lk neben Mk eine gemeinsame Quelle benutzten. Da die meisten der zweifach überlieferten Stoffe Worte (=Logien) Jesu sind, heißt die zweite Quelle von Mt und Lk neben Mk „die Logienquelle".

Neben Paulus, auf den später eingegangen wird, finden sich in der Logienquelle die ältesten Spuren einer neutestamentlichen Christologie. Dabei beginnt die Chronologie von Q mit der Predigt Johannes' des Täufers. In der darauf folgenden Versuchungsgeschichte weigert sich Jesus, vor dem Satan niederzuknien, um die Weltherrschaft zu erhalten. Q stellt Jesus hier als vorbildlichen Juden dar, der weiß, dass niemand anderem außer Gott Verehrung gebührt. Die öffentliche Wirksamkeit Jesu beginnt mit einer programmatischen Rede, die Mt später zur Bergpredigt ausgestaltet. Sie enthält die Seligpreisungen, die Forderung der Feindesliebe und das Verbot, einander zu richten. Im zweiten Abschnitt wird Jesu Wirkung auf seine Zeitgenossen dargestellt und erzählt von deren Reaktionen. Sie lehnen Jesus und Johannes nämlich ab, obwohl beide Boten der Weisheit sind. Ein dritter Abschnitt handelt von der Nachfolge der Jesusanhänger und ihrem Verhältnis zu Gott: Die Offenbarung Gottes, den sie mit dem Vaterunser auch als Gott anreden dürfen, gilt ihnen als exklusiv. Die anschließende Aussendungsrede Jesu ist der Ort in Q, welcher Hinweise auf den Trägerkreis der Logienquelle freigibt: Es handelt sich um Charismatiker, die das Wanderleben Jesu fortsetzen, um seine Lehre zu verbreiten. Die Wandercharismatiker konnten Jesu radikales Ethos der Heimatlosigkeit, Familiendistanz, Besitzkritik und Gewaltlosigkeit glaubhaft vertreten, wofür Gerd Theißen den Begriff des *Wanderradikalismus* geprägt hat (vgl. Theißen 2002, 28).

Auffällig ist, dass Q weder eine Kindheits- noch eine Passionsgeschichte enthält. Der Tod Jesu ist kein Heilstod für die Sünden der Menschen, er stirbt als Prophet den Martyrertod für seine Sache. Die Theologie von Q bleibt ambivalent: Wie oben beschrieben, besteht Jesus in der Versuchung zwar seine Probe als Monotheist. Daneben werden aber Aussagen gemacht, die ihn direkt neben Gott rücken. Das ist zunächst kein Widerspruch zum Judentum, in dem es neben Gott göttliche Gestalten wie die Weisheit (Spr 8), den Logos (Philo) oder den Menschensohn (Dan 7) gibt. Undenkbar war jedoch, dass ein Mensch von sich aus beansprucht, eine göttliche Gestalt zu sein. Q zeigt nicht nur durch seine Gattung eine tiefe Verwurzelung im Judentum, sondern auch durch seinen Inhalt. Gesetzeskritische Aussagen fehlen und selbst Israeliten, die Jesu Botschaft ablehnen, erhalten eine weitere Chance.

Als Gattung findet die Logienquelle eine Nachahmung im *Thomasevangelium*, das ebenfalls eine Sammlung von Jesusworten ohne Passionsgeschichte ist. Im gnostisch geprägten Thomasevangelium tritt Jesus als Offenbarer auf, der eine erlösende Erkenntnis vom Himmel bringt. Das Reich Gottes bezeichnet im Thomasevangelium das innere Selbst des Menschen, das aus dem Himmel stammt, aber seine Herkunft vergessen hat.

Neben den Wandercharismatikern, die Jesustraditionen verbreiten, sind die sesshaften urchristlichen Gemeinden die Orte, in denen sich Jesusüberlieferungen bilden. Die wichtigste unter ihnen ist die *Urgemeinde* von Jerusalem, die in besonderer Weise die Erinnerung an die Passion Jesu lebendig hält. In der Jerusalemer Gemeinde lassen sich nach dem Tod Jesu zwei Strömungen erkennen: die *Hebräer* als Aramäisch bzw. Hebräisch sprechende Jesusanhänger und die *Hellenisten* aus der griechischsprachigen Welt. Als Stephanus, der Anführer der Hellenisten, wegen seiner Kritik am Tempel gesteinigt wird, fliehen die Hellenisten in die hellenisierten Gebiete Palästinas und nach Syrien und verbreiten dort den Glauben von Tod und Auferstehung Jesu. In der syrischen Hauptstadt Antiochien beginnen sie auch Nichtjuden (= Heiden) für den Glauben an Jesus zu gewinnen. Da sie in Antiochien neben Juden und Heiden zahlenmäßig erstmals als eigenständige Gruppe wahrgenommen werden, nennt man die Jesusanhänger hier zum ersten Mal *Christen* (Apg 11,26).

2.4.2 *Die Theologie des Paulus*

Zur Antiochener Gemeinde gehört auch Paulus, der maßgeblichste Theologe der neutestamentlichen Zeit. Dieses Prädikat verdankt sich der Tatsache, dass Paulus uns nicht nur im Spiegel seiner Schriften gegenübersteht, sondern durch den Briefstil als ein unmittelbar zu den Leser/innen Redender erscheint. Es macht bis heute die Besonderheit der Paulusbriefe aus, dass er darin zwar seine theologischen Gedanken entfaltet. Gleichzeitig scheut er aber weder Freude oder Begeisterung noch Zorn oder Widerspruch. „Das Faszinierende seiner in dieser Art vorgetragenen Gedanken besteht darin, dass wir in ihnen noch heute eine Theologie im Prozeß wahrnehmen können" (Gnilka 1996, 182).

Die Theologie des Paulus ist in hohem Maße von seiner Biographie geprägt. Er, der als Pharisäer erzogen wird und anfänglich noch Christen verfolgt, richtet nach der Berufung vor Damaskus seine besondere Aufmerksamkeit darauf, das Evangelium Jesu unter den Heiden zu verkündigen. Als Paulus und Barnabas dafür eintreten, dass die Heiden nicht zuerst Juden werden müssen, um Jesusanhänger sein zu können, stellen sie zwei Merkmale jüdischer religiöser Identität in Frage: Beschneidung und Speisegebote. Auf dem sog. *Apostelkonzil* in Jerusalem setzen sie zwar gegen Petrus, Jakobus und Johannes durch, dass die Beschneidung keine Aufnahmebedingung in die christliche Gemeinde mehr sein sollte. Die Aufhebung der

Speisegebote im Rahmen einer gemischten Tischgemeinschaft aus Juden- und Heidenchristen lehnen die Jerusalemer jedoch ab, so dass es zur Trennung mit Antiochien kommt. In der Folgezeit wird Paulus zum energischen Vertreter einer Öffnung des Christentums auf die Heiden hin. Während seiner Missionsreisen durch Kleinasien und Griechenland gründet er zahlreiche christliche Gemeinden, deren Anhänger er zunächst aus dem Umfeld der örtlichen Synagogen, später dann ganz aus nichtjüdischen Kreisen gewinnt.

Paulus ist neben dem Trägerkreis der oben besprochenen Logienquelle der *älteste* für uns greifbare Theologe der neutestamentlichen Schriften. Obwohl er als Mitglied der zweiten urchristlichen Generation den historischen Jesus nicht mehr gekannt hat und zu der bereits bestehenden christlichen Gemeinde von Antiochien stößt, leistet Paulus einen nicht zu unterschätzenden Beitrag zur Theologie des Neuen Testaments. Dabei hat Paulus nie ein geschlossenes theologisches Gedankensystem entwickelt hat, sondern entfaltet seine Gedanken in Form von Briefen, die oft der pastoralen Sorge um seine neu gegründeten Gemeinden entspringen.

2.4.2.1 Theologie

Wenn Paulus von Gott spricht, meint er den Gott der hebräischen Bibel, den Gott Israels, und erweist sich in seiner Rede von Gott als Jude. Man spricht mit Recht von paulinischer *Theozentrik*, denn alles Denken des Paulus geht von Gott aus und kehrt zu Gott zurück. Wenn Paulus von Gott spricht, tut er das aber gleichzeitig unter dem neuen Aspekt, dass sich dieser Gott durch Jesus Christus geoffenbart und durch ihn zur Rettung aller Menschen gehandelt hat. Darum heißt Gott bei Paulus jetzt „der Gott und Vater unseres Herrn Jesus Christus" (2 Kor 1,3). Mit dieser Formel wird der jüdisch-christliche Monotheismus nicht erschüttert, sondern sichergestellt, dass Jesus Christus angetreten ist, die Herrschaft Gottes in der Welt durchzusetzen.

Gott ist einzig bei Paulus. Damit schließt er an das Sch'ma Israel an, das jüdische Bekenntnis in Dtn 6,4: „Höre Israel, Jahwe unser Gott, Jahwe ist einzig". Gleichzeitig ist Gott bei Paulus Einer, weil er Schöpfer und Ziel von allem ist, und Jesus Christus der einzige Herr, weil er der universale Mittler ist (1 Kor 8,6). Damit ist die Vorstellung von Gott als dem Zielpunkt und Vollender allen geschichtlichen und natürlichen Geschehens für Paulus zentral. Das bringt er besonders in der Korintherkorrespondenz zum Ausdruck: Nach der Auferstehung der Toten und der Unterwerfung jeder Gewalt durch Christus, den Erhöhten, wird Christus seine Herrschaft Gott, dem Vater übergeben und sich selbst dem unterwerfen, der ihm alles unterworfen hat.

2.4.2.2 Christologie

Im Zentrum der Verkündigung des Paulus steht Jesus Christus. Anders als es später die Evangelien tun, treibt Paulus keine narrative Theologie im Sinne einer theologisch gedeuteten Biografphe Jesu. Vielmehr konzentriert er sich ganz auf die entscheidenden Heilsereignisse von *Kreuz* und *Auferweckung*. In Form von *Hymnen* bzw. Glaubens- und Bekenntnisformeln, die ihren Sitz im Leben höchstwahrscheinlich in der Taufliturgie bzw. der Eucharistiefeier der von Paulus gegründeten frühchristlichen Gemeinden haben, begegnen uns die frühesten Zeugnisse einer neutestamentlichen Christologie. Etwa in der Auferweckungsformel 1 Kor 15,1f, mit der Paulus die Korinther an den Anfang seiner Verkündigung erinnert. Er mahnt sie, am Wortlaut des Evangeliums als dem Grund festzuhalten, auf dem sie als Christen stehen und schreibt: „Denn vor allem habe ich euch überliefert, was auch ich empfangen habe: Christus ist für unsere Sünden gestorben, gemäß der Schrift, und ist begraben worden. Er ist am dritten Tag auferweckt worden, gemäß der Schrift, und erschien dem Kephas, dann den Zwölf." (1 Kor 15,3–5). Wir haben es hier mit einer Kurzformel des Glaubens zu tun, einer Art Ur-Credo von Tod und Auferstehung Jesu, von dem Paulus sagt, er habe es selbst bei seiner eigenen Berufung „empfangen". Es fällt auf, dass die Auferweckung Jesu hier gut alttestamentlich als Tat Gottes an Jesus verstanden wird.

Bedeutsam ist, dass für die Gemeinden des Paulus Jesus schon jetzt, in der Gegenwart, seine Herrschaft ausübt und nicht erst in der Zukunft, wie der Gebetsruf „Marana tha" („Unser Herr, komm!") in 1 Kor 16,22 nahe legen könnte. Im Philipperbrief besingt Paulus mit dem *Christushymnus*, einer weiteren Kurzformel des Glaubens, diese bereits gegenwärtige universale Herrschaft Christi: „Er war Gott gleich, hielt aber nicht daran fest, wie Gott zu sein, sondern entäußerte sich und wurde wie ein Sklave und den Menschen gleich. Sein Leben war das eines Menschen; er erniedrigte sich und war gehorsam bis zum Tod, bis zum Tod am Kreuz. Darum hat ihn Gott über alle erhöht und ihm den Namen gegeben, der größer ist als alle Namen, damit alle im Himmel, auf der Erde und unter der Erde ihre Knie beugen vor dem Namen Jesu und jeder Mund bekennt: Jesus Christus ist der Herr – zur Ehre Gottes, des Vaters" (Phil 2,6–11). In sprachlich schwierigen und mehr andeutenden Wendungen, am Ende aber in wunderbar poetischen Worten beschreibt Paulus hier den Weg Jesu vom vorweltlichen, gottgleichen Dasein über die Menschwerdung bis zum Tod und der Erhöhung durch Gott. Der Hymnus findet seine christologische Fortsetzung im nachpaulinischen Kolosserhymnus (Kol 1,15–20).

2.4.2.3 Anthropologie

Der Mensch ist für Paulus in Übereinstimmung mit der hebräischen Bibel selbstverständlich *Geschöpf* Gottes. Gott ist der Ursprung allen Seins und alles Geschaffenen, wenn Paulus schreibt: „Aus ihm ist das All" (1 Kor 8,6). Im ganzen Universum gibt es nichts, das nicht von Gott ins Dasein gerufen worden wäre. „Das vom Apostel übernommene Schöpfungskonzept läßt weder einen zweiten Schöpfer zu, der für das Böse verantwortlich wäre, wie in der Gnosis, noch ist die Welt vergöttlicht, wie im stoischen Pantheismus. Der Mensch findet sich in der Schöpfung als Geschöpf vor" (Gnilka 1994, 40). Dabei sind die zahlreichen Schöpfungsaussagen des Paulus durch ihre christologische Ausrichtung charakterisiert. Sie stehen immer zu Christus bzw. der durch ihn gewirkten Erlösung in Beziehung. Damit bringt Paulus einerseits das Wissen um die Begrenztheit der Schöpfung (*Kontingenz*) ins Spiel, andererseits lässt er keinen Zweifel daran, dass diese durch die Schöpfungsmittlerschaft Christi aufgefangen wird. Das zeigt die Adam-Christus-Parallele in Röm 5,14; 1 Kor 15,22.45. Hier vergleicht Paulus Adam mit Christus und stellt die beiden wie Typ und Antityp gegenüber, die das Wesen und die Geschichte der alten bzw. neuen Menschheit bestimmen. Paulus bringt darin zum Ausdruck, dass er von der Wiederherstellung der durch die Sünde Adams beeinträchtigten Gottesebenbildlichkeit des Menschen überzeugt ist. Die Tiefe dieses Gedankens ist nirgendwo schöner zum Ausdruck gebracht als in 1 Kor 13,12: „Wir sehen jetzt durch einen Spiegel, in einem dunklen Wort; dann aber von Angesicht zu Angesicht. Jetzt erkenne ich stückweise, dann aber werde ich erkennen, gleichwie ich erkannt bin" (vgl. diese treffende Übersetzung bei Gaarder, 1996, 175).

Paulus verfügt über mehrere anthropologische Kategorien. Neben der Existenz des Menschen als Geschöpf Gottes ist eine zweite wichtige, aber auch umstrittene Redeweise die vom Leib (griech. *soma*). Damit meint Paulus niemals nur einen Teil des Menschen im Sinne der griechischen Leib-Seele-Dichotomie. Vielmehr bezeichnet er damit den Menschen in seiner Ganzheit, den er aber jeweils unter einem bestimmten Aspekt betrachtet. Obwohl Paulus griechische Kategorien aufgreift, bleibt er doch in der biblisch-semitischen Anthropologie verwurzelt, für die der Mensch eine nicht aufspaltbare Einheit ist (vgl. Gnilka 1994, 43). Als Soma ist der Mensch Teil der Natur und der Geschichte, ist er ein Stück Welt. Damit ist er vergänglich, seine Lebenszeit begrenzt, sein Leib sterblich. Es ist bemerkenswert, wie Paulus in recht persönlich gefärbter Sprache von seinem eigenen Leib spricht. Er tut das regelmäßig in Verbindung mit den ihm auferlegten Leiden, die an seinem Leib Spuren hinterlassen (Gal 6,17). Dass er dabei auch den Trost seines Herrn erfahren darf, deutet Paulus als Anzeichen der bereits in ihm wirkenden Auferstehung Jesu. Er ist überzeugt, dass jeder Mensch als Leiblicher seine unverwechselbare Individualität gewinnt, deren Eröffnung und Gewährung der Leib ist. Garant des individuellen Fortlebens über die Grenzen des Todes hinaus ist allein die Gemeinschaft mit Christus.

Was die geistigen und emotionalen Fähigkeiten des Menschen angeht, ist Paulus vor allem am Verstand (griech. *nous*) im Sinne der Fähigkeit zur sittlichen Urteilsfindung interessiert. Damit nimmt er einen Begriff aus der stoischen Moralphilosophie auf und verknüpft ihn mit seinem theologischen Anliegen, indem er sagt: Das, worauf sich das sittliche Urteil richtet, ist das in der jeweiligen Situation Gebotene und als allgemein Gutes und Vollkommenes kann es auch den Willen Gottes bezeichnen (Röm 12,2). Vor allem hat der „natürliche" Mensch kraft seines Verstands die Möglichkeit, den unsichtbaren Gott zu erkennen (Röm 1,20). In Anlehnung an die alttestamentliche Weisheit ist Paulus der Überzeugung, der Mensch könne über die Betrachtung der Größe der Schöpfung zur Erkenntnis des Schöpfers selbst vorstoßen.

Das Gewissen (griech. *syneidesis*) ist nach Paulus eine allen Menschen eigene Kraft sittlichen Urteilens. Er verdeutlicht die Tätigkeit des Gewissens auf zweifache Weise: Einmal ist es das den Heiden ins Herz geschriebene Gesetz, das diese befähigt, den Willen Gottes zu erkennen. Zum anderen beschreibt Paulus die Tätigkeit des Gewissens als Widerstreit der Gedanken, die einander anklagen oder sich verteidigen. Das Gewissen tritt dann in diesem Streit als entscheidende Instanz auf, obwohl es keine absolute Gewähr dafür gibt, dass der Gewissensentscheid im Einzelfall objektiv richtig ist. Paulus kennt also die Möglichkeit des irrigen Gewissens, bezieht es aber vor allem auf das eschatologische Gericht, in dem Gott „das Verborgene der Menschen" richten wird (Röm 2,16).

Neben Vernunft und Gewissen sind der innere Mensch, das Herz (griech. *kardia*) und die Seele (griech. *psyche*) die wichtigsten anthropologischen Kategorien des Paulus. Er übernimmt sie zwar aus der hebräischen Bibel und der Stoa, bringt sie aber vom Standpunkt des christlichen Glaubens aus neu zum Leuchten.

2.4.2.4 Ekklesiologie

Paulus begnügt sich nicht damit, einzelnen Menschen das Evangelium zu verkündigen, er gründet ganze *Gemeinden*. Das hat mit seinem apostolischen Auftrag zu tun, denn die Gemeinden sind das Siegel seines Apostelamtes (1 Kor 9,2), sein Werk im Herrn (1 Kor 9,1) und sein Brief, geschrieben mit dem Geist des lebendigen Gottes (2 Kor 3,2). Paulus bezeichnet sich nicht nur als der Architekt seiner Gemeinden, sondern auch als ihr Vater (1 Kor 4,15). Wie ein Vater seine Kinder tröstet, so tut es Paulus mit den Thessalonichern (1 Thess 2,11). Wie eine Mutter für ihre Kinder sorgt, so ist Paulus seinen Gemeinden zugetan (1 Thess 2,8).

Den besten Zugang zum Gemeindeverständnis des Paulus erhält man über seine Bildersprache. Zwar fungiert der griechische Begriff *ekklesia* (dt.: die Herausgerufene) als Sammelname für die christlichen Gemeinden, in denen Juden und Heiden geschwisterliche Tischgemeinschaft pflegen und sich zum Herrenmahl versammeln. Um das Wesen dieser Gemeinden zum Ausdruck zu bringen, greift Paulus aber auf eine Reihe von Metaphern zurück: Leib, Ackerfeld, Bau, Tempel. Das Bild vom *Leib* ist das wichtigste von allen. Paulus gebraucht es auf zweifache Weise: In Röm 12 und Kor 12 dient es ihm als bildlicher Vergleich, um die *Einheit in Vielfalt* zu veranschaulichen. Eine Gemeinde kann demnach nur leben, wenn es in ihr verschiedene Begabungen gibt und alle sich in gegenseitiger Achtung begegnen in dem Bewusstsein, aufeinander angewiesen zu sein. Paulus nimmt hier ein in der antiken Moralphilosophie gebräuchliches Bild auf, das etwa bei Äsop oder in der berühmten Fabel des Menenius Agrippa bei Livius (2,32) ganz ähnlich formuliert ist. Andererseits erweitert Paulus die Leib-Metapher um den paränetischen Akzent des Charismenmodells und verbindet sie mit dem Leib Christi als Bild für die Gemeinschaft der Glaubenden.

Theologie, Christologie, Anthropologie und *Ekklesiologie* sind nur vier ausgewählte Aspekte der paulinischen Gedankenwelt. Sie zeigen anschaulich, dass es niemanden gibt, der uns einen authentischeren Einblick in die theologische Entwicklung des frühen Christentums geben könnte als Paulus. Seine Briefe gewähren einen unmittelbaren Einblick in die Probleme und Nöte, aber auch Auseinandersetzungen und Konflikte, die durch die Aufnahme von Heiden in die ursprünglich judenchristliche Kirche entstanden. So gilt Paulus „den einen [...] als Begründer des Christentums, den anderen als Apostat von der väterlichen Religion [s. c. des Judentums, C. C.]. Er selbst verstand sich weder als das eine noch als das andere, sondern als ‚Sklave Christi Jesu (und) berufener Apostel' (Röm 1,1)" (Gnilka 1996, 7).

2.4.3 Die Theologie der synoptischen Evangelien

Neben Paulus stehen die vier Evangelien als zweiter großer Überlieferungsstrang der frühchristlichen Theologiegeschichte des 1. Jh. n. Chr. Dabei bezeichnet der Begriff *Evangelium* zunächst nicht ein literarisches Produkt, etwa in Buchform, sondern die Botschaft der Verkündigung selbst. Obwohl die Evangelisten bei ihrer Darstellung auch von historischem Interesse geleitet sind, wollen die Evangelien doch keine Lebensbeschreibungen Jesu im Sinne der antiken Biographien bedeutsamer Personen sein. Sie sind vielmehr Glaubenszeugnisse in Form von Erzählungen, die der Weckung und Stärkung des Glaubens dienen sollen. Im Unterschied zu den mündlichen Traditionen, die (mit Ausnahme der Passionsgeschichte) ohne Orts- und Zeitangaben weitergegeben wurden, bieten sie die Vielfalt der Überlieferung in einer zusammenhängenden Darstellung, die einem planmäßigen Entwurf folgt.

2.4.3.1 Markusevangelium

„Im Mk-Evangelium begegnet uns innerhalb der Geschichte des Urchristentums eine Schrift, deren Bedeutung nicht hoch genug eingeschätzt werden kann" (Weiser 1993, 45), denn erstmalig in der frühchristlichen Theologiegeschichte wird das Wirken, Leiden und Sterben Jesu im Markus-Evangelium (= Mk) erzählend aufgeschrieben und zu einer Gesamtdarstellung verdichtet. Die große Wirkung des Mk zeigt sich u. a. darin, dass Matthäus (= Mt) und Lukas (= Lk) es zur Abfassung ihrer Evangelien als literarische Quelle aufnehmen und sich im Aufbau weitgehend durch Mk bestimmen lassen. Jesu Wirken stellt sich bei Mk als Weg dar, der in Galiläa beginnt, in Jerusalem endet und zeitlich die Spanne eines Jahres umfasst. Der Entwurf des Mk stellt insofern auch etwas Neues dar, als er die Vielfalt der Überlieferungen als Teil eines Ganzen erfasst. Jesus der *Lehrer* und Jesus der *Wundertäter* werden zueinander in Beziehung gesetzt und beide immer wieder auf die Passion ausgerichtet.

Das Markusevangelium wird kurz nach 70 n. Chr. in Syrien geschrieben, denn es blickt bereits auf die Tempelzerstörung zurück, wie sie in Mk 13,1f von Jesus geweissagt wird. Die altkirchliche Tradition geht zwar von Rom als Abfassungsort aus und identifiziert den Verfasser mit dem Jerusalemer „Johannes Markus", der in 1 Petr 5,13 mit Rom verbunden wird. Um jedoch von einem Jerusalemer zu stammen, sind die Angaben über Palästina zu fehlerhaft. Mk schreibt vor allem für Heidenchristen. Das wird daran sichtbar, dass er immer wieder jüdische Bräuche erklärt. Außerdem zielt sein Evangelium darauf hin, dass ein heidnischer Hauptmann als erster Mensch in Jesus den Sohn Gottes erkennt (Mk 15,39).

Zentrales Thema des Mk-Evangeliums ist die *Christologie*. Jesus wird als *Sohn Gottes* dargestellt, der von Gott in besonderer Weise erwählt ist und durch dessen Erscheinen Gott seine Herrlichkeit sichtbar aufleuchten lässt. So erfolgt gleich zu Beginn des Mk-Evangeliums die Proklamation Jesu zum Sohn Gottes, indem die Himmelsstimme bei der Taufe Jesu spricht: „Du bist mein geliebter Sohn, an dir habe ich Gefallen gefunden" (Mk 1,11). Mk betont (ähnlich wie Paulus in Röm 1,3), dass bereits der irdische Jesus vom Beginn seines öffentlichen Wirkens an Sohn Gottes war.

Die Sohn-Gottes-Christologie ist im Mk-Evangelium aber an das Motiv vom Geheimnis um Jesus geknüpft, über das die Leser/innen schon zu Beginn aufgeklärt werden: Johannes der Täufer kündigt einen „Stärkeren" an und wird durch die Stimme Gottes überboten, die Jesus als „geliebten Sohn" anspricht (Mk 1,9–11). Das Geheimnismotiv begegnet in den Schweigegeboten Jesu gegenüber den Dämonen im Zusammenhang mit Exorzismen (Mk 3,12), gegenüber den Jüngern im Anschluss an das Messiasbekenntnis des Petrus (Mk 8,30) und bei der Verklärung Jesu (Mk 9,9). Es spiegelt sich auch im Unverständnis der Jünger in Bezug auf die Leidensansagen Jesu (Mk 8,32) und in der Parabelrede um das „Geheimnis" des Reiches Gottes (Mk 4,11 f.). Das Geheimnismotiv lässt sich so deuten: Weil nach Mk „der Weg des Gottessohns Leiden, Tod und Auferstehung zum Ziel hat, kann und darf Jesus nur unter Einbeziehung des Kreuzes als Gottessohn bekannt und kundgetan werden" (Schenke 1988, 77). Deshalb ergehen die Schweigegebote und bleiben die Jünger unverständig.

Von Martin Kähler stammt die berühmte Aussage, die Evangelien seien „Passionsgeschichten mit ausführlicher Einleitung" (Kähler 1969, 60). Damit hat er auf ein Gestaltungsmerkmal hingewiesen, das seitdem zu Recht in der Forschung sehr beachtet wird: Mk erzählt die Ereignisse und das Verhalten der handelnden Personen so, dass von Anfang seiner Evangelienschrift an deutlich wird, wohin der Weg der Hauptperson führen wird, nämlich in den gewaltsamen Tod am Kreuz. Gleichzeitig wird diese Charakterisierung dem Mk-Evangelium nicht ganz gerecht. Denn sie berücksichtigt nicht genügend das Eigengewicht der dem Passionsbericht vorausgehenden Teile. Man sollte auch beachten, dass nicht nur das Wissen um die Passion Jesu die Gestaltung der vorausgehenden Ereignisse bestimmt, sondern auch der Glaube an die Auferweckung des Gekreuzigten. In diesem Sinne ist das Mk-Evangelium nicht nur vom Schatten der Passion, sondern auch vom Licht der Auferstehung durchdrungen.

Die im Mittelpunkt des Verkündigungswirkens Jesu stehende Botschaft vom gegenwärtigen Anbruch der Herrschaft Gottes (Mk 1,15) wird vor allem in Form von *Gleichnissen* und der *Wundererzählungen* entfaltet. Die Gleichnisse bezeugen, dass die Gottesherrschaft hier und jetzt anbricht, in der Zukunft vollendet werden wird und an die Person Jesu gebunden ist. Das wird besonders in Mk 4,1–34 thematisiert, dem sog. Gleichniskapitel des Mk-Evangeliums. Am Beispiel der fruchtbringenden Saat und seiner Deutung, sowie der selbstwachsenden Saat und des Senfkorns weckt Jesus die Hoffnung darauf, dass das Reich Gottes trotz unscheinbarer Anfänge und widriger Umstände vollendet wird. Neben den Gleichnissen enthält das Mk-Evangelium eine auffällig große Zahl von Wundergeschichten. Angesichts der Tatsache, dass das Mk-Evangelium das weitaus kürzeste aller Evangelien ist, zeigt sich, dass es die relativ meisten Wundererzählungen enthält. Inhalt und Form der einzelnen Erzählungen hat Mk zum größten Teil aus vorgegebenen Überlieferungen übernommen. Dabei hat die Bezeugung von Exorzismen und Heilungswundern ihre Wurzeln höchstwahrscheinlich im Wirken des historischen Jesus. Im Unterschied dazu lassen die „Epiphanie-, Rettungs- und Geschenkwundertexte keine einzelnen historischen Haftpunkte in konkreten Geschehnissen während des Lebens und Wirkens des irdischen Jesus erkennen. Sie sind aus österlichem Glauben entstanden" (Weiser, 1993, 63). Die Wundererzählungen stellen in meist sehr direkter Weise die Vollmacht und Herrlichkeit Jesu als des Sohnes Gottes heraus. Damit stehen sie in einer deutlichen Spannung zur Kreuzestheologie des Mk-Evangeliums, die dem Verfasser jedoch sicherlich bewusst war. Die Wunder sind für Mk reale Zeichen der Herrlichkeit Jesu, deren wahrer Sinn sich freilich nur denjenigen Leser/innen erschließt, die bereit sind, den Weg der Erniedrigung in der Nachfolge Jesu mitzugehen.

2.4.3.2 Matthäusevangelium

Im Gegensatz zu Mk zählt Mt mit Lk zu den sog. *Großevangelien*. Sie enthalten inhaltliche Stoffe, die bei Mk ganz fehlen, z. B. am Anfang die Kindheitsgeschichten (Mt 1–2; Lk 1–2) und am Schluss die Ostergeschichten (Mt 28; Lk 24). Zwar ist anzunehmen, dass Mk längere

Zeit hindurch in weiten Teilen des frühen Christentums als repräsentatives Standardwerk einer zusammenhängenden Darstellung des Lebens, Wirkens und Sterbens Jesu angesehen wurde. Dennoch erstand 10 bis 20 Jahre später das Bedürfnis, Mk zu erweitern und neu zu fassen. Dafür gibt es vor allem zwei Gründe: Zum einen waren in den entsprechenden Gemeinden noch zahlreiche Jesusüberlieferungen in Gebrauch, die Mk nicht aufgenommen hatte. Andererseits hatte sich die Situation der christlichen Gemeinden weiter verändert, was offenbar eine Aktualisierung und Neuinterpretation notwendig machte. Dieser Aufgabe stellen sich Mt und Lk. Sie benutzen dafür Mk als Vorlage, arbeiten zusätzlich Stoffe aus der Logienquelle (Q) und eigenes Sondergut ein. Gerade an diesen Veränderungen lassen sich die neuen theologischen Konzepte des Mt ablesen, der um 80 n. Chr. in Syrien sein Evangelium schreibt. Auf Syrien weist der Titel *Nazoräer* für Jesus hin (Mt 2,23), denn so nannte man dort die Christen. Außerdem lässt Mt den Ruf Jesu bis nach Syrien dringen (Mt 4,24), wo das Mt-Evangelium sehr früh bei Ignatius von Antiochien zitiert wird. Das Mt-Evangelium wird in einer hellenistisch-judenchristlichen Gemeinde geschrieben. Dafür sprechen die vielen Bezugnahmen auf die hebräische Bibel, die Bedeutung der Gesetzesproblematik, die Benutzung der Septuaginta und die Verwendung alttestamentlich-jüdischer Literaturformen (z. B. Pescher und haggadischer Midrasch).

Für Mt ist die Frage nach dem Verhältnis der christlichen Kirche zu Israel als dem ersterwählten Volk Gottes von zentraler Bedeutung. Wie ein roter Faden durchzieht sie sein ganzes Evangelium und bestimmt die Konzeption sowohl der *Christologie* als auch der *Ekklesiologie*. In der Christologie geht es Mt darum, Jesus als den im Alten Testament verheißenen Messias zu erweisen. Die Ekklesiologie bemüht sich um den Nachweis, dass sich in der Kirche eine legitime Fortschreibung der Geschichte Israels verwirklicht. Neben den „nie gekündigten Bund Gottes mit Israel" (M. Buber), der ja im Judentum weiterhin fortbesteht, tritt bei Mt jetzt das Christentum aus Juden und Heiden.

Die matthäische *Christologie*, die Jesus als den in der hebräischen Bibel verheißenen Messias erweisen will, kommt besonders in den für Mt typischen *Erfüllungs-* oder *Reflexionszitaten* zum Ausdruck. Immer wieder weist Mt mit alttestamentlichen Zitaten darauf hin, dass ein bestimmtes Ereignis oder Verhalten im Leben Jesu genau der Schrift entspricht. „In der Auseinandersetzung mit dem Judentum ist für Mt die Schrift der Kronzeuge für die Messianität Jesu, weil sich in dessen Leben die Schrift erfüllt hat" (Porsch 1995, 55). Dabei ist das Verhältnis des Mt-Evangeliums zum Alten Testament spannungsreich. Einerseits geht Mt davon aus, dass „Gesetz und Propheten" weiterhin gültig sind, andererseits übt er Kritik am „Gesetz" und seiner Auslegung. So sagt Jesus in der Bergpredigt: „Denkt nicht, ich sei gekommen, um Gesetz oder Propheten aufzulösen; ich bin nicht gekommen, um aufzulösen, sondern um zu erfüllen" (Mt 5,17). Diese Passage macht sichtbar, dass die in der Tora ergangene Offenbarung des Gotteswillens auch angesichts des Christusereignisses und in der christlichen Gemeinde Gültigkeit behält. Vor dem Hintergrund der Tatsache, dass Jesus das Doppelgebot der Gottes- und Nächstenliebe als Mitte der der Tora bestimmt hat (Mt 22,34–40), kann er von der so gewonnenen Mitte her auch manches an der Tora und ihrer frühjüdischen Auslegung und Praxis kritisieren. Das geschieht nicht *trotz* der Weitergeltung des Gesetzes, sondern gerade *wegen* ihres grundsätzlichen Weiterbestehens. Die Kritik Jesu zielt nicht auf ein Abschaffen, sondern auf eine Vertiefung und auf eine Freilegung des eigentlichen Sinnes der Weisungen der Tora. „Die Partitur des MtEv macht deutlich, dass Matthäus von allen neutestamentlichen Theologen die Kontinuität seiner heiligen Schrift mit den heiligen Schriften der Bibel formal und thematisch am konsequentesten behauptet hat" (Frankemölle 1999, 126).

Neben den Erfüllungszitaten sind die *Hoheitstitel* ein weiterer wichtiger Bedeutungsträger der matthäischen Christologie. Die Titel Messias (= Christus), Davidssohn, Menschensohn, Gottessohn, Herr, Knecht Gottes, Prophet und Immanuel verweisen auf eine vielschichtige und reich entfaltete Christologie. Gleich zu Beginn des Evangeliums wird im Stammbaum herausgestellt, dass Jesus der verheißene Davidssohn ist (Mt 1,1). Vielleicht verbirgt sich hinter den 3 × 14 Generationen (Mt 1,17) eine Zahlensymbolik, die ebenfalls auf die davidische Herkunft hindeutet. Im Hebräischen sind die Buchstaben des Namens „David" zugleich die Ziffern für die Zahl 14. Aber Jesus ist auch Sohn Abrahams (Mt 1,1) und damit nicht nur Heilsbringer der Juden, sondern aller Menschen. Zwar weiß sich Jesus selbst „zu den verlorenen Schafen des Hauses Israel" gesandt (Mt 15,24) und erhält den Namen Jesus, weil er „sein Volk von seinen Sünden erlösen wird" (Mt 1,21). Aber schon die Erzählung von den Magiern aus dem Osten, die zur Anbetung des Kindes nach Bethlehem kommen (Mt 2,1–12), zeigt, dass es nach der Christologie des Mt-Evangeliums Juden und Heiden sein werden, die Jesus als ihren König verehren.

Noch stärker als die Christologie ist die matthäische *Ekklesiologie* von der Auseinandersetzung mit dem zeitgenössischen Judentum bestimmt. „Neben seiner eigenen Gemeinde scheint daher das ‚Rabbinat' der durchgehende Gesprächspartner des Matthäus zu sein, und man könnte sein Evangelium unter dieser Rücksicht als Versuch einer Verhältnisbestimmung zwischen der Kirche und dem damals existierenden Israel verstehen" (Porsch 1995, 59). Diese Verhältnisbestimmung stellt sich sehr spannungsreich dar: Denn einerseits beachtet die Gemeinde des Mt noch die Tora (vgl. z. B. die Tempelsteuer Mt 17,22; die Geltung des Sabbatgebotes Mt 22,40), andererseits ist die von der Synagoge vollzogene Trennung nicht zu übersehen, wenn Mt etwa von „ihren Synagogen" spricht, in denen die Jesusanhänger ausgepeitscht werden (Mt 10,17; 23,34). Die scharfe Kritik an den Pharisäern in Mt 23 muss als Phänomen der Identitätsfindung der matthäischen Gemeinde gedeutet werden. Es macht sichtbar, dass das Mt-Evangelium eine wichtige Etappe im langwierigen Trennungsprozess zwischen Judentum und Christentum im 1. Jh. n. Chr. markiert. Dazu schreibt Hubert Frankemölle: „Auch für uns heute gilt die hermeneutische Erkenntnis des Psalmisten: ‚Eines hat Gott gesagt, zweierlei habe ich gehört' (Ps 62,12). Diese menschliche Selbstbescheidung gilt unbeschadet der Überzeugung neutestamentlicher Theologen, dass ihre jeweilige Schriftdeutung einzig angemessen sei. Für dieses Schriftverständnis ist der Evangelist Matthäus ein Theologe par excellence. Daß es aufgrund dieses Schriftverständnisses zu Spannungen, zu Widersprüchen und schließlich auch zu Trennungen verschiedener Gruppen im Judentum und schließlich zur Trennung des Christentums vom Judentum kam, ja vielleicht kommen mußte, und dass das MtEv auf diesem Weg ein Meilenstein war, gilt es zu zeigen. Hier steht Glaubensüberzeugung gegen Glaubensüberzeugung, wobei Maßstab des ‚richtigen' Glaubens für Matthäus das Tun der Nächstenliebe ist. Dies sollte Christen zu denken geben, gerade nach Auschwitz" (Frankemölle 1999, 74).

2.4.3.3 Das lukanische Doppelwerk

Ungefähr zur gleichen Zeit und auf ähnliche Weise wie Mt entschließt sich ein hellenistisch gebildeter Christ, den die Tradition „Lukas" nennt, das Mk-Evangelium, die Logienquelle und eigene Überlieferungen zu einem Werk zu vereinen, das er als Doppelwerk aus Lk-Evangelium und Apostelgeschichte konzipiert. Wahrscheinlich handelt es sich bei Lk um einen Judenchristen, denn er übergeht gesetzeskritisches Material (Mk 7) und hält an der Geltung der Tora in der Kirche fest (Apg 15,13–21; 16,1–3). Auch die Vertrautheit mit und das starke Interesse am Alten Testament, die Kenntnis der Septuaginta-Sprache und die jüdisch geprägten Milieuschilderungen in Lk 1–2 sprechen für einen Judenchristen. „Sollte es sich dennoch um einen Heidenchristen handeln, dann um einen Hellenisten, der in einmaliger Weise griechische Bildung und jüdische Frömmigkeit, die hellenistische Kultur und die biblische Tradition in seiner Person vereinigt hat" (Radl 2003, 6).

Im Unterschied zu den übrigen Evangelien beginnt Lk seine beiden Werke mit einem literarischen *Proömium* (Lk 1,1–4; Apg 1,1–3), die zugleich ein theologisches Programm enthalten. Beide Proömien entsprechen den Konventionen antiker Historiographie und sind so auch bei Flavius Josephus oder Artemidoros anzutreffen. Sie zeigen zwar, dass Lk mit Hilfe dieses Stilmittels als Historiker ernst genommen werden möchte. Dennoch schreibt er keineswegs aus rein historischem Interesse. Geschichte ist für Lk ein *theologisches* Phänomen und darum bedeutet Geschichtsschreibung für ihn eine theologische Aufgabe. Mit der Entdeckung der theologischen Dimension von Geschichte erweist sich Lk als Angehöriger der dritten urchristlichen Generation, für die sich die Frage nach der Geschichte durch das Zurücktreten der Naherwartung sehr grundsätzlich stellt. Die Hauptfrage seines Doppelwerks ist also, wie die Kontinuität der Kirche zu den Anfängen und damit ihre Identität bewahrt werden kann. Lk antwortet auf diese Frage, indem er auf das heilsgeschichtliche Handeln Gottes verweist, das diese Identität stiftet und gewährleistet.

Was Lk vorlegt, ist weniger die Theologie eines verborgenen Fahrplans der Heilsgeschichte als vielmehr eine Erzählung, in der eine religiöse Gruppe ihre *Identität* begründet (vgl. Theißen 2002, 77 f.). Für Lk ist wichtig, dass die Jesusanhänger das wiederhergestellte Israel sind. So hat nach Lk nur der Selbstausschluss von Juden dazu geführt, dass es zur Trennung von Christen und Juden kam. Voll Sympathie schildert er in den Kindheitsgeschichten, wie die Erwartung des greisen jüdischen frommen Simeon in Jesus in Erfüllung geht (Lk 2, 32).

Es ist charakteristisch für die Theologie des lukanischen Doppelwerks, dass die *Theologie* die *Christologie* umfasst: Gott ist der Schöpfer (Apg 4,24), er ist Herr der Geschichte sowie der Träger und Initiator des Heilsgeschehens, das mit der Erwählung des Volkes Israel beginnt, sich in der Führung und den Verheißungen gegenüber Israel fortsetzt und in das Leben, Sterben und die Auferweckung Jesu mündet (Apg 7,2–53). Wie sehr der Heilsplan ausschließlich der Plan Gottes ist, wird an der letzten Anweisung des Auferstandenen deutlich, der sagt: „Euch steht es nicht zu, Zeiten und Fristen zu erfahren, die der Vater in seiner Macht festgelegt hat" (Apg 1,7).

Ein wichtiger Zug im lukanischen Gottesbild ist der Aspekt, dass der Gott, den Jesus verkündet und zu dem er beten lehrt, der *barmherzige*, alle Menschen liebende Vater ist. Am deutlichsten kommt dies in den lukanischen Sondergut-Gleichnissen vom wieder gefundenen verlorenen Schaf und der Drachme sowie besonders in der Parabel vom anstoßerregend-guten Vater zur Sprache (Lk 15), das in der Regel das „Gleichnis vom verlorenen Sohn" genannt wird. Man hat die Gleichnisse in Lk 15 zutreffend das *Evangelium im Evangelium* genannt, weil sie davon erzählen, wer wir als Menschen sind, nämlich angenommen und geliebt von einem unbegreiflich guten Vater. Dass ein derartiges Selbstverständnis andererseits nicht zur Selbstgenügsamkeit führen soll, macht Lk in der Beispielerzählung vom barmherzigen Samariter deutlich (Lk 10,10–37), die ebenfalls zum lk Sondergut zählt. Die Pointe der drei Gleichnisse vom Verlorenen ist ja, dass Umkehr nicht durch Angst vor dem Gericht motiviert sein soll, sondern durch die Freude im Himmel, die größer ist „über einen einzigen Sünder, der umkehrt, als über neunundneunzig Gerechte, die es nicht nötig haben umzukehren" (Lk 15,7).

Was *Umkehr* inhaltlich bedeutet, macht Lk am Umgang mit Macht und Besitz deutlich. Dabei sind die Aussagen des lukanischen Doppelwerks zum Besitz nicht homogen. Lk legt auf das Eindringen des Christentums in gehobene Schichten Wert. Umso erstaunlicher ist seine *Reichtumskritik*, die programmatisch im Magnifikat, dem Lobgesang der Maria entfaltet wird: „Er stürzt die Mächtigen vom Thron und erhöht die Niedrigen. Die Hungernden beschenkt er mit seinen Gaben und lässt die Reichen leer ausgehen" (Lk 1,52 f.). Das ist nicht nur der Appell des Lk an die Reichen zum Spenden, sondern auch an alle Mitglieder seiner Gemeinde zur gegenseitigen Unterstützung.

An den *Hoheitstiteln* lassen sich die Konturen der lukanischen Christologie am besten erkennen. Dabei spannt Lk einen eindrucksvollen geschichtlichen Bogen von der Empfängnis bis zur Himmelfahrt Jesu und den der öffentlichen Wirksamkeit von der Taufe Jesu bis zu seiner Gefangennahme. Besonders im LkEv wird Jesus besonders als der *Retter* und Helfer der Armen, Unterdrückten und Benachteiligten gezeichnet. Die Verkündigung Jesu bei Lk richtet sich als ermutigende Botschaft besonders an leidende und wenig geachtete Menschen (Lk 4,18f; 14,12 f.), an Arme, Hungernde, Trauernde und Verfolgte (Lk 6,20–22), Zöllner und Sünder (5,27–32; 19,1–10). Das soziale Pathos des Lk, das in unmittelbarem Zusammenhang mit der Betonung Jesu als Retter steht, hebt auch die Tatsache hervor, dass Frauen im Kreis der Jesusanhänger eine bedeutende Rolle gespielt haben. Lk überliefert die Namen von Frauen und Frauengeschichten: Maria Magdalena (Lk 8,3), die Schwestern Maria und Marta (Lk 10,38–42), die Unternehmerin Lydia in Philippi (Apg 16,14 f.), die prophetischen Töchter des Philippus (Apg 21,8 f.) und manche andere. Völlig zu Recht wird Lk in der Kunstgeschichte immer wieder als *Maler* dargestellt, weil er in seinem Doppelwerk ein wirklich anschauliches Jesus-Bild zeichnet. Wie keinem anderen Evangelisten gelingt es ihm, mit seiner Erzählkunst einprägsame Bilder und Szenen zu schaffen.

Was die Hoheitstitel betrifft, verwendet Lk häufiger als die anderen Evangelisten die Anrede *Herr* (griech. *kyrios*). Gleichsam in konzentrierter Form findet sich die lukanische Christologie in der Engelsbotschaft der Geburtsgeschichte: „Siehe, ich verkündige euch eine große Freude, die dem ganzen Volk zuteilwerden soll: Heute ist euch in der Stadt Davids der Retter geboren; er ist der Messias, der Herr" (Lk 2,10). Weist einerseits die Verbindung von *Messias* und *Retter* auf einen alttestamentlich-jüdischen Bedeutungszusammenhang hin, so zeigen sich andererseits in der Verknüpfung von *Retter* und *Herr* heidenchristliche Interessen und Implikationen einer „politischen Theologie". Denn als „Retter und Herren" galten in der griechisch-römischen Antike vergöttlichte Menschen, wie etwa Kaiser Domitian. Als die

Stadträte der kleinasiatischen Provinzstadt Priene im Jahre 9 v. Chr. beschlossen, den Jahresanfang künftig auf den Geburtstag des Kaisers Augustus zu legen, wurde in der dabei verfassten Kalenderinschrift die Geburt des Kaisers als *Evangelium*, der Kaiser selber als *Retter* bezeichnet (Klauck 2002, 109). Ganz lapidar stellt Lk dem griechisch-römischen Kaiserkult das Bekenntnis entgegen, dass er den wahren Retter nicht in den vergötterten Trägern weltlicher Macht sieht, sondern im neugeborenen Kind von Bethlehem. Ihm allein kommt nach Lk der große Gottesname der Bibel zu: der Herr.

In der literarisch-theologischen Struktur des lukanischen Doppelwerks kommt schließlich dem *Heiligen Geist* große Bedeutung zu: Der Beginn des Lebens Jesu wird als geistgewirkte Empfängnis (Lk 1,35) beschrieben und auch der Anfang der Kirche verdankt sich dem Heiligen Geist, der im Pfingstereignis der Apostelgeschichte in Gestalt von Feuerzungen auf die Jünger herabkommt (Apg 2,3–4). Der Heilige Geist ist nach Lk also nicht nur der Existenzgrund Jesu, sondern auch der göttliche Träger der Kirche. Die Erfahrbarkeit des Heiligen Geistes und damit auch die Bezeugbarkeit seiner Gegenwart wird kaum irgendwo im Neuen Testament anschaulicher und leibhaftiger dargestellt als im lukanischen Doppelwerk.

2.4.4 Die johanneischen Schriften

Als *geistliches Evangelium*, wie Clemens von Alexandrien um 200 n. Chr. das vierte Evangelium nannte, weicht das Johannesevangelium nicht nur in seiner Darstellung des Verlaufs und markanter Einzelheiten der Geschichte Jesu ganz erheblich von den synoptischen Evangelien ab. Es unterscheidet sich von ihnen vor allem durch eine völlig eigenständige Sprachwelt und theologische Terminologie. „Wenn man Mk das ‚Buch der geheimen Epiphanien' genannt hat, so kann man Joh das ‚Buch der epiphanen Geheimnisse' nennen. Hier scheint tatsächlich nicht mehr der irdische Jesus zu sprechen, sondern der Erhöhte (Porsch 1995, 69).

Das vierte Evangelium will von dem „Jünger, den Jesus liebte" geschrieben worden sein (Joh 21,24). Gemeint ist damit jene namenlose Gestalt, die mehrfach an entscheidenden Stellen der Erzählung auftaucht und deren besondere Nähe zu Jesus nachdrücklich betont wird (13,22; 19,26; 20,2; 21,7.20). Schon früh hat man im Lieblingsjünger den Zebedäussohn Johannes erkennen wollen, der dem vorösterlichen Zwölferkreis angehörte. Diese Identifikation fand ihren Niederschlag in der Überschrift „Evangelium nach Johannes", wobei die Verfasserschaft eines Augenzeugen schon wegen der zahlreichen historischen Unwahrscheinlichkeiten als unmöglich gelten darf.

Bei den *Verfassern* des JohEv handelt es sich höchstwahrscheinlich um einen Kreis von Judenchristen, die ursprünglich in der Synagoge beheimatet waren. Aufgrund ihres Bekenntnisses zu Jesus als dem Messias entfernten sie sich immer weiter von der Synagoge, bis es schließlich zu einer Art der Trennung kam, die im JohEv an drei Stellen (9,22; 12,42; 16,2) als *Synagogenausschluss* bezeichnet wird. Diese Trennungserfahrung dürfte für den johanneischen Kreis so traumatisch gewesen sein, dass er um 90 n. Chr. vor der Herausforderung stand, auf der Ebene der Christologie eine eigene religiöse *Identität* aufzubauen. Dieser Prozess war einerseits von der Abgrenzung gegen die Synagoge geprägt, andererseits vor die Herausforderung gestellt, ein eigenes Bekenntnis zu Jesus als dem Messias zu formulieren. Das bedeutet, dass das JohEv im Kontext eines scharfen *innerjüdischen Konflikts* geschrieben worden sein dürfte. Dieser Konflikt entstand zwischen Juden, die den gekreuzigten Jesus für den Messias hielten, und der Mehrheit ihrer Landsleute, die diesen Glauben entschieden ablehnten (Wengst 1990 75 f.).

Das JohEv schreibt die Geschichte Jesu jetzt so, dass die das Evangelium lesende und hörende Adressatengruppe in den Auseinandersetzungen Jesu mit „den Juden" und „den Pharisäern" einerseits ihre eigenen Konflikte mit der jüdischen Mehrheitsposition in ihrer Umgebung wiedererkennt. Andererseits soll sie sich in der Darstellung der Jüngerschaft Jesu selbst entdecken können. Das JohEv schreibt die Geschichte Jesu also in der Weise neu, dass die *Identität* der Adressatengruppe in den aktuellen Auseinandersetzungen ihrer Gegenwart gestärkt wird (Wengst 2000, 22).

Vor diesem Hintergrund lässt sich das JohEv auf zwei Ebenen lesen: auf der Ebene der *Erzählzeit* der Abfassung des JohEvs um 90 n. Chr. Und der *erzählten* Zeit des Lebens und Wirkens Jesu um 30 n. Chr. Beide Ebenen sind im JohEv so zu einem Text verknüpft, dass die Geschichte des johanneischen Kreises als Verfassergruppe des JohEv in die Erzählung des Lebens Jesu hineingewoben ist. Zum besseren Verständnis des JohEv ist es hilfreich, diese beiden Ebenen vorübergehend zu trennen. Denn dann wird das JohEv als neutestamentliche Schrift lesbar, in deren *Erzählzeit* sich der Prozess der *Identitätsbildung* des johanneischen Kreises als einer frühchristlichen Gruppe widerspiegelt, die das vierte Evangelium verfasst hat (Cebulj 2000, 289 f.).

Was die theologischen Schwerpunkte betrifft, vertritt das JohEv eine profilierte *Christologie*. Sie kommt bereits in seinem Aufbau zum Ausdruck und lässt sich durch das Schema *Präexistenz – Erniedrigung – Erhöhung* beschreiben. Dieser Absicht dient bereits in gezielter Weise der als Logos-Hymnus komponierte Prolog (Joh 1,1–18). Im stark von der alttestamentlichen Weisheitsliteratur inspirierten Prolog werden den Lesern/innen unmittelbar höchste Höhen und tiefste Tiefen eröffnet. „Während die synoptischen Evangelien vom irdischen Auftreten Jesu her den Blick für seine Heilsbedeutung als Person öffnen, wird im Johannesevangelium alles von seinem uranfänglichen Sein bei Gott, seiner Präexistenz her, erschlossen" (Schnackenburg 1993, 246). Dabei will der Prolog nicht als „Prolog im Himmel" verstanden werden. Vielmehr stellt ihn der Verfasser als eine *Leseanweisung* für das ganze Evangelium an dessen Anfang. Denn bereits im Prolog wird gesagt, was Jesu Kommen in die Welt bewirken wird, nämlich Polarisierung. Die Welt erkennt Jesus nicht (Joh 1,10) und lehnt ihn ab und darin erfährt Jesus das Schicksal der Weisheit. Doch die ihm zugehörigen Menschen sehen seine Herrlichkeit (Joh 1,14) und er erweist sich an ihnen als „Ausleger" des verborgenen Gottes (Joh 1,18). Der Prolog macht deutlich, dass die johanneische Christologie von der eigentümlichen Spannung zwischen dem wahren *Menschsein* Jesu und der Betonung seiner *Göttlichkeit* geprägt ist. Programmatisch verdichtet sich diese Spannung in Joh 1,14, wo es heißt: „Und das Wort ist Fleisch geworden und hat unter uns gewohnt, und wir haben seine Herrlichkeit gesehen". Der Vers führt zunächst vor Augen, dass Jesus wirklich Mensch (griech. *sarx* = Fleisch) wird. Zum wahren Menschsein gehört auch, dass Jesus leidet und einen realen Tod stirbt, wie das die johanneische Passionsgeschichte später festhält. Auf der anderen Seite führt die Betonung der Göttlichkeit Jesu immer wieder dazu, dass im JohEv der Eindruck entsteht, Jesus stehe jenseits der Konflikte, Ängste und Bedrohungen menschlicher Existenz (vgl. Roloff 2003, 241). In dieses Jesusbild passt die Tatsache, dass Jesus angesichts der Passion nicht zu Gott zu beten braucht, weil er sich von vorneherein seiner Erhöhung gewiss ist (Joh 12,27). Die Verhaftung im Garten Getsemani ist so gestaltet, dass Jesus nicht als willenloser Gefangener abgeführt wird. Vielmehr liefert er sich mit den Worten „Ich bin es" (Joh 18,5) als Souverän seines Geschicks selbst an die römischen Kohorten aus. Josef Blank hat von den „vertauschten Rollen" im Prozess Jesu gesprochen, weil der Eindruck entsteht, dass nicht Jesus der Angeklagte und Gerichtete ist, sondern seine Ankläger und Richter. Die Passion ist im JohEv das Durchgangsstadium zur Erhöhung und *Verherrlichung* Jesu, weswegen Jesus am Ende seines irdischen Lebens zwar denselben Ps 22 wie bei Mk und Mt im Munde führt. Bezeichnend für die Johannespassion ist aber, dass daraus aber nicht V. 2 zitiert wird („Mein Gott, mein Gott, warum hast du mich verlassen?"), sondern Jesus im Moment seines Todes, als seine Selbstoffenbarung als Gesandter des Vaters zu Ende geht, Ps 22,32 zitiert, indem er spricht: „Es ist vollbracht" (Joh 19,30).

Lange vor der Passion tritt Jesus bereits im gesamten Corpus des JohEvs als der Gesandte Gottes auf, um diesen zu offenbaren. Während Jesus in den synoptischen Evangelien vor allem in Form von Gleichnissen das Reich Gottes verkündet, verkündet er im JohEv sich selbst. Die charakteristische Form der Selbstoffenbarung Jesu im JohEv sind die *Ich-bin-Worte*: Jesus ist Brot (Joh 6,35.41.48), Licht (Joh 8,12), guter Hirte (Joh 10,11.14), Weg (Joh 14,6), Weinstock (Joh 15,5) und Auferstehung und Leben (Joh 11,25). Jesus identifiziert sich jeweils mit bestimmten für das Gelingen menschlichen Lebens grundlegenden Gegebenheiten. Damit soll gesagt sein: In Jesus findet der Mensch, was er braucht (Cebulj 2000, 289).

Daneben offenbart der johanneische Jesus sein Wesen als Gesandter Gottes auch durch sieben *Wunder*, die eng mit den Offenbarungsreden Jesu verknüpft sind. Da im JohEv auf eine Wundererzählung oft eine längere Rede folgt, die den tieferen Sinn des Wunders erschließt, nennt Joh die Wunder *Zeichen*. Sie sind Wegzeichen, die in die Richtung weisen, in die die Menschen gehen sollen. Wer sie zu deuten versteht und ihnen folgt, kommt zu Jesus. Denn für sich genommen sind die Wunder nicht eindeutig. Sie können aber ein Anstoß sein und die Frage wachrufen, wer denn dieser sei, der solche Zeichen vollbringt (Joh 2,23–3,2).

Ähnlich wie die Christologie hat auch die johanneische *Ekklesiologie* ihre ganz eigene Prägung. Jesus konturiert sie im Rahmen seiner Abschiedsreden (Joh 13–17), die auch einen Blick auf die im Hintergrund des JohEvs stehende johanneische Gemeinde freigeben. Hier spricht Jesus nie von der Kirche als Institution und erwähnt auch keine Ämter. Das JohEv setzt wohl Taufe (Joh 3,5.22) und Eucharistie voraus (Joh 6,51–58), ansonsten ist das Kirchenbild rein christologisch bestimmt. Es lebt im Bild vom Weinstock und den Reben bzw. vom guten Hirten und seinen Schafen (Joh 15, 1–17; Joh 10,11–18). Kirche ist nach dem JohEv gekennzeichnet durch die bleibende Verbindung mit dem Erhöhten. Aus dieser Beziehung lebt sie und bringt die Frucht der Liebe (Joh 15,9–17). Wenn die Mitglieder der johanneischen Gemeinde auch verfolgt und gehasst werden (Joh 15,18–25), sind sie nach dem JohEv doch nicht allein. Jesus verheißt ihr einen „anderen Beistand", den „Geist der Wahrheit", der für immer bei ihr bleibt. Nach dem Tod Jesu wird der Geist die leibliche Abwesenheit Jesu in eine neue Gegenwart verwandeln. Dieser Geist ist die zentrale Größe der johanneischen Ekklesiologie und trägt bei Joh zwei Bezeichnungen, die sich sonst nirgendwo im Neuen Testament finden: Er ist der *Geist der Wahrheit* bzw. der *Paraklet* (griech. Beistand, Anwalt). Als solcher ist er für die Gemeinde gleichzeitig Lehrer und Offenbarer: Er „wird euch alles lehren und euch an alles erinnern, was ich euch gesagt habe" (Joh 14,26). Nach dem JohEv tritt der Paraklet also an die Stelle des erhöhten Herrn, was nach dem 1. Johannesbrief zur Folge hat, dass durch seine Anwesenheit in der johanneischen Gemeinde überhaupt keine irdischen Lehrer mehr notwendig sind (1 Joh 2,27). „Vielmehr diente der Paraklet sowohl der Gemeinde in ihrer Gesamtheit als auch der Verfassergruppe der joh Schriften als legitimierende Theorie, mit der sie den ständigen Besitz der Wahrheit und damit auch das Deutemonopol für die Aufrechterhaltung der joh Tradition für sich beanspruchen konnte. Die durch seine charismatische Ausrichtung bedingte Strukturlosigkeit dieses Autorenkreises innerhalb der Gemeinde dürfte der Grund dafür gewesen sein, dass es in der joh Gemeinde zu Spannungen und Spaltungen kam und sich das Ideal von einem geistbegabten Kollektiv joh Jesusanhänger noch vor dem Übergang ins 2. Jhdt bereits überlebt hatte" (Cebulj 2001, 350).

2.5 Einheit in Vielfalt

Am Ende dieses kurzen Gangs durch die Theologie der wichtigsten neutestamentlichen Schriften ist klar, dass sich die verschiedenen theologischen Entwicklungslinien, die beschrieben wurden, nicht einfach in das harmonisch-einheitliche Gesamtkonzept einer *Biblischen Theologie des Neuen Testaments* bringen lassen. So wenig eine nachträgliche Harmonisierung sachgemäß oder erstrebenswert wäre, so sehr wird die Vielfalt der neutestamentlichen Theologien der heutigen Situation von Theologie und Glaube in einer pluralistischen Gegenwart gerecht. Von der Klarheit und Einfachheit der Logienquelle und des Markusevangeliums über die wortgewaltige Sprache des Paulus bis zur aktualisierenden Neuverkündigung des Johannesevangeliums bietet gerade die Vielfalt neutestamentlicher Theologien eine (noch immer nicht ausgeschöpfte) Quelle vielfältiger Welt- und Lebensdeutung. Gerade die Vielfalt der biblischen Theologien ist es, die die Einheit der christlichen Theologie interessant und spannend macht.

3. Patristik

Petra Heldt

Von Anfang an hat die Kirche ein intellektuell lebendiges Leben gefördert. Dabei war das Ziel wohl nicht unbedingt die Entwicklung von Ideen, Konzepten und Formeln für den christlichen Glauben, sondern der Versuch, das Herz und den Verstand von Männern und Frauen zu gewinnen, dass sie ihr Leben heiligen. Christliche Denker erreichten tiefere Schichten menschlicher Erfahrung als religiöse Institutionen oder philosophische Doktrinen. Die biblischen Geschichten von Gott mit seinem Volk Israel waren ihre eigene Geschichte, erweitert durch eine neue Liebe, Jesus Christus, der ihre Taten inspirierte und ihre Gefühle bestimmte. So wie die ost- und nordafrikanischen, hellenistischen, römischen, syrischen und arabischen Gesellschaften seit dem 2. Jh. v. Chr. teilweise judaisiert worden waren, so wurden sie nun seit dem 1. Jh. n. Chr. christianisiert. Die christlichen Philosophen füllten die griechisch-römischen Gedankenmuster und Konzepte mit einem biblisch inspirierten christlichen Verständnis und transformierten so die Gesellschaft. Ebenso durchdrang das christliche Lesen und Lehren der Bibel auch jene jenseits des römischen Imperiums gelegenen Länder, die umgekehrt wieder das biblische Verstehen beeinflussten. In einem fortlaufenden Prozess entstand etwas Neues, nämlich die Kirche. Der biblische Denkweg gab der sich christlich formenden Zivilisation eine einheitliche und kohärente Interpretation der Bibel.

Politische Entwicklungen außerhalb und innerhalb des Römischen Reiches beeinflussten die entstehenden christlichen Gemeinschaften und Kirchen. Darüber hinaus bildeten die Ostgrenzen des Oströmischen Reiches auch oft zugleich die Verstehens- und Informationsgrenze für die Länder innerhalb des Römischen Reiches im Hinblick auf die großen und bis hin nach China und Japan einflussreichen christlichen Entwicklungen im ostafrikanischen, syrischen und arabischen Bereich. Die Ausblendung dieser Entwicklungen gilt umso mehr für die Zeit der muslimischen Eroberungen des Orients seit dem 7. Jahrhundert. Theologiegeschichten, die in Ländern des Weströmischen Reiches geschrieben wurden, tendierten darum ebenso wie jene aus anderen Teilen der Welt dazu, den Teil als das Ganze zu sehen. Die Kulturen der ersten christlichen Jahrhunderte hingegen hatten die Breite der christlichen Entwicklungen im Blick, denn die damals noch zahlreichen Länder des Orients standen für den Pilger offen. So gab es gewissermaßen eine ökumenische Entwicklung der christlichen Kirche, in der die Gemeinden sich international in diesem Prozess gegenseitig unterstützten und korrigierten. Bis heute werden viele jener frühen Kirchenautoren oft eher als Wegweiser für die Gegenwart denn als historische Quellen oder gar als nur zu einer Kirche gehörig gelesen.

Es fällt bei der Betrachtung der Theologiegeschichte auf, dass ihre wesentlichen Denklinien in den ersten drei bis vier Jahrhunderten n. Chr. gelegt wurden. Die sich anschließenden Jahrhunderte vertiefen, erweitern und fokussieren dann jene breite Basis. Diese historische Gewichtung wird sich auch in unserem Kapitel über die patristische Periode widerspiegeln. Die zwei ersten Abschnitte über die ersten drei bis vier Jahrhunderte werden umfangreicher ausfallen als die drei sich anschließenden Paragraphen über das vierte und fünfte Jahrhundert n. Chr.

3.1 Am Anfang: Eschatologie und Ethik (1. bis 2. Jahrhundert)

Die ersten Christen mussten ihren jüdischen Brüdern und Schwestern zwei Dinge erklären. Zum einen, warum sie einen Mann anbeteten und eschatologisch auf ihn hofften, der von den Römern hingerichtet worden war. Zum anderen, warum innerhalb weniger Jahrzehnte nach Jesu Tod einige Judenchristen aufhörten, einen Teil der jüdischen Gebote zu halten. Gegenüber ihren hellenistischen Mitgenossen hingegen mussten Christen, wie Paulus in Athen, erklären, warum Christus Gott sei. Aus unterschiedlichen Gründen fanden Juden wie Griechen den Gott der Christen ungewöhnlich und beide beschuldigten die Anhänger Christi, die alten, traditionellen Lehren, die von den weisesten Philosophen, Stätten und Ältesten stammten, zu verachten. Griechen und Juden sahen Christen als soziale Separatisten und intellektuelle Häretiker angesichts der Konversion vieler Menschen zum christlichen Glauben. Christen stellten sich der Herausforderung. Ausgehend von ihrer geistigen Verbundenheit mit Christus überprüften sie die philosophischen Vorstellungen ihrer Umwelt. Dies führte einerseits zu einer Übernahme religionsphilosophischer Traditionen, andererseits zu einer Veränderung klassischer Werte bei ihnen. Diese Kontinuität und Erneuerung der jüdisch-hellenistischen Tradition fand Ausdruck in der Taufe, dem Glaubensbekenntnis und der Zuversicht auf ein ewiges Leben.

3.1.1 *Credo – Didache – Apostolische Konstitutionen*

Der Ritus der Taufe als Zeichen der Zugehörigkeit zum christlichen Glauben war äußerlich recht unauffällig. Das Untertauchen als Reinigungsakt, in dem Sünden und Dämonen abgesprochen wurde, war gängige Praxis auch in der jüdischen Tradition zur Aufnahme von Proselyten und in hellenistischen Sekten zur Aufnahme neuer Anhänger. Der eigentliche Glaubenswechsel geschah durch das Sprechen eines Glaubensbekenntnisses bei der Taufe, oft als die trinitarische Formel „im Namen des Vaters, des Sohnes und des Heiligen Geistes" (Mt 28,19), oder als das christologische Bekenntnis „Jesus ist der Herr" (1 Kor 12,30) und „Jesus Christus ist der Sohn Gottes" (Apg 8, 37). Im 2. Jahrhundert wurden diese Formeln erweitert, etwa in der *Didache* oder in den Werken von Tertullian, Hippolytus, Origenes und der *Didascalia*. Das bis heute gebräuchliche Apostolische Glaubensbekenntnis ist eine kurze Zusammenfassung christlicher Lehre, dessen Kern bis in die apostolischer Zeit zurückgeht.

Der unbekannte jüdisch-christliche Autor der *Didache* kompilierte möglicherweise bereits im 1. Jahrhundert für Nichtjuden ein Kompendium mit moralischen Vorschriften, Anweisungen zum Gemeindeaufbau und Empfehlungen zu liturgischen Feiern. Die Texte sind nur oberflächlich christianisiert (1,3b–2,1). Der Aufbau der Schrift ist gegliedert, wie bereits in der Gemeinderegel von Qumran (*1QS*), durch eine Form der Zwei-Wege-Lehre, nämlich dem Weg zum Leben oder zum Tod. Die moralischen Vorschriften gehen im Wesentlichen auf jüdische Traditionen zurück, einschließlich der eucharistischen Gebete (9–10). Die Vorschriften über die Gastfreundschaft (11–13) im Hinblick auf reisende Propheten und Lehrer hingegen sind aus westsyrischen Bräuchen bekannt.

Die Didache wurde im 4. Jahrhundert in die *Apostolischen Konstitutionen* aufgenommen, zusammen mit zwei weiteren beliebten Schriften, nämlich der *Didascalia* und der *Apostolischen Tradition*. Die *Didascalia* tradierte die Pflichten der Bischöfe, die Ordinationen von Frauen und Männern für das Diakonat, den Umgang mit aus Glaubensgründen inhaftierten Christen und mit jüdischen Konvertiten. Die *Apostolische Tradition* enthält eine alte Taufliturgie (Klementinische Liturgie).

3.1.2   Apostolische Väter

Etwa ein halbes Dutzend Werke aus der Zeit der letzten Dekade des ersten und der ersten Hälfte des zweiten Jahrhunderts sind seit den Arbeiten des Sorbonne-Professors Jean-Baptiste Cotelier (1629–1686) als „Apostolische Väter" bekannt. Eschatologie und Ethik sind die Hauptmerkmale jener Schriften, die die Gemeinden oft bis in das vierte Jahrhundert neben den biblischen Büchern im Gottesdienst gelesen haben. Zu diesem Katalog gehören:

1) Clemens von Rom, *Epistel an die Korinther:* Das Werk bezeugt Petrus in Rom, die Christenverfolgung unter Nero, die apostolische Sukzession, die Auferstehung der Toten und liturgische Gebete. Die sog. *Zweite Epistel an die Korinther* ist eine anonyme Predigt über Christus, der als Gottes Herrlichkeit Richter über Leben und Tod ist. Die *Zwei Briefe an zölibatär lebende Christen* bezeugen eremitisches Leben der ersten christlichen Generationen. Die *Pseudo-Klementinen* sind ein Roman, in dem der römische Patrizier Klemens auf der Suche nach der Wahrheit Christus findet.

2) Die sieben echten *Briefe des Ignatius*, des Bischofs von Antiochien, an die sechs Gemeinden von Ephesus, Magnesia, Tralles, Philadelphia, Smyrna und Rom und an den Bischof Polykarp von Smyrna: Ignatius schrieb sie auf seinem Gefangenentransport zum Martyrium in Rom unter Kaiser Trajan (98–117 n. Chr.). Die Briefe zeigen die Liebe Gottes zur göttlichen Ökonomie im Universum und wie Gott die Welt und die Menschheit von der Tyrannei des Bösen dieser Welt befreite. Gott habe die Menschheit im Judentum durch die Propheten auf das Heil vorbereitet und diese Erwartungen kämen zum Tragen in Christus, dem ebenfalls prae-existenten Teils des dreieinigen Schöpfergottes. Die Episteln orientieren sich am Denken des Paulus und am Johannesevangelium und stellen eine Verbindung zwischen der Offenbarung und der Zeit der Tradition dar.

3) Polykarp, Schüler Johannes des Evangelisten, durch die Apostel zum Bischof von Smyrna ernannt, setzte sich unter Hinweis auf Johannes und die Apostel für den Ostertermin am 14. Nissan (Quartodezimaner) ein gegen den römischen Bischof Anicetus, der für das Sonntagsdatum unter Hinweis auf seine Vorgänger warb. Polykarp nannte Marcion „die Erstgeburt des Satans". Er schrieb an die Gemeinde in Philippi gegen falsche Lehre und bestätigte das Kommen Christi im Fleisch, seinen Kreuzestod, die Auferstehung und das Gericht. Im Alter von 86 Jahren starb Polykarp am 22. Februar 156 als Märtyrer in der Nachahmung des Leidens und Sterbens Christi.

4) Papias, Bischof von Hierapolis in Phrygien, schrieb ca. 130 n. Chr. fünf Bücher unter dem Titel *Auslegungen der Worte des Herrn*, aus denen Eusebius in seiner *Kirchengeschichte* (ca. 325 n. Chr.) fragmentarisch zitierte. Danach vertritt Papias die Meinung, dass Matthäus das Evangelium auf Hebräisch schrieb und Markus in seinem Evangelium die Predigten von Petrus zwar treu, aber nicht in guter Ordnung aufzeichnete. Eusebius betonte, dass Papias die mündliche vor der schriftlichen Tradition bevorzugte.
5) Der *Brief des Barnabas* ist eine theologische Abhandlung. Der unbekannte Autor schrieb wohl zwischen dem letzten Jahrzehnt des ersten und dem dritten Jahrzehnt des zweiten Jahrhunderts. Der Traktat nennt (4,4f) zehn unidentifizierbare Königreiche, die auf Daniel 7 basieren, und redet von dem spirituellen Wiederaufbau des Tempels im Herzen von Nichtjuden. Der Traktat diskutiert eine unter Juden, Judenchristen und Christen im syrischen Raum aktuelle Frage, nämlich, wem der Bund gehöre. Von den drei Bund-Positionen, die bereits im Neuen Testament erschienen, nämlich Inklusivität (Juden und Nichtjuden in einem Bund), Exklusivität (entweder nur Juden oder nur Nichtjuden im Bund) und Parallelität (zwei Bünde, einer für Juden und einer für Nichtjuden), vertrat der Autor im ersten Teil des Briefes die Exklusivität, die er mit den von Christen spirituell interpretierten Geboten des Mose begründete gegen die für ihn unzureichende wörtliche Interpretation der Juden seiner Umgebung. Der zweite Briefteil präsentiert eine Form der Zwei-Wege-Lehre, bei der, wie in Qumran, ein Weg des Lichtes und ein Weg der Finsternis unterschieden werden.
6) Der *Hirt des Hermas* ist eine christliche Apokalypse, die abschnittsweise in der Zeit von 90–150 n. Chr. geschrieben und als eine Serie von Visionen in drei Abteilungen redigiert wurde, nämlich als fünf Visionen, zwölf Mandate und zehn Ähnlichkeiten. Zentral steht die zweite und damit endgültige Buße gegen die anderwärtig propagierte einmalige Buße bei der Taufe. Die zweite Buße, legitimiert durch die Offenbarungen, war der Versuch, religionskritische und theologische Probleme mit Sünden nach der Taufe zu lösen.

3.1.3 Legenden – Poesie – Märtyrerakten

Im Alltag wollten die Christen für ihre Nächsten erkennbar sein. Dies entsprach dem hohen moralischen Anspruch, dem sie sich unterwarfen. Das letzte Ziel ihres Lebens war jedoch, Gottes Angesicht zu schauen. So entstanden, oft auf jüdischer Basis beruhend, Legenden, Poesie und Märtyrerakten, die das Schauen Gottes in vielerlei Weise darstellten.

Die Legenden blieben häufig apokryph, aber in ihren literarischen Formen als Evangelien, Apostelgeschichten, Episteln und vor allem als Apokalypsen bestimmen sie oft bis heute manche christliche Vorstellung. So etwa die Lehren über das Gericht nach dem Tod (*Apokalypse des Petrus*), das Inferno und die Auferstehung (*Apokalypse des Paulus*), das Thronen des Dreieinigen Gottes (*Dialoge mit Christus*), das Aufnehmen Mariens in den Himmel (*Dormitio Mariae*), die Märtyrertode der Apostel (*Apostelgeschichten des Petrus, des Paulus, des Thomas, des Andreas, des Johannes*). Das *Protevangelium des Jakobus* bestimmte die Geburtsikonographie und Jesu Familiengeschichte. Das Thomasevangelium hingegen hat eine komplexe Tradition, da es auch für manichäische und gnostische Zwecke oft redigiert wurde.

Poetische Werke wie die *Oden Salomos*, die christlichen *Sybillinischen Orakel* oder Grabinschriften lebten von den jüdischen Lobgesängen über das Schauen Gottes, wurden christlich überarbeitet und werden manchmal bis heute gebetet.

Die Akten, Passionen und Legenden christlicher Märtyrer entstanden zuerst als Gerichtsaufzeichnungen (*Die Akten der Märtyrer von Scilli in Afrika*), dann als Augenzeugenberichte (*Die Passion der Perpetua und Felicitas*) und schließlich in der Form von Legenden. Das Werk des Eusebius, *Von den Märtyrern* (ca. 310 n. Chr.) ist eine Kollektion solcher Legenden. Viele dieser Berichte wurden in Gottesdiensten gelesen aus Anlass wiederkehrender Märtyrerjahresdaten.

3.1.4 *Apologeten*

Der christliche Glaube wurde in der römisch-hellenistischen Kulturwelt durchdacht und entwickelt in kontinuierlichen Dialogen mit der jüdischen Tradition im Hinblick auf den Messias und die Interpretation der Bibel und mit den hellenistischen Traditionen im Hinblick auf die Götterkritik. Dabei waren folgende vier Grundlehren für Christen von Interesse:
a) Von dem Gott der hebräischen Bibel sagten sie, dass er die Welt aus dem Nichts schuf, durch die Gebote die Gesellschaft ordnet, mit den Menschen kommuniziert und die Toten auferweckt.
b) Von Plato (428–348 v. Chr.) lernten sie, dass nur der transzendente Raum des reinen Intellektes oder Geistes unveränderbar und ewig sei (Hall 1991, 5). Hier hätten alle Dinge der veränderbaren und vergänglichen Welt ihre festen Archetypen oder Modelle („Formen", „Ideen"). Da das intellektuelle Element der menschlichen Seele materielle Dinge als Kopien der „Ideen" wie angeboren erkenne, müsste dieser Teil der Seele diese Ideen bereits in einer früheren spirituellen Existenz gekannt haben und gehöre darum zu einem unveränderbaren totlosen Raum und sei unsterblich. In dem oft zitierten Dialog des *Timäus* beschrieb Plato einen Handwerker oder Demiurgen, der die ewigen Ideen kopierte, um diese Welt zu schaffen. Jener Handwerker ähnelte dem biblischen Schöpfer und bildete eine Brücke zum Christentum. Plato allerdings betonte, dass jeder wahre Gott die Unveränderbarkeit der Ideenwelt teilt, und spottete über poetische Mythologien und Metamorphosen der Götter. Die platonischen Überlegungen beeinflussten besonders die Denker in Alexandria.
c) Von Aristoteles (384–322 v. Chr.) lernten sie, dass Gott absolut unbeweglich und mit der Kontemplation seiner eigenen Perfektion beschäftigt sei. Alles andere bewege sich und existiere aus einem Verlangen nach ihm (Hall 1991, 5). Der nicht-materielle Raum der Ideen könne die materielle Welt nicht transzendieren. Die aristotelischen Gedanken beeinflussten die antiochenischen Denker.
d) Von den Stoikern (Zeno 336–264 v. Chr.) lernten sie, dass Gott das ordnende Prinzip des Universums sei. Er sei ihr rationales Prinzip (*logos*), ihre Seele (*psyche*), ihr Äther (*pneuma*). Dieses Prinzip sei Materie (*soma*), das das Universum zusammenhalte und am Ende als Feuer zerstört würde (Hall 1991, 6).

Christliche Apologeten verteidigten und erklärten die Lebensweise und den Glauben gegenüber Anwürfen, wie sie schon sei der Zeit des römischen Prokurators Plinius (gest. 79 n. Chr.) bekannt waren, der meinte, dass der christliche Glaube nur „ein verdorbener ausländischer und zudem außerordentlich in die Länge gezogener Kult" sei. Diese Kritik teilte auch Kaiser Hadrian, dem der christliche Autor Quadratus (ca. 124 n. Chr.) erwiderte, dass die von Christus Geheilten noch immer von dessen Taten zeugten.

Justin der Martyrer (gest. ca. 165 n. Chr.) war einer der frühesten ausführlichen Apologeten im Hinblick auf das Judentum. Zu Beginn seines Werkes *Dialog mit dem Juden Trypho* (ist das Rabbi Tarphon in Ephesus zur Zeit des Bar Kochba-Aufstandes im Jahre 132?) erzählt Justin von seiner Konversion zum biblischen Gott nach dem Studium von Plato, Aristoteles und den Stoikern. Gegen Plato, dass die Seele unsterblich sei und Leben in sich selbst habe, lehrte ihn ein weiser Alter, dass das Leben der Seele ein Geschenk Gottes sei, der Ursprung allen Lebens. So öffneten sich die „Tore des Lichtes" für Justin und die Strahlen fielen „wie heiße Kohlen auf trockenes Holz und eine Flamme war in meiner Seele entfacht, und ich wurde erobert von der Liebe zu den Propheten und den Freunden Christi". Gott werde erkannt durch sein Tun in der Geschichte und sein Sprechen zu Menschen, nicht durch Einsichten oder Überlegungen. Argumente oder Beweise seien nicht der Weg zu Gott, sondern Unterscheidung, Glaube und die Fähigkeit, Offenbartes zu sehen und dessen Zeugen zu glauben.

Der griechische Philosoph Celsus schrieb eine Streitschrift *Die wahre Lehre* (ca. 170 n. Chr.) gegen das Christentum. Eine der axiomatischen Positionen war, dass Gotteserkenntnis durch den Geist komme, der, gereinigt von sinnlichen Eindrücken und befreit von der Annahme gegenständlicher Objekte, sich hinauf zu Gott bewege. Gott sei nur durch das geistige Auge wahrnehmbar, erreichbar nur für wenige. Der christliche Anspruch, Gott offenbare sich in einer historischen Person, sei gegen Gottes Natur. Eine detaillierte Antwort kam erst von Origenes im Jahre 248 n. Chr. Eines seiner Grundargumente war, dass Gotteserkenntnis nicht mit dem Aufstieg des menschlichen Geistes zu Gott beginne, sondern mit dem Abstieg Gottes zu den Menschen in einer historischen Person. Die Erkenntnis Gottes allein durch die Aktivität des Geistes sei unvollständig, denn sie bringe weder Veränderung im Leben noch im Gottesdienst.

3.1.5 Gnosis – Irenäus

Die Gnosis war eine seit der Zeit Alexanders des Großen (356–323 v. Chr.) im Osten gewachsene synkretistische Weltanschauung. Von den orientalischen Religionen übernahm sie den absoluten, auf zwei gegensätzlichen Prinzipien und Substanzen basierenden Dualismus von Gott und Welt, Körper und Seele, Gut und Böse, aber auch die Hoffnung auf Erlösung und Unsterblichkeit. Von der griechischen Philosophie erhielt die Gnosis ihre spekulativen Elemente, und zwar vom Neoplatonismus den Mythos der Verbindung zwischen Gott und Welt, vom Neopythagorismus die naturalistische Mystik und vom Neostoizismus die Wertschätzung des Individuums und dessen ethische Ziele. Trotz der späteren Verwerfung vieler Schriften führender gnostischer christlicher Denker haben jene Werke dennoch den Verlauf der christlichen Theologie beeinflusst. Basilides in Alexandria in Ägypten (ca. 120–145 n. Chr.) war ein aus diesen Kreisen erwachsener christlicher Denker, dessen Evangelium, Psalmen und exegetische Werke die Frühe Kirche beeinflussten. Sein Gegner Irenäus (ca. 115–ca. 202 n. Chr.) beschrieb die Kosmologie des Basilides so, als ob in ihr Wissen (*gnosis*) von den Mächten der Welt befreie, aber nur von wenigen erreicht werde. Erlöst werde nur die Seele, der Körper sterbe. Der vom Vater gesandte Jesus, aber nicht der von irdischen Mächten gekreuzigte Christus, werde verehrt.

Auch Valentinus (ca. 120–ca. 160 n. Chr.) entwickelte seine gnostisch-mythischen Spekulationen in Alexandria, die seine Anhänger in einem italienischen und einem orientalischen Zweig fortsetzten. Ptolemäus, ein prominentes Mitglied der italienischen Schule, schreibt über das Gesetz des Mose (Epiphanius, *Häresie* 33:3–7), es gliedere sich in drei Teile: das Gesetz Gottes, nämlich die Zehn Gebote, die Jesus erfüllte; das Gesetz des Mose, nämlich das Vergeltungsgesetz, das Jesus auflöste; das Gesetz der jüdischen Ältesten, nämlich das Zeremonialgesetz, das Jesus spiritualisierte. Bardesanes (154–223 n. Chr.) aus Edessa war im ersten Teil seines Lebens ein bekannter Vertreter der orientalischen Schule, die er dann aber verließ. Zum Ende seines Lebens schrieb der Gelehrte 150 Hymnen, die zur Grundlage der syrischen Hymnodie wurden. Manche sahen in diesen Gebeten noch immer Gnostisches.

Marcion (gest. ca. 154 n. Chr.) aus Sinope am Schwarzen Meer war ein christlicher Lehrer in Rom, wo er exkommuniziert wurde. Von Irenäus wurde er als Gnostiker bezeichnet, der zwischen dem bösen Schöpfergott, dem Demiurgen, im Alten Testament und dem guten universalen Erlösergott im Neuen Testament unterschied. Gegner wie Irenäus und Tertullian beschrieben Marcion und die Gnostiker so, als hielten sie den Gott des Alten Testaments, der die Welt der Materie erschaffen hatte, für geringwertig, für einen eifersüchtigen und rachsüchtigen Gott, der das jüdische Volk bevorzugte. Dieser Gott (Demiurg) hatte, so Marcion aus der Sicht seiner Gegner, nichts mit dem universalen und liebenden Gott gemeinsam, der seinen Sohn in die Welt gesandt hatte. Der Christus des Neuen Testaments sei weder der von den Propheten verkündete Messias noch sei er von einer Frau geboren oder hätte einen materiellen Körper besessen, denn alle Materie sei böse. Von den Büchern des Alten und Neuen Testamentes habe allein Paulus ein angemessenes Verständnis von Christus. Die Harnack'sche These, dass die Bibel Marcions wesentlich aus den paulinischen Briefen und Teilen des Lukasevangeliums bestand, ist heute umstritten (vgl. 7.3.2.3). Falls Marcion ein solches Bibelverständnis hatte, dann stand er gegen Autoren wie Clemens von Alexandria (ca. 160–ca. 215 n. Chr.) und Origenes (ca. 185–251 n. Chr.), die die Bücher in den beiden Teilen der Bibel als ein einziges Buch für den christlichen Leser sahen, zusammengehalten durch den „Heiligen Geist", wie Kyrill von Alexandria im fünften Jahrhundert schrieb und wofür Irenäus schon im zweiten Jahrhundert die Basis gelegt hat.

Irenäus (ca. 115–ca. 202 n. Chr.) aus Smyrna in Kleinasien, Bischof von Lyon, schuf in seinen Werken ein theologisches Fundament der Kirche. In seinen fünf Büchern *Gegen Häresien (Adversus Haereses)* analysierte der Bischof viele der gnostischen Schulen und betonte gegen deren Lehre, dass es nur einen Gott gebe, der Schöpfer des Himmels und der Erden sei. Dieser formte den Menschen, rief Abraham, führte das Volk aus Ägypten, sprach mit Mose, gab das Gesetz, sandte seine Propheten und ist der Vater Jesu Christi. Die Bibel verstand Irenäus als eine einzige Geschichte mit Gott als dem Hauptakteur. Der eine, wahre Gott sei identisch mit dem Schöpfer der Welt, mit dem Gott des Alten Testaments und mit dem Vater des Logos. Die Beziehung der drei göttlichen Personen innerhalb Gottes diskutierte Irenäus nicht, schien aber überzeugt, dass die Existenz des Vaters, des Sohnes und des Heiligen Geistes sich in der Geschichte der Menschen zeige und vor der Schöpfung des Menschen existierte. Die Worte: „Lasst uns den Menschen schaffen nach unserem Ebenbild" (Gen 1, 26) richtete der Vater an den Sohn und den Heiligen Geist, den Irenäus allegorisch „die Hände Gottes" nannte, der im Dienst des Sohnes stand und die Propheten mit dem Charisma der Inspiration füllte im Auftrag des Vaters.

Von Paulus übernahm Irenäus den Zentralbegriff „Rekapitulation" und entwickelte ihn so weiter, dass alles seit Beginn in Christus aufgenommen werde. Gott stellte den früheren Heilsplan für die Erlösung der Menschen wieder her, der unterbrochen war durch Adams Fall, und sammelte sein gesamtes Werk seit Anbeginn, um es zu erneuern, wiederherzustellen, neu zu organisieren in seinem eingeborenen Sohn, der auf diesem Weg für die Menschen zum zweiten Adam wurde. Seitdem durch den Fall des Menschen die ganze Menschheit verloren war, musste der Sohn Mensch werden, um die Wiedererschaffung der Menschheit zu bewirken. Durch diese Rekapitulation des originalen Menschen wurde nicht nur Adam selbst, sondern die ganze Menschheit erneuert und die bösen Folgen des Ungehorsams des ersten Menschen wurden zerstört. Auf diese Weise erneuerte der zweite Adam den alten Konflikt gegen den Bösen, überwand diesen und brachte das Neue.

Der Lyoner Theologe entwickelt die Parallelen zwischen Eva und Maria, wie Paulus zuvor die zwischen Adam und Christus. In der Lehre des Irenäus gebar Maria den neuen Adam und wurde so die wahre Eva *alles Lebens*. Irenäus sprach von der universalen Mutterschaft Mariens, von Christus als dem Haupt der Kirche und von der Kirche als dem Werk Jesu, in der die beständige Erneuerung des Menschen bis zum Ende der Welt wiederholt werden könne.

Irenäus war davon überzeugt, dass die Lehre der Apostel unverändert fortlebte. Die apostolische Tradition sei die Quelle und Norm des Glaubens. Der Kanon der Wahrheit lag für Irenäus wohl im Taufbekenntnis. Im Hinblick auf die Eucharistiefeier sei Christus realiter anwesend und Brot und Wein seien Leib und Blut Christi und bereiteten den Menschen für die Auferstehung. In der Lehre von der Erlösung des Menschen unterschied man zwischen der *imago Dei* und der *similitudo Dei*. Der Mensch sei von Natur, d. h. durch seine immaterielle Seele, eine *imago Dei*, ein Ebenbild Gottes. Die *similitudo Dei* sei die Ähnlichkeit mit Gott auf eine übernatürliche Art, die Adam besaß durch den freien Akt der Güte Gottes. Die Ähnlichkeit Gottes werde durch das göttliche Pneuma, die Erlösung des Einzelnen durch die Kirche und ihre Sakramente im Namen Christi bewirkt. Das Sakrament verhalte sich zur Natur, wie der neue Adam zum alten. Der Mensch erhalte seine Vollkommenheit in den Sakramenten. Das Sakrament sei der Höhepunkt der Rekapitulation der Schöpfung in Christus. In der Taufe werde der Mensch neugeboren zu Gott. Diese irenäische Lehre wurde Grundlage der christlichen Lehre.

Irenäus hielt nur die apostolisch gegründeten Kirchen in der Lehre für verlässlich, denn die bischöfliche Sukzession garantiere die Wahrheit der Lehre. Häretiker hingegen seien weder Nachfolger der Apostel noch hätten sie das Charisma der Wahrheit. Um die rechte Lehre immer wieder von Neuem zu bewahren, beschrieb Irenäus das Prinzip des natürlichen Zusammenkommens vieler Kirchenführer in Orten großer, apostolischer Kirchen (*potiorem principalitatem*) in den Wirtschafts- und Politikzentren des Reiches, wo die Bischöfe bei ihren Durchreisen die apostolische Lehre diskutierten (*Gegen Häresien 3:3.2*). Solche Metropolen gab es in der ganzen bewohnten römischen Welt und sogar darüber hinaus. Rom in Italien gehörte dazu, Meroe im Sudan, Alexandria in Ägypten, Jerusalem in Palästina, Antiochien in Syrien, Nisibis in Mesopotamien, Caesarea in Kappadozien. Auf diese Weise, ohne eigens wie bei den später einberufenen ökumenischen *Kirchenkonsultationen*, blieb die christliche Lehre blieb die christliche Lehre dynamisch und trotzdem inhaltlich konstant.

3.2 Die Vernünftigkeit des Glaubens (3. bis 4. Jahrhundert)

3.2.1 Ost- und Nordafrika

Das Christentum breitete sich in Ostafrika rasch auch außerhalb des römischen Einflussbereiches aus. Im Sudan und in Äthiopien entstanden zum Beispiel auch außerhalb des griechisch-römischen Kulturkreises christliche Zentren. Diese wurden später im Gefolge der Völkerwanderung und der arabischen Invasion politisch isoliert und zum großen Teil islamisiert. Nur Äthiopien hielt am Christentum fest. Die Ausbreitung des Christentums begann wohl im Sudan mit der Taufe des nordsudanesischen Meroiters in Gaza durch den Apostel Philippus (Apg 8,26–40) etwa 40 n. Chr. In der langen christlichen Epoche wurden auch die Christen Ostafrikas zeitweise verfolgt, so subsaharische afrikanische Christen durch die Anhänger des Stammes der Blemmies aus dem Süden, wie Steininschriften aus dem 2. Jahrhundert n. Chr. berichten. Vom Norden und Osten her waren die Christen Nubiens, Ägyptens und Nordafrikas von den Christenverfolgungen unter den römischen Kaisern Mark Aurelius (180), Decius (249–251), Valerian (253–260) und Diokletian (292–304) betroffen, was die offiziellen Staatsberichte und die Märtyrerbeschreibungen bezeugen. Die afrikanischen Christen reagierten unterschiedlich auf diese Lage.

Eine Reaktion beschreibt Kyprian, der Bischof von Karthago. Er berichtete vom Abfall vieler Christen während der Decianischen Verfolgungen in den nordafrikanischen Provinzen. Er beschrieb, dass er die zur Kirche Zurückgekehrten aber ohne Umstand wieder aufnahm, anders als der in Rom ansässige Gegenbischof Novatian, der um der Reinerhaltung der Kirche willen eine strikte Bußdisziplin für die reuigen Abtrünnigen forderte.

Eine andere Reaktion findet sich in Abitina in Tunesien. Hier erklärten christliche Führer, die in der Zeit der Diokletianischen Verfolgungen wegen ihres Glaubens inhaftiert worden waren, dass nur Christustreue wie sie selbst (*confessores*) zum ewigen Leben gerettet würden, nicht aber jene Episkopen oder Presbyter, die auf Befehl der Regierung die Heiligen Schriften zur Verbrennung übergaben und daher als Verräter (*traditores*) bezeichnet wurden. Ihre Sakramentenspendung sei daher ungültig. Der Sprecher der *confessores* wurde Bischof Donatus. Die christlichen Führer in Karthago erkannten diese strikte Haltung nicht an; sie baten Kaiser Konstantin um Unterstützung und erhielten diese im Jahre 325. Auch wenn sich die Donatisten als das leidende Gottesvolk betrachteten, als die reine und ursprüngliche Kirche Nordafrikas und die römische Regierung apokalyptisch als Feinde der Heiligen sahen, entschied die Synode von Karthago im Jahre 411 für die Kaiserpolitik.

Im Norden, Osten und der Subsahara Afrikas war das Evangelium am Ende des zweiten Jahrhunderts verbreitet. Die Kultursprache des Nordens war Latein und so entstanden die ersten lateinischen Evangeliumsübersetzungen in Nordafrika; bereits Tertullian bediente sich ihrer.

Tertullian (ca. 160 bis ca. 220 n. Chr.) hatte eine solide Ausbildung in lateinischer Rhetorik, stoischer Philosophie und christlicher Literatur erhalten. Seit Hieronymus im vierten Jahrhundert ist Tertullian als Rechtsanwalt bekannt, der sich als Erwachsener zum Christentum bekehrte. Sein Anliegen war es, das Verhalten der Christen zu verbessern. Er schrieb über theologische und praktische Themen, wie Buße, Gebet, Taufe, Fasten, über das Verhalten bei

Verfolgungen. Auch zwei Bücher an seine Gattin sind erhalten, in denen er sie beriet, was sie Frau nach seinem Tod tun sollte. Er empfahl absoluten Gehorsam gegenüber dem offenbarten Willen Gottes und ein ständiges Streben nach Heiligkeit. Ein solches Verhalten zeichne die aus, die mitten in der verdorbenen Welt zu Christus gehörten. Als in Kleinasien eine neue Prophetie, nämlich der Montanismus, aufkam, schloss Tertullian sich dieser in der letzten Phase seines Lebens an.

Tertullians philosophischer Einfluss (auf wen oder was?) findet sich vor allem in dem Konzept der Natur Gottes als Materie (*corpus*). Für die Stoiker war sowohl Gott (die Weltseele) als auch die menschliche Seele Geist, aber der Geist selbst war eine feine Flüssigkeit oder ein gasförmiges Element und nicht wie im Platonismus unfassbar und unabhängig von Zeit und Raum. Darum bedeuten die Worte „Gott ist Geist" für Tertullian, dass Gott Materie sei und so verstand er auch die Seele. Tertullian schrieb am ausführlichsten über das Verständnis von Gott und Christus in einer Antwort an Praxeas (das heißt „Fälscher" – ein Spottname?), einem uns sonst unbekannten Autor. Praxeas sprach von der „Monarchie" Gottes, in der Gott eins sei: Vater, Sohn und Heiliger Geist sei „ein und derselbe". Tertullian hingegen sprach von der „Ökonomie" (griech: *oikonomia,* lat: *dis*pensatio). Dieser Begriff, Ökonomie, bezog sich ursprünglich auf die Hausverwaltung oder Haushalterschaft. In der antiken Theologie wurde er verwendet im Hinblick auf Gottes Ordnung bei der Schöpfung und Erlösung der Welt. Besonders bei den Griechen stand der Begriff „Ökonomie" oft für das erlösende Werk Christi im Fleisch, was heute weitläufig oft als die „Inkarnation" bezeichnet wird. In moderner Theologie bedeutet der Begriff des „ökonomischen Trinitarianismus", dass Gott dreifaltig ist in seinen Werken, aber eins in seinem Sein. Das heißt, dass Gott dem Menschen gegenüber in dreifacher Weise handle, aber in sich selbst einfach und eins sei. Das steht im Gegensatz zu einem „immanenten" und „essentiellen" Trinitarianismus, wonach das Sein Gottes in sich selbst eine dreifache Qualität hat. Das ist nicht das, was Tertullian oder einer der anderen frühen Autoren unter „Ökonomie" verstand, obschon zu überlegen wäre, ob Justin, Irenäus oder Tertullian ökonomische Trinitarier im modernen Sinne waren.

Tertullian hatte zwei Hauptbeispiele für seine Vorstellung von Ökonomie, nämlich das der Herrschaftsverwaltung und das der biologischen oder natürlichen Organismen. So verglich er den Herrscher mit einem König, dessen Alleinherrschaft nicht unterbrochen sei, wenn er Teile seiner Funktion dem Sohn übertrage. Die Ökonomie bleibe eine einzige Verwaltung im Rahmen seiner eigenen alleinigen Herrschaft, die durch eine teilweise Delegierung nicht unterbrochen werde. Von den Griechen lernte Tertullian, das Wort „Ökonomie" mit der Ordnung und den Teilen in einer Pflanze oder einem Tier zu vergleichen. Vater, Sohn und Heiliger Geist seien ein und dasselbe in dem Sinne, wie ein Baum einen Stamm und eine Frucht habe, aber sie seien nicht getrennt von der Wurzel. Zwei andere Bilder sind ähnlich: die Sonne, die Lichtstrahlen und der Ort, auf den die Strahlen fallen; oder die Quelle, der Fluss und der Kanal, der den Fluss speist. In jedem Fall sei es jeweils nur ein Baum, ein Licht und ein Wasser, bestimmt durch den gleichen Ursprung, der die Wurzel, die Sonne oder die Quelle sei. So sind Gott, sein Wort (*sermo*) und sein Geist drei Ebenen eines Seins.

Tertullian erfand den seither gebräuchlichen lateinischen Begriff für Gott, nämlich Trinität (*trinitas*). Trinität bedeutet „Dreiheit" und wurde bedeutsam in der Argumentation gegen die Monarchianer, die auf die „einfache Einheit" (*simplex unitas*) bestanden. Die Dreiheit, so Tertullian, bestehe aus dem Vater, dem Sohn und dem Geist. Jeder von ihnen sei eine „Person" (*persona*). Diese drei seien unterschieden, aber nicht geteilt. Sie seien eine einzige „Substanz" oder ein „Wesen" (*substantia*). Die Begriffe „Person" und „Substanz" können in verschiedener Weise verstanden werden: im rechtlichen Sinne als eine Rechtsperson und Eigentum, im philosophischen Sinne als Existenz und Substanz oder Materie, oder, und das scheint der tertullianische Kontext zu sein, im Sinne von *einem* Wesen. Das sei es, was Gott eins mache, obschon auf drei Personen verteilt.

Die tertullianische Sprache wurde die westliche Sprache von Gott als der *Trinitas unius Divinitatis, Pater et Filius et Spiritus Sanctus* (Dreiheit des einen Gottes, Vater und Sohn und Heiliger Geist). Es ist „eine Substanz (*substantia*) in drei Personen (*personae*)", eng verbunden, ungemischt. Der Osten sprach in der griechischen Formel des Origenes von „drei Personen (*hypostaseis*) in einer Essenz (*ousia*)". Die philosophischen Formeln führten aus Unkenntnis zu Verwirrungen und Kontroversen, obschon sowohl Origenes als auch Tertullian gegen die gleiche Art von Monarchianismus argumentierten, wonach beispielsweise Praxeas fälschlich davon ausging, dass „der Vater gekreuzigt wurde", weil er den personalen Unterschied in der Trinität leugnete. Tertullian zeigte unter Hinweis auf die Heilige Schrift, dass die drei göttlichen Personen voneinander unterschieden und doch ähnlich seien. Er bestand darauf, dass das Göttliche nur im Sohn litt; der Vater dagegen bleibe unberührt von der Erfahrung des Sohnes (wie auch eine Wasserquelle unverdorben bleibe von der Verunreinigung des Flusses, der aus ihr entspringe); der Geist bleibe in seiner Person ebenfalls unberührt (wie er auch christliche Märtyrer inspirierte und sie befähigte, das rechte Bekenntnis zu sagen, ohne dass er in ihnen selbst litt). Diese Idee ist darum so wichtig, weil dadurch das Leiden Christi so verstanden werden konnte, dass der Sohn gegenüber dem unveränderlichen, nicht-leidenden Vater nicht geringer sei.

Tertullians Gegner argumentierten, dass Christus zweifach war: Einerseits war er der Sohn, Fleisch, Mensch, Jesus und andererseits der Vater, Geist, Gott, Christus. Diese Dualität aber wies Tertullian als valentinianisch ab und bot eine Alternative an. Mit Hilfe von stoisch-technischem Vokabular widersprach er der Idee, dass das Wort zu Fleisch wurde, oder dass es eine Art von Legierung von Gott und Mensch gab, wie eine Goldsilberlegierung eben eine Vermischung von Gold und Silber sei. Tertullian zufolge hingegen habe Jesus Christus beide „Substanzen", Wort (auch Geist genannt) und Fleisch, Gott und Mensch, aber sie seien verbunden, nicht vermischt. In seiner einen Person gebe es eine doppelte Qualität (*status*). Die Konsequenz daraus wurde in der späteren Christologie wichtig.

3.2.2 Ägypten

Alexandria im ägyptischen Nordafrika war das Zentrum griechischer, besonders platonischer Philosophie und des griechischsprechenden Judentums. Der Jude Philo präsentierte die griechische Übersetzung der jüdischen Bibel, die *Septuaginta*, als ob sie eine verborgene mystische Philosophie enthielte, skizzierte die jüdischen Synagogen als Schulen dieses hohen Niveaus und inspirierte so die Kultur. In der Zwischenzeit fanden die Sammlungen christlicher Schriften Eingang in das intellektuelle Milieu Alexandrias. Hier lernte Klemens und legte mit großem Geschick die Grundlagen christlicher Orthodoxie, die sich von der Lehre Tertullians vielfach unterscheidet.

Klemens studierte in Griechenland, Italien, Palästina, Indien und Ägypten, wurde Lehrer in Alexandria und flüchtete vor den Verfolgungen in den Jahren 202/203 n. Chr. nach Jerusalem, wo er als Freund und Berater von Bischof Alexander vermutlich im Jahre 215/216 oder 221 starb. Für Klemens war der katholische und apostolische Glaube das, was seine Lehrer von ihren apostolischen Vorgängern erhalten hatten. Der wahre spirituelle Mensch war der „Gnostiker", der nach dem Evangelium lebte. Er war der rechte Presbyter und Diakon, auch wenn er keine kirchlichen Ämter bekleidete.

Für den Alexandriner ist Gott die Quelle aller guten Dinge, zu der auch die Philosophie gehörte, obschon sie zweitrangig gegenüber dem Evangelium war.

Klemens durchsetzte das philosophische Denken der Griechen mit christlicher Lehre. In der Vergangenheit habe die Philosophie die Griechen auf Christus vorbereitet „wie das Gesetz die Hebräer". Das Ziel der Philosophie wie des Evangeliums sei die Erkenntnis (*gnosis*). Derjenige, der das Ziel erreiche, sei der wahre Gnostiker. Das Ziel des wahren Gnostikers sei es, das Antlitz Gottes zu schauen, das durch Christus bekannt sei. Allerdings könne die Erkenntnis Gottes nicht direkt beschrieben werden, sondern nur metaphorisch in Parabeln und Illustrationen. Niedere Formen von Tugenden, wie etwa sich vom Bösen fernzuhalten oder aus Furcht vor Gott oder in der Hoffnung auf irdischen oder himmlischen Lohn Gutes zu tun, bringe keine Erkenntnis. Der Gnostiker liebe die Erkenntnis Gottes um ihrer selbst willen. Da Klemens eine recht spiritualisierte Form von Eschatologie vertrat, reflektierte er wenig über die leibliche Auferstehung oder Wiederherstellung der Erde, aber umso mehr über Engel und Dämonen und deren Ursprung.

Klemens' platonische Beschreibung des Verhältnisses zwischen Gott und Vernunft (*Logos*) führte zu einer Theologie, die die Beziehung von Gott und Vernunft betonte. Gott und Vernunft legen sich wechselseitig aus. Sein Schüler Origenes entwickelt diesen Theologietyp weiter, der bis zum Mittelalter in Europa theologische Norm war.

Für Origenes (ca. 185–ca. 254) war Gott transzendent und reiner Geist, ohne Körper oder Körperteile. Er trat damit der Auffassung von Tertullian und Irenäus entgegen, die Gott nach dem Modell des menschlichen Körpers wie auch der Seele und des Geistes sahen. Origenes behauptete, dass jede Ähnlichkeit Gottes mit Geschaffenem in dessen eigener Rationalität, seinem *Logos*, läge. In seinem Wesen sei Gott unbeschreibbar und unerkennbar, die absolute Einheit, im Gegensatz zu der Multiplizität der Schöpfung. Gott sei immer Vater, denn er wechsle nicht von einer Eigenschaft (Vater) zur anderen (Nicht-Vater). Der Sohn existiere in Gottes zeitloser Ewigkeit. Wenn der Sohn aus dem Vater hervorgehe, dann sei das nicht ein einmaliges Ereignis, sondern ein ewiges Hervorgehen (vgl. Hebr 1,3). Zugleich ist der Sohn ein vom Vater unterschiedenes Wesen (*hypostasis*). Vater, Sohn und Geist seien drei Personen (*hypostaseis*). Vater und Sohn seien durch den Logos bekannt, der Geist hingegen allein durch die heiligen Schriften, die er offenbarte, deren Autor er sei und dessen wahre Exegeten er mit geistlichen Gaben inspiriere.

Origenes konnte die drei Personen mit dem technischen Begriff aus der Stoa als *hypostaseis* (Existenz; Dasein) beschreiben oder auch mit dem äquivalenten platonischen Begriff der *ousia* (Existenz; Körper; Wesen), also als drei *hypostaseis* in einer *ousia* oder als drei *ousiai* in einer *hypostasis*, ohne damit drei Götter zu beschreiben. Jede der drei Einheiten habe eine genaue Existenz (*hypostasis/ousia*) seit aller Ewigkeit und sei nicht nur manifest in der „Ökonomie", wie bei Tertullian. Die drei seien aus einer Sicht verschieden, aber aus einer anderen seien sie eins. Darüber hinaus habe der Vater und der Sohn eine Gemeinschaftssubstanz, *homoousios* (gleiche Substanz).

Die Position des Origenes führte zu einer breiten Debatte, die bis in das erste ökumenische Konzil von Nicäa im Jahre 325 reichte und darüber hinaus. Dabei gab es im Wesentlichen zwei Probleme, das der Sprache und das der Theologie.

Das Sprachproblem lag darin, dass der platonische Gebrauch des Begriffs der *ousia* (Existenz) im stoischen Gebrauch „Person" bedeuten konnte und drei *ousiai* so als drei Götter missverstehbar waren. Umgekehrt konnte der stoische Gebrauch des Begriffs der *hypostasis* (Existenz) im platonischen Gebrauch nun ebenfalls wie drei Götter klingen.

Das theologische Problem kam mit dem alexandrinischen Presbyter Arius (ca. 260 bis nach 325 n. Chr.), der in der eher aristotelisch orientierten antiochenischen Schule ausgebildet worden war und dem literal-historischen Verständnis von Schrift verbunden war und somit keine originäre Verbindung zwischen dem Vater und dem Sohn annehmen konnte. So viel jedenfalls lässt sich über seine Theologie aus den Schriften seiner Gegner erkennen. Die arianische Position wurde im Jahre 325 n. Chr. verurteilt zugunsten der Theologie des Origenes, aber das Grundproblem bestand weiter und fand seinen Ausdruck in der folgenden, hundert Jahre langen Diskussion um die Natur des Sohnes. Auf der Synode von Alexandria im Jahre 362 n. Chr. beschloss man im Hinblick auf das Sprachproblem, dass nicht der Begriff, sondern die darunter liegende Bedeutung zähle, und man einigte sich auf die seitdem orthodox gewordene Formel: „eine *ousia*, drei *hypstaseis*".

Die Schöpfungstheologie und die von ihr abhängende Christologie des Origenes waren geprägt von den griechischen Dramen jener Zeit und beeinflussten viele spätere Theologien. Origenes nahm wohl an, dass Gott vor dieser Welt eine immaterielle Welt von rationalen Geistern oder Seelen (*nous*) geschaffen hatte. Gott war niemals ohne seine Schöpfung und schuf die Seelen in seiner Vorhersehung. Sie waren reine, körperlose Intellekte, solange sie zufrieden waren, Gott anzubeten. Da sie frei waren, wandte sich der Teufel aus unerklärlichen Gründen gegen Gott und andere folgten ihm. Daraufhin entstand die ganze uns bekannte Welt und Gott gab diesen abgefallenen Seelen zur Strafe Körper. Aber diese Strafe sei heilsam und wirke wie Medizin für die kranke Seele. Jeder Mensch habe eine andere spirituelle Vergangenheit, woraus die Unterschiede in Geburt und Herkunft herrühren. Gottes heilsame Bemühungen wurden unterbrochen durch das Eindringen der Dämonen in die physische Schöpfung. Die menschlichen Geschöpfe verloren ihr göttliches Ebenbild und konnten Gott weder finden noch erkennen. Darum geschah die Fleischwerdung des Sohnes Gottes, des *Logos*, in Jesus Christus.

Obschon der generelle Denkrahmen des Origenes auf die christologischen Entwicklungen einen starken Einfluss hatte, gab es Opposition gegen seine These, dass die menschliche Seele Christi der Kulminationspunkt zwischen dem ewigen Wort und dem Menschen sei. Vor allem die Antiochener unter der Leitung des Priesters Malchion im Jahre 268 n. Chr. sperrten sich gegen diese Annahme und argumentierten, dass diese Position eines realen menschlichen Verstandes im Gott-Menschen logischerweise auch die Unterbrechung der Einheit des Gott-Menschen enthalte. Eine gewisse Lösung dieses komplexen Problems boten Theologen, die wie etwa Methodius von Olympus in Lykien (gest. ca. 311 n. Chr.) annahmen, dass die menschliche Natur aus Leib und Seele bestehe, wobei die Seele ein unsterbliches Element im Menschen sei, somit zur Ordnung der Vernunft gehöre und von dem ewigen Wort regiert werde.

Methodius gehörte zu den Exponenten des von dem Oxfordpatristiker Kelly geprägten Begriffs des „Wort-Fleisch"-Theologietyps (Kelly 1958, 310). Dieser besagt, dass das „Wort" den Platz des menschlichen Verstandes oder der Seele in der Struktur des Gott-Menschen einnahm. Dieser Strukturtyp konzentrierte sich auf das Wort als das Subjekt in dem Gott-Menschen und interessierte sich wenig für die menschliche Seele. Kelly betont, dass dieser Theologietyp in Antiochien seit dem vierten Jahrhundert vorgeherrscht habe. Im Gegensatz dazu stehe der alexandrinische „Wort-Mensch"-Theologietyp, der die Realität und Vollständigkeit des Menschlichen im „Wort" betonte, aber wenig über die Position des Wortes als metaphysisches Subjekt aussagte. Beide Denksysteme standen nebeneinander und beeinflussten die Theologiegeschichte, der „Wort-Fleisch"-Typ eher die orientalische, der „Wort-Mensch"-Typ eher die abendländische.

Normativ in orthodoxer Theologie wurden die zwei Naturen und die je einzeln geschaffene Seele als Subjekt menschlichen Handelns und Leidens. Obschon es seine Gegner behaupteten, lehrte Origenes nicht die Transmigration der Seelen in andere Körper. Vielmehr hielt er es für die endgültige Bestimmung des Menschen, wie der Sohn Gottes reine Seele oder *Logos* zu werden. Alle Geister werden wiederhergestellt in der *apokatastasis* (Wiederherstellung; vgl. Apg 3, 21). Dieser Aspekt platonischer Philosophie, dass die Welt und der Körper die Konsequenzen der Sünde seien und dass, wenn die Seele von der Sünde gesundet, der Körper nicht mehr gebraucht werde, wurde vor allem im „Wort-Mensch"-Theologietyp aufgenommen. Dies geschah trotz eines gewissen Widerspruchs gegen die biblische Schöpfungslehre und die Hoffnung auf die leibliche Auferstehung.

Die Art der Exegese des Origenes wurde für viele spätere Theologen zum Maßstab. Origenes beschäftigte sich mit der Frage, wie Christen das Alte Testament interpretieren könnten. Er stellte fest, dass Paulus im ersten Korintherbrief den Durchzug der Israeliten durch das Rote Meer als die Taufe auf Mose verstand und den Felsen, aus dem die Israeliten geistlichen Trunk nahmen, mit Christus identifizierte (10,4). Was manche Juden als „Überqueren des Roten Meeres" verstanden, nannte Paulus „Taufe", und was andere als „Wolken" bezeichneten, war für ihn der „Heilige Geist". Origenes sah, wie Paulus von dem einfachen Sinn des Exodustextes abwich, und nahm diese Beispiele zum Maßstab, um nun seinerseits mit dieser Art paulinischer Interpretation Christen durch das ganze Alte Testament zu führen.

Origenes zufolge war jeder Buchstabe der Heiligen Schrift in dreifachem Sinn zu lesen: in einfacher, wörtlicher (literaler) Weise, die einigen helfe; in psychischer Weise, um die moralische Unterweisung des Textes zu lernen; und in spiritueller Weise, bei der das „spirituelle Gesetz" erkennbar sei. Bei dieser dritten Art trat oft ein Element der Allegorie auf und es kam vor, dass der Sinn des Textes auf dieser Ebene sich vom literalen Schriftsinn unterschied. Neben den exegetischen Arbeiten von Scholien, Homilien und Kommentaren, die nur zum kleineren Teil erhalten sind, existieren noch einige Blätter der *Hexapala* (die Sechsfache), dem einflussreichen textkritischen Werk des Origenes:

Ursprünglich und wohl unter Berücksichtigung einer älteren jüdischen Vorlage hat Origenes vier Bibelübersetzungen in der *Tetrapla* (die Vierfache) synoptisch gesetzt, nämlich die des Aquila (eine sehr wörtliche, jüdische Übertragung), des Symmachus (eine jüdische oder jüdisch-christliche Übersetzung), der *Septuaginta* (sie stand in der Mitte der sechs Versionen, galt als sakrosankt und sollte Licht auf die anderen Übersetzungen werfen) und die des Theodotion (eine alte jüdische Version). Dazu entdeckte Origenes drei weitere Übertragungen, die er als fünfte, sechste und siebte Version an einigen Stellen dazusetzte, beschränkte sich aber grundsätzlich auf zwei. Die sechs Versionen wurden in kurzen Paragraphen neben die hebräische Version, die in griechischen Buchstaben geschrieben war, gesetzt. Die von Hieronymus populär gemachte Idee, dass die zwei weiteren Versionen eine Hebräische und eine in griechischen Buchstaben geschriebene hebräische Version seien, wird heute nicht mehr aufrechterhalten.

3.2.3 Syrien

Neben den jüdischen, afrikanischen, griechischen und lateinischen Kulturen, die die Theologiegeschichte des Christentums durchwirkten, steht die syrische Kultur. Sie reichte von Antiochien (Westsyrien) bis nach Nisibis (Ostsyrien) und war keineswegs homogen. Antiochien war ein Zentrum griechischer Kultur mit einem syrischen Substratum. Nisibis und der Osten waren im jüdischen Christentum eingebettet und von alten persischen und arabischen Glaubenssystemen umgeben. Seit dem vierten christlichen Jahrhundert bildete sich in Westsyrien eine zweisprachige syrische und griechisch-hellenistische Kultur, wobei Antiochien das hellenistische Zentrum war, das Umland hingegen die semitische Kultur bewahrte. Ostsyrien behielt sich sein semitisches Erbe und widerstand griechischem Einfluss.

Zwischen Ost- und Westsyrien lag die Provinz Osrhoene mit Edessa als Hauptstadt. Hier war die syrische Schule stolz auf ihre syrische Kultur. Aphrahat und Ephräm kamen aus dieser judäo-christlich persischen Kultur. Robert Murray betonte, dass die Ostprovinz Adiabene mit Edessa die Wiege der syrischen Christenheit sei, die ihren Ursprung im Judentum habe, und argumentierte, dass das Christentum von Aphrahat und Ephräm eine von der jüdischen Gemeinde von Adiabene abgesplitterte Bewegung sei (*Murray* 1975, 5–8).

Aphrahat (ca. 270 bis ca. 345 n. Chr.) verwendete neben der Bibel im Wesentlichen eine syrische Übersetzung der *Didascalia* und benutzte wie Ephräm (ca. 306–373) hermeneutische Methoden: z. B. die *memra* (metrische Homilie), *madrasa* (Hymnzyklen), *pushaqua* (biblische Kommentare), die auch in der rabbinischen Tradition gebräuchlich waren (*aggada*, *midrasch*) oder die *rasa* (innerer, spiritueller Textsinn), die auch in der antiochenischen Schule als *theoria* von historischem und literalem Textsinn unterschieden wurde. Im syrischen Bereich orientierte sich die Entwicklung theologischer Topoi dicht an der biblischen Sprache und dem Kontext der biblischen Bücher.

Die Schriften von Aphrahat und Ephräm reflektieren eine Weltansicht des persischen und semitischen Orients, wonach der Schöpfer unendlich vom Geschöpf entfernt ist und der menschliche Verstand nur eine begrenzte Fähigkeit zugesprochen bekommt. Für Aphrahat und Ephräm galt die Welt des Heiligen verstandesmäßig absolut unerreichbar. Obschon die Tatsache der Existenz Gottes bekannt war, blieb die Natur des Göttlichen undurchdringlich. Das Mysterium Gottes sei, so Ephräm, selbst für die Engel nicht zu fassen. Nur der Sohn verstehe den Vater, denn er sei von gleicher Natur. Ephräm nutzte nicht die Dichotomie zwischen Körper und Seele, wie sie aus der griechischen Philosophie bekannt war, sondern dachte alle Kreatur, in Anlehnung an persische Tradition, als geschaffen aus Erde, Luft, Feuer und Wasser. Darum seien körperliche und psychische Sinne oder auch die Sinne der Engel zu grob, das Göttliche zu erfassen. Die Spiritualität der menschlichen Seele oder eines Engels sah Ephräm als die feinstmöglichen Formen, gemacht aus den allerreinsten Elementen, nämlich Luft und Feuer. Da jedoch alle spirituelle Schöpfung zu einem gewissen Grade materiell sei, die Spiritualität der göttlichen Natur aber absolut, transzendiere diese radikal die der Schöpfung. Darum bleibe die göttliche Natur immer undurchdringlich für den Geist und den Sinn sowohl der Engel wie der Menschen. Der Mensch verstehe nicht das Mysterium seiner Natur, seiner Geburt, des Todes oder der eigenen Seele, der Himmel bleibe unerreichbar.

Ephräm dachte und erklärte Theologie in Form von Bildvergleichen. Sonne und Licht waren zwei bevorzugte Vergleichspunkte. So wie etwa das Auge zu schwach sei, um in das gleißende Licht der Sonne zu sehen, so sei die göttliche Glorie zu stark für ihre Schöpfung. Darum sei es nur durch den Sohn des Unsichtbaren möglich, dass der Mensch den Unsichtbaren sehen könne. „Durch seinen eingeborenen Sohn wird die unsichtbare Essenz des Vaters sichtbar" (*Hymnen des Glaubens,* 6).

Ephräm war ungeduldig mit denen, die er „penetrante Forscher" nannte, etwa die Arianer und solche, die sich in ausgedehnte theologische Kontroversen begaben. Dabei war nicht nur die zweifelhafte Lehre ein Problem, sondern die Annahme, dass Menschen in die Natur Gottes forschen könnten.

Ephräms Theologie wurde zum festen Bestand in der syrischen Kirche. Jakob von Sarug (gest. 521) lehrte aus dieser Tradition, wenn er sagte, dass der Verstand in den Bereich des Sichtbaren gehöre. Will man mit dem Verstand Präsenz Gottes in Christus verstehen, hieße das, sich in Kontroversen zu verlieren. Der Versuch, griechische Philosophie in der Theologie anzuwenden, sei das Werk des Satans, der damit die Anbetung stören wolle, zu der die Menschheit Gott gegenüber verpflichtet sei. Christus „kam, um die Welt zu erleuchten, nicht um von der Welt erforscht zu werden; er kam, um die Gefangenen zu befreien, nicht, damit die Geretteten ihm nachstellten; er kam, um die Unreinen rein zu machen, nicht dass ihre Mäuler Lehrsätze über ihn verbreiteten. Der einzige Weg, sich Gott zu nähern, ist der des Glaubens und der Liebe. Und das ist nur den Einfältigen gegeben" (*Homilie* 40).

Das syrische Verständnis von der Schöpfung, etwa bei Ephräm, ist eher ein Produkt biblischen Einflusses und der Glaubenserfahrung als philosophischer Spekulation. Schöpfung, Offenbarung und Inkarnation werden als Elemente des einen und selben göttlichen Prozesses verstanden. Darum wird die Schöpfung nicht getrennt von Gottes Selbstoffenbarung oder von dem Ereignis, dass das Wort Geschöpf wurde. Die Schöpfung offenbart Gottes Natur durch Typen und Symbole. So sei die biblische Erklärung, dass der Mensch im Angesicht Gottes geschaffen sei, ein Hinweis auf die Reflektion über den prä-existenten Christus. Die Menschheit wird als der Konvergenzpunkt der Schöpfung verstanden.

Die Inkarnation ist die Fülle der Offenbarung und der Höhepunkt der Schöpfung des Menschen. In ihrem erlösenden Aspekt befreie sie von den Folgen der zwietrachtbringenden Sünde und stelle das durch die Sünde gestörte göttliche Ebenbild des Menschen wieder her. Dadurch sei er wieder befähigt, von der ihm einwohnenden Gnade Gottes zu profitieren. Das Wort Gottes sei sowohl das Instrument als auch das Modell der Schöpfung, die nun zur Erfüllung in der Geschichte komme. Das Wort besitze die Glorie, die es von Anfang an hatte, und unterziehe sich nun einer zweiten Geburt, um Himmel und Erde zu versöhnen und um die

Geschöpfe wieder in den Stand zu versetzen, an der göttlichen Natur zu partizipieren. Christus heile nicht nur menschliche Sünde, sondern lehre die Schöpfung auch durch sein Licht und zeige ihr den Weg zum Vater.

Die syrischen Autoren beschrieben das Erlösungswerk Christi als einen Einzug in drei Leiber: in den Leib Mariens, in die Wasser des Jordans und in die Tiefen der Sheol. Indem Christus das Königreich des Todes überwindet und der Menschheit die Taufe bringe, schenke er neues Leben und eine neue Schöpfung. Erlösung und Inkarnation Christi bleiben ungetrennt, denn das zarte Wort Gottes wollte von Anbeginn das durch Sünde zerstörte Angesicht des Menschen wiederherstellen zur ursprünglichen Ebenbildlichkeit, nämlich zur Gottheit des Menschen. Der im syrischen Raum betonte Prozess der Vergöttlichung des Menschen wurzelt in der Natur der Schöpfung, ist sichtbar in der Offenbarung und erfährt ihre Fülle in der Inkarnation und der Erlösung. Das aktive Prinzip der Vergöttlichung ist der Heilige Geist. Die zwei zentralen Ereignisse für diese Erlösung sind das Kreuz Christi und sein Abstieg in die Sheol. Das Kreuz wird zum siegreichen Kreuz und zum neuen Baum des Lebens, wie es besonders in dem armenischen Kreuz symbolhaft zum Ausdruck kommt. Die Mysterien von Taufe, Eucharistie, Ehe und Kirche werden so verstanden, als entwickelten sie sich aus dem Kreuz. Die Themen der Schöpfung, des Paradieses und des Osterlammes sind vorherrschend. Paulinische Doktrinen kommen nahezu nicht vor.

Die theologischen Linien von Aphrahat und Ephräm finden ihre Fortsetzung im Osten bei den großen Theologen, wie etwa Philoxenus, dem Bischof von Mabbug (485–519) in Persien, Jakob von Sarug (451–521) oder Isaak dem Syrer aus Quatar. Im Westen finden sich Weiterführungen u. a. in den Werken der großen Theologen aus Kappadozien, nämlich Gregor von Nyssa (ca. 330 bis ca. 395 n. Chr.), Gregor von Nazianz (ca. 329–390 n. Chr.) und sein Bruder, Basilius der Große (ca. 330–379 n. Chr.), zusammen mit dem literarischen Werk des Romanos Melodos (ca. 485 bis nach 555 n. Chr.), der mit seinen *Memre* die byzantinische Liturgie wesentlich beeinflusste.

Das westsyrische Antiochien mit seiner stark syrisch-griechischen Tradition entwickelte die Vernünftigkeit des Glaubens im Rahmen des oben bereits erwähnten „Wort-Fleisch"-Theologietyps. Die christologisch-philosophischen Diskussionen des dritten und vierten Jahrhunderts um die zwei Naturen Christi drehten sich in langen Auseinandersetzungen, etwa mit Bischof Apollinaris von Laodicäa (ca. 315–392 n. Chr.), um Christus als die eine „Natur des Logos, der Fleisch wurde", als ob kein menschliches Subjekt in Christus sein könne. Diese Art von Monophysitismus wurde von vielen abgelehnt, auch in den ökumenischen Konzilien von Ephesus (431 n. Chr.) und Chalcedon (451 n. Chr.), aber ein positiver Ansatz zur Ausarbeitung der Zweinaturenlehre fehlte.

Es war das Verdienst der antiochenischen Schule am Ende des vierten Jahrhunderts, dass eine gewisse Öffnung in dem theologischen Engpass entstand. Die Antiochener erneuerten die Anbindung der christlichen Lehre von den Naturen an die evangelische Offenbarung mit einer realistischen Anerkennung menschlichen Lebens und Erfahrens des menschgewordenen Wortes und der theologischen Bedeutung seiner menschlichen Seele. Daran, dass auch diesem Versuch noch die letzten philosophischen Feinheiten fehlten, litten nicht zuletzt die beiden großen Vertreter der antiochenischen Exegetenschule selbst, Diodor, Bischof von Tarsus (gest. ca. 394 n. Chr.), und sein Schüler Theodor, Bischof von Mopsuestia (ca. 350–428 n. Chr.).

Diodor, posthum merkwürdigerweise als nestorianisch verpönt, galt zu seinen Lebzeiten als Säule der Orthodoxie. Gegen Kaiser Julian der Apostat (362–363 n. Chr.) verteidigte er die volle Göttlichkeit des „Galiläers", und Kaiser Theodosius hielt eine Lobrede auf ihn während des ökumenischen Konzils von 381 n. Chr. Diodor seinerseits erkannte die Existenz der menschlichen Seele in Christus an (wie der alexandrinische „Wort-Mensch"-Typ). Sie spielte seiner Meinung nach keine Rolle beim Wachstum Christi an Weisheit (Lk 2,52) oder seinem Abstieg in die Hölle. Andererseits setzte Diodor in dem Gott-Menschen „das Wort" in Beziehung zum „Fleisch" (wie der antiochenische „Wort-Fleisch"-Typ) und nicht zum „Menschen". Das Wort wohne im Fleisch wie in einem Tempel und beide Elemente seien punktuell vereint, etwa wie der Geist Gottes sich mit König David im Gottesdienst vereinte. Die Schriften Diodors sind nur fragmentarisch erhalten. Von Theodors Denken wissen wir mehr.

Theodor war kein Nestorianer, auch wenn er seit dem fünften ökumenischen Konzil im Jahre 553 n. Chr. posthum als solcher verurteilt wurde. Theodor lehrte, dass das „Wort" den Menschen nicht durchdringen könne, weder dem Wesen nach (*kat ousian*) noch der Wirksamkeit nach (*kat energeian*), denn beides sei notwendigerweise göttlich; die Präsenz des Wortes müsse demnach in dem bestimmten Menschen wohl eine besondere gewesen sei. Theodor nahm an, dass die Vereinigung des „Wortes" und des „Menschen" durch Gnade (*kat eudokian*) entstehe und der Gott-Mensch eine Einheit sei. Die Einheit der zwei Naturen allerdings sah er mehr als eine „Verbindung" (*synapheia*) denn als eine „Einheit" (*henosis*). Der antiochenischen wie auch der alexandrinischen Theologie fehlte es noch am Ende des vierten Jahrhunderts an einer Metaphysik, die den Unterschied zwischen „Natur" und „Person" ausgearbeitet hätte. Dieser Mangel führte in beiden philosophischen Zentren zu vielfältigen Versuchen, den Glauben vernünftig zu beschreiben. Allerdings waren die Fortschritte in dieser Hinsicht zu Beginn des fünften Jahrhunderts bereits sehr groß. Es entstanden mindestens zwei Theologietypen, die versuchten, das Gleiche zu beschreiben, allerdings mit Hilfe von zwei verschiedenen Definitionsrastern.

Wie nahe und doch verschieden diese beiden Theologentypen waren, wurde einige Jahrzehnte später deutlich bei den beiden großen Theologen Kyrill von Alexandria (ca. 375–444) und Nestorius von Konstantinopel (ca. 386–ca. 451). Beide lehrten wohl das Gleiche, benutzen aber ihre jeweils unterschiedlichen theologischen Ansätze. Nestorius lehrte, dass jedes Wesen (*ousia*) eine Natur (*physis*) und eine davon unabtrennbare, äußere Erscheinung (*prosopon*) habe. Christus und der Logos haben je eine eigene *ousia*, *physis* und *prosopon*. Bei der Geburt entstehe eine prosopische Einheit (*en physis*). Maria nannte er darum *Christotokos* (Christusgebärerin) und nicht *Theotokos* (Gottgebärerin), denn sie habe nicht Gott zur Welt gebracht. Kyrill hingegen machte nicht die Unterscheidung von Wesen, Natur und Erscheinung, sondern sprach von den zwei Hypostasen in einer *hypostasis* oder einer Person (*prosopon*), die sich in einer hypostatischen Einheit (*ek physis*) befinden und die Maria als die *Theotokos* zur Welt bringe. Jeder der beiden, Nestorius und Kyrill, war ein theologisches Genie und drückte mit dem je eigenen theologischen Werkzeug das Unausdrückliche aus. Nestorius hatte politisch weniger Gewicht und wurde vom Konzil von Ephesus im Jahre 431 seines Amtes enthoben. Die Kirche des Ostens trennte sich aus Protest von der Reichskirche und missionierte außerhalb des Römischen Reiches. Es entstand die später von einigen nestorianisch genannte Kirche.

Nur zwei Jahrzehnte danach, im Jahre 451 n. Chr., entschied das ökumenische Konzil von Chalcedon, dass Christus in zwei Naturen erkannt werde, als wahrer Gott und wahrer Mensch aus vernunftbegabter Seele und Leib; wesensgleich mit dem Vater in seiner Gottheit und wesensgleich mit dem Menschen nach seiner Menschheit, aber sündenlos; in zwei Naturen unvermischt, unveränderlich, ungetrennt und unteilbar; nirgends sei wegen der Einung der Unterschied der Naturen aufgehoben. Die Eigentümlichkeit jeder der beiden Naturen bleibe gewahrt und vereinige sich in einer Person und einer Hypostase. So hätten es die Propheten, Jesus und das Bekenntnis der Väter gelehrt.

Diese Formulierungen hätte Nestorius wohl mitgetragen, obwohl sie an einigen Stellen hinter der von ihm in antiochenischer Genauigkeit gedachten Vernunft des Glaubens zurückbleiben. Auch wenn dieses Konzil das Auseinadergehen der orientalischen und byzantinischen Kirchen bewirkte, so war das kaum ein Ausdruck theologischer Uneinigkeit im Hinblick auf die Beschreibung des Verhältnisses der beiden Naturen, als vielmehr der Ausdruck politischer Differenzen (s. u.).

3.3 Die ökumenischen Konzilien: Begegnung von Staat und Kirche (4. bis 5. Jahrhundert)

3.3.1 *Konstantin und das Konzil von Nicäa: Der Kaiser zieht die Kirche ins Reich*

Im vierten Jahrhundert war neben den Diskussionen über Glauben und Sakrament vor allem die Frage wichtig, welchen Platz der Kaiser in der Kirche einnähme. Kaiser Konstantin der Große (323–337 n. Chr.) ließ zumindest unter Christen wissen, dass er sich als Diener ihres Gottes verstand und als dessen Gesandter ihre Verfolgungen beendet und das Reich befreit und bekehrt habe. Die moderne Forschung lässt die Entscheidung offen, ob Konstantin, den die Kirche traditionell als Heiligen und Quasi-Apostel verehrte, zu Recht ein Christ genannt wird, oder ob er eher ein geschickter Autokrat war, der zynisch den wachsenden religiösen Enthusiasmus manipulierte, um das Reich zu stärken und zusammenzuhalten.

Zwei der führenden Historiographen jener Zeit, Laktanz (ca. 250–ca. 325 n. Chr.) und Eusebius von Cäsarea (260–339 n. Chr.), waren Christen und enge Freunde Konstantins. Die beiden Autoren unterstrichen, dass der Kaiser von Gott dazu berufen sei, das große und kulturell heterogene Reich zu christianisieren. Laktanz verbreitete die Nachricht von dem Sieg des konstantinischen Heeres an der Milvischen Brücke unter dem Zeichen des Kreuzes im Jahre 312 n. Chr.. Freilich wurde immer wieder darauf hingewiesen, dass das kreuzförmige *chi-rho* Zeichen auf den Soldatenschilden wohl eher ein Sonnenemblem darstellte und den Sonnenkult des römischen *sol invictus* zeigte. Jahre später erzählte Eusebius in Konstantinopel eine ähnliche Geschichte, ergänzt durch ein Lichtkreuz am Himmel. Die Stadt wurde im Jahre 330 n. Chr. als das „Neue Rom" eingeweiht, nachdem Konstantin sechs Jahre zuvor anlässlich seiner Siegesfeier über Licinius und der Eroberung des Oströmischen Reiches den Grundstein gelegt hatte. „In Konstantinopel" sollte das ganze Reich, so der Kaiser in einem Brief an die Bischöfe im Osten im Jahre 324, „den einen und wahren Gott anbeten". Zwangsbekehrungen untersagte er, Tempelopfer aber nicht. Reparaturen und Bauten von Kirchen finanzierte Konstantin aus Steuergeldern, so wie zuvor die Tempel und Pantheone. Das Reich wurde nun in die Kirchen gezogen und die Kirchen in das Reich. Eusebius von Cäsarea (ca. 325 n. Chr.) beschrieb in seiner zehnbändigen *Kirchengeschichte* diese Entwicklung als Erfüllung göttlicher Vorsehung, in der Kaiser Konstantin die Rolle eines göttlichen Gesandten einnahm.

Die Kirche war ein williges Werkzeug solcher Ideen. In dem Versuch, sich gegen Schismatiker (Abtrünnige) und Häretiker (Irrlehrer) abzugrenzen, hatten sich christliche Gemeinden um einen lokalen Bischof gebildet. Die Bischöfe wiederum waren strukturell miteinander verbunden, parallel dem Verwaltungssystem des Reiches, kannten sich gegenseitig und formten die universale, katholische Kirche. Lokale Christen akzeptierten bischöfliche Schlichtungen und Konstantin gab den Bischofsurteilen weltlichen Rechtsstatus. Im komplizierten Fall der Donatisten (s. o.) wurde der Kaiser veranlasst, die Dispute in Bischofssynoden verhandeln zu lassen; wider Erwarten ergaben sich aber weder in Rom noch in Arles im Jahre 324 n. Chr. einstimmige geistliche Beschlüsse. Konstantin selbst musste den Vorsitz übernehmen und wurde nun zur letzten Berufungsinstanz in geistlichen und in weltlichen Dingen.

Diese doppelte Autorität setzte der Kaiser nun bei den Bischöfen im Vorderen Orient ein, die sich in einer komplexen Debatte befanden. Darin ging es theologisch um die Beziehung zwischen Gott und Christus (s. o.), politisch aber um den Ausbau vorteilhafter Seilschaften. Es gab Kirchenmänner, die den alexandrinischen, aber antiochenisch ausgebildeten Presbyter Arius (s. o.) unterstützten, und es gab solche, die sich an dessen Gegner, den Bischof von Alexandria, Alexander, hielten. Am 20. Mai 325 n. Chr. eröffnete der Kaiser das Konzil in Nicäa bei Konstantinopel, wohin etwa 230 Bischöfe auf Steuerkosten aus allen Reichsprovinzen angereist waren. Konstantin leitete die Verhandlungen und stellte sicher, dass die politisch irritierenden theologischen Kontroversen zum Wohle der Reichspolitik gelöst und von der Kirche als zu ihrem eigenen Besten verstanden wurden. Dabei mussten die Patriarchate nachgeben. Für Alexandria galt: Arius und andere, wie etwa Melitius, deren Haltungen die ägyptische Kirche spalteten, wurden zwar zurechtgewiesen, aber diese Art von Kircheneinheit empfanden viele als erniedrigend, und sie war dann auch nur von kurzer Dauer. Antiochien musste sein Osterdatum aufgeben; es wurde nicht mehr nach der jüdischen Praxis berechnet (quartodezimal), sondern nach alexandrinischer (erster Sonntag nach dem ersten Vollmond nach der Frühlingsequinoxe) bzw. römischer Methode (nicht nach dem 21. April, dem Gründungstag Roms). Alle mussten das Glaubensbekenntnis annehmen, das den Sohn und den Vater als *homoousios* (von gleicher Substanz) bezeichnete (vgl. die komplexe Geschichte dieses Bekenntnisses bei Kelly 1958).

Im Anschluss an das Konzil reiste, noch immer auf Staatskosten, eine größere Gruppe der Bischöfe weiter nach Cäsarea in Palästina und dann zur Einweihung der von Konstantin in Auftrag gegebenen und finanzierten Grabes- und Auferstehungskirche nach Jerusalem. Hier war Kyrill Bischof (ca. 315–387 n. Chr.); er wusste die großen Kirchenbauten über Golgatha, dem leeren Grab und der Martyriumsbasilika (die drei Kirchen sind seit der Kreuzfahrerzeit unter einem Dach) liturgisch auszufüllen mit den bis heute weltweit zelebrierten jahres-monats-, wochen- und tageszyklischen Liturgien, einschließlich der Prozessionen, Gewänder und Gesänge. Die Pilger kamen. Der Marktwert Jerusalems stieg. Der Kaiser hatte den Anstoß gegeben, die Kirche in das Reich zu ziehen, und das fand Anklang. Eine Reihe von Repräsentanten römischer Patrizierfamilien finanzierte den Aufbau der christlichen Stätten und ließ sich in ihnen als Asketen nieder. Die römische Patrizierdame Paula und ihre Tochter Eustochium etwa gehörten zu jenen Enthusiasten. Die beiden ließen sich in Bethlehem unter der spirituellen Leitung des Hieronymus (ca. 347–419 n. Chr.) nieder, der um ihretwillen das komfortable Rom verlassen hatte. Mutter und Tochter finanzierten und unterhielten ein Pilgerhospiz und je ein Frauen- und Männerkloster, wo Hieronymus sein umfangreiches theologisches Werk, einschließlich der lateinischen Revision der Bibel verfasste.

3.3.2 Theodosius I. und das Konzil von Konstantinopel: Die Kirche als Mittel zur Reichseinheit

In der Schlacht bei Adrianopel im Jahre 378 n. Chr. schlugen die Goten die römische Armee und der oströmische Kaiser Valens fiel. Der weströmische Kaiser Gratian holte den Spanier Theodosius (347–395 n. Chr.) und krönte ihn ein Jahr später als Augustus über den Osten. Zur Förderung der Einheit des Reiches verfolgte Theodosius „der Große" eine militärische und religionspolitische Doppelstrategie. Zur Letzteren gehörte die Setzung neuer Religionsmaßstäbe. Einerseits wurde eine Anti-Paganenpolitik favorisiert und die traditionellen Tempel zerstört. Andererseits wurde die katholische Kirche Roms gefördert durch anti-häretische und besonders anti-arianische Gesetze und Aktionen, die die verschiedenen christlichen Positionen zugunsten Roms ausgleichen sollten. Das hatte folgende Konsequenzen: Als ein Anhänger des nicänischen Credos in der thessalonikischen Version von 380 n. Chr. befahl der Kaiser in dem Edikt *Cunctos populos* („Alle Völker"), dem katholischen Glauben nach der Tradition von Rom und Alexandria zu folgen (*Codex Theodosianus*, 16: 1, 2). Das nicänische Christentum wurde *de facto* Staatsreligion. Zudem wurde der arianische Patriarch von Konstantinopel, Demophilus, durch den katholischen Gregor von Nazianz ersetzt und Christen nicht-nizänischen Glaubens erhielten Versammlungsverbot in der Stadt (*Codex Theodosianus*, 16: 5, 6).

Im Jahr 381 berief Theodosius ein Konzil in Konstantinopel ein mit dem Ziel, die verschiedenen theologischen Parteien über die Naturen des Sohnes und des Heiligen Geistes dogmatisch in der Kirche zu vereinen, also etwa die Orthodoxen, Arianer, Semi-Arianer, Homöaner, Anti-Homöaner, Mazedonier, Marcellianer, Paulinianer, Appolinarier, Meletianer. Obschon der Kaiser mit starker Hand das Konzil leitete und anschließend mit einer Reihe von Gesetzen seine katholische Idee gegen Pagane, Apostaten (Arianer) und deren Freunde (Juden) (*Codex Theodosianus*, 16: 7,1–2) durchzusetzen beabsichtigte, hatte er wenig Erfolg. So erließ er von Juli 383 bis Januar 384 n. Chr. eine Serie von Edikten, die besagten, dass nur die katholische Religion anerkannt sei und die Gottesdienstorte der Häretiker konfisziert werden würden (*Codex Theodosianus*, 16: 5, 11–13).

Im Westen machte weder das Konzil noch das Glaubensbekenntnis großen Eindruck. Hier herrschte der Mailänder Bischof Ambrosius (339–397 n. Chr.), vormals Rhetor und Politiker. Er hatte eine orthodoxe Theologie nach dem Typ der Kappadozier aufgebaut, sich durch kirchliche Verhandlungen der Gegner der nizänischen Orthodoxie entledigt und dem Anliegen der römischen Aristokratie widersetzt, die Christianisierung des Westens rückgängig zu machen und das Paganentum zu beleben. Er blieb ein gewandter Politiker mit großer Begabung für Predigt und Liturgie.

393 (nicht 388) kam es zu einem Machtkampf zwischen Ambrosius und Theodosius im Hinblick auf die Unruhen in Kallinikon in der Provinz in Osrhoene in Syrien. Juden und Christen im Oströmischen Reich lagen miteinander in einem beispiellosen Propagandastreit um die religiöse Dominanz im Reich (Leopold Lucas, *Zur Geschichte der Juden im vierten Jahrhundert*, Hildesheim, 1985, 16–20). In Kallinikon hatte ein mesopotamischer Bischof die Menge zum Niederbrennen der Synagoge aufgehetzt in Reaktion auf jüdische Verunglimpfungen des christlichen Glaubens während des Purimfestes. Theodosius verfügte die rechtmäßige Bestrafung des Bischofs. Ambrosius hingegen verlangte von Theodosius eine schriftliche Bestätigung, dass alle Beteiligten straffrei ausgehen sollten und die Synagoge, gegen das Gesetz, nicht wiederaufgebaut würde. Theodosius fügte sich Ambrosius. Dass Thron und Altar versöhnt waren, sah man an der Traueransprache des Ambrosius bei der Beerdigung von Theodosius im Jahre 395 n. Chr. Reich und Kirche waren vereint.

3.3.3 Das Konzil von Chalcedon: Die Kirche wird Reichskirche

Theodosius II. (401–450), Enkel Theodosius des Großen, veranlasste 429 n. Chr. die Sammlung der kaiserlichen Reichsgesetze seit 312 n. Chr. und acht Jahre später ihre Veröffentlichung als *Codex Theodosianus*. Diese sechzehnteilige spätantike Gesetzessammlung war vielleicht schon einer seiner bedeutendsten Beiträge zur Geschichte. Der Kaiser galt als abhängig von seiner Schwester Pulcheria, seiner Gemahlin Eudoxia und vor allem von dem Eunuchen Chrysaphius, der selbst Order von seinem Patenonkel, dem Abt Eutyches nahm, einem Gegner des Nestorius (s. o.).

Flavian war seit 446 n. Chr. der Patriarch von Konstantinopel. 448 gab es Streit in der Hauptstadt wegen der Predigten des Eutyches über die eine Natur Christi. Flavian und ein im gleichen Jahr zusammengerufenes Konzil verurteilten den Abt und bestätigten die Lehrmeinung von den zwei Naturen Christi in einer einzigen *hypostasis* (Wesen) und einem einzigen *prosopon* (Gesicht, äußerliche Erscheinung). Der Patriarch von Alexandria, Dioskoros, wurde durch die Propaganda des Eunuchen von Theodosius II. unterstützt. Der Kaiser tappte in die von Eutyches und seinen Freunden vorbereitete Falle und rief ein ökumenisches Konzil in Ephesus im Jahre 449 zusammen, das pro-Eutyches manipuliert war. In diese Szene gehörte auch der römische Papst Leo.

Leo wurde zu Recht „der Große" genannt. Er verhandelte persönlich mit Attila, dem Hunnenkönig 451 und 452 und verhinderte damit den geplanten Angriff auf Rom. Er predigte, dass Petrus nicht nur als Apostelführer nach Rom gekommen sei, dem von Gott gesegneten Zentrum des Reiches, sondern dass er auch seine besonderen Gaben den bischöflichen Nachfolgern übertragen hätte. So spräche in Leo, wie in jedem Bischof in Rom, Petrus; der Bischof von Rom habe den Bischofsprimat wie Petrus den Apostelprimat. Teile dieser Theorie waren lange bekannt, aber Leo brachte sie zu einem großen Ganzen. 449 sandte Leo einen bis heute lehrreichen Brief (*Tomus ad Flavium*) zur Unterstützung und Erklärung der christologischen Position von Flavian. Der Brief wurde auf dem Konzil gar nicht gelesen, wurde aber später zur Grundlage des Konzils von Chalcedon im Jahre 451 n. Chr. In Ephesus half der Brief dem Flavian nicht. Er wurde von Dioskorus verurteilt und abgesetzt. Bei dem sich anschließenden gewalttätigen Aufstand wurde Flavian schwer geschlagen und inhaftiert. Drei Tage später erlag er seinen Verletzungen. Seine Orthodoxie wurde zwei Jahre später auf dem Konzil von Chalcedon bestätigt.

Im Sommer 450 fiel Theodosius II. vom Pferd und starb. Seine Schwester Pulcheria und ihr Gemahl Marcian übernahmen die Regierungsgeschäfte. Chrysaphius wurde mit dem Tode bestraft, Eutyches exiliert, Dioskoros gerichtlich verurteilt und amtsenthoben und Flavians Leichnam ehrenvoll beerdigt. 451 berief Pulcheria ein ökumenisches Konzil mit sechshundert Bischöfen nach Chalcdon. Leos Brief zur Christologie wurde gelesen, diskutiert und im Wesentlichen angenommen. Die Theologie war auf dem Konzil weniger ein Problem als die Politik.

Den Anstoß gab der Kanon 28 der Konzilsbeschlüsse. Der Paragraph bestätigte die Entscheidung von 381, dass Konstantinopel (Neu-Rom) und Rom (Alt-Rom) die gleichen kirchenrechtlichen Privilegien hätten, derer sie sich bereits als die jeweiligen Reichshauptstädte erfreuten. Zudem wurden die Patriarchate von Alexandria und Antiochien dem von Konstantinopel untergeordnet. Zwar hob man die Unterordnung nach scharfen Protesten in gewisser Weise wieder auf, aber das Problem blieb bestehen, dass sich der ekklesiastische Superioritätsanspruch Konstantinopels aus dem Status als kaiserliche Hauptstadt herleitete. Im Paragraph 28 heißt es: „die Stadt, die geehrt wurde durch den Kaiser und den Senat und die die gleichen Privilegien mit der älteren kaiserlichen Stadt Rom genießt, soll ebenso wie diese in ekklesiastischen Dingen verehrt werden." Diese Implikation, als ob die Position des Patriarchats sich von dem kaiserlichen Charakter der Stadt und nicht von der Einsetzung des Apostels durch Christus herleitete, war inakzeptabel. Am Ende weigerten sich die alten Kirchen von Ägypten und Antiochien, den Paragraphen 28 zu unterzeichnen. Die beiden Patriarchate galten von nun an als Abtrünnige der Reichskirche und wurden von der Reichsgeschichte fälschlich als Monophysiten bezeichnet. Mittlerweile wurde dieses Urteil revidiert und die vier Kirchen der Kopten, Westsyrer, Armenier und Äthiopier werden schlicht als die orientalischen Kirchen bezeichnet. Es ist das Vorrecht der Moderne, obsolete politische Reichspositionen im Hinblick auf das Studium der orthodoxen Kirchen *ad acta* zu legen und die orthodoxe Tradition der alten Kirchen wieder zur Kenntnis zu nehmen.

3.4 Neue Spiritualität: Anachoretisches Leben (4. bis 5. Jahrhundert)

Im vierten Jahrhundert, als die Christenverfolgungen ihren Höhepunkt erreichten, begann auch die Blüte der anachoretischen Bewegungen. Der Begriff „Anachoret" leitet sich ab von dem griechischen *anachoreo* – „zurückziehen". Im Westen ist der Begriff „Mönch" geläufig, die lateinisierte Form *monachus* des griechischen *monachos* – „einsam lebend". Männer und Frauen versuchten, im Gefolge ihrer biblisch-prophetischen und jüdisch-essenischen Vorläufer nach dem Evangelium zu leben. Als Anachoreten, entweder in Form von Hermeten (als Einsiedler) oder von Zönobiten (in Gemeinschaft lebend), setzten sie sich von der Gesellschaft und den zunehmend weltlich werdenden Kirchen ab und nahmen den Kampf gegen den Teufel und für das Himmelreich auf. Sie lebten in Gräbern, Zellen oder in der Wüste. Einer der bekanntesten frühen Hermeten in Ägypten war Antonius (251–ca. 355 n. Chr.).

Seine Biographie, *Das Leben des Antonius* (357 n. Chr.) wird dem Patriarchen von Alexandria, Athanasius (ca. 295–373 n. Chr.) zugeschrieben. Die Biographie illustrierte die Art von Leben, wie es sich einige Anachoreten vorstellten und auch mehr oder weniger erfolgreich lebten.

Dem Bericht zufolge antwortete Antonius etwa um das Jahr 270 n. Chr. auf den Ruf Christi, „Wenn du vollkommen sein willst, dann geh und verkaufe alles, was du hast, gib es den Armen, komm und folge mir, und du wirst einen Schatz im Himmel haben" (Mt 19, 21). Antonius verkaufte seinen Besitz, ließ aber genügend für seine Schwester übrig, die später das monastische Leben aufnahm. Weitere anachoretisch lebende Frauen jener Zeit waren etwa Melania, die römische Patrizierdame, die in Jerusalem ein Kloster baute und dort lebte; Paula (s. o.); Macrina, die Schwester von Gregor von Nyssa in Kappadozien; Augustinus und Cäsarius von Arles schrieben Regeln für Frauen und Männer; in Syrien lebten Frauen und Männer zönobitisch manchmal im selben Haus.

Gemäß jener Biographie lernte Antonius wie viele andere die asketische Lebensweise von einem alten Mann im Dorf; zum Pionier aber wurde er, als er allein in der Wüste lebte und mit den Mächten des Bösen rang. Zwei Jahrzehnte später kehrte Antonius zurück, äußerlich gesund und innerlich voll einer Art göttlichen Strahlens, begabt mit Heilung und Prophetie. Als er zurückging in die Wüste, folgten ihm viele. Zwei Mal sei er nach Alexandria gegangen, um Athanasius gegen die Arianer zu helfen. Die Lebensgeschichte war geprägt von Visionen, Wundern und dämonischen Angriffen. Nichtchristen bewunderten die Heiligkeit des Athanasius und Könige baten um seinen Rat. Auch wenn die Biographie sich mehr wie eine Programmschrift für asketisches Leben in Kooperation mit den Bischöfen liest als eine strikte historische Beschreibung, so war sie doch sehr erfolgreich, zirkulierte in Ost und West, beeinflusste das Leben vieler und führte nicht zuletzt Augustinus zur Konversion im Jahre 386 n. Chr. Bereits am Ende des vierten Jahrhunderts lebten tausende von Asketen in den Wüsten nahe des Nildeltas. In der Sammlung der *Sprüche der Väter* (*Apophtegmata Patrum*) aus dem 6. Jahrhundert wurde Antonius als einer der großen ägyptischen geistlichen Führer dargestellt.

Der aus Gaza stammende Kirchenhistoriker Sozomen (5. Jahrhundert) berichtete von Pachomius (ca. 292–346), einem ägyptischen Anachoreten, der erst Soldat und dann asketischer Christ war, der schließlich mehr als 1300 Nachfolger in seinem Stammgebiet in Tabennisi im Nildelta und weitere 7000 in ganz Ägypten hatte. Für diese Asketen entwickelte Pachomius eine Regel, die Allgemeingut unter den Anachoreten wurde und u. a. besagte, dass jede zönobitische Niederlassung einen verantwortlichen Abt haben sollte, je drei Mönche in einer Zelle leben und mehrere Zellen ein Haus bilden sollten, und alles mit einer hohen Mauer zu umgeben sei. Jedes Haus sollte ein Handwerk ausüben, etwa Weben oder Korbflechten; die Häuser hätten reihum Kochen, Waschen, Krankenpflege, Besuchsdienst und anderes zu übernehmen. Zweimal täglich sei Hausgebet, sonntäglich die Eucharistie mit der Predigt des Abts. Das Leben war hart, aber nicht unmenschlich. Viele der pachomischen Regeln wurden generelle Praxis im Mönchtum. Johannes Cassianus (s. u.) lernte die Regel in Ägypten kennen und verbreitete sie im Westen. Hieronymus' lateinische Übersetzung ist die älteste erhaltene Version der Regel und war wohl eine Grundlage für die Regel des Benedikt von Nursia (ca. 480–540 n. Chr.).

Zeitgleich fanden sich asketische Bewegungen in vielen anderen Gebieten, einschließlich Gaza, der judäischen Wüste, am Jordan, in Kleinasien und Syrien. Chariton (ca. 275 n. Chr.)

war einer der frühen bekannten Asketen in der judäischen Wüste, der nördlich von Jerusalem das Kloster Pharan gründete. Hilarion (291–371 n. Chr.) von Thabata bei Gaza wurde unter dem Einfluss von Antonius Asket (Hieronymus veröffentlichte 390 n. Chr. seine Regeln für ein asketisches Leben) und gründete ein Kloster bei Maiuma, dem Hafen von Gaza. Die beiden Freunde Theoctistus und der aus Armenien stammende Euthymius (377–473 n. Chr.) gingen in das Kloster Pharan und bauten seit 411 eigene Klöster zwischen Jerusalem und Jericho. Euthymius wurde der spirituelle Vater des aus Kappadozien stammenden syrischen Mar Sabbas (439–531), der nach dem Tod von Euthymius selber sieben Klöster in der judäischen Wüste gründete, die das Zentrum christlichen Lebens wurden, vor allem das Stammkloster Mar Sabas, östlich von Bethlehem. Da die jeweiligen Schüler oft ihre eigenen Klöster gründeten, gab es gegen Ende des sechsten Jahrhunderts hunderte von Klöstern zwischen Jerusalem und Jericho, die die Landschaft zum Blühen brachten und das Leben in Judäa bestimmten.

Diese Entwicklung ist gut bekannt durch zwei Werke. Das eine stammt aus der Feder von Kyrill von Scythopolis (Beit Shean). Er lebte seit 543 n. Chr. als Hermet erst im Jordangebiet und später als Zönobit im Kloster Mar Sabas, wo er die *Biographie großer Äbte* in der judäischen Wüste verfasste. Sie beginnt im Jahre 405 mit dem Leben von Euthymius und endet mit dem Tod des Abts von Mar Sabas, Abraamius, im Jahre 558. Das andere Werk, *Die spirituelle Wiese* (*Pratum spirituale*), stammte von Johannes Moschos (ca. 550–619 n. Chr.). Er war Anachoret im Kloster Theodosius außerhalb von Jerusalem, reiste durch den Orient zu den wichtigsten monastischen Zentren und schrieb anschließend jene beliebe Anekdotensammlung vieler Anachoreten des sechsten Jahrhunderts.

Der syrische Bereich, anders als das recht gut organisierte ägyptische und judäische Gebiet, war bekannt für einen gewissen Individualismus im asketischen Leben. Theodoret von Cyrus beschrieb in seiner *Religionsgeschichte* (ca. 440) syrische Anachoreten, die mit dermaßen schweren Ketten beladen waren, dass sie nicht aufrecht stehen konnten; andere Asketen standen wohl wochenlang auf leeren Berggipfeln. Symeon der Stylite (ca. 390–459 n. Chr.) verließ sein Kloster im Jahre 412 und lebte dreißig Jahre lang auf einer Säule, die zuletzt achtzehn Meter hoch am Stadteingang von Antiochien, unübersehbar für jeden Reisenden, aufragte. Theodoret erzählte, dass Könige und Bischöfe zu Symeon an die Säule kamen und ihn um Rat fragten, dass der Stylite viele Wunder wirkte und dass er mit seiner Aktion vor allem ein Ziel hatte, nämlich die Einwohner von Antiochien zur Buße zu rufen.

Die anachoretische Geschichte in Syrien ist seit dem zweiten christlichen Jahrhundert eng verbunden mit dem Gebiet des Tur Abdin im Südosten der heutigen Türkei. Seit jener Zeit entstanden dort auf dem Islagebirge hunderte von Dörfern, je eins um ein Kloster, wobei ein Kloster und ein Dorf je in symbiotischer Gemeinschaft lebten. Das war die Heimat von Aphrahat und Ephräm (s. o.). Der Tur Abdin war eine Lebens- und Gebetsader der syrischen Kirche. Ende des 20. Jahrhunderts wurden die meisten Dörfer mit den Klöstern zerstört und die Christen vertrieben.

Einen großen Einfluss auf die griechischen anachoretischen Bewegungen hatte Basilius von Cäsarea, „der Große" (330–379 n. Chr.), der als begabter Verwalter und Organisator auf vier Dinge bestand: Kontrolle, Organisation, Dienst und soziales Leben. In Folge einer Pilgerfahrt nach Ägypten baute Basilius zusammen mit seinen Freunden ein monastisches Leben in Pontus auf. In seiner Funktion als Bischof schrieb er Regeln für seine Mönche, die eng mit dem Bischof und den Gemeinden verbunden waren. Die Mönche sollten nur in der Bischofskirche und unter Aufsicht des Bischofs zusammenkommen und Gottesdienste halten. Das bedeutete, dass das Kirchenleben sich an die monastischen Ideale anpasste. Seit dieser Zeit gab es in den Kirchen längere und häufigere Gottesdienste mit Chören der Asketen. Zugleich standen die Mönche unter der Kontrolle der Bischöfe und ihre Ziele waren weniger von individualistischen Idealen geprägt. Basilius baute ein Krankenhaus, wo er und seine Mönche der Gemeinde dienten, wie sein Freund Gregor von Nazianz schrieb (*Oratio* 43, 61). Ein wichtiger Aspekt der Frömmigkeit des Basilius war, dass ein korporatives Leben nicht nur eine Hilfe zur individuellen Vollkommenheit darstellte, sondern notwendig war für den Gehorsam Christus gegenüber. Ein Mönch müsse auch arbeiten, um Mittel für milde Gaben zu erwerben.

Die monastischen Bewegungen des Ostens faszinierten die Christen im Westen. Einige von ihnen, wie etwa die zwei Mönche aus Rom, Hieronymus und Rufinus, ließen sich in Klöstern im Osten nieder, andere versuchten, im Westen Klöster im Stile des Antonius aufzubauen, wie etwa die zwei Asketen Martin von Tours und Johannes Cassianus.

Martin von Tours (ca. 316–397 n. Chr.) diente in der römischen Armee, wurde Christ und Mönch und unterstützte das Mönchtum auch als Bischof von Tours (seit 372 n. Chr.). Sein Freund Sulpicius Severus (ca. 360–420 n. Chr.) schrieb ca. 396 n. Chr. seine hagiographische Biographie, *Das Leben des Heiligen Martin*, und etwa vier Jahre später die *Dialoge*. Darin wurde der Bischof als Wunderwirker und Armenfürsorger porträtiert, ganz nach dem Vorbild der Anachoreten in der ägyptischen Wüste. Schon zu seinen Lebzeiten wurde Martin ein Vorbild für die Mission und für Klöstergründungen im Westen. Seine Wirkung verstärkte sich durch die Hagiographie des Sulpicius, etwa durch die Geschichte mit dem Mantel. Danach habe Martin seinen Soldatenmantel im kalten Winter mit einem Armen an den Toren von Amiens geteilt und in einer Vision erfahren, dass er das Christus getan habe. Diese Begebenheit ist vielleicht nicht wahr, aber formte die christliche Moral.

Zum Missmut der weltlich orientierten Bischöfe in Gallien und Spanien lebte der Heilige Martin auch als Bischof in asketischer Armut und unterstützte die strenge Askese der Anhänger des mystischen Asketen und Theologen Priscillian. Trotz der Intervention Martins wurde Priscillian 385 n. Chr. in Trier von einer klerikal-politischen Obrigkeit unter dem Vorwand der Häresie hingerichtet.

Johannes Cassianus (ca. 365–ca. 433 n. Chr.) war ein einflussreicher Mönch im Westen. Als junger Mann reiste er nach Bethlehem, traf dort ägyptische Mönche und fuhr mit ihnen weiter nach Nitria in Oberägypten, wo er die Schriften des Evagrius von Pontus (345–399 n. Chr.) las, die ihn faszinierten. Eines der Werke des Evagrius, das in der Tradition der Wüstenväter steht, war der *Antirrhetikos*. Er beschreibt die acht Hauptlaster oder Dämonen, die einen Mönch angreifen, nämlich Völlerei, sexuelle Ausschweifung, Liebe zum Geld, Trauer, Zorn, Faulheit, Prahlerei und Arroganz. Evagrius gab Anleitungen zu deren Überwindung.

Im Jahre 415 gründete Johannes in Marseille ein Männer- und ein Frauenkloster. Es folgte ein umfangreiches theologisches Schrifttum, einschließlich der *Unterredungen mit den Vätern* (*Collationes Patrum*). In Form von vierundzwanzig Gesprächen beschreibt Johannes seine Diskussionen mit den Wüstenvätern. Das Werk enthält viel Material der evagrianischen Lehre, angepasst an die gallische Spiritualität. So betonte Johannes etwa die „Reinheit des Herzens" statt des stoischen Begriffs der „Leidenschaftslosigkeit" des Evagrius. Der große aszetische Reichtum, der sich in den Schriften des Johannes Cassianus auftat, machte tiefen Eindruck auf das Klosterleben des Abendlandes.

3.5 Augustinus von Hippo

Augustinus (354–430 n. Chr.), Bischof von Hippo Regius in der römischen Provinz Numidien in Nordafrika, lebte in einer Zeit dramatischer Veränderungen, die ihn selbst auch ständig veränderten. In seinem Lebenswerk zeigten sich die komplexen theologischen Diskussionen der Spätantike, der politische Niedergang des Römischen Reiches mit der Plünderung Roms im Jahre 410, die Verarmung Numidiens und die Eroberung von Hippo Regius durch die Vandalen im Sommer 430.

Über sein Leben reflektierte Augustinus ausführlich in der Schrift *Bekenntnisse* (ca. 401 n. Chr.). Geboren von einer christlichen Mutter, Monica, und einem nicht-christlichen Vater, Patricius, erhielt Augustinus eine klassische Erziehung durch die finanzielle Unterstützung des reichen Romanianus. Im Jahre 385 wurde Augustinus Lehrer für Rhetorik in Mailand, traf dort Bischof Ambrosius (s. o.), der ihn zum Christentum bekehrte und Ostern 387 taufte, nachdem er sich schon vorher vom Manichäismus getrennt hatte. Bei seinem Versuch, ein Kloster in Hippo Regius in Nordafrika zu gründen, wurde Augustinus in der Stadt 395 zum Bischof geweiht. Hier gab es mehr Donatisten als Orthodoxe und dogmatische Diskussionen, politisches Unheil und soziales Elend gefährdeten den Frieden zwischen Nordafrika und Rom.

Obschon die *Bekenntnisse* autobiographisches Material enthalten, sind sie eine theologische Meditation über den Autor selbst. Zum einen reflektierte er seine pastoralen Angelegenheiten und Kontroversen seit 387 und seine Bindung an die monastische Bewegung, zum anderen wirft er aufgrund seiner Erfahrungen einen eher pessimistischen Blick auf die menschliche Natur. Sein zentrales Bemühen aber ist immer, vor Gott ehrlich zu sein. Dazu gehört, dass er seine im Nachhinein als falsch erkannten Gedanken über Gott und die heiligen Schriften aus seiner manichäischen Zeit zu seiner eigenen Unehre zur Sprache bringt (*Bekenntnisse* 3: 3, 6–5, 9), oder der Hinweis, er bevorzuge die Rhetorik des Manichäers Faustus vor der seines eigenen Taufpriesters und Bischofs von Mailand, Ambrosius (5: 13, 23–14, 25). Die *Bekenntnisse* sind Reden vor Gott, in der die guten Taten wie die Sünden benannt werden in der Hoffnung auf Versöhnung mit Gott. Sie sind auch Bekenntnisse des Glaubens an Gott als Vater und Schöpfer, als Sohn und Herr in seinem Erlösungswerk und als Heiliger Geist. Die *Bekenntnisse* des Augustinus wurden zum Modell christlichen Bekenntnisses.

Von den zahlreichen Themen seiner Zeit, die dieser einflussreiche Theologe aufnahm, sollen die folgenden fünf seine Bedeutung unterstreichen: Manichäismus (a), Neoplatonismus (b), Trinität (c), freier Wille, Prädestination (d) und *Vom Gottesstaat* (e).

(a) Der Babylonier Mani (216–277 n. Chr.) kam aus der jüdisch-christlichen Sekte der Elkesaiten und erfand eine auf dem traditionellen Dualismus des persischen Zoroastrismus beruhende Universalreligion, in der die Dunkelheit gegen die Lichtwelt kämpfte und der Mensch aus der Dunkelheit durch Abstinenz von Fleisch und Sex und durch die rechte Gnosis erlöst wurde. Diese Gnosis, vermittelt durch Jesus, den lichtgöttlichen Zwillingsbruder

Manis, erreichte seine Vollendung damit, dass der Geist des erwählten Menschen sich aus dem Körper befreite. Augustinus war auf dem Weg, ein solcher Erwählter zu werden, als er Probleme mit der Astronomie des Mani bekam. Seine Skepsis und Suche nach Gott fand mehr Erfüllung in dem Denken des christlichen Intellektuellen Ambrosius (s. o.), der in der Tradition der neoplatonischen Philosophie stand. Ambrosius lehrte, dass der Mensch in seinen moralischen Entscheidungen nicht äußeren Bedingungen unterliege. Daraus schloss Augustinus, dass der Mensch einen freien Willen habe, der die Ursache für die böse Tat sei, und Gottes Urteil sei der Grund für das daraus erwachsene Leiden (7: 3, 5).

(b) Die skeptischen Platoniker in Mailand nahmen an, dass es nicht wirkliches Wissen, sondern nur wahrscheinliche Meinungen gab. Das war die Position, die Augustinus in seinem Zweifel über den Manichäismus erreicht hatte. Von der neoplatonischen Schule des Plotinus (ca. 232–304 n. Chr.) hingegen lernte er, dass die Vernunft sich über die Materie zu einer rein geistigen oder spirituellen Realität erheben konnte. Jenseits der Weltseele war der Verstand (*nous*), wo die Formen und Ideen nach Platon ihren Sitz hatten, und jenseits des Verstandes war in absoluter Transzendenz das Eine oder Gott. Diese Vorstellungen hatten seit Origenes und den Kappadoziern christliches Denken durchdrungen. Für Augustinus war das besonders relevant, denn Plotinus behauptete gegen die Stoiker, dass die Materie eine Emanation der spirituellen Realität sei, und stand auch gegen die Skeptiker, die annahmen, sie sei unerkennbar, und gegen gnostische Dualisten, die die eine „Ursprungsquelle" bestritten. Auch Augustins Problem über das Böse fand eine Lösung im Neoplatonismus, in dem alles, was existierte, als Ganzheit vollkommen war, aber als eine Folge abgestufter Seinsweisen vorlag. Es lag an dem Individuum, seinen Platz in dieser Ganzheit mit Hilfe des freien Willens zu bestimmen. Augustinus erfuhr eine Konversion und in einer spirituellen Ekstase hatte er eine Vision von Gott als Wahrheit (*Bekenntnisse* 7: 10, 16).

(c) Augustinus ergänzte die Diskussion über die trinitarische Theologie mit seinem Beitrag von der psychologischen Analogie: Gottes Sein als Trinität finde seine Entsprechung im menschlichen Verstand. Diese Annahme beruhte auf der neoplatonischen Idee, dass Gott reiner Intellekt und der menschliche Verstand ein Abbild Gottes sei. Wenn daher die kirchliche Offenbarung eine gleichförmige Trinität in Gott festsetzte, dann musste das eine Widerspiegelung im menschlichen Verstand haben. Diese Überlegungen fanden Ausdruck in den *Bekenntnissen* im Kapitel über die Fähigkeit des Verstandes zu „Erinnerung, Verstehen und Willen oder Liebe "(*Bekenntnisse* 10: 11, 17–12, 19): zu erinnern, zu verstehen und Gott zu lieben sei Weisheit; zu erinnern, zu verstehen und sich selbst zu lieben sei Dummheit. Diese Überlegung fügte sich in die augustinische Vorstellung, dass der Ort einer Person in Gottes Schöpfung dadurch bestimmt werde, ob er zu Gott aufblicke oder herab auf sich selbst.

(d) Der britische Asket Pelagius (ca. 350–ca. 425 n. Chr.) gehörte in Rom zu den zahlreichen reformfreudigen Mönchen. Zu seinem Kreis gehörten auch Caelestius und Rufinus. Diese Gruppe vertrat den freien Willen zum Guten oder zum Bösen je nach der Hilfe, die Gott dem Menschen gibt. Jene Bewegung stellte sich gegen Augustins wiederholte Aussage in den *Bekenntnissen* „Gib, was du befiehlst, und befiehl, was du willst" (10: 29, 40), mit der Begründung, dass Gott niemals befehle, was der Mensch nicht ausführen könne. Das Mögliche sei immer gegeben, denn Gott mache es möglich; der Wille und die Tat aber müssten vom Menschen kommen. Bei der Schöpfung seien dem Menschen Gnade und Freiheit gegeben worden. Diese beiden Eigenschaften würden ergänzt zum einen durch die göttlichen Gebote und die Lehre der heiligen Schriften, die sagten, was zu tun sei, und zum anderen durch das Sakrament der Taufe zur Vergebung der Sünde. Als Caelestius um die Ordination in Karthago im Jahr 410 nachsuchte, wurde er aufgrund seiner Lehre ein Jahr später verurteilt. Caelestius lehrte u. a., Adam sei sterblich geschaffen; Evas Sünde berührte nur Eva selbst; Kinder seien sündlos geboren; sowohl das Gesetz als auch das Evangelium bereiteten gleichermaßen die Menschen für das ewige Leben; einige der alttestamentlichen Personen wären sündlos; der Reiche müsse seinen Besitz den Armen geben, um gerettet zu werden.

Gegen diese pelagianischen Überlegungen verfasste Augustinus seinen Aufsatz *Über den Buchstaben und den Geist* (410 n. Chr.), worin er einen paulinischen Gegensatz von Gesetz und Evangelium herausarbeitete; das Gesetz schreibe vor, so Augustinus, was zu tun sei, nur der Geist bewirke im Herzen die Liebe, die zum Tun befähige. In den folgenden Jahren entwickelte Augustinus seine Position gegen den Pelagianismus in einer Vielzahl von Schriften. Das letzte Kapitel des Traktats *Über die Häresien* (428 n. Chr.) beschäftigte sich mit der Lehre des Pelagius und stellte vielleicht die Summe augustinischen Denkens zum Thema dar. In dem Kapitel erklärte Augustinus, dass seine persönliche Erfahrung so sei, dass man das Gute kennen könne, aber man sei unfähig, es zu tun, bis die göttliche Gnade dazu erlöste. Er beklagte des Weiteren, dass der Pelagianismus das Gebet für die Bekehrung der Ungläubigen und Häretiker *ad absurdum* führe. Zudem gelte, dass der Wille an sich verdorben sei und erst geheilt werden müsse, bevor gute Werke Gott erfreuen könnten. Weiterhin vertrat er die Meinung, dass, wenn die meisten Menschen weder bereuten noch glaubten und darum in der Hölle verbrannt würden, dann müsse das Gottes unerforschlicher Beschluss sein. Es könne auch nicht genau wahr sein, dass Gott wolle, dass alle Menschen gerettet und zur Erkenntnis der Wahrheit kommen würden (1. Tim 2, 4), dies müsse sich auf die Erwählten beziehen. Dieser zuletzt genannte Aspekt der Lehre von der Prädestination wurde in der Reformation von Johannes Calvin wieder aufgenommen. Bereits vor Calvin lehrte das Mittelalter die Prädestination mit einer die Willkür etwas dämpfenden Variante, dass nämlich die göttliche Wahl abhinge von den Verdiensten, die Gott vorhersehen könne in seiner ewigen Weisheit.

Pelagius wurde zwar 418 verurteilt, aber mit seinem Nachfolger Julianus von Eclanum (ca. 380–455 n. Chr.) ging die Auseinandersetzung weiter und Augustinus entwickelte nun die Idee der Erbsünde. Das ist die Sünde, mit der Menschen geboren seien. Sie werde sexuell übertragen. Diese Lehre formte Augustinus wohl aufgrund einer ungenauen lateinischen Übersetzung des Ambrosiaster von Röm 5,12: „In ihm (*in quo*) (d. h. Adam) haben alle gesündigt", so, als wäre die Menschheit in Adam enthalten. In der griechischen Tradition heißt es vielmehr, „weil (*eph ho*) alle sündigten". Die lateinische Lesart ließ den Schluss zu, dass seit Adam der Mensch die Freiheit verloren habe, nicht zu sündigen. Augustinus sah die Freiheit wiederhergestellt durch die Gnade Christi, die nun durch das Sakrament der Taufe in einem jeden Menschen aktiv werde.

(e) Als Rom im Jahre 410 von dem westgotischen König Alarich erobert wurde, machten manche die neue Religion des Christentums für die Niederlage Roms verantwortlich. Augustinus widersprach diesem Vorwurf in zweiundzwanzig Büchern unter dem Titel *Vom Gottesstaat* (412–426 n. Chr.). Die ersten zehn Bücher kritisierten die römische Gesellschaft und Religion, die übrigen analysierten den damaligen Weltzustand. Augustinus knüpfte in seinem Werk an die jahrhundertealte Diskussion über den himmlischen und irdischen Staat an. Die beiden Begriffe meinten weder den Gegensatz eines physischen und spirituellen Reiches, noch den von Kirche und Staat, sondern bezogen sich auf die Prinzipien menschlicher Gesellschaft. Augustinus beschrieb diese Gesellschaft als die zwei Reiche, in dem einen herrsche die Liebe Gottes in Verachtung des Selbst, in dem anderen die Liebe des Selbst in Verachtung Gottes. Das irdische Reich (etwa Babylon, Nineve, Rom) repräsentiere all das vergangene Böse der Gesellschaft. Das himmlische Jerusalem hingegen zeige auch irdische Erscheinungen, etwa die katholische Kirche. Die Kirche selbst sei unterteilt in die sichtbare, nämlich die irdische und von Sünden befleckte, und die unsichtbare, die die wahre Kirche für die Erwählten sei. Diese letzte Idee wurde später im Protestantismus aufgenommen.

Vom Gottesstaat ist ein weitschweifiges Werk und erinnert in seiner Form kaum an eine systematische Theologie, eher an eine Kompilation von kurzen Erzählungen. Dennoch hat Augustinus mit diesem Werk eine Vision geschaffen, mit deren Hilfe die Christen durch die Krise des fünften Jahrhunderts steuerten. Nachdem die Kirche Teil des Römischen Reiches geworden war, musste sie nun einen Weg finden, den Zusammenbruch des Imperiums zu überleben. Augustinus führte die Menschen zu einem Reich, das nicht zerstört werden konnte, selbst wenn Rom fiel.

4. Das Mittelalter

Bernhard Braun

Die Zeitspanne zwischen der Antike und ihrer Wiederentdeckung in der Renaissance wurde von den italienischen Humanisten als Übergangszeit verstanden und abwertend als Mittelalter bezeichnet. Der Terminus hat sich gehalten und wird als Epochenbezeichnung wertfrei verwendet. Das Mittelalter umfasst vom Ausgang der Antike im 5. Jahrhundert und dem Anheben der Neuzeit in der Renaissance im 15. Jahrhundert knapp ein Jahrtausend. Es kann daher nicht überraschen, dass sich diese Epoche sehr differenziert darstellt. Insbesondere in der theologischen Lehre gibt es eine deutliche Entwicklung vom Frühen zum Hochmittelalter, das im Wesentlichen mit der Scholastik im engeren Sinn gleichgesetzt werden kann. Die Wende vom 11. ins 12. und 13. Jahrhundert wurde sogar als eine von mehreren Renaissancen in der abendländischen Geistesgeschichte bezeichnet (Panofsky 1990).

Die Entstehung des mittelalterlichen Europa war nach der Ablösung von der kulturell hochstehenden Antike ein langwieriger und quälender Prozess. 476 endet das Weströmische Reich. Odoaker (um 433–493) setzte Romulus Augustulus (um 460–nach 511) ab, der als Sohn des römischen Heerführers Flavius Orestes von diesem eingesetzt worden war, nachdem Orestes den letzten legitimen Kaiser Julius Nepos 475 ins Exil nach Dalmatien gezwungen hatte, wo er noch bis zu seinem Tod 480 zu regieren versucht hatte. In Wirklichkeit herrschte Odoaker als König von Italien in Ravenna unter der Aufsicht von Konstantinopel. 488 vertrieb der Ostgote Theoderich (um 454–526) Odoaker und ermordete ihn eigenhändig beim Versöhnungsmahl 493. Er regierte als *princeps Romanus* mit Respekt vor dem römischen Erbe in faktischer Unabhängigkeit von Konstantinopel. Unter seiner Friedenszeit kam es zu einer Nachblüte der Spätantike in Architektur und Philosophie. Nach seinem Tod 526, der das Ende des Ostgotenreichs markiert, bricht durch Thronstreitigkeiten und das Bemühen Konstantinopels, Italien endgültig an sich zu binden, Chaos aus. Eine Spur der Verwüstung beendete in den folgenden Jahrzehnten die antike Kultur im Westen. Die Gründe dafür sind bis heute Stoff für Diskussionen.

All diese Schicksalsjahre werden von den Historikern als charakteristische Daten genommen, das Mittelalter beginnen zu lassen. Ein besonderer Reiz kommt dem Jahr 529 zu. Kaiser Justinian (um 482–565) ließ die um 385 v. Chr. gegründete Platonische Akademie in Athen und viele andere „heidnische Schulen" schließen. Im selben Jahr gründete Benedikt von Nursia (um 480–547) sein Kloster Montecassino und den vielleicht typischsten europäischen Orden.

Eine schnelle Konsolidierung Europas verhinderte unter anderem der zu Anfang des 7. Jahrhunderts entstandene Islam, der in der Geschichte Europas eine bedeutende und befruchtende Rolle gespielt hat. Aus vieldiskutierten Gründen war diese neue Religion am Anfang sehr expansiv und eroberte den Raum um das südliche Mittelmeer. Obwohl der Mittelmeerhandel nie völlig zum Erliegen kam (Mc Cormick 2001), führte die Abnabelung vom Osten durch den Islam doch zu einer ökonomischen und kulturellen Krise. Die städtischen Metropolen am Mittelmeer verloren in der Folge an Bedeutung zugunsten der Städte im Norden. Bologna, Padua, Paris, Oxford, Köln und Prag wurden die geistigen Zentren des Hochmittelalters.

Auch wenn im Mittelalter faszinierende kulturelle Entwicklungen außerhalb einer christlichen Sinngebung stattfanden, man denke an die höfische Romankultur, den Islam, das Weiterbestehen der platonischen Tradition, umschloss diese Epoche doch vor allem das Ringen um die Passgenauigkeit des griechischen philosophischen Instrumentariums für den christlichen Offenbarungsglauben. Dies dokumentieren die Konzilien in und um Konstantinopel, wo über Trinität, Menschwerdung Gottes, Personbegriff und die Abbildbarkeit des Göttlichen verhandelt wurde. Dies dokumentiert auch das Zerbrechen der in der Hochscholastik formulierten labilen Balance zwischen Glaube und Wissen in der beginnenden Neuzeit. Das Mittelalter hatte eine christliche Sinnorientierung wie sie keine andere Epoche der Geschichte mehr aufweisen wird. Insofern sind auch Theologie und Philosophie noch nicht scharf voneinander zu trennen, gewinnen aber im Verlauf der Epoche an jeweiliger Kontur. Vielfach wird in der Literatur über dieses Verhältnis zwischen Christentum und griechischer Philosophie nicht differenziert genug nachgedacht. Für das Verständnis der Bemühungen im Mittelalter ist es aber wichtig, die unterschiedlichen Lehrmeinungen in der Antike im Auge zu behalten. Da ist zuvörderst der wichtige Unterschied zwischen Platon und Aristoteles. Das philosophische Instrumentarium Platons ist nur unter dem Preis erheblicher Verfälschung auf die christliche Glaubenswahrheit (Schöpfung, Freiheit, Personverständnis, Trinität) anwendbar. Mit Aristoteles, der in entschiedenem Gegensatz zu Platon steht, gelang es Thomas von Aquin, in vielen Fragen eine philosophische Verfestigung der christlichen Glaubenslehre zu erreichen. Darüber hinaus müsste man die feinere Differenzierung zwischen dem mittleren dualistischen Platon der statischen Ideenlehre und seinem späteren monistischen Konzept der dynamischen Eros-Lehre beachten, von welcher der Neuplatonismus gespeist wurde und die bis in die Philosophie des deutschen Idealismus Nachhaltigkeit entwickelt hat. Die westlichen Philosophen und Theologen waren zudem gespeist von den Überlegungen des Augustinus und anderer Väter. Für das Interesse, philosophische Werkzeuge für das Verständnis des Glaubens zu finden, gab es am Anfang Bemühungen, das antike Bildungsgut in die neue Zeit hinein zu retten.

4.1 Zwischen Konstantin und Karl dem Großen

4.1.1 Boëthius (um 480 bis um 524)

In den Jahrhunderten zwischen Konstantin (um 280–337) und Karl dem Großen (um 742–814) war das kulturelle Leben im lateinischen Westen sehr reduziert. Dennoch ragen einige originelle Köpfe heraus. Der vermutlich in Alexandrien hervorragend ausgebildete Boëthius stammte aus einer vornehmen römischen Familie. Er war Berater Theoderichs, bekleidete das Amt des Konsuls und später jenes des ranghöchsten Hofbeamten in Ravenna. Zerrissen zwischen Senatsfraktionen stand er zuletzt in Opposition zu Theoderich und wurde 524 oder

526 in Pavia nach Kerkerhaft, in der die *Consolatio Philosophiae* entstand, hingerichtet. Boëthius war ein Vermittler des antiken Bildungsguts an die neuen Völker im Westen. Ganz im Geiste der römischen Enzyklopädisten-Tradition riet er vor dem Studium der philosophischen Werke zu einem Propädeutikum der sieben freien Künste. Diese bildeten einen das Mittelalter bis ins 13. Jahrhundert durchziehenden formalen Rahmen für die Tradierung von Wissen und dessen methodische Strukturierung, freilich in einer zunehmenden Reduktion gegenüber der breiten antiken Vorgabe. Boëthius bezog sich dabei auf die Einteilung des Martianus Capella (5. Jh.). Nach ihm teilen sich die freien Künste in das *Quadrivium* mit Arithmetik, Geometrie, Musik, Astronomie und das *Trivium* mit Rhetorik, Grammatik und Dialektik. Dieses Instrumentarium dient einem methodengeleiteten und rationalen Argumentieren ohne Rücksicht auf religiösen Kontext und auf Autoritäten. Wenn Martin Grabmann Boëthius als „letzten Römer, ersten Scholastiker" (Grabmann 1909, 148) bezeichnet hat, spricht er genau diese Zwischenstellung an. War er in der Benützung der freien Künste von beinahe scholastischer Strenge und hat einige logische Texte des Aristoteles übersetzt, ist seine *Consolatio* ein neuplatonisches Abstiegs- und Aufstiegsschema der Seele, die sich zur Selbsterlösung im Göttlichen bringt, wofür die als Frau personifizierte Philosophie Weg und Strebevermögen zugleich ist. Ganz platonisch ist die Seele an Körper und Affekte gebunden. Das entspricht seiner ebenfalls platonisierenden Gotteslehre, der gemäß das Eine dem Vielen gegenübersteht. Erst die Befreiung der Seele aus dem Körper im physischen Tod ermöglicht das Einswerden mit Gott, Realisierung der Teilhabestruktur des Vielen am Einen. Mag Boëthius auch in seinem Selbstverständnis Christ gewesen sein, kann man jedoch kaum von einer erfolgreichen philosophischen Umsetzung des christlichen Glaubensverständnisses sprechen.

Neben Boëthius bemühten sich Cassiodor (um 485–um 580), sein Nachfolger am Hof in Ravenna, und der Bischof von Sevilla, Isidor (um 560–636), um die Weitergabe antiken Wissensgutes an das Mittelalter. Isidor von Sevilla fasste das Wissen der Zeit in einer Enzyklopädie zusammen, welche die verbreiteten heidnischen Nachschlagewerke ablösen und zur Klerikerausbildung dienen sollte. Der angelsächsische Benediktiner Beda Venerabilis (um 673–735) geriet aus dem Interesse einer Festlegung des (beweglichen) Osterfestes in mathematische Spekulationen und berechnete das Jahr der Erschaffung der Welt. Theologisch befasste er sich mit exegetischen Fragen und schrieb eine große angelsächsische Kirchengeschichte.

4.1.2 Dionysius Pseudo-Areopagita und der Osten

Parallel zum Niedergang im Westen blühte Konstantinopel, die 330 zum neuen Rom geweihte Hauptstadt, auf. Das Bauprogramm Justinians I. (527–565) verlieh der Hauptstadt des Reiches den nötigen Glanz. Philosophisch und theologisch dominierte die Kontinuität des Neuplatonismus, der sich auch im Sakralbau niederschlug. Die Zentralbauten, etwa der Neubau der Hagia Sophia 537, waren ein Ausdruck der antiken Kreisform und der neuplatonischen Lichtmystik. Die Ostkirche wandte sich den spekulativen Themen, insbesondere dem Ringen um die Trinität und der Stellung des Gottessohnes darin, zu. Die Einheit von Gott und Mensch in Christus musste gegen den Nestorianismus, die reale Geschiedenheit der göttlichen Personen gegen den Monotheletismus verteidigt werden.

Dionysius Pseudo-Areopagita, ein bis heute nicht identifizierter Autor des 5. Jahrhunderts aus dem syrischen Raum, der sich als der Paulusjünger der Apostelgeschichte ausgab, hatte durch das gesamte Mittelalter eine hohe Autorität. Abaelard war einer der Ersten, der an seiner Identität zweifelte, aber noch Thomas von Aquin schrieb einen Kommentar zu seinem Werk.

Dionysius vertritt eine mystische Theologie, wobei sein christliches Gottesverständnis in einer platonischen Philosophie dargestellt wird. Gott wird zu einem Überseienden, zu einem Übernamhaften, das zu seiner Selbstdarstellung emanieren muss. Er ist Einheit, die, ohne sich zu verlieren, sich in einer Vielheit entäußert. Der Hervorgang dieses verborgenen Gottes geschieht in einer hierarchischen Ordnung. Dionysius entwirft darin eine himmlische (*De caelesti hierarchia*) und kirchliche (*De ecclesiastica hierarchia*) Hierarchie. Sein Gott bleibt namenlos, unsagbarer Logos. Er kann nicht positiv beschrieben, aber in einem mystischen Geschehen durch Einswerdung mit ihm erfahren werden.

Dionysius war zusammen mit Johannes von Damaskus (vor 675–749) ein wichtiger Theoretiker der Ikone. Sie bildete die Lösung im mittelalterlichen Bilderstreit. Der Bilderstreit begann eigentlich mit dem Verbot der Mumienporträtmalerei 392 durch Kaiser Theodosius (347–395), im engeren Sinn 726 mit einem entsprechenden Edikt von Kaiser Leo III. (717–741) und dauerte bis zum Konzil von Nikaia 787, eine zweite Phase dann von 815 bis 842/43. Schon die antiken griechischen und römischen Intellektuellen waren dem Götterbild gegenüber skeptisch eingestellt. Immer ging es um die Darstellbarkeit des Gottes in materiellen Farben und Bildträgern im „Handwerk" von Künstlern. Im Kontext des Christentums kamen noch das alttestamentarische Bilderverbot, die Ablehnung des Luxus, sowie das negative Vorbild der antiken Tradition der Kaiserbilder dazu. Theologisch wiederholte sich der Streit um Einheit und Unterschiedenheit der göttlichen Personen bzw. des Charakters der Inkarnation. Man befürchtete die arianische Reduktion Christi auf seine Menschennatur. Die Ikonodulen wiederum setzten auf die Funktion des Bildes als *biblia pauperum*. Papst Gregor II. (gest. 731) erklärte, dass das Evangelium „per litteras et per picturas" verkündet werde. (Mansi 13, 95c)

Johannes von Damaskus, dessen Vater Finanzminister am Kalifenhof war, argumentierte theologisch mit der Inkarnation. Wenn Christus wahrer Mensch geworden sei, sei er auch darstellbar. Das jüdische Bilderverbot sei zudem zu relativieren, weil aus Israels schwieriger Situation der Götzenverehrung zu erklären.

Mit Rückgriff auf die platonisierende Mystik des Areopagiten bestimmte Johannes die Ikone als neuen Bildtypus. Sie sei *homoioma*, *paradeigma* und *ektypoma*, also ähnlich und ein Abdruck des Urbildes. Der Mönchsprediger Theodor von Studion (759–826) unterstützte diese Bemühung. Die Verehrung beziehe sich nicht auf das Bild, sondern auf das Urbild. Das Bild wird hier zum Fenster, hebt jede Subjekt-Objekt-Spaltung auf und ermöglicht eine Epiphanie des Göttlichen und eine Einswerdung mit ihm. Diese Formel diente im Wesentlichen dem Konzil von Nikaia 787 zur Rechtfertigung des Bildes.

4.2 Die karolingische Renaissance

Neben dem Niedergang des Weströmischen Reiches 476 und dem Ende der Herrschaft der Goten eigentlich schon mit dem Tod Theoderichs 526, endgültig dann mit der Übernahme Ravennas durch Konstantinopel 552, kann man die Gründung der Benediktinerklöster ab

529 als eine Zeitenwende bezeichnen. Die Klöster wurden zu kulturellen und wirtschaftlichen Kernen. Die Klosterspiritualität ist durch das berühmte Schlagwort *ora et labora* (bete und arbeite, das sich wörtlich so nicht in der Benediktinerregel findet) zutreffend charakterisiert. Standen bisher die Verachtung des Körpers und der Arbeit, Selbstkasteiungen und Vereinigungsbemühungen mit Christus im Vordergrund, trat nun neben das kontemplative Gebetsleben die nicht mehr unwürdige Handarbeit. Die Benediktiner gründeten gleichsam die Urfigur des westlichen Mönchstums als Gegengewicht zum griechisch-orthodoxen mönchischen Selbstverständnis. Wichtiger noch scheint vielen Beobachtern der andere Programmpunkt, die *stabilitas loci*. Benedikt sammelte seine Mönche in Bruderschaften und Klöstern. Das richtet sich gegen die flanierenden Vaganten, die Ausdruck der desaströsen Bildungssituation dieser Zeit waren. Am Höhepunkt war Europa von 40 000 Benediktinerklöstern überzogen. Die größeren von ihnen waren in der Regel autonome Mikrokosmen, die nach faszinierenden Klosterplänen errichtet und organisiert waren. In ihnen kam zweifellos ein christlich-europäisches Selbstverständnis zum Ausdruck, das freilich eine Abnabelung von den Quellen Europas in Antike und griechischem Osten bedeutete und eine monastische Elite an die Stelle der bedeutungslos gewordenen Offenheit lebendiger Stadtkultur setzte.

Die bewusste Wende, die Karl der Große, der selbst Lesen und Schreiben erst in höherem Alter erlernte, gegen den weit verbreiteten Kulturzerfall durchführte, war ein ehrgeiziges Projekt. Seine *renovatio imperii* war der Versuch, aus den unterschiedlichen Kulturtraditionen des Riesenreichs nördlich der Alpen eine einheitliche christliche Zivilisation zu gestalten. Teil der Erneuerungspolitik war die Verbesserung der Bildung vor allem im Klerikerstand, wo Analphabetismus weit verbreitet war. In einer *admonitio generalis* 789 ermahnte er Kleriker und Klöster zu verstärkten Bildungsanstrengungen. Karl ordnete die Benediktinerregel für alle Klöster an und machte sie so zu einem „Bestseller des Mittelalters".

4.2.1 Alkuin und Hrabanus Maurus

Aachen sollte für Karl das neue Rom werden. Nach mittelalterlicher Vorstellung war die römische Reichsidee nicht mehr überbietbar, sie konnte nur übertragen werden. Zudem trat der König nach dem alten germanischen Königsmythos als Mittler zwischen Gott und Mensch auf. Karl scharte herausragende Intellektuelle um sich. Aus der damaligen europäischen Eliteschule York stammte der gebildete Alkuin (um 730–804). Alkuin machte das Lateinische, das in romanische Dialekte zerfallen war, für die Klosterschulen verbindlich und arbeitete an seiner Idee der *translatio studii*, der Übertragung der Kultur von den alten Zentren Athen und Rom ins gallische Abendland. Hrabanus Maurus (780–856), Schüler Alkuins und Abt von Fulda, setzte ganz auf das Wort gegenüber dem Bild. Den Hof Karls erreichte der Bilderstreit des Ostens und die Hoftheologen verfolgten einen pragmatisch-gemäßigten Kurs. Niemand darf zur Bilderverehrung gezwungen werden, aber die Zerstörung von Bildern bleibt ebenfalls untersagt. Für Hrabanus Maurus muss der Künstler die von Gott in die Natur gelegte Schönheit nachahmen, denn die Natur ist ein Buch, das vom Finger Gottes geschrieben wurde. Das Wort ist der Auslegung dieser Natur freilich angemessener.

4.2.2 Johannes Scotus Eriugena

Der bedeutendste Philosoph dieser Zeit war der aus Irland stammende Johannes Scotus (um 810–877), der sich selber später noch zusätzlich Eriugena nannte. Er arbeitete am Hof Karls des Kahlen (823–877) als Lehrer der *artes liberales*. Johannes besaß eine überragende Bildung, übersetzte Dionysius Pseudo Areopagita und Maximus Confessor und kommentierte Boëthius und Martianus Capella. Insbesondere die Überarbeitung einer alten Dionysios-Übersetzung des Abtes von St. Denis, Hilduin (775–840), führte zu einer neuplatonischen Prägung seiner Philosophie. Er erschloss die östlichen Spekulationen endgültig dem Westen. Sein mit doppelsprachigem Titel versehenes Hauptwerk *Peri physeon merismou id est de divisione naturae* ist trotz christlicher Motive ganz vom neuplatonischen Erbe her bestimmt. Es handelt sich um eine Auslegung der ersten Kapitel der Genesis. 1225 wurde der Besitz des Werks von Papst Honorius III. unter Androhung der Todesstrafe verboten (Gombocz 1997, 372). 1684 kam das Werk auf den Index Librorum Prohibitorum.

Periphyseon ist ganz im neuplatonischen Abstiegs- und Aufstiegsschema entworfen. Den Ausgang des Vielen vom Einen nennt er *divisio*. *Analysis* meint den entsprechenden Rückgang. Wie sich in dieser *divisio* der Gesamtkosmos konstituiert, spiegelt sich auch im Mikrokosmos Mensch wider. Die Vielheit des Menschen, seine Materialität und Geschlechtlichkeit, ist Folge der Sünde und Ort der Bewährung zugleich. Es gibt nichts Niedrigeres als den Körper und nichts Höheres als den Geist. Die platonische Dichotomie wird mit christlichem Vokabular versehen und – auf die Eriugena rezipierenden Mystiker vorausweisend – der Tod als Erlösung aus dieser Misere, als Tod des Todes angesehen. Eriugena weicht vom dionysischen Vorbild ab und macht den Menschen als Ort der gesamten sichtbaren und unsichtbaren Welt stark. Er steht daher unmittelbar neben Gott ohne die vielen in der dionysischen Hierarchielehre vorgesehenen Zwischenglieder.

Die einzelnen Glieder der *divisio* erhalten eine christliche Bedeutung zugesprochen, die der Bibel und dem theologischen Repertoire entnommen wird. Der Anfang der Genesis handelte demnach von Gott, dem Hervorgang Gottes in seinen Sohn, den von ihm geschaffenen Ideen und der Rückkehr aller Dinge zu Gott. Nichtsdestoweniger bleibt die gesamte ontologische Struktur von der neuplatonischen Apokatastasislehre getragen und in ihrem Kerngedanken einer christlichen Schöpfungsdeutung entgegengesetzt.

Eriugena spricht das göttliche Prinzip mit weiblichen Attributen als *natura creatrix non creata* an, das sich nun in dialektischer Selbstvermittlung im Emanationsakt offenbart. Gott ist Ursache von allem, aber auch Ziel von allem. Es ist die Theophanie eines verborgenen Gottes, *deus itaque nescit se, quid est, quia non est quid* (Gott weiß also von sich selbst nicht, was er ist, weil er ja kein *was* ist), also die Verbindung von negativer und positiver Theologie.

Neben dieses platonische Umfeld trat der methodische Rahmen der *artes liberales* in der Fassung des Martianus Capella. Mit ihnen ging Eriugena freilich viel freier um, als es in den folgenden Jahrhunderten üblich war. Diese Souveränität war sicherlich die Frucht seiner intimen Kenntnis der spekulativen Philosophie des Ostens. Speziell bevorzugte er die Dialektik, also im mittelalterlichen Sprachgebrauch die Logik. Es war durchaus etwas Neues im Karolingerreich, die Logik zur Wahrheitsfindung in theologischen Fragen zu verwenden.

Eriugena nahm das spätere Ringen der Scholastik zwischen Vernunft und Offenbarungsautorität vorweg. Die wahre Autorität und die wahre Vernunft könnten sich gar nicht widersprechen, so die einleuchtende Schlussfolgerung, weil sie doch beide der gleichen Quelle, nämlich der göttlichen Weisheit entstammen. Philosophie und Religion unterstützen sich so gegenseitig, Offenbarung wird begreifbar und schlüssig.

4.3 Islamische und jüdische Philosophie und Theologie

Mit dem Islam entstand im frühen Mittelalter ein neues Gravitationszentrum, das die weitere Geschichte nachhaltig geprägt hat. Der Einfluss der aufgeklärten, modernen, sich an der Naturwissenschaft orientierenden islamischen Philosophie war ein ganz erheblicher Beitrag zum Werden Europas. Der Islam ist eine Religion der Stadt, er ist an den wichtigsten Handelsrouten des frühen Mittelalters im Schoße begüterter Familien von Handelshäusern entstanden. Der Clan Mohammeds, Hâschim, gehörte als eher unbedeutender zu den in Mekka dominierenden Quraisch.

Mohammed (um 570–632) selbst ist im Umfeld des altarabischen Polytheismus aufgewachsen. Sein Berufungserlebnis wird in das Jahr 610 datiert. Die Aufzeichnungen des Koran entstanden erst nach seinem Tod. Der Islam war von Anfang an eine Gegenreligion gegen den alten Polytheismus, der als schlimmer Unglaube dem wahren Glauben an einen einzigen Gott (allâh ist kein Eigenname, sondern bedeutet einfach Gott) gegenübergestellt wurde, einem Gott, der – eine Spitze gegen das Christentum – nie gezeugt hat (Sure 112). Auch der Islam kennt daher eine Zeit des Heidentums und richtet seinen religiösen Eifer vor allem gegen die eigenen darin verhaftet gebliebenen Ungläubigen.

Die neue Religion fand anfangs nur wenig Resonanz, Mohammed selbst geriet unter den Druck der führenden Clans in Mekka. So entschlossen er und seine Anhänger sich zu einer Übersiedlung (*hidschra*) nach Medina, die 622 abgeschlossen war. Mit diesem Ereignis beginnt die Zeitrechnung im Islam. Zudem stellte sich ein rasanter Erfolg in der Islamisierung der arabischen Halbinsel ein. Kitt dieser neuen arabischen Nation (*umma*) war die Religion, in noch weit höherem Maß als das Christentum im Karolingischen Reich. Dieser arabische Staat begann sehr schnell und sehr erfolgreich zu expandieren und wurde zu einer ernsten Bedrohung für die oströmischen, persischen und später weströmischen Nachbarn. Der Islam breitete sich an der Ost- und Südküste des Mittelmeeres bis nach Spanien aus. 711 erreichten die Araber den Indus und im gleichen Jahr begann die Herrschaft der Mauren in Spanien. Gibraltar trägt bis heute den Namen des damaligen Heerführers Târiq (Dschabal Târiq, Berg des Târiq). Einer der bis heute diskutierten Gründe für diese schnelle und erfolgreiche Expansion war vermutlich, dass der Islam den regionalen christlichen Kirchen manchmal durch günstige, die freie Religionsausübung garantierende Verträge mehr Freiheit bot als sie unter der byzantinischen Reichskirche hatten. Erst die Kreuzzüge, welche die Araber als Verletzung dieser Verträge auffassten, verschlechterten das Verhältnis und führten zu zahlreichen entschädigungslosen Enteignungen von christlichen Kirchen, die zu Moscheen wurden.

Im 8. Jahrhundert beginnt mit der Frage nach der Willensfreiheit eine islamische Theologie. Grundlage war ein strenger Monotheismus mit einem Gottesbegriff völliger Gestaltlosigkeit ohne jede anthropomorphe Beimengung. Nicht einmal göttliche ewige Attribute ließen die frühen Theologen zu, Ewigkeit käme nur dem unbeschreibbaren Gott selbst zu. Diese extreme Position konnte sich nicht halten, auch im Islam wurden Gott Attribute zugesprochen und neben Gott galt schließlich auch der Koran als ewig. Im 13. Jahrhundert und durch den Einfall der Mongolen, die den neuen Glauben annahmen, erlebte die islamische Mystik einen Aufschwung. Der Mystiker gilt als der Arme (*faqir*, persisch: *darvisch*) und Kuttenträger (*Sûfî*). Ähnlich wie in der westlichen Mystik ging es um die Vereinigung mit Gott, in der Regel unter der Anleitung eines Meisters. Man sammelte sich in ordensähnlichen Gruppen, den Derwischorden. Diese Orden kannten sogar eine Heiligenverehrung, eine in der Orthodoxie umstrittene Angelegenheit.

Auch im Islam des Mittelalters lassen sich Theologen und Philosophen nicht streng trennen. Bei den islamischen Gelehrten war schon vor der ersten Jahrtausendwende praktisch der gesamte Aristoteles bekannt, er wurde in platonisierender Lesart aus dem Arabischen in das lateinische Mittelalter übersetzt. Die islamische Philosophie wird mit dem am Kalifenhof in Bagdad tätigen Al-Kindi (um 800 – um 870) selbständig. Die Zeitgenossen in der kulturell und wissenschaftlich blühenden Metropole nannten ihn den „Philosophen der Araber". Er normierte ein Vokabular für die Philosophie und betrieb eine negative Theologie im Sinne der platonischen Tradition. Der Arzt und Naturforscher Abu Bakr (865 – um 930) setzte sich für die Autonomie der Philosophie ein. Obwohl er nicht an der Existenz Gottes zweifelte, galten viele seiner Thesen als ketzerisch. Philosophie war bei ihm wie in den antiken Philosophenschulen eine Lehre der Lebenskunst. Nach dem Bild des tugendhaften Sokrates entwarf er die Idee einer philosophischen Lebensweise.

Al-Farabi (um 870 – 950) war ein universell gebildeter Philosoph und bemühte sich um die Harmonisierung von Philosophie und Theologie, also um die Übereinstimmung der Vernunft mit den Lehren des Koran. Ähnlich wie im Christentum die Neuplatoniker vertrat er eine Emanationslehre, um die Schöpfung philosophisch zu formulieren.

Mit Avicenna (Ibn Sina, um 980 – 1037), Arzt bei verschiedenen iranischen Fürsten, erhielt die islamische Philosophie einen bedeutenden Stellenwert. Sein *Buch der Genesung* ist eine philosophische Summe in vier Teilen, die das Wissen der Zeit versammelte. Er hatte eine Nähe zu Al-Farabi, erarbeitete sich jedoch große Eigenständigkeit. Er vertrat einen strikten Gottesbegriff, in dem Sein und Wesen in eins fallen. Das restliche Seiende ist von Gott verursacht, allerdings in einem emanativen Akt, der auch die Rückkehr zu Gott einschließt. Die Anfangslosigkeit der Welt, Folge seiner Systematik, war eines der Probleme, die sich Avicenna mit der islamischen Orthodoxie einhandelte. Der *intellectus agens* als eine der letzten Emanationsstufen ist allen Menschen gemeinsam und verleiht allem die Form. Auch in seiner Anthropologie verband sich eine aristotelische Terminologie mit einem eher platonisch gewendeten Inhalt. Insbesondere in der Seelenlehre neigte er zu einem dualistischen Bild.

Der persische Theologe Al-Ghazali (1058 – 1111) wiederum wandte als Anhänger einer mystischen Spiritualität in seiner *destructio philosophorum* viel Energie auf, die Philosophie zu kritisieren. Sie könne prinzipiell nicht auf Glaubensfragen angewandt werden. An die Stelle der Philosophie tritt bei ihm die Gotteserfahrung selbst.

Mit dem in Córdoba geborenen Averroës (Ibn-Ruschd, 1126 – 1198), einem Universalgelehrten und Arzt, erreichte die islamische Philosophie einen Höhepunkt und Abschluss, denn mit seinen liberalen Ansichten endete die geistige Freizügigkeit des Islam im Mittelalter. Er war für zahlreiche mittelalterliche Gelehrte, darunter Thomas von Aquin, der ihn stets nur den „Kommentator" nannte, der wichtigste Vermittler des Aristoteles. Gott schafft in einem ewigen Schöpfungsakt als Ersturache die Vielheit der Dinge, wobei auch Averroës an der Ewigkeit der Welt festhielt, aber den neuplatonischen Emanationsgedanken mit Aristoteles verwarf. Averroës hielt die Unsterblichkeit der Seele und die Auferstehung des Leibes für philosophisch unbeweisbare Glaubensfragen. Denn der *intellectus agens* sei universell und nur er überdauere den Tod des Einzelnen. Trotzdem vertraute Averroës auf die Philosophie und verteidigte sie gegenüber der Mystik Al-Ghazalis.

Knapp zehn Jahre nach der Geburt des Averroës kam in Cordoba Moses Maimonides (1135–1204) zur Welt, ebenfalls Arzt. Er ging nach Ägypten und war neben Salomon Ibn-Gabirol (Avicebron, 1020–1058) der bedeutendste jüdische Denker dieser Zeit. Beide bewegten sich mit ihrer Theologie im Feld des Platonismus und Aristotelismus und hatten stets auch die islamische Philosophie in großer Toleranz als Gesprächspartner. In *Fons vitae* bezog sich Avicebron auf die Thora. Alle Menschen streben nach Selbsterkenntnis und nach der Erkenntnis Gottes, ein personaler Schöpfergott, der sich in einer Emanation in die Welt entäußert. Duns Scotus nahm viele Anregungen von ihm auf. Pikanterweise hielt er ihn für einen Christen, und deshalb spielte sein vehementer Antijudaismus (Duns Scotus wollte alle Juden auf eine Insel der Verfluchten verbannen) keine Rolle.

Maimonides dagegen war ein streng gläubiger Jude, wollte aber der Rationalität Genüge tun, wie er sie bei seinen islamischen Philosophenkollegen vorfand, deren Lektüre er ausdrücklich empfahl. Die Offenbarung kann – so sein Credo – der Vernunft nicht widersprechen. Im *Führer der Unschlüssigen* wird ein wenig das thematisiert, was Anselm mit dem Schlagwort *fides quaerens intellectum* bezeichnet hatte. Die philosophische Unterfütterung eines reinen Glaubens war für die jüdische Tradition etwas Neues und entsprechend umstritten. In einem Punkt blieb Maimonides der jüdischen Glaubenslehre besonders treu und stellte sich gegen Aristoteles: bei der Schöpfung. Er lehnte sowohl die Ewigkeit der Welt als auch die Emanation ab und versuchte einen philosophischen Beweis des ersten unbewegten Bewegers. Viel mehr lasse sich – ein Rückgriff auf die Figur der negativen Theologie – über Gott kaum aussagen. Alle ihm zugeschriebenen Attribute sagten nur, dass diese von ihm geschaffen worden seien. Die Grenze zu einer echten Transzendenz könne durch die Vernunft nicht ohne weiteres übersprungen werden, sondern durch einen personalen Rahmen, indem Gott als ein Du aufgefasst wird – einerseits als Maßgabe menschlichen Handelns, andererseits auch als Möglichkeit zur Beziehung denkender Wesen miteinander. Die arabisch-jüdische Philosophie beeinflusste vor allem die Theologen und Philosophen der Hochscholastik. Dem gingen im Westen noch zahlreiche Reformbestrebungen und Schulen voraus.

4.4 Die Reform von Cluny

Nicht zuletzt mit den Bemühungen Karls des Großen ging es ab dem 8. Jahrhundert in Europa wieder aufwärts. Eine Entwicklung, die im 11. und 12. Jahrhundert zu einer neuen Blüte der Stadtkultur und zum Triumph einer neuen rationalen Methode in der Theologie, der Scholastik, führen wird. Die Jahrtausendwende warf vorher jedoch ihren Schatten voraus und führte zu zahlreichen Reformbewegungen. Diese waren immer auch gespeist vom verborgenen und offenen Ringen zwischen Kirche und weltlicher Macht um die Vorherrschaft. Die klerikale Welt suchte in neuem Selbstbewusstsein die Unabhängigkeit von jeder weltlichen

Einmischung. Cluny – untrennbar mit der Herrschaft der Ottonen (919–1024) verbunden, war solch eine, sehr elitäre Reformbewegung. Die Beziehungen zwischen den Königen (die alle auch Kaiser des Heiligen Römischen Reiches waren) Otto I. (936–973), Otto II. (973–983) und Otto III. (983–1002) und den Äbten von Cluny waren sehr eng.

Die Gründung von Cluny 910 durch eine Schenkung Wilhelms III. von Aquitanien (gest. 963) an Abt Berno (907–927) – es unterstand hinfort allein Rom – geschah ganz im Zeichen einer Reform des Benediktinerordens. Bestimmend war dabei eine Auslegung der Benediktinerregel durch Benedikt von Aniane (um 750–821). Es ging nicht so sehr um neue asketische Ideale, sondern mehr um liturgische Neuerungen in den durch zahlreiche Privilegien ausgestatteten Klöstern. Das Stillschweigen wurde ebenso wie die Gebetszeiten verlängert, die Liturgie ausladend und feinsinnig. Unter Abt Hugo (1049–1109) sang der Konvent täglich zwei Hochämter. Zusätzlich zelebrierte jeder Priestermönch mehrere Privatmessen und neben dem ohnehin üblichen Stundgebet wurden zahlreiche weitere Gebete verrichtet (Angenendt in: Bauer/Fuchs 1996, 55). Zeit zum Studium oder gar zur Arbeit blieb keine mehr. Cluny entsprach dem Stil seiner adelig geborenen Bewohner, welche die Handarbeit verachteten. Es zog weltliche Größen in seinen Bann, von denen manche eintraten, viele am Totenbett (*in extremis*) noch die Profess ablegten. Dieser Reichtum der Liturgie schlug sich auch in der Kunst nieder. In der Regel boten gewaltige Abteikirchen den entsprechenden Rahmen für eine kostbare Ausstattung des Raums, für liturgisches Gerät und Gewandung. Finanziert wurde dies durch Stiftungen, die reichlich nach Cluny flossen. Dagegen erhob sich heftige Kritik etwa von Bernhard von Clairvaux (um 1090–1153).

In der Mystik Clunys spielte der Schrecken Gottes eine große Rolle. Es ging um eine Rückbesinnung auf den Grundantagonismus der Welt von Dunkelheit und Helligkeit. In der bildenden Kunst tauchten Darstellungen der Letzten Dinge auf: Jüngstes Gericht, Teufelsgestalten. Dem gegenüber standen Glanz und Ehre Gottes im strahlenden Licht.

Die Ästhetik bediente sich der neuplatonischen Schönheitslehre, mit deren Hilfe die Deutung der dunklen Innenräume der romanischen Kirchen (die Cluniazenser breiteten sich im Kerngebiet der romanischen Kunst aus) möglich war. Die glänzende Ausschmückung ist das unähnliche Abbild des übersinnlichen Lichtes, das in die Nacht der Welt hineinleuchtet, um sie zu erhellen. In einem Titulus der Majestas Domini aus dem Hitda-Kodex im 10. Jahrhundert heißt es: „Hoc visibile imaginatum figurat illud invisibile verum cuius splendor penetrat mundum" Diese sichtbare Einbildung verbildlicht jenes unsichtbar Wahre, dessen Glanz die Welt durchdringt (nach Jantzen 1959, 84).

Der massige romanische Bau war die Burg im Sturm der dunklen Zeiten. Es ist reizvoll, die Hierarchisierungs- und Stabilitätscharakteristik neuplatonischer Systeme vor dem Hintergrund der zerstörerischen Dynamik dieser Zeit zu sehen. Platonismus und Neuplatonismus speisten philosophische und theologische Theorien. In ihnen ließ sich eine einheitliche und unveränderliche Wirklichkeit wie auch eine prinzipielle Gutheit und Schönheit des Kosmos angesichts der Verrohung der konkreten Umgebung bewahren. Durch die Innovationen in der Liturgie, vor allem wegen der Prozessionen, erhielt die Basilika neue Umgänge und Teile wie das Dämonen bannende Westwerk. Die romanische Kirche war als Trutzburg des Glaubens ein Konglomerat verschiedener Raumformen, Wand- und Gewölbetypen. Manche versammelten die gesamte Kirchenhierarchie (Kathedrale, Pfarr-, Kloster-, Tauf- und Grabeskirche) in einen einzigen Bau.

1088 legte Abt Hugo den Grundstein zur neuen Basilika. Mit 187 Meter Länge war die fünfschiffige Kirche die größte des Mittelalters. Sie zeigte das gestiegene Selbstbewusstsein der Christenheit, das sich zum ersten Kreuzzug von 1095 formierte. Dies war Höhepunkt und Ende der großen Zeit von Cluny. Zugleich setzte sich eine asketische Linie durch. Das Kreuz erhielt eine neue Bedeutung. Bisher diente es der Erhöhung Christi, des Königs. Jetzt tritt der Opfercharakter in den Vordergrund, die Schändung des Menschensohnes.

Der wirkliche Einfluss Clunys auf die weiteren Reformen in der Kirche bleibt umstritten. Nachlassen der Disziplin, eine übersteigerte Spiritualität waren neben wirtschaftlichen Faktoren die ideellen Gründe, die schließlich zum Zerfall des Klosterverbandes nach 1250 führten.

4.5 Die Domschulen

Die mittelalterlichen Domschulen sind ein wichtiges Kapitel im Ringen um eine Theologiekonzeption als Wissenschaft. Das Wort des Benediktiners Petrus Damiani (um 1006–1072), wonach Mönche und Priester „nicht Schüler der Philosophen und Redner seien, sondern Schüler von Fischern" beleuchtet die Situation anschaulich (Dressler 1954, 175 f.). Auf ihn soll das Wort von der Philosophie als Magd der Theologie zurückgehen. Das ist eine geringere Gewichtung der Philosophie als bei Abaelard hundert Jahre später, der die Logik als wissenschaftliches Instrument für die Theologie empfahl.

Die Domschulen stellen einen Übergang von den benediktinischen Klösterkosmen zu den Kathedralschulen des Mittelalters dar und demonstrieren die große Vielfalt der mittelalterlichen Kultur an der Jahrtausendwende. Man kann in diesen Bemühungen auch einen Spiegel des seit längerer Zeit schwelenden Streits zwischen weltlicher und geistiger Macht, also Kaiser und Papst um die Investitur von Bischöfen und Äbten sehen. Den berühmten Höhepunkt erreichte dieser Streit im Bann Heinrich IV. (1050–1106) durch Papst Gregor VII. (um 1020–1085) und dessen Bußgang zum Papst, den er auf der Burg der Mathilde von Tuszien (1046–1115) in Canossa 1077 antraf.

4.5.1 Die Schule von Chartres

Die Domschule von Chartres hat ihre Wurzel im 5. Jahrhundert, ihre offizielle Gründung geschah 990 durch Fulbert (um 960–1028) und sie erreichte ihre Blüte unter Bernhard von Chartres (gest. um 1126), der als toleranter und gelehrter Platoniker geschildert wird. Die Schule kann als Scharnier zwischen platonischem Erbe und anhebender Scholastik gesehen werden. Im *Heptateuchon*, dem (unvollständigen) Lehrbuch der sieben freien Künste des Thierry von Chartres (um 1085–1150), damals einem der angesehendsten Philosophen, versammelte er antike und mittelalterliche Unterrichtstexte. Darin vermischen sich Platonisches und Aristotelisches. Die Gotteslehre bleibt von der platonischen Ideen- und Weltseelenlehre dominiert. Aber die negative Theologie weicht auch dem Optimismus des angesehenen und fortschrittlichen Gilbert von Poitiers (1080–1145), Gott mit Hilfe der aristotelischen Kategorien erkennen zu können. Diese kannte er aus dem aristotelischen *Organon*. Die Schöpfungserzählung der Genesis versöhnte Thierry mit der Vier-Ursachen-Lehre des Aristoteles. Gott ist Wirk-, Form- und Zielursache, während die Materialursache die aus dem Nichts erschaffenen vier Elemente sind. Trotz dieser Hinwendung zur Scholastik wurden in Chartres die antiken Autoren in der Literatur und den Naturwissenschaften gepflegt, medizinisches Wissen holte man sich aus arabischen Quellen, deren Studium Thierry als Erster ausdrücklich empfahl. Für Thierry war eine umfassende menschliche Bildung ohne diese Kultur undenkbar. Die Gelehrten dieser Schule schätzen bereits die Natur sehr hoch, was in der Theologie mit Thomas von Aquin – dann in ein Gesamtsystem integriert – ausgiebig gewürdigt werden wird.

Wichtige Anregungen erhielt die Schule vom Lehrer Fulberts, Gerbert von Aurillac (um 930–1003). Der spätere Papst Sylvester II. lernte bei Studien in Katalonien den Stand der arabischen Mathematik und Astronomie kennen und führte die indoarabischen Ziffern ein, die in einem langwierigen Prozess das schwer handhabbare lateinische Notationssystem ablösten.

Ein platonischer Niederschlag fand sich in der Ästhetik, wonach Gott nur nach den ewigen Gesetzen der Mathematik schaffen kann und beeinflusste Architektur und Kunst. Vor diesem geistigen Hintergrund fertigte Villard de Honnecourt um 1235 sein 33 Pergamentblätter umfassendes Skizzenbuch an, das ausführlichste erhaltene und in seiner Bestimmung immer noch rätselhafte Handbuch der Gotik.

4.5.2 Die Schule von St. Victor

Wladyslaw Tatarkiewicz hat im Hinblick auf die Kunstphilosophie des Mittelalters einen wissenschaftlichen (Chartres), spirituellen (Citeaux) und mystischen (Viktoriner) Platonismus unterschieden (Tatarkiewicz 1979). Zu Recht hat er dabei auf die drei zusammengehörigen Aspekte Platons verwiesen. Die Mathematisierung war bei Platon Ausdruck einer mystischen Kosmosdeutung und die Gesamtsystematik hatte eine spirituelle Dimension.

Stand in Chartres die wissenschaftliche Ambition im Vordergrund, war das Kloster der Augustiner-Chorherren in St. Victor in Paris, dessen Gründung 1108 auf Wilhelm von Champeaux (um 1070–1121) zurückgeht, eher mystisch orientiert. Wilhelm, der gegen Abaelard in den Disputationen Niederlagen einstecken musste und die Leitung der Domschule von Paris verloren hatte, richtete das Stift musisch aus und beherbergte Künstler und Literaten. Unter dem ersten Abt Gilduin (1113–1155) begann ein glanzvoller Aufstieg des Klosters, auf das Cluny starken Einfluss ausübte. Hugo von St. Victor (1096–1141) versuchte, Wissenschaft und Mystik zu versöhnen. Nach seinem *Didascalicon de studio legendi* haben alle Wissenschaften Ursprung und Ziel in der Theologie. Wie viele seiner Zeitgenossen ist auch für Hugo das Licht die zentrale Metapher, um das Verhältnis des Übersinnlichen im Sinnlichen auszudrücken. Das sind Gedanken, die nach Auffassung vieler die zeitgenössische Gotik immer wieder befruchtet haben. Grundsätzlich hat Hugo in seiner Kommentierung des Werks von Dionysius Pseudo-Areopagita einen wichtigen platonisierenden Beitrag zur mittelalterlichen Theologie, aber auch zur Kunstphilosophie geleistet, der manchmal schwärmerisch und heiter wird. Es ist eine Mystik, „die den disziplinarischen Asketismus überwunden hat" (Eco 1995, 25).

Sein Schüler Richard von St. Victor (um 1110–1173) formulierte in *De Trinitate* Gottesbeweise, die er für unwidersprechbar hält. Daneben gab er praktische Anleitungen zur Kontemplation und beschrieb die mystische Verklärung in sechs Stufen wie sie über das Sich-Fremdwerden (*alienatio*) zur Schau des göttlichen Geheimnisses führt.

4.5.3 St. Denis

Eine besondere Schnittstelle mittelalterlicher Geschichte ist die Konstellation um St. Denisen-France und seinem Abt Suger (1081–1151). St. Denis war als Begräbnisstätte des vermutlichen Bischofs von Paris, der im 3. Jahrhundert das Martyrium der Decischen Verfolgung erlitt, Grablege der Merowinger, Karolinger, Kapetinger und der Könige Frankreichs, und damit ein geschichtsträchtiger Boden. An diesen Gräbern meditierten die Könige nach ihrer Salbung und dort holten sie das Banner des hl. Dionysius, die Oriflamme, wenn sie in den Krieg zogen. Suger stand einem in Reichtum schwelgenden Kloster vor, er war ein Benediktiner nach der cluniazensischen Ausrichtung, nachdem das Kloster 829 von Abt Hilduin (gest. um 840) der *Regula Benedicti* unterstellt worden war. Suger bezeichnet man oft wegen seiner Erneuerung der düsteren Kirche aus karolingischer Zeit –1144 wurde der neue Chor feierlich eingeweiht – als Erfinder der Gotik. Trotz einiger Einwände aus jüngster Zeit (Markschies 1995) dürfte das Corpus Dionysiacum, das 827 in einem feierlichen Akt als Schenkung des byzantinischen Kaisers Michael II. (gest. 829) an Ludwig den Frommen (778–840) nach St. Denis gelangt war, eine wichtige geistige Vorlage für den Abt gewesen sein. Hilduin soll es gewesen sein, der den Märtyrer des 3. Jahrhunderts mit dem Pseudo-Areopagiten gleichsetzte. Namentlich die Lichtmystik und die Hierarchielehre fügen sich in das Konzept der gotischen Kathedrale. Gott als Licht, das sich kaskadenartig in die materielle Welt hineinreflektiert und sie zum Teil des Göttlichen nobilitiert, ist die Botschaft. Die Gotik hat weder die Spitzbögen noch die Gewölberippen erfunden, beides gab es schon vorher und fand Verwendung in der islamischen Architektur (Franz 1969, 10 f.; Sedlmayr 2001, 188). Dass man diese konstruktiven Hilfen nun einsetzte, Wände in selbstleuchtende Flächen verwandelte, hat daher weltanschauliche Gründe und entsprach auch der in der Gotik einem Höhepunkt zustrebenden „Schaubegierde" (Sedlmayr 2001, 602). Die gesamte Kathedrale hatte eine anagogische Funktion und der Gläubige wird selbst Teil eines großen sakramentalen Geschehens.

Suger verteidigte die Pracht seiner Kirche gegen die scharfe Kritik von Seiten der zisterziensischen Spiritualität. Darüber hinaus wurde die Kathedrale zur Allegorie einer ganzen Theologie, der Kirchenbau symbolisiere das neue Jerusalem, das Gewölbe sei ein Abbild des Himmels, die Fenster erhellten das Kirchenschiff wie die Väter die Kirche, die Pfeiler trügen das Gewölbe wie Apostel und Bischöfe die Kirche und das Licht sei Christus selbst. Guillaume Durant (um 1235–1296) deutete sogar den Mörtel theologisch. Der Kalk sei die himmlische Liebe, der Sand die Bürde der Welt und das Wasser die Vereinigung beider (Pevsner 1981, 114).

4.5.4 Cîteaux

Gegenüber der Prachtentfaltung Clunys bildete sich eine Gegenbewegung, deren Vorbild die Einsamkeit, Handarbeit und Bedürfnislosigkeit des Asketen- und Eremitentums war. Damit einher ging eine gegenüber Cluny massive Redimensionierung des Gebetslebens. Robert, Abt von Molesme (um 1028–1111) gründete in der sumpfigen Wildnis von Cîteaux (Cistercium) im Burgund 1098 als bereits Siebzigjähriger das neue Reformkloster, das der Benediktinerregel folgen sollte. Ging es zunächst eher zäh voran, wuchs die Bewegung bald schneller, vor allem als um 1113 Bernhard (1090–1153) mit drei Dutzend seiner Gefährten eintrat. Nach zwei Jahren gründete er von dort aus das Kloster Clairvaux, dem er als erster Abt vorstand. Um das Todesjahr Bernhards gab es bereits 350 Klöster dieser neuen Spiritualität. 1790 wurde Cîteaux aufgehoben und zerstört.

Bernhard von Clairvaux, der bald der neue Stern der zeitgenössischen Spiritualität und Mystik, werden wird, war ein asketischer, von heiligem Zorn beflügelter Mann. Er kämpfte gegen jeden Luxus, gegen den weltlichen Ruhm der römischen Kurie und für die Kreuzzüge, vor allem für den (gescheiterten) zweiten Kreuzzug (1147–1149). Er brandmarkte die vermeintliche Verdorbenheit der weltlichen Ritter und wünschte sich Mönche als Krieger. In harten Worten geißelte er die Andersgläubigen, die es zu vernichten galt, wofür Bernhard den heiligen Kriegern das Paradies versprach. Die neue Bewegung richtete sich in ähnlicher Weise wie die zahlreichen häretischen Reformatoren gegen die glänzenden Städte, die reich gewordenen Kleriker, den aus ihrer Sicht nutzlosen scholastischen Unterricht, gegen Paris, die Verderberin der jungen Geister, und gegen jedes Disputieren über die Heilige Schrift. In Cîteaux wurde auch wieder gearbeitet, was manche Kritiker als Verdrängung des Gottesdienstes durch den Weltendienst diffamierten.

Viel Kraft bezog die neue Bewegung aus der Mystik des Augustinus. Dazu kamen einige Lehrer aus Chartres, die stark platonisch beeinflusst waren. Bernhards hochzeitliche Metaphern feiern die mystische Liebe. Zur selben Zeit begann eine starke Marienverehrung und parallel dazu im säkularen Bereich die Verehrung der Damen im Lied und im Spiel der ritterlichen Welt, wie sie in der höfischen Liebeslyrik überliefert ist. Bernhards Spiritualität hat eine ästhetische Qualität und sie lässt sich am besten in seinen *Sermones super Cantica canticorum*, der Interpretation des Hohen Liedes, nachvollziehen. Die innere Schönheit genießt gegenüber der äußeren Schönheit eine klare Priorität. Bernhard kämpfte gegen Eitelkeit, Prahlerei und Luxus in Liturgie und Kirchenbau und gegen die Sucht nach Abwechslung und Neuem, gegen eine Kunst des Vergnügens, die nicht die Herzen erhebt. „O Eitelkeit der Eitelkeiten … Die Kirche funkelt an den Wänden von Gold, in den Bedürftigen leidet sie Mangel. Sie verkleidet ihre Steine mit Gold, ihre Söhne aber lässt sie nackt weiterziehen." Statt der „übertriebenen Höhe der Bethäuser, ihrer maßlosen Länge und ausschweifenden und unnützen Breite" (Bernhard II 1992, 195, 193) will Bernhard eine Ästhetik des Einfachen und Notwendigen. Nach der Regel des Ordens durften in den Kirchen nur Kruzifixe hängen. Die schreckenerregenden Darstellungen der romanischen Kirche, die von Cluny noch als läuternde Symbolik betrachtet wurden, seien durch das reine, weiße Licht zu ersetzen.

Im Hintergrund dieser Kritik steht St. Denis. Dennoch war auch er ein Vertreter der Lichtmystik wie Suger, allerdings des, klaren weißen Lichts. Ästhetik hat in dieser Tradition eine besondere ethische Komponente. Die Zisterzienser verzichteten auf die Krypten und erhoben die Reliquien in Schreine zur Anschauung durch die Gläubigen. Reliquiare und Monstranzen waren ein wesentlicher Faktor der Sichtbarmachung des mystischen Leibes der Kirche. Eine ähnliche Funktion übernahm das Altarsakrament, bei dem sich der mystische Leib performativ immer wieder erneuert. Dazu kam die wichtige Funktion der Schauerfahrung. 1264 stiftete Papst Urban IV. das Fronleichnamsfest und 1311 wurde es allgemein eingeführt. Hintergrund waren unter anderem die anhebenden Hostienwunder. Im 13. Jahrhundert wird die Elevation der Hostie unmittelbar nach der Wandlung zu einem neuen Mittelpunkt der Eucharistie, man möge sozusagen auch *in visu* kommunizieren. Nach zeitgenössischen Berichten verließen Gläubige nach der Elevation die Kirche, weil sie durch die Schaukommunion bereits „gesättigt" waren (Sedlmayr 2001, 509).

Gegen Ende des 12. Jahrhunderts war auch Cîteaux den weltlichen Sitten verfallen. Etliche Zisterzienser trugen die Mitra und bauten ihrerseits prächtige Kathedralen.

4.6 Auf dem Weg in die Scholastik – Anselm von Canterbury

In eine ganz andere Richtung als die Klosterschulen weist die Theologie des Anselm von Canterbury (1033/34–1109). Der in Aosta im Piemont geborene Anselm trat mit 27 Jahren in die benediktinische Klosterschule von Bec in der Normandie ein und wurde bald deren Abt. Anselms Landsmann Lanfranc (um 1005–1089), Prior in Bec, wurde 1070 Erzbischof in Canterbury und holte Anselm zur Unterstützung bei der Reform der Kirche von England. 1093 wurde Anselm einige Jahre nach dem Tod von Lanfranc selbst von William II. (1056–1100) als Erzbischof eingesetzt. Mit William trug Anselm einen heftigen Investiturstreit aus, der schließlich 1097 zur Exilierung nach Lyon führte.

Anselms bis heute immer wieder zitierter Satz *fides quaerens intellectum*, der ursprünglich als Titel seines *Proslogions* vorgesehen war, fasst das Anliegen der Scholastik – und Jahrhunderte später der Neuscholastik – prägnant zusammen. Der Satz, der durch das *credo ut intelligam* noch verstärkt wird, meint einen Glauben, der sich durch die Prüfungen einer rationalen Vernunft absichert. Für Anselm wird Theologie aus dem Glauben eines durch die Ursünde von Gott distanzierten Menschen betrieben. Von dieser Gebrochenheit leitet er die Verpflichtung des Menschen ab, seinen Glauben vernünftig zu reflektieren. Dies ist bis heute das Selbstverständnis der Theologie, will sie als Wissenschaft gelten. Anselm ging in seinem Optimismus, Glaubenswahrheiten mit Vernunftgründen auch philosophisch behaupten zu können, so weit, mehrere Gottesbeweise zu formulieren, darunter jenen bekannten um die Existenz Gottes, den Kant später den ontologischen nennen wird. Er geht aus von einem Begriff Gottes als ein *aliquid quo nihil maius cogitari possit*, also als ein etwas, worüber hinaus man nichts Größeres denken könne. Es gibt dazu viele Referenzen aus Antike, Spätantike und Mittelalter (Heinzmann 1992, 172). Demnach erschließt sich im Denken, dass etwas, worüber hinaus nichts Größeres gedacht werden kann, wirklich existieren muss, denn wäre es nur ein Gedanke, würde er von einem wirklich Existierenden überragt. Anselm fügte diesem Existenzbeweis noch an, dass dieser Gott notwendig existieren müsse und endete in hymnischen Worten: „So wirklich bist Du, Herr, mein Gott, dass Du als nicht existierend auch nicht gedacht werden kannst" (Anselm 1961, 206). Schon ein zeitgenössischer Ordensgenosse namens Gaunilo von Marmoutiers hat den Überstieg von einer Kategorie (des Denkens) in eine andere (des Seins) als unzulässig kritisiert und den Beweis abgelehnt. Im Weiteren hat der ontologische Gottesbeweis eine widersprüchliche Karriere hinter sich. Rationalistische und idealistische Schulen haben ihn eher befürwortet, empirische und vernunftkritische (Kant) ihn klar verworfen, darunter auch Thomas von Aquin.

Neben diesem Gottesbeweis legte Anselm ein Œuvre vor, das kaum eine theologische Frage ausließ. Von der Christologie (*Cur deus homo*) über die Willensfreiheit (*De libero arbitrio*), die Erlösung, den Heiligen Geist bis zur Gnadenlehre hat Anselm zu allem in einer auch für den Unterricht gebrauchbaren Form geschrieben. Anselms Theologie schärfte zunehmend ihr Profil im Rahmen einer westlich-lateinischen Tradition, der gegenüber die östliche Spiritualität meditativ bleibt. Mit ihm sind wir in der Scholastik im engeren Sinn angelangt.

4.7 Das Hochmittelalter und die Scholastik

Bevölkerungszuwachs, Klimaerwärmung und Fortschritte in den landwirtschaftlichen Techniken waren die Begleiter einer friedlich gewordenen Zeit. Vor allem der durch die Landwirtschaft erworbene Wohlstand ermöglichte ein Aufblühen der Städte. Mehr und mehr emanzipierte sich eine aufgeklärte Stadtkultur gegenüber der monastischen, höfischen und ländlichen Kultur. Die Pluralisierung der Lebensformen führte einerseits zu einem ersten Auftreten volkssprachlicher Literatur, wie dem Versepos Rolandslied (um 1100), den Liedern Walthers von der Vogelweide (um 1170–um 1230) oder den im 14. Jahrhundert geschriebenen Canterbury Tales. Andererseits erstarkte das Papsttum durch die Lösung des langen Investiturstreits mit dem Wormser Konkordat 1122 und der Befreiung von profanen Herrschaftsansprüchen. Innozenz III. (1198–1216) bezeichnete sich zum ersten Mal nicht mehr als Nachfolger Petri, sondern als Stellvertreter Christi. Das vierte Laterankonzil beschloss 1215 das Dogma von der Transsubstantiation und gab damit einer symbolischen Handlung eine metaphysische Überhöhung. Mit ihr sollten zahlreiche Abweichungen von der wahren Eucharistielehre, um die seit langer Zeit heftig gestritten wurde, bekämpft werden. Im 9. Jahrhundert hatte Amalar von Metz (gest. um 850) bereits den eucharistischen Leib Christi als physische Wirklichkeit gesehen, obwohl die verbreitete Lehre von einem geistigen Opfer ausging. Das Problem, dass sich keine materielle Veränderung bei Brot und Wein feststellen ließ und zudem, dass eine Gegenwart von Fleisch und Blut Christi die Einmaligkeit des Kreuzesgeschehens gefährde, konnte erst mit der Substanz-Akzidenz-Lehre des Aristoteles scheinbar gelöst werden. Bei der Wandlung veränderten sich die Substanzen bei gleich bleibenden Akzidentien. Mit dem mit der Transsubstantiation geschärften Eucharistieverständnis tauchten neue Elemente der Hostienverehrung in der Liturgie auf.

Wie schon in anderen Aufklärungsphasen, wie jene der antiken Sophisten, kam es zur Stärkung der Argumentationskultur. Man argumentierte mehr nach innerweltlichen Kausalketten, was die Philosophie als eigenständige Wissenschaft gegenüber der Theologie abgrenzte. Die Beobachtung der Natur unter dem Einfluss der aristotelischen Philosophie führte in der Kunst zur Befreiung der Figur aus ihrer Gebundenheit und zur Entdeckung des individuellen Leidens. Der Rehabilitierung der Natur, Materie und der Handarbeit waren auch die neuen von Norbert von Xanten (um 1080–1134), Franz von Assisi (um 1181–1226) und Dominikus (um 1170–1221) gegründeten Bettelorden verpflichtet. Sie siedelten statt in abgelegenen Klosterkomplexen mit ihren kostbaren Bibliotheken mitten in den Städten, wo sie als Wanderprediger in ihren großen Hallenkirchen dem Volk eine asketische und spirituelle Alternative zum hektischen und materialistischen Stadtleben anboten.

Hier entstand ein subversives Potential gegen die Hochrüstung scholastischer Bildung, das mit der Volksfrömmigkeit eine eigenständige Religiosität stimulierte, die im 14. Jahrhundert in Konkurrenz zur universitären Theologie trat. Die Bemühungen des Papstes und der Bischöfe, die herumziehenden Brüder in Konventen zu sammeln und aus ihnen Priester und Professoren zu machen, gelangen teilweise. Vor allem die Dominikaner, später auch die Franziskaner, deren Ordensgründer ursprünglich den Besitz von Büchern untersagten, kannten in ihrer Ordenstradition die Charakteristik der mystischen Bettelorden als auch jene der gelehrten Professoren.

Ab etwa 1140 lag der gesamte Aristoteles – hauptsächlich aus dem muslimisch geprägten Kulturraum übersetzt – in lateinischer Sprache vor. Damit wurde eine völlig neue Theologie möglich, der man auch die Methode anpasste. In der Schriftauslegung trat die Logik an die Stelle der *meditatio* der monastischen Spiritualität, wo man die Schrift so vor sich hinmurmelte, wie dies heute noch im Judentum und Islam mit heiligen Texten üblich ist.

Viele Autoren sehen den Beginn der Theologie als Wissenschaft mit dem Anheben der Scholastik im engeren Sinn. Die Scholastik richtete sich, anders als die kontemplative, spirituelle Mönchstheologie, nach außen, kommunizierte in ihrer universellen Wissenschaftssprache Latein mit der Welt und suchte nach dem Leitspruch Anselm von Canterburys *fides quaerens intellectum* eine vernünftige Begründung für die vertretene Glaubenslehre. Die Legitimationsinstanzen sind nun *ratio* und *auctoritas*. Der heilige Text ist an sich wahr, aber es geht in der Untersuchung darum, zu sagen, in welcher Hinsicht er wahr ist. Die Vernunft tritt als kritische Instanz auf. Rückblickend wird freilich auch klar, wie sehr diese Vernunft in aller Regel vom Interesse, eine Offenbarungswahrheit auszulegen, instrumentalisiert wurde. Dies wird zugleich die Methode der neuen Bildungsinstitution, der aus der Kathedralschule sich entwickelnden Universität. Mit dem Erstarken der Stadt bildeten sich im Umkreis der Kathedralen bischöfliche Schulen unter der Leitung eines *magister* oder *scholasticus*. Daneben entstanden freie Schulen mit Laienlehrern, die in der Regel Philosophie lehrten. Im Geiste des Curriculums der freien Künste schlossen sie sich zuerst in Italien und Frankreich zur *universitas magistrorum et scholarium* zusammen, zu den ersten Universitäten. Über diese Lehranstalten, die auch und primär die theologische Fakultät beherbergten, verlor die Kirche bald die Kontrolle. Ihre Lehrer standen unter dem Schutz der Könige. Das Bildungsmonopol wanderte an diese neuen Einrichtungen. Die freien Künste verloren im Weiteren zugunsten einer neuen, vor allem logischen Methode an Bedeutung. Im 14. Jahrhundert kam zu den Legitimationsformen noch die empirische Erfahrung dazu und bereitete den Boden für die Renaissance.

Die Scholastik strebte an, den Stoff in einer vollständigen Sammlung systematisch darzustellen. Abaelard hatte seine *Theologia* in dieser Absicht gegliedert. Petrus Lombardus (1095–1160) wird mit seinen in vier Bücher eingeteilten Sentenzen, dem *Liber Sententiarum*, das Vorbild für die scholastischen Summen. Der Franziskaner Alexander von Hales (um 1185–1245) machte diese Sentenzen als Erster zur Grundlage des theologischen Unterrichts und vom 13. Jahrhundert bis in die Reformationszeit war es Standard eines angehenden Theologen, die lombardischen Sentenzen zu kommentieren. Selbst Martin Luther hat das Werk um 1510 als Dozent in Erfurt noch ausgelegt.

Die scholastischen Schriften unterwarfen sich einem formalisierten Schema. Am Anfang steht die *quaestio*, die vom Schüler Anselm von Canterburys in Bec, Anselm von Laon (um 1050–1117), verbreitet worden war, als kleinste literarische Einheit. Die Sentenzen und Summen stellen gleichsam „Sammlungen disputierter Quaestionen" (Köpf in: Bauer/Fuchs 1996,

127) dar. Jedes zu behandelnde Problem wird in Form einer Frage formuliert und der Sinn eines Textes durch Begriffsanalyse zu erfassen versucht. Dazu wurden Argumente *pro* und *contra* aufgelistet. Diese entstammten der Schrift, der Tradition und der Vernunft. Mit Hilfe von Definitionen und Schlussverfahren wurde eine Lösung des Problems gesucht und zum Schluss wurden die einzelnen Argumente beantwortet. Das Ganze ist ein Verfahren, das der formellen, ja ritualisierten Übung als Unterrichtsform, der *disputatio*, entspricht. Das formalisierte Schema scholastischen Disputierens führte nicht nur zu einer Verengung gegenüber dem breiten antiken Bildungsschatz, sondern verdeckte auch die Vielfalt der im Hochmittelalter vertretenen Positionen. Im Spätmittelalter schließlich glitt dieses scholastische Ritual in einen trockenen Formalismus ab.

Eine allzu enge Ausrichtung auf die Scholastik als die theologische Wissenschaft schlechthin übersieht zudem leicht, dass die Grundlage für Lehrentscheide der Konzilien, damit für die Form christlichen Glaubens bis in die Gegenwart, vor allem die theologischen Konzeptionen der Väter geboten hatten.

Bis heute gibt es eine engagierte Diskussion darüber, ob Bernhard von Clairvaux Theologe war oder nur Mystiker, Prediger und erbaulicher Schriftsteller. Als exemplarisch für diese Auseinandersetzung im Mittelalter darf der gut dokumentierte Streit Bernhards gegen Abaelard gelten. Bei diesem Streit, den man auch als Streit der Dialektiker gegen die Antidialektiker bezeichnet, ging es um die Frage nach dem Verhältnis von menschlicher Vernunft und göttlicher Weisheit. Am Ende steht das Entlassen der Philosophie in ihre Unabhängigkeit von der Theologie. Es war ein in der Kirche sich noch öfter wiederholendes Fanal, wo die vermeintliche Reinheit des Glaubens gegen die Gefährdungen einer nur wissenschaftlichen Schultheologie und ihrer begrifflichen Oberflächlichkeit ausgespielt, wo Gott in das Regelwerk menschlicher Logik hineingezwungen werden konnte (Gössmann 1974, 19).

Jedenfalls sollten die verschiedenen Klostertraditionen als eigenständige mittelalterliche Mönchstheologie gewürdigt werden, die durchaus in einem Gegensatz zur anhebenden Scholastik stehen konnten.

Andererseits ist unbestreitbar, dass – letztlich vermutlich als Folge der Abnabelung des spekulativen Ostens vom lateinischen Westen – einer rationalen, theorielastigen Schultheologie die Zukunft gehört hat. Die Scholastik ist weit über die engere Theologiegeschichte hinaus zu einem wichtigen Aufklärungsimpuls europäischer Geistesgeschichte geworden.

Erst die herbe Kritik der Humanisten der Renaissance am scholastischen Bildungs- und Methodenideal schaffte mit den Humanistenzirkeln und Akademien eine neue Konkurrenz und brachte die scholastische Methode im engeren Sinn zu einem Ende.

4.7.1   *Petrus Abaelard*

Petrus Abaelard (1079–1142) war ein erster glanzvoller Geist einer neuen Zeit. Selbstbewusst und streitbar zog er nicht nur begeisterte Schüler an sich, sondern wurde auch leidenschaftlich bekämpft und von zwei Konzilien (Soissons 1121, Sens 1140) verurteilt. Er dürfte Schüler des Roscelin von Compiègne (um 1050–um 1124) und des Realisten Wilhelm von Champeaux (um 1070–1121) gewesen sein. Abaelard vertrat allerdings im Universalienstreit eine Gegenposition zu Wilhelm und dies in solch anmaßender Weise, dass sich die beiden überwarfen. Der Nachwelt blieb Abaelard bekannt durch seine Liebe zu Heloise (um 1095–um 1164) und seine im Auftrag ihres Onkels durchgeführte Entmannung. Ab 1135 lehrte er in Paris und rief die heftige Gegnerschaft des Bernhard von Clairvaux hervor. Man könnte dies als Beispiel für den Konflikt von Mönchstheologie und aufgeklärter Scholastik sehen. Seine Bücher wurden von Innozenz II. (gest. 1143) feierlich im Petersdom verbrannt. Heloise trat in das Kloster von Argenteuil ein, er wurde Mönch in St. Denis. Auch dort sorgte er bald für Aufregung, weil er die Identität von Dionysius Areopagita anzweifelte.

Abaelard setzte Impulse beim Dauerbrenner mittelalterlicher Debatten, der Universalienfrage, die schon von Neuplatonikern (Porphyrios) thematisiert worden war. In dieser Frage ging es darum, ob Allgemeinbegriffen etwas wirklich Existierendes entspricht und wenn ja, ob dies körperlich-real zu denken sei oder ob sie nur im denkenden Subjekt existieren; weiters ob diese Universalien schließlich in den Sinnendingen vorfindbar oder von ihnen getrennt seien. Die Heftigkeit der Auseinandersetzung ergab sich aus der Konsequenz. Mit Abaelards Ansicht wird die reale Erkennbarkeit der Schöpfung aufgegeben. Die Referenz von Sprache und Sein wird zutiefst erschüttert und lässt das später von Thomas von Aquin formulierte Wahrheitskriterium der Übereinstimmung von Denken und Sache nicht mehr zu. Insofern wies solches Denken bereits voraus auf eine Überwindung des mittelalterlichen Weltbilds in der Renaissance und in der Neuzeit. Wilhelm von Champeaux vertrat die alte Position, nach der Universalien eine den einzelnen Dingen gemeinsame Substanz darstellen (Realismus). Abaelard lehnte dieses alte ontologische Modell ab und interpretierte die Universalien nur mehr auf einer sprachlichen und erkenntnistheoretischen Ebene. Auch bei Aristoteles seien die Kategorien nicht mehr Seinsweisen sondern nur mehr Sprachweisen. Ein Universale war für Abaelard nur ein Wort, das von mehreren ausgesagt werden kann. Die Sprache als Laut mag zwar Teil der Schöpfung sein, aber das Wort als Sinngestalt ist eine menschliche Konvention (*inventio*). Das Allgemeine existiert demnach nicht real, aber es ist auch nicht nur ein Laut wie es der Nominalismus eines Roscelin formuliert, sondern hat eine durch Abstraktion gewonnene allgemeine Form (*forma communis*), welche durch die Ähnlichkeit der Dinge erfasst wird. Diese Form ist ein Denkgebilde, das als Zeichen für eine (abwesende) Allgemeinheit steht. Nur über das Denken hat der Allgemeinbegriff einen Bezug zur Wirklichkeit. Man mag in diesem Ausgehen Abaelards vom Menschen und seiner Erkenntniskraft den Zungenschlag einer modernen transzendentalphilosophischen Gnoseologie erkennen und es kann nicht verwundern, dass solche Überlegungen heftige Reaktionen hervorriefen.

Diesen vor allem philosophischen Überlegungen schloss Abaelard ausdrücklich theologische an. Er verfasste mehrere Werke mit dem Titel *Theologia*, die alle unvollendet blieben. Darin setzte er die Theologie mit einer Wissenschaft über die göttlichen Dinge gleich. In seinem *Sic et Non* versuchte er anhand von 156 Beispielen widersprechende Abschnitte der Heiligen Schrift und Aussagen der Kirchenväter mit den Regeln des logischen Argumentierens, der Dialektik, aufzulösen. Das Werk hatte seine Sprengkraft darin, dass es letztlich Widersprüche zwischen Autoritäten und der menschlichen Vernunft waren, die es mit Hilfe dieser Vernunft aufzulösen galt. In einem weiteren Punkt wies Abaelard voraus auf den in der Neuzeit vorgestellten berechenbaren Gott, der den Willkürgott manch mittelalterlicher Theologen abgelöst hat. Nach Abaelard bleibt nicht nur grundsätzlich eine rationale Gottesidee möglich, er glaubte auch, dass Gott jedem ernsthaft suchenden Menschen das Heil ermögliche. Dies brachte ihn in seinem *Dialogus inter Philosophum, Judaeum et Christianum* sogar zur Behauptung prinzipieller Heilsmöglichkeit für Menschen anderer Religionen und zur Einsicht, dass in jeder Lehre ein Stück Wahrheit zu finden sei, und machte ihn zu einem toleranten Gesprächspartner.

4.7.2 Die Franziskaner und Dominikaner

Um 1205, bei einer Meditation einer Kreuzesikone in San Damiano, beendete Giovanni Battista Bernadone (um 1181–1226) sein Leben als begüteter Kaufmannssohn, den Freuden des Lebens zugeneigt, und wurde als Franz von Assisi zu einem exzentrischen Einsiedler und Büßer. Gefährten schlossen sich ihm an und 1210 gab es eine erste Erlaubnis für die kleine Gemeinschaft, nach einer Regel in strenger Armut zu leben. Er wurde zum wohl populärsten Heiligen der Kirchengeschichte. Franziskus selbst war weit entfernt von wissenschaftlichen und theologischen Ambitionen, verbot seinen Brüdern sogar den Besitz eines Psalters. Er hinterließ neben Briefen und diversen Mahnschreiben fromme Texte, lyrische Loblieder und Anbetungen, doch der schnell expandierende Orden brauchte organisatorische Kenntnisse. Den stärksten Einfluss auf die franziskanische Bewegung übte im folgenden Bonaventura von Bagnoregio (1221–1274) aus. Als Generalminister des Ordens und Gelehrter achtete er auf eine genehme Darstellung des Lebens des Franziskus, um im akademischen Streit um die Armutspraxis eine klare Position vertreten zu können. Bonaventura gilt als zweiter Gründer des größten Ordens der Kirche.

Anders als der Gründer des Franziskanerordens war der adelige Spanier Domingo de Guzmán, Dominikus (um 1170–1221), von klein auf mit der katholischen Welt vertraut. Er studierte Theologie, wurde Prior in Burgos und entschloss sich zu einem kontemplativen Leben. Er glaubte, in der Predigt das geeignete Mittel zur Mission und zur Bekämpfung des Ketzertums gefunden zu haben. Im Unterschied zu den mittlerweile prunkvollen und eitlen Auftritten der Zisterzienserprediger wählte Dominikus den Weg der Armut, um die Glaubwürdigkeit seines Tuns zu unterstreichen. 1216 genehmigte der Papst den Orden der Prediger, die Dominikaner. Zum Unterschied von Franziskus bejahte Dominikus die intellektuelle Rüstung seiner Predigerbrüder ausdrücklich, damit sie erfolgreich den Argumenten der Ketzer begegnen können. Auch dieser Orden wuchs rasch und brachte hervorragende Theologen hervor. In beiden Orden, bei den Franziskanern noch mehr als bei den Dominikanern, gab es eine Debatte darum, ob die Theologie eine Wissenschaft sei oder eine Weisheit.

Alexander von Hales (um 1185–1245) trat als einer der ersten Gelehrten 1231 dem Franziskanerorden bei und gilt als Begründer der theologischen Franziskanerschule. Bei seinen Vorlesungen in Paris legte er – wie schon gesagt – erstmals die Sentenzen des Petrus Lombardus zugrunde. Obwohl die Franziskaner traditionell eher vom Geist Platons beeinflusst waren, machte Alexander in seiner *Summa theologica* die Theologie mit aristotelischen Begriffen als Wissenschaft stark. Gegenstand der Theologie ist Gott, die Ursache aller Ursachen. Sie liefert als Weisheit vollkommenere Erkenntnis als die Philosophie. Aber die erste Philosophie beschäftigt sich mit obersten Prinzipien als Wissenschaft. Der Mensch steht in der Gnade Gottes, die durch die Erlösung nach der Sünde wiederhergestellt wird.

Robert Grosseteste (um 1170–1253) aus dem Umfeld Oxford, vielleicht erster Kanzler der dortigen Universität, später Bischof von Lincoln, gehörte dem Franziskanerorden zwar nicht an, übte aber großen Einfluss auf ihn aus. Christus war für ihn der eigentliche Gegenstand der Theologie und letztlich nicht in einer Vernunftwissenschaft, sondern nur durch den Glauben ergründbar. Dennoch bleibt die Philosophie für die Rechenschaftslegung des Glaubens wichtig. Grosseteste spielte durch seine neuplatonisch inspirierte Lichtmetaphysik, die er in der Tradition der Pythagoreer mathematisch deutete, zudem in der Ästhetik eine Rolle. Vieles an dem platonischen Gedankengut wird bei ihm in aristotelischen Begriffen buchstabiert. Gott tritt als Formprinzip auf und der Handwerker erscheint als Umsetzung göttlicher Verhältnisse im irdischen Bereich. Diese göttliche Form ist Zahl, und damit Harmonie und eben Schönheit des Lichtes und der Farbe. Vielfach wird von der Begeisterung der Zeitgenossen für die Vielfalt und Kraft der Farben berichtet, eine Begeisterung, die sich in den kräftigen Farben der Fenster gotischer Dome niederschlug. Schönheit kommt einem Ding zu, indem jeder Gegenstand zu einem Spiegel Gottes wird.

Zur Zeit, in der Grosseteste seine Lichtmetaphysik niederschrieb, lernte das lateinische Mittelalter den Stand der Optik aus arabischen Quellen kennen, etwa im Werk *De aspectibus* des Alhazen (Ibn al-Haitham, um 965–1039). Die Naturforscher und Philosophen Roger Bacon (1214–um 1292) und Witelo (um 1230–um 1275) schrieben beide unter dem Titel *De perspectiva* entsprechende Darstellungen. Bacon wirkte in Oxford und Paris und war ein rationaler, ja empirisch arbeitender Wissenschaftler – manche schreiben ihm die Erfindung der Lupe zu – mit einem Hang zur Mystik. Er lehnte die Scholastik vehement ab und wollte die Bibel für die Bildung mehr in den Vordergrund gerückt wissen. Dazu plädierte er für das Sprachstudium, vor allem des Hebräischen und Griechischen, um die Bibel und Aristoteles lesen zu können.

4.7.2.1 Bonaventura

Bonaventura war aus einem anderen Holz geschnitzt als der Ordensgründer. Er war ein bedeutender Theologe und Kardinal und wurde in den Rang eines Kirchlehrers erhoben. Aber er kannte auch die spirituelle Seite. In seinem *itinerarium mentis in Deum*, einem mystischen Tagebuch seiner Seele, preist Bonaventura die Schönheit der Welt als Widerspiegelung der göttlichen Schönheit, zu der sich die Seele erhebt, wenn sie sich vom Körper befreit. Auch für Bonaventura lag Schönheit im Licht und in der Vollkommenheit der Zahlen. Das Licht dringt als *lumen* durch die Räume und wird als *color* und *splendor* reflektiert. Ganz analog kommt das ungeschaffene Wort als inkarniertes in die Welt, wo es als inspiriertes den Menschen erleuchtet.

Bekundete Grosseteste viel Interesse an empirischen Zusammenhängen der Optik, wertete Bonaventura das Materielle erstaunlich positiv. Auch hier ist ein platonischer Emanationsgedanke durch den aristotelischen Hintergrund, vor allem aber durch ein christliches Selbstverständnis gebrochen. Wenn das göttliche Wort jedem materiellen Seienden nahe ist, kann Bonaventura kaum Scheu empfunden haben, geradezu eine sinnliche Erkenntnislehre und Wahrnehmungsästhetik zu formulieren. Diese positive Sicht des Diesseitigen münzte Bonaventura theologisch um in eine durch die Erbsünde erschwerte Erkennbarkeit Gottes. Die Philosophie tritt in Distanz zur Theologie und kann zur Erlangung des Heils nicht helfen.

Philosophie allein führt in den Irrtum. Sie muss in die Theologie integriert werden. Denn der gläubige Theologe erkennt die Wahrheit eher als der nur der Vernunft folgende Philosoph. Schwer zu sagen ist, ob Bonaventura die sich in der aufgeklärten Stadtkultur emanzipierenden Philosophen nochmals energisch dem theologischen Interesse unterordnen wollte. Es könnten auch schlicht Ungereimtheiten sein, die zwangsläufig auftauchen, wenn ein so starker Platonismus vorsichtig mit aristotelischen Einsichten verbunden bzw. ein Ausgleich von mystischen Erfahrungen mit scholastischen rationalen Methoden versucht wird. Bonaventuras Skepsis gegenüber dem Rationalen ist zugleich eine Skepsis den Gottesbeweisen gegenüber. Gotteserfahrung ist – ganz augustinisch – vielmehr eine innere Erfahrung, die auf Gott wie auf eine eingeborene Idee trifft.

Bonaventuras Denken entfaltete insbesondere im eigenen Orden eine große Wirkung, so etwa bei Johannes Peckham (um 1220–1292), der das Armutsideal gegen den Weltklerus verteidigte, gegen Thomas und Averroës Vorbehalte anmeldete und 1290 für den Kreuzzug predigte, bei Wilhelm de la Mare (gest. um 1290), der, in Paris und Oxford lehrend, ebenfalls Thomas von Aquin kritisierte, vor allem aber in der Bibelexegese eine gelehrte Rolle spielte, bei Johannes Duns Scotus (um 1266–1308) und Wilhelm von Ockham (um 1285–1349).

4.7.2.2 Albertus Magnus

In den Dominikanern Albert (um 1200–um 1280) und vor allem Thomas von Aquin (1224–1274) wird gemeinhin der Höhepunkt christlicher mittelalterlicher Philosophie und Theologie im Allgemeinen und der Scholastik im Besonderen gesehen. Bis heute empfehlen päpstliche Lehrschreiben immer wieder das Denken dieser Dominikaner als geeignet offenbar auch für eine Theologie unserer Zeit. In der Tat hat namentlich Thomas von Aquin ein beeindruckendes Denkgebäude geschaffen, das zudem die Spannung zwischen Theologie und Philosophie nicht verdeckt, sondern sie in ein kreatives Gleichgewicht setzen will.

Albertus Magnus stammt aus einer Adelsfamilie in Lauingen an der Donau. Er studierte in Padua, wo er mit der Philosophie des Aristoteles vertraut wurde, und nach dem Eintritt in den Dominikanerorden in Köln, später in Paris. Albert war geschätzt durch diverse Gutachten und Schiedssprüche außerhalb des universitären Rahmens, was ihm den Ehrentitel *doctor universalis* einbrachte. Mit Albert ringt sich die christliche Philosophie nun sehr diszipliniert zum Aristotelismus durch. Dabei gab es viel zu differenzieren, denn Aristoteles war durch die arabischen und jüdischen Kanäle teilweise stark platonisiert und es musste mühsam zwischen Original und Kommentierung geschieden werden. Zudem gab es 1210 bis 1231 päpstliche Aristotelesverbote.

Albert leistete hier jedoch nur die Vorarbeit, er selbst blieb nämlich, vermutlich, ohne dass ihm das bewusst war, stark dem Platonismus verhaftet. Erst mit Thomas gelang eine überzeugende aristotelische Wende. Albert hat das gesamte Œuvre des Dionysius Pseudo-Areopagita kommentiert und davon einige ästhetische Aussagen abgeleitet; von Aristoteles übernahm er unter anderem die Trennung der Wissensgebiete, im Besonderen auch die Trennung von Philosophie und Theologie. Theologie arbeite an der Offenbarung und ihre Erkenntnisse stammten aus jenseitiger Eingießung, während die Philosophie mit Axiomen und Schlussverfahren der natürlichen Vernunft operiere. Beide Wissenschaften dürften seiner Meinung nach aber nicht so weit auseinanderfallen, dass sie zu einer zweifachen Wahrheit führen könnten, denn letztlich stamme alles Wissen von Gott und könne sich nicht widersprechen. Die theologische Schau gelinge durch gnadenhaft eingegossenes Licht der Vernunft erst im Jenseits. Die Philosophie hingegen führe durch die natürliche Vernunft zu endlicher Wahrheit. Auch Albert benützte wie Grosseteste die Lichtmetapher für Gott, aber er sprach das Licht der Vernunft zu. In der Philosophie und ihren Sätzen komme dieses Licht zum Vorschein. Es war kein mystisches Licht mehr, es war das selbstbewusste Licht der weltlich gewordenen Vernunft, in dessen Glanz man Gott nun nicht nur bekannte, sondern ihn argumentierte. Ein Tatbestand, der die transparente Lichtarchitektur der Gotik in neuem Verständnis sehen lässt.

Wie das Licht geht alles Seiende aus der ersten Ursache, Gott, hervor, hierarchisch bis hinunter zur Materie. Dort – Albert konterkariert diesen neuplatonischen Emanationsgedanken mit einem unmissverständlichen Bekenntnis zum christlichen Schöpfungsverständnis – gilt der Hylemorphismus, also die Zusammensetzung der Gegenstände aus Materie und Form, was die Materie gegenüber dem Platonismus höher bewertete. Auch wenn die Materie in der Seinshierarchie ganz unten steht, ist sie als Schöpfung Gottes nobilitert. Allerdings gelang bei Albert die Trennung von Materie und Form nicht mehr überzeugend, Formen entstehen vielmehr in averroistischer Manier aus der Materie. Die Renaissance-Platoniker werden später von der *eductio formarum ex materia* sprechen.

In der Gottesfrage war Albert von der Erkennbarkeit der Existenz Gottes durch die natürliche Vernunft überzeugt, blieb aber zurückhaltend in der Frage nach der Möglichkeit einer Erkennbarkeit des gesamten Wesens Gottes und auch im Hinblick auf seine Beweisbarkeit. Der Philosoph erkennt Gott als erste Ursache, der Theologe jedoch so wie er im Glauben beschrieben wird. Bei beiden Dominikanern folgte in der Anthropologie aus der Höherbewertung des Materiellen die Möglichkeit einer leib-seelischen Einheit, welche den Tod überdauert. Albert und Thomas verteidigten unter gleich lautendem Titel *De unitate intellectus contra Averroistas* diese Überzeugung gegen die averroistische Aristotelesdeutung. Diese, insbesondere vom bedeutenden Aristoteles-Kommentator Alexander von Aphrodisias im 3. Jahrhundert vertretene Meinung sah im aristotelischen Geistkonzept (*nous*) einen universellen Geist, der, von der Seele getrennt, vom physischen Tod eines nur mehr körperlichen Individuums unbeeindruckt blieb.

Albert hat keine Schule im engeren Sinn hinterlassen, aber viele seiner Schüler, Ulrich von Strassburg (um 1220–1277) oder Dietrich von Freiberg (um 1240–1310), knüpften vorwiegend am neuplatonischen Gehalt des Lehrers an.

4.7.2.3 Thomas von Aquin

In Thomas von Aquin, neben Augustinus wohl der wirkmächtigste Lehrer der Kirche, kulminierte das neue, von Aristoteles geprägte Denken der Scholastik. Der spätere „engelgleiche Doktor" wurde auf Schloss Roccasecca bei Aquino als Sohn eines Herzogs geboren. Er wurde in Montecassino erzogen und trat gegen den Willen der Familie dem Dominikanerorden bei. Er studierte in Neapel, wo er unbehindert mit dem Werk des Aristoteles in Kontakt kam, in Paris und schließlich in Köln bei Albert dem Großen. Er lehrte dann in Paris, der angesehensten Universität damals, weiters in Orvieto, Viterbo, Rom und Neapel, wo er auch Funktionen innerhalb des Ordens zu erfüllen hatte. Der Tod ereilte ihn auf dem Weg zum Konzil von Lyon in Fossanova. Beeindruckend für uns Heutige ist die schier unglaubliche Zahl von Werken, Summen, Kommentaren, Opuscula, Quaestionen, dazu unzählige Gutachten, Predigten, Briefe, vor allem angesichts der eifrigen, damals so beschwerlichen Reisetätigkeit. Sein berühmtestes Werk ist neben der *Summa contra Gentiles* die *Summa theologica*, an der Thomas etwa sieben Jahre arbeitete und die er dann unabgeschlossen 1273 liegen ließ.

Thomas legte ein Denksystem vor, das den bisher vorherrschenden Neuplatonismus gründlich durchkreuzte. Das ist die historische Leistung des Aquinaten. Er war gläubiger Christ und Theologe und sein Anliegen liegt im Programm des scholastischen Wahlspruchs *fides quaerens intellectum*. Gegenüber dem Platonismus erhielt die Vernunft eine rationale Form, aber mit dem Platonismus gibt es eine integrale Kraft der Vernunft, die den Menschen Gott und seine Schöpfung erkennen lässt.

In der Gottesfrage konterkarierte Thomas den Platonismus, indem er – an Aristoteles anknüpfend – von einem aktuellen Gott ausging, der keine Potenz einer noch nötigen Selbstverwirklichung mehr in sich trägt. Gott ist Akt und verwirklichtes Seiendes (*ens perfectissimum*), das für sich selbst bestehende Sein (*ipsum esse subsistens*).

Gott braucht zur Vervollständigung seiner ontologischen Souveränität weder eine Selbstdifferenzierung in Form der Emanation noch einen Schaffensakt. Er tritt als machtvoller Schöpfer aus eigenem Willen auf, der nach seiner Schöpfungstat das Geschaffene in Freiheit entlässt und es nicht in dauernder funktionaler Abhängigkeit behält.

Thomas konnte mit Aristoteles, der in seinen Schriften – wie damals üblich – stets der „Philosoph" genannt wird, einen transzendenten Gott und eine positive Sicht der Leiblichkeit formulieren. Über Aristoteles hinaus, der den Schöpfungsgedanken natürlich nicht kannte, ist das materielle Individuum bei Thomas durch die christliche Schöpfungsdignität überformt. Die Metapher einer virtuellen Anwesenheit der Schöpfungsautorität im Geschaffenen (wie die Ursache in ihrer Wirkung) verweist auf die Möglichkeit, zwischen Pantheismus (Univokation) und Deismus (Aequivokation) einen transzendenten Gott zu denken, der in der Welt wirkt und aus dieser erkennbar sein kann. Nur auf solchem denkerischen Hintergrund ließ sich ein bloßes Individuum zur Person nobilitieren.

Das konkrete Seiende der geschaffenen Welt klärte Thomas in seinem Erstlingswerk *De ente et essentia*, wo er in radikal antiplatonischer Manier jedem Seienden ein Dasein (*esse*) und zugleich ein Sosein (*essentia*) zuschrieb und gleichzeitig eine Erkennbarkeit durch den menschlichen Verstand. Mit dieser Bestimmung formulierte Thomas das, was zu seinem nachhaltigsten Erbe wird: die Überzeugung von einer prinzipiellen Erkennbarkeit und kategorialen Bestimmbarkeit der gegenständlichen Welt. Dieser Optimismus zerbricht profangeschichtlich in der Neuzeit bei Descartes, spätestens und am nachhaltigsten in der transzendentalen Wende des Immanuel Kant. Vermutlich ist dies das Hauptproblem bei einer Transferierung des aquinatischen Denkens in die Gegenwart. Manch eine neuscholastische Rezeption hat aus der Not eine Tugend gemacht und Thomas von Aquin ein transzendentalphilosophisches und idealistisches Konzept zugeschrieben. Dieses Unterfangen, um das heftige Kontroversen ausgetragen wurden, ist mit schwerwiegenden Eingriffen in die Vorlage verbunden.

In gewisser Weise revolutionär war auf dem Hintergrund der bisherigen theologischen Lehrmeinungen das Individuationsprinzip einer Materie, die auf eine quantitativ-akzidentelle Konkretheit hin ausgelegt ist (*materia quantitate signata*). Wenngleich im Œuvre des Thomas keine Geschichtlichkeit im engeren Sinn auftaucht, könnte dieses Bekenntnis zum konkret geschichtlichen Individuum doch auch als ein Schritt zu einer positiven Verfassung des Menschen als leib-geistige Einheit gesehen werden, die seine Grenze nicht negativ bewertet und sie nicht ständig gegen die angebliche Unendlichkeit des Geistigen ausspielt.

Die Erkennbarkeit dieses soseinsbestimmten Seienden basiert auf der Schöpfungskonformität alles Geschaffenen (*ens commune*). Thomas legte über die gesamte Schöpfungsordnung Seinsbestimmungen, die er in seiner *Disputatio De veritate* auflistet: unum, bonum, verum, ens, aliquid, res. Diese Seinsbestimmungen sind nicht selbstexplikative Entäußerungsstufen wie im neuplatonischen Systemkontext, sondern Beschreibungen, die auf eine reale Basis des Seienden verweisen. Jedes soseinsbestimmte Individuum bleibt eingebunden in den Universalitätsaspekt des Seienden schlechthin, das eine einheitliche Verbindung zwischen allem Geschaffenen und (*per analogiam*) dem Schöpfer herstellt. Diese Einheit ist keine im Sinne eines platonischen Immanenzmonismus, sondern sie ist durch die reale Trennung von transzendentem Schöpfer zu seiner Schöpfung gebrochen. Daher sprach Thomas ähnlich wie Aristoteles davon, dass die Seele nicht schlechthin, sondern irgendwie (*quodamodo*) alles sei. Eine weitere Auflösung blieb Thomas in seinem Kommentar zu Aristoteles *De anima* schuldig. Dass einem Individuum auch das Allgemeinsein in *species* und *genus* zukomme, ist eine weitere Konsequenz der Grundthese von der Einheitlichkeit alles Seienden.

Das war nicht zuletzt auch ein Zeichen für die mittlerweile erlangte Eigenständigkeit der Philosophie. Eine Vermittlung von Transzendenz und gleichzeitigem In-Sein in der Schöpfung ist philosophisch kaum mehr lösbar, wohl aber theologisch plausibel zu machen. An dieser Stelle wäre die augenfälligste Änderung gegenüber platonischen Konzeptionen festzumachen, nämlich dass das Bei-Sein (Gottes in seiner Schöpfung und des Individuums im Allgemeinsein) weder ideenrealistisch noch nachträglich durch die kritische Vernunft (Transzendentalphilosophie) hergestellt wurde, sondern durch ein vorlaufendes Bei-Sein eines freien göttlichen Schöpfungsaktes. Das auf der Ebene der Vernunft verbindende Glied ist der sogenannte *habitus primorum principiorum*. Es ist die rational nicht mehr auflichtbare Seinsgrundgelegtheit unseres denkenden und erkennenden Verhaltens als Grundausstattung des Verstandes. Dieser *habitus* dokumentiert das von Thomas sorgfältig austarierte Verhältnis von Philosophie und Theologie, Vernunft und Glaube. Prinzipiell bleibt die Vernunft eigenständig, aber als eine von Gott geschaffene von einer realen Grundlage gespeist.

Die Eigenständigkeit der Philosophie lag auch den so genannten Gottesbeweisen zugrunde. Thomas sprach von fünf Wegen, nach denen sich – von der Erfahrung ausgehend – durch vernünftige Überlegung auf eine erste Wirkursache schließen ließ. Die Wege enden nicht in der Glaubensvorstellung Gottes, sondern – philosophisch sauber – in einem Prinzip, das wir – wie Thomas dann sagt – „alle Gott nennen". In seinem Wesen ließ sich Gott jedoch nicht begreifen. Thomas blieb einer Letztbegründungsambition gegenüber an vielen Stellen wesentlich zurückhaltender als etwa viele neuscholastische Schulen noch des 20. Jahrhunderts.

Der hohe Rang der Vernunft, die prägnante Formulierung des konkret Seienden weist bereits in die Spätscholastik, wo das sorgsame und mit hoher Differenzierung erreichte Gleichgewicht nicht mehr gehalten werden konnte. Bei aller beeindruckenden Größe des thomanischen Denkgebäudes und auch angesichts des Stellenwerts des Personbegriffs darin, war der Weg zu einem wirklichen Humanismus noch weit, wie die äußerst abwertende Einschätzung der Frau, der Juden oder der Getauften, die ihren Glauben wieder aufgeben wollen, zeigt.

4.8 Das 14. Jahrhundert und der Nominalismus

Hungersnöte und Epidemien prägten das 14. Jahrhundert. 1338–1453 tobte der Hundertjährige Krieg. Die päpstliche Residenz wurde 1309 (bis 1377) nach Avignon verlegt, bis 1417 kämpften zwei Päpste (am Beginn des 15. Jahrhunderts sogar drei) um ihre Legitimität. Derweil stagnierte Rom. An den Universitäten spitzte sich der Streit zwischen der weltlichen Artistenfakultät und den theologischen Abteilungen zu. Das Gleichgewicht von Glaube und Wissen geriet aus dem Lot. Die daraus folgende Verschärfung rationaler Methodenstandards und der schleichende Übergang von der Metaphysik in eine Erkenntnislehre sowie das Faktum, dass Theologie mehr und mehr ihren Wissenschaftsstatus einbüßte, die Gottesfrage in die Nähe eines Fideismus rückte, schuf unversehens mehr Raum für eine neue Mystik. Mit Meister Eckhardt (um 1260–1327), Johann Tauler (um 1300–1361), Heinrich Seuse (um 1300–1366) oder Ulrich von Straßburg standen Bemühungen im Vordergrund, die Grenzen der Vernunft zu testen, statt sie mit dem Glauben zu versöhnen. Die scholastische Methode löste sich mehr und mehr vom Inhalt ab, Wissenschaft wurde kritischer, subjektivistischer und empirischer. Ebenso wurde das religiöse Leben privater und mystischer. Das Bedürfnis nach Haus- und Klappaltären, Andachtsbildern, nach schwülstigen Darstellungen von göttlicher Gnade in Flammen und Lebensfunken, vielleicht ein volkstümlicher Rest der Lichtmystik, schlug sich in dürftiger Kunstproduktion nieder. Schon 1223 soll Franz von Assisi erstmals eine lebende Krippe in der Kirche aufgestellt und die Messfeier in üppiger Theatralik mit Tieren gefeiert haben.

Innerhalb der klassischen scholastischen Lehre ging der Nominalismus den Weg zur Beendigung des Optimismus der Hochscholastik von der Erkennbarkeit des Realen. Der Nominalismus verschärfte die Ablehnung des Realitätscharakters von Allgemeinbegriffen. Sie seien bloße Namen oder ein Windhauch der Stimme (*flatus vocis*). Die Einheit des Seienden sei dann unmöglich oder (transzendentalisierend) eine nachfolgende Konstitution des Geistes. Gestärkt wurde im Nominalismus auch die Individualisierung. Von Thomas noch mit einem Prinzip in die Gnoseologie eingebunden, konstatiert der Nominalismus diese Einheit schlicht als Diesesheit (*haecceitas*).

4.8.1 Johannes Duns Scotus

Der Franziskanergelehrte Duns Scotus (um 1266–1308) stammt aus Schottland und entfaltete seine Wirkung in Paris, Oxford und Köln. Sein Ehrentitel *doctor subtilis* drückt seine diffizile Verbindung von Platon, Augustinus und Aristoteles ebenso aus wie die spätscholastische Eigenheit langwieriger Argumentationsketten.

1277 verbot der Pariser Bischof Étienne Tempier 219 Thesen, darunter einige Sätze, die Thesen des Thomas von Aquin ähnlich waren. Hintergrund war die freiere Rezeption des

Aristoteles an den weltlichen Artistenfakultäten, wo die Philosophie größere Eigenständigkeit erhielt. Der sich an die averroistische Aristotelesdeutung haltende Philosoph der Pariser Artistenfakultät, Siger von Brabant (um 1235–1284), fand plötzlich philosophische Folgerungen, die mit dem Glauben unvereinbar waren. Auch Scotus ging, abseits vom thomanischen Bemühen um Versöhnung, von der klaren Differenz von Philosophie und Theologie aus. Galt es bisher als Hochmut, wenn eine philosophische Wahrheit der theologischen widersprach (z. B. hatte Roland von Cremona (1178–1259) so argumentiert), war so etwas nach Duns Scotus durchaus möglich. In der Erkenntnislehre räumte Scotus dem von der sinnlichen Wahrnehmung unabhängigen Verstand eine tragendere Rolle ein als der Aquinate. Das Individuelle und das Allgemeine der Art sind formal, also gedanklich verschieden und nicht mehr real verschieden wie beim Aquinaten. Das Einzelne ist allenfalls durch intuitive Erkenntnis zu erfassen, aber begrifflich nicht zureichend bestimmbar. Wissen setzt einen induktiven, am begrenzten Subjekt orientierten Ausgangspunkt voraus. Die Analogielehre des Thomas hielt er für metaphorisch und baute auf einen eindeutigen (univoken) Begriff.

Gott blieb für Scotus außerhalb einer philosophischen Metaphysik. Diese könne zwar ein erstes Seiendes in der Geordnetheit der Seienden als geistig, einfach und unendlich formulieren, aber erst mit der Offenbarung ließe sich dieses mit dem geoffenbarten Namen Gottes, Jahwe, identifizieren. Ähnlich könne man die Unsterblichkeit der Seele nur aus dem Glauben behaupten.

Theologie war für ihn keine Wissenschaft im engeren Sinn, sondern eine praktische Disziplin. Schon der Oxforder Dominikaner Robert Kilwardby (um 1215–1279) hatte in seinem um 1250 entstandenen *De ortu scientiarum* zwischen Philosophie und Theologie in ähnlicher Weise unterschieden. Bei dieser sei Gott und nicht die natürliche Vernunft die Quelle der Erkenntnis. Die Philosophie liefere theoretisches Wissen, die Theologie hingegen praktisches.

4.8.2 Wilhelm von Ockham

An dem aus Ockham, südlich von London, stammende Wilhelm (um 1285–1349) entzündete sich bis in jüngste Zeit viel Polemik, galt mit ihm doch endgültig das Ende der großen theologisch-philosophischen Lehre der Hochscholastik als besiegelt. Der Franziskaner studierte und wirkte in Oxford und London. Vom Papst in Avignon der Häresie beschuldigt, lebte er seit 1328 bei Ludwig dem Bayern in München und kämpfte bis zu seinem Tod als Exkommunizierter gegen das Papsttum in Avignon. Ockham verschärfte die Differenz von Glaube und Wissen ebenso wie die Trennung von Kirche und Staat. Mit solchen Thesen war das Ende des Mittelalters angebrochen. Die Begrenzung der Vernunft auf Sinnendinge führte zu einer großen Skepsis gegenüber der Möglichkeit, Glaubenswahrheiten durch die Vernunft zu beweisen. Die absolute Freiheit und Allmacht Gottes kann mit der menschlichen Vernunft bestenfalls plausibel gemacht, aber nicht bewiesen werden. Umgekehrt hat die Theologie vor allem mit Glauben zu tun und ist im strengen Sinn keine Wissenschaft. Ockham bot mit einer radikalisierten Schöpfungstheologie, wonach das Geschaffene stets Einzelding, aber niemals eine allgemeine Wesenheit sei, Anlass für den in der Neuzeit kritisierten mittelalterlichen Willkürgott, dem Descartes und Leibniz einen berechenbaren Gott gegenüberstellten.

Bei Ockham standen – aller Transzendenz Gottes zum Trotz – die Gesetze der Logik über Gott. Das Nicht-Widerspruchsprinzip sollte die drohende Willkür konterkarieren. Ein weiteres, als Ökonomieprinzip oder gar „Ockhams Rasiermesser" bezeichnetes methodisches Prinzip hatte eine metaphysikkritische Schlagseite. Es reduzierte die metaphysischen Begriffe auf ein unbedingt notwendiges Maß. In Ockhams Metaphysik wurden in der Tat viele alte Prinzipien überflüssig. Er brauchte kein Individuationsprinzip mehr, benötigt keine Real- oder Formaldistinktion, weil das konkret-einzelne allein wirklich ist. Das war die Basis, die letztlich eine starke empirisch-methodische Komponente aufweist. Der sorgsame prinzipiengeleitete Versuch des Thomas von Aquin, das konkret-einzelne auch mit Allgemeinbegriffen aufzuschließen, kam hier nicht mehr in den Blick. Denn in der Universalienfrage verschärfte Ockham Scotus und sah in den Allgemeinbegriffen nur mehr gedankliche Abstraktionen. Nicht nur in der Gottesfrage bleibt die Vernunft in ihrer Kompetenz beschränkt. Ähnliches galt auch in der Anthropologie. Freiheit und Unsterblichkeit der Seele lassen sich nicht mehr beweisen, sondern sind Fragen des Glaubens.

Ockham verfasste darüber hinaus eine Summe der Logik, die *Summa logicae*, vielleicht das wichtigste Werk einer im Mittelalter anhebenden Sprachphilosophie und Logik.

4.9 Das Ende des Mittelalters

Der Zerfall der Synthese von Glaube und Wissen, die Karriere des Theologiebegriffs, das Ringen um die Wissenschaftlichkeit der Theologie bis zur Scholastik und der Zerfall dieses Anspruchs im Nominalismus war nur eine Episode beim Verlust der Universalitätsidee. Kaiser Karl IV. (1316–1378) stärkte mit seiner „Goldenen Bulle" die Rechte der Kurfürsten. Auf dem Konstanzer Konzil 1414–1418 wurde zum ersten Mal nach Nationen abgestimmt. Das kritische Bewusstsein eines sich aus der anonymen Gesellschaft befreienden Individuums tritt an die Stelle der mittelalterlichen Autorität. Marsilius von Padua (um 1280–1342), der mit Johannes von Janduno (vor 1300–1328) in Gedankenaustausch stand, brachte 1324 im *Defensor pacis* das Volk als Legitimitätsinstanz ins Spiel und beeinflusste die politischen Vorstellungen des Ockham. In der Kunst erstarkte das Selbstbewusstsein der Künstler und vorsichtig gewannen die Bilder an Raum, was in der anhebenden Renaissance zur Entwicklung der mathematisch berechneten Perspektive führte, die den Bildraum auf den Betrachter hin öffnete.

Die Scholastik war erstarrt. Eine kritische Abkehr von der logischen Argumentationstechnik führte zur Erneuerung des Literarischen und Rhetorischen – stellvertretend für den Transfer stehen die *Tre Coronati*, die drei gefeierten Sterne der anbrechenden Renaissance: Dante Alighieri (1265–1321), Francesco Petrarca (1304–1374) und Giovanni Boccaccio (1313–1375) – und zu einer spannungsvollen Symbiose von Aristotelismus und Platonismus unter Führung des Letzten. Wieder, wie schon am Beginn des Mittelalters, hatte das antike Bildungsgut die Kraft, eine neue, diesmal die Grenzen Europas in der beginnenden Welteroberung sprengende Epoche einzuleiten.

5. Die Theologie im Zeitalter der Reformation, der katholischen Reform und der Konfessionalisierung

Hubert Filser

Eine epochale Wende in der christlichen Theologiegeschichte ereignete sich im 16. und 17. Jahrhundert. In einem langen geschichtlichen Prozess von über 100 Jahren kam es zur Konfessionsbildung und Konfessionalisierung, die in Lehre, Kirchenverfassung und religiös-sittlichen Lebensformen eigenständige Kirchentümern ausprägte. Radikale Um-, Auf- und Abbrüche ebenso wie Kontinuität und Beharrung im theologischen Denken waren Kennzeichen der Theologie dieses Zeitalters. Wichtige Anregungen und Impulse verdankte die Theologie des 16. Jahrhunderts dem Humanismus, der durch die Veränderung der Grundlagen von Bildung und Wissenschaft neue Ansätze, Prinzipien und Maßstäbe des theologischen Denkens eröffnete.

5.1 Die Reform der Theologie durch den Humanismus

Der Humanismus des 16. Jahrhunderts wandte sich von Logik, Metaphysik und der dogmatischen Scholastik ab und der Philologie, der Rhetorik und der Geschichte zu. Der humanistische Ruf „Zurück zu den Quellen" vertiefte die Arbeit an antiken Quellen und an biblischen Sprachen und Texten. In der Theologie erfolgte dadurch eine Hinwendung zu Platon, zu den Kirchenvätern und zu Augustinus. Neue von Humanisten aus den Ursprachen besorgte Väterausgaben in lateinischer Übersetzung bzw. in den Volkssprachen und Ausgaben von Werken der mittelalterlichen Mystik beeinflussten den Sprachgebrauch und die Theologie der Zeit. Der Humanismus, dem die Bildung aller Stände ein besonderes Anliegen war, trug im Rückgriff auf die Bibel und die Alte Kirche Kritik an der scholastischen Theologie, der Verdunkelung der Christologie, am Reliquien- und Heiligenkult und Mönchtum vor und erstrebte eine Theologiereform. Die Vorstellungen von einer Theologiereform und von den Prinzipien der Auslegung von theologischen Texten hat Erasmus von Rotterdam (um 1469–1536) in seinen Einleitungsschriften zu seiner auf Vorarbeiten von Lorenz Valla (1407–1457) basierenden bahnbrechenden Erstausgabe des Neuen Testaments im griechischen Urtext (Paraclesis, Methodus, Apologia 1516; Ratio seu Methodus perveniendi ad veram theologiam 1518/19) dargelegt. Der Humanistenfürst erstrebte eine Abkehr von der scholastischen Theologie und eine Hinwendung zur biblisch-praktischen Philosophie Christi („philosophia Christi"). Jesus Christus war für Erasmus, der in der Paraclesis die Einzigkeit und Einmaligkeit Jesu Christi betonte, die ewige Weisheit Gottes, der Weisheitslehrer, der vom Himmel herabkam. Daher konnte er allein als einziger Urheber des menschlichen Heils die Menschen Gewisses lehren und seine Verheißungen erfüllen (Ausgewählte Werke, 140 f.). Unter „philosophia Christi" verstand Erasmus die Lehre von dem durch Christus eingesetzten neuen Volk Gottes und die für die christliche Lebensführung und die Erneuerung der Christenheit maßgeblichen ethischen Grundsätze der Heiligen Schrift. Eine christuszentrierte Religion des reinen Geistes und eine Kirche der Christus- und Kreuzesnachfolge auf der Grundlage des Neuen Testaments und der Theologie der Kirchenväter standen im Zentrum seiner Theologie. In der scholastischen Theologie dagegen sah er die Dogmatik durch unnütze Fragen und die Moraltheologie durch die Kasuistik überformt. Das Bestreben des Erasmus ging zudem dahin, eine Laientheologie, die auch dem nicht akademisch gebildeten Menschen einen Zugang zur Theologie ermöglichen konnte, zu entfalten. Ideal eines Theologen war für Erasmus der am Wort Gottes ausgerichtete, fromme und im Leben bewährte und gebildete Christ. 1524 publizierte Erasmus einen theologischen Traktat mit dem Titel „Vom freien Willen" („De libero arbitrio"), in dem er sich mit Luther über die Frage der menschlichen Willensfreiheit auseinandersetzte. 1526/27 antwortete Erasmus auf Luthers Gegenschrift „Vom unfreien Willen" („De servo arbitrio") mit einer Verteidigungsschrift „Schutzschild der Diatribe gegen den unfreien Willen Martin Luthers" („Hyperaspistes diatribae adversus servum arbitrium Martini Lutheri"). Neben seinem geistlichen Werk „Handbüchlein eines christlichen Streiters" („Enchiridion militis christiani"), seiner Schrift „Vom Lob der Torheit" („Moriae encomium"), Bibelauslegungen und zahlreichen Kirchenvätereditionen legte Erasmus mehrere Katechismen und ein „Buch von der Wiederherstellung der kirchlichen Eintracht und der Beseitigung der Meinungsverschiedenheiten" („Liber de sarcienda ecclesiae concordia deque sedandis opinionum dissidiis") vor. Auch in seinem letzten theologisch einschlägigen Werk, dem „Prediger bzw. vier Bücher Predigtlehre" („Ecclesiastes sive de ratione concionandi libri quatuor") aus dem Jahr 1535, widmete sich der Humanist dem rechten Verständnis der Schrift und ihrem Lebensbezug. Der Einfluss des Erasmus und seiner an der Bibel orientierten Theologie in Italien und Spanien und auf die Theologen der Reformationszeit war sehr bedeutend und trug wesentlich zum geistigen Umbruch und Wandel des 16. Jahrhunderts bei.

5.2 Der reformatorische Neuaufbruch in Theologie und Kirche

Der reformatorische Neuaufbruch und die kirchliche Erneuerungsbewegung im 16. Jahrhundert, die von Deutschland und der Schweiz ausging und sich bald auf Politik, Gesellschaft, Staat und Kultur auswirkte, gründete in theologischen Erkenntnissen und Überzeugungen. Unter allen Theologen des 16. Jahrhunderts ragt Martin Luther aufgrund „seines theologischen Profils, seiner charismatischen Persönlichkeit und seines dramatischen Lebensschicksals" (Jung/Walter 2002, 15) heraus. Neben dem wichtigsten Reformator Luther waren in Wittenberg Philipp Melanchthon und in der Schweiz die Reformatoren Huldrych Zwingli und Johannes Calvin für die Ausbildung einer reformatorischen Theologie von entscheidender Bedeutung.

5.2.1 Die Theologie Martin Luthers (1483–1546)

Martin Luther wurde während seines Studiums in Erfurt in der nominalistischen Philosophie des Wilhelm von Ockham ausgebildet und aufgrund eines Gelübdes Augustinereremit der strengen Oberservanz. Seit 1509 hielt Luther Bibelvorlesungen. 1512 wurde Luther in Wittenberg zum Doktor der Theologie promoviert. Um 1514/15 oder spätestens 1518 hatte der Augustinermönch und Theologieprofessor Martin Luther, der am 31. Oktober 1517 mit seinen 95 Disputationsthesen über „die Kraft der Ablässe" an die Öffentlichkeit trat, seine reformatorische Durchbruchserfahrung, die ihn das Fundament seiner Theologie gewinnen ließ.

5.2.1.1 Die reformatorische Durchbruchserfahrung

Die Frage „Wie bekomme ich einen gnädigen Gott?" (WA 37, 661) hatte Luther schon lange umgetrieben und ihn aus Angst vor dem Verlust des Heils ins Kloster geführt. Übermächtiges Sündenbewusstsein, die Erfahrung der unüberwindlich bleibenden Sünde und die Angst vor dem Gericht und dem Zorn Gottes führten ihn dort in schwere Depressionen und religiöse Anfechtungen. In dieser Situation erfuhr er in einem blitzhaften Ereignis, das er Turmerlebnis nannte, den Umbruch seines Lebens und Denkens, der in der reformatorischen Erkenntnis der Rechtfertigung aus Glauben gründete. Bei der Lektüre der Schriftstelle Röm 1,17 „Denn im Evangelium wird die Gerechtigkeit Gottes offenbart aus Glauben zum Glauben, wie es in der Schrift heißt: Der aus dem Glauben Gerechte wird leben" wurde ihm, wie er selbst in der Vorrede zu Bd. I der Opera latina aus dem Jahr 1545 berichtet, schlagartig klar, dass er die Gerechtigkeit Gottes bisher falsch verstanden habe. Nicht die aktive und zürnende Gerechtigkeit Gottes, nach der Gott gerecht ist und den Sünder straft, sondern die passive Gerechtigkeit Gottes, die Gott uns schenkt und aus der der Gerechte durch den Glauben an Christus lebt, ist hier gemeint. Dieses Grunderlebnis, das ihm die befreiende Botschaft des Evangeliums aufschloss, nämlich dass der barmherzige Gott den Menschen zuvorkommt und ihn in Christus umsonst gerecht macht, hatte Konsequenzen für die Schriftauslegung. Das Evangelium offenbart dem Menschen die passive Gerechtigkeit Gottes, die Gott dem Menschen schenkt. Martin Luther, der diese Einsicht in seiner Rechtfertigungslehre entfaltete, gewann ein neues Gottesverständnis: Der gerechte Gott ist der barmherzige Gott.

5.2.1.2 Der theologische Neuansatz und das Reformprogramm Luthers

Anfang des Jahres 1518 griff Luther zunächst die traditionellen Vorstellungen und Forderungen auf, als er seine Reformforderungen an Papst, Kardinäle und Bischöfe formulierte. Er trat als Kritiker der scholastischen Theologie, der kirchlichen Ablasspraxis und des Papsttums hervor (95 Ablassthesen WA 1, 233–238). In den Jahren zwischen 1518 und 1521 entwickelte Martin Luther dann auf der Grundlage seines Bibelverständnisses und seiner Suche nach Heilsgewissheit seinen eigenen theologischen Neuansatz und sein Reformprogramm. Martin

Luther, der Thomas von Aquin, Duns Scotus, Wilhelm Ockham, Petrus von Ailly und Werke der mittelalterlichen Mystik und der Devotio moderna gelesen hatte, wandte sich von der vom Nominalismus geprägten Schultheologie seiner Ausbildung ab, denn in dieser Theologie habe er Christus verloren, bis er ihn in Paulus wiedergefunden habe (WA 2, 414). Herausragende Bedeutung für seinen theologischen Neuansatz hatte auch Augustinus, den Luther eifrig studiert hatte und den er immer wieder als Kronzeugen anrief. In der Schrift „An den christlichen Adel", in der er sich gegen die Einteilung der Christenheit in Stände, die Überordnung der geistlichen über die weltliche Gewalt und das Lehramt des Papstes wandte, entdeckte Luther das allgemeine Priestertum aller Gläubigen neu und daher die Mitverantwortung aller für die kirchliche Lehre und Praxis. Die Schriftauslegung ist nach Luther nicht allein Aufgabe des Papstes. Der Papst hat zudem nicht allein die Kompetenz, ein rechtes und freies Konzil zu berufen oder zu bestätigen. In seiner lateinisch verfassten Schrift „Von der babylonischen Gefangenschaft der Kirche" griff der Reformator die mittelalterliche Auffassung von der Kirche als Heilsvermittlerin an und entfaltete sein Verständnis von den Sakramenten. In seinem Werk „Von der Freiheit eines Christenmenschen" stellte er rhetorisch ausgefaltet die Rechtfertigungslehre als Grundlage seiner Theologie dar (WA 6, 20–38; 49–73).

5.2.1.3 Kernstücke und Aspekte der Theologie Luthers

Luther hat seine reformatorische Denkwelt nicht systematisiert, sondern seine Gedanken und Lehren liegen in Programm-, Streit- und Gelegenheitsschriften, Bibelverdeutschungen, Disputationsthesen, Tischreden, Briefwechseln, Vorreden und Randglossen für fremde Schriften, Erbauungsschriften und predigthaften Literaturgattungen vor, wobei „jeder einzelne seiner Gedanken die Spur der konkreten geschichtlichen und theologischen Situation, die ihn provoziert hat, als unveräußerliches Wesensmerkmal an sich trägt" (Jung/Walter 2002, 47). Eine gute Zusammenfassung der theologischen Lehren Martin Luthers bieten die in elementarisierter Form verfassten Katechismen (Großer Katechismus, Kleiner Katechismus) für Pfarrer, Studierende und Familienväter. Luthers theologische Denkstruktur ist antithetisch, relational und erfahrungsorientiert und hat ihr Zentrum in der Wort Gottes-Theologie.

5.2.1.3.1 Theologie des Wortes Gottes

Nach Luther teilt sich Gott den Menschen als worthafter Gott („verbatus deus" WA 31/1, 511) mit. Eine Gotteserkenntnis außerhalb seines Wortes ist ihm daher nicht möglich (WA 31/1, 333). Das Wort Gottes liegt als vollständiges Offenbarungswort in der Heiligen Schrift, der oberste und einzige Autorität zukommt (sola scriptura), vor. Gott wird nach Luther im Glauben an sein Wort erkannt, denn die allgemeine Gotteserkenntnis durch die natürliche Vernunft, die nur Gesetzes-, nicht Evangeliumserkenntnis ist, war für ihn verdächtig. Gott ist für den Reformator, der von einer Schöpfung aus dem Nichts durch das Wort („creatio ex nihilo per verbum") ausging, nicht nur der Schöpfer, sondern auch durch sein Wort der Erhalter und Lenker der Dinge, der in der Welt geschichtlich handelt. Die Kreaturen sah der Reformator als Worte Gottes (WA 14, 306). Das Buch der Natur, als zweites neben der Bibel stehendes

Buch Gottes, veranschaulicht für Luther jedoch nur „die erste, einzige Offenbarungsquelle Gottes für den Glauben" (Jung/Walter 2002, 54). Nur aus der Offenbarung des Wortes Gottes lässt sich seiner Ansicht nach Gottes Willen erkennen. Diese Offenbarung geschieht verborgen „im Leben, Leiden und Sterben Jesu Christi" (vgl. Wagner, 2003, 349). Die Worttheologie Luthers findet ihren Höhepunkt in seiner Christologie.

5.2.1.3.2 Christologie

Für Luther, der das geschichtliche Handeln und die Einheit Gottes herausstellte, waren das christologische Dogma und die trinitarischen Dogmen die einzig mögliche sachgemäße Auslegung der Heiligen Schrift. Der Reformator legte den Hauptakzent in der Trinität auf Christus, während er den Heiligen Geist an Christus, das Wort, die Predigt und die Sakramente bindet. Luther, der das altkirchliche Bekenntnis zum dreieinen Gott übernahm, aber an den immer subtiler werdenden trinitarischen Spekulationen Kritik übte, bedachte im Lichte der Soteriologie das Verhältnis Gottes zum Menschen neu, indem er deutlich machte, dass Gott sich für das Heil des sündigen Menschen bedingungslos eingesetzt hat. In Christus und seinem Heilswerk hat Gott sich als liebender Gott geoffenbart. Luthers Rede vom verborgenen und offenbaren Gott hat im Kreuz Christi seinen Grund, denn sie soll „die heilige, unnahbare Majestät Gottes auch in seiner Offenbarung zum Ausdruck bringen" (Lohse, 1982, 177). Luther vertrat die altkirchliche Zweinaturenchristologie und betonte besonders die Personeinheit der göttlichen und menschlichen Natur in Christus: Der ewig beim Vater gewesene Sohn spricht in göttlicher Vollmacht selbst als Gott. Der biblische Christus redet dagegen in menschlicher Weise und Ohnmacht. Der inkarnierte Logos (Joh 1) ist das Wort Gottes in Person, das die Gewähr für die Klarheit der Schrift ist. Jedes Wort der Schrift verweist auf ihn. Daher ist alles, was die Bibel sagt, auf Christus als die sachliche Mitte zu beziehen (WA 8, 236). Das Wort Christi wirkt in unserem Innersten und gibt uns an dem teil, was es ist (WA 17/2, 234). Christi Worte sind Worte des Lebens, weil sie jedem, der an ihn glaubt, zum Leben verhelfen (WA 10/1/1, 266 f.). Es ist Gott, der in Christus, dem menschgewordenen Wort Gottes, handelt. Menschwerdung, Tod und Auferstehung geschehen zum Heil und zur Rechtfertigung des Menschen.

5.2.1.3.3 Rechtfertigungslehre

Zentrum der Theologie Martin Luthers ist die Rechtfertigungslehre, die in der „Erkenntnis der relationalen Verschränkung von Mensch und Gott, genauer: des schuldigen, verlorenen Menschen und des rechtfertigenden, erlösenden Gottes (WA 40/2, 327 f.)" (Jung/Walter 2002, 51) besteht. Luther, der im Anschluss an Paulus und Augustinus eine Neuinterpretation des Evangeliums aus der christologischen Mitte (solus Christus) vornahm, versteht Rechtfertigung als Gerechtsprechung und Handeln Gottes am Individuum. Für die Rechtfertigung des Sünders allein durch Glauben (sola fide) und Gnade (sola gratia) prägte Luther die Formel „Simul iustus und peccator". In seiner Römerbriefvorlesung bestimmte er die Erbsünde als „Mangel aller Rechtschaffenheit und Wirkfähigkeit aller Kräfte sowohl des Körpers wie der

Seele und des ganzen inneren und äußeren Menschen. Überdies ist sie geradezu die Neigung zum Bösen, der Ekel vor dem Guten" (WA 56, 312). In der sündigen Konkupiszenz als Eigengerechtigkeit bzw. als ein Verkrümmtsein des Menschen in sich selbst (homo incurvatus in se) sah er das Wesen der Erbsünde. Diese bleibt auch nach der Taufe im Menschen. Nach Luther gibt es nur eine Vergebung der Sünden, aber keine Beseitigung der Sünde. Auch die Getauften sind wahrhaft Sünder aufgrund der bleibenden gottwidrigen Begierlichkeit (Konkupiszenz). Jedoch trennt die Ursünde nicht mehr von Gott, weil Gott sie um Christi willen nicht mehr anrechnet, so dass die Glaubenden durch Christus wahrhaft vor Gott gerecht sind. Die uns geschenkte Gerechtigkeit ist nur auf Seiten Gottes, als Gottes gnädige Gesinnung, seine Gnade. Das Gerechtfertigtsein ist reine Beziehung. Die Gerechtsprechung ist Freispruch im Gericht über die Sünde. Gott rechtfertigt im Endgericht diejenigen, die sich schon auf Erden dem Gericht Gottes in der Annahme des Urteils Gottes über ihre Sünde unterstellt haben. Da Rechtfertigung das ganze Evangelium zusammenfasst, ist der Artikel von der Rechtfertigung der „Artikel, mit dem die Kirche steht und fällt" (WA 40/3, 352,3 u. ö.). Alle anderen Lehrstücke sind Konkretionen der Rechtfertigungslehre, die die beiden Grundaspekte hat: Gott, der den Sünder gerechtspricht und der Mensch, der dem Wort Gottes glaubend entspricht.

5.2.1.3.4 Gesetz und Evangelium

Zu den hermeneutischen Erkenntnissen Luthers gehört die Fundamentalunterscheidung von Gesetz und Evangelium. In der Heiligen Schrift liegt uns das vollständige Offenbarungswort Gottes vor. Luther differenziert das Wort Gottes in zwei Erscheinungsweisen: Trägt das Wort Gottes Verbotscharakter, dann ist es Gesetz; trägt es aber Verheißungscharakter, ist es Evangelium. „Gesetz und Evangelium bezeichnen für Luther die beiden Wirkweisen, in denen Gott am Menschen handelt. Das Gesetz fordert den Menschen, das Evangelium beschenkt ihn. Das Gesetz spricht den Menschen als Handelnden, das Evangelium dagegen auf den Glauben hin an (WA 49, 652). Insofern lässt sich im strengen Sinn denn doch nur das Evangelium als Wort Gottes bezeichnen" (Jung/Walter 2002, 54). In seiner gegen Erasmus von Rotterdam gerichteten Schrift „Vom unfreien Willen" (De servo arbitrio) legte Luther den Schlüssel zur Interpretation der Heiligen Schrift vor. „Das Gesetz bringt den Menschen zur Erkenntnis seiner Ohnmacht. Ohnmächtig ist der Mensch im Blick auf das Erlangen des Heils. Gott besitzt kein anderes Heilmittel als das Gesetz, das er dem Menschen vor Augen stellt, damit dieser erkennt, dass er ein Sünder ist ... Das Evangelium dagegen beschreibt den Menschen als den, der glaubt, der frei ist, der erlöst ist" (Kappes u. a., 2007, 35).

5.2.1.3.5 Glaube und gute Werke als Antwort des Menschen

Die Antwort des Menschen auf das Wort Gottes kann nur Ja oder Nein, Glaube oder Unglaube sein, denn Gott und Glauben gehören für Luther zusammen, wobei er Glauben vor allem als persönlichen Vertrauensglauben versteht. Die Rechtfertigung ist „allein im Glauben" zu „ergreifen" (fides apprehensiva). Durch den Glauben, der den Menschen zu einer neuen Person macht, gewinnt der Mensch Anteil an Gott. Als „Christperson" muss der Mensch nicht mehr das sein, was er tut. Die Werke können daher nicht mehr zur Selbstrechtfertigung gebraucht werden, sondern sind nur ein schlichter, selbstloser Dienst an den Menschen. Sie sind nicht Ursache des Heils; dies ist allein der Glaube. „Denn das entscheidende Moment, ob gute Werke wirklich gut sind, ist allein der Glaube an Christus. Gut ist allein das Werk, das aus dem Glauben geschieht. Der Glaube macht also die Werke gut" (Kappes u. a., 2007, 32). Jedoch betont Luther auch, dass ein Glaube, der nicht auch tätig ist, tot ist (WA 39/1, 46).

5.2.1.3.6 Ekklesiologie

Grundlinien seiner Ekklesiologie entwickelte Luther bereits in der zufällig entstandenen und gegen den Leipziger Franziskaner Augustin von Alveldt gerichteten Schrift „Vom Papsttum zu Rom wider den hochberühmten Romanisten zu Leipzig" aus dem Jahr 1520 (WA 6, 285–324). Der Reformator versteht Kirche, die für ihn immer auch sichtbar und geschichtlich erfahrbar ist, als geistliche, verborgene Gemeinschaft derer, die durch das Wort Gottes geeint sind, mit Christus, dem Haupt. Luther ersetzt den Begriff der Kirche durch Wendungen wie „christlicher heiliger Haufen", „Versammlung" oder „Gemeinschaft der Heiligen". Er sieht die Gemeinschaft der Glaubenden nicht als Institution, sondern als das im Heiligen Geist versammelte Volk Gottes, das seine Existenz und Heiligkeit aus dem Wort Gottes empfängt. Luther gründet seine ekklesiologischen Auffassungen auf die Theologie des Kirchenvaters Augustinus. Für Augustin ist Kirche eine komplexe Wirklichkeit, die die Aspekte Sichtbarkeit und Verborgenheit an sich trägt. Ihrem geistlichen Wesen nach ist die Kirche verborgen und unsichtbar. In den Schmalkaldischen Artikeln von 1537 gibt Luther eine Definition von Kirche: „Es weiß gottlob ein Kind von 7 Jahren, was die Kirche sei, nämlich die heiligen Gläubigen und ‚die Schäflin, die ihres Hirten Stimme hören' [Joh 10,3]" (BSLK 459 f.). Christus ist für Luther das Haupt der Kirche, die Kirche ist der Leib Christi. Dort, wo das Wort Gottes gepredigt wird, ist in Wahrheit sein Haus und sein Tempel. Gottes Gegenwart ist für ihn nicht an ein Kirchengebäude gebunden. Die Kirche als Geschöpf des Wortes Gottes („creatura verbi" WA 6, 560; WA 50, 629) bzw. des Evangeliums („creatura Evangelii" WA 2, 430) hat nach Luther Merkmale und Kennzeichen (notae), anhand derer sie erkannt werden kann. Die Zahl der Kennzeichen der Kirche (notae ecclesiae) schwankt bei Luther jedoch von drei (WA 6, 301) über sieben (WA 50, 624–642) bis zu elf Kennzeichen (WA 51, 479–487). Die wahre Kirche zeigt sich an den Kennzeichen Wort Gottes, Taufe, Abendmahl, Schlüsselamt, Predigtamt, Lob- und Dankgebet, Kreuz und Leiden.

5.2.1.3.7 Sakramentenlehre

Die Rechtfertigung des Menschen aus dem Glauben hat auch Auswirkungen auf Luthers Theologie von den Sakramenten. In seiner Reformschrift „Von der babylonischen Gefangenschaft der Kirche" stellt Luther eine Verbindung zwischen dem die Verheißung zum Ausdruck bringenden Wort Gottes und dem Glauben des Menschen her. Sakramente sind für den Reformator von Gott eingesetzte, vergewissernde Zeichen und Orte, an denen dem Menschen Gottes Heil zugesagt wird. Damit Sakramente heilwirksam sind, ist der Glaube als Vertrauen auf die Verheißungen Gottes notwendig. Der Glaube empfängt die Sakramente. Besonders stellt er in der Sakramentenlehre die Bedeutung des Wortes als Heilmittel, das allein entscheidende Handeln Gottes und den Gabecharakter der Sakramente heraus. Das eigentliche sacramentum ist Jesus Christus, aus dem sich die sakramentalen Zeichen herleiten (WA 6, 86,7; 501,37f). Luther erkennt nur drei Sakramente an, und zwar die Taufe, die Eucharistie und bedingt das Bußsakrament, da nur diese eine biblisch bezeugte göttliche Einsetzung (mandatum Dei) besitzen. Der Ehe, der Weihe, der Firmung und der Letzten Ölung spricht der Reformator den Charakter eines Sakramentes ab. Mit der Betonung des Glaubens in der Tauflehre setzt er einen neuen Akzent, denn für ihn ist nicht durch den bloßen Taufvollzug die Taufe wirksam. Er sieht das ganze Christenleben als „Hineinkriechen" in die Taufe (Großer Katechismus 1529 WA 30/1, 212–222). Im Gefolge des Paulus (Röm 6) versteht er die Taufe als Rechtfertigung, wonach der Getaufte durch den Glauben von Gott die Vergebung der Sünden erhält. Luther behält die Kindertaufe bei, da sie auf Gottes Wort und Gebot gerundet ist und deutlich macht, dass das Heil allein göttliche Gabe ist (WA 26, 144–174). In der Eucharistietheologie setzt sich Luther vor allem mit der Frage des Laienkelchs, dessen Verweigerung er scharf kritisiert, der Transsubstantiationslehre und dem Verständnis der Messe als Opfer, dessen Werkcharakter er anprangert, auseinander (WA 6, 353–378; 512–526). Das Sakrament sieht Luther als Geschenk Gottes, das wir nur glaubend empfangen können. Er wendet sich vor allem gegen die Vorstellung von der Messe als Sühnopfer, d. h. als ein vom Priester darzubringendes Opfer, und gegen die Auffassung, die Messe sei ein Werk und Opfer der Kirche. Die Messe ist für den Reformator Lob- und Dankopfer. Das Kreuzesopfer Jesu Christi auf Golgotha wird in der Messe nicht wiederholt oder gar ergänzt, sondern vergegenwärtigt. Luther, der von einer Konsubstantiation von Leib Christi „im" Brot und vom Blut Christi „im" Wein ausgeht, hält an der Realpräsenz Christi „in, mit und unter" den Gaben von Brot und Wein fest. Er entwickelt als Verstehenshilfe für die Realpräsenz Christi in den eucharistischen Gaben die Lehre von der Ubiquität der menschlichen Natur Christi. Prüfstein für die Realpräsenz sind für Luther die Frage nach der „manducatio oralis" und nach der „manducatio impiorum" (Speisung der Gottlosen unabhängig vom Glauben). An die Stelle der alten Bußakte (Reue, Bekenntnis, Genugtuung) setzt er im Sermon von dem Sakrament der Buße aus dem Jahr 1519 das Wort der Absolution, den Glauben des Bußfertigen an die Absolution und als geistliche Güter die Sündenvergebung und den Trost (WA 2, 727–737). Luther versteht die Buße als einen das ganze Leben umfassenden Vorgang. Die Vollmacht des kirchlichen Amtes besteht nach Luther in der Erklärung und Bestätigung der bereits von Gott vergebenen Schuld. Zunehmend sieht er im Anschluss an Mt 16,19 im Absolutionswort des Priesters die Wirkung von Sündenvergebung und Frieden. Die Privatbeichte lehnt er zugunsten der Gemeindebuße ab (WA 10/3, 59). Die Krankensalbung ist für Martin Luther kein Sakrament, da es keine Einsetzung durch Jesus Christus gebe (WA 6, 567 ff.). Die biblischen Zeugnisse von der Krankensalbung wertet der Reformator nur als Wunderheilungsberichte. Die in Mk 6,13 bezeugte Salbung ist nach Luthers Meinung ein aus der Übung gekommener Brauch. Die in der Schrift erwähnte Salbung sieht er nicht als Letzte Ölung an und kritisiert deshalb die Umdeutung der Krankensalbung in einen Sterberitus. Luther legt auch ein neues Verständnis vom Weihesakrament vor. Er stellt aufgrund mangelnder Schriftbasis die konkret vorfindlichen Ämter, die priesterliche Deutung des Amtes und die Jurisdiktionsvollmacht in Frage. Der Reformator geht unter Berufung auf 1 Petr 2,9 vom Grundsatz des allgemeinen Priestertums aller Gläubigen aus und setzt es in Beziehung zum Dienstamt in der Kirche (WA 6, 560–567): Die Taufe soll das Weihesakrament ersetzen und die Verwaltung der Sakramente soll allen anvertraut werden. Auch wenn alle Christen Priester sind und gleiche Vollmacht zur Wortverkündigung und Sakramentenverwaltung haben, kann sich niemand diesen Dienst aneignen. Die Weihe ist nach Luther der Brauch, in den Dienst am Wort Gottes und der Kirche zu rufen. Er leugnet nicht, dass es in der Kirche ein besonderes Dienstamt geben muss. Das Wort Gottes steht über der Kirche, die den Dienst am Wort Gottes braucht. „Der Dienst des Wortes Gottes macht einen Priester und Bischof" (WA 6, 566). Auch die Ehe sieht der Reformator nicht als Sakrament, sondern als „weltlich Ding" an, da sie dem weltlichen Rechtsgebiet angehört (Vom ehelichen Leben WA 10/2, 275–304; Traubüchlein 1529 WA 30 III, 74–80). Er vermisst für die biblische Grundlegung der Ehe den Zeichen- und Verheißungscharakter und eine ausdrückliche Einsetzung durch Christus. Als Schöpfungswirklichkeit (Ehe als göttliche Ordnung nach Gen 1,27f) mag sie zwar heilig sein, die Kirche hat aber in Bezug auf die Ehe, die er als öffentlichen, heiligen Stand und in ihrem weltlich-geistlichem Doppelcharakter sieht, keine besondere Jurisdiktionsvollmacht.

5.2.1.3.8 Zwei-Reiche-Lehre

Ein Angelpunkt der lutherischen Theologie ist die Unterscheidung zwischen Weltlichem und Geistlichem. In seiner Obrigkeitsschrift „Von weltlicher Obrigkeit, wie weit man ihr Gehorsam schuldig sei" aus dem Jahr 1523 unterscheidet Luther, der die mittelalterliche Überordnung der Kleriker über die Laien überwinden wollte, das geistliche und weltliche Regiment. Gott regiert in zwei Herrschaftsweisen, Reichen bzw. Regimenten: „Im Reich Christi regiert Gott allein durch das Evangelium, im Reich der Welt dagegen durch den vernünftigen Gebrauch der äußeren Rechtsordnung" (Jung/Walter 2002, 59). Besonderen Wert legte Luther auf die Lebenspraxis des Glaubens. Der Glaube hat für ihn inmitten der Welt seinen Ort. Das Leben der Christen ist durch eine doppelte Bürgerschaft gekennzeichnet, da sie im Reich Christi und im Reich der Welt leben. Aufgabe des christlichen Lebens ist nach Luther, zwischen diesen beiden Hinsichten zu differenzieren. Das weltliche Regiment kann niemandem Heil erwirken.

5.2.2 Die Theologie Philipp Melanchthons (1497–1560)

Der zweite große Theologe neben Luther in Wittenberg war der Humanist und Griechischprofessor Philipp Melanchthon, der sich 1518 gleich nach seiner Berufung von Tübingen nach Wittenberg der Reformation anschloss. Eine zentrale Rolle spielte der Humanist vor allem bei den theologischen Verständigungsversuchen mit den Altgläubigen auf den Reichstagen, bei der Ausarbeitung der Confessio Augustana und der Apologie der Confessio Augustana und auf den Religionsgesprächen der vierziger Jahre. Er systematisierte das reformatorische Gedankengut und legte als erster ein Lehrbuch der reformatorischen Theologie vor.

5.2.2.1 Melanchthons Loci-Methode

Mit seinem wohl bedeutendsten Werk, den aus seiner Römerbriefvorlesung erwachsenen „Loci communes rerum theologicarum seu hypotyposes theologicae" von 1521, hat Melanchthon, der mit diesem Werk die erste reformatorische Dogmatik verfasste, auf die evangelische Lehrbildung größten Einfluss gehabt. In den Loci legte er inhaltlich und methodisch eine neue Art von Theologie vor. „Inhaltlich fassen sie zusammen, was von den reformatorisch gesinnten Wittenberger Professoren, allen voran Luther, bis 1521 erarbeitet worden war. Methodisch-didaktisch gehen sie einen neuen Weg, indem sie nicht mehr im Stil der mittelalterlichen „Summa" einen umfassenden, detaillierten Gesamtüberblick über alle Themen der Theologie bieten, sondern eine Kurzzusammenfassung dessen, was elementar und aktuell war, anhand von Stichworten, die aus der Bibel, vor allem aus dem Römerbrief des Paulus, genommen waren" (Jung/Walter 2002, 155). Die „Loci communes" von 1521 sollten nach Melanchthons Konzeption eine Anleitung zum Studium der Heiligen Schrift sein. Bereits 1522 erschien diese Schrift in deutscher Übersetzung unter dem Titel „Die Hauptartikel und fürnemsten Punct der ganzen Heiligen Schrift". 1535 publiziert er sie, die nun zu einer umfassenden Dogmatik angewachsen waren, in einer Neubearbeitung unter dem Titel „Loci communes theologici". 1543/44 folgt eine dritte Fassung (aetas), die 1559 unter dem Titel „Loci praecipui theologici" nochmals verändert erschien. „Die neuartige Dogmatik, die eine Arbeitsweise der humanistischen Rhetorik, die Melanchthon bei Rudolf Agricola (1444–1485) und Erasmus kennen gelernt hatte, erstmals auf die Theologie übertrug, sollte die Studenten dazu anleiten, selbst in der Bibel zu lesen und zu forschen" (Jung/Walter 2002, 155). Neben diesem bedeutenden dogmatischen Werk sind Melanchthons theologische Leistung seine Bibelkommentare, griechische und lateinische Autorenausgaben, Schul- und Lehrbücher, Universitätsschriften, Kirchenordnungen und Katechismen zu nennen. Melanchthon hat zu allen damals diskutierten theologischen Fragen Stellung genommen.

5.2.2.2 Gotteslehre und Christologie

„Die Geheimnisse der Gottheit sollten wir lieber anbeten als sie zu erforschen", wie er in den Loci von 1521 schreibt. Melanchthon, der auf dem Boden der altkirchlichen Trinitätslehre und Christologie stand, wandte sich mit diesem Satz vor allem gegen die Spekulationen von Theologen über Gottes Wesen, wie sie in den mittelalterlichen Lehrbüchern vorgenommen wurden. Melanchthons Dogmatik von 1521 hatte kein Kapitel über Gott, sondern konzentrierte sich auf die Themen „Sünde, Gesetz, Gnade". Melanchthons Theologie hatte zunächst eine praktisch-soteriologische Ausrichtung: „Das heißt Christum erkennen: seine Wohltaten erkennen" (LC 22/23). In der Neubearbeitung der Loci von 1535 wurden Gott, die Wesenseinheit des Sohnes mit dem Vater und die unvermischte und ungetrennte Einigung der göttlichen und der menschlichen Natur in Christus ausführliche Themen, da Melanchthon seine Schüler vor dem Antitrinitarismus bewahren wollte. Mahnend weist Melanchthon, dessen Denken streng offenbarungstheologisch und christologisch bestimmt ist, darauf hin, dass Gott nirgendwo anders gesucht werden dürfe als in Christus. Melanchthons Rede von Gott orientiert sich an den Beziehungen Gottes zu den Menschen. Den dienenden Charakter der Gotteslehre für die christliche Frömmigkeit bestimmt die Gotteslehre in der dritten Fassung der Loci. Wahre Gotteserkenntnis erfolgt durch die Offenbarung Gottes in Jesus Christus, die in der Heiligen Schrift bezeugt wird. Zentrale Wesensbestimmungen Gottes in der Bibel sind Barmherzigkeit, Freiheit, Macht, Weisheit und seine trinitarische Struktur.

5.2.2.3 Rechtfertigungslehre

Melanchthons besondere Leistung besteht darin, dass er die reformatorische Rechtfertigungslehre systematisiert und in eine dogmatische Form gebracht hat. Er vertritt in den Loci von 1521 das sola fide: „allein der Glaube an die Barmherzigkeit und Gnade Gottes in Jesus Christus ist die Gerechtigkeit" (LC 206/207). Glaube ist für ihn Zustimmung (assensio) zum verkündigten Wort Gottes, zur Verheißung, und Vertrauen (fiducia) auf die Barmherzigkeit Gottes. In der definitiven Fassung der „Apologie" vom September 1531 liegt die melanchthonsche Rechtfertigungslehre vor. Rechtfertigung ist für Melanchthon „ein Urteil Gottes, ein Wortgeschehen, eine Gerechtsprechung: Gott spricht den Sünder frei wie ein Richter einen Schuldigen" (Jung/Walter 2002, 159). Die juridische Terminologie, die Loslösung der Erneuerung von der Rechtfertigung und die positive Sicht des Gesetzes bei Melanchthon bringen neue Diskussionen mit sich. Das göttliche Gesetz, das für Ordnung im Alltag sorgt und den Menschen seine Sündhaftigkeit vor Augen stellt, hat für ihn zudem die Funktion („tertius usus legis"), den durch Glauben Gerechtfertigten zu einem gottgefälligen Leben anzuleiten. Positiv sieht Melanchthon auch die guten Werke, die der Rechtfertigung folgen. Martin Luther und offizielle Lehrtexte des Luthertums übernehmen in der Folge die Formulierungen der imputativ-forensischen Rechtfertigungslehre Melanchthons.

5.2.2.4 Die Lehre von der Willensfreiheit

Eng mit der Rechtfertigungslehre verbunden ist die Frage der Willensfreiheit. In den Loci von 1521 bestreitet Melanchthon die Freiheit des Willens in allen Heilsfragen, weil sie nicht mit dem Glauben an die göttliche Prädestination in Einklang gebracht werden kann. Ferner werde der Wille des Menschen von den Affekten beherrscht. In den exegetischen Arbeiten zum Kolosserbrief macht Melanchthon im Streit zwischen Luther und Erasmus um die Willensfreiheit deutlich, dass die menschliche Natur mit natürlichen Kräften nicht wahre Gottesfurcht, wahres Vertrauen zu Gott und die übrigen geistlichen Affekte und Regungen hervorbringen kann. Der späte Melanchthon lehrt schließlich eine Mitwirkung des Menschen im Heilsgeschehen im Modus der Zustimmung oder Ablehnung. Der Mensch sei frei zum Bösen und könne sich das Heil nicht schaffen. Er sei nicht frei, aus eigener Kraft das Gute zu erreichen. In dieser Situation macht Gott das Angebot der Rechtfertigung. Indem der Wille des Menschen dieses Angebot annimmt oder es ablehnt, wird er zu einer Wirkursache der Rechtfertigung. Neben dem Wort Gottes, dem Heiligen Geist führt Melanchthon den menschlichen Willen an, der das Wort Gottes annimmt.

5.2.2.5 Ekklesiologie

Ein zentrales Thema der Theologie Philipp Melanchthons ist die Ekklesiologie. Sein Kirchenbegriff hat im Laufe seiner Entwicklung eine Akzentverlagerung erfahren. Philipp Melanchthon hatte in der Ausgabe seiner „Loci communes" von 1521 die Ekklesiologie, d. h. die Frage nach Wesen, Gestalt, Sendung und Auftrag der Kirche nicht behandelt. Im von Melanchthon verfassten Artikel VII der Confessio Augustana wird die Kirche definiert als Versammlung der Heiligen („congregatio sanctorum"), d. h. der im Glauben Gerechtfertigten, in der das Evangelium rein verkündigt und die Sakramente rechtmäßig verwaltet werden. Im 7. Artikel der Apologie der Confessio Augustana wird die Kirche im eigentlichen Sinn („ecclesia proprie et principaliter dicta") durch die reine Lehre des Evangeliums und die evangeliumsgemäße Verwaltung der Sakramente als Gemeinschaft des Glaubens und des Heiligen Geistes in den Herzen („societas fidei et spiritus sancti in cordibus") konstituiert. Die Kirche im weiteren Sinn („ecclesia late dicta") bezeichnet dagegen die Sozietät der Getauften und der zu Wort und Herrenmahl Versammelten (vgl. Apol. CA, Art. 7,20, BSLK 238,18–20 u. ö.). In der erweiterten Fassung seiner Loci aus dem Jahr 1535 hat Melanchthon in den Loci „De ecclesia" und „De potestate ecclesiastica seu de clavibus" die Kirche zum Gegenstand einer förmlichen Lehrdarstellung gemacht. In den Loci von 1535 unterscheidet Melanchthon zwischen der Kirche im weiteren Sinn als Gemeinschaft aller, die das Evangelium bekennen, zu der auch die Bösen gehören („congregatio omnium, qui profitentur Evangelium, et non sunt excommunicati, in qua promiscue boni et mali sunt") und der Kirche im engeren Sinn als Gemeinschaft der Gerechten, die an Christus glauben und durch den Geist Christi geheiligt werden („Ecclesia proprie et principaliter significat congregationem iustorum, qui vere credunt Christo, et sanctificantur spiritu Christi") (Loci 1535, CR 21, 505 f.). Mit der Etablierung eines eigenen evangelischen Kirchentums trat dann bei Melanchthon immer stärker die Betonung der Sichtbarkeit und der Institutionalität der Kirche in den Vordergrund. In seiner Spätzeit hat Melanchthon die Unterscheidung zwischen Kirche im eigentlichen und im weiteren Sinn aufgegeben (Loci 1543, CR 21, 826, Anm. 83) und nur mehr auf die Sichtbarkeit der Kirche abgehoben (Loci 1559, CR 21, 825). Bei Melanchthon ist zudem eine Akzentverlagerung hinsichtlich der Deutung von wahrer und falscher Kirche erkennbar. „Im Unterschied zu Luther, der noch wesentlich stärker von dem Miteinander von wahrer und falscher Kirche in einem und demselben Kirchentum ausging (was eine spezifische Verborgenheit der wahren Kirche – als leidender, unterdrückter Kirche – zur Folge hat), steht für Melanchthon die ‚wahre Kirche' des evangelischen Bekenntnisses als eigenständige Formation der Papstkirche als ‚der falschen Kirche' gegenüber, was nicht ausschließt, dass es auch unter der Papstkirche Glieder der wahren Kirche (in der Zerstreuung gewissermaßen) gibt" (Kühn 1989, 263).

5.2.2.6 Sakramentenlehre

Ein zentrales Thema der melanchthonschen Theologie ist die Sakramententheologie, speziell die Abendmahlslehre. Sakrament ist für Melanchthon, der deutlicher den ekklesiologischen Aspekt der Sakramente betont und daher die Sakramente als kirchliche Zeichenhandlungen herausstellt, ein im Evangelium eingesetztes Zeichen für die dort verheißene Gnade Gottes. Sakramente sind Zeichen und Zeugnis des göttlichen Willens gegenüber dem Menschen (CA 13). In CA 7 macht er die Bedeutung der Sakramente für die Konstitution der Kirche deutlich. Sakramente sind für ihn Taufe, Abendmahl, Absolution und Ordination. Für den Gebrauch der Sakramente ist der Glaube notwendig. Melanchthon hat die Kindertaufe verteidigt, da sie biblisch geboten und zur Befreiung von der Erbsünde notwendig sei. Auch bewirke der den Kindern in der Taufe geschenkte Heilige Geist die Neigung zu Gott und einen rudimentären Glauben. Melanchthon lehnt in der Abendmahlstheologie den Opfercharakter der Messe und die mittelalterliche Transsubstantationslehre ab. Er hält an der Realpräsenz Christi bei der Abendmahlsfeier der Gemeinde fest, wobei er jedoch die Anwesenheit des Leibes „mit" (cum) dem Brot, des Blutes „mit" (cum) dem Wein lehrt. Diese Anwesenheit bestehe nur während der Feier (Aktualpräsenz), aber nicht darüber hinaus. Melanchthon empfiehlt die häufige Feier des Abendmahls, in der das Leiden, der Tod und die Auferstehung Christi verkündigt werden und durch den Empfang der Abendmahlsgaben der Glaube gestärkt wird.

5.2.3 Die Theologie Huldrych Zwinglis (1484–1531)

Eine Zentralgestalt der Schweizer Reformation war Huldrych Zwingli, der die Werke des Erasmus von Rotterdam eifrig studiert hatte. 1522 vollzieht er den Bruch mit der katholischen Kirche. Ab 1520/21 bis zu seinem Tod 1531 setzte er sich mit seinen Gegnern über Autorität und religiöse Praxis der traditionellen Kirche auseinander, führte den Kampf gegen die Täufer und stritt mit Luther über die Sakramente. In diese Zeit fallen auch seine wichtigen theologischen Schriften: „Auslegen und Gründe der Schlussreden" aus dem Jahr 1523 und „De vera et falsa religione commentarius" aus dem Jahr 1525. Nach dem Scheitern der innerprotestantischen Einigungsbemühungen legte er 1530 auf dem Augsburger Reichstag in seiner „Fidei ratio" und im „Sermonis de providentia anamnema" und im darauffolgenden Jahr in seiner Schrift „Christianae fidei expositio" Zusammenfassungen seiner reformatorischen Theologie vor.

5.2.3.1 Dualismus und Geisttheologie

Zwinglis Denken kennzeichnet ein scharfer Dualismus, da er immer wieder strikt unterscheidet „zwischen Gott und Mensch, Schöpfer und Geschöpf, Himmel und Erde, Unsichtbarem und Sichtbarem, Hohem und Niedrigem, Innerem und Äußerem, Geist und Fleisch, Seele und Leib" (Jung/Walter, 2002, 85). Diese Unterscheidungen veranlassten ihn zur Kritik an Lehre, Leben, Autorität und Geboten der traditionellen Kirche und waren für die Frage der Heilsvermittlung zentral. Menschliche Lehren und Gebote können nach Zwingli nicht das Heil bewirken, sondern allein Gott. Der dualistische Grundzug seines Denkens geht bei Zwingli auf die Gedanken des Erasmus zurück. Charakteristisch für Zwinglis Denken ist ein Zweites: „Während das Fleisch zu Bösen neigt, trachtet der Geist nach Gott, in dem Böses per definitionem nicht sein kann. Was der himmlischen Welt angehört, strebt nach Gott, was zur irdischen Welt gehört, strebt zur Erde. Erkenntnistheoretisch führt das zu einem geschlossenen hermeneutischen Zirkel: Allein der Geist begreift den Geist" (Jung/Walter 2002, 87). Alleinige Autorität kommt nach Zwingli dem Wort Gottes zu. Im biblischen Wort atmet der Geist Gottes. Der Geist Gottes muss auch im Leser und Hörer der Schrift wirken, damit er die Worte versteht. Da nach Zwingli nur Gleiches das Gleiche erfassen kann, erkennt der Geist Gottes im Gläubigen sich selbst in der Schrift. Zwinglis fundamentale Erkenntnis ist, dass der Mensch durch Gottes Geist zu Gott gezogen wird. Der Bibel als göttliches Wort stellt er die menschlichen Worte von Papst, Konzilien und Kirchenvätern gegenüber.

5.2.3.2 Gotteslehre

Besonders stellt Zwingli die unerreichbare Vollkommenheit Gottes heraus, dem sich der Mensch, wenn er Anteil an Gott bekommen will, annähern muss (Prinzip der Korrespondenz). „Zum einen unterstreicht Zwingli die Vollkommenheit Gottes, der das Sein, das Gute, das Gerechte, das Heilige ist, wodurch zugleich die Distanz Gottes zur Kreatur markiert wird. Zum anderen betont Zwingli die Verbindung Gottes mit der Kreatur: Von diesem höchsten Gut hängt das Seiende ab, die Schöpfung, die ohne Gott weder Sein noch Bestand hätte. Zudem neigt sich Gott durch Güte und Freigebigkeit dem Menschen zu" (Jung/Walter 2002, 88). Die Freigebigkeit, Güte und Gerechtigkeit Gottes zeigt sich im Gesetz, das den Menschen lehrt und führt. Anders als Luther und Melanchthon sieht er die Rolle des Gesetzes, das aus dem Willen Gottes kommt und das er als geistlich bestimmt, weil es der heilige und gerechte Wille Gottes ist. Durch seine Lehre von der Vorsehung Gottes, die alles lenkt und ordnet, zeigt er die Abhängigkeit des Gläubigen von Gott auf und wendet sich gegen die Vorstellung vom Verdienst und freien Willen des Menschen. Zwinglis Lehre vom Alleswirken Gottes, von der Vorsehung und vom Gewirktsein des Glaubens bestimmt auch seine Auffassung von der Rechtfertigung.

5.2.3.3 Rechtfertigungslehre

Auch in der Anthropologie zeigt sich der Dualismus. Der Mensch ist nach Zwingli Ebenbild Gottes in seiner Seele, die in einem ständigen Kampf mit dem Leib ist. Sünde unterscheidet er traditionell in die Sündenkrankheit (Ursünde), die von Adam herrührt und in der Eigenliebe besteht, und die Sünde als Übertretungen des Gesetzes. Die Ursünde ist Bruch zwischen Gott und Mensch. Zur Selbst- und Gotteserkenntnis braucht der Mensch nach Zwingli jedoch Gott. Das Heilsgeschehen Gottes für den Menschen nimmt seinen Ausgang von der Forderung des vollkommenen Gottes an den Menschen nach Gerechtigkeit. Diesem Anspruch kann der Mensch als Sünder nicht entsprechen. Gott geht daher dem gefallenen Adam nach und ruft ihn freundlich zurück. Von dem Rückruf Gottes an den gefallenen Menschen geht die „Religion" aus, durch die der Mensch Gott zustrebt. Durch die Sendung Jesu Christi, der der göttlichen und menschlichen Welt angehört, ergeht Gottes Ruf und beginnt die Überwindung der Kluft zwischen Gott und Mensch. Mit der Sendung verfolgt Gott zwei Ziele. Der Mensch als Sünder wird losgekauft und Christus gibt uns ein Beispiel des neuen Lebens.

Christus offenbart den Willen Gottes. Das Evangelium entzündet die Gottes- und Nächstenliebe.

5.2.3.4 Kirchenverständnis

Christus ist nach Zwingli das Haupt der Kirche. Alle, die im Haupt leben, sind Glieder der Kirche. Die Kirche ist sichtbar und unsichtbar, universal und lokal (Z II 55–61; Z VI/II 801). Sichtbar und katholisch ist die Kirche, die auf der ganzen Welt verstreut ist und vom Heiligen Geist zusammengehalten wird. Zu ihr gehören alle wahrhaft Gläubigen, die nach dem irdischen Dasein bei Gott versammelt werden. Als Ganzes bleibt sie hier auf Erden unsichtbar. Sichtbar und universal ist die Kirche in der Gesamtheit der Christen, die in sichtbarer Weise Christus bekennen und an den Sakramenten teilnehmen. Sichtbar und lokal ist die Kirche in der einzelnen Gemeinde vor Ort, die zusammenkommt, um das Wort Gottes zu hören. Nach Zwinglis Auffassung fallen kirchliche und politische Gemeinschaft in eins. Beide stehen unter der Herrschaft Gottes, verfahren aber nach zwei Formen der Gerechtigkeit. Die Regierung übt durch die Schaffung und Erhaltung der Ordnung zum Wohl der Kirche die menschliche Gerechtigkeit aus, die Kirche strebt durch Übereinstimmung mit dem Willen Gottes nach der göttlichen Gerechtigkeit und unterstützt durch die Predigt des Evangeliums die Obrigkeit.

5.2.3.5 Sakramentenlehre

Für Zwingli wirkt Gott allein das Heil, die Sakramente vermögen nichts. Die Sakramente sind für ihn rein menschliche Bekenntniszeichen des Glaubens und ihrem Wesen nach Symbole der geistgewirkten Glaubensbeziehung zu Gott. Der Geist als Geber der Gnade bedarf keines sichtbaren Elements. Um des Menschen willen wirkt Gott durch die Sakramente. Firmung, Weihe und Letzte Ölung sah Zwingli nicht als Sakramente an, weil Gott sie nicht angeordnet habe. Gnade schenkt für ihn allein der göttliche Geist, der kein Vehikel braucht, sondern selbst Kraft und Träger der Gnade ist. Sichtbares bringt nicht den Geist. In der Tauflehre akzentuiert Zwingli die Geisttaufe, die den Heiligen Geist verleiht. Die Wassertaufe als Zugeständnis unserer Schwachheit sieht er als Befehl Gottes, denn sie ist ein öffentliches Zeichen der Aufnahme und der Verpflichtung bzw. ein Pfand, ein Zeichen der heiligen Sache. Die Taufe wertet er als Zeichen für den Gnadenbund Gottes. Mit Verweis auf die Beschneidung rechtfertigt Zwingli die Kindertaufe gegenüber den Radikalen. Zwingli wendet sich wie alle Reformatoren gegen die Messopferlehre und die Kommunion unter einerlei Gestalt. Das Abendmahl sieht er als Erinnerung an das Opfer Christi und als Versicherung der Erlösung. Mit der Erinnerung ist die Danksagung an das Geschenk Gottes im Sakrament verbunden. Essen und Trinken des Leibes und Blutes Christi versteht Zwingli im übertragenen Sinn als geistliche Speisung der Seele. In den Einsetzungsworten übersetzt er im Anschluss an Cornelius Hoen (gest. 1524) „Das ist mein Leib" mit „Das bedeutet mein Leib". Zwingli leugnet nicht die Gegenwart Christi im Abendmahl. Nach seiner Himmelfahrt ist Christus in seiner göttlichen Natur gegenwärtig, seine menschliche Natur sitzt zur Rechten Gottes. Der Leib Christi kann wie der Leib des Menschen nicht an verschiedenen Orten sein. „Grundlegend ist für Zwingli der Glaube an Christus als Sohn Gottes, der sich zur Erlösung und Versöhnung hingegeben hat. Thema des Abendmahls ist die Vergegenwärtigung des Opfertodes Christi im Glauben, nicht die reale leibliche Präsenz, denn der Glaube ist nicht auf leibliche Nahrung angewiesen" (Jung/Walter 2002, 98). Ferner betont der Reformator die gemeinschaftsstiftende Funktion der Eucharistie, denn das Abendmahl führt zu einer inneren und äußeren Vereinigung der Christen. Die Teilnahme am Abendmahl ist Glaubenszeugnis für andere, Verpflichtung zur Brüderlichkeit und Selbstdarstellung der Gemeinde nach außen.

5.2.4 Die Theologie Johannes Calvins (1509–1564)

Entscheidende Prägung erfuhr die reformierte Theologie durch Johannes Calvin, die von der Bundestheologie des Alten Testaments und der Frage der Heilsgewissheit bestimmt wurde. Calvins Theologie, die Bibel- und Altertumskunde, Logik und Dialektik voraussetzt, bestand in einer Synthese von Weisheit und Wissenschaft. Calvin verfasste Kommentare zum Alten und Neuen Testament, ferner Predigten, Katechismen, Streitschriften, theologische Traktate und zahlreiche Briefe. Systematisch stellte Calvin 1536 seine theologische Lehre in einer der wohl bedeutendsten Dogmatiken seiner Zeit mit dem Titel „Institutio christianae religionis" zusammen. Als Vorlage dienten ihm die beiden Katechismen Luthers und dessen Schriften über die Freiheit und über die Babylonische Gefangenschaft der Kirche. Eine Elementarisierung und Zusammenfassung seiner dogmatischen Lehre nahm Calvin schließlich im Genfer Katechismus von 1541 in 373 Fragen und Antworten vor. Johannes Calvins theologisches Denken ist geprägt durch die Verbindung der Rechtfertigungslehre mit der Erwählungs- und Prädestinationsauffassung, durch die Betonung des Wirkens des Heiligen Geistes im Geschehen von Wort und Sakrament, durch sein spirituelles Interesse an Heiligung und seine eschatologischer Ausrichtung auf das künftige Leben.

5.2.4.1 Erwählungs- und Prädestinationslehre

Rechtfertigung ist für Calvin „in betonter Weise ein theozentrisches Geschehen. Sie geschieht in Jesus Christus, ist aber nichts anderes als die Realisierung des vorausgegangenen göttlichen Erwählungsratschlusses. Deswegen gehören die aus der Rechtfertigung stammende Glaubensgewissheit und die Erwählungsgewissheit zusammen" (Jung/Walter 2002, 230). Ausgangspunkt ist die Botschaft von der gnädigen Annahme des Menschen durch Gott, die durch die Sündenvergebung durch Jesus Christus erfolgt. Diese gnädige Annahme interpretiert Calvin als die im ewigen Erwählungsratschluss Gottes begründete Annahme zur Gotteskindschaft nach Eph 1,5: „Er hat uns aus Liebe im Voraus dazu bestimmt, seine Söhne zu werden durch Jesus Christus". Kraft der ewigen Erwählung hat Gott die einen zum Heil, die anderen zum Verderben prädestiniert. Christus ist für den Reformator Gottes unerschütterlicher Ratschluss und Spiegel der Erwählung. Da das Heil des Menschen in Gottes ewigem Ratschluss fest begründet ist, schenkt dies eine vertrauensvolle und frohe Heilsgewissheit. Ziel der Heilsgeschichte ist die Inkorporation der Glaubenden in Gott.

5.2.4.2 Christologie

Im Zusammenhang mit der Erwählungslehre steht Calvins Christologie, in der die heilsgeschichtliche Funktion Christi und die Mittlerschaft Christi im Mittelpunkt stehen. Christus ist das Bild des unsichtbaren Gottes und das Haupt des Leibes, den die Glaubenden formen, um so dem Sohn angegliedert zu werden und in ihm zur Gotteskindschaft zu gelangen. Der Inkorporationsgedanke wird von Calvin von der Schöpfung her entfaltet, denn Aufgabe des göttlichen Logos ist, die ungeordnete Schöpfung in sich zu sammeln und zu einigen. Intensiviert wird das Hauptsein Christi durch die Inkarnation, weil der göttliche Logos durch die Menschwerdung die menschliche Natur als die eigene annimmt und sich mit der Menschheit als Ganzer verbindet. Durch die Menschwerdung erwächst eine größere Gewissheit. Der Sohn Gottes als geschöpflicher Mensch gibt den Menschen das Vertrauen, denselben Gott zu haben. Die gemeinsame Menschennatur ist ein Unterpfand der Gemeinschaft mit dem Sohn Gottes. Calvin betont zwar die Personeinheit von Gottheit und Menschheit in Christus, geht aber faktisch von einer Trennung der göttlichen und menschlichen Natur aus. Ein eigenes Profil hat die Christologie Calvins durch seine Lehre von den drei Ämtern Christi (König, Prophet, Priester), in der er die Christologie mit der Soteriologie verbindet. Im Heilsereignis Christi sichert Gott unverbrüchlich das Heil zu. Dieses Heilsereignis wird dem Menschen zugänglich im Geschehen von Wort und Geist.

5.2.4.3 Wort Gottes- und Geisttheologie

Wort hat für Calvin nicht nur die Bedeutung einer kognitiven Belehrung, sondern meint die Weise, wie sich die Zuwendung Gottes realisiert. Gott akkommodiert sich an das menschliche Fassungsvermögen, indem „die höchsten Geheimnisse des Himmelreichs ... unter der verächtlichen Niedrigkeit des Wortes überliefert werden" (Inst. I,8,1). In der niedrigen Gestalt des Wortes Gottes neigt Gott sich zum Menschen herab. Das Wort Gottes gewährleistet die richtige Gottesverehrung, die am Willen Gottes ausgerichtet ist. Das Wort Gottes gibt die Gewissheit, seinen Willen zu erfüllen. Gewissheit bringt Vertrauen mit sich. Dieses Vertrauen gefällt Gott. Das Wort zeigt die Gesinnung Gottes den Menschen gegenüber und vereindeutigt das Heilsgeschehen als für den Glaubenden zugute geschehen. Damit das Wort als Wort Gottes erkennbar ist, ist das innere Zeugnis des Geistes notwendig. „Die Gewissheit der göttlichen Herkunft des Wortes wird nicht vom Menschen her gewonnen, sondern ist Werk des Geistes. Der Geist ist der innere Lehrmeister, der zum Wortgeschehen und im Sakramentsvollzug hinzutritt, um beim Wort die göttliche Herkunft zu bezeugen und um den Menschen zum Glauben zu bewegen" (Jung/Walter 2002, 236). Durch das Zeugnis des Geistes erkennen wir mit innerer Evidenz die Schrift als Wort Gottes. Der Geist erwirkt auch im Herzen die Offenheit, das Wort in sich aufzunehmen. Der Geist begleitet „das Ankommen der göttlichen Heilsinitiative im Menschen und steht an der Wurzel der menschlichen Antwort" (Jung/Walter 2002, 237).

5.2.4.4 Rechtfertigung und Heiligung

Rechtfertigung ist für Calvin Teil der durch den Heiligen Geist geschenkten Zueignung von Christi Gnade. Gerechtfertigt und geheiligt wird aber nur der, der von Gott erwählt ist. Die Wirkung der Erlösung durch Christus sieht er als Wiedergeburt bzw. Neuwerden des Menschen durch den Heiligen Geist, die sich in Glauben und Lebenswandel ausdrückt. Durch Rechtfertigung und Erneuerung wird der Mensch in ein neues Ebenbild Gottes gewandelt. Gute Werke sind durch die Einwohnung des Heiligen Geistes im Gerechtfertigten möglich. Die Heiligkeit der Gerechtfertigten ist daher eine Heiligkeit aus Gott. Calvin betont besonders die Heiligung als Frucht und Konsequenz der Annahme durch Gott. Um die Gotteskindschaft zu vollziehen, gehört die Verähnlichung der Menschen mit Gott.

5.2.4.5 Ekklesiologie

Die Kirche ist für Calvin, der das Wesen der Kirche christo- bzw. theozentrisch vom Heilsgeschehen her deutet, das Volk der Erwählten Gottes und der in die Gemeinschaft mit Christus Berufenen (Inst. IV,1,2). Gott entscheidet durch freie Gnadenwahl, wer zur wahren Kirche gehört, die er mit Augustinus in eine unsichtbare und sichtbare Kirche einteilt. Die Kennzeichen der Kirche sind Wortverkündigung und Sakramentenverwaltung. Ein Spezifikum der Ekklesiologie Calvins ist seine Lehre von den vier Ämtern bzw. Diensten in der Kirche: Hirten/Pastoren zum Dienst an Wort und Sakrament, Lehrer/Doktoren zur Erziehung, Älteste/Presbyter zur Überwachung der Lebensführung und Diakone zur sozialen Fürsorge. Das Amt in der Kirche ist für Calvin unabdingbar und ein Dienst am Wort Gottes.

5.2.4.6 Sakramentenlehre

Die Sakramente sind für Calvin Weise der Darbietung des in Jesus Christus dem Menschen geschenkten Heils. Sakramente sind Siegel der Verheißung Gottes. Gott gibt die Sakramente als äußeres Zeichen zur Bestärkung des schwachen menschlichen Glaubens. Dem Sakrament kommt nach Calvin eine die Wortverkündigung unterstützende Funktion zu, weil es die Verheißungen bekräftigt und besiegelt. Die Sakramente haben aber keine heilsmittlerische Funktion, weil diese nur Jesus Christus zukommt, und keine glaubensbegründende Funktion wie das Wort, sondern sie dienen der Vermehrung der Gewissheit und sind wirksame Gnadenzeichen. Die Kraft der Sakramente, die er als Kommunikationsvollzüge versteht, kommt durch den Geist Gottes. Die Taufe ist für Calvin Zeichen des Bundes Gottes mit uns und Aufnahme in die Kirche. Calvin rechtfertigt mit Bezug auf die Beschneidung die Kindertaufe. Vom Geistwirken und einem dynamischen Verständnis der eucharistischen Gegenwart Jesu Christi ist die Abendmahlslehre Calvins geprägt. Das Abendmahl ist Unterpfand und Siegel der Erwählung Gottes. Die Spiritualpräsenz von Person und Werk Christi wird dem gläubigen Empfänger durch den Heiligen Geist zugeeignet. Er spricht von einer wahren, realen und substantiellen Gegenwart Christi im Abendmahl. Calvin sieht in Brot und Wein eine himmlische Gabe, die aber nur der Glaubende durch den Heiligen Geist empfangen kann. Für den Nichtglaubenden bleiben Brot und Wein, was sie sind. Der irdische Leib Jesu ist seit seiner Himmelfahrt sozusagen vom Himmel umschlossen und kann im Abendmahl nicht gegenwärtig werden. Die Gegenwart Christi kann nur durch den Heiligen Geist vermittelt werden. Er hielt es für Aberglauben, Christus in irdischen Dingen eingeschlossen zu glauben. Nach seiner Lehre wird nicht der Leib Christi empfangen, sondern das von Christus durch den Heiligen Geist ausgehende Leben. Calvin lehnt sowohl die Transsubstantiationslehre als auch die Konsubstantiationslehre ab. Sein Denkmodell geht von einem Parallelismus – geistliche Speise/leibliche Speise – aus. Strikt abgelehnt wird von ihm das Verständnis der Messe als vom Priester darzubringendes Sühnopfer (Inst. IV, 18). Calvin bekundet allerdings die Bereitschaft, die Ordination durch Handauflegung als drittes Sakrament anzuerkennen.

5.2.5 Weitere bedeutende reformatorische Theologen

Neben den großen Reformatoren gab es weitere bedeutende Reformatoren. Der Wittenberger Stadtpfarrer Johannes Bugenhagen (1485–1558) wurde durch seine Bibelkommentare berühmt. Luthers Wittenberger Kollege Andreas Karlstadt (1586–1541) bestritt 1524 in seinen Abendmahlschriften die Realpräsenz Christi. Die Gegenwart Gottes im Menschen Jesus, deren Wirkung sich auf die ganze Menschheit erstreckt, lehrte der Lutherschüler und Exeget Johannes Brenz (1499–1570), der auch die Ubiquitätslehre entwickelte. Der Reformator Basels Johannes Oekolampad (Huschin/Huszschyn) (1482–1531), der ein hervorragender Kenner der Kirchenväter war und in seiner Abendmahlslehre von Zwingli beeinflusst war, lehnte die Abendmahlslehre Luthers ab. In seinem Schriften (De genuina verborum ... expositione, Antisyngramma) zeigt er auf, dass die Alte Kirche wie Zwingli eine symbolische Auffassung vom Abendmahl hatte. Den Bundesgedanken zur Grundlage seiner Theologie machte der Zwingli-Schüler und Züricher Reformator Heinrich Bullinger (1504–1575), der mit seinem Werk „Compendium christianae religionis" die christliche Lehre verteidigen, systematisch darlegen und verbreiten wollte. Eine neue lateinische Übersetzung des Neuen Testaments und Schriften zur Toleranz legte Sebastian Castellio (1515–1563), der mit Calvin und Beza eine heftige Kontroverse anlässlich der Hinrichtung Michael Servets führte, vor. Daneben gab es aber auch radikale Reformatoren, die von Anhängern zu Gegnern Luthers wurden.

5.2.6 Theologie der religiösen Bewegungen und Sondergruppen der Reformation

Als Theologe der Revolution bzw. des utopischen Sozialismus gilt Thomas Müntzer (1490?–1525), der von einem prophetischen Erwählungs- und Sendungsbewusstsein geprägt war. Er stellt sich an die Spitze der sozialrevolutionären Bewegung seiner Zeit und inspirierte auch Hans Denck (nach 1495 1527), der sich dem Spiritualismus zuwandte und die Züricher Taufbewegung in Augsburg nach Süddeutschland brachte. „Gegen die Prädestinations- und Rechtfertigungslehre setzt er den Glauben als Gehorsam, gegen die Autorität der Schrift das innere Wort, gegen die Heilswirksamkeit der Sakramente die Erwachsenentaufe als Zeichen des Bekenntnisses und das Abendmahl als Gedächtnis des Todes Christi, gegen die öffentliche Gewalt in Kirche und Staat die Liebe der Freiwilligkeitsgemeinde" (Härle/Wagner 1994, 85 f.). Damit sind die Grundzüge der einheitlichen Theologie des Täufertums im 16. Jahrhundert genannt. „Als ‚(Wieder-)Täufer' wurden dabei diejenigen Vertreter dieser Bewegung bezeichnet, deren gemeinsames Kennzeichen die Verweigerung der Kindertaufe und die Praxis der Glaubenstaufe war, wie sie erstmals im Kreise radikaler Zwingli-Freunde in Zürich im Januar 1525 praktiziert worden war. Entscheidend neu gegenüber der traditionellen Volkskirche war dabei aber nicht primär die Taufform, sondern die damit verbundene Freiwilligkeit der Kirchenmitgliedschaft" (Jung/Walter 2002, 211). Im niederdeutsch-niederländischen Raum ist die Entstehung des Täufertums mit Melchior Hoffman (um 1500–1543) verbunden. Er war bestrebt, Menschen zu Buße und Umkehr zu bewegen und sie durch die Taufe in die endzeitliche Gemeinde der Heiligen einzugliedern. Seine Christologie war monophysitisch und mit einer rigorosen Heiligungsethik verbunden.

In den Mittelpunkt seiner Theologie stellte der friesische Reformator Menno Simons (1496–1561), dem es vor allem um die geistliche Verbindung zwischen dem bußfertigen Sünder und dem sündelosen Christus ging, die „Wiedergeburt" und „geistliche Auferstehung". „Die Sündlosigkeit Christi war für Menno von zentraler Bedeutung und hing aufs Engste zusammen mit seiner von Hoffman übernommenen Inkarnationslehre, welche die Göttlichkeit Jesu betont und davon ausgeht, dass er bloß durch Maria hindurch in die Welt gekommen ist, ohne an ihrem Fleisch Anteil zu haben. Nur ein solchermaßen vollständig reiner und sündeloser Christus ist laut Menno in der Lage, bußfertige sündige Menschen in der ‚geistlichen Auferstehung' umzugestalten zu einem wesenhaft veränderten Leben der Heiligung und Reinheit" (Jung/Walter 2002, 220). Die Freiwilligkeit des Glaubens und der Gemeindemitgliedschaft ist für ihn von zentraler Bedeutung. Er vertrat daher die Glaubenstaufe in der konkreten, sichtbaren Gemeinde, die er als „Leib Christi" und Orte der Gegenwart Gottes, der Entscheidungsfindung und der Versöhnung bestimmte.

Eine weitere wichtige Strömung der damaligen Theologie war der Spiritualismus. Vertreter des Spiritualismus ist Caspar Schwenckfeld von Ossig (1489–1561), der das Luthertum in Schlesien einführte. Schwenckfeld geht von einem Dualismus aus. Die Welt ist zweigeteilt in Geist (Gott) und Fleisch (Kreatur). Auch der Mensch wird von ihm aufgeteilt in einen äußeren und in einen inneren Menschen. Das eigentliche Heilsgeschehen geschieht durch das unvermittelte Zusammentreffen Christi mit dem inneren Menschen durch das ewige, innere Wort, den Geist Gottes. Das äußere Wort (Heilige Schrift, Predigt) ist nur ein irdisches Abbild, wie Taufe und Abendmahl. Obwohl diese Mittel von ihm als pädagogisch angesehen werden, fordert Schwenckfeld zum Unterlassen des Sakramentengebrauchs auf. Kirche verstand er als eine universelle, unsichtbare Geist-Gemeinschaft von Einzelnen. Jesus Christus war für ihn ein natürlicher Gott, d. h. ein vergotteter Mensch. In seinen Altersschriften wurde Schwenckfeld zusammen mit Weigel und Osiander Begründer eines sogenannten „mystischen Spiritualismus".

Eine weitere Sondergruppe der Reformation bildete der Antitrinitarismus und Unitarismus. Michael Servet (1511–1553) formulierte 1553 in seinem Hauptwerk „Christianismi restitutio" seine antitrinitarische Kritik. Lelio Sozzini (1525–1562) und Fausto Sozzini (1539–1604) lehnten in ihren Schriften den Glauben an den dreifaltigen Gott und damit die

Gottheit Jesu Christi und des Heiligen Geistes ab. Sie wurden zu Begründern der antitrinitarischen Kirchengemeinden in Polen und Siebenbürgen. Der „Rakower Katechismus" von 1605 wurde die Bekenntnisschrift der Sozinianer und Unitarier, die auf der Grundlage eines rationalen Biblizismus eine Moral- und Tugendlehre vertraten.

5.3 Die altgläubige Kontroverstheologie

Durch die Reformation bedingt kam es zu Ausbildung der altgläubigen Kontroverstheologie, die sich nicht als ein geschlossenes System darstellte, sondern den Entwicklungen und Diversifikationen der Reformation folgte. Zentrale Streitpunkte zwischen Alt- und Neugläubigen waren der Kirchenbegriff und ekklesiologische Fragen, speziell der päpstliche Primat. Neben der Ekklesiologie bestand der theologische Dissens im Verständnis von Schrift und Tradition, in der Rechtfertigungs- und Gnadenlehre und in der Sakramententheologie.

5.3.1 Die frühe Kontroverstheologie

Die Kontroverstheologen hatten unterschiedliche Vorgehensweisen. Einige gingen von der scholastischen Theologie aus, andere von der Schrift, wieder andere von einer philologisch-humanistischen Theologie. In den ersten Auseinandersetzungen mit den Reformatoren waren die Themen Ablass, Buße, Heil, Bilder- und Heiligenverehrung und die Frage nach der Papstgewalt zentral. Zu den ersten Gegnern Luthers zählen Kardinal Thomas de Vio, genannt Cajetanus, und der Ingolstädter Theologe Johannes Eck.

5.3.1.1 Die thomistische Theologie des Thomas de Vio Cajetanus (1469–1534)

Kardinal Thomas de Vio Cajetan hat in seinen Schriften die Lehre von der Kirche zu einer eigenen biblisch-theologischen Disziplin entwickelt. „Die Lehre von der Kirche macht ein Herzstück der sakramental konzipierten und um das Geheimnis der personalen gottmenschlichen Einheit in Jesus Christus kreisenden Theologie Cajetans aus" (Jung/Walter 2002, 76). Seine Ekklesiologie dreht sich in seinen Schriften „De comparatione auctoritatis papae et concilii cum Apologia eiusdem tractatus" (1511/12) und „De divina institutione Pontificatus Romani Pontificis super totam ecclesiam" (1521) um die Verteidigung des päpstlichen Primates, das Verhältnis von Papst und Konzil, die Frage nach der Lehrautorität des Papstes und der Übertragung der Jurisdiktionsvollmacht. Ein weiterer Schwerpunkt seiner Theologie ist die Eucharistietheologie. In seiner Schrift „De sacrificio missae" von 1531 lehrte er die Einheit und Einmaligkeit des Opfers Jesu Christi. In der Messe wird dieses Opfer gegenwärtig gesetzt, nicht wiederholt. In der Messe ist Jesus Christus, der als Hoher Priester im Himmel fortwährend für uns eintritt, als dieser Mittler „im Zustand des Opfers" anwesend. Die Wirkkraft des Kreuzesgeschehens wird nicht durch das Messopfer ergänzt, sondern in den Glaubenden fruchtbar gemacht. Cajetan gab 1532 in seiner letzten Schrift „De fide et operibus" eine pneumatologische Lehre vom Verdienst. Das verdienstliche Werk ist das Werk Christi, des Hauptes in uns und durch uns. Cajetan hat sich in seinem Summenkommentar auch für die Freiheit und Würde der Nicht-Christen in den neu entdeckten Ländern eingesetzt, Beiträge zur Moraltheologie und Sozialethik vorgelegt und in seinen Schriftauslegungen eine „Deutung der Heilsgeschichte als Ausgangspunkt einer sakramentalen Theologie der Offenbarung" (Walter, Jung 2003) vorgelegt.

5.3.1.2 Die Kontroverstheologie des Scholastikers Johannes Eck (1486–1543)

Der Ingolstädter Theologe Johannes Eck, in dessen Denken die Tradition und die Kirche im Mittelpunkt standen, griff 1519 in der Leipziger Disputation mit Luther die Frage nach dem päpstlichen Primat auf. Gegen die Bestreitung des Primates des Papstes verteidigte ihn Eck in seiner 1520 veröffentlichten Schrift „De primatu Petri" und in seinem „Enchiridion locorum communium adversus Lutherum et alios hostes ecclesiae" von 1525, das als Sammlung theologischer Themen und Argumentationsmaterial für Kontroversen gedacht war. Die römische Kirche gilt ihm als unfehlbar. Kirche definiert er als „Versammlung aller Gläubigen, die zum Leib Christi gehören" (Enchiridion, 32); sie ist Leib und Braut Christi. Sie wird vom Heiligen Geist geleitet und ist Garantin der Wahrheit. Die Kirche, die aus Gerechten und Sündern besteht, ist Vermittlerin des Heils durch die priesterlich gespendeten Sakramente. Die hierarchisch gegliederte Kirche, an deren Spitze der Papst steht, ist bereits im Alten Testament dargestellt. Der römische Pontifex ist der Stellvertreter Christi auf Erden. Er ist Hirt und Lehrer der Kirche. Er ist unfehlbar und Bischof der Gesamtkirche. Alle Jurisdiktion leitet sich vom Papst ab. Er ist Quelle der priesterlichen Einheit und Garant der Einheit der Kirche. Ein weiterer Themenkreis der Theologie Ecks war die Bußlehre, der Ablass und die Frage nach dem Purgatorium (Fegfeuer), die er in einem 1522 veröffentlichten Werk „De poenitentia et confessione", später erweitert im Titel mit „De satisfactione", und im Enchiridion in traditioneller Weise mit Belegen, aus der Schrift und den Vätern darstellte. Ein Hauptthema Ecks war der Opfercharakter der Messe, den er vor allem in seiner Schrift „De sacrificio missae" aus dem Jahr 1526 erörterte. Anhand von Bibelstellen aus dem Alten und Neuen Testament und einem ausführlichen Väterbeweis legt Eck mithilfe der Begriffe memoria (Andenken, Gedächtnis) und repräsentatio (Vergegenwärtigung) dar, dass es in der Messe um kein neues Opfer, sondern um die Vergegenwärtigung des Leidens Christi geht. Die Früchte des Opfers können den Gläubigen zugewendet werden. In der Frage der Kelchkommunion versucht Eck in seinem Enchiridion aus dem Neuen Testament und aufgrund praktischer Aspekte nachzuweisen, dass für die Laien allein der Empfang des Brotes ausreicht. Eck lehrt die Verwandlung von Brot in den Leib Christi und Wein in das Blut Christi, wobei er nicht näher die Transsubstantiationslehre entfaltet. 1522 publizierte Eck eine Verteidigungsschrift der religiösen Bilder- und Heiligenverehrung, in der er als Begründung für die Bilderverehrung die Inkarnation anführte, in der sich Gott den Menschen sichtbar gezeigt habe.

5.3.1.3 Weitere Werke der Kontroverstheologie

Die ersten Reaktionen auf Luthers Kritik am Ablasshandel kamen von dem Dominikanertheologen Johannes Tetzel (um 1465–1519), der die Ablasspraxis verteidigte. Mit der Verteidigung des göttlichen Ursprungs des päpstlichen Primates und dem Verhältnis von Papst und Konzil, der Frage nach der Lehrautorität und der Übertragung der Jurisdiktionsvollmacht beschäftigten sich die Schriften von Sylvester Prierias (um 1456–1523) „Dialogus de potestate Papae" (1518) und „De iuridica et irrefragabili veritate Romanae Ecclesiae Romanique Pontificis" (1520), das Buch von Cristoforo Marcello „De autoritate Summi Pontificis" (1521) und das Werk Gasparo Contarinis „De potestate Papae" (1530). Mit dem reformaatorischen Schriftprinzip setzte sich Hieronymus Emser (1478–1527) in seinen Werken über Schrift und Tradition und über Gesetz und Evangelium auseinander. Der Dominikaner Ambrosius Catharinus (1484–1553) kämpfte in seiner „Apologia pro veritate catholicae et apostolicae fidei ac doctrinae adverus impia ac valde pestifera Martini Lutheri dogmata" (1520) für die Wahrheit und Lehre des katholischen und apostolischen Glaubens. In seiner 1521 in London erschienen Schrift „Assertio septem sacramentorum adversus Martinum Lutherum" verteidigte König Heinrich VIII. von England (1491–1547) die traditionelle Sakramentenlehre gegen die Angriffe Luthers in „De captivitate Babylonica". Der spätere Wiener Bischof Johann Fabri (1478–1541) veröffentlichte 1522 in Rom seine Schrift „Ein Werk gegen einige neue und die christliche Religion völlig zersetzende Lehren Martin Luthers" („Opus adversus nova quaedam et a Christiana religione prorsus aliena dogmata Martini Lutheri"). 1524 veröffentlichte er eine geringfügig überarbeitete Fassung dieses Werkes unter dem Titel „Hammer gegen die lutherische Häresie" („Malleus in haeresim Lutheranam"). Fabri führte für die katholischen Lehren einen umfangreichen Beweis aus Schrift, Vätern und Aussagen der Konzilien. Der Engländer John Fisher (1469–1535) legte 1525 eine Verteidigungsschrift für das Priestertum mit dem Titel „Sacri sacerdotii defensio contra Lutherum" vor. In seiner Eucharistieschrift mit dem Titel „De Veritate Corporis et Sanguinis Christi in Eucharistia" aus dem Jahr 1527 wandte er sich gegen die Auffassung Johannes Oekolampads. Der Franziskaner Kaspar Schatzgeyer (1463–1527) behandelte in seinem „Scrutinium divinae scripturae pro conciliatione dissidentium dogmatum" die Kontroversfragen über Gnade und freien Willen, Rechtfertigung durch den Glauben, Verdienstlichkeit der guten Werke, Priestertum, Messopfer, Kommunion unter beiden Gestalten, christliche Freiheit und Ordensgelübde. Verschiedene Schriften hat er zu den Kontroversen der Eucharistietheologie vorgelegt: 1525 „Von dem hayligisten Opffer der Meß, Tractatus de Missa"; „Vom hochwirdigsten Sacrament des zarten Fronleichnams Christi", 1530 „Traductio Sathanae" u. a. Weitere theologische Traktate über die Kirche erschienen in den zwanziger und dreißiger Jahren des 16. Jahrhunderts von Nikolaus Ferber (Locorum communium adversus huius temporis haereses ... Enchiridion, 1528; Tractatus ... de notis verae Ecclesiae ab adultera dignoscendae, Köln 1529), Berthold Pürstinger (Tewtsche Theologey, München 1528), Michael Vehe (Assertio sacrorum ... axiomatum, Leipzig 1535), die sich mit dem Wesen, der Struktur und auch den Kennzeichen der Kirche befassten. Der in Frankfurt an der Oder lehrende Theologe Konrad Wimpina (1460–1531) veröffentlichte 1528 seine theologischen Schriften unter dem Titel „Anacephalaeosis sectarum". Wimpina verteidigte hierin im Anschluss an die Kirchenväter und an die Scholastik die katholische Lehre vom freien Willen und der Gnade, die Einheit der Kirche, die Messopferlehre, die Marien- und Heiligenverehrung und die Würde des priesterlichen Dienstes. Der Provinzial der Franziskanerobservaten und Kölner Domprediger Nikolaus Herborn (ca. 1480–1535) zeigt in seiner Schrift „Locorum communium adversus huius temporis haereses Enchiridion" (1529) ausgehend von den göttlichen Tugenden Glaube, Hoffnung und Liebe die Notwendigkeit und Verdienstlichkeit der guten Werke auf. Eigens werden von ihm neben ekklesiologischen Fragen Willensfreiheit, Prädestination und die Ordensgelübde thematisiert. Der Dominikaner Johannes Dietenberger (1475–1537) leistete in seinen Schriften einen gewichtigen Beitrag zur Klärung des Verhältnisses Schrift, Tradition und Kirche. Der durch seine Lutherkommentare bekannte Johannes Cochläus (1479–1552) hat in mehreren hundert Schriften Leben und Lehre Luthers und die katholische Lehre dargestellt. Impulse für die Erneuerung der Spiritualität und Frömmigkeit gab die mystische Bewegung in Spanien um Teresa von Avila (1515–1582) und Juan de la Cruz (1542–1591).

5.3.2 Neue Form und Qualität der Kontroverstheologie ab 1530

Zwanzig katholische Theologen erarbeiteten 1530 auf dem Reichstag von Augsburg die „Confutatio Confessionis Augustanae", in der sie unter Verweis auf die Bibel, die Kirchenväter und die frühen Konzilien die gemeinsamen Glaubensüberzeugungen und Lehrdifferenzen in Fragen der Erbsünde, der Rechtfertigung, der guten Werke, der Siebenzahl der Sakramente, der Fürbitte der Heiligen aufzeigten. In den dreißiger Jahren entwarfen Löwener Theologen eine neue Art der Kontroverstheologie, in der vor allem die Rechtfertigungslehre, die Eucharistietheologie, die Sakramentenlehre und die Heiligen- und Marienverehrung im Mittelpunkt standen. Denn sie versuchten Schrift, Kirchenväter und Scholastik sachgerechter zu verbinden. Dem Väterbeweis („consensus patrum") kam dabei eine herausragende Rolle zu, wie am Beispiel von Albert Pigge und Johannes Driedo deutlich wird. Der Niederländer Albert Pigge (Pighius) (um 1490–1542) war ein humanistisch gebildeter Theologe, der auch naturwissenschaftliche Studien pflegte. Die Verteidigung des „katholischen Glaubens" und die Union mit Ostrom waren sein besonderes Anliegen. In seinem 1538 veröffentlichten Hauptwerk „Verteidigung der kirchlichen Hierarchie" legte er seine Auffassung von der päpstlichen Unfehlbarkeit und seine Konzilslehre vor. In seiner Schrift „Controversiarum, quibus nunc exagitatur Christi fides et religio diligens et luculenta explicatio" aus dem Jahr 1541 erörterte er inhaltlich grundlegend kontroverse Glaubensfragen: die Themen der Erbsünde, der Rechtfertigung, der Kirche, der Eucharistie, der Buße, der Siebenzahl der Sakramente, der Priesterweihe, der Tradition, der Heiligenverehrung, den Gelübden der Ordensleute, dem Zölibat und der kirchlichen Gewalt. Johannes Driedo (Jan Nijs) (um 1480–1535), Schüler des Adrian von Utrecht, des späteren Papstes Hadrian VI., ist einer der gelehrtesten Theologen seiner Zeit. 1533 erschien seine bedeutendste Schrift „De ecclesiasticis scripturis et dogmatibus libri quatuor", mit der er eine endgültige Norm im Glaubensstreit aufstellen wollte. Im vierten Buch seiner Schrift „De ecclesiasticis scripturis et dogmatibus" aus dem Jahre 1535 behandelte Driedo die Fragen nach der wahren Kirche und ihren Kennzeichen, das Traditionsverständnis und die Lehrautorität der katholischen Kirche. Sein Verdienst bestand darin, dass er der theologischen Methodologie als wichtigste Aufgabe die Fassung des Traditionsbegriffs und die Formulierung des Traditionsprinzips zuwies. Garant für die Richtigkeit der Überlieferung des Evangeliums und der Authentizität der Schriftauslegung ist die apostolische Sukzession, d. h. die reguläre Nachfolge von Bischöfen. In seinen Schriften zu Erlösung, Sünde, Gnade, Prädestination, Rechtfertigung und zum freien Willen („De captivitate et redemptione generis humani", „De gratia et libero arbitrio", De concordia liberi arbitrii et praedestinatione divinae", De gratia et libero arbitrio; De liberatate christiana) wandte sich der Löwener Theologe gegen Luther, dem er eine zu enge Glaubensauffassung und die Ablehnung des freien Willens vorwirft, und gegen die pelagianischen Irrtümer der humanistischen Theologie und bestimmte theologische Auffassungen des Erasmus von Rotterdam. Driedo, der eine augustinische Lehre über Sünde und Gnade vorlegt, lehrt einen Glauben, der in der Liebe wirksam sein muss, und eine Mitwirkung des Menschen am Heil. Der freie Wille ist durch die Erbsünde, die er mit dem Fehlen der Gerechtigkeit im paradiesischen Urzustand und mit der Begierde identifiziert, geschwächt, aber nicht verlorengegangen. Gottes Gnade, die dem Menschen in der Taufe geschenkt wird, schenkt die Sündenvergebung und die Rechtfertigung. Die nach der Taufe verbleibende Konkuspiszenz wird aber von Gott nicht mehr als Sünde angerechnet. Die heiligmachende Gnade, die der Heilige Geist ins Herz eingießt, ermöglicht dem Menschen, Gottes Werke zu vollbringen, womit er das Heil verdienen kann. Die guten Werke, die aus der durch den Heiligen Geist dem Menschen eingegebenen inneren Güte des Menschen kommen, sind ebenso Gaben Gottes. Nach Driedo muss der Glaube durch die Liebe wirksam sein. Im Rechtfertigungsprozess geht von Gott die Initiative aus, aber aufgrund der Begnadigung kann der Mensch mitwirken und seine guten Werke haben verdienstlichen Charakter. Persönlich beschäftigte Driedo vor allem die Frage der Prädestination und des Heils der ungetauften Kinder und der Heiden. In seiner Schrift „De libertate christiana" behandelte er konkrete Probleme der Kirchenreform und den Unterschied zwischen Naturgesetz, göttlichem und menschlichen Gesetz, die Bedeutung des Gewohnheitsrechts und der menschlichen Einrichtungen in der Kirche. Driedos Theologie wurde vor allem auf dem Konzil von Trient bestimmend und breit rezipiert.

5.4 Die Vermittlungstheologie in den interkonfessionellen Einigungsbemühungen

Auf der Grundlage der erasmiischen und humanistischen Theologie bildete sich vor allem in den dreißiger und vierziger Jahren des 16. Jahrhunderts eine Vermittlungstheologie heraus, die vor allem auf die Religionsgespräche Einfluss ausübte. Erasmus' Schrift „De sarcienda ecclesiae concordia" wurde für sie eine maßgebliche Grundlage. Vermittlungstheologen aus beiden Streitparteien erstrebten in den interkonfessionellen Einigungsbemühungen eine Reform der Kirche durch Rückgriff auf die Lehren und das Leben der frühen Kirche, wie sie in der Schrift und in den Werken der Kirchenväter aufschienen.

5.4.1 Die Vermittlungstheologie des Straßburger Reformators Martin Bucer (1491–1551)

Eine europäische Gestalt der Reformation und der Vermittlungstheologie begegnet uns im Straßburger Reformator Martin Bucer, der durch sein reformatorisches, kirchenpolitisches und schriftstellerisches Werk in Westeuropa und England große Bedeutung erlangte. Bucer legte umfangreiche Schriften zur Bibelauslegung, Katechismen, Kirchenordnungen und Gutachten vor. An der Formierung der Theologie Calvins und der Genese der reformierten Theologie hatte er großen Anteil. „Bucer ist nicht selbst unmittelbar konfessionsbegründend wirksam geworden. Auch hat er keine umfassende systematische Darstellung der Theologie vorgelegt. Gleichwohl kommt ihm eine eminente theologiegeschichtliche Bedeutung zu" (Jung/Walter 2002, 132). Seine Theologie, die von Gottes Erwählung und Geistwirken geprägt ist, liegt vor allem in seinen 1526–1536 veröffentlichten Bibelkommentaren vor. In den Kirchenordnungen, Katechismen, Gutachten und Bedenken finden wir vor allem Zusammenstellungen seiner Theologie. Die Theologie Bucers kennzeichnet eine pragmatisch-undogmatische Grundorientierung, eine spiritualistische Tendenz und eine ethische Ausrichtung. „Bucers Vermittlungstheologie beruht ferner auf einer geisttheologischen Grundlegung, die er mit anderen humanistisch geprägten Reformatoren wie insbesondere Zwingli teilt. Dies zeigt sich besonders deutlich an Bucers Haltung im innerprotestantischen Abendmahlsstreit. Für seine Abendmahlsauffassung charakteristisch ist ‚die bewusste Abkehr von aller Spekulation, die das Geheimnis der Gegenwart Christi im Abendmahl ergründen möchte und ihren ganzen Scharfsinn auf die Vorgänge an den Elementen richtet. Hintergrund seiner Freiheit ist die Überzeugung von einem allumfassenden Geisthandeln Gottes, das auch das Sakramentsgeschehen bestimmt." (Jung/Walter 2002, 121) In der Ekklesiologie nahm Bucer neben Evangeliumspredigt und Sakramentenverwaltung als drittes Kennzeichen der Kirche die Kirchenzucht an. Diese besteht in brüderlicher Ermahnung oder notfalls im Bann, dem Ausschluss aus der Gemeinde. Er entwickelte auch eine Lehre von den vier verbindlichen Kirchenämtern des Pastors, Lehrers, Presbyters und Diakons. In den dreißiger und vierziger Jahren des 16. Jahrhunderts trat Bucer als führender Vermittlungstheologe auf. Die heftig geführten Abendmahlsstreitigkeiten innerhalb des Protestantismus brachte er zusammen mit Melanchthon in der Wittenberger Konkordie von 1536, die einen Konsens in der Abendmahlsfrage zwischen den oberdeutschen Städten und den Wittenberger Reformatoren herbeiführte, zum Ausgleich. Seine Einigungsbemühungen setzte er dann in seiner umfassenden Mitarbeit an den Religionsgesprächen zwischen 1538 und 1546 fort, wo er zum Ansprechpartner für Kaiser, Reichskanzler und die katholischen Reformtheologen wurde. Eine doppelte Rechtfertigung sah die Kompromissformel mit katholischen Reformtheologen auf dem Regensburger Reichstag von 1541 vor, die Bucer mit verfasst hatte. Neben der Rechtfertigung allein aus Gnade und durch den Glauben gibt es demnach eine Gerechtmachung durch Werke aus der Wurzel des Glaubens und der Liebe. Bucer legte in seiner Schrift „De vera ecclesiarum in doctrina ceremoniis et disciplina reconciliatione et compositione" aus dem Jahr 1542 ein Wiedervereinigungsprogramm vor, in dem er auf die „necessaria", d. h. das zum Glauben Notwendige, rekurrierte. In Bucers christozentrischem Ansatz spielte der Gedanke der „Necessaria" eine bedeutende Rolle, der theologisch bis in die expliziten theologischen Lehrsätze hinein weitergeführt wurde.

Bucer spielte auch im Reformationsversuch des Erzstiftes Köln seit 1542 eine zentrale Rolle. Der Kölner Erzbischof Hermann von Wied leitete nach dem Scheitern der Religionsgespräche und dem reformatorischen Vorgehen in den benachbarten Gebieten konkrete Schritte ein, um die kirchlichen Verhältnisse in seiner Diözese zu ordnen. Er berief den Reformator Martin Bucer, gegen den sich der Kölner Klerus wandte. Im Verlauf des Kölner Kirchenkampfes wurden herausragende theologische Arbeiten veröffentlicht, darunter die Reformationsordnung „Einfaltigs bedenken" Martin Bucers von 1543 und die Antwort des Domkapitels „Gegenberichtung" von 1544. Martin Bucer antwortete mit der „Bestendigen Verantwortung", die den Versuch unternahm, die „Gegenberichtung" des Domkapitels zu widerlegen. Den Zusammenbruch der „Kölner Reformation" eröffnete der siegreiche militärische Schlag Kaiser Karls V. gegen Herzog Wilhelm von Jülich-Kleve-Berg. Martin Bucer verließ Bonn und reiste über Hessen nach Straßburg zurück. Die Kölner Reformation war gescheitert; Hermann von Wied wurde abgesetzt. 1549 floh Bucer aus Straßburg nach England. Dort unterstützte er mit anderen geflohenen Reformatoren den Erzbischof Thomas Cranmer (1489–1556) bei der Reformation der englischen Kirche. Er übernahm eine Theologieprofessur am Corpus Christi College in Cambridge. Grundlinien für die Reform der Kirche und der Gesellschaft, in denen die Herrschaft Christi vollständig durchgesetzt werden sollte, legte Bucer in der Denkschrift mit dem Titel „De regno Christi" nieder, die er 1550 König Edward VI. (1537–1553) übergab und die erst 1557 gedruckt wurde. Großen Einfluss übte Bucer mit seinem reformatorischen Wirken und seinen theologischen Schriften auf die Entstehung der anglikanischen Staatskirche und des Puritanismus in England aus.

5.4.2 Die Theologie des Irenikers und Vermittlungstheologen Johannes Gropper (1503–1559)

Ein bedeutender altgläubiger Vermittlungstheologe, Ireniker und Kontroverstheologe ist der Kölner Domherr und spätere Kardinal Johannes Gropper. Der Schlüssel für das Verständnis der Theologie Johannes Groppers liegt in seinem Erstlingswerk „Enchiridion" von 1538. Der Aufbau des Enchiridions orientiert sich zum einen an den vier alten katechetischen Hauptstücken (Apostolisches Glaubensbekenntnis, Sakramente, Vaterunser und Zehn Gebote), andererseits wird der Stoff eingeteilt in 111 Loci theologici, anhand derer der Stoff dargelegt und aufgefunden werden kann. Auf Wunsch und Betreiben Kaiser Karls V. wurden interkonfessionelle Einigungsbemühungen in Religionsgesprächen 1540/41 unternommen. Im Verlauf des Hagenauer Konvents von 1540 führte der Kölner Theologe Johannes Gropper mit dem Reformator Martin Bucer ein intensives Gespräch, das in vielen Fragen, angefangen bei der Rechtfertigungslehre bis hin zu theologischen und kirchenpolitischen Themen, einen breiten Konsens ergab. Aus dem Wormser Konvent des selben Jahres ging eine Konsensformel hervor, die in seinen 27 lateinischen Lehrartikeln auf einem Entwurf Groppers basierte, den dieser aus seinem Enchiridion erstellt hatte. Am 18. Januar 1541 wurde das Religionsgespräch nach Regensburg vertagt. Gesprächsgrundlage war das von Contarini, Morone und altgläubigen Theologen geringfügig korrigierte „Wormser Buch". Nach zähen Verhandlungen, an denen Melanchthon und Bucer und altgläubige Theologen (Eck, Gropper, Pflug) teilnahmen, stellte man folgende Kompromissformel auf, dass „wir durch den Glauben an Christus gerechtfertigt oder für gerecht gehalten, d. h. durch seine Verdienste angenommen [werden], nicht um unserer Würdigkeit oder Werke willen" (ARC Bd. 6, 54 f.). Der Glaube müsse „lebendig und tätig" sein. Die Gespräche auf dem Reichstag von Regensburg scheiterten daran, dass eine Verständigung über das Bußsakrament, die Eucharistielehre (Transsubstantiationslehre), die Anerkennung der hierarchischen Ordnung und der normativen Instanzen zur Festsetzung der Lehre (Konzil und Papst) nicht mehr zu erreichen war. Als Ergebnis der Beratungen wurden 23 lateinische Lehrartikel dem Kaiser Karl V. übergeben („Regensburger Buch" ARC Bd. 6, 24–88). Die „Gegenberichtung" gegen den Kölner Reformationsentwurf vom Jahre 1543, die das Kölner Domkapitel und die Universität erarbeitete und Gropper abfasste, griff die Lehre Martin Bucers auf, der die Heilige Schrift als alleinigen Maßstab für die Bewertung der Vätertradition ansah. Gegen Bucers Lehre von der Suffizienz der Heiligen Schrift bekräftigte die „Gegenberichtung", dass die Kirche neben der schriftlichen eine mündliche Tradition kennt und die Schrift nach dem Geist und der Tradition auslegt. In den „Capita institutionis", in der „Warhafftigen Antwort", in der „Institutio catholica" und in seiner Eucharistie-Monographie führte Johannes Gropper bei der Feststellung der wahren Lehre die Kriterien des Vinzenz von Lérins an: Universitas (= quod ubique), Antiquitas (= quod semper) und Consensio (= quod ab omnibus). Auf dem Konzil von Trient gab der Kölner Theologe Johannes Gropper wegweisende Voten zum Bußsakrament, zum Messopfer und zum Weihesakrament ab, die in die Konzilsdekrete eingingen.

5.4.3 Weitere Vertreter einer Vermittlungstheologie

In der erasmischen Tradition stand der Vermittlungstheologe Georg Cassander (1513–1566), der die im Apostolischen Glaubensbekenntnis formulierten Fundamentalartikel als Einheitsband zwischen West- und Ostkirche ansah. Auf der Basis der Definition des Vinzenz von Lérins „Was überall, immer von allen geglaubt worden ist" ging der flämische Laientheologe in seinen Schriften „De officio pii ac publicae tranquillitatis vere amantis viri, in hoc religionis dissidio" und „De articulis religionis inter catholicos et protestantes controversis consultatio" von einem „universalis antiquitatis consensus" der ersten sechs Jahrhunderte aus. Georg Witzel (1501–1573), der sich ebenfalls den Kirchenvätern und Vinzenz von Lérin verpflichtet wusste, veröffentlichte 1538 seine Schriften „Typus Ecclesiae Prioris" und „Aufdeckung des Luthertums", in denen er auf den Glauben der Gesamtkirche rekurrierte. Eine augustinisch geprägte Rechtfertigungslehre vertrat der Kurienkardinal Gasparo Contarini (1483–1542), der auf dem Reichstag von Regensburg im Jahre 1541 als päpstlicher Legat die Römische Kirche vertrat. Der Naumburger Bischof Julius Pflug (1499–1564) stellte 1562 seine Theologie, die sich an den Kirchenvätern und der Alten Kirche orientierte, in der „Institutio Christiani hominis" und in seiner „Christliche(n) Ermanung" zusammen. Pflugs Theologie ist gekennzeichnet durch die Bibelzentriertheit und die christologische Konzentration der Erlösung und Gnade.

5.5 Das Ringen um die rechte Theologie in den innerevangelischen Kontroversen und Konkordien

Der Streit zwischen evangelischen und katholischen Theologen „wurde schon in den zwanziger Jahren überlagert und in den späten vierziger und den fünfziger Jahren dann regelrecht abgelöst durch ein noch heftigeres Ringen unter – eigentlich geistesverwandten – evangelischen Theologen" (Jung/Walter 2002, 22). In den innerevangelischen Kontroversen ging es vielfach um das rechte Lutherverständnis und die positive Wertschätzung der guten Werke und des Gesetzes durch Melanchthon.

5.5.1 Theologischer Dissens in den innerevangelischen Kontroversen

Im ersten Antinomistenstreit in den ausgehenden zwanziger Jahren wurde um das Verständnis des Gesetzes und der guten Werke gerungen. Melanchthons Studienfreund Johannes Agricola (um 1494–1566) wandte sich gegen Melanchthon, der vor dem Glauben die Predigt des Gesetzes, die Buße und Reue bewirkt, vorsah. Für ihn war das Gesetz Ausdruck des Zornes Gottes. Für Christen ist es durch die Offenbarung der Gnade Gottes im Evangelium ohne Belang. Buße beginnt mit der Liebe zur Gerechtigkeit, nicht mit der Gesetzespredigt. Nach einem durch Luther vermittelten Ausgleich mit Melanchthon wandte sich Agricola im zweiten Antinomistenstreit gegen Luther selbst mit der These von einer „doppelten Offenbarung: einer ersten der Gnade, einer zweiten des Zornes" (CR 3, 386). Luther legte seine Position in seiner Schrift „Wider die Antinomer" (WA 50, 468–477) dar.

Zu einem weiteren innerevangelischen Dissens kam es in den Abendmahlsstreiten. Eine heftige Auseinandersetzung führten Martin Luther und Huldrych Zwingli in den Jahren 1525 bis 1529 über das Abendmahl. Während Martin Luther, der die schöpferische Kraft des Wortes Gottes herausstellte, unter dem Eindruck der Einsetzungsworte („Hoc est") an der Realpräsenz Christi in den eucharistischen Gaben festhielt und sie als Konsubstantiation verstand, vertrat Zwingli im Anschluss an die signifikative Abendmahlslehre des Cornelius Hoen (Honius) eine symbolische Deutung der Gegenwart Christi im Abendmahl und leugnete die reale Gegenwart der menschlichen Natur Christi im Sakrament. Das Sakrament ist nur Zeichen („signum") für Gottes Heilshandeln, vermittelt aber keine Gnade. Auf dem Marburger Religionsgespräch (1.–4. 10. 1529) konnte keine Einigung über die Kontroversfragen erzielt werden, da Zwingli auf den Glauben der Kommunizierenden rekurrierte und Johannes Oekoloampad unter Berufung auf Joh 6,63 das leibliche Essen für unwichtig hielt. Auf Drängen des Landgrafen formulierte Luther 15 „Marburger Artikel", wobei in 14 Punkten Konsens erzielt wurde. Uneins blieb man bei der Frage, ob „Leib und Blut Christi leiblich ym brot und wein sey". Nachdem das Marburger Religionsgespräch an der Frage der Realpräsenz gescheitert war, zerbrach die Einheit des Protestantismus. Die Wittenberger Konkordie von 1536, die die Einheit wiederherstellen wollte, führte zu einer Einigung zwischen Lutheranern und den mit Zwingli sympathisierenden Oberdeutschen über die Teilhabe der Unwürdigen am Mahl.

Kontroversen um die Fragen der Rechtfertigung, der Mitwirkung am Heil, der Adiaphora und der guten Werke führten zu weiteren Krisen und Dissensen. Im Verständnis der Rechtfertigung ging der ab 1549 in Königsberg wirkende Reformator Andreas Osiander (1498–1552) eigene Wege. Osiander, der sich auf Luther berief und die öffentliche Beichte zugunsten der Privatbeichte zurückdrängen wollte, lehrte eine innerlich umwandelnde Rechtfertigung und Erneuerung des Menschen durch die Gerechtigkeit Gottes und durch die Einwohnung Christi in den Glaubenden. Melanchthon sah in dieser Lehrform die Heilsgewissheit nicht gewährleistet. Im sogenannten Synergistischen Streit, den vor allem Melanchthonschüler austrugen und bis 1560 dauerte, ging es um die Mitwirkung der menschlichen Kräfte und des menschlichen Willens bei der Erlangung des Heils. Der Streit ging um eine Formulierung des Leipziger Interims, die lehrte, Gott handle mit dem Menschen nicht „wie mit einem Block" (CR 7,51). Der Leipziger Theologieprofessor Johannes Pfeffinger (1493–1573) schloss sich 1555 in zwei Disputationen der Melanchthonschen Position zur Willensfrage an. Dagegen wandten sich ab 1558 Nikolaus von Amsdorf (1483–1565) und Matthias Flacius Illyricus (1520–1575), der erklärte, der Mensch verhalte sich Gott gegenüber „schlimmer als ein Block", denn im Heilsgeschehen verhält er sich Gott gegenüber feindlich und widersetzlich. Auch im Adiaphoristischen Streit, der in der Interimszeit entstand, waren Melanchthon und seine Schüler beteiligt. Adiaphoron ist ein „Mittelding", etwas zwischen Gut und Böse. Gemeint waren ins freie Ermessen gestellte, religiöse bzw. rituelle Verhaltensweisen, für die es weder ein Gebot noch ein Verbot Gottes gibt. Melanchthon trat für ein Nachgeben bei den Adiaphora um der Verkündigung des Evangeliums willen ein. Flacius erklärte gegen Melanchthon auch die Nebensächlichkeiten (Adiaphora), wenn das Bekenntnis auf dem Spiel steht, für wichtig. Im Majoristischen Streit, der einen späteren antinomistischen Streit einleitete, wurde heftig über das Verhältnis von Rechtfertigung und guten Werken diskutiert. Der Melanchthonschüler und Wittenberger Theologieprofessor Georg Major (1502–1574) behauptete 1552 die Heilsnotwendigkeit der guten Werke. Gegen ihn wurde eingewandt, dass gute Werke für das Heil schädlich sind.

5.5.2 *Bekenntnisschriften und Konkordien als neue Lehrgrundlagen*

Die erste und bedeutendste Bekenntnisschrift ist die „Confessio Augustana" von 1530 (BSLK 31–137) und die Apologie von 1531 (BSKL 141–404), die die Gemeinsamkeiten zwischen alt- und neugläubiger Theologie in theologischen Grundsatzfragen (Gott, Christus, Kirche, Obrigkeit) und die Lehrdifferenzen (Laienkelch, Priesterehe, Messopferlehre, Beichte, Klostergelübde, Jurisdiktion der Bischöfe) herausstellte. Für den Augsburger Reichstag wurde auch die „Confessio Tetrapolitana" der Städte Straßburg, Memmingen, Lindau und Konstanz verfasst. In der „Wittenberger Konkordie" von 1536 kam es zu einer Konsensformel in der Abendmahlslehre zwischen Wittenberg und den Straßburger Theologen. In der von Luther verfassten Bekenntnisschrift „Die Schmalkaldischen Artikel" von 1537 werden die Artikel angeführt, bei denen ein Konsens mit den Altgläubigen möglich erscheint (Sünde, Gesetz, Evangelium, Sakramente, Ekklesiologie, Rechtfertigung und Werke, Menschensatzungen). Theologische Konflikte gab es ebenfalls zwischen Calvin und Bullinger, dem Nachfolger Zwinglis, in der Abendmahlsfrage, die im Züricher Konsens („Consensus Tigurinus") von 1549 überwunden wurden. Seit 1552 entstanden verschiedene landes- und territorialkirchlich verbindliche Corpora doctrinae (z. B. Confessio Virtembergica, Confessio Gallicana, Confessio Belgica, Confessio Scotica). Internationale Anerkennung fand der von Zacharias Ursinus (1534–1582) erarbeitete und 1563 vorgelegte „Heidelberger Katechismus", der in 129 Fragen die reformierte Lehre präzise und allgemein verständlich darstellte und zu den reformierten Bekenntnisschriften zählt, wie auch die „Fidei ratio" Huldrych Zwinglis von 1530 und die beiden „Helvetischen Bekenntnisse" („Confessio Helvetica prior" von 1536 und die „Confessio Helvetica posterior" von 1566). „Die Herausbildung der lutherischen Bekenntnisschriften (auf der Grundlage der drei altkirchlichen Symbole die Confessio Augustana von 1530, die Apologie der Konfession, die Schmalkaldischen Artikel, der kleine und große Katechismus Luthers und Melanchthons Traktat über die Gewalt und Obrigkeit des Papstes, zusammengefasst im Konkordienbuch von 1580) stellte die entscheidende Basis für die Entstehung eines eigenständigen Kirchenwesens dar" (Kappes u. a., 2007, 44). In der Kirche von England wurden von Eduard VI. 1553 die berühmten 42 Artikel als offizielle Lehrgrundlage veröffentlicht. Unter Elisabeth I. galt zunächst das „Book of Common Prayer" von 1549 als Lehrgrundlage. In überarbeiteter Form erhielten 1571 die 42 Artikel als 39 Anglikanische Artikel Gesetzeskraft.

5.6 Die Konsolidierung der katholischen Lehre auf dem Konzil von Trient

Das Konzil von Trient (1545–1563), das in 3 Perioden tagte, war die theologische Antwort auf die Reformation. Drei Themenkreise bestimmten die Beratungen: die Frage nach dem Verhältnis von Schrift und Tradition, der Fragenkomplex von Erbsünde und Rechtfertigung und schließlich die Sakramente. Im Zusammenhang mit diesen Themen wurden Fragen des kirchlichen Lebens, das Fegefeuer, die Reliquien- und Bilderverehrung erörtert. In der ersten Tagungsperiode (1545–1547) antwortete das Konzil auf die Einführung des Schriftprinzips durch Luther mit einem „Dekret über die Annahme der Heiligen Bücher und der Überlieferungen", in dem sie den Umfang der Schrift festlegte. Nach der Lehre des Konzils ist die Wahrheit des Evangeliums und die Lehre der Kirche „in geschriebenen Büchern und ungeschriebenen Überlieferungen enthalten" (DH 1501). Die Tradition wird als eine neben der Schrift stehende Quelle der Offenbarung gesehen; jedoch keine Zwei-Quellen-Theorie gelehrt. Hauptaufgabe des Konzils war die Klärung der Rechtfertigungsfrage. Das Konzil von Trient stimmte im „Dekret über die Rechtfertigung" vom Januar 1547 der alleinigen Mittlerschaft Christi im Rechtfertigungsgeschehen, dem Verständnis von Rechtfertigung als den ganzen Menschen umfassendes Heilsgeschehen und der primären Bedeutung des Glaubens im Rechtfertigungsprozess zu. Durch Adam ist nach der Lehre des Konzils die Ursünde in Welt gekommen, die durch Fortpflanzung auf die Nachkommenschaft übertragen werde. Es wird festgestellt, dass die Natur des Menschen nicht völlig verderbt ist. Durch die Taufe ist die Ursünde durch Christus getilgt. Im gerechtfertigten Menschen bleibt nicht die Sünde zurück, sondern nur das, was zur Sünde geneigt macht, die Begehrlichkeit, Konkupiszenz genannt. Die Konkupiszenz ist nicht Sünde, solange der Mensch ihr nicht in konkreten Taten Folge leistet. Sündenvergebung und Rechtfertigung sind nach Lehre des Konzils von Trient ein für alle Mal und grundlegend in der Taufe erfolgt. Die Rechtfertigung schafft den Menschen um, sie bleibt ihm nicht äußerlich, sondern sie macht ihn tatsächlich zum Erlösten, denn seine Sünde wird vernichtet, nicht nur nicht angerechnet. Das Wesen der Rechtfertigung ist die Gerechtmachung, d. h. eine seinsmäßige Veränderung des Menschen, nicht nur die Gerechterklärung. Rechtfertigung ist „nicht nur Vergebung der Sünden …, sondern auch Heiligung und Erneuerung des inneren Menschen durch die willentliche Annahme der Gnade und der Gaben, aufgrund derer der Mensch aus einem Ungerechten ein Gerechter und aus einem Feind ein Freund wird" (DH 1528). Luthers Lehre von der Heils- und Vergebungsgewissheit galt den Konzilsvätern als Subjektivismus. Das Konzil betonte dagegen die Verlässlichkeit und Allgenugsamkeit der Gnade Gottes in Christus, die menschliche Labilität und Unzuverlässigkeit in der Annahme der Gnade und die damit lebenslang gegebene Bedrohung des Heiles gegenüber. Das Heil werde, so das Konzil von Trient, nicht allein durch Glauben passiv erlangt, so als sei nichts als bloßes Vertrauen unter Ausschluss der Liebe gefordert. Das Heil des Menschen ist Geschenk Gottes, das sich der Mensch nicht verdienen kann, sondern ihm aus Gnade geschenkt wird. Rechtfertigung geschieht durch den Glauben und umsonst. Werke können die Gnade der Rechtfertigung nicht verdienen. Die guten Werke sind Folgen der göttlichen Gerechtmachung des Menschen. Die drei „Allein-Maximen" lutherischer Theologie relativierten nach Ansicht der Konzilsväter die Kirche und ihr Amt als solche, die Sakramente gegenüber dem Wort und schließlich den Wert der ethischen Anstrengungen des Christen, die guten Werke. Die lutherische Rechtfertigungslehre wirke, so der Vorwurf, in ethischer Hinsicht auf gefährliche Weise quietistisch und laxistisch. In der zweiten Tagungsperiode des Konzils (1551/52) stand die Sakramentenlehre im Mittelpunkt. Neben der Festlegung der Siebenzahl und der Zurückweisung der Lehre Luthers, dass die Sakramente das Heil allein durch den Glauben wirken, wurde die Realpräsenz Christi, die Transsubstantiationslehre und der Opfercharakter der Eucharistie gelehrt. Durch die Konsekration erfolgt eine Wesensverwandlung (Transsubstantiation) der ganzen Substanz von Brot und Wein in die Substanz des Leibes und Blutes Christi. Die Realpräsenz Christi in den eucharistischen Gaben wurde als „wahrhaft, wirklich und substanzhaft" (DH 1636) gelehrt. In der dritten Tagungsperiode (1562–1564) wurde die Lehre von der Eucharistie als Opfer der Kirche und vom Opfer der Messe als sakramentale Vergegenwärtigung des einmaligen Kreuzesopfers Jesu Christi dargestellt. Christus hat der Kirche ein sichtbares Opfer hinterlassen „durch das jenes blutige (Opfer), das einmal am Kreuze dargebracht werden sollte, vergegenwärtigt werden, sein Gedächtnis bis zum Ende der Zeit fortdauern und dessen heilbringende Kraft für die Vergebung der Sünden, die von uns täglich begangen werden, zugewandt werden sollte" (DH 1740). Die Messe ist ein „wahres und eigentliches Opfer", kein bloßes Lob- und Dankopfer bzw. kein leeres Gedächtnis. Sie ist ein Sühnopfer für Lebende und Verstorbene, wobei es sich nicht um ein neues und selbständiges Opfer handelt, sondern seiner Wirklichkeit und Wirksamkeit nach sei es die „Dahäufige Feier des rstellung" (repraesentatio) des Kreuzesopfers, dessen andauerndes „Gedächtnis" (memoria) und Heilzuwendung (applicatio) und mit diesem identisch, wobei nur die Weise des Opferns verschieden ist (DH 1743). Dem Konzil gelang es jedoch nicht, die Zweiteilung von Opfer und Sakrament zu überwinden und die Einheit von Kreuzesopfer und Messe zu begründen. Die Lehre über das Weihesakrament wurde in enger Bindung an das Verständnis der Eucharistie und den Opfercharakter der Messe begründet. Dem Priester wird, so der Konzilstext, die Vollmacht übertragen, Christi Leib und Blut zu konsekrieren. Von den Konzilsvätern wurden auch die Lehre von der Buße und der Letzten Ölung dargelegt. Nicht mehr geklärt werden konnte das Wesen des Bischofsamtes, seine Stellung innerhalb der Hierarchie und sein Verhältnis zum päpstlichen Primat; daher ist das Dekret über den Ordo eine Verlegenheitslösung. Neben den Lehrdekreten verabschiedete das Konzil Reformdekrete zur Ordnung der Messe, zur Priesterausbildung, zum Ablasswesen und zum liturgischen Leben der Kirche. Das entscheidende Instrument, die Konzilslehre zu vermitteln, war der Catechismus Romanus von 1566, der die Lehrentscheidungen des Konzils anhand der katechetischen Hauptstücke Apostolikum, Sakramente, Gebote, Vaterunser in positive Lehrdarstellung umwandelte.

5.7 Die Theologie der katholischen Reform

Die Entscheidungen des Konzils von Trient bildeten die Grundlage für die Ausformung einer katholischen Identität im Zeitalter des Konfessionalismus. Nicht die positive Lehrbestimmung bestimmte das katholische Denken, sondern die Abwehr der falschen Lehre, wie sie in den verurteilenden Kanones der Trienter Konzilsdekrete zum Ausdruck kam. Die katholische Kirche bildete sich durch die kontroverstheologische Ausrichtung zur Konfessionskirche aus. Zur Erneuerung der Theologie und Kirche trug vor allem der von Ignatius von Loyola (1491–1556) gegründete Jesuitenorden bei, die vor allem bei der Ausbildung des Klerus eine bedeutende Rolle spielten. Die Jesuiten „lehnten sich in ihrer Theologie an Thomas von Aquin an, suchten aber auch das Gespräch mit dem zeitgenössischen Denken" (Jung/Walter 2002, 25 f.). Unter den Theologen der katholischen Reform ragen die Jesuitentheologen Petrus Canisius, Melchior Cano, Robert Bellarmin und der Dominikaner Francico de Vitoria heraus.

5.7.1 Die Elementarisierung der Theologie durch Petrus Canisius SJ (1521–1597)

Im Dienst der Erneuerung und der Kirchenreform steht die reiche schriftstellerische Tätigkeit des Jesuitentheologen, des Bildungsreformers und Predigers Petrus Canisius, dessen Grundeinsicht war, die Offenbarung müsse so gesagt werden, dass sie beim Adressaten ankommt. Berühmt wurde Canisius über Deutschland hinaus durch sein katechetisches Werk, das sich an drei verschiedene Alters- bzw. Bildungsgruppen richtete. 1555 erschien anonym in Wien der Große Katechismus für Geistliche, Studenten und gebildete Laien Summa Doctrinae christianae (dt. Wien/Ingolst. 1556; 1566 erw. nachtrident. Auflage Köln 1566), bereits 1556 in Ingolstadt der Kleinste Katechismus lateinisch für die unterste Stufe des Gymnasiums bzw. deutsch für das Volk und den ersten Religionsunterricht. Für den Gebrauch an Lateinschulen verfasste er den Kleineren (oder mittleren) Katechismus (lat. 1558. Dt. Köln 1560). Eine eigene Kontur hat die Theologie des Petrus Canisius, der knapp und fast unpersönlich aus den theologischen Quellen der Schrift und der Väter die von der reformatorischen Theologie angefochtenen dogmatischen Lehren und Glaubensinhalte in seinen verschiedenen Katechismen auf unterschiedlichem Anspruchsniveau den Lesern vorlegt. Der vortridentinische „Große Katechismus" Summa doctrinae christianae, der auf Wunsch König Ferdinands I. 1555 in Wien erschien, ist die Antwort des Petrus Canisius auf die Thesen und Auffassungen der Reformatoren. Den „Großen Katechismus", der die katholische Glaubenslehre in 213 Fragen und Antworten in fünf Hauptstücken positiv darstellen sollte, konzipierte er als in lateinischer Sprache abgefasste Kurzdogmatik für Pfarrer, Studenten und Schüler in Kollegien und Gymnasien. Zu seinen Lebzeiten erfuhren die Katechismen des Canisius, die den katholischen Glauben positiv darstellten, 15 Übersetzungen und 200 Auflagen. Sie waren Bestseller der religiösen Literatur und dienten als Lehr- und Schulbücher des katholischen Glaubens. Nicht gerecht werden konnte Canisius dem päpstlichen Auftrag einer Antwort auf die Magdeburger Zenturien, eine von Flacius Illyricus gegen den Katholizismus und den Papst geschriebene Kirchengeschichte. Der Jesuit verfasste kein Kirchengeschichtswerk, sondern eine an biblischen Gestalten orientierte Apologie des katholischen Glaubens. Unter dem Titel Commentaria de Verbi Dei corrupteliis erschienen 1571 und 1577 in Dillingen die ersten beiden Bände über Johannes den Täufer und Maria, die mit Schrift- u. Vätertheologie die Thesen des Protestantismus widerlegten.

5.7.2 Der theologische Neuansatz des Francisco de Vitoria OP (1483/93–1546)

Eine neue Entwicklung in der Theologie bahnte der in Salamanca als Erster Regent des Ersten Theologischen Lehrstuhles lehrende Dominikanertheologe Francisco de Vitoria an, der in seinen Vorlesungen das Diktat einführte und nicht mehr die Sentenzenbücher des Petrus Lombardus (um 1095–1160) kommentierte, sondern die „Summa theologiae" des Thomas von Aquin (1225–1274) zugrundelegte. Vitoria hatte diese Praxis in den Studienhäusern des Dominikanerordens und an den Universitäten von Köln und Paris kennengelernt. Berühmt wurde er durch seine „Relectiones theologicae", die 1557 auf Betreiben seines Verlegers in Lyon publiziert wurden. In 15 außerordentlichen Vorlesungen widmete er sich folgenden Themen: Über Grund und Grenzen der staatlichen Gewalt bzw. über die Legitimität der Monarchie (1528), Über die Ehe anlässlich des Begehrens Heinrichs VIII., seine Ehe annullieren zu lassen (1531), zwei Vorlesungen über eine Theorie der geistlichen Gewalt (1532/1533), ein Programm einer Kirchenreform (1534), über den Widerspruch zwischen dem universalen Heilswillen Gottes und der nicht erfolgten Vermittlung der Offenbarung an die Neue Welt (1535), über den Naturzustand der neuen Völker (1537) und in zwei Vorlesungen „De indis" und „De iure belli" (1539) über die Rechte der spanischen Krone in der „Neuen Welt". Angesichts der durch die Entdeckung und Eroberung der „Neuen Welt" und dem Aufkommen der modernen Staatsstrukturen griff er in seiner Theologie aus den neuen Dimensionen der Erde die neuen kosmologischen, theologischen, ethischen und juristischen Fragen auf.

5.7.3 Die theologische Grundlagenreflexion des Melchior Cano OP (ca. 1509–1560)

Der Vitoria-Schüler Melchior Cano, der auch in Salamanca lehrte, stellte die theologische Grundlagenreflexion auf eine neue Grundlage. In seinem Werk „De locis theologicis" (1563) legte er eine theologische Erkenntnislehre vor, die über 400 Jahre die theologische Gnoseologie und Methodenlehre der katholischen Theologie beeinflusste und sich mit der Begründung und Bezeugung der christlichen Lehre befasste. Die Loci, die schon vor dem Konzil von Trient konzipiert worden waren und ab 1543 nach und nach in einer ersten Fassung erschienen, bildeten alsbald in ihrer definitiven Fassung von 1563 die Grundlage und das theoretische Fundament für die dogmatische Theologie. Im Zentrum seiner Konzeption standen das Auffinden und die Begründung theologischer Erkenntnis, deren Wertung und ihre theologische Verarbeitung. Breiten Spielraum räumte Cano der positiven Theologie und der entstehenden historischen Betrachtungsweise der Quellen ein, verteidigte aber die scholastische Theologie gegen die humanistische Kritik. Die scholastische Methode hielt er für ergänzungsbedürftig, sah aber den Lehrgehalt der scholastischen Theologie für verbindlich an. Er unternahm in seinem Werk „De locis theologicis" den Versuch, die Frage, wo und wie man das Objekt einer theologischen Aussage findet, zu beantworten. Cano nahm 10 Loci („Orte") an, die er in zwei Klassen unterteilte: sieben eigentliche (loci proprii) und drei fremde (loci alieni), die er als Dokumentationsbereiche und Bezeugungsinstanzen versteht: 1. Die Heilige Schrift, 2. die Tradition, 3. die Autorität der katholischen Kirche, 4. die Autorität der Konzilien, 5. die Autorität der römischen Kirche, 6. die Kirchenväter, 7. die scholastischen Theologen, 8. die Autorität der natürlichen Vernunft, 9. die Autorität der Philosophen und schließlich 10. die Autorität der Geschichte der Menschheit. Cano leistete die Begründung bzw. die Bezeugung der christlichen Lehre in zehn Bezeugungsinstanzen. Eine Vorrangstellung nehmen die Heilige Schrift und die auf die Christus und die Apostel zurückgehenden Traditionen ein. Eine erklärende Rolle nehmen die anderen acht Instanzen ein. Durch die Loci-Methode Canos fanden Geschichte und Methodik bzw. Methodologie, die Voraussetzungen für systematisches Denken sind, in die katholische Theologie Eingang. Anhand der genannten 10 Loci konnte die ganze Systematik zur Darstellung gebracht und der theologische Beweisgang begründet werden. Damit legte er eine Kriteriologie für die kirchliche Glaubenslehre vor.

5.7.4 Die Kontroverstheologie des Robert Bellarmin SJ (1542–1621)

Der Inhaber des ersten Lehrstuhles für Kontroverstheologie am Jesuitenkolleg in Rom und Kurienkardinal Roberto Bellarmino bzw. Robert Bellarmin (deutsche Namensform) legt in seinen drei zwischen 1586 und 1593 erschienenen Bänden der „Kontroversen" (Disputationes de controversiis Christianae Fidei adversus huius temporis haereticos, in: Opera omnia 1856, Bd. 1–4), die er als „Waffenkammer" (Vorrede) für die Verteidiger der Kirche versteht und die er unter die Leitthemen Glaubensnorm (Schrift und Tradition), Kirche, Sakramente und Gnade/Rechtfertigung stellt, die Frucht seiner zwanzigjährigen Lehrtätigkeit vor. Unter Verzicht auf Polemik arbeitet Bellarmin die Kontroversfragen, die sich aus den neuen Herausforderungen durch die reformatorische Theologie ergaben, heraus und beantwortet sie mit einer positiven, systematischen Darstellung des Ganzen des christlichen Glaubens in einer geordneten und umfassenden Sammlung und Ordnung der Argumente. Bellarmins Ekklesiologie gründete in der Christologie und stellt das Papstamt in den Mittelpunkt. Bis heute prägend ist seine Kirchendefinition, die das Selbstverständnis des römischen Katholizismus als Papstkirche und die Sichtbarkeit der Kirche als Zeichen der Einheit zum Ausdruck brachte: Die Kirche als societas perfecta ist für ihn eine „so sichtbare und greifbare Gemeinschaft von Menschen wie das Gemeinwesen des römischen Volkes, das Königreich Frankreich oder die Republik Venedig", die durch drei Bänder (vincula) geeint ist: durch das Bekenntnis desselben christlichen Glaubens, durch die Teilnahme an denselben Sakramenten und das Stehen unter der Leitung der legitimen Hirten, insbesondere des römischen Papstes (Contr. IV 1,3 c.2). Die drei Bedingungen „Übereinstimmung im Glaubensbekenntnis, in der Sakramentenpraxis und im Gehorsam gegen den Papst als Garanten der apostolischen Sukzession" sind notwendig für die volle Kirchengliedschaft. Die Kirche als irdisches Werkzeug Christi und als päpstliche Monarchie hat die Weseneigenschaften Sichtbarkeit und Heilsnotwendigkeit. In der Gnadenlehre verbindet er die Notwendigkeit des „Übernatürlichen" mit der spezifisch menschlichen Situation: Gott schenkt nach Bellarmin den Menschen die Gnade, die ihm in den jeweiligen Umständen angemessen ist (Kongruismus). Besonderes Interesse hat Bellarmin auch der Politik bzw. der Staatslehre, der Messopfertheorie und Fragen der Spiritualität gewidmet. Bellarmins theologische Verdienste lagen sicher in einer „Weitung der Methodenfrage bzw. Schriftdebatte zum Spannungsgefüge von Schrift, Tradition und Kirche" und in der „engen Verbindung von Ekklesiologie und Soteriologie durch inkarnatorisch inspirierte Theologie und sakramentale Begrifflichkeit" (Walter/Jung 2003, 52).

5.7.5   *Weitere Vertreter der nachtridentinischen Kontroverstheologie*

Der Löwener Theologieprofessor Ruard Tapper (1487–1559) explizierte die kirchlichen Dogmen und Glaubenslehren zu den Sakramenten und zu den übrigen Kontroverslehren in seinem Werk „Explicatio articulorum" aus den Jahren 1555 und 1557. Nach den katechetischen Hauptstücken baute der Ermländer Kardinal Stanislaus Hosius (1504–1579) seine Glaubensdarstellung „Confessio catholicae fidei christiana" auf und legte eine Confutatio vor. Der Kardinal arbeitete seine Confessio später um und systematisierte sie in dem Werk „Verae christianae catholicae doctrinae propugnatio". Aus der Kontroverse mit den Antitrinitariern in Polen entstand Hosius' Schrift „Judicium et censura de iudicio et censura Heidelbergensium Tigurinorumque ministrorum de dogmate contra adorandam Trinitatem in Polonia nuper sparso". Der Engländer Thomas Stapleton (1535–1598) erörterte in seinem Werk „Principiorum fidei doctrinalium demonstratio methodica" aus dem Jahre 1598 methodische und erkenntnistheoretische Probleme und stellte die Frage nach der sachgerechteren Lösung von Problemen innerhalb der Konfessionen. Besonders stellte der Engländer heraus, dass die Kirche die Funktion habe, die Schrift auszulegen und für deren Sinn bürgen. Durch und in der Kirche kommt Gott in der Lehre und Praxis und in den Amtsträgern zu Wort.

5.8   Das Zeitalter der Orthodoxie

Altprotestantische Orthodoxie bezeichnet eine vom Ende des 16. bis zum Anfang des 18. Jahrhunderts praktizierte Gestalt der lutherischen und reformierten Lehre, deren Anliegen war, den wahren Glauben zu bewahren und gegenüber der katholischen Lehre zu verteidigen. Lutherische und reformierte Theologen legten kurze oder ausführliche Gesamtdarstellungen der evangelischen oder reformierten Dogmatik vor, die sich im Stil mehr an die mittelalterlichen Summen anlehnten und sehr oft den Studierenden die Theologie im katechismusartigen Frage-Antwort-Stil darboten. Theologische Fragestellungen wurden vor allem über den Weg begrifflicher Definition und Unterscheidungen erörtert. Bibelstellen dienten dazu, die theologischen Positionen zu untermauern. Die Früh-Orthodoxie entstand lutherischerseits aus der Festlegung des Konkordienbuches als maßgeblicher lutherischer Bekenntnissammlung und reformierterseits in der Bewahrung der Lehre Calvins. Eine Fülle umfassender systematischer Entwürfe, in denen eine Sicherung und Erweiterung des lutherischen und reformierten Lehrgebäudes auf der Grundlage des aristotelischen Denkens vorgenommen wurde, brachte die Hoch-Orthodoxie, die eine breit ausgefaltete Lehre von der Verbalinspiration vertrat, hervor. Die Spät-Orthodoxie setzte sich mit der Philosophie des Rationalismus, der Aufklärung und dem Pietismus auseinander. Hauptinteressen der Orthodoxie, die durch die Theologie und Frömmigkeit den Menschen zum Heil führen wollte, waren die Soteriologie, Fragen der Sünden- und Rechtfertigungslehre, das Problem der Willensfreiheit und die Christologie. Im Zeitalter der Orthodoxie wurde aber nicht nur das Trennende zwischen den Konfessionen, sondern auch im Geiste der Irenik das Gemeinsame herausgestellt und die Verständigung zwischen den Konfessionen gesucht.

5.8.1 Die Theologie der lutherischen Orthodoxie

Martin Chemnitz (1522–1586), Begründer der lutherischen Orthodoxie und Verfasser der Konkordienformel, bemühte sich, eine mit Luther und Melanchthon übereinstimmende Theologie zu entwerfen, die auch Formen der Tradition im Protestantismus annahm. Überdies setzte Chemnitz sich in seiner kontroverstheologischen Schrift „Examen Concilii Tridentini" (1566–1573) und in seiner ausführlichen Dogmatik „Loci Theologici" (1591/1592 ediert aus dem Nachlass) kritisch mit der Jesuitentheologie und den Lehren des Konzils von Trient auseinander. Ein Hauptbuch theologischer Lehre mit dem Titel „Compendium theologiae", das am Vorbild Melanchthons orientiert war und das er 1578 in einer Neubearbeitung vorlegte, veröffentlichte 1573 der in Tübingen lehrende Jakob Heerbrand (1521–1600). Der ebenfalls in Tübingen lehrende Theologe Matthias Hafenreffer (1561–1619) legte 1603 in seinen „Loci" ein maßgebliches Lehrbuch vor, welches das „Compendium" Heerbrands verdrängte. Zwischen Tübinger und Gießener Theologen kam es zum erbitterten Streit über das Verbergen oder Entäußern der göttlichen Eigenschaften während der irdischen Existenz des Gottessohnes. Als klassischer Vertreter einer schulmäßigen Frühorthodoxie gilt Leonhard Hutter (Hütter) (1563–1616), Theologieprofessor in Leipzig, Heidelberg, Jena und Wittenberg, der heftige Kontroversen mit Robert Bellarmin austrug. 1610 publizierte er ein „Compendium locorum theologicorum", in dem er die Heilige Schrift und die lutherischen Bekenntnisschriften interpretierte. In seinen „Libri Christianae Concordiae" erörterte Hutter besonders umstrittene Probleme, wie Sünde, freier Wille, Rechtfertigung aus Glauben u. a. Als Konstrukteur der Lehre von den Fundamentalartikeln gilt Nikolaus Hunn(ius) (1585–1643), der Hütter in Wittenberg nachfolgte, mit seiner Schrift „Diaskepsis theologica de fundamentali dissensu doctrinae Evangelicae-Lutheranae et Calvinianae seu Reformatae" aus dem Jahr 1626. Als Verfasser zahlreicher Bibelkommentare und Verteidiger der lutherischen

Christologie und Prädestinationslehre erlangte der Wittenberger Systematiker Ägidius Hunnius (1550–1603) Bedeutung. Balthasar Meisner (1587–1626), der ihm nachfolgte, verband die Theologie mit Metaphysik und einer Reform der kirchlichen Praxis. Am Anfang der Hochorthodoxie stand der Gießener Professor Balthasar Mentzer (1565–1627), der deutliche theologische Fortschritte in seiner Lehre von der Heiligen Schrift als Prinzip der Theologie gegenüber der katholischen Lehre von ihrer Unzulänglichkeit, Zweitrangigkeit und Unklarheit erzielte. Als erster Lutheraner hat er 1610 einen Überblick nach analytischer Ordnung gefasster Theologie („Synopsis theologiae analytico ordine comprehensae") gegeben, der leider verschollen ist. In seiner „Exegesis Augustanae Confessionis" aus dem Jahr 1613 wandte er sich gegen den Vorwurf, dass die Confessio Augustana eine neue Religion eingeführt hat, indem er daraufhin wies, dass sie keine neuen Glaubensartikel aufstellte, sondern Zeugnis von den schon lange aus der Schrift festgesetzten und bestätigten Dogmen gab. Mentzer ist zum Vorläufer Calixts geworden. Georg Calixt (1586–1656), der nach Studien in Helmstedt zum Aristoteliker wurde, war seit 1614 Professor für Kontroverstheologie in Helmstedt. Im Rahmen seiner Irenik und Unionsbestrebungen hat er eine Fundamentalartikellehre auf der Basis des „consensus antiquitatis/quinquesaecularis", den er im Apostolicum und in den Konzilsentscheidungen und den Kirchenväterlehren der ersten fünf Jahrhunderte formuliert sah, vorgelegt und durch die Relativierung der dogmatischen Kontroversen eine Konzentration auf das wesenhaft Christliche geleistet. Als zweites Wahrheitsprinzip neben der Heiligen Schrift führte der Helmstedter Theologe das Traditionsprinzip bzw. die altkirchliche Lehrtradition ein. Sein besonderes Verdienst bestand darin, dass er das Glaubensfundament auf die altkirchlichen Bekenntnisse und die christologischen und trinitarischen Dogmen der frühen Kirche gründete. Calixt erörterte ausführlich die Lehre vom Apostolikum und von der Unterscheidung zwischen fundamentalen und nichtfundamentalen Glaubensartikeln. Zentraler Begriff der Glaubenslehre ist für Calixt das Wort Gottes („verbum Dei"), dem er den Heilsglauben, die fides infusa und das Heil des Menschen zuordnet. Im Wort Gottes begegnet uns nach ihm der Heilswille Gottes, dem der Heilsglaube des Menschen entspricht. Calixts Ansichten führten zum Synkretistischen Streit. Einen entscheidenden Beitrag zur Darstellung der komplexen lutherischen Theologie hat der spätere Jenaer Professor Johann Gerhard (1582–1637), der als Kirchenvater der lutherischen Orthodoxie bezeichnet wird und auch zahlreiche Bibelkommentare und Erbauungsliteratur verfasst hat, in seinem von 1610–1622 erscheinenden Dogmatiklehrbuch „Loci theologici" in neun Bänden geleistet (ND hg. v. E. Preuss 1863–1875). Diese Dogmatik entfaltet mit Hilfe der neuaristotelischen Schulphilosophie die dogmatische Lehre in systematischer Stringenz, in kontroverstheologischer Abgrenzung und Praxisorientierung. Theologie als praktische Wissenschaft hat für Gerhard eine medizinische Funktion, denn sie soll durch die Verkündigung des Wortes und durch die Sakramente als Heilmittel die von Gott getrennten Sünder zum Glauben und zum Heil führen. Eine vermittelnde Orthodoxie vertraten in Jena die Dogmatiker Johannes Musäus (1613–1681), der sich in einer Disputation mit Herbert von Cherburys natürlicher Theologie auseinandersetzte und in seinem 1679 veröffentlichten Werk „Introductio in theologiam" die Probleme einer theologischen Methodenlehre behandelte, und Johann Wilhelm Baier (1647–1695), der sich in seinem „Compendium theologiae positivae" von 1686 Musäus anschloss. „Lutherischer Papst" wurde der Wittenberger Professor, Exeget und Prediger Abraham Calov (1612–1686) genannt, der seine Lehre von 1655 bis 1677 in der Schrift „Systema locorum theologicorum" in 12 Bänden vorlegte. Den Gipfelpunkt der orthodoxen Systematik schuf der Greifswalder und spätere Rostocker Professor Johann Friedrich König (1619–1664) mit seiner Schrift „Theologia positiva acroamatica" aus dem Jahr 1664. Dieses Standardlehrbuch der lutherischen Orthodoxie erschien von 1664–1775 in 14 Auflagen. Das ewige Heil des Menschen sollte nach seiner Auffassung in der Theologie für den Menschen gelehrt werden. Johann Andreas Quenstedt (1617–1688) veröffentlichte 1685 in Anknüpfung an alle großen lutherischen Dogmatiken sein Hauptwerk „Theologia didactico-polemica sive Systema theologicum", das eine gemäßigte Normaldogmatik darstellte. In der Spätorthodoxie wurde das Lehrbuch des Pommern David Hollaz (1648–1713) mit dem Titel „Examen theologicorum acroamaticum" von 1707 bedeutsam. Gegen Pietismus und Aufklärung verteidigten Valentin Ernst Löscher (1674–1749), Ernst Salomo Cyprian (1673–1745) und Johann Gottlieb Carpzov (1679–1767) in ihren Werken das traditionelle orthodoxe Lehrsystem. Ein wichtiger Frömmigkeitstheologe des orthodoxen Zeitalters war der Braunschweiger Pfarrer und braunschweig-lüneburgische Generalsuperintendent Johann Arndt (1555–1621). Sein Werk mit dem Titel „Vier Bücher vom wahren Christentum" (1605–1610) gliederte er in die Bücher: Liber Scripturae, Liber Vitae Christus, Liber Conscienciae, Liber Naturae und bezog Gedanken der mittelalterlichen Mystiker ein. In der Vorrede bestimmte er die Theologie als „lebendige Erfahrung und Uebung", die für ihn nicht Wissenschaft und Wortkunst ist. Gegen Arndt wurde von protestantischen Gelehrten der Vorwurf des „Synergismus" erhoben, weil er eine Mitwirkung des Menschen bei der Erlangung des Heils lehrte. Mystisches, naturmetaphysisches und theosophisches Gedankengut verbreiteten in dieser Zeit der Zschopauer Pfarrer Valentin Weigel (1533–1588), der Görlitzer Schuhmacher und Laientheologe Jakob Böhme (1575–1624) und der württembergische Pfarrer Johann Valentin Andreae (1586–1654), der 1619 in seinem utopischen Roman „Christianopolis" die Vision von einer neuen Welt konzipierte.

5.8.2 Theologie der reformierten Orthodoxie

Zentren der reformierten Orthodoxie waren Basel, Genf, Heidelberg, Marburg, Saumur in Frankreich, Cambridge und Oxford in England, Edinburgh in Schottland und Leiden und Franeker in den Niederlanden. Die reformierte Orthodoxie legte eine auf Bibelorientierung, Kirchlichkeit, Methodik und Systematik ausgerichtete scholastische Dogmatik mit Logik und Metaphysik vor. Hauptthemen der reformierten Theologie, die die Soteriologie vom Gottesbegriff her systematisierte, waren Schöpfung, Natur, Sündenfall, Erwählung, göttliche Dekrete, Prädestination, Vorsehung, Berufung, Bund, Verhältnis zwischen Offenbarung und Vernunft, Verbalinspiration, praktische Frömmigkeit und Weltverantwortung. Während ein Typ der reformierten Orthodoxie ein prädestinatianisches System mit einer neuaristotelischen Schulphilosophie verband (Rezeption in den Niederlanden), konzentrierte sich ein anderer Typ auf die Verbindung von Ekklesiologie und Soteriologie und die daraus resultierenden Probleme christlicher Praxis in Ethik und Kirchenverfassung (anglocalvinistische Frühorthodoxie). Eine erste Lehrdarstellung der reformierten Orthodoxie legte Theodor Beza (de Bèze) (1519–1605), Leiter der neu gegründeten theologischen Akademie in Genf und seit 1563 Nachfolger Calvins, mit Hilfe der aristotelischen Metaphysik und Logik in der

„Summa totius christianismi" von 1555 vor. Er vertrat dort eine doppelte Prädestination als Prämisse des Rechtfertigungsglaubens, um die Allmacht und Souveränität Gottes und die absolute Gnadenhaftigkeit des Heilshandelns Gottes im Rechtfertigungsgeschehen zu sichern. Bei Jakob Arminius (1560–1609) und Franz Gomarus (1563–1641) wurde die Prädestination unterschiedlich ausgelegt. Ersterer und seine Schule (M. Amyraut, J. de la Place in Saumur) lehrten den „Infralapsarismus", d. h. die göttliche Erwählung erfolgte erst nach dem Sündenfall. Letzerer und seine Schüler (P. du Moulin u. S. Demaret in Sedan) vertraten den „Supralapsarismus", d. h. die Erwählung bereits vor dem Fall. Die Synode von Dordrecht im Jahr 1619 lehrte im Sinne der calvinistischen Orthodoxie gegen die Arminianer, die souveräne Erwählung einiger Menschen aufgrund ihres Glaubens durch Gottes ewiges Dekret und die Nichterwählung der Ungläubigen, was zu deren Verdammnis als Folge ihrer Schuld führt (infralapsarische Position). Neben der Prädestinationslehre wurde auch in der reformierten Theologie die Frage der Fundamentalartikel behandelt. Der Berner Theologe Benedikt Aretius (1522–1574) wies in seinem „Examen theologicum" darauf hin, dass die Bücher des Alten und Neuen Testaments alles Heilsnotwendige enthalten. Eine Reduzierung der Glaubensartikel nahm der Heidelberger und spätere Leidener Theologieprofessor Franz Junius (1545–1602) vor. Die Verbindung von Trinitätslehre und Ekklesiologie war in seiner Konzeption eng. In seiner Schrift „Irenicum", die im Jahr 1593 in Genf für die Christen in Frankreich gedruckt wurde, nahm er eine Auslegung von Psalm 122 und Psalm 133 vor. Der calvinistischen Orthodoxie bereitete in Basel der Professor und ramistische Aristoteliker Amandus Polanus (von Polansdorf) (1561–1610) durch sein geschlossenes Lehrsystem den Weg. In seinem Hauptwerk „Syntagma theologiae christianae" von 1609/10 lehrte er, dass allein aus der Schrift die „dogmata fidei" und die Argumente und Mittel zum Beweis der Lehren der christlichen Religion zu ziehen sind. Nach Polandus' Werk gestaltete Johannes Wolleb (1586–1629) ein international angesehenes Lehrbuch mit dem Titel „Christianae theologiae compendium". Die Föderaltheologie, die sich bei Zacharias Ursinus und Kaspar Olevian (1536–1587) bereits anbahnte, begründeten in den Niederlanden Johannes Coch/Coccejus (1603–1669) und Campegius Vitringa (1659–1722). Die Reflexion der gesamten Theologie unter dem Bundesgedanken wirkte auf Theologen in England/Schottland, Frankreich, der Schweiz und Deutschland. Der Bundesgedanke (lateinisch foedus = Bund) diente dazu, die alt- und neutestamentliche Heilsgeschichte zu entfalten und damit auch Israel und Kirche zusammenzubinden. Coccejus nahm einen „Natur- bzw. Werkbund" an, den Gott mit Adam vor dem Fall einging, und einen „Gnadenbund", der durch fünf Selbstüberschreitungen (Protoevangelium, Mose, Christus, der Tod des Einzelnen, Vollendung der Heilsgeschichte) und eine sukzessive Aufrichtung des Gottesreiches unter den Erwählten gekennzeichnet ist. Wilhelm Amesius (Ames) (1576–1633) und Gisbert Voetius (Fuet) (1589–1676) erstrebten in ihren Schriften eine Durchdringung der Theologie durch die Frömmigkeit. Der Genfer Benedict Pictet (1655–1724) und der in Franeker dozierende Heinrich Wilhelm Bernsau (1717–1763) gaben durch die Hervorhebung der menschlichen Freiheit in der „conventio" zwischen Gott und dem Menschen, durch eine natürliche Theologie neben der Offenbarung, durch die Betonung der Zweitursachen und der Vernunft im Rechtfertigungs- und Heiligungsgeschehen neue und wichtige Impulse für die reformierte Theologie. In der Abendmahlslehre vertreten reformierte Theologen im Anschluss an Calvin die Vermittlung der Realpräsenz Christi durch den Heiligen Geist.

5.9 Die katholische Theologie des Barockzeitalters

Die katholische Theologie der Barockzeit wurde vor allem durch die Orden geprägt. Zentren der Theologie waren die Iberische Halbinsel, Rom und die Kollegien und Hochschulen der Jesuiten. Eine Neubelebung des Thomismus, der eine Hinwendung zum Aristotelismus in Logik, Metaphysik, Ethik vollzog, erfolgte ausgehend von der Universität Salamanca unter ihrem führenden Kopf Francisco Suárez (1548–1617), der die Metaphysik als eigenständiges System (Disputationes metaphysicae 1597) und als Grundlage für seine Vorlesungen die „Summa theologiae" des Thomas von Aquin einführte. Eine Neuheit war auch die neu entstehende „Positive Theologie", die sich den Grundlagen des Glaubens in Schrift und Tradition widmete. Beherrschende Themen der Theologie, die sich in verschiedene Fächer ausdifferenzierte, waren die Gewissheit des Glaubensaktes (analysis fidei), die Konflikte um die Prädestination und das Verhältnis der Gnade zur Willensfreiheit.

5.9.1 Der Gnadenstreit zwischen Thomisten und Molinisten (1594–1607)

Der Gnadenstreit geht bereits bis in das Jahr 1567 zurück, in dem Michel Bajus (de Bay) (1513–1589), der einen strikten Augustinismus hinsichtlich Erbsünde und Rechtfertigung (menschliche Unfähigkeit zum Guten, Rechtfertigung allein aus Gnade als Willenserneuerung durch Gott, die zu guten Werken befähigt) vertrat, von Pius V. verurteilt wurde (DH 1901–1980). Über die Zuordnung von göttlichem Gnadenwirken und menschlicher Handlungsfreiheit ging es dann in den seit 1594 öffentlich ausgetragenen Schulstreitigkeiten zwischen Dominikanern und Jesuiten; genauerhin um die Frage, ob durch die menschliche Entscheidung für das Heil bzw. die Mitwirkung am Rechtfertigungsgeschehen die Souveränität Gottes beeinträchtigt werde. Der Jesuitentheologe Luis de Molina (1535–1600), der am Synergismus festhielt, gab 1588 mit seinem Werk „Vereinbarkeit des freien Willens mit den Gaben der Gnade" (Concordia liberi arbitrii cum gratiae donis) den Anstoß zum Gnadenstreit. Im Molinismus, der versuchte, die Souveränität Gottes und seine Unabhängigkeit von den Entscheidungen der freien Geschöpfe zu wahren, wird eine „scientia media", ein „mittleres Wissen"/Vorherwissen Gottes, angenommen. Durch dieses weiß Gott um die Umstände und Bedingungen sämtlicher potentieller Entscheidungen, noch bevor sich Gott zu einem Handeln seiner Vorsehung entschlossen hat. Auch bestimmt dieses Wissen nicht die freie Entscheidung des Menschen. Gegen diese Auffassung wandten sich die Dominikaner um den Spanier und rigorosen Dogmatiker Domingo Báñez (1528–1604), die von einer „praemotio bzw. praedeterminatio physica", d. h. einer der menschlichen Entscheidung vorausgehenden, naturhaften, nicht nur moralischen Einflussnahme auf Seiten Gottes (prädestinierende Allwirksamkeit der Gnade) ausging. „Da der menschliche Wille für sie ganz auf der Ebene der Zweitursachen angesiedelt ist, wohingegen Gottes Wille als die alles bestimmende Erstursache gesehen wird, bedeutet die Koexistenz wirklicher göttlicher und menschlicher Freiheit nicht die Quadratur des Kreises, als die sie vom neuzeitlichen Denken immer stärker empfunden wird" (Walter, Jung 2003, 15). Der bedeutendste Vertreter der Jesuitentheologie Francisco Suárez nahm im Gnadenstreit eine vermittelnde Position ein. Nachdem der Streit nach Rom getragen und dort in päpstlichen Kommissionen ausführlich diskutiert wurde, konnte eine förmliche Verurteilung des Molinismus durch Papst Paul V., der 1607 eine Fortsetzung des Streites untersagte, verhindert werden. Der Konflikt wurde jedoch neu in den Jansenistischen Streitigkeiten weitergeführt.

5.9.2 Die theologischen Auseinandersetzungen um den Jansenismus (bis 1669)

1640 war das Hauptwerk des Löwener Theologen und Professors Cornelius Jansen(ius) (1585–1638), Bischofs von Ypern, an dem er 22 Jahre gearbeitet hatte, mit dem Titel „Augustinus, seu doctrina sancti Augustini de humanae naturae sanitate aegritudine, medicina adversus Pelagianos et Massilienses" erschienen. In diesem Werk, in dem er sich gegen den Molinismus und die jesuitisch-scholastische Gnadenlehre wandte, lehrte Jansenius die totale Sündigkeit des Menschen und die Alleinwirksamkeit von Gottes unwiderstehlicher Gnade. Auf die von ihm im „Augustinus" erhobenen Thesen zur Gnadenlehre antwortete das Löwener Jesuitenkolleg mit sechs Gegenthesen. Rom wollte daraufhin den Gnadenstreit mit der Bulle „In eminenti" Urbans VIII. von 1643 zur Ruhe kommen lassen; allerdings hielt sich die Löwener Universität nicht an diese Anordnung und verdächtigte die Bulle als Jesuiten-Fälschung. Darauf wurden fünf Sätze des Jansenius, die sich bis auf einen Satz nicht in seinem „Augustinus" nachlesen ließen, sondern Schlussfolgerungen aus seinen Lehren waren, von Nicolas Cornet zusammengestellt und der Sorbonne in Paris zur Verurteilung übergeben. 1653 verurteilte auch Papst Innozenz X. angesichts der Kontroversen in Löwen und an der Sorbonne in der Konstitution „Cum occasione" vom 31. Mai 1653 die Irrtümer des Cornelius Jansen über die Gnade als häretisch (Unerfüllbarkeit der göttlichen Gebote, Unwiderstehlichkeit der Gnade, Sühnetod Christi nur für die Prädestinierten u. a.), ohne zu sagen, dass sie bis auf den ersten nur der Sache nach den Schriften des Jansenius entnommen waren (DH 2001–2005). Nach dem Tod des Jansenius ging der Streit weiter. Führer im jansenistischen Lager waren Jean Duvergier de Hauranne (1581–1643), der später nach einer ihm übertragenen Abtei genannt St. Cyran genannt wurde, und Antoine Arnauld (1612–1694). Arnauld, der die Unfehlbarkeit des römischen Stuhles, die Häresie der Sätze und das Recht Roms, die Sätze zu verurteilen, („quaestio iuris") anerkannte, wandte sich dennoch gegen die päpstliche Verurteilung der Lehre des Jansenius, indem er die Unfehlbarkeit in der Tatsachenfeststellung bestritt und feststellte, dass sie im verurteilten Sinn nicht im „Augustinus" enthalten sind („quaestio facti"). Die fünf Sätze waren seiner Meinung nach verdammungswürdig, aber sie waren für ihn nicht im „Augustinus" zu finden. Die Verurteilung habe, so seine Folgerung, daher nur eine fiktive Häresie, nicht aber die Auffassung des Jansenius getroffen. Auf Bitten der französischen Bischöfe legte Papst Alexander VII. in der Konstitution „Ad sanctam beati Petri sedem" vom 16. Oktober 1656 fest, „daß jene fünf Sätze aus dem Buch des vorher erwähnten Bischofs Cornelius Jansen von Ypern, das den Titel Augustinus trägt, entnommen und in dem von demselben Cornelius Jansen beabsichtigten Sinne verurteilt worden sind, und verurteilen sie wiederum als solche, indem Wir nämlich den einzelnen (Sätzen) dasselbe Mal einbrennen, das in der vorher genannten Erklärung und Definition einem jeden von ihnen einzeln eingebrannt wird" (DH 2012). In der „quaestio facti" sei demnach kein Irrtum erfolgt. Arnauld gewann den Philosophen Blaise Pascal (1623–1662) als Mitstreiter, der öffentlich einen Anti-Jesuitismus vertrat und für den Jansenismus eintrat. Die in diesem Streit vorgenommene Unterscheidung zwischen „quaestio iuris" und „quaestio facti" symbolisierte deutlich die Abkehr von den theologischen Fragestellungen hin zu juridischen Spitzfindigkeiten und zeigte das Problem der Unfehlbarkeit des päpstlichen Lehramtes auf.

6. Das Zeitalter der Aufklärung und deren Folgen bis zur Französischen Revolution

Wolfgang Pauly

„Im weitesten Sinn bezeichnet Aufklärung das Phänomen geschichtlicher Rationalisierungsprozesse, die grundsätzlich in allen Kulturen und zu allen Zeiten möglich sind, jedoch in bestimmten Konstellationen in spezifischer Verdichtung hervortreten" (Beutel, 153). Als solches findet sich das Phänomen „Aufklärung" sowohl in der Philosophie der vorsokratischen Philosophie des antiken Griechenland als auch im Bestreben der mittelalterlichen Scholastik, den christlichen Glauben einer rational-argumentativen Reflexion zugänglich zu machen. Trotz dieses umfassenden Vorverständnisses verbindet sich aber die Rede von einem „Zeitalter der Aufklärung" oder einer „Epoche der Aufklärung" insbesondere mit der europäischen Geistesgeschichte des 17. und 18. Jahrhunderts. Wenn auch deren Wurzeln weit vor diesem zeitlichen Rahmen liegen und deren Folgen bis in die Gegenwart erkennbar sind, soll hier an dieser Bezeichnung als Idealtypus festgehalten werden. Umso wichtiger wird dann allerdings „die möglichst genaue Umschreibung ihres historischen Ortes ..., d. h. die Berücksichtigung der geistigen und geistlichen Bedingungen, der politischen, gesellschaftlichen und wirtschaftlichen, unter denen sie entstand und sich in vielfältig variierenden Erscheinungsformen durchsetzte" (Greschat 1983, 10).

6.1 Der Begriff „Aufklärung"

Bereits der Begriff „Aufklärung" ist unspezifisch und mehrdeutig. „Aufklären" bedeutet zunächst einmal das meteorologische Phänomen des Aufklarens eines durch Wolken verdunkelten Himmels (lat. serenitas). Er findet sich in allen europäischen Sprachen (vgl. eng. enlightenment, franz. éclaircissement, span. aclaración, ital. illuminismo, niederländ. Verlichting).

Allerdings steht die im Begriff „Aufklärung" verwendete Metapher des Lichts bereits vom frühen Christentum über Augustinus bis zu Thomas von Aquin auch als Beschreibung eines geistig-geistlichen Geschehens. Das „lumen naturale" beschrieb Thomas z. B. als die dem Menschen zukommende natürliche Erkenntniskraft im Unterschied zum „lumen fidei", der durch Gnade geschenkten Einsicht in die Welt des Glaubens und der Offenbarung.

Im deutschen Sprachraum dauert es bis Mitte des 18. Jahrhunderts, bis sich der Begriff als spezifischer Fachausdruck für kognitiv-wissenschaftliche Erkenntnisgewinnung durchsetzt. In diesem Sinn heißt es z. B. in der Hamburger „Stats und Gelehrte Zeitung": „Dieses Bemühen, welches wir der Fertigkeit geschickter Männer zuschreiben müssen, ist mit einem so guten Erfolg fortgesetzt worden, dass wir deswegen unsere Zeiten aufgeklärte Zeiten nennen können" (Pütz 1978, 14). Allerdings wird fast gleichzeitig der Begriff „Aufklärung" als negativ oder zumindest als ambivalent beschrieben (vgl. Lübbe 1986). Es bahnt sich bereits hier eine Entwicklung an, die in der Aufklärung und deren Folgen für Staat und Kirche eindimensional Einschränkungen und Verlust bisheriger Macht- und Deutungskompetenzen sieht. Ebenso problematisch ist es allerdings, den Begriff „Aufklärung" durch Begriffe wie „Rationalismus" oder „Zeitalter der Vernunft" zu ersetzen. Auch diese bedürften erst einer einschränkenden Definition, um sie mit konkreten Inhalten verbinden zu können. Die mit „Aufklärung" beschriebene Epoche ist somit in sich so vielschichtig, dass ihre zahlreichen Aspekte wohl kaum mit einem einzigen Oberbegriff beschrieben werden können (vgl. McGrath 1997, 100).

Die Unschärfe des Begriffs veranlasste bereits 1784 die „Berlinische Monatsschrift", die führenden Köpfe ihrer Zeit zum Thema zu befragen: „Was ist Aufklärung?". Moses Mendelssohn stellt in seiner Antwort den Begriff in den allgemeinen Rahmen von Bildung und Kultur. Bildung hat demnach einen theoretischen und einen praktischen Aspekt, wobei „Aufklärung" den theoretischen, „Kultur" den praktischen Aspekt beschreibt. „Aufklärung ist infolgedessen für Mendelsohn ein Metawissen um Kultur ... Ziel der Aufklärung ist infolgedessen, unreflektierte, naive Kulturzustände zu beseitigen. In der Aufklärung realisiert sich die Fähigkeit und Fertigkeit zu vernünftigem Nachdenken" (Seckler 1981, 23).

Immanuel Kant formuliert sein Verständnis von Aufklärung in der geradezu klassisch gewordenen Definition: „Aufklärung ist der Ausgang des Menschen aus seiner selbst verschuldeten Unmündigkeit. Unmündigkeit ist das Vermögen, sich seines Verstandes ohne Leitung eines anderen zu bedienen. Selbstverschuldet ist diese Unmündigkeit, wenn die Ursache derselben nicht am Mangel des Verstandes, sondern der Entschließung und des Mutes liegt, sich seiner ohne Leitung eines anderen zu bedienen. Sapere aude! Habe Mut dich deines eigenen Verstandes zu bedienen! Ist also der Wahlspruch der Aufklärung" (Kant, 1981, Bd. 9, 53 = A 481). Kants Definition umfasst nahezu alle Aspekte des Begriffs. Er wird eingebettet in eine umfassende Emanzipationsbewegung des Menschen. Letzte Prüfinstanzen kognitiver Erkenntnisse und rationaler Entscheidungen sind daher nicht die von Staat, Kirche oder Tradition vermittelten Vorgaben, sondern der je eigene Verstand. Die Ausstattung des Menschen mit dem Verstand ist dabei allerdings nicht gleichzusetzen mit dessen Gebrauch. Es bedarf vielmehr eines konkreten – oft Mut gegenüber eigenen inneren Hemmungen sowie gegenüber äußeren Autoritäten erfordernden – Schrittes, diesen Verstand auch anzuwenden. Der Gebrauch der Vernunft ist dabei oft nicht ungefährlich: „dafür sorgen schon jene Vormünder, die die Oberaufsicht über sie gütigst auf sich genommen haben" (a. a. O. = A 482). Allerdings teilt Kant den Optimismus seiner Zeit: „Denn da werden sich immer einige Selbstdenkende, sogar unter den eingesetzten Vormündern des großen Haufens, finden, welche, nachdem sie das Joch der Unmündigkeit selbst abgeworfen haben, den Geist einer vernünftigen Schätzung des eigenen Werts und des Berufs jedes Menschen, selbst zu denken, um sich verbreiten werden" (a. a. O. 54 = A 483). Aufklärung meint somit nicht primär ein verstärktes Fach- und Sachwissen, sondern Aufklärung ist hier verstanden als Prozess der verantwortlichen Erkenntnisgewinnung. Insofern sind dieser Prozess und die mit ihm verbundene Emanzipationsbewegungen als solche unabschließbar und jeder Generation neu als Aufgabe gestellt (vgl. Vierhaus 1988).

6.2 Aufklärung als Epochenbezeichnung

Neben dieser allgemeinen und grundsätzlichen Positionsbestimmung gilt Aufklärung aber auch als spezifische Bezeichnung einer bestimmten Sequenz der europäischen Geistesgeschichte. Gerade in diesem Tatbestand wird häufig bis zur Gegenwart ein grundsätzlicher Unterschied zwischen europäischer und außereuropäischer Kultur und Religion gesehen.

Deshalb kann die Aufklärung zeitlich wie inhaltlich definiert werden: „Aufklärung ist ein entscheidender Prozess im Zusammenhang der Entstehung der europäischen Neuzeit, der das Denken und Handeln, die staatlichen und gesellschaftlichen Institutionen grundlegend verändert oder verändern will, der neue Handlungsräume eröffnet und neue Erwartungshorizonte entstehen lässt. Aufklärung soll von derjenigen Überlieferung befreien, die der kritischen Prüfung der autonomen Vernunft nicht standzuhalten vermag" (Piepmeier 1979, 581). Auf die Theologie- und Kirchengeschichte bezogen, bedeutet dies, dass sich die als Aufklärung bezeichnete Epoche erstreckt „vom Ausgang des Konfessionellen Zeitalters bis zu der universalen europäischen Umbruchsphase, die sich um 1800 in politischer und ökonomischer wie auch in geistesgeschichtlicher Hinsicht vollzog. Abhängend von den jeweiligen nationalen, konfessionellen und wissenschaftlich-philosophischen Kontexten, hat sich die kirchlich- theologische Aufklärung in mannigfaltigen, teils höchst disparaten Spielarten niedergeschlagen. Einheitsstiftende, die Epoche konstituierende Motive finden sich etwa in der programmatischen und effektiven Überwindung konfessioneller Polemik und aristotelischer Schultheologie, in der Akzentuierung der lebenspraktischen Relevanz von Religion sowie, damit unmittelbar zusammenhängend, in der konsequenten Kultivierung religiöser Individualität und Innerlichkeit" (Beutel 2006, 158 f.).

Zahlreich sind die Versuche, ein exaktes Datum für Beginn und Ende dieser Epoche herauszuarbeiten. So kann für die Jahre von 1670 bis 1700 anhand der literarischen Quellen ein „belegbares Zäsurbewusstsein" der damaligen Autoren herausgearbeitet werden, das den Beginn einer neuen Epoche ankündigt (vgl. Borgstedt 2004, 6). Das Ende der Aufklärungszeit wird oft im Ausbruch der Französischen Revolution von 1789 gesehen. Theoretisch-philosophisch geforderte Maximen seien hier in konkret politisches Handeln umgesetzt worden. Trotz benennbarer historischer Fakten und Zäsuren lassen sich allerdings geistes- und religionsgeschichtliche Entwicklungen nicht einfach kalendarisch eingrenzen. Lange Entwicklungen bereiten ihnen den Weg, ihre Folgen überdauern eine Epoche oft über Jahrhunderte. Auch eine Binnendifferenzierung der Aufklärungszeit etwa im Sinne von Früh-, Mittel- oder Spätaufklärung ist kaum zu leisten. Zwar beschreiben die Begriffe „gelehrt-wissenschaftlich, „staatlich-praktisch" und „literarisch-öffentlich" durchaus zu unterscheidende Aspekte der Aufklärung, die sich auch zeitlich voneinander abgrenzen lassen (so R. v. Dülmen, siehe Borgstedt 2004, 9). Allerdings sind die geographischen, zeitlichen und auch personengebundenen Differenzierungen so groß, dass eine stringente Abfolge einzelner Unterabschnitte unmöglich erscheint. Sinnvoller ist eine Orientierung an Personen und deren Wirken in bestimmten Zeiten und in konkreten Ländern. Zwar ist auch hier eine Fragestellung im Sinne von: „Prägt eine Epoche eine Person oder eine Person eine Epoche?" problematisch. Eine dialektische Vermittlung aber rechtfertigt durchaus eine auch an Personen orientierte Darstellung geistesgeschichtlicher Phänomene: „Je intensiver und differenzierter wir eine Gestalt der Geschichte betrachten, desto deutlicher wird uns in der Regel ihr Verhaftetsein in den Bedingungen ihrer Zeit, in den Grenzen und unauswechselbaren Fragestellungen der Vergangenheit. Wir sehen sie als Ausdruck und bisweilen sogar als die Protagonisten der Tendenzen, Hoffnungen und Befürchtungen, die ihre Gegenwart bewegten. Aber immer leuchtet ihre Eigenart ebenso wie die Eigentümlichkeit der Epoche, in der sie lebten und wirkten, erst im Zusammenspiel der konzentrierten Betrachtung der einzelnen, individuellen Persönlichkeit einerseits und der sie mit tragenden und bestimmenden umfassenden Strukturen andererseits voll und ganz auf" (Greschat 1983, 10).

So kann für die Niederlande und für England nach dem Jahr 1670 festgestellt werden, dass hier ein politisches und geistiges Klima herrschte, in dem nicht nur wichtige Gestalten der beginnenden Aufklärung lebten und arbeiten konnten, sondern dass wegen dieser Liberalität und Aufgeschlossenheit hier Druckerzeugnisse erschienen, für die es in den Heimatländern der Autoren keine Publikationsmöglichkeit gab. Andere gaben Amsterdam oder London fiktiv als Erscheinungsort an, um der heimischen Zensur zu entgehen. Das als Vorläufer der späteren französischen „Enzyklopädie" viel zitierte „Dictionnaire historique et critique" von Pierre Bayles (1647–1706) erschien 1697 z. B. nicht im heimischen Paris, sondern in Rotterdam. Galileo Galilei (1564–1642) ließ bereits 1638 im holländischen Leiden seine „Discorsi e dimostrazioni" fernab der italienischen Heimat drucken. Insbesondere nach der Aufhebung des liberalen Edikts von Nantes von 1598 im Jahr 1685 boten die Niederlande Fluchtmöglichkeiten für zahlreiche Gelehrte aus dem benachbarten Frankreich. Nicht zuletzt die Erfahrungen der Holländer in der weltweiten Seefahrt öffneten den Blick für Fremdes und Ungewohntes. Die Flüchtlinge fanden hier ein geistiges Klima der Offenheit und Toleranz vor, das von Gestalten wie Baruch Spinoza (1632–1677) geprägt war, wobei sich gerade bei ihm zeigt, wie sehr diese Rahmenbedingungen erkämpft und erarbeitet werden mussten.

Auch England bot am Ende des 17. Jahrhunderts günstige Bedingungen für die Entstehung der Aufklärung. Die „Glorious Revolution" von 1689 bestätigte zwar den Monopolanspruch des anglikanischen Bekenntnisses, schuf aber trotzdem Freiraum für Vertreter anderer Konfessionen. Es ist das Land, das von den Vertretern einer beginnenden empirischen Wissenschaft wie Francis Bacon (1561–1626), Isaac Newton (1643–1727), John Locke (1632–1704) und George Berkeley (1685–1753) geprägt war. 1717 konnten hier die Freimaurer ihre „Großloge von England" gründen. Wissenschaftliche Erkenntnisse blieben nicht ohne Folgen für eine einsetzende grundsätzliche philosophisch-theologische Reflexion. John Toland (1670–1722) stellt in seinem 1696 erschienenen Werk „Christianity not mysterious" fest, dass der Glaube zwar nicht der Vernunft widerstreitet, dass er aber auch nichts enthält, was über die Vernunft hinausgeht. Matthew Tindal (1656–1733) beschreibt in seinem 1730 gedruckten Buch „Christianity as old as the creation" das Evangelium als Manifest einer auch der Vernunft zugänglichen „natürlichen Religion". „Sie transzendiere die natürliche Religion nicht, sondern bilde lediglich ein Beispiel dafür. Jede so genannte Offenbarungsreligion sei im Grunde nichts anderes als die neue Bekräftigung dessen, was sich auch durch die rationale Reflexion über die Natur erkennen lasse. Offenbarung sei einzig und allein eine rationale Bestätigung moralischer Wahrheiten, die bereits der aufgeklärten Vernunft zugänglich seien" (McGrath 1997, 103). David Hume (1711–1776) prägte mit seiner Erkenntnistheorie in „Enquiry concerning human understanding" (1751) über Jahrzehnte auch die fundamentaltheologische Erkenntnislehre. Diese Untersuchung über den menschlichen Verstand schließt jede Form von Erkenntnis metaphysischer Inhalte aus. Erkenntnis beginnt vielmehr mit konkreter sinnlicher Erfahrung, die sich dem Bewusstsein einprägt. Ähnliche Wirkung hatte auch sein 1779 posthum erschienenes Werk „Dialogues concerning natural religion".

Die Entwicklung in Frankreich galt lange als „Aufklärung par excellence" – zumindest nach dem Todesjahr von Ludwig XIV. 1715. René Descartes (1596–1650) mit seinen stark rezipierten Werken „Meditationes de prima philosophia" (1641), „Principia philosophiae" (1644) und besonders mit seinem „Discours de la méthode" (1637) war einer er wichtigsten Wegbereiter. Die Staatslehre von Montesquieu (1698–1755), das Gesamtwerk Voltairs (1694–1778), die Staat und letztlich alle Institutionen kritisierende Schrift von Jean-Jaques Rousseau (1712–1778) aus dem Jahr 1770 seine „Confesssions" ebenso wie dessen pädagogisches Programm in „Émile ou sur L'éducation" (1762) boten auch Theologen wichtige Denkanstöße. Ebenso prägt Paul Thiry von Holbach (1723–1789) trotz seiner Fundamentalkritik an Religion und Kirche mit seinem „Système de la nature" von 1770 auch die theologische Diskussion in Frankreich. Zum zentralen Publikationsorgan der Aufklärung in Frankreich entwickelte sich immer mehr die von Jean-Lérond d'Alembert (1717–1783) und von Denis Diderot (1713–1784) von 1751 bis 1772 herausgegebene und in 24 Bänden erschienene „Enzyklopädie".

Für das Deutsche Reich macht es die Unübersichtlichkeit der zahlreichen Fürstentümer unmöglich, von einer einheitlichen Epoche mit benennbarem Anfang und Ende zu sprechen. Um 1690 ist der Begriff „Aufklärung" im Sinne von „Aufklärung des Verstandes" in Deutschland belegt (vgl. Borgstedt 2004, 8). Die universitären Neugründungen in Halle und Göttingen entwickeln sich als Zentren aufgeklärten Denkens. Zahlreiche so genannte „moralische Wochenschriften" trugen die Gedanken der Aufklärung in breite Schichten der Bevölkerung. Gerade Autoren von Bühnenwerken wie Johann Christoph Gottsched (1700–1766) und Christoph Martin Wieland (1733–1813) waren maßgeblich an der Entstehung eines Klimas beteiligt, innerhalb dessen Aufklärung überhaupt entstehen und sich entwickeln konnte. Johann Gottfried Herder (1744–1803) verband seine Studien zur Geschichte und seine Beschäftigung mit alten und oft abgerissenen literarischen Traditionen mit einem Programm zur Erziehung des aufgeklärten Menschen (zum Beitrag der deutschsprachigen Literatur zur Aufklärung vgl. Pütz 1987 und Beutel 2006, 192 ff.). Der Publizist und Schriftsteller Friedrich Nicolai 1733–1811) sorgte mit seiner „Allgemeinen deutschen Bibliothek", die sich an 20 000 „Konsumenten" aus Bürgertum, Adel und Geistlichkeit wandte, für rasche und ausführliche Rezensionen der neu erscheinenden Publikationen (vgl. Borgstedt 2004, 10).

Der Überblick über die Wegbereiter und über die ersten Zeugen der europäischen Aufklärung zeigt gleichzeitig ihre regionale Beschränkung. „Sie hatte zwar im achtzehnten Jahrhundert im westlichen Mitteleuropa eine wichtige Stellung erlangt, man kann jedoch nicht sagen, dass sie in Russland oder in den Staaten Südeuropas (wie Spanien, Italien oder Griechenland) vor dem Ende des 19. oder dem Anfang des 20. Jahrhunderts Fuß fasste. Diese Länder waren Hochburgen des römischen Katholizismus oder der orthodoxen Ostkirchen" (McGrath 1997, 102).

6.3 Aufklärung als theologische Aufgabe

Der unabschließbare Prozess der Aufklärung, der im gleichnamigen Zeitalter seine charakteristische Prägung erfuhr, bedeutet für die Theologie ein ganzes Bündel von Aufgaben. Als Prozess der Rationalisierung fragt theologische Aufklärung erneut und vertieft nach dem Verhältnis von Glaube und Vernunft. Die Ausdifferenzierung der einzelnen Wissenschaften und in deren Folge die Entstehung der modernen autonomen Naturwissenschaften stellt Fragen nicht nur an den bisherigen universalen Deutungsanspruch von Religion und Kirche. Sie hat auch zur Folge eine weitere und verstärkte Binnendifferenzierung der einzelnen theologischen Teildisziplinen. Die philosophische Infragestellung politischer Herrschaft bleibt dabei nicht ohne Folge für den bisher theologisch gefestigten politischen Anspruch der Institution Kirche. Grundsätzlich folgt daraus eine neue Verhältnisbestimmung von Staat und Kirche. Erkenntnistheoretisch stellt sich die theologische Aufgabe einer rationalen und kommunikativ vermittelbaren Wahrheitssuche und der Herausbildung einer argumentativ zugänglichen Prüfungsinstanz derselben. Der in Folge der Aufklärung auch empirisch beschreibbare Prozess der Individualisierung hat Konsequenzen für das Selbstbewusstsein der Laien und deren Verhältnis zur Gesamtkirche.

Die pädagogischen Folgen der Aufklärung und deren praktische Umsetzung in ein Schulsystem stellte auch Religionspädagogik und Kirche vor neue Herausforderungen. Bei all dem sind konfessionelle Unterschiede nicht zu übersehen. Nicht zuletzt leistet die jüdische Aufklärung („Haskala") einen eigenen und unverwechselbaren Beitrag zum Gesamtprozess der Aufklärung. Es bleibt schließlich die Frage, ob – trotz aller Kritik – der grundsätzliche Optimismus der Aufklärung und das starke Selbstbewusstsein und Vertrauen in die eigene Leistung sich auch theologisch widerspiegeln und als echte Befreiungserfahrung gedeutet werden.

6.3.1 Bibelwissenschaft

„Die Bibelwissenschaften vollzogen im Zeitalter der Aufklärung den Durchbruch zur modernen, historisch-kritischen Exegese. Indem sie sich aus der Vormundschaft kirchlich-dogmatischer Richtlinienkompetenz lösten, avancierten sie zum Schrittmacher einer aufgeklärten, neuzeitlichen Theologie" (Beutel 2006, 348). Die Exegeten des 17. und 18. Jahrhunderts konnten sich dabei auf die Vorarbeiten stützen, die bereits in der Zeit der Renaissance und des Humanismus geleistet worden waren. Vertreter der evangelisch-protestantischen Theologie waren dabei ihren katholischen Kollegen oft um Jahrzehnte wenn nicht Jahrhunderte voraus. Erst in der Enzyklika „Divino afflante Spiritu" von Papst Pius XII. vom 30. September 1943 wurden die in der Aufklärung erarbeiteten und dann stetig verbesserten Arbeitsmethoden der historisch-kritischen Exegese als wissenschaftliche Zugangsmöglichkeiten zur Bibel offiziell als für katholische Exegeten zulässig gewürdigt und erlaubt.

Baruch Spinoza (1632–1677) beschreibt in seinem 1670 anonym erschienenen Werk „Theologisch politischer Traktat" Aufgaben und Methoden einer kritischen Bibelexegese. Nicht die Minderung oder gar Zerstörung göttlicher Wahrheit ist demnach ihr Ziel sondern gerade umgekehrt deren Herausarbeitung und verantwortbare Vermittlung. Wo mythischarchaische Denk- und Sprachformen den Leser verwirren, sollen die Aussagen der Schrift in Klarheit und Einsicht vermittelt werden: „Um uns aber diesem Wirrwarr zu entwinden und den Geist von theologischen Vorurteilen zu befreien und um nicht leichtfertig menschliche Erfindungen als göttliche Lehren hinzunehmen, müssen wir von den wahren Methoden der Schrifterklärung handeln und sie auseinandersetzen. Denn wenn man diese nicht kennt, so kann man auch keine Gewissheit darüber haben, was die Schrift und was der Heilige Geist lehren will" (Spinoza 1984, 114). Kenntnis der hebräischen Sprache, Suche nach der Hauptaussage eines biblischen Textes und Erforschung der Entstehungsbedingungen einer biblischen Schrift benennt Spinoza als wichtigste methodische Schritte einer jeden Exegese (vgl. Spinoza 1984 116 ff.).

Grundvoraussetzung jeder biblischen Exegese war die Erstellung eines verantwortbaren Grundtextes. So konnte bereits Hugo de Groot, latinisiert zu „Grotius", (1583–1645) infolge seiner Sprachkenntnisse in „Annota ad Vetus" (1644) Vergleiche zwischen den alttestamentlichen Texten und syrischen und arabischen Parallelen ziehen und unterschiedliche Textfassungen der hebräischen Bibel erkennen und würdigen. Louis Cappel (1585–1658) gelangen Einsichten in die unterschiedlichen Vokalisierungen des Hebräischen. Insofern konnte er in seinen Werken „Arcanum punctationis revelatum" (1624) und „Critica sacra" (1650) Kriterien für eine Auswahl derjenigen Textfassungen entwickeln, die einer kritischen Bibelausgabe zugrundegelegt werden sollten (vgl. Scholder 1966).

Die hier erarbeiteten Grundlagen waren die Basis der sich formierenden historisch-kritischen Exegese der Aufklärung. Die 1694 eröffnete Universität Halle entwickelte sich als eines ihrer Zentren. Siegmund Jakob Baumgarten (1706–1757) z. B. hatte „den theologischen Lehrbetrieb konsequent verwissenschaftlicht und namentlich durch seine strenge ‚scientifische' Darstellungsweise die Studenten alsbald zu begeistern vermocht" (Beutel 2006, 246). Das biblische Wort wird nicht gleichgesetzt mit göttlicher Offenbarung sondern die den biblischen Autoren zuteil gewordene Offenbarung schlägt sich in den von ihnen nach Maßgabe ihrer Zeit verfassten Texten nieder. In seinem dogmatischen Lehrbuch „Evangelische Glaubenslehre" (1559/1560 posthum) galten ihm nur diejenigen Glaubensaussagen als den Gläubigen verpflichtend, die sich gemäß der kritischen Exegese auf eine biblische Basis zurückführen ließen.

Baumgartens Schüler Johann Salomo Semler (1725–1791) schärfte den Blick für unterschiedliche theologische Schulen, die sich im Neuen Testament z. B. bei der verschiedenen Gewichtung von Freiheit und Gesetz aufzeigen lassen (vgl. Hornig 1983). Seine vierbändige Arbeit „Abhandlung von freier Untersuchung des Canons" (1771–1775) stellte Forderungen auch an die dogmatisch-systematische Theologie: „Aus der historisch-kritischen Interpretation der neutestamentlichen Quellen und der Überprüfung der dogmatischen Beweisstellen ergab sich die Forderung nach einer Revision der dogmatischen Lehren" (Hornig 1998, 138). Durchgeführt hat Semler diese Aufgabe in seiner „Institutio ad doctrinam christianam liberaliter discendam" (1774).

Der ebenfalls in Halle tätige Johann August Nösselt (1734–1807) vertrat eine „streng grammatische und historische Bibelauslegung; die göttliche Abkunft eines Bibelwortes bemaß sich für ihn nicht an dessen Aufnahme in den Kanon, sondern allein an seiner tröstenden und erbauenden Wirkung auf das menschliche Herz" (Beutel 2006, 268).

Zwar sind von Johann Friedrich Wilhelm Jerusalem (1709–1789) meist nur fragmentarische Arbeiten überliefert, trotzdem finden sich in ihnen weitreichende Denk- und Deuteansätze. In seinen „Briefe über die Mosaischen Schriften und Philosophie" (1762) findet sich zur Erklärung des Pentateuch die so genannte „Urkundenhypothese", nach der sich um einen zentralen biblischen Text im Laufe der Tradition immer neue Textringe legten. Auch sein Werk „Betrachtungen über die vornehmsten Wahrheiten der Religion" (1768) formulierte Gedanken, die später charakteristisch für die gesamte Theologie der Aufklärung werden sollten. Alle Religionen enthalten demnach Offenbarungen Gottes, die dieser in pädagogischer Absicht den Menschen zu unterschiedlichen Zeiten zukommen ließ.

Wilhelm Abraham Teller (1734–1804) schuf mit seinem „Wörterbuch des Neuen Testaments zur Erklärung der christlichen Lehre" (1772) ein Grundlagenwerk historisch-kritischer Exegese.

Auch die bereits 1558 gegründete Universität Jena entwickelte sich in der zweiten Hälfte des 18. Jahrhunderts zu einem Zentrum einer kritischen Bibelwissenschaft. Johann Jakob Griesbach (1745–1812) erarbeitete durch Quellenstudium und Textvergleiche biblischer Zitate bei den Kirchenvätern über 350 vom bisherigen Bibeltext abweichende Textvarianten. Auf ihn geht auch der systematische Vergleich der drei ersten Evangelien Matthäus, Markus und Lukas zurück. Diese werden aufgrund ihrer in einer Synopse darstellbaren Ähnlichkeiten fortan „die Synoptiker" genannt. Sein Kollege Johann Gottfried Eichhorn (1752–1827) wurde zum „Begründer der modernen Einleitungswissenschaft": „Da der Kanon eine geschichtliche, von Menschen erstellte Textsammlung sei, habe man dessen Schriften uneingeschränkt nach den Grundsätzen der philologischen Kritik zu behandeln und deren jeweilige Entstehungsgeschichte historisch zu rekonstruieren" (Beutel 2006, 277).

Endpunkt und gleichzeitig Höhepunkt der wissenschaftlichen Beschäftigung mit biblischen Texten im 18. Jahrhundert bildet der so genannte „Fragmentenstreit" (vgl. Hornig 1998, 142–146). Der Hamburger Orientalist Hermann Samuel Reimarus (1694–1768) veröffentlichte nicht nur zahlreiche religionskritische Schriften wie z. B. „Die vornehmen Wahrheiten der natürlichen Religion" (1754) oder einen Kommentar zu einer zeitgenössischen Übersetzung des Buches Hiob. Er hinterließ bei seinem Tod auch ein über 4000 Seiten starkes Manuskript mit dem Arbeitstitel „Apologie oder Schutzschrift für die vernünftigen Verehrer Gottes". Die Einschränkungen der Zensur und damit verbunden die Sorge um seine Tätigkeit als Lehrer verhinderten eine Publikation zu Lebzeiten (vgl. Gawlik 1983, 299–311). Nach seinem Tod veröffentlichte Gotthold Ephraim Lessing (1729–1781) ohne Nennung des Autors sukzessiv einzelne Kapitel des Nachlasses im Rahmen seiner Tätigkeit an der Bibliothek in Wolfenbüttel: „Von der Duldung der Deisten" (1774), „Ein Mehreres aus den Papieren eines Ungenannten" (1777) und den am meisten Aufsehen erregenden Teil „Vom Zwecke Jesu und seiner Jünger" (1778). Nach Lessings Tod gab Andreas Riem den letzten Teil der Reimarus-Schrift heraus: „Übrige noch ungedruckte Werke des Wolfenbüttlischen Fragmentisten" (1787). Erst 1972 konnte die Schrift als ganze gedruckt werden (vgl. Reimarus 1972).

Neben umfangreicher polemischer Kritik, wie derjenigen des Hamburger Hauptpastors Johann Melchior Goeze (1717–1786), setzt sehr bald auch eine ernsthafte Diskussion über die Thesen des Reimarus ein. Exemplarisch dafür ist die Schrift Johann Salomo Semlers „Beantwortung der Fragmente eines Ungenannten insbesondere vom Zwecke Jesu und seiner Jünger" (1779). Was sind die zentralen Aussagen dieser hinterlassenen Schrift, von der Albert Schweitzer sagt: „Diese Schrift ist nicht nur eines der größten Ereignisse in der Geschichte des kritischen Geistes, sondern zugleich ein Meisterwerk der Weltliteratur"? (Schweitzer 1977, Bd. I, 58). Durch Vergleich der Evangelien beschreibt Reimarus die vorhandenen Brüche und Disharmonien insbesondere im Zusammenhang der Texte über Kreuz und Auferstehung. Diese führt er zurück auf eine bewusste Täuschung durch die Jünger: „sie hätten Jesus, der in Wirklichkeit nichts anderes als ein im Kreuzestod gescheiterter politischer Messias gewesen sei, zu einer göttlichen Erlösergestalt erhoben und zu diesem Zweck die Auferstehungsgeschichte erdichtet" (Hornig 1998, 142). In der positiven Deutung Albert Schweitzers formuliert: „Erkannt hat er ferner, dass das Urchristentum nicht etwas ist, das gewissermaßen aus dem Lehrvortrag Jesu herauswuchs, sondern dass es eine Schöpfung auf Grund neuer, zu jener Verkündigung hinzukommender Ereignisse und Verhältnisse ist, womit zusammenhängt, dass Taufe und Abendmahl im historischen Sinn nicht Stiftungen Jesu sind, sondern Schöpfungen der Urgemeinde aufgrund gewisser historischer Voraussetzungen" (Schweitzer 1977, Bd. I, 66). Schweitzer sieht somit bei Reimarus den ersten Versuch, nach Kriterien und Methoden der Sprach- und Geschichtswissenschaften das historische Leben Jesu herauszuarbeiten (vgl. Schweitzer 1977, Bd. I, 56). Zentraler Erkenntnisgewinn ist dabei die Einsicht, wie sehr Jesus im zeitgenössischen eschatologisch-apokalyptischen Judentum verankert war. Der Gedanke der Naherwartung gilt für Reimarus wie für Schweitzer als Bedingung der Möglichkeit, die radikalen ethischen Forderungen Jesu verstehen und diesen nachzufolgen.

Semlers differenzierte Antwort auf die Publikation der Reimarus-Fragmente fordert verstärkte Quellenkritik ein, um Differenzierungen bereits in den biblischen Texten herausarbeiten zu können. Die Betrugsthese hält er für nicht plausibel, da er für die Abfassungszeit der Evangelien noch lebende Zeugen der Passion Jesu vermutet, die einer solchen Verfälschung widersprochen haben dürften (vgl. Hornig 1998, 142). Er versteht Widersprüche eher im Sinne einer pädagogisch orientierten Geschichtstheologie. Demnach offenbart sich Gott in unterschiedlichen Zeiten auf verschiedene Weise, so wie es dem jeweiligen Entwicklungsstand der Rezipienten entspricht. Dieser Ansatz Semlers deckt sich mit Lessings Idee einer Humanitätsreligion in „Die Erziehung des Menschengeschlechts" (1780). „Die Inhalte des Offenbarungsglaubens, der zunächst auf Autorität hin angenommen wird, werden durch die göttliche Erziehung in die Selbständigkeit der eigenen Vernunfterkenntnis überführt". Ebenso die moralisch-praktische Seite der Erziehung zu einer Humanitätsreligion. Hier „wird das Gute nicht mehr aus Furcht vor Strafe oder in der Hoffnung auf zukünftige Belohnung, sondern um seiner selbst willen getan" (Hornig 1998, 145).

6.3.2 Praktische Theologie

Dass das 17. und 18. Jahrhundert trotz verstärkter Rationalisierung in Wissenschaft und insofern auch in der Theologie nicht einfach mit dem Begriff „Zeitalter der Vernunft" beschrieben werden kann, zeigt ein Blick auf das praktische Glaubensleben der Menschen und dessen theologische Reflexion. Dabei kann mit Recht gesagt werden: „Die Zeit von 1650 bis 1750 war eine Periode tiefer Frömmigkeit und blühender Spiritualität" (Bertrant 1998, 823). Allerdings zeigen sich gerade in der praktischen Religionsausübung starke konfessionelle Unterschiede.

Die Frömmigkeit im Rahmen der katholischen Kirche zeigt sich exemplarisch in der Marienfrömmigkeit und der Herz-Jesu-Verehrung. Letztere erhielt nach den Visionen der

Marguerite-Marie Alacoque (1647–1690) nicht nur an dem Ort der Erscheinungen im französischen Paray-le-Monial einen starken Auftrieb. Innerlich getrieben von einem großen Schuldbewusstsein und dem Gedanken, dass die Anhäufung der begangenen Sünden vom Menschen selbst nicht mehr zu tilgen ist, hat die Glaubenspraxis stark den Charakter einer „wiedergutmachenden Spiritualität" (Bertrant 1998, 832). In der Verehrung des Herzens Jesu wird durch dieses Versöhnung und Vergebung der Schuld erhofft. Nach längerem Zögern wird ein eigenes Fest zur Verehrung des Herzens Jesu 1765 von Papst Clemens XIII. regional gestattet. Heilsvermittlung außerhalb der offiziellen sakramentalen Wege stieß lange auf das Misstrauen der Amtskirche. Theologische Unterstützung erhielt diese Frömmigkeitsbewegung durch Francois Froments Werk „Véritable dévotion au Sacré-Coeur" (1699) und das Werk von Joseph de Gallifet „de cultu sacrosancti Cordis" (1726).

Gerade auch subjektiv nachvollziehbare Spiritualität war wichtig zu einer Zeit, da die Liturgie der römisch-katholischen Kirche weiterhin in der dem Volk unbekannten lateinischen Sprache gefeiert wurde. Auch standen keine anerkannten Bibelübersetzungen zur Verfügung. Bis Mitte des 18. Jahrhunderts standen Übersetzungen der heiligen Schriften auf dem Index der verbotenen Bücher (vgl. Bertrant 1998, 847). Umso zahlreicher waren die unterschiedlichsten Werke der Andachts- und Erbauungsliteratur. Das bereits 1609 erschienene Werk von Franz von Sales (1567–1622) „Nachfolge Christi" war auch in Deutschland weit verbreitet. Der Jesuit Wilhelm Nakatenus erreichte mit „das Himmlisch Palm-Gärtlein" zwischen 1662 und 1751 33 Auflagen in deutscher Sprache. Trotz eines sehr unterschiedlichen Grundanliegens stehen in der Betonung der Subjektivität und im erzieherischen Impuls auch diese Werke der Frömmigkeitsgeschichte im Einklang mit den zentralen Impulsen der Aufklärung.

Die anglikanische Spiritualität des 18. Jahrhunderts weist große Ähnlichkeiten mit derjenigen des Festlandes auf. William Penn (1644–1719) war in seiner Frömmigkeit und deren praktischer Umsetzung im Quäkerstaat Pennsylvania geprägt von der Mystik Jakob Böhmes (1575–1624). Auch John Wesleys (1703–1791) Methodismus ist ohne seine Beeinflussung durch die „böhmischen Brüder" um Graf Zinzendorf (1700–1760) nicht verständlich.

Das Zeitalter der Aufklärung kann für die evangelisch-protestantischen Kirchen fast gleichgesetzt werden mit einer „liturgischen Bewegung" (Beutel 2006, 362). Es entstehen zahlreiche liturgiepraktische und liturgiewissenschaftliche Bücher und Periodika. Insbesondere der Reform von Gesangsbüchern gilt das Interesse. Nicht nur stilistische Veränderungen, sondern die Hervorhebung des einzelnen religiösen Subjekts sind jetzt charakteristische Merkmale von Liedern und Gebeten. Der Gottesdienst selbst sollte den beiden Grundintentionen der Aufklärung Rechnung tragen: Erziehung und vernunftmäßige Durchdringung der Verkündigung bei gleichzeitiger Beachtung der emotionalen Dimension des Glaubenssubjektes und der Gemeinde. Symptomatisch war die Vorliebe für den „Kanzelaltar" (vgl. Beutel 2006, 365). Das Wort der Verkündigung steht jetzt sinnenhaft dort im Zentrum des gottesdienstlichen Geschehens, wo in der katholischen Liturgie der Altar zum Vollzug des Sakraments der Eucharistie steht (vgl. Gerhards/Kranemann 2006, 32 ff.).

Auch der schulische Religionsunterricht ist „ein Produkt der Aufklärung" (Bartholomäus 1983, 24). Grundvoraussetzung dafür war die Einführung einer allgemeinen Schulpflicht z. B. Beispiel in Österreich durch die „Allgemeine Schulordnung" Maria Theresias (1774) oder durch das „Allgemeine Preußische Landrecht" von 1794. Religiöse Unterweisung dient nun nicht mehr ausschließlich der Rekrutierung von Kirchenmitgliedern und deren Bildung. Sie ist vielmehr charakterisiert durch eine vierfache Emanzipation: „die Emanzipation der Landesherrn von der Kirchensache; die der Religion von der Kirche; die der Vernunft vom Glauben; die des Pädagogischen vom Katechetischen" (Bartholomäus 1983, 25). Dass darunter oft langwierige Prozesse zu verstehen sind mit zahlreichen Rückfällen aber auch mit Phasen kreativer Kooperation versteht sich von selbst. Ziel allen pädagogischen Handelns ist der mündige, tüchtige und pflichtbewusste Staatsbürger.

Neue Unterrichtsorte verlangten eine neue Aufbereitung der inhaltlichen Grundlagen und eine neue didaktische Reflexion über die Methoden der Unterweisung. Johann Ignaz Felbiger (1724–1788) erarbeitete ein erstes Grundlagenwerk, das sowohl kirchlichen Ansprüchen wie den Erkenntnissen der Aufklärung gerecht zu werden versuchte: „Katholischer Katechismus zum Gebrauche der schlesischen und anderer Schulen Deutschlands" (1766). Sein Ansatz war so überzeugend, dass er 1777 zum österreichischen Einheitskatechismus bestimmt wurde.

Inhaltlich war er geprägt von der Betonung der „Sittenlehre vor Glaubenslehre, theologia naturalis vor der Darstellung des Übernatürlichen, Sakramente als Hilfsmittel zum Ethos statt wirksame Symbole des Heils" (Bartholomäus 1983, 30 f.). Dem gleichen Zweck diente auch Felbigers „Kern der biblischen Geschichte des alten und neuen Testaments" (1777). Auch hier dient die Bibel primär moralpädagogischen Zielen.

Ähnlich dem Anliegen der Aufklärung verpflichtet ist die so genannte „sokratische Methode" im Ansatz von Bernhard Overberg (1754–1826). Das katechetische Vorgehen besteht demnach darin „dass die Kinder durch Fragen zum Nachdenken gereizt und im Nachdenken so geleitet werden, dass sie es selbst finden, was man sie lehren will" (zit. nach Paul 1995, 222). Die über das im Kind bereits angelegte Wissen hinausgehenden religiösen Wahrheiten werden dann durch den Rekurs auf die Offenbarungswahrheiten ergänzt. Seine „Anweisung zum zweckmäßigen Schulunterricht für Schullehrer im Hochstifte Münster" (1793) und seine „Biblische Geschichte des Alten und Neuen Testaments zur Belehrung und Erbauung besonders für Lehrer, größere Schüler und Hausväter" (1799) sind erste Dokumente einer bewussten Korrelation von inhaltlichen Vorgaben durch Bibel und kirchliche Tradition einerseits und den kindlichen Rezeptionsbedingungen andererseits. Die Verzahnung von Religionsunterricht und den anderen Schulfächern wurde nicht selten noch dadurch verstärkt, dass die die biblischen Geschichten harmonisierend zusammenfassenden Schulbibeln gleichzeitig als Lesebücher genutzt wurden. So schloss sich der Kreis einer der theologischen Tradition und zugleich den Impulsen der Aufklärung verpflichteten Religionspädagogik: „Die biblische Geschichte als Präsentation eines Tugendbeispiels, als sittliches Exempel und Anschauung für eine Glaubenslehre" (Paul 1995, 236).

Auch die Homiletik der Aufklärung reflektierte die zentralen Anliegen ihrer Zeit. Die jetzt verstärkt entwickelte „demonstrierende Methode" bemühte sich um „logische Klarheit, rationale Verständlichkeit, Fasslichkeit der Begriffe und Durchsichtigkeit der Gliederung" (Schütz 1972, 159). Insbesondere Vertreter der Kirchen der Reformation suchten – oft auch in ihrer Position als Hofprediger – der Kabinettsordre von Friedrich Wilhelm I. von 1739 und der darin geforderten Präzision und logischen Gedankenführung gerecht zu werden. Ein Beispiel dafür ist das Homiletik-Lehrbuch von Johann Gustav Reinbeck (gest. 1741) „Grundriss einer Lehrart ordentlich und erbaulich zu predigen" (1740). Johann Lorenz von Mosheim (gest. 1755) verband das inhaltliche Anliegen der Aufklärungstheologie, biblische Schrift und

Verstand miteinander zu verbinden, mit den Reflexionen über rhetorische Fertigkeiten, wie sie an der Universität Halle auf einem neu geschaffenen Lehrstuhl für Beredsamkeit gelehrt wurden. Nicht selten übernahm man dabei die so genannte „Akkomodationstheorie": „die Anpassung Jesu und der Apostel an die Vorstellungen und die Denkart der Zeit dient als hermeneutisches Prinzip, um die ewigen Wahrheiten aus der ‚orientialischen' Einkleidung in die moderne Begrifflichkeit und die Sprache unserer Zeit zu übertragen" (Schütz 1972, 162). Eine starke Betonung der Dimension der Moral bei gleichzeitigem Hinweis auch auf die Gefühlsebene der Zuhörer legt Johann Joachim Spalding (1714–1804) in seinen Schriften „Gedanken über den Wert der Gefühle im Christentum" (1772) und in „Von der Nutzbarkeit des Predigtamts und deren Beförderung" (1772). Im Kontext der Französischen Reformation lassen sich zahlreiche Beispiele benennen, wie stark in Zustimmung oder Ablehnung diese alle Bereiche des öffentlichen wie privaten Lebens betreffende Bewegung auch die Predigt beeinflusste. Es entstehen zahlreiche Sammlungen von „politischen Predigten" (so von J. Z. Hahn 1797). Bis in den Titel bezeichnend ist die Schrift von J. A. Härter: „Über die Freiheit und Gleichheit und über einige wichtige Gegenstände des häuslichen und bürgerlichen Lebens" (1794).

Die Predigt in der katholischen Kirche ist demgegenüber „nicht so tief vom Geist der Aufklärung erfasst worden" (Schütz 1972, 170). Trotzdem fehlen auch hier nicht der Hinweis auf eine der Vernunft gemäße Sittenlehre, die Betonung des Nützlichkeitsstandpunkts und das Zurücktreten der Kontroverspredigten.

6.3.3 Dogmatik

„Im Unterschied zu den Bibelwissenschaften und der Kirchengeschichtsschreibung erbrachte die theologische Dogmatik des 18. Jahrhunderts keinen einzigen wirklich innovativen Gesamtentwurf. Kaum einer der in dieser Zeit vorgelegten dogmatischen Systemkonzepte zeitigte eine epochenprägende oder auch nur über den Tag hinausreichende Wirkung" (Beutel 2006, 356). Trotz Zustimmung zu diesem Urteil kann allerdings nicht die umfangreiche Arbeit derer bestritten werden, die im 17. und 18. Jahrhundert die Impulse der Aufklärung auch auf das Gebiet der Glaubenslehre übertrugen. Es bestätigt sich vielmehr die Erkenntnis, dass „Aufklärung" weder primär eine Epochenbezeichnung noch eine Gattungsbezeichnung ausdrückt als vielmehr eine grundsätzliche geisteswissenschaftliche Methode. Erst die Rezeption dieser Methode durch die Vermittlung ihrer zentralen Gestalten wie Kant und Hegel lassen dann im 19. Jahrhundert wieder große dogmatische Gesamtentwürfe entstehen, die sich allerdings in Inhalt und Form von den großen Gesamtdarstellungen des christlichen Glaubens in den „Summen" der Scholastik in Inhalt, Form, Aufbau, Methode und Zielsetzung wesentlich unterscheiden. Zentrale Elemente auch in der dogmatischen Theologie waren Rationalisierung und Historisierung. Die durch Vernunft erkennbaren Entstehungsbedingungen der kirchlichen Dogmen führten zur Einsicht von der grundsätzlichen „Geschichtlichkeit der Wahrheit" (Filser 2001, 433). Insofern geschieht jetzt Kritik an den Dogmen durch die neu sich entwickelnde theologische Disziplin der Dogmengeschichte: „Dogmengeschichtliche Fragestellungen im 17. und 18. Jahrhundert führten … zur kritischen Auflösung der Autorität der Dogmen" (Filser 2001, 677). Der

Wahrheitsanspruch einer Aussage ist auch hier nicht einfach mehr vorgegeben durch eine unhinterfragte Autorität wie die biblische Schrift oder das Lehramt. Die Pluralität der Aussagen der biblischen Schriften und die Einsicht in die Entstehungsbedingungen auch der kirchlichen Strukturen und Ämter binden die Wahrheitsaussage eines Dogmas vielmehr an die Kriterien der rationalen Einsicht und kommunikativen Vermittelbarkeit. Es bleibt allerdings die Aufgabe, auch unter den neuen Bedingungen Glaube und Vernunft so miteinander zu vermitteln, dass sich keine Seite zu einer eindimensionalen Gesamterklärung menschlicher Lebens- und Deutungsvollzüge versteigt. Dass diese Aufgabe zunächst nur fragmentarisch und eklektisch bewältigt werden konnte, zeigt die Größe dieser letztlich bis zur Gegenwart nicht vollständig geleisteten Arbeit (zu den zahlreichen Einzelversuchen vgl. Filser 2001, 421–667).

Positiv sind diese Einzelansätze dahingehend zu würdigen, dass sie die vorausgegangenen konfessionellen Spannungen und Verwerfungen vielfach negieren. Gemäß dem Grundinteresse der Aufklärung an Moral und Bildung lässt sich darüber hinaus auch von einer „Ethisierung der Dogmatik" sprechen (Beutel 2006, 358). Dogmatik und Moraltheologie können von nun an unter dem gemeinsamen Begriff der „Systematischen Theologie" zusammengefasst werden. Sie stehen weiterhin in vielfältigem Bezug zu den Erkenntnissen der sich neu bildenden historisch-kritischen Bibelwissenschaft. Insgesamt versteht es die Dogmatik nun immer stärker, analog der regulativen Idee der Glückseligkeit in der Aufklärungsphilosophie die lebenspraktische Bedeutung von Dogmen und Lehräußerungen herauszuarbeiten.

Exemplarisch der Ansatz von Stephan Rautenstrauch (1734–1785). Er versteht in seiner „Anleitung und Grundriß zur Systematischen Dogmatischen Theologie" (1776) die dogmatische Theologie als „scientivisches System der in der heiligen Schrift und den mündlichen Überlieferungen zustreut liegenden Glaubenslehren" (zit. nach Filser 2001, 665). „Nicht unnütze Schulfragen und -streitigkeiten sollen gelehrt werden, sondern die Dogmatik soll historisch Meinungen der verschiedenen Schulen und Sekten, Vorteile und Vorzüge, Hauptprobe/Vergleich dargestellt werden. Weiter gilt zu beachten, dass die Glaubenslehren nicht von gleicher Ausrüstung und Weitläufigkeit sind. Die Dogmatik, die nützlich sein soll, soll bei zu beweisenden Glaubenssätzen die Beweisgründe aus der Schrift und mit den hermeneutischen Regeln vornehmen" (Filser 2001, 665).

In den offiziellen Lehräußerungen der katholischen Kirche finden sich in der fraglichen Zeit keine weit reichenden Belege für eine Rezeption der Impulse der Aufklärung. Es gibt keine umfassende Synode oder ein Konzil, das sich dieser Aufgabe stellt. Auch die päpstlichen Lehrschreiben beschäftigen sich nur mit oft nebensächlichen Einzelfragen aus der Sakramententheologie oder mit Details des moralisch-praktischen Alltagslebens der Gläubigen (vgl. exemplarisch die Äußerungen über die Frage der Zinsannahme von 1745 oder die über das Duell 1752).

Allerdings beanspruchten das Lehramt sowie zahlreiche Theologen den verstärkten Gebrauch der Vernunft auch zur apologetischen Verteidigung der Glaubenssätze: „Apologie der Offenbarung wurde im Zeitalter der Aufklärung das Thema der Offenbarungstheologie, die systematisch ausgebaut und deren Wissenschaftscharakter begründet wurde. Die Apologetik entwickelte sich in der Aufklärungszeit zur neuen theologischen Grund- und Begründungsdisziplin … Dogmatische Wahrheiten wurden in diesem Konzept von Dogmatik gegen Einsprüche und Angriffe von außen begründet, dargelegt und verteidigt" (Filser 2001, 648). Hier beginnt eine Entwicklung, die im 19. Jahrhundert und insbesondere auf dem I. Vatikanischen Konzil einen Höhepunkt erleben wird.

6.4 Deismus

Ähnlich wie der Begriff der Aufklärung ist auch derjenige des Deismus wegen der sehr unterschiedlichen und vielfältigen Inhalte, die mit ihm bezeichnet werden, umstritten und mehrdeutig. Eine populärwissenschaftliche Umschreibung sieht im Deismus ein Gottesbild beschrieben, in dem Gott gleichsam als universaler Uhrmacher das Räderwerk der Schöpfung geschaffen und in Gang gesetzt habe. Diese Schöpfung läuft dann selbstständig nach den ihr zugrundegelegten Gesetzen. Wunder oder neue Offenbarungen außerhalb dieser festgelegten Ordnung sind – zumindest bei den meisten Vertretern des Deismus – nicht möglich, aber auch nicht notwendig. Der Gläubige erkennt gerade in der Stringenz dieser Ordnung die Allmacht des Schöpfers.

Das Phänomen des Deismus aber ist differenzierter. Seine Ausgangspunkte und die Gründe seines Entstehens sind vielfältig. Durch die sich intensivierende Schifffahrt besonders in den Niederlanden und in England erfuhren die Menschen von der Existenz außereuropäischer Religionen, die in ihren völlig anderen Lebens- und Denkformen nicht von vorneherein als a-religiös oder als primitive Vorstufe der eigenen Religion gedeutet werden konnten. Auch die oft hohen moralischen Ansprüche dieser bisher unbekannten Religionen weckten das Interesse der europäischen Philosophen und Theologen. Zudem standen die vielfach neuen Erkenntnisse der aufblühenden Naturwissenschaften in offensichtlichem Widerspruch zu einer wörtlich ausgelegten Bibel. Die Anfragen und Erkenntnisse der neu entstehenden kritischen Bibelwissenschaft suchten nach Antworten und Vermittlung. Die Nachwirkungen der konfessionellen Streitigkeiten trugen ebenfalls ihren Teil dazu bei, nach den Grundlagen einer Religion zu suchen, die erstens rational zugänglich ist und die zweitens über den kontroverstheologischen Auseinandersetzungen steht. Ein Alleinvertretungsanspruch einer Religion oder Konfession wird grundsätzlich bestritten. Insofern sollen auch Grundlagen einer allen konkreten Religionen vorausgehenden „natürlichen Religion" gesucht werden, auf deren Basis Toleranz und Unabhängigkeit von staatlicher Bevormundung möglich sind. Ein solcher Ansatz kann sich auf das biblische Zeugnis in 1 Tim 2,4 berufen, wo es heißt: Gott will, „dass alle Menschen gerettet werden und zur Erkenntnis der Wahrheit gelangen".

Zugleich ist es Anliegen der Vertreter des Deismus, eine verantwortbare Antwort zu geben auf die oft als nicht mehr zeitgemäß empfundenen orthodoxen Lehren der offiziellen Kirchen. Ebenso suchen sie das Gespräch mit denjenigen, die sich als Atheisten verstanden. Die Vertreter des Deismus waren demgemäß meist von Kirche und Staat unabhängige Gelehrte. Der Deismus ist somit auch eine Form einer Religion des emanzipierten Bürgertums. Als Höhepunkt des Deismus kann die Zeit zwischen 1640 und 1740 gelten, seine wichtigsten Vertreter lehrten und schrieben in England (vgl. Gestrich 1981 und Hornig 1998).

Herbert von Cherbury (1581–1648), der „Vater des englischen Deismus" (Hornig 1998, 118) glaubte den religiös motivierten politischen Wirren in England nur dadurch begegnen zu können, dass er ein grundsätzlich neues Fundament für die Frage nach der Wahrheit suchte. Sein Hauptwerk „de veritate" (1624) sieht in der von Gott gegebenen Vernunft das

Mittel, mit dem der Mensch wahre Religion von zeitbedingten sekundären Zusätzen reinigen kann. Alle Religionen legen so Zeugnis ab für eine ihnen gemeinsam zugrundeliegende „natürliche Religion". Inhaltlich umfasst diese einige wenige Grundaussagen, die der moralischen Orientierung der Menschen dienen: „1. Die Überzeugung vom Dasein eines höchsten Gottes; 2. Pflicht zur Gottesverehrung; 3. Tugend und Frömmigkeit als wichtigste Bestandteile des Gottesdienstes; 4. Die Verpflichtung zur Reue über die bösen Taten; 5. Der Glaube an ein jenseitiges Leben mit der Vergeltung von Gut und Böse" (Hornig, 1098, 11). Nicht wahre und falsche Religionen lassen sich demnach unterscheiden. Unterschiede bei Religionen zeigen sich vielmehr daran, ob sie die genannten Grundelemente der „natürlichen Religion" vernunftmäßig einsehbar reinerhalten haben oder ob sie deren Erscheinen durch Dogmatisierung, Institutionalisierung oder andere historisch entstandene Beifügungen trüben. Gegen die Lehre von der Vergeltung menschlichen Handelns in einem Jenseits wird allerdings Anthony Ashley Cooper Shaftesbury (1671–1713) in seinem Werk „Inquiry concerning virtue or merit" (1699) gegen Herbert von Cherbury einwenden, die Qualität einer Tat sei durch Vernunft selbst erkennbar und trage ihre Folgen in sich selbst. Im Sinne einer autonomen Moral bedürfe es nicht einer nachträglichen Aufrechnung.

Dem Empirismus von John Locke (1632–1704) bleibt die Einsicht in eine Welt von Ideen, die allen Menschen von Gott eingegeben wären, verschlossen. Ein Kind verfüge eben nicht über solche Ideen, es sei ein unbeschriebenes Blatt, eine „tabula rasa" (vgl. Goldie 1983, 105–119). Seine Aufgabe sieht Locke in der Offenlegung der Vernünftigkeit des Christentums, exemplarisch beschrieben in „The Reasonableness of Christianity as delivered in Scriptures" (1695). Bibel und christliche Botschaft enthalten demnach ein grundsätzliches Moralgesetz, das mit den Einsichten der Vernunft in allen Punkten kompatibel ist. Umgekehrt lasse sich die Existenz Gottes auf dem Weg der Vernunft aus der Ordnung der Natur schlüssig beweisen.

Ähnlich die Ansätze von John Toland in „Christianity not Mysterious" (1696) und Matthew Tindal in „Christianity as Old as Creation" (1730). Das Christentum ist demnach ein konkretes Beispiel der allen Religionen vorausgehenden und vernunftmäßig zugänglichen „natürlichen Religion". „Jede so genannte Offenbarungsreligion sei im Grunde nichts anderes als die neue Bekräftigung dessen, was sich auch durch rationale Reflexion über die Natur erkennen lasse. Offenbarung sei einzig und allein eine rationale Bestätigung moralischer Wahrheiten, die bereits der aufgeklärten Vernunft zugänglich seien" (McGrath 1997, 103).

6.5 Pietismus

„Der Pietismus ist die bedeutendste Frömmigkeitsbewegung des Protestantismus nach der Reformation und als solche primär ein religiöses Phänomen". Er „entstand um die Wende vom 16. zum 17. Jahrhundert aus der Kritik an den bestehenden kirchlichen und geistigen Verhältnissen fast gleichzeitig in England, den Niederlanden und in Deutschland, griff von da auf die Schweiz, Skandinavien, Osteuropa und die heutigen Vereinigten Staaten von Nordamerika über, war in starkem Ausmaß beteiligt an der weltweiten protestantischen Mission und ist in einer bewegten, Höhepunkte wie Erschlaffungen, Modifizierungen und Neuanfänge aufweisenden Entwicklung bis in die Gegenwart lebendig geblieben" (Brecht 1993,

Bd. I, 1). Ihren Höhepunkt erreichte der Pietismus, der zugleich eine Frömmigkeits- und vielfache Reformbewegung darstellt, zwischen 1690 und 1740 (vgl. Hornig 1998, 98). Insofern kann von ihm als einer eine religiöse Epoche kennzeichnenden Bewegung ebenso gesprochen werden wie von einem zeitübergreifenden Phänomen.

Grundanliegen jeder pietistischen Bewegung ist die Erfahrbarkeit religiöser Aussagen. Insofern ist diese dem Anliegen der mystischen Traditionen innerhalb der großen Weltreligionen nahe. Gleichzeitig bedeutet dies eine oft fundamentale Kritik an einer als Verobjektivierung gedeuteten Rationalisierung und Systematisierung in Theologie und institutionalisierter Kirche. Als auch gegenwärtig erstrebenswertes Ideal wird das Urchristentum gesehen. Dessen religiöse Lebenspraxis wurde in der Sicht vieler Strömungen innerhalb des Pietismus im Prozess der dem Urchristentum nachfolgenden Verkirchlichung aufgegeben oder sogar pervertiert. Die eschatologische Hoffnung beinhaltet nicht selten die Wiederherstellung dieser urchristlichen Lebens- und Glaubensformen.

Mit dem zentralen Aspekt der Erfahrung ist gleichzeitig auch die starke Betonung der Individualität angesprochen. Das einzelne Mitglied einer pietistischen Gemeinschaft beruft sich auf ein konkret beschreibbares und oft sogar datierbares Erweckungserlebnis, das als religiöse Wiedergeburt oder Neuschöpfung gedeutet werden kann. Zentral sind dabei die folgenden Elemente: „Die Passivität des Menschen, die Innerlichkeit des Vorgangs, die Größe des Existenzwandels, die Gotteskindschaft und das aufweisbare Ergebnis" (Schmitt 1972, 15). Wahre Kirche bedeutet insofern die Gemeinschaft dieser Erweckten und steht oft in kritischer Distanz zu den gesamtkirchlich vorgegebenen Strukturen und Lebensformen. Der Pietismus ist insofern eine Laienbewegung, als er ohne traditionell vorgegebene Ämterstruktur auskommt. Trotz der Betonung der Individualität findet sich eine sehr sozial ausgerichtete Ethik, was zur schnellen Verbreitung pietistischen Gedankengutes auch in den außereuropäischen Missionsländern beiträgt. Hier können auch die vielfältigen sowohl praktischen wie theoretischen Bemühungen um eine ganzheitliche Pädagogik angewandt werden.

Große Bedeutung wird den biblischen Schriften zugesprochen, sie sind die „norma normans", die letzte Norm setzende Autorität. Insofern haben sich alle wichtigen Vertreter des Pietismus mit der Schrift und ihrer Auslegung beschäftigt (vgl. Brecht Bd. IV, 2004, 102–120). Da allerdings häufig von einer Verbalinspiration der Bibel ausgegangen wird, stehen die meisten Vertreter des Pietismus der zeitgleich einsetzenden historisch-kritischen Exegese distanziert gegenüber.

Das Verhältnis des Pietismus zur Aufklärung und umgekehrt ist vielschichtig. Die Kritik an theologischen Abstrahierungen und institutionellen Verfestigungen verbindet beide ebenso wie die Betonung der Individualität. Auch die Hinwendung zu den biblischen Schriften ist beiden zeitgleich in Erscheinung tretenden Bewegungen gemeinsam. Die starke ethische Ausrichtung des Pietismus und in deren Folge die zentrale Bedeutung der Pädagogik zeigt strukturelle Ähnlichkeiten mit den Anliegen der Aufklärung. Insofern wurde der Pietismus auch häufig als „Vorläufer, Bahnbrecher und Wegbereiter der Aufklärung" verstanden, wobei andere das Verhältnis durchaus auch als ein „komplementäres Ineinander und ... Durcheinander" deuten (Beutel 2006, 228).

Andererseits lassen sich die Unterschiede dieser beiden Ansätze nicht übersehen. Der starken Betonung der Vernunft auf Seiten der Aufklärung steht die Betonung von Gefühl und Erfahrung auf Seiten des Pietismus entgegen. Könnte man einzelnen Richtungen der Aufklärung eine starke „Verkopfung" vorwerfen, so wäre bei Vertretern des Pietismus zu fragen, ob bei ihnen trotz der intendierten Ganzheitlichkeit die rational-intellektuelle Seite des Menschen nicht zu kurz kommt. Die grundsätzliche Frage nach dem nicht unproblematischen Verhältnis von Aufklärung und Pietismus lässt sich wohl nur im Einzelfall bei der Darstellung der wichtigsten Gestalten beantworten. Im Falle des an die junge Universität Halle berufenen Wegbereiters der Aufklärung, Christian Wolff (1679–1754), hatte die Begegnung mit dem Pietismus allerdings zur Folge, dass er nicht nur seinen Lehrstuhl verlor sondern dass er auf Geheiß des Königs 1723 auch die Stadt Halle verlassen musste (vgl. Sparn Bd. IV, 2004, 227–263).

Philipp Jakob Spener (1635–1705) gilt als die zentrale Gestalt oder sogar als der „Vater des lutherischen Pietismus" (vgl. Hornig 1998, 99; Brecht 1993 Bd. I, 279). Der Untertitel seiner programmatischen Schrift von 1675 „Pia desideria" beschreibt seine gesamte theologische Intention: „Herzliches Verlangen nach Gott gefälliger Besserung der wahren evangelischen Kirchen sampt einigen dahin einfältig abzweckenden christlichen Vorschlägen". Seine Gegenwartsdiagnose sieht die lutherische Kirche von drei äußeren Gefahren bedroht: vom „antichristlichen Rom", von der „Bedrängnis der Türken" und von den „im Irrtum befangenen Calvinisten" (Brecht 1993, 304). Zentral aber erscheinen ihm aber auch die Desiderate seiner eigenen lutherischen Kirche. Deren Amtsträger werden nach seiner Beobachtung der von ihnen verkündigten Botschaft in ihrer eigenen Lebenspraxis nicht gerecht: „Das Problem ist, dass die Gnadenmittel gebraucht werden, ohne dass dies sittliche Konsequenzen hat" (Brecht 1993, 305). Abhilfe kann nur geschehen, indem der biblischen Botschaft mehr Gehör verschafft wird. In Versammlungen Gleichgesinnter außerhalb der offiziellen Gottesdienste sollten in einer Art Hauskirche Prediger das Gotteswort verkünden. Daran schließt sich für Spener seine Vorstellung vom „allgemeinen geistlichen Priestertum" aller Getauften an, das erst durch ein konkret bennenbares Bekehrungserlebnis zur eigentlichen Entfaltung kommt: „Das geistliche Priestertum soll nicht nur im persönlichen Opfer und Gebet, in guten Werken und Almosen bestehen, sondern auch im fleißigen Studium des Wortes Gottes, in der Belehrung, Ermahnung, Bekehrung und Erbauung der Mitmenschen, der Fürbitte für sie und der Sorge für ihre Seligkeit. Dies sollte nicht allein den Pfarrern überlassen werden" (Brecht 1993, 308). Nicht in der Anhäufung von Glaubenslehren oder in theologischen Disputen sieht er einen Ausweg aus der diagnostizierten Krise sondern allein in einer erneuerten Frömmigkeitspraxis. Als Basis allen Handelns und Denkens erscheint ihm dabei die Liebe. Die Gemeinschaft gleich gesinnter Frommer bildet so die Keimzelle der entstehenden wahren Kirche. Als katechetisches Hilfsmittel zur Förderung dieser Gemeinschaft dient Speners um einfache Sprache und vielfältigen Bibelbezug bemühte Schrift „Einfältige Erklärung der christlichen Lehr nach der Ordnung des kleinen Catechismi des theuren manns Gottes Lutheri" (1677).

August Hermann Francke (1663–1727) sieht im Denken und Handeln seiner Mitmenschen die „Ordnung Gottes" gebrochen. Individuelle Schuld und institutionelle Fehlformen verlangen Buße, Bekehrung und Hinterfragung der bestehenden Kirchenstrukturen. Insofern kann er analog der Theologie des Johannesevangeliums dualistisch unterscheiden zwischen den „Kindern Gottes" und den „Kindern der Welt". Nur Bekehrte sind in ihrer Minorität „rechte Kirche", wobei diese bevorzugt aus der Gruppe der Armen und Verachteten kommen. Auch nach der Bekehrung droht die Gefahr eines sündigen Rückfalls. Insofern besteht ein permanenter Anlass zur Überprüfung des eigenen inneren Zustandes und zur Verpflichtung zur Rechenschaft gegenüber der Gemeinde. „In Theorie und Praxis wurde ein Zweiklassenchristentum eingeführt, indem man zwischen der großen Zahl derer, die als Getaufte zur institutionellen Volkskirche gehören und dem wesentlich kleineren Kreis der wahrhaft Bekehrten und Wiedergeborenen unterschied" (Hornig 1998, 104).

Die Bekehrten haben nach Francke auch einen privilegierten Zugang zur biblischen Schrift. Erst die innere Gestimmtheit der Frommen erschließt deren Botschaft. Davon gibt seine 1694 publizierte Schrift Zeugnis: „Der einfältige Unterricht. Wie man die heilige Schrift zu seiner wahren Erbauung lesen solle". Ebenso sein Werk „Christus. Der Kern heiliger Schrift" (1702). Allerdings ist dabei kritisch festzustellen: „Polemisch wird hier ein Monopol für die Schriftauslegung der Frommen und ihre Resultate beansprucht" (Brecht 1993, 468). Diese Polarisierung blieb nicht ohne Folgen an der den Ideen der Aufklärung aufgeschlossenen Universität Halle. Dass der Philosoph Christian Wolff diese seine Arbeitsstätte verlassen musste, war deren direkte Folge.

Dass Frömmigkeit direkte soziale Auswirkungen zeigen sollte, zeigt sich bei Francke in seinem eigentlichen Lebenswerk, der Gründung des Waisenhauses in Halle. 1695 zu Ostern in einem Vorzimmer seines Arbeitszimmers begonnen, wuchs diese Einrichtung in kürzester Zeit. In seinem Todesjahr 1727 betrug die Zahl der Kinder 2234, wobei jetzt nur noch 137 davon echte Waisen waren. Auch Kinder des Bürgertums und des Adels profitierten so von einer ganzheitlichen Pädagogik.

Kritik an der Verobjektivierung der christlichen Botschaft zu abstrakten Lehrsätzen übte auch Nikolaus Graf von Zinzendorf (1700–1768). „Dem Grafen aber als einem Laienchristen lag weniger am dogmatisch richtigen Ausdruck als an der inneren Überzeugung des Herzens und der Bruderliebe zu allen Kindern Gottes, auch unter Katholiken und Separatisten" (Meyer 1995 Bd. II, 31). In der Gründung der Brüdergemeinde 1727 im böhmischen Herrnhut sah dieser die konkrete Möglichkeit, die pietistischen Grundgedanken der Erwählung und Bekehrung im Rahmen einer frommen Alltagspraxis zu realisieren. Verständliche und erbauliche Predigten gehörten ebenso zum Alltag wie neue liturgische Formen wie Liebesmahle, Fußwaschungen und Fast- und Bettage (vgl. Meyer 1995, 27). Ab 1728 entstand der Brauch der „Losungen", bei dem jeden Tag in Spruchkästchen gesammelte Bibelstellen zur Lesung und Umsetzung in die konkrete Alltagspraxis bestimmt wurden. Sein „spekulativer Christozentrismus" (Hornig 1998, 112) trat an die Stelle einer oft unverstandenen Trinitätslehre. Die Menschwerdung Gottes ist demnach nicht auf das einmalige und unüberbietbare Ereignis der Inkarnation in Jesus Christus beschränkt. In der Alltagserfahrung innerhalb der Gemeinde der Bekehrten soll sie vielmehr zum Kennzeichen gottgefälligen Lebensvollzuges werden (vgl. Schmitt, 1972, 102).

John Wesley (1703–1791) besuchte 1738 die Brüdergemeinde von Herrnhut. Die Lebendigkeit der dort erfahrenen Glaubenspraxis beeindruckte ihn so stark, dass er mit seiner Bewegung der „Methodisten" eine eigenständige Denomination innerhalb der Kirchen der Reformation gründete.

6.6 Immanuel Kant (1724–1804)

Wie in einem Brennglas zeigen sich in der Philosophie Immanuel Kants die kritischen Anfragen der Aufklärung an eine verantwortbare Theologie. Da er selbst durch Elternhaus und Erziehung den Pietismus kennengelernt aber auch mit dem zeitgenössischen Deismus vertraut war, stellt sein Ansatz in kritischer Absetzung von beiden einen eigenständigen und unverwechselbaren Versuch dar, Möglichkeit und Grenzen von Religion auch unter den Bedingungen der Vernunft zu beschreiben: „Vernunftgemäß freilich, das sollte der Glaube sein. Kant hat vielleicht erahnt, dass eine, wie er es nannte, am Ende rein statuarische, also gesetzmäßig bleibende, nicht aus innerer Überzeugung affirmierte Religion zum Verderben verurteilt war" (Striet 2005, 166).

6.6.1 Von der Kritik zum Postulat – Kants Religionsphilosophie

Für eine intensive Auseinandersetzung mit dem Pietismus sah Kant aufgrund der zentralen Stellung der Vernunft in seinem Ansatz keinen Anlass. Wichtigere Gesprächspartner waren ihm allerdings die Deisten und die Vertreter der klassischen Gottesbeweise, da auch von diesen der stringente Gebrauch der Vernunft behauptet wurde. Seine Abgrenzung zum Deismus formuliert Kant in seiner „Kritik der reinen Vernunft" (1781): „Wenn ich unter Theologie die Erkenntnis des Urwesens verstehe, so ist sie entweder die aus bloßer Vernunft (theologia rationalis) oder aus Offenbarung (revelata). Die erstere denkt sich nun ihren Gegenstand entweder bloß durch reine Vernunft, vermittels lauter transzendentaler Begriffe (ens originarium, realissimum, ens entium), und heißt die transzendentale Theologie, oder durch einen Begriff, den sie aus der Natur (unsere Seele) entlehnt, als die höchste Intelligenz, und müsste die natürliche Theologie heißen. Der, der so allein eine transzendentale Theologie einräumt, wird Deist, der, so auch eine natürliche Theologie annimmt, Theist genannt. Der erstere gibt zu, dass wir allenfalls das Dasein eines Urwesens durch bloße Vernunft erkennen können, wovon aber unser Begriff bloß transzendental sein, nämlich nur als von einem Wesen, das alle Realität hat, die man aber nicht näher bestimmen kann. Der zweite behauptet, die Vernunft sei im Stande, den Gegenstand nach der Analogie mit der Natur näher zu bestimmen, nämlich als ein Wesen, das durch Verstand und Freiheit den Urgrund aller anderen Dinge in sich enthalte. Jener stellt sich also unter demselben bloß eine Weltursache …, dieser einen Welturheber vor" (Kant 1981, Bd. IV, 556, = A 631). Weder eine postulierte neutrale Ursache noch die Setzung eines anthropomorph vorgestellten Schöpfers befriedigt die einer vernunftmäßigen Begründung verpflichtete Argumentation.

Ähnlich unzulässig sind ihm die klassischen Gottesbeweise. In der frühen Schrift „Der einzig mögliche Beweisgrund zu einer Demonstration des Daseins Gottes" (1763) hatte Kant noch eine gewisse Sympathie für den kosmologischen Gottesbeweis gehegt. Allerdings endet seine Schrift über eine mögliche „Demonstration des Daseins Gottes" mit dem bezeichneten Satz: „Es ist durchaus nötig, dass man sich vom Dasein Gottes überzeuge; es ist aber nicht eben so nötig, dass man es demonstriere" (Kant 1981, Bd. II, 738 = A 205). In der „Kritik der reinen Vernunft" bestreitet er jede Möglichkeit eines Gottesbeweises dieser Art. Den Sprung von Logik in die Ontologie nach dem etwas, was logisch sinnvoll erscheint auch tatsächlich existiere, kommentiert er mit offenem Spott: „Es war etwas ganz Unnatürliches und eine bloße Neuerung des Schulwitzes, aus einer ganz willkürlich entworfenen Idee das Dasein des ihr entsprechenden Gegenstandes selbst ausklauben zu wollen" (Kant 1981, Bd. IV, 536 = 603). Weder durch Vernunft nicht nachvollziehbare Setzungen noch positivistisch vorgegebene Offenbarungswahrheiten vermögen dem Menschen nach Kant Sicherheit im Denken aber eben auch nicht bei einem verantwortungsvollen ethischen Handeln zu geben.

Wenn es somit unmöglich – und vielleicht auch gar nicht sinnvoll – ist, theoretisch Absolutes beweisen zu wollen, stellt sich Kant die Frage, ob es nicht aber doch im praktischen Handeln des Menschen einen Bereich gibt, dem absolute Geltung nachweisbar zugesprochen werden muss. Der konkrete Mensch sieht sich demnach in der Spannung von Vernünftigkeit und Triebhaftigkeit. Will er sein Handeln moralisch verantwortungsvoll begründen, bedarf es einer für alle einsehbaren Norm. Diese Norm darf nicht fremdbestimmt von außen kommen, sondern muss in ihrer Vernünftigkeit im Handeln selbst aufgezeigt werden können. Sie darf auch nicht der Beliebigkeit einer Willkür des Handelnden entspringen. Aber das theoretische Aufzeigen einer Norm allein ist noch nicht praktisch-verantwortbares Handeln. Es bedarf dazu eines Entschlusses, diese Norm praktisch werden zu lassen. Und auch dieser Willensentschluss darf nicht durch äußere Merkmale wie Lohn/Strafe fremdbestimmt sein. Es bedarf, wie Kant es in seiner „Grundlegung zur Metaphysik der Sitten" (1785) beschreibt, der „Autonomie des Willens": „Autonomie des Willens ist die Beschaffenheit des Willens, dadurch derselbe ihm selbst (unabhängig von aller Beschaffenheit der Gegenstände des Wollens) ein Gesetz ist. Das Prinzip der Autonomie ist also: nicht anders zu wählen, als so, dass die Maximen seiner Wahl in demselben Wollen zugleich als allgemeines Gesetz mit begriffen sein" (Kant 1981, Bd. VI, 74 f. = A 87). In der gleichen Schrift formuliert er entsprechend diesen Anforderungen eine erste Form des so genannten „kategorischen Imperativs": „Handle nach Maximen, die sich selbst zugleich als allgemeine Naturgesetze zum Gegenstand haben können" (Kant 1981, Bd. VI, 71 = A 82). In der „Kritik der praktischen Vernunft" (1788) erhält dieser dann die klassische Form: „Handle so, dass die Maxime deines Willens jederzeit zugleich als Prinzip einer allgemeinen Gesetzgebung gelten könne" (Kant 1981, Bd. VI, 140 = A 54).

Ein autonomer Wille ist allerdings trotzdem an eine zentrale Bedingung gebunden: um nach dem kategorischen Imperativ handeln zu können, bedarf es der Freiheit. Ohne diese transzendentale, das heißt jeder Handlung vorausgehende, Freiheit gäbe es weder einen autonomen Willen noch wäre demzufolge dann eine nach den Kriterien des kategorischen Imperativs orientierte Handlung möglich. Umgekehrt verhindert der kategorische Imperativ, dass Handlungen aus Freiheit in Willkür ausarten.

Wenn nun aber auch moralische Handlungen nicht einfach nach den Kriterien eines äußeren Zweckes beurteilt werden können, so bedarf es nach Kant trotzdem eines letzten Ziels, nach dem alle einzelnen Handlungen ausgerichtet sind: „aber es bestimmt uns doch auch, und zwar a priori, einen Endzweck, welchem nachzustreben es uns verbindlich macht: und dieser ist das höchste und Freiheit mögliche Gut in der Welt", so Kant in der „Kritik der Urteilskraft" (1790). Dieses höchste Gut bestimmt Kant als die Glückseligkeit: „Folglich das höchste in der Welt mögliche, und, so viel an uns ist, als Endzweck zu befördernde, physische Gut ist Glückseligkeit: unter der objektiven Bedingung der Einstimmung des Menschen mit dem Gesetze der Sittlichkeit, als der Würdigkeit glücklich zu sein" (Kant 1981, Bd. VIII, 576 f. = 418 f.).

Die konkrete Beobachtung aber zeigt: sittliche Handlungen und Glückseligkeit kommen innerweltlich nicht immer zusammen. Welt und Natur können diesen Zusammenhang nicht leisten. Deshalb formuliert er als Postulat der praktischen Vernunft: „Also wird auch das Dasein einer von der Natur unterschiedenen Ursache der gesamten Natur, welche den Grund dieses Zusammenhanges, nämlich der genauen Übereinstimmung der Glückseligkeit mit der Sittlichkeit enthält, postuliert" (so Kant in der „Kritik der praktischen Vernunft" von 1788, Kant 1981, Bd. VI, 255 = A 225). Dieses Postulat der praktischen Vernunft beschreibt Kant in der Sprache der theologischen Tradition: „Also ist die oberste Ursache der Natur, so fern sie zum höchsten Gute vorausgesetzt werden muss, ein Wesen, das durch Verstand und Wille die Ursache (folglich der Urheber) der Natur ist, d. i. Gott" (Kant 1981, Bd. VI, 256 = A 226). Insofern „ist eine Erweiterung der Moral zur Religion nicht nur möglich, sondern sie ist letztlich notwendig, beachtet man die Finalbestimmung des Sinnenwesens Mensch, der nicht nur auf Sittlichkeit, sondern auch auf Glückseligkeit angelegt ist" (Ruhstorfer 2005, 60).

Ähnlich argumentiert Kant auch bezüglich des Postulats der Unsterblichkeit. Wenn diese auch nicht zur Belohnung oder Bestrafung sittlicher Handlungen instrumentalisiert und somit verzweckt werden darf, so sieht der sich als unsterblich fühlende Mensch, „dem die Zeitbedingung nichts ist, … in dieser für uns endlosen Reihe, das Ganze der Angemessenheit mit dem moralischen Gesetze, und die Heiligkeit, die sein Gebot unnachläßlich fordert, um seiner Gerechtigkeit in dem Anteil, den er jedem am höchsten Gute bestimmt, gemäß zu sein …" (Kant 1981, Bd. VI, 253 = A 221).

Gott, Freiheit und Unsterblichkeit bleiben somit für Kant Postulate der praktischen Vernunft, nachdem jeder theoretische Gottesbeweis von ihm destruiert wurde. Allerdings haben die drei Postulate nicht die gleiche Wertigkeit. Da ohne Freiheit eine im Willen fundierte moralische Handlung überhaupt nicht zu Stande kommt, ist der „Begriff der Freiheit, so fern dessen Realität durch ein apodiktisches Gesetz der praktischen Vernunft bewiesen ist, … Schlussstein von dem ganzen Gebäude eines Systems" (Kant 1981, Bd. 6, 107 = A 4, vgl. Wendel 2005). Nach der Benennung der Freiheit als Grundbedingung menschlichen Handelns heißt es dann abgestuft bezüglich des so genannten moralischen Gottesbeweises bereits in den ersten Sätzen von Kants Schrift „Die Religion innerhalb der Grenzen der bloßen Vernunft" von 1793: „Die Moral, so fern sie auf dem Begriffe des Menschen, als eines freien, eben darum aber auch sich selbst durch seine Vernunft an unbedingte Gesetze bindenden Wesens, gegründet ist, bedarf weder der Idee eines anderen Wesens über ihm, um seine Pflicht zu erkennen, noch einer anderen Triebfeder als des Gesetzes selbst, um sie zu beobachten" (Kant 1981 Bd. 7, 649 = BA III). In seiner „Kritik der Urteilskraft" argumentierte Kant ähnlich: „Dieses moralische Argument soll keinen objektiv-gültigen Beweis vom Dasein Gottes an die Hand geben, nicht dem Zweifelgläubigen beweisen, dass ein Gott sei; sondern dass, wenn er moralisch konsequent denken will, er die Annehmung dieses Satzes unter die Maximen seiner praktischen Vernunft aufnehmen müsse" (Kant 1981 Bd. VIII, 577 = Anm. 425). Oder später in der gleichen Schrift: „Die Wirklichkeit eines höchsten moralisch-gesetzgebenden Urhebers ist also bloß für den praktischen Gebrauch unserer Vernunft hinreichend dargetan, ohne in Ansehung des Daseins desselben etwas theoretisch zu bestimmen" (Kant 1981 Bd. VIII, 584 = A 430).

In „Die Religion innerhalb der Grenzen der bloßen Vernunft" beschreibt Kant die Unterschiede zwischen „Kirchenglauben" und „Religionsglaube". Beiden gemeinsam ist die Aufgabe, den Menschen zu einem sittlich verantwortlichen Wesen zu erziehen. Insofern besteht zwischen beiden Formen nicht nur „Verträglichkeit" sondern sogar „Einigkeit" (vgl. Kant 1981, Bd. VII, 659 = B XXIII). Allerdings enthält der traditionelle, von Kant oft auch „statuarisch" genannte Kirchenglaube mit Offenbarung, heiligen Bücher, Institution, historischen Vorbildern, Tradition und Priesteramt Mittel, um seine innerste moralische Botschaft sinnlich wahrnehmbar zu vermitteln. Exemplarisch dafür sieht Kant in Jesus Christus die „personifizierte Idee des guten Prinzips": „Zu diesem Ideal der moralischen Vollkommenheit, d. i. dem Urbilde der sittlichen Gesinnung in ihrer ganzen Lauterkeit uns zu erheben, ist nun allgemeine Menschenpflicht". Bezeichnenderweise fügt Kant sofort an: „wozu uns auch diese Idee selbst, welche von der Vernunft uns zur Nachstrebung vorgelegt wird, Kraft geben kann" (Kant 1981 Bd. 7, 713 = A 68). All diese sinnlich wahrnehmbaren und dem Menschen von außen zukommenden Phänomene sind somit nur Mittel zum eigentlichen Zweck, die „Erfüllung aller Menschenpflichten als göttliche Gebote" zu erleichtern (vgl. Kant 1981 Bd. VII, 771 = A 150). Diese Verhältnisbestimmung von Kirchenglauben und Vernunftreligion zeugt somit auch von der Toleranz als einem Wesenmerkmal der Aufklärung. Werden diese Hilfsmittel des Kirchenglaubens allerdings verselbständigt, dann wird Kants Kritik überdeutlich: „alles, was, außer dem guten Lebenswandel, der Mensch noch tun zu können vermeint, um Gott wohlgefällig zu werden, ist bloßer Religionswahn und Afterdienst" (Kant 1981 Bd. VII 842 = A 246). Insofern hat der Kirchenglaube „zu seinem höchsten Ausleger den reinen Religionsglauben" (Kant 1981 Bd. VII 770 = A 149). Was durch praktische Vernunft selbst von jedem Einzelnen erkannt werden könnte, wird vom konkreten Menschen in der Ambivalenz seines Lebens durch die genannten äußeren Gegebenheiten vermittelt. Allerdings – und darin zeigt sich sowohl das große Selbstbewusstsein der Aufklärung und der große pädagogische Optimismus seiner Vertreter – erscheint Kant seine eigene Zeit als besonders geeignet, den Schritt vom Kirchenglauben zur Vernunftreligion zu wagen: „Fragt man nun: welche Zeit der ganzen bisher bekannten Kirchengeschichte die beste sei, so trage ich kein Bedenken, zu sagen: es ist die jetzige" (Kant 1981 Bd. VII, 797 = A 188).

6.6.2 Frühe theologische Rezeption Kants

Kant der „Alleszermalmer" oder der Wegweiser für eine verantwortungsvolle Theologie? Reicht die bloße Postulierung Gottes aus, um alle Dimensionen des damit benannten Phänomens zu beschreiben? Früh setzte eine auch theologisch interessierte Rezeption der kritischen Philosophie Kants ein, die sich im Jahre 1827 auch nicht von der Aufnahme der italienischen Ausgabe der „Kritik der reinen Vernunft" auf den Index der verbotenen Bücher durch die päpstliche Glaubensbehörde aufhalten ließ (vgl. Göbel 2005).

Dass Kant mit seiner Kritik an der Verselbständigung des Kultus und an der stark von äußeren Merkmalen geprägten Form des Kirchenglaubens bei den Vertretern der Kirchen der Reformation Gehör und Zustimmung gefunden hat, leuchtet ein. Am Ende des 19. Jahrhunderts wird er sogar zum Promotor der einflussreichen „liberalen Theologie" werden (vgl. Raffelt 2005). Erstaunen mag allerdings zunächst die Feststellung: „Die Aufnahme der Philosophie Kants im katholischen Deutschland war zunächst ganz überwiegend positiv, ja zum Teil geradezu enthusiastisch" (Hinske 2005 b, 303, vgl. auch Hinske 2005 a, 190).

Viele katholische Theologen und zum Teil auch Bischöfe sahen in Kants Ansatz einen Weg, wie auch Kirche und Theologie argumentativ dem immer stärker aufkommenden Determinismus, Materialismus und Atheismus begegnen könnten. Der stark pädagogisch engagierte katholische Priester Sebastian Mutschelle (1749–1800) kritisierte in seinem Werk „Über Kantische Philosophie" (1799) die Instrumentalisierung des Bittgebets im Sinne einer magischen Beschwörungsgeste. Er vertrat dabei den Gedanken einer autonomen Moral, deren einzige Quelle die Vernunft sei: „Ein Mann ganz nach dem sittlichen Gesetze der Vernunft – ist ein Mann nach dem Herzen Gottes" (zit. nach Rauscher 2005, 219 f.). Dies trug ihm allerdings den Vorwurf der „Freigeisterei" ein (vgl. Rauscher 2005, 208).

Den Würzburger Benediktiner Matern Reuß (1751–1798) verband nach der Veröffentlichung seines Buches „Soll man auf katholischen Universitäten Kants Philosophie erklären" (1789) eine persönliche Freundschaft mit Kant, deren Zusammentreffen vom Würzburger Bischof Franz Ludwig von Erthal ideell und finanziell unterstützt wurde.

Der 1752 geborene Benediktiner Ildephons Schwarz lobt in seinem „Handbuch der christlichen Religion" (1793/1794) die Philosophie Kants als Mittel zur Bekämpfung des Agnostizismus. Allerdings bezweifelt er die Möglichkeit einer autonomen Moral und vertritt den Standpunkt, dass der Mensch ohne von außen auf ihn zukommende Offenbarung sein Ziel verfehlen würde (vgl. Lehner 2005, 235–246). Zustimmung und Kritik kommt auch von Ulrich Peutinger, Benediktiner im Kloster Irsee und von 1792–1804 Dogmatikprofessor an der Universität Salzburg. Sein Werk „Religion, Offenbarung und Kirche in der reinen Vernunft aufgesucht" (1795) sieht in jedem Menschen ein Ur-Sittengesetz angelegt. Der Mensch sei aber nach dem Sündenfall ohne Offenbarung und Hilfe Gottes nicht fähig, dieses Gesetz zu erfüllen. Mit Kant verbindet ihn die Kritik sowohl an der traditionellen Theologie mit ihren Gottesbeweisen als auch die Abwehr von Materialismus und Skeptizismus (vgl. Lehner 2005, 247–261).

Josef Weber (1753–1831) entwickelte sich nach der Veröffentlichung seines „Versuch, die harten Urteile über die kantische Philosophie zu mildern" (1793) immer stärker selbst zu einem Kritiker Kants – vielleicht nicht unbeeinflusst vom Verbot des Bischofs Clemens Wenceslaus vom 16. 9. 1793, an der Universität Dillingen weiterhin die kantische Philosophie zu lehren (vgl. Sirovátka 2005, 265–271). Benedikt Stattler (1728–1797) repräsentiert mit seinem „Anti-Kant" eine Theologie, die mit mathematischer Strenge das Dasein Gottes beweisen möchte. Kants Einsicht in die Sinnhaftigkeit und Vernunftmäßigkeit des moralischen Handelns reicht ihm nicht aus. Es bedarf vielmehr eines Gottes, „welcher in einem künftigen Leben die Tugend belohnt und das Laster straft" (nach Sirovátka 2005, 276). Im Gegensatz dazu verteidigt Gregor Leonhard Reiner (1756–1807) in „Kant's Theorie der reinmoralischen Religion. Mit Rücksicht auf das eine Christenthum kurz dargestellt" (1796) die Fähigkeit des Menschen, trotz der Folgen der Erbsünde zu moralischen Entscheidungen zu kommen. Freiheit und Verantwortung sind ihm Grundprinzipien auch der Theologie (vgl. Fischer 2005, 282–302).

Die Grundfrage Kants, ob der Mensch in Autonomie die Maximen seines Handelns erkennen und in freier und verantwortungsvoller Entscheidung des Willens dann auch danach handeln kann ohne eine Außenbestimmung und ohne Androhung von ewigen Strafen oder ohne Verheißung ewiger Glückseligkeit für alle, diese Frage bleibt der Theologie bis heute gestellt. Eine Bejahung dieser Frage müsste die weitere klären, welche Funktion Theologie und Kirche in diesem Fall noch zukommt.

Allerdings bleibt auch die Erkenntnis Kants, dass über Gott nur im Kontext der Praxis und der letztlich existentiellen Entscheidung gesprochen werden kann. Ob allerdings dann eine reine Postulierung ausreicht oder ob nicht vielmehr über die Gehalte der Moral hinausgehend auf die im Begriff „Gott" enthaltene Erfahrung des Menschen zurückgegriffen werden muss, fragen sich Theologen bereits noch zu Lebzeiten dieses Wegbereiters auch einer modernen und verantwortungsvollen Theologie.

6.7 Die jüdische Aufklärung: Haskala

„Das Judentum steht zur Aufklärung in einem eigentümlich zwiespältigen Verhältnis. Einerseits gingen vom Judentum seit der Antike rational akzentuierte, aufklärerische Impulse aus, sofern die jüdische religiöse Polemik sich gegen den antiken Polytheismus oder gegen die traditionelle christliche Trinitätslehre wandte. Andererseits blieb es von den dadurch ausgelösten religionskritischen Bewegungen selber weitgehend unberührt, wirkte also eher in der Art eines Katalysators, Prozesse auslösend, ohne sich selbst zu verändern" (Maier 1988, 642). Die Unbestimmtheit des allgemeinen Begriffs der Aufklärung spiegelt sich somit ebenso in dem Begriff „Haskala" als Terminus jüdischer Aufklärung wie auch im Begriff „Maskilim", der Selbstbezeichnung der jüdischen Aufklärer mit Schwerpunkt im 18. und 19. Jahrhundert (vgl. Feiner 2007).

Bereits die Grundschrift des Judentums, die Tora, zeigt in ihrer Tendenz zum Monotheismus eine Rationalisierung der Vielfalt religiös deutbarer Erfahrungen. Insofern erklärt sich die Kritik an dem Polytheismus der benachbarten Völker. Die unterschiedlichen rabbinischen Traditionen setzen dies fort, wobei ein übersteigerter Rationalismus ähnlich wie im Christentum in der Gefahr steht, in einen Irrationalismus oder in einen rein spekulativen Idealismus zu pervertieren. Das Interesse an den Schriften der Tradition und an deren Auslegung und insofern auch das elementare Interesse an der Sprache sind die Beweggründe, nach der vernunftmäßig einsehbaren und kommunikativ vermittelbaren Wahrheit zu suchen. Insofern wurde die hier geleistete Arbeit Vorbild auch für die theologische Reflexion im Christentum, exemplarisch die exegetische Arbeit von Baruch Spinoza für die historisch-kritische Arbeit der christlichen Bibelwissenschaft.

Auch die rechtliche Stellung der Juden in den einzelnen Ländern trug wesentlich zur Verbreitung der Aufklärung innerhalb des Judentums bei. Auch nichtjüdische Wegbereiter der Aufklärung setzten sich im Kontext einer Rationalisierung politischer Strukturen und unter dem Banner der Toleranz für die anzustrebende Gleichberechtigung der jüdischen Bevölkerung ein. John Locke verfasste 1689 seine „Epistula de Tolerantia", in der er darlegte, dass „der Ausschluss der Juden aus der Gesellschaftsordnung nicht mehr zu rechtfertigen" sei (Battenberg1990, Bd. II, 61). John Toland wird der Essay zugeschrieben „Reasons for Naturalizing the Jews in Great Britain and Ireland"(1714). Neben dem Gedanken der Toleranz stehen für ihn auch ganz pragmatische Aspekte wie eigene wirtschaftliche Vorteile für die volle Integration der jüdischen Bevölkerung. Der aufgeklärte Absolutismus des österreichischen Kaisers Josefs II. setzte diese Einsichten in verschiedenen Toleranzedikten in praktische Politik um: Böhmen/Mähren 1781/1782, Ungarn 1783 und Galizien 1789.

Im sonst den Gedanken der Aufklärung offen gegenüber stehenden Preußen wirkte sich das so genannte „Generalreglement" von 1750 mit seinen zahlreichen Bestimmungen für den Handel von Juden und deren Gemeindeangelegenheiten einschließlich der Höchstzahl der in Preußen zugelassenen Juden meist mehr als Einschränkung denn als Grundlage für Emanzipation und Freiheit aus. Dazu gehört auch die im „Generalreglement" vorgesehene Einteilung in sechs unterschiedliche Gruppen zur Errichtung von Schutzgeldern.

Trotzdem wird Preußen und insbesondere Berlin ein erstes Zentrum jüdischer Aufklärung, das dann wiederum ausstrahlt auf Süd- und Osteuropa. Auch hier waren es oft Einzelpersönlichkeiten, die die Entwicklung voranbrachten. Die zentrale Gestalt ist dabei Moses Mendelssohn (1729–1786). Insbesondere der intensive Gedankenaustausch mit Gotthold Ephraim Lessing (1729–1781), für dessen „Nathan der Weise" er Vorbild war, beschleunigte und verstärkte das publizistische Werk Mendelssohns. Insofern gilt er als „der eigentliche Vater der von den Juden ausgehenden Aufklärung" (Battenberg 1990, Bd. II, 70). In seinen zahlreichen Werken suchte er die Vernünftigkeit des Judentums ebenso darzustellen, wie er durch seine oft populärwissenschaftliche Art der Darstellung einen Ausbruch aus der geistigen Ghettosituation anstrebte. In einem Brief legt er seine Überzeugung offen: „Wir haben keine Glaubenssätze, die gegen die Vernunft oder über dieselbe seien. Wir tun nichts zur natürlichen Religion hinzu, als Gebote und Satzungen; aber die Grund- und Glaubenssätze unserer Religion beruhen auf dem Fundament des Verstandes" (nach Graetz, 1998, Bd. XI, 26). Mendelssohns Übersetzung des Pentateuchs sollte dieser Aufgabe dienen, wobei er sich zugleich einer heftigen innerjüdischen Kritik aussetzte. Viele sahen in der Übersetzung eines heiligen Textes die Gefahr einer Profanisierung. 1767 erschien sein weit verbreitetes Werk „Phädon oder über die Unsterblichkeit der Seele". Darin möchte er entsprechend dem gleichnamigen Dialog von Platon aufzeigen, dass Unsterblichkeit „dem unverdorbenen, nicht mißgeleiteten Menschenverstande ebenso hell einleuchtend, ebenso unumstößlich gewiss, als irgend ein Satz in der Geometrie" sei (nach Battenberg 1990, Bd. II, 73). Dieses Pochen auf die Übereinstimmung von Glaubens- und Vernunftwahrheiten veranlasste den Zürcher Theologen Johann Caspar Lavater (1741–1801) zu fragen, ob Mendelssohn dann nicht besser gleich zu einem aufgeklärten Christentum konvertieren möchte. Für die Vernunftmäßigkeit eines Judentums jenseits aller Spekulation tritt Mendelssohn auch ein in seiner ebenso stark rezipierten Schrift „Jerusalem oder über religiöse Macht und Judentum" (1783). Religiöse Wahrheiten haben demnach ebenso eine ewige Natur wie Vernunftwahrheiten. Gleiches gilt aber auch für das Problem der geschichtlichen Wahrheiten. Ähnlich dem Erziehungsgedanken der theologischen Aufklärung, dass Gott sich den Menschen gemäß deren Entwicklungsstand offenbare, heißt es hier: „Ewige Wahrheiten und geschichtliche Wahrheiten seien ihrer Quelle nach verschieden, dem Grade der Gewissheit nach aber gleichbedeutend" (nach Graetz 1998, Bd. XI 81). Im Judentum sah er die Forderung nach religiöser Freiheit bereits in dessen Anfängen zugrunde gelegt: „Das uralte, echte Judentum enthalte darum auch keine bindenden Glaubensartikel, keine symbolischen Bücher, auf welche die Gläubigen vereidigt und verpflichtet werden müssten" (nach Graetz 1998, Bd. XI, 81). Zusammenfassend: „So stellte das Judentum nach Mendelssohn in erster Linie eine zeremonielle, brauchtumsbezogene Tradition dar, die volle Gedankenfreiheit gewährt und daher eher als das dogmatisch verfestigte Christentum die Entwicklung einer aufgeklärten Vernunftreligion ermöglichte" (Maier 1988, 669).

Das Bemühen um eine nicht exklusive Sprache wie das oft diskriminierte Jiddisch und der Einsatz für die Allgemeinbildung auch jüdischer Kinder waren weiterhin zentrale Forderungen der Vertreter der Haskala. Naphtaly Herz Wessely (1725–1805) plädiert in seiner Schrift „Worte des Friedens und der Wahrheit" (1782) für eine solche Reform des jüdischen Erziehungswesens. Die jeweilige Landessprache, Kenntnisse der sich nun rasch entwickelnden Naturwissenschaften, Geschichte und Geographie sollten neben den innerjüdischen Themen Unterrichtsstoff auch an rein jüdischen Schulen sein.

Die bald berühmten Salons gerade jüdischer Frauen wie Rahel Varnhagen (1771–1833) und Henriette Herz (1764–1847) trugen das Ihre zur Verbreitung und Vermittlung der jüdischen Haskala bei.

7. Das 19. Jahrhundert: Die Entdeckung der Geschichtlichkeit

Wolfgang Pauly

7.1 Von der Revolution zur Restauration

Das 18. Jahrhundert war „für alle christlichen Kirchen ein überaus schwieriger Zeitabschnitt …, für die römische Kirche im Besonderen jedoch eine Periode mit viel mehr Dekadenzerscheinungen als Anzeichen einer Erneuerung" (Aubert 1971, 3). Die Hypotheken des vergangenen Jahrhunderts lasten auf dem neuen. Der Untergang des politischen „Ancien Régime" im Kontext der Französischen Revolution 1789 betraf nicht zuletzt wegen der starken Verbindung der katholischen Kirche mit dem Feudalismus auch die bisherigen kirchlichen Machtstrukturen. Die Säkularisation brachte der Kirche auch materiell schmerzhafte Einschritte. Die Entwicklungen in den einzelnen Ländern sind dabei durchaus unterschiedlich zu beurteilen. Der Deckungsgleichheit von französischem Staat und Kirche steht in Deutschland infolge der Reformation eine Vielfalt von Kirchen und deren je unterschiedliche theologische und politische Ausrichtung gegenüber. Die österreichische Monarchie mit ihren aufgeklärten Herrschern Maria Theresia und Joseph II. nahmen teilweise die Anliegen der Revolution vorweg und boten so den Gedanken des revolutionären Aufbruchs eine andere Basis als z. B. die Monarchie und Kirche in Spanien. Die Revolution und deren Folgen verlaufen zudem alles andere als gradlinig und eindeutig. Zahlreiche Vertreter des politischen aber auch des kulturell-religiösen Aufbruchs zeigen die Brüche dieser Bewegung in ihren eigenen Biographien. Schwerpunkt kirchlichenamtlichen Handelns war die Wahrung des traditionellen Besitzstandes, wobei sich dieses auf einflussreiche ideologische Unterstützung durch zahlreiche Schriftsteller, Philosophen und Theologen berufen konnte. Nur wenige sahen im gesellschaftlich-politischen Aufbruch eine Chance zur eigenen inneren Erneuerung der Kirche. Selbst die Erklärung der Menschenrechte wurde mit Misstrauen, wenn nicht mit offener Ablehnung von Seiten kirchlicher Autoritäten wie z. B. Papst Pius VI. aufgenommen.

Große theologische Entwürfe entstehen nicht im Kontext der Revolution. Das Erschrecken über den nachfolgenden Terror führt meist zu Gedanken der Restauration oder einer romantischen Verklärung einer für das Mittelalter vorausgesetzten Harmonie und Ordnung. Abbé Grégoire (1750–1831) ist mit seinem Engagement für die praktische Umsetzung der Ideen der Französischen Revolution eine seltene Ausnahme. Als auf die neue Verfassung vereidigter Bischof von Blois und als Abgeordneter in der Versammlung des Dritten Standes kämpfte er in seinen zahlreichen Publikationen und in seinem politischen Engagement auch für die Integration der neuen Ideen in seine eigene Kirche. Zu dem von der Revolutionsregierung von den Klerikern geforderten Eid auf die Verfassung sagt er: „Ich kann nach reiflicher Prüfung in der Zivilkonstitution des Klerus nichts finden, was die heiligen Wahrheiten verletzen würde, an die wir glauben und die wir lehren müssen" (zit. nach Plongeron 1989, 23, vgl. auch Plongeron 2000, 305 ff.).

Umgekehrt entstanden restaurative Gegenentwürfe oft nach persönlicher Enttäuschung über die Folgen des revolutionären Aufbruchs. Joseph de Maistre (1754–1821), zunächst Freimaurer und Verfechter der Ideen der Aufklärung sieht nach den Revolutionswirren nur noch im Papst die Macht, die Einheit und Frieden stiften kann („Du Pape" 2 Bd. 1819 und: „De l'église gallicane dans son rapport avec le souverain Pontife" 1821). Eine mittelalterliche Theokratie verbunden mit der Hoffnung auf einen Sieg über den Protestantismus, in dem er die Ursache aller revolutionären Bewegungen sieht, prägen seinen Ansatz. Auch sieht er im Gedanken einer in der katholischen Kirche verwirklichten Monarchie die Chance, den auf Eigenständigkeit gegenüber der römischen Zentrale pochenden Gallikanismus und den Ultramontanismus zu bekämpfen. Joseph-Marie de Bonald (1754–1840) plädiert als Vertreter des Feudalismus und Royalist ebenso für eine Restauration in Staat, Kirche und Gesellschaft (vgl. „Théorie du pouvoir politique et religieuse", 3 Bd. 1796).

Auch einflussreiche Schriftsteller stellen sich mit ihrer Vision eines mittelalterlichen oder frühchristlichen Idealzustandes in den Dienst der Restauration. Francois-René Chateaubriand (1762–1848) erteilt Aufklärung und Revolution eine eindeutige Absage (vgl. „Le génie du christianisme", 1802, und „Les martyrs ou le triomphe de la religion", 1809). In Italien konvertiert der ursprüngliche Verteidiger des revolutionären Programms der Enzyklopädisten Alessandro Manzoni (1785–1873) zum Katholizismus (vgl. „Osservazione sulla morale cattolica", 1819, vgl. sein auch heute viel gelesener Roman „I promessi sposi"/„Die Verlobten", 1826/1827). Im protestantischen Deutschland schreibt Novalis (Friedrich von Hardenberg, 1772–1801) seinen romantischen Essay „Die Christenheit oder Europa" (1799).

Félicité de Lamenais (1782–1854), der sich vom Verteidiger der päpstlichen Autorität und Unfehlbarkeit in einer langen Entwicklung den Gedanken des Liberalismus und der Demokratie zuwandte, bot Anlass, dass Papst Gregor XVI. in der Enzyklika „Mirari vos" vom 15. August 1832 wesentliche Ideen und Programme der Aufklärung und Revolution als grundsätzlich nicht mit dem christlichen Glauben vereinbar verbot: „Wir kommen nun zu einer anderen folgenreichsten Ursache von Übeln, von denen die Kirche gegenwärtig zu unserem Kummer heimgesucht wird, nämlich dem Indifferentismus bzw. jener verkehrten Meinung … man könne mit jedem beliebigen Glaubensbekenntnis das ewige Seelenheil erwerben, wenn man den Lebenswandel an der Norm des Rechten und sittlich Guten ausrichte. … Und aus dieser höchst abscheulichen Quelle des Indifferentismus fließt jene widersinnige und irrige Auffassung bzw. vielmehr Wahn, einem jeden müsse die Freiheit des Gewissens zugesprochen und sichergestellt werden" (Denzinger/Hünermann 1991 (= DH)). Der Wahrheitsanspruch einer Religion innerhalb einer pluralen Gesellschaft, Meinungs- und Gewissensfreiheit und das Verhältnis Theologie und Lehramt werden über das 19. Jahrhundert hinaus bis in die Gegenwart Problem- und Konfliktfelder insbesondere der katholischen Theologie- und Kirchengeschichte bleiben.

7.2 Philosophisch-theologische Neukonzeptionen

Weitreichende theologische Neukonzeptionen und kreative Weiterentwicklungen verdanken sich meist Einzelpersönlichkeiten und nur selten dem kirchlichen Amt. Insofern ist es legitim, theologiegeschichtliche Weiterentwicklungen anhand von Einzeldarstellungen zentraler Gestalten vorzunehmen.

7.2.1 Friedrich Schleiermacher (1769–1834)

Mit Recht wird Friedrich Schleiermacher der „Kirchenvater des 19. Jahrhunderts" genannt. In der Fülle von Zustimmung wie Kritik kann es kein anderer Theologe seiner Zeit mit ihm aufnehmen. Durch eigenes Erleben kennt er den Pietismus in der Form der Herrnhuter Brüdergemeinde, deren Schule in Niesky bei Görlitz und Barby/Elbe er besuchte. Kenntnis der Autoren der klassischen Antike (vgl. seine Platon-Übersetzung in 9 Bänden) verbindet sich bei ihm mit einer Auseinandersetzung mit den Ideen der Aufklärung an der Reformuniversität Halle. Theologische Sachkenntnis geht bei ihm einher mit praktisch-administrativer Tätigkeit als erster Dekan der theologischen Fakultät der neu gegründeten Universität Berlin.

Auf der geistigen Höhe seiner Zeit veröffentlicht er 1799 seine berühmt gewordenen Reden „Über die Religion", deren Untertitel sich bezeichnenderweise „an die Gebildeten unter ihren Verächtern" wendet. Der Sinnhaftigkeit gelebter Religiosität steht die scheinbare Sinn- und Funktionslosigkeit der Religion in seinem Umfeld entgegen: „Religion war der mütterliche Leib, in dessen heiligem Dunkel mein junges Leben genährt und auf die ihm noch verschlossene Welt vorbereitet wurde, in ihr atmete mein Geist, ehe er noch seine äußeren Gegenstände, Erfahrung und Wissenschaft, gefunden hatte, sie half mir, als ich anfing den väterlichen Glauben zu sichten und das Herz zu reinigen von dem Schutte der Vorwelt, sie blieb mir, als Gott und Unsterblichkeit dem zweifelnden Auge verschwanden, sie leitete mich ins tätige Leben, sie hat mich gelehrt, mich selbst mit meinen Tugenden und Fehlern in meinem ungeteilten Dasein heilig zu halten, und nur durch sie habe ich Freundschaft und Liebe gelernt" (Schleiermacher 1984, 195). Die erfahrene Lebensrelevanz der Religion steht für ihn im Gegensatz zu Empirismus und Deismus der Gelehrten Englands, sie lässt sich aber auch nicht abfinden mit der „frivolen Gleichgültigkeit" und dem „zügellosen Übermut" gegenüber der Religion im Kontext der Ereignisse der Französischen Revolution (vgl. Schleiermacher 1984, 196). In Deutschland sieht er hingegen trotz der vielfältigen Verachtung von Religion die Bedingung der Möglichkeit einer grundsätzlichen Diskussion über Religion gegeben. Beruhe doch die hier angesprochene Verachtung auf dem grundsätzlichen Missverständnis, dass man einzelne Erscheinungsformen der Religion in Form von Sekten und Gruppierungen bereits für deren Wesensform halte und kritisiere.

Insbesondere in der zweiten Rede versucht Schleiermacher, das eigentliche Wesen der Religion herauszuarbeiten. Zentral scheint dabei deren Abgrenzung von Metaphysik und Moral, die nicht nur zu seiner Zeit oftmals als ein fast mit Religion identisches Phänomen konzipiert wurden. Aufgabe der Metaphysik oder Transzendentalphilosophie ist es demnach, Kausalfragen zu stellen und Ableitungen und Klassifizierungen vorzunehmen: „In dieses Gebiet darf sich also die Religion nicht versteigen, sie darf nicht die Tendenz haben, Wesen zu setzen und Naturen zu bestimmen, sich in ein Unendliches von Gründen und Deduktionen zu verlieren, letzte Ursachen aufzusuchen und ewige Wahrheiten auszusprechen" (Schleiermacher 1984, 208). Auch die Moral, verstanden als „ein System von Pflichten" entspricht nicht dem Wesen der Religion, wobei Metaphysiker – nicht nur im Stil des Deismus – und Moralisten viele Gemeinsamkeiten haben: „Die Theoretiker in der Religion, die aufs Wissen über die Natur des Universums und eines höchsten Wesens, dessen Werk es ist, ausgehen, sind Metaphysiker, aber artig genug, auch etwas Moral nicht zu verschmähen. Die Praktiker, denen der Wille Gottes Hauptsache ist, sind Moralisten, aber ein wenig im Stile der Metaphysik" (Schleiermacher 1984, 208). Wenn somit Religion weder mit Metaphysik jeder Art noch mit Moral verwechselt werden darf, so beschreibt Schleiermacher deren wahres Wesen: „Ihr Wesen ist weder Denken noch Handeln, sondern Anschauung und Gefühl. Anschauen will sie das Universum, in seinen eigenen Darstellungen und Handlungen will sie es andächtig belauschen, von seinen unmittelbaren Einflüssen will sie sich in kindlicher Passivität ergreifen und erfüllen lassen" (Schleiermacher 1984, 211). In romantisch-verklärter Sprache beschreibt Schleiermacher hier Religion als Qualitätsmerkmal der Begegnung des Menschen mit dem „Universum". Letzteres darf allerdings nicht gleichgesetzt werden mit dem Kosmos oder dem Firmament. „Universum" meint hier vielmehr die Fülle aller erfahrbaren Phänomene und Ereignisse. Somit heißt Schleiermachers These: Im präreflexiven, nicht-analytischen und nicht kausalen Umgang des Menschen mit den ihm begegnenden Phänomenen und Ereignissen kann eine ganzheitliche Erfahrung gemacht werden, die als religiös qualifiziert werden kann. Als solche ist sie weder theoretisch abzuleiten noch moralisch einzufordern. Nicht die Phänomene selbst werden durch diese Begegnung wie im Pantheismus vergöttlicht, sondern in der Begegnung mit ihnen kann sich als göttlich Benennbares ereignen. Insofern rekurriert Schleiermacher auf Spinoza, dem aus ähnlichem Anlass auch der Vorwurf des Pantheismus gemacht wurde. Es geht aber nicht „um die Natur der Dinge", sondern um „ihr Handeln auf Euch" (Schleiermacher 1984, 214). In diesem Beziehungsdenken herrscht noch keine analytische Trennung, es geht nicht um ein konkretes Einzelnes, sondern um die Erfahrung von Einheit: „Alle Begebenheiten in der Welt als Handlungen eines Gottes vorstellen, das ist Religion, es drückt ihre Beziehung auf ein unendliches Ganzes aus, aber über dem Sein dieses Gottes vor der Welt und außer der Welt zu grübeln, mag in der Metaphysik gut und nötig sein, in der Religion wird auch das nur leere Mythologie" (Schleiermacher 1984, 214).

Die Praxis einer als notwendig erkannten Entmythologisierung erkennt beispielsweise analog der einer menschlichen Hilfskonstruktion entspringenden Systematisierung der Sterne zu einem Sternbild in jeder theologischen Reflexion eine nachträgliche Schematisierung einer vorausgegangenen Erfahrung – wenn diese Reflexion im positiven Sinne wirklich auf Erfahrung beruht und nicht einfach einer positivistischen Setzung entstammt. Um zu verdeutlichen, dass konkrete Erfahrung nicht nur idealistisch an einer göttlichen Sphäre partizipiert, sondern dass im Augenblick der Begegnung des Menschen mit einem konkreten Phänomen des Universums wirklich eine relationale Beziehung entsteht, die als göttlich beschrieben werden kann, greift Schleiermacher zu einem romantischen Bild aus dem Lebensvollzug des Menschen: „Flüchtig ist er und durchsichtig wie der erste Duft, womit der Tau die erwachten Blumen anhaucht, schamhaft und zart wie ein jungfräulicher Kuss, heilig und fruchtbar wie eine bräutliche Umarmung; ja, nicht wie dies, sondern er ist alles dieses selbst" (Schleiermacher 1984, 221).

Gegen ein solipsistisches Missverständnis solcher Erfahrung bindet Schleiermacher diese Erfahrung sogleich an die gesamte menschliche Kommunikationsgemeinschaft: „Umsonst ist alles für denjenigen da, der sich allein stellt; denn um die Welt anzuschauen und um Religion zu haben, muss der Mensch erst die Menschheit gefunden haben, und er findet sie nur in Liebe und durch Liebe" (Schleiermacher 1984, 228). Liebe aber sucht nicht Identität und Gleichheit, sondern Differenz und Unterschied. Gerade im Anderssein des anderen liegt bei einer Begegnung die Chance einer wirklich neuen Erfahrung. Da jeder Mensch auf seine ganz eigene Art die Menschheit darstellt und umgekehrt jeder zum ständig sich verändernden Bild der Menschheit beiträgt, was ist dann natürlicher, „als sie alle ohne Unterschied selbst der Gesinnung und der Geisteskraft mit inniger Liebe und Zuneigung zu umfassen?" (Schleiermacher 1984, 236).

Solche Erfahrung ist somit für Schleiermacher die Basis und das Wesen der Religion. Glauben ist Ausdruck dieser Praxis und zugleich Kritik am traditionellen Glaubensverständnis: „annehmen, was ein anderer getan hat, nachdenken und nachfühlen wollen, was ein anderer gedacht und gefühlt hat, ist ein harter und unwürdiger Dienst, und statt das Höchste in der Religion zu sein, wie man wähnt, muss er gerade abgelegt werden von jedem, der in ihr Heiligtum dringen will" (Schleiermacher 1984, 241). Dogmen und Lehrsätze mögen nach Schleiermacher als reflexiver Ausdruck religiöser Erfahrung sinnvoll sein, aber „den Inhalt einer Reflexion für das Wesen der Handlung zu nehmen, über welche reflektiert wird, das ist ein so gewöhnlicher Fehler, dass es Euch wohl nicht wunder nehmen darf, ihn auch hier anzutreffen" (Schleiermacher 1984, 239). Dies gilt selbst für die theologische Rede von der Gottheit und der Unsterblichkeit. Diese sind – wenn mit keiner Erfahrung verbunden – „nicht die Angel und Hauptstücke der Religion" (Schleiermacher 1984, 243). Ist allerdings mit Gottheit das Prädikat einer religiös gedeuteten Erfahrung gemeint, hat dieser Ausdruck für Schleiermacher hohe Relevanz.

Ähnlich die Rede von der Unsterblichkeit: Was aber „die Unsterblichkeit betrifft, so kann ich nicht bergen, die Art, wie die meisten Menschen sie nehmen, und ihre Sehnsucht danach ist ganz irreligiös, dem Geist der Religion gerade zuwider, ihr Wunsch hat keinen anderen Grund, als die Abneigung gegen das, was das Ziel der Religion ist". Nicht die „scharf abgeschnittenen Umrisse unserer Persönlichkeit" zu erhalten, sondern „dass wir durch das Anschauen des Universums so viel als möglich eins werden sollen mit ihm", ist Ausdruck eines wesenhaften Verständnisses von Religion (Schleiermacher 1984, 246). In diesem als religiös deutbaren Gefühl „wird die Transzendenz jenes Jenseitigen offenbar, in welchem Endliches und Unendliches vollkommen eins sind, während sie für die Reflexion des Wissens und die Willenbestrebungen des Handelns nur als verborgenen Grund präsent ist" (Wenz 2002, 24).

Die programmatisch vorgestellten Thesen über die Religion systematisiert Schleiermacher in seiner Glaubenslehre (1821–1822). Dabei nimmt er bereits in der Gliederung Entwicklungen voraus, die erst im 20. Jahrhundert in vielfältiger Form wirksam werden. Charakteristisch ist dabei, dass er seine Dogmatik nicht mit der Gotteslehre beginnt, sondern einen anthropologischen Einstieg wählt. Allen Menschen gemeinsam ist demnach die Erfahrung ihres kontingenten Daseins. Der Mensch lebt, mythologisch gesprochen, nicht im Paradies, er hat nicht alles und kann nicht alles tun, um das Gelingen seines Lebens zu sichern. Er ist grundsätzlich abhängig: „Das gemeinsame aller frommen Erregungen, also das Wesen der Frömmigkeit ist dieses, dass wir uns unsrer selbst als schlechthin abhängig bewusst sind, das heißt, dass wir uns abhängig fühlen von Gott" (Schleiermacher 1980, Bd. I, 31). Diese anthropologische Konstante ist allerdings durch die traditionelle Dogmatik oft verdeckt worden: „In der gegenwärtigen Lage des Christentums dürfen wir nicht als allgemein eingestanden voraussetzen, was in den frommen Erregungen der Christenheit das wesentliche sei oder nicht" (Schleiermacher 1980, Bd. I, 18). Auf der anderen Seite ermöglicht dieser anthropologische Einstieg die Erkenntnis, „dass es etwas Gemeinsames gebe in allen Glaubensweisen, weshalb wir sie als verwandt zusammenstellen" (Schleiermacher 1984, Bd. I, 23). Der Grundgedanke der Toleranz verbindet sich bei ihm mit dem der Entwicklung: „Die in der Geschichte erscheinenden bestimmt begrenzten frommen Gemeinschaften verhalten sich gegeneinander theils als verschiedene Entwicklungsstufen, theils als verschiedene Arten" (Schleiermacher 1980, Bd. I, 47). Der Gedanke eines organischen Entwicklungsprozesse wird allerdings bei Schleiermacher bezüglich des Judentums nicht durchgeführt: „Das Christentum ist ohnerachtet seines geschichtlichen Zusammenhanges mit dem Judentum doch nicht als eine Fortsetzung oder Erneuerung desselben anzusehen; vielmehr steht es, was seine Eigenthümlichkeit betrifft, mit dem Judenthum in keinem anderen Verhältniß als mit dem Heidentum" (Schleiermacher 1980, Bd. I 88).

Zentraler Unterschied zwischen christlicher Frömmigkeit und der aller anderen Religionen ist, „dass alles einzelne in ihr bezogen wird auf das Bewusstsein der Erlösung durch die Person Jesu von Nazareth" (Schleiermacher 1980, Bd. I, 61). Die Lehre und die Erfahrung der Befreiung lassen sich im Christentum nicht wie bei vielen anderen Religionen trennen von Leben und Werk der Stiftergestalt. Jesus Christus als Modell und Urbild des Glaubens weckt in den Menschen, die ihm nachfolgen, ein intensives und unvergleichliches Bewusstsein von Gott so, „dass eine Hemmung des Lebens aufgehoben und ein besserer Zustand herbeigeführt werden soll" (Schleiermacher 1980, Bd. I, 64). „Soll nun aber in Christo als dem Gründer einer vollkommen Erlösung gar keine Hemmung statt finden: so muss in ihm das Fürsichgesetztsein oder das sinnliche Selbstbewusstsein und das Mitgesetztsein Gottes oder das höhere Selbstbewusstsein völlig dasselbe sein" (Schleiermacher 1980, Bd. I, 66). Die altkirchliche Zwei-Naturen-Lehre des Konzils von Chalkedon (455) wird hiermit ganz in das Selbstbewusstsein Jesu verlagert. Das „Geschäft Christi", wie Schleiermacher seine Erlösungslehre nennt, besteht somit in der „Mittheilung seiner Unsündlichkeit und Vollkommenheit" (Schleiermacher 1980, Bd II, 66) und in der den Menschen versöhnenden Tätigkeit durch seine „Aufnahme in die Gemeinschaft seiner Seligkeit" (Schleiermacher 1980, Bd. II, 71). Im Protestantismus sieht Schleiermacher „in seinem Gegensatz zum Katholizismus nicht nur … eine Reinigung und Rükkehr von eingeschlichenen Missbräuchen, sondern auch … eine eigenthümliche Gestaltung des Christentums" (Schleiermacher 1980, Bd. I, 97). Den zentralen Unterschied beider fasst er so, „dass der Protestantismus das Verhältnis des Einzelnen zur Kirche abhängig macht von seinem Verhältnis zu Christo, der Katholizismus aber umgekehrt das Verhältnis des Einzelnen zu Christo abhängig macht von seinem Verhältnis zur Kirche" (Schleiermacher 1980, Bd. I, 99). Die zentrale Bedeutung der eigenen, zunächst von jeder institutionellen Vermittlung unabhängigen Erfahrung der Erlösung „bewirkt eine Veränderung im Bewusstsein der Gläubigen. Sie ist ein Vorgang, der nicht außerhalb unserer selbst in einem kosmischen Geschehen, sondern an uns, mit uns und in uns stattfindet" (Hornig 1998, 152).

Die Gemeinsamkeiten der Ansätze von Kant und Schleiermacher sind überdeutlich. Beide wenden sich gegen jede theologische Spekulation, theoretische Gottesbeweise lehnen beide ebenso ab wie die Verobjektivierung religiöser Institutionen. Alle positivistischen Vorgaben der Religion in Form von Offenbarung, Wundern u. a. bestreiten beide oder akzeptieren sie höchstens im Sinne eines pädagogischen Hilfsmittels. Beiden gemeinsam ist auch die anthropologische Wende der Theologie. Um von Gott und allen anderen Theologoumena reden zu können, beginnen sie ihre Rede mit den Ausführungen über den Menschen. Beide kommen auch ohne die in den Religionen (des Westens) scheinbar unverzichtbare Lehre von der Unsterblichkeit aus. Bei Schleiermacher fehlt sie ganz, bei Kant wird sie zu einem Postulat der praktischen Vernunft. Beide gehen von der religiösen Praxis aus, theologische Reflexionen und kirchliche Dogmen sind dieser gegenüber zweitrangig und abgeleitet.

Allerdings stehen den Gemeinsamkeiten auch Unterschiede und Gegensätze gegenüber, die eine spätere Theologie dialektisch miteinander zu vermitteln suchen müsste. Der zentralen Bedeutung der Moral für die Religion bei Kant steht ein ganzheitlicher Ansatz der Erfahrung bei Schleiermacher gegenüber. Auch die konstitutive Bedeutung der Glaubensgemeinschaft für das einzelne Glaubenssubjekt ist bei Schleiermacher stärker betont als die Ausrichtung des moralischen Handelns auf die Glückseligkeit auch der anderen bei Kant. Zentral erscheint allerdings die Abhängigkeit des Menschen von einer ihm von außen zukommenden Erlösungserfahrung bei Schleiermacher, die auch nicht durch einen Entschluss des Willens im Sinne Kants herbeigeführt werden kann.

7.2.2   Georg Wilhelm Friedrich Hegel (1770–1831)

„Es war Hegels Anliegen, eine Versöhnung von Glauben und Vernunft, Theologie und Philosophie durch den Versuch einer philosophischen Rechtfertigung des Christentums zustande zu bringen" (Hornig 1998, 158). Das Thema der Religion und der auch vor der Vernunft zu rechtfertigende Umgang mit ihr beschäftigte Hegel (1770–1831) bereits seit der gemeinsamen Zeit mit Hölderlin und Schelling im Tübinger „Stift". Erste Aufsätze aus der sich daran anschließenden Zeit als Hauslehrer dokumentieren dies anschaulich: „Fragmente über Volksreligion und Christentum" (1793–1794), „Die Positivität der christlichen Religion" (1795–1796) oder auch die „Entwürfe über Religion und Liebe" (1797–1798). Sowohl beim Phänomen der Vernunft als auch im Bereich Glauben und Religion entwickelt Hegel eigenständige und in Zustimmung, Weiterentwicklung aber auch in Kritik weit reichende Neuansätze.

7.2.2.1   Gott und Geschichte: Hegels Religionsphilosophie

In der „Phänomenologie des Geistes" (1806) formuliert Hegel einen ersten umfassenden Ansatz seiner Erkenntnislehre. Das Grundproblem insbesondere der westeuropäischen Erkenntnistheorie spätestens seit Descartes (1596–1650) ist die Frage, wie das erkennende Subjekt das ihm entgegenstehende Objekt erkennen kann. Die „res cogitans" und die „res extensa" scheinen im Erkenntnisvorgang zunächst grundsätzlich getrennt. Erst durch die Erkenntnis soll dann eine Korrespondenz beider Ebenen hergestellt werden. Damit verbunden ist die – gerade auch für die Religionswissenschaft und Theologie zentrale – Frage, wie ein endliches Sein überhaupt unendliches Sein erkennen könne. Hegels Lösungsansatz beginnt wie seine gesamte Philosophie mit der Analyse menschlichen Bewusstseins. Bereits in der „Einleitung" seiner „Phänomenologie" führt er dies exemplarisch aus. Soll etwas durch den Erkenntnisprozess erkannt werden, dann geschieht im Bewusstsein selbst bereits ein jedem Erkenntnisgewinn vorausgehender Vorgriff auf das zu Erkennende. Das Erkennen ist demnach nicht ein unbeteiligter Katalysator oder ein neutrales Werkzeug: „Denn ist das Erkennen das Werkzeug, sich des absoluten Wesens zu bemächtigen, so fällt sogleich auf, dass die Anwendung eines Werkzeugs auf eine Sache sie vielmehr nicht lässt, wie sie für sich ist, sondern eine Formierung und Veränderung mit ihr vornimmt" (Hegel 1976, Bd. III, 68). Aber auch eine umgekehrte Bewegung kann festgestellt werden: „Sollte das Absolute durch das Werkzeug uns nur überhaupt näher gebracht werden, ohne etwas an ihm zu verändern, wie etwa durch die Leimrute der Vogel, so würde es wohl, wenn es nicht an und für sich schon bei uns wäre und sein wollte, dieser List spotten" (Hegel 1976, Bd. III, 69). Erkennbar wird hier Hegels dialektischer Dreischritt vom „an-sich", dem „für-sich" und dem „an-und-für-sich-sein".

Auch der Erkenntnisprozess unterliegt diesem Dreischritt: das so genannte „natürliche Bewusstsein" enthält präreflexiv „nur den Begriff des Wissens" aber nicht „reales Wissen". Der Weg zu Letzterem führt über die Negation des scheinbar Gewussten, somit über den Zweifel, der durchaus auch „oder eigentlicher als der Weg der Verzweiflung angesehen" werden muss (Hegel 1976, Bd. III, 72). Ohne diesen grundsätzlichen Zweifel bliebe aber alle Erkenntnis abhängig von formalen Vorgaben und Autoritäten und somit fremdbestimmt.

Aber auch der Zweifel kann nicht bei einem reinen Skeptizismus stehen bleiben. Hegels Lösung kommt wieder aus der Analyse des Bewusstseins, das sich seiner wortwörtlich selbst bewusst ist: „Das Bewusstsein aber ist für sich selbst sein Begriff, dadurch unmittelbar das Hinausgehen über das Beschränkte und, da ihm dies Beschränkte angehört, über sich selbst; mit dem Einzelnen ist ihm zugleich das Jenseits gesetzt, wäre es auch nur, wie im räumlichen Anschauen, neben dem Beschränkten" (Hegel 1976, Bd. III, 74). Indem der Erkenntnisgegenstand nicht mehr als ein fern stehendes fixes Objekt gefasst wird, zeigt er sich in seiner grundlegenden Beziehung zum Erkenntnissubjekt: „es ist etwas für dasselbe; und die bestimmte Seite dieses Beziehens oder des Seins von etwas für ein Bewusstsein ist das Wissen"(Hegel 1076, Bd. III, 76).

Diese vom Bewusstsein des Menschen ausgehende Denkbewegung wird bei Hegel „zum Ausgangspunkt einer Deutung der gesamten Wirklichkeit und Weltgeschichte" (Hornig 1998, 158). Wirklichkeit und Weltgeschichte sind demzufolge Ort und Modus der Selbstverwirklichung des Geistes. Dieser bleibt nicht bei einem „an-sich" aber auch nicht bei einem dem Menschen zugewandten „für-sich". Vielmehr kommt er durch diese Bewegung im dialektischen Dreierschritt zu sich selbst: „Das Ziel, das absolute Wissen, oder der sich als Geist wissende Geist hat zu seinem Wege die Erinnerung der Geister, wie sie an ihnen selbst sind und die Organisation ihres Reichs vollbringen" (Hegel 1976, Bd. III 591).

Hegel formuliert hier einen neuen, dynamischen Wirklichkeitsbegriff. Dem Erkenntnissubjekt steht kein fixes Erkenntnisobjekt gegenüber, sondern die Kategorien Veränderung und Geschichte beschreiben den „Wesencharakter der Wirklichkeit" (Schulz 1972, 499): „Sie impliziert eine eindeutige Aufhebung des Vorurteils der traditionellen Metaphysik, dass

Ewigkeit, Dauerhaftigkeit und Festigkeit höhere Seinscharaktere als die Veränderlichkeit seien" (Schulz 1972, 500).

Unverkennbar steht hinter diesem Konzept die christliche Theologie der Menschwerdung Gottes. Durch das Eingehen Gottes in die Welt gibt er seine Unveränderlichkeit auf, er wird zum Gott für die Menschen. Durch diese Negation seiner Unveränderlichkeit und Ewigkeit kann er nicht nur die Welt erlösen, sondern kommt durch diese Bewegung erst zu sich. Insofern kann Hegel jetzt Gott identifizieren mit dem oben beschriebenen Geist: „Gott, der absolute Geist, kommt im Menschen zum Bewusstsein und zur Verwirklichung seiner selbst" (Hornig 1998, 158). Das christliche Trinitätsdogma wird zur Folie der philosophischen Weltdeutung: „Im Dogma und der in ihm festgehaltenen Folge der Heilsereignisse sind die wesentlichen Momente der Bewegung des Geistes vollständig in die Vorstellung gelangt und in ihrer geschichtlichen Folge aufgenommen" (Anz 1975, 157). Insofern ist das Christentum für Hegel die absolute Religion (vgl. Hegel 1980, Bd. XVII 185 ff.).

Es bleibt für Hegel die „unerlässliche Aufgabe der Transformation religiöser Vorstellungen in die Begrifflichkeit der Philosophie" (Hornig 1998, 159). Ausgeführt wurde dies in seinen Berliner Vorlesungen ab 1821 zur „Philosophie der Religion" (Hegel 1980, Bd. XVI und Bd. XVII). Die Stadien der Bewegung der „absoluten, ewigen Idee" beschreibt er dabei in dem die gesamte Welt- und Geistesgeschichte umfassenden Dreierschritt: „I. an und für sich Gott in seiner Ewigkeit, vor Erschaffung der Welt, außerhalb der Welt; II Erschaffung der Welt. Dieses Erschaffen, dieses Anderssein spaltet sich an ihm selbst in diese zwei Seiten: die physische Natur und den endlichen Geist. Dieses so Geschaffene ist so ein Anderes, zunächst gesetzt außer Gott. Gott ist aber wesentlich, dies Fremde, dies Besondere, von ihm getrennt Gesetzte sich zu versöhnen … III. Das ist der Weg, der Prozess der Versöhnung, wodurch der Geist das, was er von sich unterschieden hat in seiner Diremtion, seinem Urteil, mit sich geeinigt hat und so der Heilige Geist ist, der Geist in seiner Gemeinde" (Hegel 1980, Bd. XVII, 213 f.). Diese Rückbindung der Versöhnung auf die Gemeinschaft der Menschen und deren Freiheit ist zentral: „Das Dogma, auf den Begriff gebracht, enthält das Prinzip der Geschichte: die reale, durch konkrete Freiheit aller vermittelte Vereinigung des endlichen mit dem unendlichen Leben in der immer neu zu findenden Anerkennung des Menschen durch den Menschen in einer gleichen und wesentlichen Beziehung" (Anz 1975, 157). Dem prozessualen Wirklichkeitsbegriff entspricht somit auch der Begriff eines sich entwickelnden Gottes.

7.2.2.2 Theologische Rezeption Hegels

Kaum ein anderer philosophischer Ansatz hat Philosophie und Theologie des 19. Jahrhunderts mehr geprägt als derjenige Hegels – in Zustimmung oder Ablehnung. Die so genannte „Hegelsche Rechte" griff dessen Gedanken des in der Geschichte sich verwirklichenden Gottes dadurch auf, dass sie die konkrete Geschichte als letztlich gottgelenkt, sinnvoll und daher auch als vernünftig ansah. Ein- und Unterordnung unter staatliche und kirchliche Autoritäten waren nicht selten die Folge.

Positiv nahm insbesondere die protestantische Theologie Hegels Entwicklungsgedanke auf und erkannte innerhalb der Theologiegeschichte eine immer tiefere Kenntnis der christlichen Botschaft. In diesem als „Vermittlungstheologie" bezeichneten Ansatz (vgl. Hornig 1998,

164 ff.) sollten unter Hinzuziehung von Hegels Geschichtsdialektik die Unveränderlichkeit der christlichen Botschaft und dessen geschichtliche Ausdrucksgestalt vermittelt werden. Als Vertreter dieser „Vermittlungstheologie" konnte Carl Ullmann (1796–1865) eine Periodisierung der nachreformatorischen Theologiegeschichte vornehmen: „Demzufolge bringt das 17. Jh. die These des kirchlichen Supranaturalismus, das 18. Jh. die Antithese des wissenschaftlichen Rationalismus und das 19. Jh. die Synthese der Vermittlung von Kirchlichkeit und Wissenschaftlichkeit, Glauben und Wissen" (Hornig 1998, 168). Insbesondere das starke Interesse an Neubearbeitungen im Kontext von Gesamtdarstellungen der Theologie- und Dogmengeschichte gründet sich auf den Einfluss Hegels (vgl. Kap. 1.).

Die so genannte „Hegelsche Linke" nahm dessen prozessuales Wirklichkeitsverständnis produktiv auf, ohne gleichzeitig eine Identität von Kategorien der Logik und derjenigen der Metaphysik, das heißt von Denken und Sein, zu postulieren. Auch Logik und Geschichte werden in ihrer jeweiligen und unverwechselbaren Eigenständigkeit erkannt: „Die Rationalität der Linken erweist ihre gewachsene polemische Kraft, indem sie die von Hegel geleistete Vereinigung des Selbstbewusstseins und der geschichtlichen Überlieferung des Geistes in Staat und Religion rückgängig macht und die in der Wirklichkeit fortbestehenden Gegensätze des Zeitalters wieder ins allgemeine Bewusstsein zurückruft" (Anz 1975, 162). Hegels imposanter Entwurf wurde als „Bewusstseinsphilosophie" erkannt, deren Realitätsbezug problematisiert.

Eine erste theologische Folge der linkshegelianischen Kritik bestand darin, dass die Arbeiten der bisher geleisteten historisch-kritischen Bibelexegese aufgenommen und biblischer Text und dessen heilsgeschichtliche Deutung verglichen wurden. Für die idealistische Konstruktion Hegels von einem sich in der Geschichte verwirklichenden Gott fand sich für sie kein biblischer Beleg. David Friedrich Strauß (1808–1874) formulierte in seinem Buch „Leben Jesu" (1835) dementsprechend die These, dass die wenigen aus den biblischen Schriften eruierbaren historischen Angaben über das Leben Jesu für dessen theologische Deutung völlig irrelevant seien. Die schon biblisch anzutreffende Rede von der Gottessohnschaft Jesu Christi sei vielmehr die geschichtliche Ausgestaltung der höchsten Idee des menschlichen Denkens. Von da war es nur ein kleiner Schritt bis zur Aussage Bruno Bauers (1809–1882) in seinen Büchern „Kritik der evangelischen Geschichte des Johannes" (1840) und „Kritik der evangelischen Geschichte der Synoptiker" (1841/1842), dass Jesus selbst keine historische Gestalt gewesen sei, sondern die romanhaft ausgestaltete Figur eines entrechteten Menschen.

7.2.2.3   Ludwig Feuerbach (1804–1872)

Systematisch ausformuliert wurde diese Kritik an Hegels Philosophie durch Ludwig Feuerbach. Die schon als Jugendlicher begonnene intensive Beschäftigung mit religiösen Fragen fand ihren ersten literarischen Ausdruck in „Gedanken über Tod und Unsterblichkeit" (1830). Diese enthalten bereits die Kritik an der Dogmatisierung des christlichen Glaubens und an der damit verbundenen Verobjektivierung seiner Inhalte (vgl. Winiger 2004, 75 ff.). Die Kenntnis der Grundschriften der französischen Aufklärung führte zu einer Radikalisierung von Feuerbachs Religionskritik. In „Pierre Bayle. Ein Beitrag zur Geschichte der Philosophie und Menschheit" (1839) unterscheidet er zwischen einer Religion als Ausdruck des „Volksgeistes" und einer Theologie, die unter Hinweis auf die biblisch beschriebenen Wundergeschichten letztlich kirchlich erhobene Machtansprüche verteidigen möchte. Im gleichen Jahr erscheint seine umfassende und explizite Hegelkritik „Über Philosophie und Christentum in Beziehung auf den der Hegelschen Philosophie gemachten Vorwurf der Unchristlichkeit" (1839). Hier formuliert er die von ihm später ausführlich dargestellte These von der Verobjektivierung menschlicher Eigenschaften und Fähigkeiten wie Wille, Verstand, Weisheit, Liebe und Macht zu Eigenschaften Gottes.

In dem Vorwort zur ersten Auflage seines Hauptwerkes „Das Wesen des Christentums" (1841) grenzt Feuerbach seine Bestimmung der Religion ab gegenüber zwei unterschiedlichen aber in seinen Augen gleichermaßen verfehlten Deutungen: „Vorliegendes Werk enthält die Elemente, wohlgemerkt, nur die, und zwar kritischen, Elemente zu einer Philosophie der positiven Religion oder Offenbarung, aber natürlich, wie sich im voraus erwarten lässt, einer Religionsphilosophie weder in dem kindisch phantastischen Sinne unserer christlichen Mythologie, die sich jedes Ammenmärchen der Historie als Tatsache aufbinden lässt, noch in dem pedantischen Sinne unserer spekulativen Religionsphilosophie, welche, wie weiland die Scholastik, den Articulus fidei ohne weiteres als eine logisch-metaphysische Wahrheit demonstriert" (Feuerbach 1984, 3). Im Gegensatz zu Tendenzen der französischen Aufklärung lehnt Feuerbach Religion nicht grundsätzlich ab. Gerade weil er diese letztlich sehr schätzt, möchte er deren eigentliche Bestimmung herausarbeiten und dadurch retten. Der Weg dieser Rettung ist die Bestimmung des wahren Wesens der Religion als Anthropologie (vgl. S. 7). Dazu übernimmt er Hegels Ausgang vom menschlichen Bewusstsein, allerdings nicht im Sinne eines reflektierend sich seiner selbst bewussten Subjektes: „Bewusstsein im strengen Sinne ist nur da, wo einem Wesen seine Gattung, seine Wesenheit Gegenstand ist" (S. 28). In diesem Bewusstsein wird dem Menschen „die Unendlichkeit des eigenen Wesens Gegenstand" (S. 30). Dieses absolute Wesen setzt Feuerbach gleich mit Gott: „Das Bewusstsein Gottes ist das Selbstbewusstsein des Menschen, die Erkenntnis Gottes die Selbsterkenntnis des Menschen" (S. 46,vgl. auch S. 380). Problematisch allerdings wird es für Feuerbach, wenn diese Wesensbestimmung des Menschen nicht als solche erkannt, sondern Gott als ein Erkenntnis – „Gegenstand" außerhalb des Menschen bestimmt wird: „Im Verhältnis zu den sinnlichen Gegenständen ist das Bewusstsein des Gegenstandes wohl unterscheidbar vom Selbstbewusstsein; aber bei dem religiösen Gegenstand fällt das Bewusstsein mit dem Selbstbewusstsein unmittelbar zusammen. Der sinnliche Gegenstand ist außer dem Menschen da, der religiöse in ihm, ein selbst innerlicher ..." (S. 45). Ähnlich Hegel beschreibt auch Feuerbach eine Entwicklung innerhalb der Religionsgeschichte, wenn auch hier mit charakteristischen Unterschieden: „Der geschichtliche Fortgang in den Religionen besteht deswegen darin, dass das, was der früheren Religion für etwas Objektives galt, jetzt als etwas Subjektives, d. h. was als Gott angeschaut und angebetet wurde, jetzt als etwas Menschliches erkannt wird" (S. 47). Die christliche Theologiegeschichte ist für Feuerbach eine Verfallsgeschichte. War die Rede von der Gottheit Jesu Christi in den biblischen Schriften kaum ausgeprägt, so identifizierte die Kirche ihn ausdrücklich mit Gott, machte ihn zu dem ausschließlichen Sohn Gottes. So wurde das Christentum ein Beispiel für das „unwahre Wesen der Religion" (S. 316 ff). Sein Fazit: „Der Mensch – dies ist das Geheimnis der Religion – vergegenständlicht sein Wesen und macht dann wieder sich zum Gegenstand dieses vergegenständlichten, in ein Subjekt, eine Person verwandelten Wesens" (S. 71). Feuerbach konkretisiert dies anhand vieler Einzelaussagen wie z. B. Schöpfung, Wunder und Unsterblichkeit.

Unbeschadet der notwendigen Kritik Feuerbachs an Verobjektivierungen der Religion und in Anerkennung seiner „kopernikanischen Wende" (Winiger 2004, 164) innerhalb der Religionsphilosophie bleiben doch wichtige Fragen. Ist nicht auch seine Rede von der Gattung des Menschen eine von ihm selbst kritisierte Verobjektivierung? Besteht das Wesen des Menschen, sein Wesentliches, in der Übereinstimmung mit den Bestimmungen der Gattung oder nicht vielmehr darin, was er aus den vorgegebenen Gegebenheiten und Strukturen macht und insofern „wesentlich", unverwechselbar und unaustauschbar wird? Auch kann eine hinter Hegel zurückfallende Bestimmung der Dialektik festgestellt werden: „Aber der Gegenstand, auf welchen sich ein Subjekt wesentlich, notwendig bezieht, ist nichts andres, als das eigene, aber gegenständliche Wesen dieses Subjektes" (S. 33). Dialektische Entwicklung gerät hier leicht zu einer zirkulären Argumentation, wie auch einige anthropologische Aussagen Feuerbachs leicht zu einem Solipsismus werden: „Jedes Wesen ist sich selbst genug" (S. 38) oder: „Jedes Wesen hat seinen Gott, sein höchstes Wesen in sich selbst" (S. 39). Noch hinter der kritisierten Bewusstseinsphilosophie Hegels steht Feuerbachs eigenes Lob des Monologs: „Aber auch der Dialog der Philosophie ist in Wahrheit nur ein Monolog der Vernunft: der Gedanke spricht nur zum Gedanken" (S. 40).

7.2.2.4 Karl Marx (1818–1883)

Nicht zuletzt hat Karl Marx bei grundsätzlicher Anerkennung der Leistung Feuerbachs doch in seinen „Thesen über Feuerbach" auf grundsätzliche Desiderate hingewiesen. Diese Kritik gilt primär dessen eigenen Verobjektivierungen und Abstraktionen: „Feuerbach löst das religiöse Wesen in das menschliche Wesen auf. Aber das menschliche Wesen ist kein dem einzelnen Individuum innewohnendes Abstraktum. In seiner Wirklichkeit ist er das Ensemble der gesellschaftlichen Verhältnisse" (Marx 1990, 139 = 6. These). Charakteristisch ist deshalb Feuerbachs Vernachlässigung des unter konkreten Bedingungen arbeitenden Menschen: „Der Hauptmangel alles bisherigen Materialismus (den Feuerbachschen mit eingerechnet) ist, dass der Gegenstand, die Wirklichkeit, Sinnlichkeit nur unter der Form des Objekts oder der Anschauung gefasst wird; nicht aber als sinnlich menschliche Tätigkeit, Praxis" (Marx 1990, 138 = 1. These). In seiner „Kritik der Hegelschen Rechtsphilosophie" (1843) hatte Marx bereits seine grundsätzliche Religionskritik formuliert, die weit über seine Kritik an Hegel hinausgeht: „Das Fundament der irreligiösen Kritik ist: Der Mensch macht die Religion, die Religion macht nicht den Menschen. Und zwar ist die Religion das Selbstbewusstsein und das Selbstgefühl des Menschen, der sich selbst entweder noch nicht erworben oder schon wieder verloren hat. Aber der Mensch, das ist kein abstraktes, außer der Welt hockendes Wesen. Der Mensch, das ist die Welt des Menschen, Staat, Sozietät. Dieser Staat, diese Sozietät produzieren die Religion, ein verkehrtes Weltbewusstsein, weil sie eine verkehrte Welt sind ... Der Kampf gegen die Religion ist also mittelbar der Kampf gegen jene Welt, deren geistiges Aroma die Religion ist" (Marx 1990, 21). Es folgt die zum Schlagwort gewordene Marx'sche Definition der Religion: „Das religiöse Elend ist in einem der Ausdruck des wirklichen Elendes und in einem die Protestation gegen das wirkliche Elend. Die Religion sie der Seufzer der bedrängten Kreatur, das Gemüt einer herzlosen Welt, wie sie der Geist geistloser Zustände ist. Sie ist das Opium des Volkes"

(Marx 1990, 21). Religion ist somit Ausdruck menschlicher Entfremdung. Die Aufhebung dieser Entfremdung gilt als Weg zur Aufhebung der Religion.

7.2.3 Sören Kierkegaard (1813–1855)

„Der Mensch ist Geist. Aber was ist Geist? Geist ist das Selbst. Aber was ist das Selbst? Das Selbst ist ein Verhältnis, das sich zu sich selbst verhält, oder ist das im Verhältnis, dass das Verhältnis sich zu sich selbst verhält, oder das an dem Verhältnis, dass das Verhältnis sich zu sich selbst verhält; das Selbst ist nicht das Verhältnis, sondern dass das Verhältnis sich zu sich selbst verhält. Der Mensch ist eine Synthese von Unendlichkeit und Endlichkeit, von dem Zeitlichen und dem Ewigen, von Freiheit und Notwendigkeit, kurz eine Synthese. Eine Synthese ist ein Verhältnis zwischen Zweien. So betrachtet ist der Mensch noch kein Selbst" (Kierkegaard 1957, 8). Diese anthropologische Grundaussage des dänischen Philosophen Sören Kierkegaard am Beginn seines Werkes „Die Krankheit zum Tode" (1848) enthält programmatisch die Kernpunkte seiner Existenzphilosophie. Ausgangspunkt ist dabei der Mensch, allerdings nicht im Sinne einer in der Welt vorhandenen Gegebenheit. Das Charakteristikum des Menschen beschreiben vielmehr die synonym gebrauchten Begriffe „Geist" und „Selbst". Aber auch damit sind nicht Vorgegebenheiten gemeint, sondern zunächst die inhaltliche Spannung von Endlichkeit und Unendlichkeit, von Zeit und Ewigkeit und von Freiheit und Notwendigkeit. Das Entscheidende aber dabei ist nicht dieses Verhältnis an sich, sondern dass das Selbst sich im konkreten Lebensvollzug in ein Verhältnis zu diesem Verhältnis setzt. Insofern ist der Mensch noch nicht sein Selbst. Es ist seine lebenslange Aufgabe, dieses Selbst im existentiellen Vollzug erst zu konstituieren.

Drei Haltungen verfehlen dieses Ziel und führen somit zur der im Titel angesprochenen „Krankheit zum Tode", nämlich zur Verzweiflung: „verzweifelt sich nicht bewusst zu sein, ein Selbst zu haben (uneigentliche Verzweiflung); verzweifelt nicht man selbst sein wollen; verzweifelt man selbst sein wollen" (Kierkegaard 1957, 8). Der sich seiner Verzweiflung nicht bewusste Geist ist deswegen nur durch eine „uneigentliche Verzweiflung" charakterisiert, weil „das Maß des Bewußtsein … in seinem Steigen, oder entsprechend dem wie es steigt, die ständig steigende Potenzierung in der Verzweiflung" ist, oder: „je mehr Bewusstsein, um so intensivere Verzweiflung"(Kierkegaard 1957, 39)). Deswegen gilt: „Der verzweifelt, der darüber unwissend ist, dass er verzweifelt ist, er ist, im Vergleich mit dem, der sich dessen bewusst ist, lediglich um ein Verneinendes weiter fort von Wahrheit und Erlösung" (Kierkegaard 1957, 41). Kierkegaard betont somit auch im eigenen Werk die schon bei Hegel beschriebene Bedeutung des Bewusstseins. Allerdings ist bei ihm nicht in der Selbstreflexion des Bewusstseins immer schon ein Vorgriff auf ein gesetztes Drittes, dem Selbst Äußeres, angenommen. Das Bewusstsein bezieht sich hier vielmehr auf das Selbst und dessen Verhältnis zu dem ihm zu Grunde liegenden Verhältnis von Endlichkeit und Unendlichkeit. Es ist das Bewusstsein der zur Konstituierung des Selbst notwendigen Tathandlung des Sich-in-Beziehung-Setzens.

Die theologische Dimension dieses Ansatzes beschreibt Kierkegaard so: „Ein solches Verhältnis, das sich zu sich selbst verhält, ein Selbst, muss entweder sich selbst gesetzt haben, oder durch ein Andres gesetzt sein. Ist das Verhältnis, das sich zu sich selbst verhält, durch ein Andres gesetzt, so ist das Verhältnis freilich das Dritte, aber dies Verhältnis, dies Dritte, ist dann doch wiederum ein Verhältnis, verhält sich zu demjenigen, welches das ganze Verhältnis gesetzt hat" (Kierkegaard 1957, 9). Die dem entsprechende Handlung ist der Glaube: „Glaube ist, dass das Selbst, indem es es selbst ist und es selbst sein will, durchsichtig sich gründet in Gott" (Kierkegaard 1957,81).

Diese als religiös qualifizierte Tathandlung unterscheidet sich von anderen Möglichkeiten menschlicher Lebensvollzüge, wie sie Kierkegaard in „Entweder-Oder" (1843) oder in „Stadien auf dem Lebensweg" (1845) beschrieben hat. Weder die im Modell des Don Juan beschriebene rein ästhetische Lebensweise noch aber die Erfüllung allgemein anerkannter moralischer Grundsätze durch einen Ethiker führen zum wirklichen Selbst, sondern nur die Entscheidung zum Glauben. Dieser Glaube meint nicht die inhaltliche Übernahme einzelner kirchlich tradierter Glaubenssätze. Glaube ist vielmehr die grundsätzliche Existenzweise, in der sich das Selbst lebenslang in ein Verhältnis setzt gegenüber dem den Menschen konstituierenden Verhältnis von Endlichkeit zur Unendlichkeit. Insofern ist Abraham in seiner Bereitschaft, seinen eigenen Sohn zu opfern, für Kierkegaard ein Beispiel eines Glaubens, der selbst ethische Maßstäbe sprengen kann (vgl. „Furcht und Zittern" 1843). Diese nicht durch Inhalte oder Institutionen abgesicherte Glaubensweise ist paradox, so wie die Menschwerdung Gottes in Jesus Christus paradox und nicht ableitbar ist. Sie ist ein konkreter und realer Widerspruch: „Und in der Schrift heißt der Gott – Mensch ein Zeichen des Widerspruchs – aber welcher Widerspruch wäre denn wohl in der spekulativen Einheit von Gott und Mensch überhaupt? Nein, darin ist kein Widerspruch; sondern der Widerspruch, und zwar der größtmögliche, der qualitative, hat statt zwischen Gott Sein und ein einzelner Mensch Sein" (Kierkegaard 1955, 119 f.). Christsein ist damit ebenso ein Ärgernis, wie die Menschwerdung Gottes selbst: „So unscheidbar ist die Möglichkeit des Ärgernisses vom Glauben, dass der Gott-Mensch, wo er nicht die Möglichkeit des Ärgernisses wäre, auch nicht des Glaubens Gegenstand sein könnte. Die Möglichkeit des Ärgernisses ist dergestalt, indem sie in den Glauben aufgenommen, vom Glauben eingeleibt wird, das verneinende Kennzeichen des Gott-Menschen. Denn wäre die Möglichkeit des Ärgernisses nicht da, so wäre alsodenn die unmittelbare Kenntlichkeit da, und so wäre der Gott – Mensch ein Götze; die unmittelbare Kenntlichkeit ist Heidentum" (Kierkegaard 1955, 138 f.). Kierkegaard spricht sich damit zugleich gegen Hegels spekulative Deutung der Menschwerdung Gottes in der Heilsgeschichte aus. Weder ein spekulatives Geschichtsverständnis noch die empirische Prolongation einzelner Zeitsegmente in eine unendliche Dauer ist für ihr religiös qualifiziert, sondern nur der Augenblick einer existentiellen Entscheidung (vgl. seine Darstellung der Unwiederholbarkeit und somit Einzigartigkeit des Moments der Entscheidung in „Die Wiederholung" 1843). Hier geschieht erfüllte Zeit. Der Augenblick der Entscheidung zeugt in der Zeit von der Ewigkeit. Oder auch anders gesagt: Der Augenblick erzeugt inmitten der Zeit Ewigkeit. Insofern ist auch die menschliche Existenz in ihrer Einmaligkeit erkannt, sie wird nicht eingeebnet zu einem letztlich austauschbaren Element im Rahmen einer spekulativen Geschichtsdeutung.

Anstelle Hegels positiver Geschichtsdeutung steht Kierkegaards Interpretation der Geschichte des Christentums als Verfallsgeschichte. Das Vorbild des biblischen Glaubens ist für ihn gegenwärtig unerreicht oder sogar pervertiert: „Der religiöse Zustand im Lande ist Folgender: Das Christentum (das will heißen des neuen Testaments – und alles andre ist ja kein Christentum, am allerwenigsten dadurch, dass es sich so nennt), das Christentum ist gar nicht da, was wohl beinah jeder ebenso gut sehen könnte, wie ich" (Kierkegaard 1959, 38).

Scharfe Kritik an der Institution Kirche und an ihren Pfarrern prägen seine Zustandsbeschreibung: „gelehrt, sonderlich gelehrt, talentvoll, begabt, menschlich wohlmeinend deklamieren sie alle ... aber keiner von ihnen vertritt das neutestamentliche Christentum im vollen persönlichen Ernst" (Kierkegaard 1959, 38). Auch findet sich Kritik an der zu seiner Zeit in der evangelischen Theologie verstärkt angewandten historisch-kritischen Bibelexegese. Nicht um das Herausarbeiten historisch-faktischer Details zur Begründung des Glaubens geht es ihm, sondern um den existentiellen Nachvollzug des biblisch beschriebenen Lebens- und Glaubensmodells. Der Christ wäre demnach der im wahrsten Sinne zu sich selbst, zu seinem Selbst gekommene Mensch – erreichbar trotz aller menschlichen Unzulänglichkeit letztlich nur dadurch, dass der in die Menschlichkeit erniedrigte Gott selbst der Einladende zu dieser Existenzweise ist: „Der Einladende ist also der erniedrigte Jesus Christus, er ist es, der jene Einladungsworte gesagt" (Kierkegaard 1955, 35).

7.3 Entwicklungen in den Kirchen der Reformation

Die Vielfalt und auch Gegensätzlichkeit verschiedenster Strömungen im Protestantismus gerade auch im 19. Jahrhundert lässt sich nicht durch die Nennung weniger Traditionslinien oder theologischer Schulen abdecken. Exemplarisch für diese Vielfalt seien zwei durchaus gegensätzliche theologische Ansätze nicht zuletzt auch wegen deren starker Rezeption erwähnt.

7.3.1 Neuluthertum und „Erlanger Schule"

„Mit dem Begriff des Neuluthertums sind diejenigen Kräfte und Gruppen bezeichnet, die im 19. Jh. in Deutschland, Skandinavien und Nordamerika durch Hochschätzung der Normen von Schrift und Bekenntnis eine Erneuerung der lutherischen Theologie und Kirche erstrebten. Als Grund des Glaubens gilt ihnen die biblische Offenbarung, die in der Christusbotschaft ihr Zentrum hat" (Hornig 1998, 174).

Durch zwei Entwicklungen sahen sich die Vertreter des Neuluthertums herausgefordert. Erst im 19. Jahrhundert kam es zur „Ausbildung eines beschränkt selbständigen kirchlichen Wesens" mit eigenständigen Verwaltungs- und Leitungsstrukturen (Kupisch 1966, 51). Ein direkter Eingriff des Staates wie zu Zeiten des Absolutismus war nun nicht mehr möglich. Trotzdem zeigen zahlreiche Initiativen gerade in Preußen, dass die staatliche Autorität intensiv versuchte, Einfluss auf die Entwicklung der Landeskirchen zu nehmen. Dies galt insbesondere dem Bemühen um eine Einheit der unterschiedlichen protestantischen Konfessionen. Friedrich Wilhelm III. von Preußen (1797–1840) hatte so z. B. 1817 zu gemeinsamen Gottesdiensten von Lutheranern und Reformierten geladen. Die Möglichkeit einer Union führte gerade bei den Lutheranern dazu, im Rückgriff auf die Bekenntnisschriften zunächst ihr Eigenprofil zu stärken: „Es ist ein Kennzeichen des Neuluthertums, dass man dem Lehrgehalt der geltenden Bekenntnisschriften eine normative Bedeutung zumisst und ihn in den Rang einer unaufgebbaren Grundlage für die theologische Arbeit zu erheben sucht" (Hornig 1998, 175).

Aber auch die inhaltliche Auseinandersetzung mit den Gedanken der Aufklärung und des Rationalismus führten zur Ausbildung einer Gegenposition im entstehenden Neuluthertum.

Die historisch-kritische Exegese wurde als Gefährdung der Basis des christlichen Glaubens gesehen, der man nur durch den Hinweis auf einen Offenbarungspositivismus begegnen könne.

Mit beiden Problemkreisen setzt sich exemplarisch Wilhelm Löhe (1808–1872) auseinander. In seinem Werk „Drei Bücher von der Kirche" (1845) hat sich Löhe zwar „der Grundintention nach als ein ökumenischer Theologe ausgewiesen" (Kantzenbach 1988, 434, vgl. auch Kantzenbach 1968). Dieser Ökumene sollte allerdings die Profilierung des Luthertums vorausgehen – damit sich die anderen Bekenntniskirchen dann in durchaus anerkannter Vielfalt auf dieser Basis konstituieren können. Inhaltlich stellte er neben die Irrtumslosigkeit der Bibel eine auf dieser aufbauende und daher nicht hinterfragbare Verbindlichkeit der lutherischen Bekenntnisschriften. Eine nicht zu übersehende „Gefahr einer Bekenntnisverabsolutierung" verband sich bei ihm mit „Wiedereinführung der Kirchenzucht" (Hornig 1998, 180).

Kritisch setzt sich mit dieser Form des Neuluthertums die so genannte „Erlanger Schule" auseinander. Der Rückgriff auf Schleiermachers Erfahrungstheologie verhindert dabei das Abgleiten der Bekenntnisschriften zu einem nicht mehr hinterfragbaren Fundament. Ebenso verhindert der Rückgriff auf ein letztlich aus dem Pietismus kommendes Erweckungserlebnis eine Verselbständigung von Glaubensaussagen zu einem starren System von Dogmen. Dazu kommt die Deutung der Geschichte als Heilsgeschichte mit Jesus Christus als deren Zentrum. Eine stets neue Rezeption der biblischen Botschaft und eine diese kritisch reflektierende Theologie impliziert aber gleichzeitig eine ununterbrochene Dynamik und Veränderung: „Wenn aber mit einem Fortschritt in der theologischen Erkenntnis gerechnet werden muss, so ergibt sich daraus, dass die Kirchlichkeit und Legitimität einer gegenwärtigen lutherischen Dogmatik nicht von dem Umfang ihrer Übereinstimmung mit den Lehrfestsetzungen der Bekenntnisschriften abhängig gemacht werden darf" (Hornig 1998, 184).

7.3.2 Liberale Theologie

Die Zusammenfassung theologischer Deutesysteme, die sowohl bezüglich ihrer Entstehungsbedingungen als auch bezüglich ihrer konkreten Ausgestaltung vielfältigste Differenzierungen aufweisen, zu einer einzigen Schule kann nur zum Preis der Vereinfachung geleistet werden. Deswegen stellt sich die Frage der Beziehung von Schulbildung und Einzelpersönlichkeit im Sinne von Martin Greschat (vgl. Greschat 1983, 10) gerade bei der Darstellung der liberalen Theologie in besonderer Weise. Vorwiegend von Seiten der Gegner dieser liberalen Theologie wurde deren Anliegen häufig auch mit dem Begriff des „Kulturprotestantismus" bezeichnet. Verallgemeinerbare Grundstrukturen erfahren bei den einzelnen Theologen, die diese Strukturen mit prägten, sehr unterschiedliche Konkretionen. Auch eine Einteilung in unterschiedliche Entwicklungsphasen erweist sich als kaum durchführbar (vgl. Jakobs 1991, 47–68).

„Das eigentliche Grundanliegen des Kulturprotestantismus war das Bestreben, eine möglichst enge Verbindung von Christentum und Kultur, Theologie und profaner Wissenschaft zu erreichen, um auf diese Weise dem wachsenden Prozess der Entchristlichung des öffentlichen Lebens entgegenzuwirken" (Hornig, 1989, 203). Die Ausdifferenzierung der Wissenschaften, die Bedeutung der Naturwissenschaften, die durch bessere Reise- und Informationsmöglichkeiten vermittelte Kenntnis auch außerchristlicher Welt- und Menschendeutung stellten einen immer noch vertretenen Monopolanspruch christlicher Theologie in Frage. Auch intern erschütterten die historisch-kritische Bibelexegese und die Erkenntnis von der geschichtlichen Entwicklung des christlichen Dogmas die für unveränderlich gehaltene Basis christlichen Glaubens und dessen Deutung. Die Kenntnis anderer Religionen, die Einsicht in die Abhängigkeit der Entstehung und Darstellung des Christentums von anderen Kulturen und dadurch bedingt auch die Herausforderungen durch einen relativierenden Historismus führten einerseits zu einer liberalen Haltung gegenüber den Wahrheitsansprüchen anderer Religionen, andererseits verstärkte sich allerdings die Frage nach dem Eigenen, nach dem „Wesen des Christentums".

Kants Religionskritik und Hegels Geschichts- und Religionsphilosophie führten erstens zu einer starken Betonung der ethischen Implikationen des Christentums wie sie auch zweitens den Gedanken der Entwicklung und damit verbunden den Gedanken der Reifung ins Zentrum theologischer Systematisierung stellten. Mit der Rezeption Schleiermachers verband sich zweitens der Hinweis auf die Ebene der Erfahrung als Basis jeder Glaubensaussage. Damit verbunden war nicht selten eine starke Kritik an einer als Verobjektivierung verstandenen Dogmatisierung des christlichen Glaubens.

Diese in vielen Ländern zu beobachtende Entwicklung innerhalb der Kirchen der Reformation verstärkte sich in Deutschland nach der Reichsgründung von 1871. Zwar lassen sich bereits im 1863 gegründeten „Protestantenverein" fast alle Elemente der liberalen Theologie erkennen. Zu deren Ausgestaltung bedurfte es aber eines sozialpolitischen und auch ökonomischen Rahmens. Stolz auf das eigene kulturelle Erbe, Fortschrittsoptimismus und gleichzeitig wirtschaftlich-industrielle Prosperität führten zu einer Theologie, die große Leistungen in der Aufdeckung ihrer eigenen geschichtlichen Tradition vorlegte aber auch innerhalb der bürgerlichen Gesellschaft Modelle verantwortbaren Glaubens schuf.

7.3.2.1 Albrecht Ritschl (1822–1899)

Albrecht Ritschl konkretisierte in den unterschiedlichsten theologischen Disziplinen, in denen er arbeitete, das Programm der liberalen Theologie. Seine Dissertation über „das Evangelium Marcions und das kanonische Evangelium des Lukas" (1846) stellt sich den Fragen nach der literarischen Abhängigkeit und der Entstehungszeit insbesondere der synoptischen Evangelien und beleuchtet gleichzeitig das Verhältnis der nichtkanonischen Schriften zu den Evangelien. In der umfassenden Studie „Die Entstehung der altkatholischen Kirche. Eine kirchen- und dogmengeschichtliche Monographie" (1850) untersucht Ritschl die auch gegenwärtig noch umstrittenen Übergänge des Urchristentums zur frühen Kirche und die Entwicklung von den paulinisch beschriebenen Charismen zu einer sich verfestigenden Ämterstruktur. Bereits die Entstehung der ersten kirchlichen Ämter und dabei insbesondere die des Bischofsamtes erklärt er dabei als nicht aus den neutestamentlichen Schriften ableitbar, sondern als Notlösung zur Verteidigung gegenüber häretischen Strömungen. Einen weiteren zentralen Schritt sieht Ritschl im Übergang von einem gesetzestreuen Judenchristentum, wie es auch Jesus vertreten hätte, zu einer durch Paulus und seine Heidenmission geprägten Religion der Liebe und der Gnade. Durch diesen Ansatz leistet Ritschl auch einen wichtigen Beitrag zur Luther-Renaissance des 19. Jahrhunderts, wobei er selbst sich vorwiegend für den jungen Luther interessiert. Dessen revolutionäre Aufbruchsbewegung hat in seinen Augen einen Nachklang in den politischen Reformbewegungen von 1848 gefunden. Zentral wird ihm dabei die Rede vom „Reich Gottes" als Inbegriff der christlichen Botschaft (vgl. Oberdorfer 2002, 188 f.). Dieses beginne im Innern des Menschen, allerdings nicht wie er in „Schleiermachers Reden über die Religion und ihre Nachwirkungen auf die evangelische Kirche Deutschlands" (1874) beschreibt vorwiegend im Gefühl des Menschen, sondern in seinem Willen. Glaube ist somit ein inneres Wandlungsgeschehen, das sich dem Willen Gottes öffnet. Zentral wird ihm die Soteriologie. In „Geschichtliche Studien zur christlichen Lehre von Gott" (1865) und „Die christliche Lehre von der Rechtfertigung und Versöhnung" (1867) wendet er sich vehement gegen die Satisfaktionslehre des Anselm von Canterbury (vgl. Ritschl 1978, Bd. I, 31–54). Wie bereits in dem von ihm beschriebenen Übergang vom Judenchristentum zum Heidenchristentum setzt er auch hier auf Vergebung und Gnade, wie dies bereits bei Petrus Abaelard als Gegenentwurf zu Anselms Grundbegriff der Gerechtigkeit formuliert wurde. Insofern ist der Reich-Gottes-Gedanke anthropologisch fundiert: „Ritschl bestimmt nämlich die Vollendung der Menschheit im Reich Gottes als den Selbstzweck Gottes. Zweckbestimmung der Welt und Zweckbestimmung Gottes fallen zusammen. Das heißt, Aussagen über Gott sind sinnvoll nur, insofern sie theologische Implikate der Zweckbestimmung der Welt darstellen" (Oberdorfer 2002, 195).

Ganze Theologengenerationen sahen sich Ritschl und seinem Ansatz in Zustimmung und Kritik verbunden. Eine Weiterentwicklung insbesondere bezüglich der Rede vom Reich Gottes unternimmt sein Schwiegersohn Johannes Weiss (1863–1914) in seinem Buch „Die Predigt vom Reiche Gottes" (1892). Jesus selbst und seine Botschaft ist demnach vom Gedanken der apokalyptischen Naherwartung des Gottesreiches geprägt. Albert Schweitzer (1875–1965) wird Weiss darin folgen, dass er die Ethik Jesu in ihrer Stringenz als Interimsethik zwischen der Gegenwart und dem nahen Gottesreich beschreibt. Kritisch äußert sich Karl Barth aus seiner Perspektive der „dialektischen Theologie". Für ihn ist Ritschl der „Urtyp des national-liberalen deutschen Bürgers im Zeitalter Bismarcks" (Barth 1985, 601), der in seiner Theologie der Versöhnung letztlich nur das „verwirklichte menschliche Lebensideal" beschreibt und insofern die zentralen Unterschiede zwischen Gott und Welt nivelliert (vgl. Barth 1985, 601).

7.3.2.2 Wilhelm Hermann (1846–1922)

Ein verantwortungsvoller Glaube, der nicht in Konkurrenz zu den Aussagen wissenschaftlicher Erkenntnisse tritt, der aber auch nicht durch die immer breiteren Ergebnisse der historisch-kritischen Bibelexegese in Frage gestellt wird, ist das Anliegen Wilhelm Hermanns. Einen ersten Entwurf liefert bereits seine Habilitationsschrift „Die Religion im Verhältnis zum Welterkennen und zur Sittlichkeit. Eine Grundlegung der systematischen Theologie" (1876). Weder dogmatisch vorgegebene und metaphysisch begründete Glaubenssätze noch ein Wertesystem, aus dem menschliche Handlungen abgeleitet werden könnten sind für ihn Religion. Schleiermachers Erfahrungstheologie und Kants Betonung der Sittlichkeit als zentraler Inhalt der Religion führen bei Hermann zu einer Frühform existentieller Theologie. Da sich Gott gerade im erniedrigten Jesus dem Menschen offenbarte, stellt das damit sichtbar gewordene Modell von Güte und Liebe den gläubigen Menschen vor die sittliche Forderung der Nachfolge. Dieses Modell bleibt unberührt von der Tatsache, dass der Gläubige nicht den historischen Jesus oder den „Christus an sich" erkennt, sondern immer nur den Christus des Glaubens in der Verkündigung der ersten Jünger. Gerade dadurch aber ist im religiösen Erlebnis eine Gleichzeitigkeit möglich. Wie Gott sich den Menschen um Jesus offenbarte, so auch den heutigen Menschen. Dies besagt die Kernthese seines Werkes „Der Verkehr des Christen mit Gott. Im Anschluss an Luther dargestellt" (1886). Insofern hat Hermann „dem Erlebnisbegriff die Funktion eines theologischen Kriteriums zuerkannt" (Hornig 1998, 208), „Religion wird zum seelischen Akt" (Jakobs 1991, 56).

7.3.2.3 Adolf von Harnack (1851–1930)

Die zentrale Gestalt – bei Zustimmung wie Kritik – der liberalen Theologie kann in Adolf von Harnack und in dessen dreibändigem „Lehrbuch der Dogmengeschichte" (Erstauflage 1886, vierte erweiterte Ausgabe 1909, vgl. Harnack 1964) gesehen werden. Seine zusammenfassende „Dogmengeschichte" (1889/1891) gilt bis heute als Standardwerk (vgl. Harnack 1991). Bereits in Promotion (1873) und Habilitation (1874) über die Geschichte und Quellen der spätantiken Gnosis, dann in den auf 50 Teilbänden angelegten und von ihm herausgegebenen Reihe „Texte und Untersuchungen" zur Literatur des frühen Christentums (erschienen ab 1891), des Weiteren in seiner zusammenfassenden Darstellung der „Geschichte der altchristlichen Literatur bis Eusebius" (1893) und insbesondere in seiner bis zur Gegenwart heftig diskutierten Schrift über den frühchristlichen Theologen Marcion und dessen scharfe Trennung von Altem und Neuem Testament (1921, vgl. Harnack 1996) – in all diesen Arbeiten zeigt sich Harnacks zentrales Forschungsinteresse: Wie wurde die christliche Botschaft insbesondere auf der Grundlage der griechischen Philosophie formuliert und dadurch auch interpretiert?

In seinen „Prolegomena zur Disziplin der Dogmengeschichte" zur Einleitung seines „Lehrbuchs" definiert Harnack den Gegenstand der Dogmengeschichte: „Die kirchlichen Dogmen sind die begrifflich formulierten und für eine wissenschaftlich-apologetische Behandlung ausgeprägten christlichen Glaubenslehren, welche die Erkenntnis Gottes, der Welt und der durch Christus geschehenen Erlösung umfassen und den objektiven Inhalt der Religion darstellen" (Harnack 1964, Bd. I, 3). Neben dem Aspekt der Geschichtlichkeit zeigt sich im Dogma auch stets ein relationales Element insofern, als diesem „eine Autorität zu Grunde liegt, durch welche es für diejenigen, welche diese anerkennen, die Bedeutung einer Grundwahrheit erhält" (Harnack 1964, Bd. I, 16). Neben der biblischen und frühchristlichen Tradition sind demnach in jedem Stadium der Dogmengeschichte auch zu berücksichtigen „die Bedürfnisse des Cultus und der Verfassung", „das Bestreben, die Religionslehre mit herrschenden Lehrmeinungen auszugleichen", „politische und sociale Verhältnisse", „die wechselnden sittlichen Lebensideale", „das Bestreben, verschiedene Richtungen und Gegensätze in der Kirche auszugleichen", „die Absicht, eine für irrtümlich gehaltene Lehre bestimmt abzuweisen" und sicher auch „die heilige Macht blinder Gewohnheit" (Harnack 1964, Bd. I, 15). Charakteristisch für die dogmatischen Aussagen des Christentums ist es nach Harnack allerdings, dass dieser vielfältige Entstehungsprozess weitgehend ausgeklammert wurde. Werden Dogmen als ungeschichtliche Offenbarungswahrheit verstanden, soll dadurch deren Dignität und ihr die Gläubigen verpflichtender Charakter gesichert werden. Ist aber nach Harnack das Dogma „Product einer verhältnismäßig langen Geschichte", dann soll eine kritische Dogmengeschichtsschreibung diese Geschichte „entziffern" – „denn sie ist eben durch das fertige Dogma verdunkelt" (Harnack 1964, Bd. I, 20).

Welt- und Selbstverständnis des Christentums wie alle seine einzelnen dogmatischen Aussagen tragen somit die Signaturen der Zeit, in der sie formuliert wurden. Insbesondere gilt dies für die griechische Philosophie als Ausdrucksgestalt der biblischen Botschaft: „Das Dogma ist in seiner Conception und in seinem Ausbau ein Werk des griechischen Geistes auf dem Boden des Evangeliums" (Harnack 1964, Bd. I, 20). Die Komplexität der Aufgabenstellung einer kritischen Dogmengeschichte wird noch dadurch erhöht, dass bei einer Lösung der biblischen Botschaft aus deren griechischem Gewand nicht auf die neutrale Prüf-Instanz des Neuen Testaments zurückgegriffen werden kann. Durch dessen griechische Sprache ist es vielmehr bereits selbst in den Transformationsprozess von jesuanisch-messinaischer Botschaft in die Welt der griechisch-römischen Antike mit eingebunden.

Die Einsicht in die immer schon kulturell vermittelte christliche Botschaft verhindert für Harnack auch eine – ihm selbst oft unterstellte – Deutung der Dogmengeschichte als Verfallsgeschichte. Trotz aller Vermittlungsprobleme der jesuanischen Botschaft in die griechische Seinsphilosophie konnte das Christentum nur so seine national-religiösen Grenzen sprengen und universale Ausstrahlung gewinnen (vgl. Harnack 1964, Bd. I, 51). Allerdings erkennt Harnack in der Theologie Martin Luthers den letztgültigen Versuch, die Lehren des Christentums verbindlich in eine neue Sprache zu übersetzen. Dogmengeschichte wird dadurch zu einem abgeschlossenen Projekt. Die nachfolgende Theologiegeschichte übernimmt nun die kritische Aufgabe der geschichtlichen Vermittlung des kirchlichen Dogmas – allerdings unter der verpflichtenden Berücksichtigung der in der Reformation gesetzten Deutungskategorien.

7.3.2.4 Ernst Troeltsch (1865–1933)

Die Kernfrage von Ernst Troeltsch lautet, wie sich das Christentum und die Kultur der Moderne zu einem spannungsreichen Beziehungssystem verbinden lassen, in dem jeder Teil seine unverwechselbare Identität bewahren und als Ausdruck menschlicher Erfahrung gedeutet werden kann. Der mit Hegel einsetzende Prozess der Vergeschichtlichung findet in Troeltschs Historismus seine Weiterentwicklung und kritische Korrektur zugleich. Programmatisch formuliert er seine Gedanken in der Schrift „Die Absolutheit des Christentums und die Religionsgeschichte" (1902). Historie wird dabei primär nicht verstanden als Aneinanderreihung einzelner historischer Fakten. Sie gilt bei Troeltsch vielmehr als grundsätzliches „Prinzip der Gesamtanschauung alles Menschlichen" (Troeltsch 1998, 112). Ist aber Historie „die Grundlage alles Denkens über Werte und Normen, das Mittel der Selbstbesinnung der Gattung über ihr Wesen, ihre Ursprünge und ihre Hoffnungen" (Troeltsch 1998, 115), dann ist diese Einsicht zugleich das „Ende der dogmatischen Begriffsbildung" (Troeltsch 1998, 113). Religion und Kirche werden nicht weiterhin supranaturalistisch abgeleitet, sondern in ihren jeweiligen historischen Entstehungsbedingungen aufgezeigt (vgl. auch sein Werk „Der Historismus und seine Probleme", 1922). Aber auch der Geschichtsprozess seinerseits darf nicht im Sinne einer universalen Heilsgeschichte verobjektiviert werden. Betrachtete man bisher „die Menschheitsgeschichte kausal und teleologisch als ein Ganzes, innerhalb dessen das Ideal religiöser Wahrheit sich stufenweise durchsetze und an einem bestimmten Punkte, eben in der historischen Erscheinung des Christentums, zu absoluten, d. h. den Begriff völlig erschöpfenden Realisation gelange" (Troeltsch 1998, 118), so konnte den anderen Religionen höchstens partielle Wahrheit zugesprochen werden. Dieser „exklusive Supranaturalismus" (Troeltsch 1998, 126) übersieht, dass jede geschichtsphilosophische Deutung selbst wiederum von historisch benennbaren Faktoren abhängt und insofern relativ ist. Troeltschs Schlussfolgerung: „Die Konstruktion des Christentums als der absoluten Religion ist von historischer Denkweise aus und mit historischen Mitteln unmöglich" (Troeltsch 1998, 137). Seine Begründung: „Nirgends ist das Christentum die absolute, von geschichtlicher, momentaner Bedingtheit und ganz individueller Artung freie Religion, nirgends die wandellose, erschöpfende und unbedingte Verwirklichung eines allgemeinen Begriffs der Religion" (Troeltsch 1998, 144). Deshalb seine zusammenfassende These: „Die Methode der Konstruktion des Christentums als der absoluten Religion ist unhaltbar" (Troeltsch 1998, 150). Da ein Rekurs auf neutrale Maßstäbe bezüglich der Wahrheit dogmatischer Aussagen nicht möglich ist, bleibt nur die persönliche Überzeugung des Gläubigen. Da dieser Glaube sich zentral im ethischen Handeln zeigt, lassen sich anhand der Soziallehren der Kirchen Entwicklungen und Unterschiede deutlicher aufzeigen als anhand der reinen Dogmatik. Insofern kann er sein Werk „Die Soziallehren der christlichen Kirchen und Gruppen" (1911) auch als kritische Antwort auf Harnacks „Dogmengeschichte" verstehen. Die Pluralität weltanschaulich vorgegebener Deutekategorien verlangt vom Menschen eine Entscheidung, die ihrerseits allerdings nicht mehr wissenschaftlich, somit auch nicht historisch abgeleitet oder nachgewiesen werden kann: „Der absolute, wandellose, durch nichts temporär bedingte Wert liegt überhaupt nicht in der Geschichte, sondern in dem Jenseits der Geschichte, das nur der Ahnung und dem Glauben zugänglich ist" (Troeltsch 1998, 170). Es ist somit „eine Entscheidung der religiösen Selbstbesinnung, nicht der wissenschaftlichen Beweisführung" (Troeltsch 1998, 195). Die konkrete Entscheidung für das Christentum ist für Troeltsch dadurch motiviert, dass das Christentum in seiner Sicht „die stärkste und gesammeltste Offenbarung der personalistischen Religiosität" darstellt (Troeltsch 1998, 195). Eine solche Entscheidung bestätigt nicht vorgegebene kulturelle Werte, sondern steht sogar in „relativer Spannung gegen alle Kultur" (Troeltsch 1998, 183). Insofern formuliert Troeltsch hier auch seine Kritik an einer Identifizierung kultureller Leistungen mit religiösen Überzeugungen durch den Kulturprotestantismus seiner Zeit. Seine eigene religionssoziologische Interpretation der Dogmen liegt in der posthum erschienenen „Glaubenslehre" (1924) vor.

7.4 Entwicklungen im Katholizismus

Die zentralen Themen, die der Protestantismus im Umgang mit den in der Aufklärung entstandenen Fragestellungen auf unterschiedliche und oft sogar gegensätzliche Weise bearbeitete, erfuhren unter den Bedingungen der römisch-katholischen Kirche ihre besondere Entfaltung. Die grundsätzliche Verhältnisbestimmung von Vernunft und Glaube, das Verhältnis von Glaube und Geschichte, aber auch die Zuordnung von römischer Zentrale zu den jeweiligen Partikularkirchen erforderten eine erneute theologische Reflexion. Diese war umso dringender gefordert, als viele Aspekte dieser zentralen Fragen oft über Jahrhunderte immer wieder angesprochen nie aber grundsätzlich geklärt wurden. Insofern bleibt die Fragestellung des Ultramontanismus aktuell, wie sich das Verhältnis von Theologie und Regionalkirche zu der römischen Zentrale verhalten soll. Die im Vorfeld von Aufklärung und Französischer Revolution von dem Trierer Weihbischof Nikolaus von Hontheim (1701–1790), genannt „Febronius", gestellte Frage nach dem Verhältnis von päpstlicher Kompetenz und der Autorität gemeinschaftlicher Wahrheitssuche auf einem Konzil wird die theologische und kirchenpolitische Diskussion im Umfeld des Dogmas von der Unfehlbarkeit des Papstes bestimmen. Die sozialpolitischen Fragen im Rahmen von Industrialisierung und beginnender Globalisierung werden erst am Ende des Jahrhunderts in der ersten Sozialenzyklika von Papst Leo XIII. „rerum novarum" (1891 eine gesamtkirchliche Antwort erfahren. Vielfach wird bei all diesen Fragstellungen Bezug genommen auf Leben und Werk von Johann Michael Sailer (1751–1832), „einer der großen Brückenbauer aus der alten barocken Tradition in die neue, durch den radikalen Umbruch des späten 18. Jahrhunderts tief gezeichneten Epoche" (Schwaiger 1975, 57). Dieser kämpfte sowohl als Professor für Dogmatik und später für Pastoraltheologie als auch als Bischof von Regensburg (ab 1829) für eine verantwortbare Beziehung zwischen christlichem Glauben und Vernunft, Freiheit und persönlichem Gewissen. So wird auch hier die Komplexität der Themen und Fragestellungen anschaulich durch die Personen, die diese in besonderer Weise prägten.

7.4.1 Die „Tübinger Schule"

Der Begriff „Tübinger Schule" umfasst nicht eine abgrenzbare Gruppe theologischer Forscher mit einem einzigen Schulhaupt oder Begründer. Vielfach wurde das Wort zunächst von Gegnern als Abgrenzungsbegriff gegenüber der eigenen theologischen Position gebraucht. Zudem lässt sich eine „evangelische" von einer „katholischen Tübinger Schule" unterscheiden. Gemeinsam aber ist allen Vertretern in den verschiedensten theologischen Disziplinen die Reflexion auf die geschichtliche Entwicklung der christlichen Lehre (vgl. Hünermann 1967). Gemeinsam ist speziell den katholischen Theologen der ersten Generation der „Tübinger Schule", dass diese an die 1817 neu errichtete katholisch-theologische Fakultät der Universität Tübingen berufen wurden und dass sie ihre Forschungsergebnisse in der 1819 gegründeten Zeitschrift „Theologische Quartalschrift" der Öffentlichkeit vorstellten. Dies geschah nicht selten im kritischen Gegenüber zur evangelischen „Tübinger Zeitschrift für Theologie".

7.4.1.1 Johann Sebastian Drey (1777–1863)

In diesem Sinne ist Johann Sebastian Drey einer der „Väter" dieser Schule. Erfahrungen in der praktischen Seelsorge prägten seinen Ansatz einer wissenschaftlichen Theologie. Diese Wissenschaftlichkeit sieht er bei seiner „Revision des gegenwärtigen Zustandes der Theologie" (1812) nicht gewährleistet. Wie lassen sich Offenbarungswahrheit, persönliche Freiheit des Glaubens und geschichtliche Entwicklung miteinander verbinden? Die Philosophie Friedrich Wilhelm Schellings (1775–1854) bietet Drey die Möglichkeit einer Synthese. In seinem Aufsatz „Vom Geist und Wesen des Katholizismus" (1819) entwickelt er die Freiheit als Grunddimension des christlichen Glaubens. In dieser unableitbaren Freiheit kann der Mensch sich demnach auf der Ebene des Bewusstseins auf den Urgrund aller Dinge und seiner eigenen Existenz beziehen (vgl. „Kurze Einleitung in das Studium der Theologie mit Rücksicht auf den wissenschaftlichen Standpunkt und das katholische System", 1819). Geschichte ist dann verstanden „als Geschichte des Bewusstseins einer ins Unendliche sich erstreckenden Entwicklung des menschlichen Geistes" (Rief 1975, 25). Durch göttliche Offenbarung vermag so der Mensch die Geschichte trotz aller Zufälligkeiten und Bedingtheiten als Offenbarung des Absoluten zu erkennen. Hinter der Geschichte steht ein göttlicher Heilsplan, der ganz im Sinne der Aufklärung als Erziehungsprozess des Menschengeschlechtes interpretiert werden kann. Die kirchliche Überlieferung bietet dann gleichsam den konkreten Inhalt von der „Realwerdung der Offenbarung" in der Geschichte (Rief 1975, 33). In der katholischen Kirche erkennt Drey die beste Form dieser Realwerdung. Die Religionskritik und die Freiheitsidee der Aufklärung verbinden sich somit bei Drey mit dem Gedanken einer organischen Entwicklung der Universalgeschichte aus der Romantik.

7.4.1.2 Johann Baptist Hirscher (1788–1863)

Als man während der kirchlichen Aufbruchsbewegung im Kontext des 2. Vatikanischen Konzils (1962–1965) Ausschau hielt nach den „Wegbereitern heutiger Theologie" und eine gleichnamige Buchreihe publizierte, stellte man mit gutem Grund Leben und Werk von Johann Baptist Hirscher an den Anfang dieser Publikation (vgl. Keller 1969). Alle großen theologischen Themen der katholischen Kirche des 20. Jahrhunderts wurden von Hirscher nicht nur hundert Jahre zuvor angesprochen, sondern er erarbeitete auch Lösungsvorschläge, die teilweise bis zur Gegenwart noch nicht eingelöst sind. Mit Drey 1817 an die neu geschaffene katholische Theologische Fakultät nach Tübingen berufen und dort bis zu seiner Berufung nach Freiburg 1837 tätig, zeigte sich Hirscher als innovativer Reformator auf allen Gebieten der praktischen Theologie. Auch sein Rahmenthema war wie bei Drey das Reich Gottes, das im Menschen angelegt ist und ganzheitlich seine Vernunft, seinen freien Willen, Gemüt, Gewissen aber auch seine Triebe und Affekte berührt. Alle Disziplinen der praktischen Theologie haben die Aufgabe, die freie Annahme dieses Gottesreiches der Liebe durch den Menschen zu ermöglichen. Zentral ist ihm dabei der Ausgang von den biblischen Schriften, was seine Kritik an jeder Form von Verobjektivierung im Kontext einer verstärkten Neuscholastik seiner Zeit einschließt (vgl. „Über das Verhältnis des Evangeliums zu der theologischen Scholastik der neuesten Zeit im katholischen Deutschland", 1823). Seine meist in einfacher und allgemein verständlicher Sprache geschriebenen Bücher waren sehr populär und erreichten noch zu Lebzeiten Hirschers zahlreiche Auflagen (vgl. „Geschichte Jesu Christi, des Sohnes Gottes und Weltheilandes", 1839). Sein Werk „Die sozialen Zustände der Gegenwart und die Kirche" (1849/50) ist eine der ersten theologischen Schriften, die auf die sozialpolitische Revolution und die programmatischen Schriften des entstehenden Marxismus eine Antwort formuliert.

Sein Vorwurf gegenüber der Dogmatik besteht in der Klage, dass dort „die Wort- und Buchstaben-Orthodoxie in der Kirche einen Wert erhält, der ihr in keiner Weise gebührt" (Hirscher 1969, 214). Auch die Moraltheologie stellt er unter sein großes Rahmenthema: „Die christliche Moral als Lehre von der Verwirklichung des göttlichen Reiches in der Menschheit" (1835). Seine Grundeinsicht lautet, dass „die äußere Gerechtigkeit von innen heraus kommen und alle guten Werke des äußeren Lebens durch den heiligen Geist der Neugeburt des inneren Menschen gewirkt und getragen werden" muss (Hirscher 1969, 181 f.). Sein besonderes Interesse gilt der Katechese. Sein in Freiburg vollendeter Katechismus wird dort 1842 als Bistumskatechismus eingeführt. Auch hier wünscht er eine lebensnahe Darstellung des Inhaltes, der statt einer Moralisierung die praktische Relevanz der göttlichen Liebe für die Lebenswelt der Kinder aufzeigen soll: „Der Unterricht ist hier wegen dem Leben" (Hirscher 1969, 116) oder drastischer formuliert: Die Katechese soll „den Geist der Kinder, Herz und Sinn derselben erst religiös und moralisch erwecken, ehe ihnen das Maul von religös-moralischem Geschwätz überläuft" (Hirscher 1969,117). Die Bestrebungen der Liturgie sollen dahin gehen, dass „auch der Laie nicht nur Objekt, sondern auch mitverantwortliches Subjekt beim Heilswirken der Kirche ist" (Keller 1975, 54). Konkret schlägt er dabei vor, die Lesungsperikopen im Gottesdienst zu erweitern, damit den Gläubigen auch in der Liturgie die biblischen Texte verstärkt nahegebracht werden können. Der Priester soll nicht weiterhin mit dem Rücken zur Gemeinde stehen und ein häufigerer Kommunionempfang soll angeregt werden. Für Kinder sollen eigens gestaltete Messen gefeiert werden. Dies erfordert eine verbesserte Ausbildung des Klerus. Die Ehelosigkeit als Bedingung zum Priesteramt soll ausschließlich auf Freiwilligkeit beruhen: „Lasse man sie es im übrigen (nach der Weisung des Evangeliums) mit sich selbst ausmachen, ob und wann es für ihre Person zuträglicher sei, sich zu verehelichen, als ledig zu bleiben" (Hirscher 1969, 137). Sein Grundsatz bei der Begegnung mit anderen christlichen Konfessionen lautet, dass man zunächst die in diesen enthaltene Wahrheit suchen solle und nicht die Differenz zur eigenen. Bis heute kann man Hirscher deswegen „unter die Pioniere des Ökumenismus zählen" (Keller 1975, 40). Für innerkirchliche Konfliktlösungen sieht er eine synodale Wahrheitssuche vor, an der auch Laien beteiligt sein sollen: „Es sind in einer Diözese von etlichen hunderttausend Seelen unter dem zahlreichen und gebildeten Klerus derselben, aber auch in dem Laienstande eine große Summe geistiger Kräfte, eine große Masse von echt christlicher Erkenntnis, von wahrhaft apostolischer Tugend, von reicher Erfahrung in allen Fragen des Lebens und großer praktischer Klugheit und Gewandtheit vorhanden" (Hirscher 1969, 319). Gegen den Versuch verstärkter politischer Einflussnahme des Staates auf die Kirche verteidigt er deren Freiheit und Rechte (vgl. „Zur Orientierung über den derzeitigen Kirchenstreit", 1854).

Dass ein solcher theologischer Ansatz „bekämpft, verleumdet, indiziert" wurde (Keller 1969, 73 ff.), war zu erwarten. 1822 und 1850 wurden Teile des Werkes von Hirscher auf die Liste der für Katholiken verbotenen Bücher gesetzt (vgl. Köster 2007). Dies ist ein Schicksal, das er mit vielen „Wegbereitern heutiger Theologie" teilt.

7.4.1.3 Johann Adam Möhler (1796–1838)

Bevor Johann Adam Möhler seine Lehrtätigkeit 1822 in Tübingen im Bereich der Kirchengeschichte begann, hatte er diese neue Fakultät bereits ab 1817 als Student kennengelernt. Ein zentrales Thema seiner Publikationen und auch seine Methode klingen bereits in seiner Erstlingsschrift an: „Die Einheit der Kirche oder das Prinzip des Katholizismus, dargestellt im Geiste der Kirchenväter der ersten drei Jahrhunderte" (1825) an. Ähnlich wie in seinen Schriften „Athanasius der Große und die Kirche seiner Zeit" (1827) und in „Anselm, Erzbischof von Canterbury. Ein Beitrag zur Kenntnis des religiös-sittlichen, öffentlich-kirchlichen und wissenschaftlichen Lebens im 11. und 12. Jahrhundert" (1827/1828) möchte Möhler durch Kenntnis der Kirchenväter und der Theologiegeschichte auch gegenwärtig bestehende Fragen und Konflikte verdeutlichen und klären. Insbesondere seine in 25 Auflagen erschienene „Symbolik oder Darstellung der dogmatischen Gegensätze der Katholiken und Protestanten" (1832) gilt „als Wegbereiter heutiger Ökumenik und als ein Klassiker katholischer Theologie des 19. Jahrhunderts" (Wagner 2002, 62). Hier möchte Möhler „Grund und Rechenschaft über die konfessionellen Eigentümlichkeiten ablegen" (Möhler 1969, 240) in der Überzeugung, dass uns meist „bloß Zufälliges und Äußeres trennt" (Möhler 1969, 83). Leben und Lebendigkeit erhält Kirche immer durch den Geist Gottes: „Da dieser Geist immer Geist Christi ist, ist die Menschwerdung Ausgangspunkt für die Verleiblichung des Geistes" (Wagner 2002, 61). Nahe den Gedanken der Romantik von einer organischen Entwicklung aller Wirklichkeit ist ihm kirchliche Tradition ein „ganzheitliches, organisches, dynamisches und existentielles" Geschehen (Scheele 1975, 82 f.).

7.4.1.4 Franz Anton Staudenmaier (1800–1856)

Franz Anton Staudenmaier hinterließ in seinem unvollendeten Werk „ein eigentümliches Denkmal einer der ersten Begegnungen katholischer Theologie und katholischer Kirche mit der Moderne" (Hünermann, 1975, S. 93). Durch das Studium in Tübingen stark geprägt entwickelt er als Dogmatikprofessor in Gießen (ab 1830) und in Freiburg (ab 1837) einen von der Romantik geprägten „Entwurf eines Bildes vom Menschen und seiner Welt in der umgreifenden organischen Einheit mit dem Göttlichen durch den Heiligen Geist" (Hünermann 1975, 100). In seiner „Enzyklopädie der theologischen Wissenschaften als System der gesamten Theologie" (1834) und insbesondere in „Der Geist der göttlichen Offenbarung oder Wissenschaft der Geschichtsprinzipien des Christentums" (1837) versteht er Geschichte als Ort göttlicher Offenbarung, die je individuell angeeignet und dann wieder in die Öffentlichkeit der Geschichte entäußert werden soll.

7.4.1.5 Johann Evangelist von Kuhn (1806–1887)

„Der spekulativ begabteste Kopf der Katholischen Tübinger Schule" (Wolfinger 1975, 129) Johann Evangelist von Kuhn will „den Glauben als historisch begründet und vor der Vernunft verantwortbar erweisen" (Wolfinger 1975, 134). Als Exeget für Neues Testament in Gießen (ab 1832) setzt er sich kritisch mit der bisherigen Leben-Jesu-Forschung auseinander (vgl. „Das Leben Jesu, wissenschaftlich bearbeitet", 1838). Trotz Anerkennung der historischen Forschung sieht er im Glauben eine Dimension, die nicht auf historische Fakten begründet und zurückgeführt werden kann. Auf dem Tübinger Lehrstuhl für Dogmatik (ab 1839) wendet er sich als Nachfolger von Johann Sebastian Drey allerdings auch gegen jeden Versuch, den christlichen Glauben rein spekulativ in eine Art „absolutes Wissen" aufzulösen. In seiner mehrbändigen „Katholischen Dogmatik" (ab 1846) formuliert er ein dialektisches Verständnis der Wirklichkeit. Diese erschließt sich dem menschlichen Bewusstsein in unterschiedlichen geschichtlichen Situationen je neu. Umschreibt der Begriff der Religion „das Verhältnis zu Gott als das im Menschen angelegte Grundbedürfnis, Gott nahe zu sein" (Wolfinger 1975, 137), so kann diese konkretisiert werden als „das Empfangsorgan des Menschen für den sich offenbarenden Gott, dessen Offenbarung in Natur und Geschichte sich zeigt" (Wolfinger 1975, 137). Der der Offenbarung antwortende Glaube ist demnach eine „Lebenserfahrung, in der der Mensch die Abhängigkeit von Gott und dessen Anforderung als das Entscheidende seines Wesens erfährt, anerkennt und konsequent verwirklicht" mit Hilfe der ihm geschenkten Gnade (Wolfinger 1975, 152). Dogmen sind dann „die in Vorstellungen und Begriffe einer Epoche gefasste Offenbarungswahrheit, Offenbarung in zeitbedingter Aussageform" (Wolfinger 1975, 154).

Das Erbe der Katholischen Schule Tübingens setzt sich fort in den Werken der Kirchenhistoriker Karl Joseph Hefele (1809–1893) und Franz Xaver Funk (1840–1907) und des Moraltheologen Franz Xaver Linsenmann (1835–1898).

7.4.1.6 Das evangelische Pendant: Ferdinand Christian Baur (1792–1860)

Die katholische Tübinger Schule ist in ihrem Entstehen und in ihren inhaltlichen Schwerpunkten nicht zu verstehen ohne deren ständige – oft sehr kritische – Reflexion der Positionen, wie sie in der benachbarten evangelischen Tübinger Fakultät vertreten wurden. Insofern ist das Werk von Ferdinand Christian Baur ihr oft unausgesprochener Bezugspunkt. Dessen religionsgeschichtliche Werke öffnen den Blick für ganz unterschiedliche Formen der göttlichen Offenbarung (vgl. „Symbolik und Mythologie oder die Naturreligion des Altertum", 1824/25, oder „Die christliche Gnosis oder die christliche Religionsphilosophie in ihrer geschichtlichen Entwicklung", 1835. In der Ideenlehre Platons sieht Baur alle wichtigen Themen des Christentums vorgeprägt (vgl. „Das Christliche des Platonismus oder Sokrates und Christus", 1837). In zahlreichen Veröffentlichungen setzt er sich mit den verstärkt angewendeten Methoden der historisch-kritischen Exegese bezüglich der neutestamentlichen Basis des Christentums auseinander (vgl. z. B. „Über die so genannten Pastoralbriefe", 1835, oder „Kritische Untersuchungen über die kanonischen Evangelien", 1847). Als seinen vielleicht wichtigsten Beitrag zur Rezeption der Aufklärung in der Theologie kann sein umfangreiches „Lehrbuch der christlichen Dogmengeschichte" angesehen werden, dessen erstem Band „Das Christentum und die christliche Kirche der ersten drei Jahrhunderte" (1863) zahlreiche weitere Bände bis zu der aus dem Nachlass herausgegebenen „Kirchengeschichte des 19. Jahrhunderts" (1862) folgten. Die stetige geschichtliche Entwicklung des Glaubensinhaltes ist ihm wichtig: „Die Dogmatik ist nur der aus seiner Bewegung zur Ruhe gekommene Fluss der Dogmengeschichte" (Baur 1974, 2). Die Einsicht in die geschichtliche Bedingtheit des christlichen Glaubens fragt aber auch nach dessen Identität und Zuverlässigkeit. Zur Beantwortung rekurriert Baur auf die Geschichtsphilosophie Hegels, ohne diesen explizit zu erwähnen. In Hegels „Vorlesungen über die Philosophie der Geschichte" (1830) heißt es: „Der Geist ist wesentlich Resultat seiner Tätigkeit: seine Tätigkeit ist Hinausgehen über die Unmittelbarkeit, das Negieren derselben und Rückkehr in sich" (Hegel 1980, Bd. XII, 104). Für Baur sind demnach „die Veränderungen, welche die Dogmengeschichte darzustellen hat, nicht blos ein zufälliger und willkürlicher Wechsel", sondern ein „geistiger Prozess" der als Selbst-Offenbarung des „Wesens des Geistes selbst" beschrieben werden kann (Baur 1974, 9). Die antithetische Entäußerung des Geistes ist notwendig, denn nur durch Differenz entsteht die Möglichkeit des Bewusstseins seiner selbst: „Alles Denken ist die Vermittlung des Geistes mit sich, was der Geist an sich ist, soll er auch für das Bewusstsein sein" (Baur 1974, 10). Geschichte gibt dem Dogma nichts Wesensfremdes: „Es ist also das Dogma selbst, das in diesem Prozess mit sich selbst begriffen ist, in ihm sich nur zu sich selbst verhält, um, indem es seinen Inhalt aus sich herausstellt und in ihm sich selbst gegenständlich wird, zum Bewusstsein über sich selbst zu kommen". Der ganze Verlauf der Dogmengeschichte ist somit „der fortgehende Prozess des denkenden Bewusstseins mit dem Dogma, und jede bedeutende Veränderung, welche in der Geschichte des Dogmas eintritt, nur eine andere Stellung, welche das Bewusstsein des Subjekts zur Objektivität des Dogmas sich gibt" (Baur 1974, 9). Dieser Prozess der geschichtlichen Vermittlung ist prinzipiell unabschließbar. Allerdings zeigen sich der historischen Betrachtung einzelne voneinander unterscheidbare Epochen. Galt im Altertum der Glaube als „in der Lehre der Kirche" fixiert" und durch kirchliche Autorität abgesichert, so erkennt Baur in der Scholastik das Bestreben, „den Glauben seiner Äußerlichkeit zu entheben und ihn dem denkenden Bewusstsein näher zu bringen" (Baur 1974, 12).

Allerdings endete dieser Abschnitt der Dogmengeschichte statt in Freiheit in Unterdrückung: „die Autorität der Kirche und das kirchliche Dogma lag nur als ein um so schwererer Druck auf dem Geiste" (Baur 1974, 12). Im Zeitalter der Reformation erkennt Baur mit der Entdeckung der Subjektivität des Gläubigen zugleich die Bewegung hin auf Freiheit und Autonomie. Baurs Darstellung der Epochen der Theologiegeschichte ist geprägt vom Fortschrittsoptimismus seiner Zeit. Der geschichtliche Entwicklungsprozess ist dabei verstanden im Sinne einer Höherentwicklung, deren nicht überbietbarer Höhepunkt in der Reformation erreicht wurde.

7.4.2   Reformansätze und Neuscholastik

Auch außerhalb der theologischen Schulen zeigt sich eine große Vielfalt, in der theologische Ansätze auf die letztlich von der Aufklärung und deren Rezeption gestellten Herausforderungen antworten.

7.4.2.1 Georg Hermes (1775–1831)

Bemerkenswert ist z. B. der Versuch von Georg Hermes, „die Vernünftigkeit und Notwendigkeit des Christentums in kritischer Antizipation der Philosophie seiner Zeit nachzuweisen" (Böttigheimer 2005, 326). Der Wahrheitsanspruch theologischer Aussagen soll dabei weder in einem reinen Rationalismus noch in einer romantischen Philosophie des Gefühls aufgezeigt werden. In „Untersuchung über die innere Wahrheit des Christentums" (1805), in der „Einleitung in die christliche Theologie" (1819) und in seiner aus dem Nachlass herausgegebenen „Christkatholische Dogmatik" (3 Bd. 1831–1834) suchte er als Professor in Münster (ab 1807) und Bonn (1820–1831) den Nachweis zu erbringen, „dass die übernatürliche Welt wirklich und der christliche Glaube gewiss ist und darum theologische Erkenntnis im Sinne eines Wissens, das sich auf die Offenbarung stützt, erkenntnistheoretisch durchaus möglich ist" (Böttigheimer 2005, 327). Zwar können Glaubensaussagen nicht durch die Vernunft erwiesen werden, sie sollen aber umgekehrt als durchaus der Vernunft nicht widersprechend dargestellt werden. Der Beweis dafür erfolgt bei Hermes durch eine Analyse des subjektiven Bewusstseins (vgl. E. Hegel 1975 308): „Die Reflexion auf dieses Bewusstseins zeigt, dass sowohl ein Wissen dieses Bewusstseins gegeben als auch mit diesem Bewusstsein immer schon das Hinzudenken eines Grundes verbunden ist" (Böttigheimer 2005, 329). Mit diesem „Grund" ist die nur rational zugängliche Wirklichkeit bereits durchbrochen. Der Glaube ist somit für den Menschen unzweifelhaft wirklich.

Die starke Rezeption dieses Ansatzes, der sich zu einem wortwörtlichen „Hermesianismus" entwickelte, rief die kirchamtliche Kritik hervor. Papst Gregor XVI. verurteilte im Breve „Dum acerbissimas" vom 26. 9. 1835, dass dieser den „positiven Zweifel" als Grundlage jeder theologischen Forschung nehme und in der „Vernunft die Hauptnorm" zur Beurteilung übernatürlicher Wahrheiten sehe (DH 2738).

7.4.2.2 Anton Günther (1783–1863)

Hermes vergleichbar die Position des Privatgelehrten Anton Günther. Die Widerspruchsfreiheit von Glaube und Vernunft erscheint ihm zu wenig, er möchte positive Kriterien für eine Entsprechung von Vernunft und Glaube aufzeigen. Auch sein Ausgangspunkt fundamentaltheologischer Reflexion ist die Anthropologie. Nicht aber der im Bewusstsein immer schon mit gesetzte „Grund" desselben wie bei Hermes, sondern das „unmittelbare Selbstbewusstsein des Menschen" (Böttigheimer 2005, 337) steht bei Günther im Zentrum der Überlegungen. In der Schöpfung erweisen sich Gott und Mensch demnach in einem absoluten Gegensatz: „Dieses absolute Ich (Gott) und jenes relative Ich (Mensch) stehen im Verhältnis absoluter Kontraposition" (Pritz 1975, 364). Ebenso dualistisch bestimmt Günther das Verhältnis von Geist und Natur im Menschen. Die Forschungsmethoden der neuzeitlichen Naturwissenschaft gelangen insofern nicht zu Aussagen über das Geist-Wesen Mensch. Die Philosophie von Descartes und dessen Analyse des geistigen Selbstbewusstseins wird für ihn deswegen zum Vorbild, weil dieser inmitten eines grundsätzlichen methodischen Zweifels im „cogito ergo sum", das heißt in der Ich-Gewissheit des geistigen Subjektes, letztmögliche Sicherheit beschrieb: „In Adaption der Selbstbewusstseinsanalyse Descartes' gelangt Günther zu der Überzeugung, dass der Mensch das Sein sehr wohl zu erfassen vermag" und zwar über die „Ichgewissheit des Geistes. Das Sein erlebt der Mensch in seinem Selbstbewusstsein. Er erfasst das Sein nicht auf dem Weg begrifflichen Erscheinungswissens, sondern in seinem Seinswissen, im Wissen um das eigene Sein als Realgrund und Kausalprinzip. So betrachtet ist der Ichgedanke der Seinsgedanke" (Böttigheimer 2005, 336). Weil sich nun der Geist als begrenzt erfährt, vermag die Ichidee nicht das Letzte, sondern nur Folge der Gottesidee zu sein, und der Gottesglaube bedeutet nichts anderes das Annehmen der Realität der Gottesidee" (Böttigheimer 2005, 336).

Auch dieser bewusstseinsphilosophische und spekulative Ansatz (vgl. Günthers „Vorschule zur spekulativen Theologie des positiven Christentums", 2 Bd. 1828/1829) wurde amtskirchlich verurteilt. Papst Pius IX. beschreibt in seinem Breve vom 15. 6. 1857 „das oft verurteilte System des Rationalismus" bei Günther. Neben Kritik am Dualismus Günthers und an seiner Ablehnung der scholastischen Vermittlungsbemühungen zwischen Natur und Geist wird besonders beklagt, dass dieser „der menschlichen Vernunft und der Philosophie, die in Dingen der Religion nicht herrschen dürfen, leichtfertig das Recht des Lehramtes zuerkannt und deswegen alles durcheinandergebracht wird" (DH 2828 ff.).

7.4.2.3 Jakob Frohschammer (1821–1893)

Jakob Frohschammer versuchte, Theologie und die erstarkten Naturwissenschaften zu vermitteln. Zentral ist seine Idee vom Generatianismus (vgl. „Über den Ursprung der menschlichen Seelen. Rechtfertigung des Generatianismus", 1854). Die grundsätzliche Geschichtlichkeit des Menschen zeigt, dass dieser in seiner evolutiven Entwicklung auch Weiterentwicklung und die Entwicklung von Neuem kennt. Die Naturphilosophie zeigt solche Entwicklungsfähigkeit und Entwicklungsmöglichkeit. Die Naturwissenschaft beschreibt hingegen nur empirisch bereits vorhandene Entwicklungsstufen (vgl. „Über die Aufgabe der Naturphilosophie und ihr Verhältnis zur Naturwissenschaft", 1861). Grundlegend aber sei bei aller Forschung die „Freiheit der Wissenschaft" (1861). Frohschammer ist somit einer der ersten Theologen, der sich nicht nur mit Kepler und Galilei, sondern auch mit dem Zeitgenossen Darwin kritisch und konstruktiv zugleich auseinandersetzt (vgl. „Das Christentum und die moderne Naturwissenschaft", 1868).

Wurde Frohschammers Buch über den Generatianismus bereits 1857 auf den Index der verbotenen Bücher gesetzt, so erfolgte seine grundsätzliche Verurteilung durch einen Brief von Papst Pius IX. an den Erzbischof von München und Freising vom 11. 12. 1862, denn Frohschammer räume „der Philosophie eine Freiheit ein, die nicht Freiheit der Wissenschaft, sondern eine völlig verwerfliche und nicht zu duldende Willkür der Philosophie genannt werden muss" (DH 2858).

7.4.2.4 Joseph Kleutgen (1811–1883)

Die Gegenposition gegenüber den Vermittlungsversuchen zwischen Theologie und aufkommender Moderne nimmt Joseph Kleutgen ein. In seiner „Philosophie der Vorzeit" und der „Theologie der Vorzeit" (entstanden 1853–1870) erweist er sich als Vertreter der Neuscholastik: „Die wiedererwachte und von der offiziellen Kirche in Rom so stark geförderte Neuscholastik richtete sich gegen die Philosophie und Theologie des 18. und 19. Jahrhunderts und wollte auf dem Weg der Verteidigung der alten Philosophie und Theologie die Fehlentwicklungen wiederum in die rechte Bahn bringen" (Finkenzeller 1975, 335). „Vorzeit" bedeutet demnach im Titel der Werke Kleutgens die Philosophie vor dem Aufbruch der Aufklärung im 18. Jahrhundert. Mit Hilfe der Kirchenväter und der Scholastik sollte dieser Aufbruch als Fehlentwicklung beschrieben werden. Als Konsultor der Indexkongregation war Kleutgen maßgeblich an der Verurteilung von Hirscher, Hermes und Günther beteiligt. Als Berater von Papst Pius IX. unterstützte er dessen Bestreben, die Unfehlbarkeit des Papstes zum Dogma zu erheben (vgl. „Die oberste Lehrgewalt des römischen Bischofs", 1870). Für die Mitarbeit an der entsprechenden Konzilskonstitution „Pastor aeternus" (18. 7. 1870) wurde Kleutgen von Pius als „prinzeps philosophorum" und „prinzeps scholasticorum" genannt.

7.4.2.5 Matthias Joseph Scheeben (1835–1888)

In keine theologische Schule einzuordnen ist Matthias Joseph Scheeben (vgl. Minz 1982). Zwar von der „römischen Schule" der Theologie um Giovanni Perrone und Carlo Passaglia geprägt, möchte er allerdings nicht der Neuscholastik mit ihrem Absehen von Geschichte und Entwicklung folgen. Als Professor am Priesterseminar in Köln fragte er: Wie „kann man den trinitarischen, lebendigen Gott, der das Wovonher und Woraufhin menschlichen Lebens ist, als Lebensgrund und Lebenshorizont verständlich machen, ohne in einen Pantheismus zu verfallen" (Müller 2002, 208). Unter Zuhilfenahme der griechischen Kirchenväter entwickelt er den Gedanken der Teilhabe. Gott als „Lebensgrund" sei „Kraft" und „Tendenz".

Die Entfaltung des Lebens wird verstanden als „immanente Einholung jenes Ziels ..., das im Lebensgrund bereits vorgeformt ist" (Müller 2002, 209). Gott als „Urleben meint höchste Immanenz in ungeschiedener Einheit von Lebensgrund, Lebenstätigkeit und Ziel" (Paul 1975, 395). Früchte dieses Ansatzes sind „Die Mysterien des Christentums. Wesen, Bedeutung und Zusammenhang derselben nach der in ihrem übernatürlichen Charakter gegebenen Perspektive dargestellt" (1865) und insbesondere sein weit verbreitetes „Handbuch der katholischen Dogmatik" (3 Bd., 1873–1887). In diesem findet sein geistiger Nachfolger Martin Grabmann „eine seltene Kenntnis der ganzen theologischen Tradition und eine vor keiner Schwierigkeit zurückschreckende spekulative Denkenergie zu den Höhen und Tiefen der Mysterien des Glaubens" (Grabmann 1974, 231).

7.4.2.6 Joseph Deharbe (1800–1871)

Paradigmatisch für den Einfluss neuscholastischer Theologie auf die Religionspädagogik und Katechetik ist Joseph Deharbe (1800–1871) und sein in zahlreichen Auflagen und Neubearbeitungen erschienener „Katholischer Katechismus oder Lehrbegriff, nebst einem kurzen Abriss der Religionsgeschichte von Anbeginn der Welt bis auf unsere Zeit" (1847). Dieser Katechismus verstand sich als „normativer, lehramtlich vorgegebener Text, der den Schülern zu erklären war ... Die Methode war analytisch und memorativ: der autoritative Katechismustext wird erklärt und auswendig gelernt. Auch hier ein Rückgriff ins Mittelalter" (Bartholomäus 1983, 38).

7.4.3 Papst Pius IX. und das Erste Vatikanische Konzil

Die nicht gelösten Vermittlungsprobleme zwischen Glaube und Vernunft, die nur partikuläre Rezeption der Ideen der Aufklärung von Freiheit und Gleichheit, das Unverständnis gegenüber dem Gedanken von der grundsätzlichen geschichtlichen Entwicklung und Veränderbarkeit aller Wirklichkeit, das amtskirchliche Beharren auf monarchische Regierungsformen inmitten einer Zeit von politischen und gesellschaftlichen Umwälzungen – dies alles bündelt sich im Pontifikat von Papst Pius IX. (1792–1878, Pontifikat 1846–1878) zu einem hochexplosiven Gemisch, dessen Folgen bis in die Gegenwart reichen.

Pius IX., geboren als Giovanni Maria Mastai-Ferretti, prägt seine Zeit wie kaum ein anderer Papst in der Kirchengeschichte die seine. Zu Beginn seines Pontifikates gegenüber liberalen Ideen durchaus aufgeschlossen gerät er in den Strudel der politischen Einigungsbestrebungen Italiens mit all ihren Folgen für den Kirchenstaat und das päpstliche Amtsverständnis. Am 24.11.1848 muss er in Verkleidung nach Neapel flüchten, wo er 17 Monate im Exil lebt. Von jetzt an gilt sein Kampf jeder Form politischer oder theologisch-wissenschaftlicher Freiheitsbewegung.

Bereits in der Enzyklika „Qui pluribus" (9.11.1846) hatte er die Grundstrukturen seiner theologischen Erkenntnislehre formuliert. Dabei erkennt er die Leistung der menschlichen Vernunft zwar an, bindet diese aber an ein bestimmtes Verständnis von Offenbarung: „Wer wüsste nämlich nicht oder könnte verkennen, dass Gott, wenn er spricht, aller Glaube entgegenzubringen ist, und dass nichts mit der Vernunft selbst mehr übereinstimmt, als dem zuzustimmen, dass es von Gott geoffenbart wurde, der weder sich täuschen noch täuschen kann?" (DH 2778). Die als Schöpfung verstandene Natur und die als Heilsgeschichte gedeutete Geschichte lässt die Vernunft Gottes erkennen. Ihr zuzustimmen ist Wahrheitskriterium und Ziel menschlicher Vernunft, denn diese „weiß sicher, dass alles, was der Glaube selbst den Menschen zu glauben und zu tun vorschreibt, von Gott selbst überliefert wurde" (DH 2780). Garant dieses göttlich verbürgten Wahrheitsanspruchs ist das päpstliche Lehramt, weil „doch Gott selbst eine lebende Autorität einsetzte, die den wahren und rechtmäßigen Sinn seiner himmlischen Offenbarung lehren, festlegen und alle Streitfragen im Bereich des Glaubens und der Sitten mit unfehlbarem Urteil entscheiden sollte" (DH 2781). Da der Wahrheitsgehalt dieser Aussage wiederum mit der Offenbarung begründet wird, stellt die Argumentation ein anschauliches Beispiel innerer Zirkularität und Selbstreferenz dar. Eine eigene Urteilsbildung ist nicht vorgesehen. Insofern ist es auch logisch, dass Christen nicht selbst die Offenbarungsurkunde der biblischen Schriften in ihrer Muttersprache lesen sollten (vgl. DH 2784).

Anwendungsfall und Probe der später ausformulierten Lehre von der päpstlichen Infallibilität ist das Dogma von der ohne Erbsünde empfangenen Gottesmutter Maria vom 8. 12. 1854 durch die Bulle „Ineffabilis Deus". Obschon der Inhalt dieses Dogmas nicht biblisch belegt werden und nur mit einem an der Theologie des Augustinus orientierten Verständnis der Erbsünde begründet werden kann, sieht der Papst hier göttliche Offenbarung gegeben, die er durch sein Amt bestätigt. Zugleich lehnt er allerdings den Gedanken einer geschichtlichen Entwicklung des Glaubens ab. Eine neue Formulierung einer Glaubenslehre „verändert niemals etwas ..., nimmt nichts weg, fügt nichts hinzu, sondern bemüht sich mit allem Fleiß, das Alte, das etwa von alters her Gestalt annahm und der Glaube der Väter pflanzte, durch getreuen und weisen Umgang so auszufeilen und zu verfeinern, dass jene alte Dogmen der himmlischen Lehre Einsichtigkeit, Licht und Bestimmtheit empfangen, aber ihre Fülle, Unversehrtheit und Eigentümlichkeit behalten und nur in ihrer Weise wachsen, nämlich in derselben Lehre, demselben Sinn und derselben Auffassung" (DH 2802).

Nach diesen Einzelbeispielen päpstlichen Selbstverständnisses und nach der Verurteilung einzelner Theologen wie Günther und Froschammer fasst Pius IX. in dem zusammen mit der Enzyklika „Quanta cura" (8. 12. 1864) veröffentlichten „Syllabus" die amtskirchlich abgelehnten Lehren wenn auch nicht systematisch so doch numerisch zusammen. Geht es in „Quanta cura" um die kraft göttlichen Rechts eingesetzte kirchliche Autorität und deren dadurch legitimierte Unabhängigkeit und Freiheit gegenüber staatlicher Beeinflussung, so wendet sich der „Syllabus" an innerkirchliche Kritiker. Höhepunkt und Zusammenfassung aller 80 verurteilten Sätze ist der über den Liberalismus: „Der Römische Bischof kann und soll sich mit dem Fortschritt, mit dem Liberalismus und mit der modernen Kultur versöhnen und anfreunden" (DH 2980). Dieser Liberalismus wird vom Papst „als allgemeiner Mutterboden und Ermöglichungsgrund aller übrigen ,Irrtümer' ... zum Gesamt- und Erzfeind des christkatholischen Glaubens stilisiert" (Dantine/Hultsch 1998, Bd. III, 316). Im Einzelnen lehnt der „Syllabus" folgende, dort oft verkürzt wiedergegebenen, Aussagen und Methoden ab: die Bestreitung eines transzendenten Gottes (DH 2901) und dessen Handelns in der Welt (DH 2902); die Bestimmung der Vernunft als einziger Wahrheitsinstanz (DH 2903); die Idee von einem geschichtlichen Fortschritt in der Offenbarung (Nr. 2905); die gattungsgeschichtliche Untersuchung der biblischen Schriften (DH 2907); die Meinung, dass Glaubenssätze auch mit der natürlichen Vernunft erkannt werden könnten (DH 2909); das Recht auf Religionsfreiheit (DH 2915); die Aussage von Heilsmöglichkeit in anderen Religionen (DH 2916); die Aussage über den Protestantismus: „Der Protestantismus ist nichts anderes als eine unterschiedliche Form der selben wahren christlichen Religion, in der es ebenso wie in der katholischen Kirche möglich ist, Gott zu gefallen" (DH 2918); die Nichtanerkennung der katholischen Kirche als „die einzig wahre Religion" (DH 2921); das Recht auf Meinungsfreiheit (DH 2979); die Grundzüge einer autonomen Moral, die besagen, „Sittengesetze bedürfen keiner göttlichen Bestätigung" (DH 2965); die Bestreitung der Sakramentalität der Ehe (DH 2965) und die Ablehnung der katholischen Religion als Staatsreligion (DH 2977).

Ist bereits im „Syllabus" „ein absoluter Totalitätsanspruch des höchsten Magisteriums gekoppelt mit den Motiven der Sorge, der Angst und des Misstrauens" (Dantine/Hultsch 1998,

317) so unterstreicht die Dogmatische Konstitution „Dei Filius" des von Pius IX. einberufenen I. Vatikanischen Konzils diese Aussagen, insbesondere in den der Konstitution angefügten „Kanones". Zentral auch hier die Verhältnisbestimmung von Glaube und Vernunft: „Wer sagt, der eine und wahre Gott, unser Schöpfer und Herr, könne nicht durch das, was gemacht ist, mit dem natürlichen Licht der menschlichen Vernunft sicher erkannt werden: der sei mit dem Anathema belegt" (DH 3026). Die formale Berufung auf die Vernunft leistet allerdings dann keinen Beitrag zur Verständigung, wenn deren in der Aufklärung erarbeitete Kriterien und Kategorien nicht mit rezipiert werden. Folgt das kirchenamtliche Verständnis von Vernunft letztlich der mittelalterlichen Korrespondenztheorie der Wahrheit, nach der Wahrheit die Übereinstimmung von Sache und Vernunft bedeutet („veritas est adaequatio intellectus ad rem"), so vernachlässigt dies die bereits von Thomas von Aquin selbst beschriebene Ergänzung: „veritas est adaequatio intellectus ad rem – in intellectu". Diese später von der Aufklärung erarbeiteten Kriterien des Intellektes und die Abhängigkeit aller Erkenntnis von den Denk- und Deutekategorien des Menschen wurden weder von Pius IX. noch von den anderen Konzilsteilnehmern mitreflektiert. Stattdessen erfolgte zur Absicherung der eigenen Erkenntnislehre wiederum der Rekurs auf die als göttlich verstandene päpstliche Autorität. Formuliert wurde dies in der weiteren Dogmatischen Konstitution des Konzils „Pastor aeternus" (18. 7. 1870) und der Erklärung der Unfehlbarkeit des Papstes. Die Konstitution erinnert an den äußeren Anlass ihrer Entstehung: „Und weil sich die Pforten der Unterwelt, um – wenn möglich – die Kirche zu zerstören, mit täglich größerem Hass von überall her gegen ihr von Gott gelegtes Fundament erheben, erachten Wir es mit Zustimmung des heiligen Konzils zum Schutz, zur Erhaltung und zum Gedeihen der katholischen Herde für notwendig, die Lehre von der Einsetzung, Fortdauer und Natur des heiligen Apostolischen Primates, in dem die Kraft und Stärke der ganzen Kirche besteht" (DH 3052).

Wenn somit „der Römische Bischof ‚ex cathedra' spricht, das heißt, wenn er in Ausübung seines Amtes als Hirte und Lehrer aller Christen kraft seiner höchsten Apostolischen Autorität entscheidet, dass eine Glaubens- oder Sittenlehre von der gesamten Kirche festzuhalten ist, dann besitzt er mittels des ihm im seligen Petrus verheißenen göttlichen Beistands jene Unfehlbarkeit, mit der der göttliche Erlöser seine Kirche bei der Definition der Glaubens- und Sittenlehre ausgestattet sehen wollte" (DH 3074). Die komplizierte Entstehungsgeschichte zeigt manchen bischöflichen Widerstand. Bei einer Probeabstimmung stimmten 451 Teilnehmer zu, 88 widersprachen, 62 wollten Abänderungen. Vor der Endabstimmung waren bereits 60 Bischöfe abgereist – nicht nur wegen der drohenden Besetzung des Kirchenstaates durch die Italiener.

Exemplarisch für die Reaktion auf diese kirchenamtliche Entwicklung hin zur Neuscholastik und für die Kritik an der Unfehlbarkeitserklärung des Papstes kann das Lebenswerk von Ignaz von Döllinger (1799–1890) stehen. Schon zu Beginn seiner theologie- und kirchengeschichtlichen Forschungen setzte er sich zum Ziel die „Verteidigung der Kirche, aber auch ihre zeitgerechte Erneuerung" (Schwaiger 1975, 17). In seinen an historischer Aufklärung orientierten Werken „Die Eucharistie in den ersten Jahrhunderten" (1826), „Lehrbuch der Kirchengeschichte" (1836/1838), „Heidentum und Judentum" (1857) und „Die Papstfabeln des Mittelalters" (1863) „rechnete er scharf mit der unhistorisch argumentierenden ‚römischen Schule' der Neuscholastik ab" (Neuner 20002, 77). Nicht zuletzt seine als Professor der Universität München gehaltenen „Odeonsvorträge" über aktuelle Themen der Vielfalt der

Kirchen, der Ökumene und des Papsttums riefen römischen Widerstand hervor. Eine Konferenz von 84 Vertretern aller geistesgeschichtlichen Universitätdisziplinen, die Döllinger 1863 mit initiiert hatte und auf der Freiheit auch für die geschichtliche orientierte theologische Forschung gefordert wurde, hatte einen Brief von Pius IX. an den Erzbischof von München und Freising zur Folge (21. 12. 1863). Hier spricht der Papst von einer „trügerischen und keineswegs echten Freiheit der Wissenschaften" (DH 2875). Gefordert wird „jene Unterwerfung ..., zu der all jene Katholiken dem Gewissen nach verpflichtet sind, die sich den Geisteswissenschaften widmen" (DH 2880). Insofern ist Döllingers scharfe Kritik an der Erklärung päpstlicher Unfehlbarkeit verständlich. In ihr sieht er den Höhepunkt eines ungeschichtlichen und autoritär abgesicherten Kirchenglaubens. Ob seine Nähe zu den aus der Kritik entstandenen „Altkatholiken", die 1871 in München und 1872 in Köln ihre Gründungsversammlungen abhielten, zu einer vollen Mitgliedschaft bei dieser um kirchliche Authentizität bemühten Gruppe führte, ist historisch umstritten.

7.4.4 Vom Modernismus zum Antimodernismus-Eid

Die Theologiegeschichte des zu Ende gehenden 19. Jahrhunderts ist von vielfältigen Ansätzen geprägt, in unterschiedlichen theologischen Disziplinen, in Ländern mit so verschiedener theologischer Tradition wie Italien, Frankreich, England und Deutschland und mit oft sehr verschiedenen Schwerpunktsetzungen die großen und immer noch ungelösten Vermittlungsaufgaben zwischen Religion und moderner Welt voranzutreiben. Konkrete Arbeitsfelder waren dabei bibelwissenschaftliche Fragen, neue Zugangsmöglichkeiten zum Dogma, das Gespräch mit der zeitgenössischen Religionsphilosophie und die Einsicht in die Notwendigkeit einer praktisch ausgerichteten christlichen Soziallehre. Gemeinsam ist allen die Ablehnung eines biblischen Fundamentalismus und eines Dogmatismus wie ebenso die Kritik an einer rein apologetischen Haltung von Theologie und Kirche gegenüber den Fragen und Aufbrüchen ihrer Gegenwart. Der für diese nicht homogene Aufbruchsbewegung zunächst von ihren Gegnern gebrauchte Sammelbegriff des „Modernismus" stellt ein abstraktes Konstrukt dar, weil keiner der mit diesem Vorwurf belegten theologischen Ansätze das „Vollbild" des mit dem Begriff Gemeinten aufweist.

Der Gründer der „École biblique" in Jerusalem und Herausgeber der „Revue biblique" Marie-Joseph Lagrange (1855–1938) erregte mit seinen Forschungen zur Entstehungsgeschichte des Pentateuch kirchenamtlichen Argwohn (vgl. la méthode historique, surtout à propos de L'Áncien Testament", 1903). Wenn hier exemplarisch aufgezeigt werden konnte, dass auch biblische Schriften die Signatur ihrer historischen Entstehungsbedingungen tragen, sahen viele die bisher als unhinterfragbar geltende Autorität dieser Schriften bedroht. Alfred Loisy (1857–1940) – oft als „Vater des Modernismus" bezeichnet (vg. Dantine/Hultsch 1998, 334) – betrieb ab 1885 am Pariser „Institut catholique" historisch kritische Forschung. In Jesus erkennt er nicht eine Raum und Zeit enthobene Gründergestalt des Christentums. Geprägt von dem Gedanken des nahen Weltendes, wie er vielfach in der zeitgenössischen jüdischen Apokalyptik vertreten wurde, sieht Loisy in der Predigt Jesu die Ankündigung eines unmittelbar bevorstehenden Anbruchs des Gottesreiches. Erst als dieses dann nicht eintraf, sah sich die alte Kirche zur Ausformulierung ihres Dogmas unter den nun veränderten Bedingungen verpflichtet. Loisys Werk „L'Evangile et l'église (1902) wurde zusammen mit weiteren vier seiner Schriften 1903 kirchlich verurteilt. Georg Tyrell (1821–1909), nach seiner Konversion von der anglikanischen Kirche dem Jesuitenorden beigetreten, versuchte insbesondere in seinem „Letter to a Friend" (1904) Religion in der Innerlichkeit des Menschen zu begründen. Friedrich Freiherr von Hügel (1852–1925) forderte als Laie und Schriftsteller eine ganzheitliche Form von Religion, die gerade nicht durch einen einseitigen Vernunftbegriff verobjektiviert werden sollte (vgl. „the mystical element of Religion", 2 Bd., 1908). Ernesto Buonaiuti (1881–1946) wurde als Herausgeber der Zeitschrift „Rivista storico-critica delle scienze teologiche" exkommuniziert, weil er neben eigenen kritischen Arbeiten in dieser Zeitschrift auch den anderen Vertretern einer der historisch – kritischen Exegese verpflichteten Kollegen eine Publikationsblattform schuf. Auch Lucien Laberthonnière (1860–1932) erhielt als Herausgeber der „Annales de Philosophie chrétienne" und deren Kritik an der Neuscholastik 1913 ein Publikationsverbot.

Papst Pius X. setzte sich bereits kurz nach dem Beginn seines Pontifikates 1903 an die Spitze der Kritiker all derer, die unter der Sammelbezeichnung der „Modernisten" zusammengefasst wurden. Im Dekret „Lamentabili" (3. 7. 1907) beschreibt er in 65 zu verwerfenden Thesen das, was er für das Programm eines scheinbar einheitlichen Modernismus hält (vgl. DH 3401–3466). Wissenschaftliche Exegese steht demnach unter den Vorbehalt des kirchlichen Lehramtes. Die Bibel als Ganze wie auch jede einzelne Schrift ist göttlich inspiriert und insofern übernatürlichen Ursprungs. Sie darf somit nicht vorurteilsfrei erforscht werden. Zwischen dem Dogma der Kirche und den biblischen Schriften gibt es weder Brüche noch Diskontinuitäten. Die Lehre vom Sühnetod Jesu ist demnach bereits in den Evangelien endgültig ausformuliert. Die Institution der Kirche geht direkt auf eine Stiftung Jesu zurück. Sie ist nicht eine Bildung der Gemeinde nach dem Ausbleiben der als bald erwarteten Wiederkehr Christi. Religiöse Wahrheiten sind somit in Form und Inhalt unveränderlich. Christi Botschaft ist ein „auf alle Zeiten und alle Menschen anwendbares Lehrsystem" (DH 3459).

Die Enzyklika „Pascendi Domini gregis" (8. 9. 1907) systematisiert die in „Lamentabili" kritisierten Ansätze (vgl. DH 3475–3502). Hauptvorwurf ist der dem Modernismus unterstellte Agnostizismus. Die Nichtanwendung der Erkenntnistheorie des Mittelalters und die des Thomas von Aquin im Besonderen wird dabei gleichgesetzt mit dem Verfehlen der Wahrheitsfrage. Die Folge sei reiner Immanentismus. Der Glaube würde so auf die reine Innerlichkeit des Menschen eingeschränkt. Die Offenbarung wird zum „religiösen Gefühl", „das durch vitale Immanenz aus den Schlupfwinkeln des Unterbewusstseins hervorbricht" (DH 3481). Die Bedeutung religiös deutbarer Erfahrung als Basis des Glaubens wird negiert.

Im so genannten „Antimodernisten-Eid" (1. 9. 1910) wurden alle angehenden Priester verpflichtet, diesen aus „Lamentabili" und „Pascendi Domini gregis" zusammenfassend entnommenen Sätze zu widersprechen. Erst im Kontext des Zweiten Vatikanischen Konzils wurde 1967 von diesem Eid suspendiert (vgl. Weiß 1995).

8. Theologien im 20. Jahrhundert

Wolfgang Pauly

8.1 Neuansätze in den Theologien der Reformation

8.1.1 Dialektische Theologie

„Selten werden in der Geschichte der Theologie so deutlich markierte Einschnitte gesetzt, wie das mit der Theologie des Wortes Gottes, der so genannten Dialektischen Theologie der Fall ist" (Trillhaas 1969, 101). Der Bruch mit der vorausgehenden liberalen Theologie und dem Kulturprotestantismus ist total und unübersehbar. Die Gründe sind vielfältig, sie sind sowohl innertheologisch wie kulturgeschichtlich und gesellschaftspolitisch belegbar.

Nicht nur die allgemeine Kriegsbegeisterung von 1914 war für viele junge Theologen ein Schock. Es verunsicherte viele darüber hinaus insbesondere, dass auch zahlreiche anerkannte Vertreter der Wissenschaft und auch der liberalen Theologie in diese Begeisterung einstimmten und in einer – maßgeblich von Harnack verfassten – Ergebenheitsadresse an Kaiser Wilhelm II. diesem ihre Wertschätzung und Unterstützung zusicherten (vgl. Härle 1975). War dies nur ein politischer Irrtum oder zeigte sich hier nicht grundsätzlich das Problem zu großer Nähe theologischer Ansätze zur jeweils aktuellen Politik und Kultur? Musste somit nicht zwangsläufig die liberale Theologie als Theologie des Bürgertums der Gründerzeit mit dieser zu Ende gehen?

Eine Gruppe junger, vielfach noch nicht im akademischen Bereich, sondern vielmehr in der Praxis des Pfarramtes arbeitender Theologen schlossen sich in der Kritik aber auch bei der Suche nach einem theologisch verantwortbaren Ausweg zusammen. Die von ihnen begründete Zeitschrift „Zwischen den Zeiten" (1922–1933) spricht deren Selbst- und Zeiterfahrung programmatisch aus. Karl Barth (1886–1968), Emil Brunner (1889–1966), Friedrich Gogarten (1887–1967), Rudolf Bultmann (1884–1976), Georg Merz (1892–1959) und Eduard Thurneysen (1888–1974) bildeten eine Arbeitsgemeinschaft, die trotz unterschiedlicher Ansätze Grundpositionen evangelischer Theologie formulierte und deren wichtigste Vertreter gerade aufgrund dieser Theologie im beginnenden Kampf gegen den Nationalsozialismus ein geistiges Widerstandsprogramm entwickeln konnten.

Eines der frühesten Dokumente der Dialektischen Theologie ist Karl Barths völlig neu bearbeitete 2. Auflage seines Kommentars zum Römerbrief von 1922. Gegenüber der an den religionsgeschichtlichen und exegetischen Fragestellungen der liberalen Theologie orientierten 1. Auflage heißt es nun im Vorwort: „Wenn ich ein ‚System' habe, so besteht es darin, dass ich das, was Kierkegaard den ‚unendlichen qualitativen Unterschied' von Zeit und Ewigkeit genannt hat, in seiner negativen und positiven Bedeutung möglichst beharrlich im Auge behalte. ‚Gott ist im Himmel und du auf Erden'. Die Beziehung dieses Gottes zu diesem Menschen, die Beziehung dieses Menschen zu diesem Gott ist für mich das Thema der Bibel und die Summe der Philosophie in Einem. Die Philosophen nennen diese Krisis des menschlichen Erkennens den Ursprung. Die Bibel sieht an diesem Kreuzweg Jesus Christus" (Barth 1995, 113). Die Diastase von Zeit und Ewigkeit, von Mensch und Gott fordert somit bei Barth und vielen Vertretern dieser Aufbruchsbewegung eine Dialektik, die die genannten Gegensätze anerkennen und bestehen lassen und diese gerade nicht im Sinne Hegels zu einer Synthese vermitteln möchte. Jede Verbindung von Kultur und Theologie, jede Bestätigung des Glaubens durch die Erkenntnisse der historisch-kritischen Bibelwissenschaft, jeder anthropologisch orientierte Vermittlungsversuch zwischen Offenbarung und menschlicher Erfahrung muss demnach als Nivellierung der biblischen Botschaft verstanden werden. Die Diastase zwischen der christlichen Offenbarung und den Aussagen anderer Religionen ist für Barth so groß, dass für das Christentum der Oberbegriff „Religion" letztlich nicht zutreffend ist. In Barths frühen Ausführungen seiner „Kirchlichen Dogmatik" heißt es: „Religion ist Unglaube; Religion ist eine Angelegenheit, man muss geradezu sagen: die Angelegenheit des gottlosen Menschen" (Barth 1960, 327). Seine Begründung des Unterschiedes biblischer Offenbarung und allgemein religiöser Aussagen: „Die Offenbarung knüpft nicht an die schon vorhandene und bestätigte Religion des Menschen, sondern sie widerspricht ihr, wie zuvor die Religion der Offenbarung widersprach, sie hebt sie auf, wie zuvor die Religion die Offenbarung aufhob. Wie denn auch der Glaube nicht anknüpfen kann an den Falschglauben, sondern ihm als Unglauben, als einem Akt des Widerspruchs widersprechen, ihn aufheben muss" (Barth 1960, 331). Die bereits von Kierkegaard aufgezeigt Paradoxie besagt für Barth, dass der unendlich qualitative Unterschied zwischen Gott und Mensch bestehen bleibt und dass innerhalb dieser Diastase durch die Menschwerdung Gottes in Jesus Christus Gott zu dem Menschen gesprochen hat und im Wort der Verkündigung stets neu zu dem Menschen spricht. „Es gibt keinen Weg des Menschen zu Gott, sondern nur einen Weg Gottes zum Menschen" (Trillhaas 1969, 103). Oder christologisch formuliert: „Der Christ ist das in uns, was nicht wir sind, sondern Christus in uns" (Barth 1920, hier 1995, 4). Der Mensch ist somit durch das Wort der Offenbarung in die Entscheidung gestellt. Er steht vor der Aufgabe, den ebenfalls von Kierkegaard aufgezeigten „Sprung in den Glauben" zu vollziehen. Dabei tragen auch die an sich interessanten Erkenntnisse der religionsgeschichtlichen Forschung oder die Ergebnisse der historisch-kritischen Exegese letztlich nichts zur Ankunft der Offenbarung beim Menschen bei.

In dieser Form der Dialektischen Theologie gibt es somit weder in der von Schleiermacher aufgezeigten Erfahrung (vgl. Barth 1985, 379–424) noch in der Vernunft Anknüpfungspunkte für die ergangene Offenbarung Gottes. Gesellschaftspolitisch relevant wurde die aufgezeigte Diastase von Welt und Gott, als unter der Führung von Karl Barth die evangelische Kirche 1934 in Barmen die 6 Artikel der so genannten „Barmer Erklärung" formulierte. Gegenüber einer Beanspruchung der Vorsehung Gottes für die eigene Politik durch den Nationalsozialismus und gegenüber denen, die diese Politik als „Deutsche Christen" unterstützten, konnte der Hinweis auf die Einmaligkeit und die geschichtliche Unvermittelbarkeit des Wortes Gottes argumentative Kraft bieten. Dass darüber hinaus allerdings der in der Dialektischen Theologie sichtbar gewordene Fideismus in seiner strengen Form nicht von allen Vertretern dieses Neuansatzes geteilt werden konnte, zeigt sich am Entfremdungsprozess der Begründer dieses Ansatzes und in der Einstellung der Zeitschrift „Zwischen den Zeiten" 1933.

8.1.2 Zentrale Neuansätze

Die Komplexität der protestantischen Theologie des 20. Jahrhunderts erfordert die Darstellung von nicht aufeinander aufbauenden oder sich gegenseitig substituierbaren Positionen.

8.1.2.1 Karl Barth (1886–1968)

Auf Karl Barth, den „Kirchenvater des 20. Jahrhunderts" (Jüngel 1980, 251), wurde bereits als zentrale Gestalt der Dialektischen Theologie verwiesen. Nicht argumentative Beweggründe führten ihn zu seinem Ansatz, sondern die Erfahrung des Predigens in der Arbeitergemeinde von Safenwil ab 1911 (vgl. „Das Wort Gottes als Aufgabe der Theologie", 1922). Die zweite Ausgabe des Römerbrief-Kommentars reflektiert dies dialektisch. Theologen sollen demnach von Gott reden, für sie als Menschen ist dies aber eine nicht zu bewältigende Aufgabe. Wichtig ist das Wissen um das Nicht-Können. Denn gerade dadurch öffnet sich der Prediger für das, was er selbst zwar nicht leisten aber sich von Gott schenken lassen kann. Insofern ist die Situation des Predigers beispielhaft für die grundsätzliche Situation des Menschen vor Gott. Weder die bereits von Kant proklamierte „natürliche Religion" noch die Arbeit der sozialpolitisch orientierten Vertreter eines religiösen Sozialismus kann diese grundlegende Differenz zwischen Gott und Mensch überwinden. Auch eine Schöpfungstheologie bietet nach dem Sündenfall nicht ungebrochen einen Weg zur Gotteserkenntnis: „Denn wir können den Schöpfer der ursprünglichen Welt nicht anders ehren denn als Erlöser der jetzigen Welt, und nur von der Antithesis, der Negation der Welt, empfängt die Thesis, die Bejahung der Welt, ihr relatives Recht" (Rohls 1997, 246). Barth gelangt somit auch hier „aufgrund der von ihm unterstellten Unmöglichkeit der Theologie, von Gott zu sprechen, zu der These, dass das Objekt der Theologie, Gott, selbst zum Subjekt werden müsse, da er sich nur durch sich selbst mitteilen könne" (Rohls 1997, 265). Barths offenbarungspositivistischer Ansatz stellt an den Ausgangspunkt seiner gesamten Theologie die These, dass diese mögliche Mitteilung Gottes in der Menschwerdung in Jesus Christus bereits Wirklichkeit wurde. Jede Theologie ist somit Nach-Denken dieser bereits geschehenen Offenbarung. Diese stark christologische Ausrichtung wurde im Verlauf der langen Entstehungsgeschichte der „Kirchlichen Dogmatik" (1932–1967) immer stärker trinitarisch ausgestaltet. In seinem letzten Semester als Professor in Basel fasst er 1962 zusammen: „Es ist klar, dass auch evangelische Theologie als bescheidene, freie, kritische, fröhliche Wissenschaft vom Gott des Evangeliums nur im Machtbereich des Geistes, nur als pneumatische Theologie möglich und wirklich werden kann: nur im Mut des Vertrauens, dass der Geist die Wahrheit ist, der die Wahrheitsfrage zugleich aufwirft und beantwortet" (Barth 1977, 48).

8.1.2.2 Rudolf Bultmann (1884–1976)

Rudolf Bultmann teilt nach der Katastrophe des Ersten Weltkriegs in seinem Aufsatz „Religion und Kultur" (1920) mit Karl Barth die Kritik an einer zu großen Nähe der Religion zu den kulturellen Vorgaben der jeweiligen Zeit. Die Geschichte lehre nämlich, „dass auf allen Gebieten des geistigen Lebens sich eine Emanzipierung der Kultur von der Religion vollzieht" (Bultmann 1987, 13). Er meint damit nicht nur die später von Dietrich Bonhoeffer herausgearbeitete Erkenntnis, dass viele Bereiche der Kultur und der Wissenschaft, für die bisher Theologie und Kirche ein Deutungsmonopol beanspruchten, sich zu eigenständigen Zugängen zur Welt emanzipierten. Bultmanns Anliegen ist es vielmehr auch, zusammen mit den anderen Vertretern der Dialektischen Theologie zu zeigen, dass Religion von ihrem Wesen her nicht einfach mit kulturellen Leistungen des Menschen identifiziert werden kann. Dabei stehen die ersten akademischen Arbeiten Bultmanns noch ganz in der Tradition der religionsgeschichtlichen Schule seiner Lehrer. „Der Stil der paulinischen Predigt und die kynisch-stoische Diatribe" (1910) als Dissertationsschrift und seine Habilitation zum Thema „Die Exegese des Theodor von Mopsuestia" (1912) sind Arbeiten im Stile der Form- und Gattungsgeschichte, wie sie in der liberalen Theologie entwickelt wurden. Noch im Erscheinungsjahr von Barths 2. Auflage des Römerbriefkommentars 1922 unterstützt Bultmann aber grundsätzlich dessen Neuansatz und relativiert ihn zugleich. Wenn auch Barth in diesem Kommentar sinnvollerweise auf Distanz zur Welt und Kultur gehe, so sei die von Barth damit formulierte Diastase von Gott und Welt gerade Ausdruck eines bestimmten Zeitverständnisses und Folge einer konkreten Geschichte: „Es ist natürlich, dass ein solches Unternehmen stets insofern zeitgeschichtlich bestimmt ist, als die in ihm bekämpfte Front stets durch die geistige Situation seiner Zeit gegeben ist und im Grunde eine Selbstauseinandersetzung des Verfassers mit ihr bedeutet" (Bultmann 1995, 119). Nähe und spätere Distanz zu Barth werden bereits hier deutlich.

Seine eigene Position beschreibt Bultmann ähnlich wie Karl Barth zunächst in kritischer Abgrenzung gegenüber der Theologie seiner Lehrer. In dem Aufsatz „Die liberale Theologie und die jüngste Bewegung" (1924) erhebt er den Vorwurf, dass im Projekt der liberalen Theologie letztlich nicht von Gott, sondern vom Menschen und dessen Leistungen gesprochen würde. Die Aufgabe der Theologie aber sei die radikale Infragestellung menschlicher Selbstbehauptung. Trotz grundsätzlicher Anerkennung der bisherigen Leistungen der historisch-kritischen Exegese betont er weiterhin, dass deren Erkenntnisse bezüglich des Glaubens nur relative Bedeutung zukommt. Historisch benennbare Fakten können nicht den Glauben begründen. Dies gilt auch bezüglich der Erforschung des historischen Jesus. Gott ist demnach nicht eine der theologischen Forschung zugängliche Größe. Wahrnehmbar und insofern auch theologisch reflektierbar ist allerdings der Glaube an diesen sich in Jesus Christus offenbarenden Gott. Offenbarung aber bedeutet die völlige Infragestellung des Menschen mit seinen bisherigen Lebens- und Deutungsmaximen. Insofern Theologie diese Durchkreuzung thematisiert, ist diese immer eine Theologie des Kreuzes.

Bultmann bleibt allerdings nicht bei einer negativen Theologie stehen. Durch die Existenzphilosophie Martin Heideggers (1889–1976) und die persönliche Begegnung mit dem Kollegen an der Universität Marburg konnte Bultmann seine eigene Methode der existentialen Interpretation entwickeln (vgl. Lill 1987). Ergebnisse der beiderseitigen geistigen Befruchtung sind einerseits Heideggers Grundlagenwerk „Sein und Zeit" (1927) und andererseits Bultmanns Buch „Jesus" (1926). Jesu Lehre und Taten beinhalten nach Bultmanns Analyse nicht der Zeit enthobene allgemeine Lehren. Sie antworten vielmehr auf die konkreten Fragen des Menschen. Nach Heidegger ist aber der Mensch keine vorhandene Größe, dessen Wesen immer schon feststeht. Der Mensch wird vielmehr verstanden als eine sich selbst immer neu gestellte Aufgabe. Insofern sind dann biblische Aussagen bedeutsam „als die Auslegung der eigenen, in der Bewegung, in der Ungesichertheit, in der Entscheidung befindlichen Existenz; als Ausdruck für die Möglichkeit, diese Existenz zu erfassen; als der Versuch, über die Möglichkeiten und Notwendigkeiten des eigenen Daseins klar zu werden" (Bultmann 1977, 12). Der zur Entscheidung im konkreten Hier und Jetzt aufgerufene Mensch erkennt sein Dasein als von der Sünde der Selbstbehauptung geprägt. Die jesuanische Botschaft spricht diesem um seine Selbstvergessenheit wissenden Menschen im Sinne einer präsentischen Eschatologie Gnade zu. Schöpfung ist dann nicht zu verstehen als Rekurs auf eine göttliche Erstursache von Welt und Mensch. Der Mensch ist schöpfungstheologisch vielmehr verstanden als der, der darum weiß, dass er sein Leben und das Gelingen desselben nicht sich selbst verdankt. Dieser Zuspruch Gottes in Jesus Christus wurde allerdings nach Bultmann theologisch vereinnahmt: „Das griechische Christentum hat Jesus alsbald zum ‚Sohne Gottes' gemacht in dem Sinne, dass es ihm eine göttliche ‚Natur' zuschrieb, also eine Betrachtungsweise seiner Person einführte, die ihm selbst so fremd wie möglich war" (Bultmann 1977, 146). Voraussetzung dieses Neuzugangs bleibt aber zusammenfassend gesagt „eine ganz andere Menschenauffassung ..., nämlich die, dass die Möglichkeiten für Mensch und Menschheit nicht von vorneherein abgesteckt und in der konkreten Situation durch Charakter oder Umstände determiniert sind, sondern dass sie offen stehen, dass sich in jeder konkreten Situation neue Möglichkeiten öffnen, dass das menschliche Leben dadurch charakterisiert ist, dass es durch Entscheidungen führt. Durch das Wort, das als An-Rede neu in die Situation des Menschen hineintritt, wird er vor Entscheidungen gestellt, und dadurch wird das Wort für ihn Ereignis. Also nicht als objektiv zu betrachtendes Wort ist es Ereignis, sondern der Hörer gehört dazu, damit es Ereignis wird" (Bultmann 1977, 148).

Diese auf jede verobjektivierende und unpersönliche Sachaussage über die biblische Botschaft verzichtende existentiale Interpretation verbindet sich bei Bultmann mit dem Programm einer Entmythologisierung der biblischen Schriften. Erstmals vorgestellt wurde dieses im Aufsatz „Die Entmythologisierung der neutestamentlichen Verkündigung als Aufgabe" (1941). Grundsätzlich alle Aussagen der biblischen Schriften sind demnach im mythischen Weltbild ihrer Entstehungszeit formuliert. Die Rede von Himmel, Erde und Hölle als gleichsam wie Stockwerke vorgestellte Lokalitäten, die Rede von Teufel und Dämonen, die Wundererzählungen und selbst Theologoumena wie Auferstehung und Himmelfahrt wie auch generell die Aussagen über die Bedeutsamkeit Jesu präsentieren sich in diesem mythischen Gewand. Damit der in der Moderne verantwortlich Glaubende weder in eine kognitive noch in eine existentielle Dissonanz verfällt, gilt es nach dem Gehalt der im Mythos formulierten Aussagen für die menschliche Existenz zu fragen, denn: „Der eigentliche Sinn des Mythos ist nicht der, ein objektives Weltbild zu geben; vielmehr spricht sich in ihm aus, wie sich der Mensch selbst in seiner Welt versteht; der Mythos will nicht kosmologisch, sondern anthropologisch – besser: existential interpretiert werden" (Bultmann 1967 Bd. I, 22). Wenn beispielsweise vom „Fürsten dieser Welt" gesprochen wird oder wenn vom „Fleisch" des Menschen die Rede ist, dann ist damit die Verfallenheit des Menschen auf dieser Welt zum Ausdruck gebracht (vgl. Bultmann 1967, 27): „Das Sichtbare, Verfügbare ist vergänglich, und deshalb ist, wer von ihm her lebt, der Vergänglichkeit, dem Tode verfallen" (Bultmann 1967, 28). Bei aller Nähe zur Philosophie Heideggers ist für Bultmann allerdings keineswegs eine Reduktion der Theologie auf eine philosophische Existentialanalyse beabsichtigt. Die Unterschiede werden klar formuliert: „Die Philosophie ist aber überzeugt, dass es nur des Aufweises der ‚Natur' des Menschen bedürfe, um auch ihre Verwirklichung herbeizuführen". Im Unterschied dazu die Botschaft des Neuen Testamentes: „Denn dieses behauptet, dass sich der Mensch von seiner faktischen Weltverfallenheit gar nicht freimachen kann, sondern durch eine Tat Gottes freigemacht wird; und seine Verkündigung ist nicht eine Lehre über die ‚Natur', über das eigentliche Wesen des Menschen, sondern eben die Verkündigung dieser freimachenden Tat Gottes, die Verkündigung des in Christus vollzogenen Heilsgeschehens" (Bultmann 1967, 35).

Das hier vorgestellte Programm der Entmythologisierung hat Bultmann exemplarisch ausgeführt in seinem Kommentar zum Johannesevangelium (1941). Systematisiert hat er es in seiner umfangreichen „Theologie des Neuen Testaments" (1953).

8.1.2.3 Dietrich Bonhoeffer (1906–1945)

Der theologische Ansatz Dietrich Bonhoeffers steht einerseits in der Tradition der Dialektischen Theologie. Andererseits versucht er den Offenbarungspositivismus Karl Barths, der keiner Erfahrung zugänglich ist, zu vermeiden. Zudem möchte er Bultmanns Programm der Entmythologisierung vertiefen und dabei einen Ansatz entwickeln, der dem Verhältnis von Theologie und moderner Welt gerecht wird. In seinen 39 Lebensjahren schafft Bonhoeffer dabei ein umfangreiches Werk (zur Biographie vgl. Bethge 1989). Bereits in seiner Dissertation von 1930 „Sanctorum Communio. Eine dogmatische Untersuchung zur Soziologie der Kirche" (Bonhoeffer 1986) beschreibt er eine an der zeitgenössischen Sozialphilosophie orientierte neue Verhältnisbestimmung von Person und Gemeinschaft. Das Ich entwickelt demnach seine Identität durch die Begegnung mit dem Du (vgl. Bonhoeffer 1986, 33 ff.). Diese Relationalität wird das Gesamtwerk Bonhoeffers prägen. Die 1931 vorgelegte Habilitationsschrift „Akt und Sein. Transzendentalphilosophie und Ontologie in der systematischen Theologie" (Bonhoeffer 1988) ist ein erkenntnistheoretischer Versuch, über Gott unabhängig von der traditionellen Bewusstseinsphilosophie zu reden (vgl. Bonhoeffer 1988 23 ff.). Auch hier gründet seine Theologie in einer dialogischen Anthropologie: „Auch das freilich wird erst verständlich für den Menschen, der in die Wahrheit gestellt ist, dem durch die Person Christi der Andere zur echten Person geworden ist. Für den Menschen in der Unwahrheit bleibt Offenbarung, bleibt Person Seiendes, Ding, ‚es gibt', demgegenüber es ein neutrales Verhalten gibt, das die Existenz des Menschen nicht berührt." (Bonhoeffer 1988, 112). Glaube bedeutet demgegenüber nicht die Verdopplung der Realität, sondern eine völlig neue Stellung des Menschen ihr gegenüber: „‚Im Glauben' versteht sich der Mensch als in der Kirche Christi in seinem neuen Sein, als eine Existenzwirklichkeit, die in seinen eigensten Möglichkeiten nicht enthalten war. Er sieht seine Existenz einzig begründet durch das Wort der Christusperson" (Bonhoeffer 1988, 132). Dieser Perspektivenwechsel schließt auch die Rede über Gott ein. Das mit diesem Begriff Gemeinte ist dann nicht ein „Ding", ein „Objekt" neben anderen Dingen und Objekten: „Einen Gott, den ‚es gibt', gibt es nicht; Gott ‚ist' im Personenbezug, und das Sein ist sein Personsein" (Bonhoeffer 1988, 112). Nach der meditativ angelegten Auslegung der biblischen Urgeschichte in „Schöpfung und Fall" (1933) beschreibt Bonhoeffer in

„Nachfolge" (1937) sein ethisches Programm. Christlicher Glaube meint demnach nicht das Für-wahr-Halten dogmatischer Sätze. Christentum ist vielmehr immer Praxis, eben Nachfolge: „Der Ruf ergeht, und ohne jede weitere Vermittlung folgt die gehorsame Tat des Gerufenen. Die Antwort des Jüngers ist nicht ein gesprochenes Bekenntnis des Glaubens an Jesus, sondern das gehorsame Tun" (Bonhoeffer 1994, 45). Zentral für die Rezeption Bonhoeffers allerdings wurden seine Briefe und Texte, die er aus der Untersuchungshaft in Tegel insbesondere an seinen Freund und späteren Biographen Eberhard Bethge schrieb. Es sind programmatische Thesen, deren systematische Ausführung durch die Hinrichtung Bonhoeffers durch die Nationalsozialisten am 9. April 1945 verhindert wurde. In ständig erweiterten Ausgaben bilden diese den Höhepunkt der kritischen Edition der Gesamtwerke Bonhoeffers (vgl. Bonhoeffer, 1998).

Ausgangslage seiner Theologie ist dabei die Erkenntnis, dass das mittelalterliche Deutesystem in der Neuzeit und der Moderne zerbrochen ist. Dieses umfasste alle Bereiche menschlichen Lebens wie z. B. die Fragen nach Wahrheit, Moral und Schönheit. Fundiert waren alle entsprechenden Antworten in den Aussagen der christlichen Glaubenslehre. Wahrheit konnte somit ein Satz beanspruchen, wenn in ihm seine Aussage mit der vorhandenen und vorgegebenen Wirklichkeit korrespondierte. Moralisch gutes Handeln war gleichzusetzen mit der Anwendung der Normen, die der Mensch von Gott in der Natur niedergelegt sah. Die Schönheit eines Kunstwerkes war begründet durch dessen Lob der Schöpfung. Diese letztlich alle Dimensionen umfassende theonome Fundierung der Wirklichkeit von Welt und Mensch gerät spätestens durch das Aufkommen der Naturwissenschaften in die Krise. Jeder Teilbereich entwickelt nun eigenständige und autonome Formen der Erkenntnisgewinnung. Die Ausdifferenzierung des mittelalterlichen Weltbildes mit je eigenen Plausibilitätsstrukturen hat aber unmittelbare Folgen für das religiöse Band, das alle Teilbereiche umfasste. Die Krise umfasst somit die Rede von Gott und aller anderen Theologoumena selbst: „In wissenschaftlichen, künstlerischen, auch ethischen Fragen ist das eine Selbstverständlichkeit geworden, an der man kaum mehr zu rütteln wagt; seit etwa 100 Jahren gilt das aber in zunehmendem Maße auch für religiöse Fragen; es zeigt sich, dass alles auch ohne ‚Gott' geht, und zwar ebenso gut wie vorher. Ebenso wie auf wissenschaftlichem Gebiet wird im allgemein menschlichen Bereich ‚Gott' immer weiter aus dem Leben zurückgedrängt, er verliert an Boden" (Bonhoeffer 1998, 476 f.). Diese Diagnose führt bei Bonhoeffer nun keineswegs zur Klage oder zum Versuch, die mittelalterlichen Deute- und Plausibilitätsstrukturen zurückzugewinnen. Er unterstreicht vielmehr, dass es bereits im Mittelalter selbst – z. B. in der Kunst – solche Autonomiebewegungen gab. Die Chance dieser Emanzipation sieht vielmehr Bonhoeffer darin, dass dadurch die Möglichkeit gegeben ist, von Gott so zu reden, dass die damit gemeinte Wirklichkeit bei Erfahrung und Argumentation die Ebene der Sachaussagen über Vorhandenes transzendiert: „Menschen werden faktisch – und so war es zu allen Zeiten – auch ohne Gott mit diesen Fragen fertig, und es ist einfach nicht wahr, dass nur das Christentum eine Lösung für sie hätte" (Bonhoeffer 1998, 455). Seine These: „Gott ist auch hier kein Lückenbüßer" (Bonhoeffer 1998, 455). Sein Fazit: „Gott als moralische, politische, naturwissenschaftliche Arbeitshypothese ist abgeschafft, überwunden; ebenso aber als philosophische wie religiöse Arbeitshypothese (Feuerbach!). Es gehört zur intellektuellen Redlichkeit, diese Arbeitshypothese fallen zu lassen" (Bonhoeffer 1998, 532 f.). Das Leben des Menschen vollzieht sich „etsi deus non daretur" – als ob es Gott nicht gäbe (Bonhoeffer 1998, 533). Diese Aussage im Konjunktiv formuliert auf prägnante Weise die nicht vermittelbaren Ebenen von Gott und Mensch, wie diese in der Dialektischen Theologie beschrieben wurden: „So führt uns unser Mündigwerden zu einer wahrhaftigen Erkenntnis unserer Lage vor Gott. Gott gibt uns zu wissen, dass wir leben müssen als solche, die mit dem Leben ohne Gott fertig werden" (Bonhoeffer 1998, 533). Gefordert ist demnach ein nicht – religiöses Sprechen von Gott so, dass „die Gottlosigkeit der Welt dadurch nicht irgendwie verdeckt, sondern vielmehr gerade aufgedeckt wird und gerade so ein überraschendes Licht auf die Welt fällt. Die mündige Welt ist gottlos und darum vielleicht gerade Gott – näher als die unmündige Welt" (Bonhoeffer 1998, 537).

Die Alternative zu einer Rede von Gott im beschriebenen Modus der Hypothese sieht Bonhoeffer in einer Theologie im Sinne einer präsentischen Eschatologie: „Ich möchte von Gott nicht an den Grenzen, sondern in der Mitte, nicht in den Schwächen, sondern in der Kraft, nicht also bei Tod und Schuld, sondern im Leben und im Guten des Menschen sprechen. An den Grenzen scheint es mir besser, zu schweigen und das Unlösbare ungelöst zu lassen" (Bonhoeffer 1998, 407 f.). Fundiert ist diese Theologie für Bonhoeffer in der Christologie. In Jesus Christus ist Gott präsent: „Er ist die Mitte des Lebens und ist keineswegs ‚dazu gekommen', uns ungelöste Fragen zu beantworten. Von der Mitte des Lebens aus fallen gewisse Fragen überhaupt aus und ebenso die Antworten auf solche Fragen" (Bonhoeffer 1998, 455). In Wort und Tat Jesu Christi sieht Bonhoeffer dann die genuin christliche Antwort auf die Gottesfrage gegeben: „Wer ist Gott? Nicht zuerst ein allgemeiner Gottesglaube an Gottes Allmacht etc. Das ist keine echte Gotteserfahrung, sondern ein Stück prolongierter Welt. Begegnung mit Jesus Christus, Erfahrung, dass hier eine Umkehrung alles menschlichen Seins gegeben ist, darin, dass Jesus nur ‚für andere da ist'. Das ‚Für-andere-da-sein' Jesu ist die Transzendenzerfahrung … Glaube ist das Teilnehmen an diesem Sein Jesu … Unser Verhältnis zu Gott ist kein ‚religiöses' zu einem denkbar höchsten, mächtigsten, besten Wesen – dies ist keine echte Transzendenz –, sondern unser Verhältnis zu Gott ist ein neues Leben im ‚Dasein-für-andere', in der Teilnahme am Sein Jesu. Nicht die unendlichen, unerreichbaren Aufgaben, sondern der jeweils gegebene erreichbare Nächste ist das Transzendente. Gott in Menschengestalt!, nicht wie bei orientalischen Religionen in Tiergestalten als das Ungeheure, Chaotische, Ferne, Schauerliche! Aber auch nicht in den Begriffsgestalten des Absoluten, Metaphysischen, Unendlichen etc.; aber auch nicht die griechische Gott-Menschengestalt des ‚Menschen an sich', sondern ‚der Mensch für andere'!, darum der Gekreuzigte" (Bonhoeffer 1998, 558 f.). Eine Kirche ist dann wahre Nachfolgegemeinschaft Jesu, „wenn sie für andere da ist" (Bonhoeffer 1998, 560).

8.1.2.4 Paul Tillich (1886–1965)

Bereits in einer frühen Schrift von 1933 zum Verhältnis von Christentum und Sozialismus beschreibt Paul Tillich die anthropologischen Grundlagen seiner Theologie: „Der Mensch hat ein Bewusstsein von sich, oder im Verhältnis zur Natur ausgedrückt: Der Mensch ist das Sein, das in sich zu selbstbewusstem Sein gedoppelt ist" (Tillich 1962, 226; zu Leben, Werk und Wirkung Tillichs vgl. Schüssler/Sturm 2007). Nicht nur dieses Bewusstsein charakterisiert den Menschen. Im Rekurs auf die Philosophiegeschichte seit Plato sieht Tillich den Menschen eingespannt zwischen Möglichkeit und Wirklichkeit, zwischen Essens und Existenz. Jeder

Mensch konkretisiert insofern die ihm offenstehenden Möglichkeiten der Verwirklichung des Seins in seinem Lebensvollzug auf je unterschiedliche Weise. Gerade weil diese Realisierung ständige Aufgabe des Menschen ist, bedarf es des prophetischen Elements in Religion, Kultur und Gesellschaft. Insofern ist auch der Sozialismus „religiös, wenn Religion das Leben aus den menschlichen Seinswurzeln bedeutet" (Tillich 1962, 293). Dieses Offenstehen für Neues, diese Bereitschaft für die Realisierung bisher unverwirklichter Chancen und Möglichkeiten ist allerdings in den konkreten Erscheinungsformen des Sozialismus nach Tillich nicht umgesetzt worden: der Mensch wurde vielmehr zum „Ding" (vgl. Tillich 1962, 338).

Aber auch theologische Strömungen haben dieses notwendige prophetische Element verloren. Die liberale Theologie setzte nach Tillich menschlich-kulturelles Handeln gleich mit dem Kommen des Gottesreiches. Die Dialektische Theologie verfalle trotz ihrer großen Leistung als geistige Widerstandsbewegung gegen den Nationalsozialismus in einen erfahrungslosen Supranaturalismus, der damit die Aufgabe einer Dialektik unerfüllt lasse: „Liberal ist es, Religionsgeschichte und Offenbarung zu verwechseln, supranatural ist es, sie voneinander auszuschließen, dialektisch ist es, in der Religionsgeschichte Antworten, Irrtümer und Fragen zu finden, die auf die endgültige Antwort hinführen und ohne die die endgültige Antwort ein Ungefragtes, Unverstandenes und Fremdes bleiben müsste" (Tillich 1962, 257). Wahres dialektisches Denken bestreitet demnach nicht die grundsätzliche Unterscheidung von Gott und Welt, von Historie und Offenbarung: „Aber es behauptet, dass die Frage nach dem Göttlich-Möglichen menschliche Möglichkeit ist; und es behauptet weiter, dass eine Frage nach der göttlichen Möglichkeit nicht gestellt werden könnte, wenn nicht eine, wenn auch vorläufige und kaum verstandene göttliche Antwort schon immer gegeben wäre" (Tillich 1962, 255). Als Ausdruck für die paradoxe Korrelation von Bedingtem und Unbedingtem, von Welt und Gott wählt Tillich in seiner Definition des Glaubens den Ausdruck vom „Ergriffensein von dem, was uns unbedingt angeht" (Tillich 1970, 111). Dieser Glaube betrifft die ganze Person: „Glaube ist demnach ein ganzheitlicher Akt aus der Mitte des personhaften Seins, in dem wir das Unbedingte, Unendliche ergreifen und von ihm ergriffen sind" (Tillich 1970, 117). Dieses Ergreifen und Ergriffenwerden erfordert eine Entscheidung. Tillich formuliert es in seiner „Systematischen Theologie" (1951–1963): „Das, was uns unbedingt angeht, ist von allen zufälligen Bedingungen der menschlichen Existenz unabhängig. Hier gibt es kein Ausweichen. Was uns unbedingt angeht, lässt keinen Augenblick der Gleichgültigkeit und des Vergessens zu. Es ist ein Gegenstand unendlicher Leidenschaft" (Tillich 1979, Bd. I, 19). Theologie beschäftigt sich somit nicht mit Dingen, Ursachen, Begründungen. Ihr „Gegenstand" ist vielmehr die kritische Reflexion der mitten in der Geschichte gemachten Erfahrungen, die in ihrer Unbedingtheit ihre Rahmen- und Entstehensbedingungen transzendieren. Es gibt für diesen Glaubensvollzug keine Absicherung durch einen Offenbarungspositivismus oder durch Erkenntnisse der historisch-kritischen Exegese (vgl. Tillich 1979, Bd. II, 118). Elementar bleibt der Zweifel: „Der Zweifel, der in jedem Glaubensakt enthalten ist, ist weder der methodische noch der skeptische Zweifel. Er ist der Zweifel, der jedes Wagnis begleitet" (Tillich 1970 125). Glaube erfordert Mut und Wagnis. Gerade aber die Erfahrung dessen, was uns unbedingt angeht, fördert die Entscheidung des Glaubens, da sich der Mensch hier trotz aller Zweifel und Anfechtungen versteht als einer, der sich selbst bejahen kann, weil er sich in der Glaubenserfahrung als selbst bejaht erfährt (vgl. Tillich 1969, 117 ff.).

Die Sprachform, in der diese Erfahrung des Unbedingten im Bedingten zum Ausdruck kommt, ist für Tillich das Symbol. Dessen Merkmale sind Uneigentlichkeit, Anschaulichkeit, Selbstmächtigkeit und Anerkanntheit (vgl. Tillich 1964, 196 f.). Der Christ erkennt im Christus-Symbol den Ausdruck neuen Seins. Christologie ist dann insofern eine „Funktion der Soteriologie" (Tillich 1979, Bd. II, 163), als in den christologischen Aussagen diese Heilsmöglichkeit des neuen Seins dem Menschen als Angebot gegenübertritt. Erlösung kann dann gedeutet werden als Teilnahme am neuen Sein, als Annahme des neuen Seins und schließlich als Umwandlung des Menschen durch das neue Sein (vgl. Tillich 1979, Bd. II, 189 ff.). Wenn bereits die Theologen der frühen Kirche wussten, dass „die Christologie ein existentiell notwendiges, nicht ein theoretisch interessantes Anliegen der Kirche ist" (Tillich 1979 Bd. II, 158), bleibt es Aufgabe jeder Theologie, alle dogmatischen Aussagen nach denen in ihnen enthaltenen neuen Lebensmöglichkeiten zu befragen und diese in Korrelation zu den Menschen der Gegenwart zu setzen. Trotz der Einzigartigkeit der für den Christen in den christologischen Symbolen wie Kreuz und Auferstehung ausgedrückten Heilserfahrung öffnet sich der Blick gerade des späten Tillich auch für die in Kultur, Technik und Kunst erfahrbare Dimension des Unbedingten im Bedingten.: „Wenn die Idee von Gott unbedingte Wirklichkeit einschließt, so drückt sich in allem, was Ausdruck des Unbedingt-Wirklichen ist, Gott aus, gleich ob beabsichtigt oder nicht. Nichts kann von dieser Möglichkeit ausgeschlossen werden, denn alles, was ist, ist ein Ausdruck, wenn auch ein noch so vorläufiger und vergänglicher, des Seins-Selbst, des Unbedingten" (Tillich 1967, 357). Alles kann insofern zum Symbol der Begegnung mit dem Unbedingten werden. Kriterium bleibt, ob sich mit dem Symbol echte Erfahrung verbindet. Dieses Kriterium gilt für Tillich allerdings auch für die Rede von Gott selbst. Er rekurriert deshalb auf die Rede vom „Gott über Gott", um die mit dem Gottesbegriff ausgedrückte Erfahrung vor Verobjektivierungen zu schützen. „Der Gott über dem Gott des Theismus ist in jeder göttlich-menschlichen Begegnung gegenwärtig, wenn auch nicht offenbar. Die biblische Religion wie die protestantische Theologie wissen um den paradoxen Charakter dieser Begegnung. Sie wissen, dass Gott, wenn er dem Menschen begegnet, weder Objekt noch Subjekt ist und folglich über dem Schema steht, in das ihn der Theismus gezwungen hat" (Tillich 1969, 137).

8.1.2.5 Wolfhart Pannenberg (geb. 1928)

Wolfhart Pannenberg stellt sich zwei Aufgaben. Einerseits derjenigen, „das christliche Glaubensbewusstsein von den Verkrustungen durch das metaphysische Denken zu befreien, die in den Dogmen der Kirche ihre feste Form gefunden hatten" (Pannenberg 1988, 7). Andererseits glaubt er, dass Theologie nicht auf eine neu zu entwickelnde Metaphysik verzichten kann: „Vor allem das theologische Reden von Gott bedarf für seinen Anspruch auf Wahrheitsgeltung der Beziehung auf metaphysisches Denken, weil das Reden von Gott auf einen Weltbegriff angewiesen ist, der nur durch metaphysische Reflexion zu sichern ist" (Pannenberg 1988, 9). Der Rückgriff auf Metaphysik soll dabei die Engführungen vermeiden, die Pannenberg im anthropologischen Ansatz der Theologien von Schleiermacher bis Bultmann erkennt. Bei diesen sieht er die Gefahr, „dass der Mensch in der Theologie nur mit sich selbst beschäftigt ist, statt mit Gott, und damit das Thema der Theologie verfehlt" (Pannenberg

1983, 15). In seiner fundamentaltheologischen Anthropologie möchte er zeigen, dass der Mensch in seiner Sonderstellung im Kosmos auf den sich in der Geschichte offenbarenden Gott angewiesen ist (vgl. „Offenbarung und Geschichte", 1961). Metaphysik ist somit um den zentralen Aspekt der Geschichte zu erweitern. Erhebt das Christentum aber einen „Anspruch auf Allgemeingültigkeit" (Pannenberg 1983, 14), so wird dem nur eine Universalperspektive der Geschichte gerecht. Denn letztlich seien Welt und Mensch nur vor dem Hintergrund des apokalyptischen Endes der Geschichte verstehbar. Gegenwart und das Ende der Geschichte stehen dabei im Verhältnis der gebrochenen Vorwegnahme der Vollendung: „So ist das Endgültige gegenwärtig mitten in der Relativität und im Fluss der Geschichte, freilich nicht auf endgültige Weise, sondern in der Form der Antizipation" (Pannenberg 1983, 501 f.).

8.1.2.6 Jürgen Moltmann (geb. 1926)

Kaum ein anderer theologischer Neuansatz der zweiten Hälfte des 20. Jahrhunderts wurde so sehr international rezipiert wie derjenige von Jürgen Moltmann. Grundlage dafür war seine „Theologie der Hoffnung" (1964). Diese versteht sich als theologische Antwort auf das im amerikanischen Exil geschriebene „Das Prinzip Hoffnung" von Ernst Bloch (1885–1977). Hoffnungsbilder und Visionen eines besseren Lebens aus über 2000 Jahre Kulturgeschichte führen Bloch wegen ihrer Unerfülltheit zur Formulierung der Kategorie des „noch nicht". Sie haben als Utopien die Geschichte bewegende und sie dadurch verändernde Macht: „So auch ist die utopische Funktion die einzig transzendierende, die geblieben ist, und die einzige, die wert ist zu bleiben: eine transzendierende ohne Transzendenz" (Bloch, 1977, Bd. I, 166). Moltmann bestreitet bei aller Sympathie für Blochs Ansatz, dass Utopien diese ihnen von Bloch zugesprochene Kraft entfalten können. In seiner Vergeschichtlichung der Hoffnung sieht er selbst in der christlichen Lehre von der Erlösungstat Gottes in Jesus Christus einerseits die bereits dem Volk Israel verheißene Hoffnung erfüllt. Andererseits ist für ihn hier ein Angeld auf die noch ausstehende Erlösung aller Menschen im Sinne einer Neuschöpfung erkennbar: „Liegt also im Christusgeschehen die In-Kraft-Setzung der Verheißung, so heißt das nichts geringeres, als dass die Verheißung in Christus durch Gottes Treue und Wahrhaftigkeit wahr gemacht ist, und zwar gänzlich, unverbrüchlich, für immer und für alle … Zwischen dieser ein-für-alle-Mal geschehenen In-Kraft-Setzung der Verheißung und ihrer Erfüllung in der Verherrlichung Gottes steht nur noch die Zuverlässigkeit Gottes selbst" (Moltmann 1977, 132 f.). Christliche Hoffnung bezieht sich nach Moltmann damit auf das Gegenüber Gottes.

In „Der gekreuzigte Gott. Das Kreuz Christi als Grund und Kritik christlicher Theologie (1972) entwickelt Moltmann eine der Hoffnungstheologie entsprechende Gotteslehre. Zentrale Aussage des christlichen Credo ist demnach nicht einfach die Nebeneinanderstellung von Kreuz und Auferstehung „sondern die Auferstehung des Gekreuzigten, die seinen Tod als für uns qualifiziert, und das Kreuz des Auferweckten, das seine Auferweckung von den Toten den Sterbenden offenbart und zugänglich macht" (Moltmann 1976, 189). In einer teilweisen Rezeption der altkirchlichen Lehre von dem Patripassianismus, nach der Gott-Vater selbst am Kreuz mit seinem Sohn gelitten hat, schreibt Moltmann: „Die Erniedrigung zum Tod am Kreuz entspricht Gottes Wesen im Widerspruch der Verlassenheit. Wird der gekreuzigte Jesus das ‚Ebenbild des unsichtbaren Gottes' genannt, so heißt das: das ist Gott und so ist Gott. Gott ist nicht größer als in dieser Erniedrigung" (Moltmann 1976, 190). Wenn also Gott im Tod Jesu am Kreuz den Tod selbst auf sich genommen hat, dann ist es ein Zeichen der Nachfolge, wenn sich der Christ inmitten des Lebens einsetzt für alle, die aufgrund politischer, rassischer oder wirtschaftlicher Strukturen dem vorzeitigen Tod ausgeliefert sind. Insofern entwickelt Moltmann auf der Basis seiner Kreuzestheologie eine politische Theologie. „Der Rassismus und das Recht auf Widerstand" (1971), „Die Menschenrechte" (1971), aber auch sein größeres Werk „Kirche in der Kraft des Geistes" (1975) zeugen von seinem Einstehen für die Leidenden und Unterdrückten. Insbesondere der christlich motivierte Kampf gegen den Rassismus in Südafrika bezog seine theologischen Argumente häufig aus der Theologie Moltmanns. Insofern steht dessen Ansatz für eine Geschichtstheologie, die nicht aus der Universalperspektive Pannenbergs argumentiert, aber auch nicht bei einer rein präsentischen Eschatologie stehen bleiben möchte.

8.1.2.7 Eberhard Jüngel (geb. 1936)

Das hochreflexive Werk von Eberhard Jüngel möchte sowohl metaphysische als auch mythologische Zugänge zur Theologie vermeiden. Das Bestreben der traditionellen Metaphysik, letzte Gründe aufzuzeigen, wird dem christlichen Gottesbegriff demnach schon deswegen nicht gerecht, weil Gott im kausalen Zusammenhang weltlicher Geschehnisse nicht notwendig zu denken ist. In Reflexion des Ansatzes von Bonhoeffer kann Jüngel in seinem Hauptwerk „Gott als Geheimnis der Welt (1977) sogar behaupten, „dass die Entdeckung der weltlichen Nichtnotwendigkeit Gottes von der Theologie nicht nur auf genuin theologische Weise verarbeitet werden, sondern auch als eine genuin theologische Entdeckung identifiziert werden kann" (Jüngel 1977, 21). Mythisch ist die christliche Rede von Gott demnach schon deswegen nicht, weil in ihr z. B. nicht vom Tod der Götter wie in der griechischen Literatur die Rede ist, sondern weil sich der christliche Gott identifiziert hat mit dem konkreten Tod des historischen Jesus am Kreuz. Diese Identifizierung geschieht aber gerade nicht in der Aufhebung des Leids und der im Kreuz anschaubar gewordenen Verhältnislosigkeit des Menschen. „Indem Gott sich mit dem toten Jesus identifiziert, setzte er sich der aggressiven Gottfremdheit des Todes wirklich aus, setzte er die eigene Gottheit der Macht der Negation aus". Insofern entsteht ein neues Verhältnis Gottes zum Menschen, das darin besteht, „dass Gott die von ihm entfremdete Verhältnislosigkeit des Todes selbst erträgt" (Jüngel 1971, 138 f.). Das Gegenteil der Verhältnislosigkeit ist dann die Beziehung. Diese ist nicht ein zusätzliches Kennzeichen Gottes, sondern bezeichnet sein Wesen: „Solches Sich-in-Beziehung-Setzen ist, theologisch verstanden, reine Beziehung. Und im Sinne solchen Sich-in-Beziehung-Setzens ist Gottes Sein wesentlich relational, ist Gottes Sein ‚reine Beziehung' (Jüngel 1976, 116). Diese Relationalität Gottes sucht Jüngel zu begründen. Da ein äußerer Grund dem Wesen Gottes widersprechen würde, verlagert er die Begründung in Gott selbst: „Reine Beziehung heißt also: Beziehung als Werden ihrer selbst, aber nicht aus ihr selbst. Woraus dann? Gottes Selbstbezogenheit gründet im ‚Ja' Gottes zu sich selbst. In diesem ‚Ja' Gottes zu sich selbst setzt Gott sich zu sich selbst in Beziehung, um so der zu sein, der er ist" (Jüngel 1976, 116). Insofern verbindet sich bei Jüngel der christliche Gottesbegriff mit einem Attribut, das ihm in der klassischen Metaphysik abgesprochen wurde: in dem Beziehungsgeschehen ist „Gottes

Sein im Werden" (Jüngel 1976, 116). Ausdruck dieses relationalen Geschehens ist der bereits im 1. Johannesbrief überlieferte Satz: „Gott ist die Liebe" (1. Joh 4,8). Jüngel möchte dies allerdings nicht im Sinne Feuerbachs verstanden wissen. Dieser sah in dieser Aussage die Möglichkeit einer Überwindung theistischer Aussagen zugunsten von anthropologischen Aussagen: Liebe und insofern Gott werden zum Prädikat menschlicher Erfahrung. Jüngel kritisiert: „Hört die Liebe auf, sich zu ereignen, hört sie auf zu sein" (Jüngel 1977, 444). Wird die Gleichsetzung von Gott und Liebe allerdings verstanden als „Auslegung der Selbstidentifikation Gottes mit dem gekreuzigten Jesus" (Jüngel 1977, 446), dann wird dieses nicht endende Beziehungsgeschehen begründet durch Gott: „Die Liebe gründet also in Gott, weil offensichtlich er allein das Geschehen der Liebe auslösen, in Gang setzen, weil allein er grundlos zu lieben anfangen kann, ja schon immer zu lieben angefangen hat" (Jüngel 1977, 448). Eine strukturelle Ähnlichkeit der Argumentation Jüngels mit der von ihm abgelehnten metaphysischen Frage nach der „prima causa" gründet möglicherweise ihrerseits im Versuch, den Offenbarungspositivismus Karl Barths hermeneutisch zu vermitteln.

8.2 Aufbruchsbewegungen in der Katholischen Theologie und Kirche

8.2.1 Nouvelle théologie

Wie fast alle Zuordnungen theologischer Ansätze zu so genannten „Schulen" verdankt sich auch der Begriff der „nouvelle théologie" einer Bestimmung von außen, mit dem zunächst Gegner und erst später Sympathisanten gemeinsame Grundstrukturen bestimmter theologischer Neuansätze beschreiben wollten. Gemeinsam ist den nachfolgend beschriebenen Theologen aus Frankreich und Belgien, dass diese auf unterschiedliche Art und in verschiedenen theologischen Disziplinen die Grundeinsicht des 19. Jahrhunderts von der Geschichtlichkeit allen Seins für die wissenschaftliche Theologie fruchtbar machen wollten. Zudem verbindet sie eine praktische Zielsetzung. Glaubensaussagen sollten nicht nur einem kleinen Zirkel von Experten zugänglich sein, sondern kognitiv und in ihrer Lebensrelevanz allen erschlossen werden. Dies schließt eine Kritik an jeder Form neuscholastischer Weitergabe des Glaubens mit ein. Zudem eröffnen die Theologen der „nouvelle théologie" eine Perspektive, wie Christentum und Industrialisierung der Arbeitswelt verstärkt aufeinander bezogen werden können. Die in Frankreich und zunehmend auch in anderen Ländern entstehende und häufig umstrittene Einrichtung so genannten „Arbeiterpriester" beruft sich weitgehend auf diese theologischen Grundlagen.

8.2.1.1 Bedeutende Neuansätze

Maria-Dominique Chenu (1895–1990) versucht in seinem zunächst unveröffentlichten Manuskript „Une école de théologie de Saulchoir", die von seiner Arbeit im Studienhaus der Dominikaner im belgischen Le Saulchoir geprägte Brücke zwischen der Kirche und der

Arbeiterschaft zu schlagen. Der gegen das Manuskript erhobene Vorwurf, hier läge marxistische Analyse der Gesellschaft vor, führte zur Indizierung. Die Geschichte Gottes in die konkrete Lebenswirklichkeit zu übersetzen und gerade dadurch die Wissenschaftlichkeit der theologischen Reflexion zu unterstreichen prägt seine Arbeit „La Théologie est- elle une science?" (1957).

Der Jesuit Henri de Lubac (1896–1991) öffnete durch seine Tätigkeit als Fundamentaltheologe in Lyon den Blick auf die geschichtliche Entwicklung der christlichen Glaubenstradition. Durch seine Kenntnisse der Patristik, deren Texte er ab 1941 in der bekannten Reihe „Sources chrétiennes" mit herausgab, sollte einer neuscholastischen Verfestigung der Theologie entgegengetreten werden. Die Sozialdimension des Glaubens unterstreicht er in „catholicisme, les aspects sociaux du dogme" (1938, auf Deutsch: „Glauben aus der Liebe", 1970) und in der von ihm mit herausgegebenen Reihe „Unam Sanctam". Dass Kirche mehr ist als eine Institution, sondern letztlich eine Gemeinschaft aller Gläubigen untereinander und dadurch mit Gott ist das Thema seiner theologiegeschichtlichen Arbeit „corpus Mysticum. L'Eucharisie et l'Église au Moyen Age" (1944, auf Deutsch: „Corpus mysticum. Kirche und Eucharistie im Mittelalter", 1995). Gegen jede Form von Offenbarungspositivismus aber auch gegen die Eindimensionalität ausschließlich historisch-kritischer Exegese wendet er sich in „Exégèse médiéval. Les quatre sens de l'Écriture (1959–1964, 4 Bd.). Daneben gilt sein Blick auch außereuropäischen Religionen. Sein zweibändiges Buch „Aspects du Bouddhisme" (1951/52) wurde für Jahre zum Standardwerk. Nicht zuletzt seine persönliche Freundschaft mit Pierre Teilhard de Chardin und die daraus entstandene Gesamtdarstellung „La prière de Teilhard de Chardin" (1967, auf Deutsch. „Der Glaube des Teilhard de Chardin", 1968) trugen wesentlich zum Verständnis Teilhards und zur Verbreitung seines Werkes bei. Trotz vielfältiger Behinderung seiner Arbeiten durch das kirchliche Lehramt ernannte ihn Papst Johannes XXIII. 1960 zum Konsultor der das Zweite Vatikanische Konzil vorbereitenden Kommission. 1983 wurde er von Papst Johannes-Paul II. ins Kardinalskollegium aufgenommen.

Auch Yves-Marie-Joseph Congar (1904–1995) gilt mit Recht als Wegbereiter moderner Theologie. Sein zukünfiges theologisches Programm entwickelte er bereits in „pour une theologie de l'Église" (1937). Der Dominikaner wurde auch außerhalb Frankreichs bekannt durch seine umfangreiche Studie „Jalons pour une Theologie du laicat" (1952, auf Deutsch: Der Laie. Entwurf einer Theologie des Laientums", 1956). Lange vor den Ausführungen des Zweiten Vatikanischen Konzils erinnert er an die Lehre vom allgemeinen Priestertum aller Getauften und möchte dadurch den Laien einen vertieften Einsatz in einer neu zu entwickelnden Ekklesiologie einräumen: „Die Laien sind sich heute stärker bewusst geworden, dass sie auch diesen Raum zu besetzen haben, den Raum einer eigentlich geistlichen Wirksamkeit, einer aktiven Rolle in der Kirche" (Congar 1964, 13). Das diesem Werk folgende Lehrverbot konnte nicht verhindern, dass Congar 1962–1965 als Experte zum Konzil geladen wurde ebenso wenig wie seine Ernennung zum Kardinal 1994 durch Johannes-Paul II.

8.2.1.2 Pierre Teilhard de Chardin (1881–1995)

Der auch international bekannteste Theologe aus dem Umkreis der „nouvelle théologie" ist Pierre Teilhard de Chardin. Bereits seine Ausbildung als Theologe im Jesuitenorden und seine Tätigkeit als Physiklehrer an verschiedenen Ordensschulen zeigen seine fruchtbare Doppelbegabung. Bereits früh stellt er diese in den Dienst einer Vermittlung von Glauben und Wissen, von Theologie und Naturwissenschaft (zur geistigen Entwicklung Teilhards vgl. seine zahlreichen Briefe, gesammelt u. a. in „genèse d'une penseé" 1914–1919). Im Motto der 1916 erschienenen Arbeit „la vie cosmique" entwickelt er den Gedanken einer Kommunikation mit Gott auf dem Weg über eine Kommunikation mit der Erde. Das Weiterstudium der Paläontologie schließt er 1922 ab mit der Arbeit „Die Säugetiere des unteren Eozäns in Frankreich und ihre Fundstätten". Seine naturwissenschaftliche Kompetenz wird gewürdigt durch seine Berufung zum Präsidenten der „Société géologique de France" 1923. Umfangreiche Reisen ermöglichen ihm Ausgrabungen und Forschungen in vielen Ländern, insbesondere in China. Dort gelingt ihm 1927/28 die Bergung des Skelettes des Peking-Menschen Sinanthropus-Pekinensis. Eine erste Bilanz seiner entwicklungsgeschichtlichen Anthropologie stellt er 1950 vor in „le groupe zoologique humain" (auf Deutsch: „Die Entstehung des Menschen", 1991). Die internationale Anerkennung Teilhard de Chardins und seine zunehmende Popularität führten schon früh zu kritischen Nachfragen des kirchlichen Lehramtes. Längere Forschungsaufenthalte im Ausland sollten ihn schützen. Die Summe seines wissenschaftlichen Arbeitens konnte er nach Druckverboten nicht mehr zu Lebzeiten publizieren. Erst ein Jahr nach seinem Tod konnte der 1938–1940 in China geschriebene Text „le phénomène humain" 1956 erscheinen (auf Deutsch: „Der Mensch im Kosmos", 1959).

Teilhard de Chardin möchte in dieser zusammenfassenden Arbeit eine neue Sicht des Kosmos entwickeln, indem er eine Entwicklungslinie aufzeigt von den Anfängen des Lebens bis zur Menschwerdung. Aber auch mit der Entstehung des Menschen ist kein Endpunkt angezeigt. Insofern verbindet sich in seiner Perspektive die Kosmogenese über die Anthropogenese mit der Christogenese. Seine erkenntnistheoretische Vorentscheidung geht davon aus, dass es bereits bei der Beschreibung der so genannten Prä-Biosphäre immer einen fruchtbaren Theorienpluralismus geben sollte, der sich den noch offenen Fragen nach Vorbedingungen der Entstehung des Lebens nähert. Das ihm im Jesuitenorden vermittelte Wissen um die Philosophie des Aristoteles lässt ihn zwei Grundprinzipien allen Lebens formulieren: Materie und die diese in die konkrete Form bringende Energie. Zentral dabei ist der Gedanke der Bewegung. Durch diese ist eine Höherentwicklung im Sinne einer Komplexitätssteigerung oder Verdichtung möglich. Auch beim Überstieg von den Vorbedingungen des Lebens zum eigentlichen Leben, der so genannten Bio-Sphäre, trifft Teilhard eine weit reichende Grundentscheidung: „für das Leben sowenig wie für irgendeine andere Erfahrungswirklichkeit können wir von nun an, wie wir zuvor glaubten, einen absoluten zeitlichen Nullpunkt festsetzen" (Teilhard 1964, 55). Er wendet sich somit indirekt gegen die kirchlich vertretene Position einer „creatio ex nihilo", nach der Gott aus nichts die Welt und den Kosmos geschaffen habe. Diese biblisch nur ein einziges Mal (2 Makk 7,28) und da auch noch in einem fremden Kontext und mit anderer Aussageabsicht formulierte Aussage gehörte seit dem 4. Laterankonzil (1215) zum Kernbestand der Schöpfungstheologie. Nach Teilhard lässt sich naturwissenschaftlich ein absoluter Nullpunkt der Entwicklung aber nicht angeben. Diese weist weiterhin als gerichtete Entwicklung Sprünge und auch Fehlentwicklungen auf. Die sich auf der Stufe der Entwicklung des Lebens gebildete Zellen fassen das vorhandene Protoplasma zu immer neuen Einheiten im Sinne einer Komplexitätssteigerung zusammen. Die dadurch immer stärker werdende Differenzierung der Erscheinungen des Lebens lässt sich im Anschauungsmodell des „Lebensbaums" von Flora und Fauna beschreiben.

Mit der Entstehung des Menschen sieht Teilhard die neue Ebene der Noosphäre erreicht. Das unterscheidende Merkmal zwischen Tier und Mensch zeigt sich im „nous", im menschlichen Denken. Teilhard unternimmt eine Standortbeschreibung dieses Qualitätssprungs: „Rein positivistisch betrachtet ist der Mensch das geheimnisvollste und verwirrendste unter den Objekten, dem die Wissenschaft begegnet ist. So müssen auch wir gestehen, dass die Wissenschaft in ihren Vorstellungen vom Universum noch keinen Platz für ihn gefunden hat" (Teilhard 1964, 149). Die Zweideutigkeit des Menschen, der aus der Natur kommend diese doch in der Reflexion übersteigt, wird auch dem Theologen Teilhard eine offene Frage bleiben: durch das Denken ergab sich, „dass das Leben eine Fähigkeit in die Welt gesetzt hatte, durch die nun dieses selbst kritisiert und gerichtet werden konnte" (Teilhard 1964, 210). Das Denken und die dadurch gewonnene Freiheit des Menschen stellen diesen in die Verantwortung. Teilhard beschreibt zwei Möglichkeiten der Weiterentwicklung: „Entweder ist die Natur unseren Zukunftsforderungen verschlossen: dann ist das Denken die totgeborene Frucht eines Bemühens von Millionen Jahren in einem absurden Universum – erstickt an sich selbst" (Teilhard 1964, 223). „Oder aber sie ist offen – es gibt eine Überseele über unseren Seelen: dann muss sich aber dieser Ausgang – damit wir frei zu ihm hinstreben können – ohne Einschränkung zu unbegrenzten seelischen Räumen hin auftun, zu einem Universum, dem wir uns bedingungslos anvertrauen können" (Teilhard 1964, 224). Die Noogenese ist wie die Anthropogenese ein unabschließbarer Prozess. Auch die Entstehung des Menschen ist nicht als ein einmal erreichter und dann unveränderbar bleibender Fixpunkt zu verstehen. Im Sinne seiner zwei Entwicklungsmöglichkeiten plädiert Teilhard vielmehr nicht einfach für ein Fortleben wie bisher („survivance"), sondern für die Weiterentwicklung auch des menschlichen Lebens („survie"). Für diese Weiter- und Höherentwicklung trägt der Mensch Verantwortung. Monadische Vereinzelung oder einseitige Rationalisierung sind dabei die größten Gefahren. Im Hinblick auf das Europa der Jahre 1933–1945 warnt er vor realer Bedrohung: dem Gedanken „von der Selektion und der Erwählung der Rassen" (Teilhard 1964, 230/31). Wie bei jeder produktiven Fort- und Weiterentwicklung kommt es nach Teilhard auf das Zusammenspiel aller Kräfte an, auf die kooperative Nutzung neuer Möglichkeiten zum Wohle aller. Die dahin führende Energie bezeichnet Teilhard als die Liebe, wobei er darunter sowohl sexuelle Leidenschaft, mütterlichen Instinkt wie auch soziale Solidarität versteht. Analog zur aristotelischen causa finalis formuliert Teilhard die Denkfigur des der Entwicklung voranschreitenden Omegas, das von vorne gleichsam die Entwicklung in Gang hält, indem es sie zu sich hinzieht. Dieses Omega wird sichtbar in der als Energie beschriebenen Liebe. Anschaubar wird sie für den Theologen Teilhard im Lebensmodell Jesu Christi. In diesem ist gleichsam ein „wandernder Horizont", der auch gegenwärtig menschliches Handeln beeinflussen sollte. „Wenn Omega nur der ferne und ideale Brennpunkt wäre, dessen Bestimmung es ist, am Ende der Zeiten aus der Konvergenz der irdischen Bewusstseinselemente aufzutauchen, so könnte ihn nichts vor dem Eintritt dieser Konvergenz unserem Blick enthüllen ... Wenn Omega hingegen, wie wir angenommen haben, schon gegenwärtig existent ist und im Tiefsten der denkenden Masse wirkt, dann ist es wohl unvermeidlich, dass sich seine Existenz schon jetzt unserer Beobachtung durch gewisse Anzeichen zu erkennen gibt" (Teilhard 1964, 287 f.). Die Kosmogenese entwickelt sich somit über die Anthropogenese zur Christogenese. Dem offenen Anfang korrespondiert der mit der Entwicklung weiter schreitende Horizont des Christusmodells, das selbst auch eine Geschichte hat und haben wird. Welt und Mensch sind hier nicht nur die Bühne für Gottes Offenbarung, sondern auch Gottes Schicksal.

8.2.2 Papst Johannes XXIII. und das Zweite Vatikanische Konzil

Großkirchliche Ereignisse wie ökumenische Konzilien sind oft Kristallisationspunkte einer langen und komplexen Entwicklung. Aber auch hier sind es meist Einzelpersönlichkeiten, die einer Entwicklung zum Durchbruch verhelfen. Wie das I. Vatikanische Konzil nicht ohne die Persönlichkeit von Papst Pius IX. zu verstehen ist, so wenig das 2. Vatikanische Konzil ohne die Person und das Werk von Papst Johannes XXIII. (1881–1963, Pontifikat 1958–1963). Neben der Persönlichkeitsstruktur des als Angelo Guiseppe Roncalli in Sotto il Monte nahe Bergamo geborenen Papstes waren es auch seine nachweisbaren frühen Kontakte zu Theologen und Bischöfen, die dem Modernismus zugerechnet wurden, die seine weitere Entwicklung und sein Denken bis in sein Pontifikat prägten. Ab 1905 verbindet ihn eine enge Beziehung zu dem nicht ganz freiwillig von Rom nach Bergamo versetzten Bischof Radini Tedeschi. Das Sozialengagement und die Offenheit dieses Bischofs auch für dogmatische Fragen werden für Roncalli so sehr zum Vorbild, das er sein späteres Portrait Tedeschis bezeichnenderweise „Mein Bischof" nennt (vgl. Hebblethwaite, 1986, 72–104). Auch der lebenslange Kontakt zu dem Jugendfreund Ernesto Buonaiuti (1881–1946), dessen Werk mehrmals wegen des Verdachts des Modernismus indiziert wurde, prägte den späteren Papst. Auf der anderen Seite finden sich beim frühen Roncalli allerdings auch Klischees, wie sie in dieser Zeit des Anti-Modernismus häufig offiziell geäußert wurden. So seine Rede zum dreihundertsten Todestag des Kirchenhistorikers und Kardinals Caesar Baronius (1538–1607). In dieser beschreibt er die Aufbruchsbewegungen der Reformation der Gegenreformation als mit der Situation seiner Gegenwart vergleichbar, denn auch in seiner Zeit „wurden Kirche und Christentum nach der Richtschnur allzu menschlicher Maßstäbe beurteilt. Als nämlich die unsachgemäße und ungerechte Anwendung der kritischen Ergebnisse des deutschen theologischen Rationalismus auf das Lehramt der Kirche diese in ihrem ewigen Bestand zu erschüttern schien, hat man wahrscheinlich in guter Absicht, sie zu retten, und in Folge jenes unbegreifbaren Dinges, das ich Angst nenne, zu andern Systemen Zuflucht genommen, die – seltsame Ironie der Dinge – die Zerstörung jedes echten wissenschaftlichen Verfahrens und den erschreckenden Rückfall des schlimmsten Subjektivismus bedeuteten" (Johannes XXIII., 1961, 56). Die jahrelangen Kontakte mit der Ostkirche, dem Islam, den Problemen des französischen Episkopates im Kontext von Vichy-Regierung und Résistance, mit dem Verhalten der römischen Zentrale zu den theologischen Reformbewegungen in Frankreich – dies alles führte letztlich zu dem Bild von Johannes XXIII., das ihn zu Recht als Reformpapst und „Papa buono" erscheinen lässt.

Am 28. 10. 1958 als Kompromisskandidat nach Pius XII. zum Papst gewählt, entwickelte er ein Reformprogramm, das selbst Freunde überraschte. Vom Gedanken der Reform geprägt waren auch seine Enzykliken: die Sozialenzyklika „Mater et magistra" (1961, vgl. Denzinger/Hünermann 1991 (= DH) 3935–3953), die über die Sozialenzyklika Leos XIII. (1891) hinausgehend fast kontrafaktisch die Bedeutung der Landwirtschaft umfassend herausstellte, seine Enzyklika „Pacem in terris" (1963, vgl. DH 3955–3997), die er als sein Testament im

Kontext des kriegsbedrohlichen Ost-West-Konfliktes ansah. Trotz aller Sorgen kommt auch hier sein grundsätzlicher Optimismus zum Ausdruck. In der zunehmenden Teilnahme von Frauen am öffentlichen Leben, im sozialen Aufstieg der Arbeiter, im Freiheitsanspruch der Völker in den von Europa kolonisierten Ländern und in der Einrichtung der UNO und anderer internationaler Organisationen sieht er Hoffnungszeichen, die den „Unglückspropheten" nicht das letzte Wort überlassen möchten.

Zentrale Lebensleistung von Papst Johannes XXIII. bleibt allerdings die schon kurz nach Beginn seines Pontifkates angekündigte Einberufung des Zweiten Vatikanischen Konzils. Eine Regionalkonferenz des Bistums Rom 1960 sollte Kenntnisse über praktische synodale Formen der Konfliktlösung und Wahrheitssuche vermitteln. Durch vorherige Festlegung des primär pastoralen Charakters des Konzils sollten neue formale Dogmatisierungen der kirchlichen Lehre verhindert werden. Johannes XXIII. sagt in seiner Eröffnungsansprache des Konzils am 11. 10. 1962: „Der springende Punkt für dieses Konzil ist es also nicht, den einen oder anderen der grundlegenden Glaubensartikel zu diskutieren ... es wird vorausgesetzt, dass dies hier wohl bekannt und vertraut ist". Vielmehr sollte es durch das Konzil zu einem vertieften Glaubensverständnis kommen einschließlich einer verantwortlichen Gewissensbildung. Das Bestreben der Moderne wird hier als bedeutsam auch für Kirche und Theologie grundsätzlich anerkannt: „Dies soll zu je größerer Übereinstimmung mit dem authentischen Glaubensgut führen, indem es mit wissenschaftlichen Methoden erforscht und mit den sprachlichen Ausdrucksformen des modernen Denkens dargelegt wird. Denn eines ist die Substanz der tradierten Lehre, d. h. das Depositum fidei; etwas anderes ist die Formulierung, in der sie dargelegt wird" (Johannes XXIII. in Kaufmann/Klein 1990, 136).

Dass das Verhältnis von Form und Inhalt wohl doch problematisch sein kann, musste Johannes XXIII. selbst erfahren, als man seine in italienischer Sprache vorformulierten Gedanken in der lateinischen Endredaktion mehrfach harmonisierte (vgl. Kaufmann/Klein 1990). Die Früchte seines Bestrebens, die Fenster der Kirche für den Geist der Moderne zu öffnen und so die Vorrausetzungen für eine Kirche des „Aggiornamento" (vgl. Willam 1967) zu schaffen, konnte er durch seinen Tod am 3. 6. 1963 nicht mehr selbst ernten.

8.2.3 Zentrale Aussagen des Konzils

8.2.3.1 Die Konstitution über die Liturgie

Die auf dem Zweiten Vatikanischen Konzil am 4. 12. 1963 verabschiedete „Konstitution über die heilige Liturgie" ist nicht nur das erste fertiggestellte Reformprogramm dieser Bischofsversammlung, es ist auch „das sichtbarste und dauerhafteste Reformwerk des Konzils" (Pesch 1993, 105). Die dem Beschluss vorausgegangene liturgische Bewegung spiegelte spätestens seit der Aufklärung die unterschiedlichsten Strömungen wider, die Theologie und Kirche insgesamt bewegten. Dem neuscholastischen Ansatz des Benediktiner-Abtes Prosper Guéranger von der Abtei Solesmes (1805–1875) und seinem Hinweis, dass Liturgie in erster Linie eine Sache des Klerus und nicht der Gemeinde sei, steht das Ansinnen seines belgischen Ordensbruders Lambert Beauduin (1873–1960) entgegen, der Liturgie als eine Gemeinschaftsfeier versteht, zu der auch die Laien durch neue Übersetzungen der liturgischen Texte und durch neue Formen der Andacht befähigt werden sollten. Dieser Reformansatz, dessen Grundgedanken er auf dem Katholikentag 1909 in Mecheln einer größeren Öffentlichkeit vortrug, sollte bis zum Zweiten Vatikanischen Konzil nachwirken. Abt Ildefons Herwegen (1874–1946) und P. Odo Casel (1886–1948) von der Benediktinerabtei Maria Laach waren ebenso bedeutende Vorkämpfer für eine erneuerte Liturgie wie Romano Guardini (1885–1968) mit seiner zum Klassiker der liturgischen Bewegung gewordenen Schrift „Vom Geist der Liturgie" (1919). Nicht zuletzt trug die Übersetzung des römischen Messbuches durch Anselm Schott von der Benediktinerabtei Beuron ab 1884 dazu bei, dass jetzt auch Gläubige, die des Lateinischen nicht mächtig waren, dem Ablauf der Liturgie folgen konnten.

Bereits in der Präambel der Konstitution bekennt sich das Konzil dazu, „die Einrichtungen, die Veränderungen unterworfen sind, den Notwendigkeiten unserer Zeit besser anzupassen". Die angestrebte „Erneuerung und Pflege der Liturgie" sollte somit die Einheit innerhalb der Kirche stärken (vgl. DH 4001). Ziel jeder Reform der Liturgie sollte es demnach sein „dass die Gläubigen bewusst, tätig und mit geistlichem Gewinn daran teilnehmen können" (DH 4011). Jeder Ritus sollte auf seinen Gemeinschaftsbezug hin befragt werden. Die Ausweitung der Lesungstexte hatte das Ziel, den Teilnehmern der Liturgie die Fülle der biblischen Tradition zumindest ansatzweise zu eröffnen. Versteht sich die katholische Kirche auf dem Konzil bereits durch die Teilnehmer aus aller Welt jetzt im eigentlichen Sinne als Weltkirche, so sollte diesem Tatbestand auch in der Liturgie Rechnung getragen werden. Das Konzil spricht sich gegen „eine starre Einheitlichkeit der Form" aus und fordert: „im Gegenteil pflegt und fördert sie das glanzvolle geistige Erbe der verschiedenen Stämme und Völker" (DH 4037). Ein neuer Mess-Ordo wird in Auftrag gegeben. Der stark zurückgegangene Kommunionempfang soll durch stärkere Einbindung der Gläubigen in das Gesamtgeschehen der Eucharistiefeier mit neuem Leben erfüllt werden. Dazu zählt auch die seit der Reformation umstrittene Möglichkeit des Kommunionempfanges unter den beiden Gestalten von Brot und Wein zumindest in Ausnahmefällen. Das noch zehn Jahre zuvor von Papst Pius XII. für unabänderlich erklärte Verbot einer Konzelebration mehrerer Priester in derselben Eucharistiefeier wird jetzt erlaubt.

Die praktischen Umsetzungen der Gedanken der Konstitution über die Liturgie umfassen viele Einzelelemente: Gottesdienst in der jeweiligen Muttersprache, Hinwendung des Priesters zur Gemeinde einschließlich der dadurch oft notwendig gewordenen architektonischen Umbauten der Kirchen, Pluralität der Formen auch bei Musik und Gewändern, aktive Teilnahme von Laien bei Lesungen und Kommunionausteilung oder Gottesdienste für einzelne Gruppen der Gemeinde. Das Ziel eines wirklich aktiven Gemeindegottesdienstes blieb eine ständige Herausforderung, die auch gegenwärtig stets neu angenommen werden muss.

8.2.3.2 Die Dogmatische Konstitution über die Kirche

In der Dogmatischen Konstitution über die Kirche „Lumen gentium" trifft das Konzil bereits im einleitenden Kapitel zwei folgenreiche Grundsatzentscheidungen: Kirche wird hier definiert als Sakrament (DH 4101) und als „Volk Gottes (DH 4104, vgl. DH 4122 ff.). Gegen jede Form institutioneller Engführung verweist das Konzil auf die Gemeinschaft derer, die durch ihre Taufe grundsätzlich gleichberechtigte Mitglieder dieser Kirche wurden. Alle haben durch die Taufe Anteil am allgemeinen Priestertum (vgl. DH 4126). Gleichzeitig beschreibt der Text die wortwörtliche Vorläufigkeit der Kirche gegenüber dem noch ausstehenden Gottesreich: „sie stellt Keim und Anfang dieses Reiches auf Erden dar. Während sie allmählich wächst, lechzt sie inzwischen nach dem vollendeten Reich und hofft und sehnt sich mit allen Kräften danach, sich mit ihrem König in Herrlichkeit zu verbinden" (DH 4106).

Auch das aus der paulinischen Tradition stammende Bild von der Christengemeinschaft als „Leib Christi" wird aufgegriffen – und zwar auf charakteristische und folgenschwere Weise: Zunächst wird ähnlich Paulus (vgl. 1 Kor 12,12 ff.) das Bild so formuliert, dass die vielen Glieder zusammen den Leib Christi bilden: „Wie aber alle Glieder des menschlichen Leibes, obschon sie viele sind, dennoch den einen Leib bilden, so auch die Gläubigen in Christus" (DH 4113). Dieses den Leib Christi konstituierende Bild wird allerdings ähnlich wie bereits in den Deuteropaulinen verändert zugunsten der Vorstellung, dass die Gläubigen nur den Körper bilden, Christus selbst aber das Haupt ist (vgl. Eph 4,15 f.). Wenn aber „das Haupt dieses Leibes Christus" ist (DH 4114), so ist die grundsätzliche Gleichheit aller Glieder aufgegeben. Dieser Wechsel des Bildes erlaubt dann eine Hierarchisierung früher gleichberechtigter Elemente. Ist Christus das Haupt, dann eben auch der Papst als sein Stellvertreter auf Erden. Insofern sind die ausführlichen Ausführungen über die „hierarchische Verfassung der Kirche" einschließlich der Aufwertung des Episkopates verständlich (vgl. DH 18 ff.). Aufgabe der Laien bleibt dann die „gottgemäße Regelung der zeitlichen Dinge" (DH 4157).

Ein die Ökumene bis zur Gegenwart beschäftigende und auch belastende Frage betrifft den Begriff „subsistit in" am Ende des Einleitungskapitels: „Diese Kirche, in dieser Welt als Gesellschaft verfasst und geordnet, ist verwirklicht (= „subsistit in") in der katholischen Kirche" (DH 4119). Die katholische Kirche als eine mögliche Form der Konkretion der Kirche Christi oder als Gleichsetzung mit der Kirche Christi? „subsistit in" ist nicht gleich „est". Der bis in die christologische Grundsatzdiskussion der frühen Kirche gehende Streit, ob eine Sache mehrere „Subsistenzen" haben kann oder nur eine, erscheint hier ekklesiologisch in neuem Gewand mit weit reichenden Folgen nicht nur für das Selbstverständnis der katholischen Kirche selbst, sondern auch für ihr Verhältnis zu den anderen christlichen Kirchen. Ist ein Alleinvertretungsanspruch berechtigt und begründbar? Eine Verlagerung der innerkirchlichen Hierarchie auch auf die Über- und Unterordnung der christlichen Kirchen wird auch nicht dadurch gemildert, dass man den anderen Kirchen „mehrere Elemente der Heiligung und der Wahrheit" zuspricht, „die als der Kirche Christi eigene Gaben auf die katholische Einheit hindrängen" (DH 4119).

Im Gegensatz zur Unfehlbarkeitserklärung des 1. Vatikanischen Konzils spricht „Lumen gentium" von der Irrtumslosigkeit der Gemeinschaft aller Getauften. In Aufnahme der Ideen des mittelalterlichen Konziliarismus heißt es: „Die Gesamtheit der Gläubigen, welche die Salbung vom Heiligen Geist haben, kann im Glauben nicht irren" (DH 4130). Die Konstitution endet mit einem mariologischen Kapitel, für das zeitweise eine eigene Konstitution geplant war (1233 ff. = 4172 ff.).

8.2.3.3 Die Erklärung über Verhältnis zu den nichtchristlichen Religionen: Christentum und Judentum

Die langwierige und konfliktreiche Entstehungsgeschichte der Erklärung des Konzils über das Verhältnis der Kirche zu den nichtchristlichen Religionen „Nostra aetate" spiegelt die Komplexität des Themas wider. Nach Jahrhunderten antijudaistischer und antisemitischer Äußerungen und Aktionen von Christen auf allen Ebenen der verfassten Kirche zeigen sich auch hier im Pontifikat von Papst Johannes XXIII. umfassende Veränderungen. Bereits 1959 streicht dieser in der Karfreitagsliturgie den Passus, in dem für die „ungläubigen Juden" („perfidi Judaei") gebetet wurde. Vielfältige Initiativen von Einzelpersönlichkeiten und Gruppierungen forderten vom Konzil ein Grundsatzpapier über das Verhältnis der Kirche zum Judentum. Motor dieser Bewegung waren die deutschen Bischöfe und auch das neu errichtete „Sekretariat für die Einheit der Christen" unter Kardinal Augustin Bea. Eine größere Anzahl von Konzilteilnehmern versuchte allerdings ein offenes Schuldbekenntnis der Kirche zu ihrer Vergangenheit zu verhindern (vgl. Pesch, 1993, 291 ff.). Ein Kompromiss führte schließlich zu einer Behandlung des christlich-jüdischen Verhältnisses im Rahmen einer Gesamtdarstellung über die Beziehungen der Kirche zu allen Weltreligionen, die dann am 21. November 1964 verabschiedet wurde.

Einleitend beschreibt „Nostra aetate" das gemeinsame Ziel aller Religionen, dem Menschen Antworten auf seine existentiellen Fragen anzubieten. Denselben Gedanken formuliert das Konzil auch in der „Erklärung über die Religionsfreiheit" („Dignitatis humanae"). Als Minimalkonsens wird bezüglich der nichtchristlichen Religionen formuliert: „Die katholische Kirche verwirft nichts von dem, was in diesen Religionen wahr und heilig ist" (DH 4196). Nach sehr kurzen Bemerkungen über den Hinduismus und den Buddhismus bekundet das Konzil seine Hochachtung gegenüber dem Islam. Dessen Berufung auf Abraham und der im Islam in großer Reinheit verkündigte Monotheismus lassen es umso bedauerlicher erscheinen, dass es „im Lauf der Jahrhunderte zu nicht wenigen Misshelligkeiten und Feindschaften zwischen Christen und Muslimen gekommen ist" (DH 4197).

Der Schwerpunkt der Konstitution liegt allerdings in ihren Ausführungen über das Verhältnis der katholischen Kirche zum Judentum. Ähnlich wie in der Erklärung über die Offenbarung („Dei verbum") erinnert das Konzil daran, dass in den Urkunden des von Christen als „Altes Testament" bezeichneten Teils der Bibel wahre Gottesoffenbarung und Gotteserfahrung verschriftet vorliegen. Die Bischofsversammlung erinnert daran, dass sowohl Jesus von Nazareth als auch seine Eltern und Jünger Juden waren. Der Bund Gottes mit dem Volk Israel ist durch die Menschwerdung Gottes in Jesus Christus nach der Meinung des Konzils nicht aufgekündigt worden. Zur Verbesserung des Verhältnisses zum Judentum sollen demnach nach dem Willen des Konzils wichtige Klarstellungen dienen wie z. B. die Ablehnung der These von der generellen Schuld der Juden am Tod Jesu, der „weder allen damals lebenden Juden ohne Unterschied noch den heutigen Juden zur Last gelegt werden" kann (DH 4198). Es folgt ein Schuldbekenntnis im Hinblick auf die kirchliche Vergangenheit: „Außerdem beklagt die Kirche, die alle Verfolgungen gegen jegliche Menschen verwirft, im Bewusstsein des gemeinsamen Erbes mit den Juden, nicht aus politischen Gründen, sondern angetrieben von der religiösen Liebe des Evangeliums, Hass, Verfolgung und Manifestationen des Antisemitismus, die sich, zu welcher Zeit auch immer und durch wen auch immer, gegen Juden gerichtet haben" (DH 4198). Insofern „verwirft die Kirche jegliche Diskriminierung oder Misshandlung von Menschen um ihrer Rasse oder Farbe, ihres Standes oder ihrer Religion willen als im Widerspruch zum Geist Christi geschehen" (DH 4199).

Diese Erklärung des Konzils hatte weitreichende Folgen für den christlich-jüdischen Dialog. Insbesondere Papst Johannes Paul II. dokumentierte diese neue Verhältnisbestimmung durch zahlreiche Gesten der Versöhnung. Seine Besuche in Synagogen und nicht zuletzt die Bußliturgie am 1. Fastensonntag des Jahres 2000, in der um Vergebung für die von Christen an Juden begangenen Verbrechen gebetet wurde, ermöglichte eine Dynamisierung und Intensivierung der Begegnung.

8.2.3.4 Die Pastoralkonstitution über die Kirche in der Welt von heute

Bereits in der Konzilsankündigung hatte Papst Johannes XXIII. auf deren pastorale Zielsetzungen verwiesen. Eine eigene Pastoralkonstitution konnte allerdings erst in der Endphase des Konzils verabschiedet werden. Die Ursachen dafür sind vielfältig. Erst spät bemerkten die Konzilsväter, dass sie das Verhältnis von Kirche und Christen zu zentralen gesellschaftspolitischen Fragen nicht ohne wissenschaftlich fundierte Erkenntnisse erörtern können. Dazu war der Rat von Laien gefragt, über deren beratende Tätigkeit es auf dem Konzil bis 1964 Unstimmigkeiten gab. Zudem waren wichtige Themengebiete bereits in anderen Konzilstexten angesprochen oder z. B. in der Sozialenzyklika „Pacem in terris" von Papst Johannes XXIII. bereits ausführlich erörtert worden. Trotzdem gilt das Resümee dieser Konstitution „Gaudium et spes": „Die Pastoralkonstitution ist das ‚gelungenste' Dokument des Konzils" (Pesch 1993, 348). Das Benennen wichtiger Fragen verbindet sich in der Konstitution mit einer Sprache, die auch die Nichtfachleute erreicht, um deren Belange es im Text ja gehen sollte. Aufgebaut sind die Einzelkapitel nach dem Schema Situationsbeschreibung, Abwägung der Vor- und Nachteile einzelner Positionen gegenüber dieser Situation und schließlich ein Wort des Glaubens und der Orientierung für dieses Gebiet. Vor die Ausführungen der Einzelfragen stellt das Konzil ausdrücklich die Betonung des Gewissens. Im Rückgriff auf die Gewissenslehre des Thomas von Aquin heißt es, dass das Gewissen „der verborgenste Kern und das Heiligtum des Menschen" sei, in dem er mit Gott in seinen Entscheidungen allein ist (DH 4316). Selbst wenn das Gewissen aus Unkenntnis des wahren Sachverhaltes irren sollte, so verliert es dadurch nicht seine Würde als letzte Entscheidungsinstanz des Menschen.

Ein wichtiges zeitgenössisches Phänomen erkennen die Konzilsväter im Atheismus, der „zu den ernstesten Gegebenheiten dieser Zeit zu rechnen und einer sorgfältigen Prüfung zu unterziehen ist" (DH 4319). Zu dieser Prüfung gehört die Analyse seiner Entstehung. Gründe sind demnach in der zunehmenden Nicht-Notwendigkeit Gottes im Zeitalter der modernen Naturwissenschaft und Welterklärung zu suchen. Er entsteht „außerdem nicht selten aus dem heftigen Protest gegen das Böse in der Welt" (DH 4319). Trotz aller Ablehnung des Atheismus fordert die Konstitution einen offenen Dialog und bekennt, „dass alle Menschen, Glaubende und Nichtglaubende, zum richtigen Aufbau dieser Welt, in der sie gemeinsam leben, beitragen müssen" (DH 4322).

In den Ausführungen über die Familienpastoral beschreibt das Konzil weitgehend die bisherigen Positionen des Lehramtes. Die personale Dimension der Ehe und all ihrer Vollzüge steht dabei im Vordergrund. Die Offenheit für die Zeugung von Nachkommenschaft kommt demnach nicht mehr jedem Einzelvollzug zu, sondern der ehelichen Gemeinschaft als Ganzer. Einzelbestimmungen behielt sich Papst Paul VI. für die von ihm geplante Enzyklika über Familienplanung vor, vgl. „Humanae vitae" 1968).

Sozialpolitische Themen wie die Wertschätzung der menschlichen Arbeit werden theologisch gewürdigt: „Indem er arbeitet, verändert der Mensch nämlich nicht nur die Dinge und die Gesellschaft, sondern vervollkommnet auch sich selbst" (DH 4334). Schließlich aber appelliert das Konzil grundsätzlich an die Verantwortung und Autonomie des Menschen bei der Beantwortung sozialpolitischer und gesellschaftlicher Fragen. „Autonomie der irdischen Dinge" bedeutet dann, „dass die gesellschaftlichen Dinge und auch die Gesellschaften über eigene Gesetze und Werte verfügen, die vom Menschen schrittweise zu erkennen, zu gebrauchen und zu gestalten sind" (DH 4336).

8.2.4 Innovative theologische Neuansätze

Die deutschsprachige katholische Theologie des 20. Jahrhunderts zeigt eine Fülle von Persönlichkeiten und Denkansätzen. Auf unterschiedliche Weise haben z. B. gerade deutschsprachige Theologen das Großereignis des 2. Vatikanischen Konzils vorbereitet, mitgestaltet oder dessen Beschlüsse im theologischen Diskurs oder der kirchlichen Praxis umgesetzt. Eine eigenständige Leistung ist weiterhin die Neuerschließung und Dokumentation der Quellen theologischen Arbeitens wie z. B. die Neuedition der Dokumente der Lehrverkündigung der Kirche (Denzinger/Hünermann 1991) oder die Konzeption oder Neuedition von Lexika und Handbüchern wie das „Lexikon für Theologie und Kirche" oder die ökumenisch konzipierte „Theologische Realenzyklopädie". Auch als Impulsgeber für eine stets neue kritische Reflexion theologischer Aussagen und kirchlicher Handlungsfelder hat die deutschsprachige Theologie des 20. Jahrhunderts große Verdienste erworben (vgl. das Gesamtwerk von Hans Küng). Die exegetische Forschung führte zu einer unübersehbaren Fülle von Einzelergebnissen, ohne die auch eine dogmatische Reflexion des Glaubens nicht mehr möglich ist (vgl. das Werk von Rudolf Schnackenburg und Josef Blank). Ein ganzheitlicher theologischer Ansatz, der auch den Bereich der kulturellen Lebensäußerungen des Menschen Ernst nimmt und theologisch fruchtbar macht, liegt vor im Gesamtwerk von Hans Urs von Balthasar. Dem Dialog zwischen Theologie und Kunst ist das Lebenswerk von Alex Stock und Günter Lange gewidmet. Im Bereich der praktischen Theologie erweist sich z. B. die ethische Reflexion über die neuen Möglichkeiten der Humanmedizin als ein wichtiges Gesprächsangebot auch für Politiker, Mediziner und Naturwissenschaftler (vgl. exemplarisch das Werk von Franz Böckle und Dietmar Mieth). Das Konzept einer therapeutischen Theologie spricht viele Menschen an, die im christlichen Glauben wieder mehr eine befreiende Frohbotschaft anstelle einer häufig vermittelten Drohbotschaft sehen möchten (vgl. das Gesamtwerk von Eugen Biser).

Die Disziplin der Religionspädagogik ist in besonderer Weise von den kulturellen und gesellschaftlichen Veränderungen und Umbrüchen des 20. Jahrhunderts geprägt. Zahlreiche Neuansätze suchen die stets neu zu leistende Korrelation zwischen Schülern mit sehr unterschiedlichen Biographien und aus verschiedensten Formen und Stufen der religiösen Sozialisation einerseits mit dem Glaubensangebot in Katechese und schulischem Religionsunterricht andererseits zu vermitteln (vgl. Ziebertz/Simon 1995).

Im interreligiösen Dialog haben Theologen die Basis einer grundsätzlichen Verständigung geschaffen, auf die auch von Seiten der Amtskirche verstärkt zurückgegriffen wird. Nicht zuletzt verdankt sich das christlich-jüdische Gespräch der oft jahrzehntelangen Kärrnerarbeit von Einzelpersönlichkeiten (vgl. das Werk von Clemens Thoma, insbesondere Thoma 1978).

Trotzdem findet sich in der deutschsprachigen Theologie nicht die Fülle von Neuansätzen, wie sie in Afrika, Lateinamerika und Asien anzutreffen ist. Auch theologisch geht das europäische Zeitalter der christlichen Kirche wohl zu Ende, mit allen Konsequenzen auch für eine kirchenamtliche Lehrverkündigung. Deswegen sollen im Folgenden nur wenige Ansätze vorgestellt werden, von deren kritischer Rezeption ein wichtiger Beitrag für eine Theologie mit Zukunft erwartet werden kann.

8.2.4.1 Karl Rahner (1904–1984)

Im Leben und Werk Karl Rahners spiegelt sich die gesamte Theologiegeschichte des 20. Jahrhunderts wider. In seiner Jugend von der Bewegung „Quickborn" auf Burg Rothenfels um den Religionsphilosophen Romano Guardini (1885–1968) geprägt, eröffnet ihm nach dem Eintritt in den Jesuitenorden sein Lehrer Josef Maréchal (1878–1944) die Möglichkeit, durch eine Neureflexion der Theologie des Thomas von Aquin ein kritisches Gespräch mit der Religionsphilosophie Kants zu führen. In seinem Lehrer Augustin Bea lernt er den zukünftigen ersten Leiter des Vatikanischen Sekretariats für die Einheit der Christen kennen und schätzen. Allerdings zeigen sich Rahner auch die Folgen des Antimodernismus-Kampfes, weswegen Rahner in Bezug auf die Päpste Pius IX. bis XII. öfter von einem „pianischen Monolithismus" spricht. Befreiend erfährt er die Philosophie Martin Heideggers: „Er lehrte Texte neu zu lesen, Texte zu hinterfragen, Verbindungslinien zwischen den einzelnen Texten, Aussagen eines Philosophen zu sehen, die eben dem Spießbürger nicht auffielen" (nach Vorgrimler 1988, 79). Der Ausgang von einer Analyse der menschlichen Existenz bleibt hinfort auch für die Theologie Rahners maßgebend. Er sucht diese methodische Grundentscheidung bereits im Werk des Thomas von Aquin aufzuzeigen: „So wenig es ausdrücklich von Thomas ausgesprochen wird, so deutlich dürfte es sich wohl im Laufe dieser Arbeit gezeigt haben, wie all sein metaphysisches Fragen immer vom Menschen her fragt und ihn mit in Frage stellt" – so Rahner in seiner als Dissertation abgelehnten Arbeit mit dem bezeichnenden Titel „Geist in Welt" (Rahner 1939, jetzt 1995, 298). Die stattdessen akzeptierte Promotionsarbeit von 1936 „E latere Christi. Der Ursprung der Kirche als zweiter Eva aus der Seite Christi des zweiten Adam" ist eine eher konventionelle Universitätsschrift und wurde ohne Bedenken akzeptiert.

Die von Rahner proklamierte anthropologische Wende der Theologie gründet sich in seinem Bild vom Menschen, wenn er diesen zugleich als Wesen des Geistes und der Geschichte in „Hörer des Wortes" (1941) beschrieb: „Insofern er Geist ist und so mit einer möglichen Offenbarung des freien Gottes rechnen muss und insofern er Geist nur als geschichtliches Wesen sein kann, muss er sich an die Geschichte der Menschen wenden, um in ihr der möglichen Offenbarung Gottes zu begegnen" (Rahner 1997, 254). Rahners Charisma und Dialogfähigkeit bot vielen jungen Theologen eine Basis, diese anthropologische Wende auf den vielfältigsten theologischen Gebieten auszuformulieren. Deren Denkergebnisse konnte dann Rahner wiederum öffentlich zugänglich machen (vgl. die Reihe „Quaestinones disputatae" ab 1958, das „Handbuch der Pastoraltheologie" ab 1960 oder „Christlicher Glaube in moderner Gesellschaft" ab 1980). Ihm selbst blieben kirchenamtliche Kritik und Publikationsverbot nicht erspart. 1951 erhielt er für seine Arbeit „Probleme heutiger Mariologie" von seinem Orden keine Druckerlaubnis, da er darin dem 1950 verkündeten Dogma von der leiblichen Aufnahme Mariens in den Himmel zwar grundsätzlich zustimmte, aber die mangelnde biblische Fundierung dieses Dogmas und die möglichen negativen Folgen für das ökumenische Gespräch thematisierte. 1954 lehnte Papst Pius XII. Rahners Plädoyer von 1949 für eine Konzelebration mehrerer Priester in einer Eucharistiefeier ab, weil dadurch die mit dem Messopfer erzielten „Messfrüchte" gemindert würden. Der päpstlichen Aussage, dass eine solche Konzelebration in der katholischen Kirche niemals erlaubt würde ,folgte deren Zulassung zehn Jahre später infolge des 2. Vatikanischen Konzils. Dessen ungeachtet und trotz weiterer Einschränkungen des wissenschaftlichen Arbeitens wurde Rahner 1961von Papst Johannes XXIII. als Mitglied in die Kommission berufen wurde, die das Konzil vorbereiten sollte.

Gegen Ende seines Lebens zog Rahner mit seinem „Grundkurs des Glaubens" (1976) die Bilanz seines theologischen Arbeitens. Hierin soll „nicht einfach katechismusartig und in den traditionellen Formulierungen wiederholt werden, was das Christentum verkündigt, sondern es soll diese Botschaft ... neu verstanden und auf den ‚Begriff' gebracht werden", das Christentum soll „in die Verständnishorizonte eines Menschen von heute eingerückt werden" (Rahner 1999, 3). Auch dieses Werk beginnt mit der Anthropologie, die Rahner unter das Stichwort vom „Hörer der Botschaft" stellt (Rahner 1999, 29 ff.). Die hier genannte Bestimmung des Menschen als Wesen der Verantwortung, Freiheit, Geschichtlichkeit, Welthaftigkeit und „Verwiesenheit auf das unbegreifliche Geheimnis" erinnern stark an Heideggers Existentialien, die dieser in „Sein und Zeit" beschrieb (1927). Der Mensch als biologisches und gleichzeitig geistiges Wesen ist so Gegenstand sowohl humanwissenschaftlicher wie theologischer Forschung. Seine religiöse Dimension gründet dabei darin, dass sich der Mensch zu sich selbst verhalten kann: „Das Sich-zu-sich-selber-verhalten-Können, das Mit-sich-selber-zu-tun-haben des Menschen ist einerseits kein Moment an ihm neben anderen Elementen und kann es nicht sein, ist aber darum dennoch eine Wirklichkeit, die die Subjekthaftigkeit des Menschen im Unterschied zur Sachhaftigkeit eben dieses Menschen – die es auch gibt – ausmacht" (Rahner 1999, 35). Ist der Mensch insofern nicht auf die Sachebene zu reduzieren, dann erfährt er sein Menschsein als unableitbar, als Möglichkeit, nicht als Vorgabe, sondern je neu gestellte Aufgabe. Gerade dadurch aber erweist sich der Mensch als ein Wesen der Transzendenz. Im Ergreifen seiner Möglichkeiten zeigt er sich „als das Wesen eines unendlichen Horizontes. Indem er seine Endlichkeit radikal erfährt, greift er über diese Endlichkeit hinaus, erfährt er sich als Wesen der Transzendenz, als Geist" (Rahner 1999, 36). Dadurch ist der Mensch verwiesen letztlich auf den unendlichen Horizont seines Wesens. Das „Woraufhin der Transzendenz" aber ist das „heilige Geheimnis": „Dieses Woraufhin ist die unendliche, stumme Verfügung über uns. Es gibt sich uns im Modus des Sichversagens, des Schweigens, der Ferne, des dauernden Sichhaltens in einer Unausdrücklichkeit, so das alles Reden von ihm immer – damit es vernehmlich sei – des Hörens auf sein Schweigen bedarf" (Rahner 1999, 66). Gerade die Sorge vor einer verobjektivierenden Sprache lässt Rahner zunächst Zustimmung erkennen für „die heutige Tendenz, nicht von Gott zu reden, sondern vom Nächsten, nicht von der Gottesliebe zu predigen, sondern von der Nächstenliebe, nicht ‚Gott' zu sagen, sondern ‚Welt' und ‚Weltverantwortung' ... sosehr letztlich dann solche Thesen einer Verbannung Gottes und seines radikalen Schweigens von ihm falsch sind und falsch bleiben und gegen das wahre Wesen des Christentums verstoßen" (Rahner 1999, 67). Wahrer Glaube aber bleibt an menschliche Erfahrung gebunden, die nicht gleichzusetzen ist mit dem Für-wahr-Halten von einzelnen Glaubensaussagen: „Das einzelne Seiende als solches kann in seiner kategorialen Einzelheit und Begrenztheit Gott insofern vermitteln, als an seiner Erfahrung die transzendentale Erfahrung Gottes sich ereignet" (Rahner 1999, 85). Der Mensch bleibt so der „Hörer des Wortes", hier zeigt sich „Geist in Welt", der sich in seiner Ausrichtung auf Transzendenz vom Geheimnis dieser Transzendenz selbst angenommen erfährt.

8.2.4.2 Johann Baptist Metz (geb. 1928)

Der Rahner-Schüler Johann Baptist Metz (geb. 1928) entwickelt und vertieft die anthropologische Wende seines Lehrers. Bereits in seinem Frühwerk „Christliche Anthropozentrik. Über die Denkform des Thomas von Aquin" (1962) sucht er diese Wende schon im Werk des großen Scholastikers nachzuweisen. In den gesellschaftlichen und politischen Aufbrüchen der sechziger Jahre des 20. Jahrhunderts erkennt er eine gemeinsame Basis, die er in seinem Werk „Zur Theologie der Welt" (1968) theologisch deutet. Der Ausgangsthese: „Die Welt ist heute weltlich geworden" (Metz 1973, 11) folgt deren theologische Deutung: „Die Weltlichkeit der Welt soll sich für uns nicht primär als innerweltliche Entmächtigung Christi im geschichtlich verschärften Widerspruch zu ihm zeigen, sondern als entscheidendes Moment seiner geschichtlichen Herrschaft selbst" (Metz 1973, 16). Da Gott in seiner Menschwerdung in Jesus Christus selbst welthaft geworden ist, hat sich das Gottesbild selbst gewandelt: „Gott ist für uns nicht bloß der immer gleiche, farblos und antlitzlos als numinos schimmernder Horizont unseres Daseins gegenwärtige und dabei doch in die unendliche Ferne und Un-verbindlichkeit seiner Transzendenz entzogene Gott" (Metz 1973, 19). Sowohl eine metaphysisch begründete als auch eine rein individualistisch geprägte Theologie werden nach Metz dieser ‚Welthaftwerdung' Gottes nicht gerecht: „Den heute vorherrschenden Formen der transzendentalen, existentialen und personalistischen Theologie scheint eines gemeinsam zu sein: der Trend zum Privaten" (Metz 1973, 101). Gerade weil man nicht die „faktische neuzeitliche Verweltlichung einfach mit der in Christus ermöglichten und gemeinten Weltlichkeit der Welt identifizieren" darf (Metz 1973, 36), entsteht im Angesicht der vielfältigen Bedrohung der Welt und des Menschen die Aufgabe „einer tieferen Humanisierung des menschlichen Daseins" (Metz 1973, 69). Theologie wird insofern zur politischen Theologie, als sie sich ihres Hoffnungshorizontes bewusst wird und dadurch nicht einen rein kontemplativen Umgang mit der Welt pflegt, sondern verantwortet operativ in Welt und Geschichte eingreift: „Das Verhältnis zwischen Glaube und Weltlichkeit lässt sich theologisch bestimmen mit dem Begriff einer ‚schöpferisch-kritischen Eschatologie'; eine solche Theologie der Welt muss gleichzeitig ‚politische Theologie' sein" (Metz 1973, 84). Das bedeutet: „Die Rede von der politischen Theologie sucht in der gegenwärtigen Theologie das Bewusstsein zu reklamieren vom anhängenden Prozess zwischen der eschatologischen Botschaft Jesu und der gesellschaftlich – politischen Wirklichkeit. Sie betont, dass das von Jesus verkündete Heil zwar nicht in einem

8.2 Aufbruchsbewegungen in der Katholischen Theologie und Kirche

naturhaft-kosmologischen Sinn, wohl aber in einem gesellschaftlich – politischen Sinne bleibend weltbezogen ist: als kritisch befreiendes Element dieser gesellschaftlichen Welt und ihres geschichtlichen Prozesses" (Metz 1973, 105).

Das hier entwickelte Modell einer politischen Theologie vertieft Metz in seiner Schrift „Glaube in Geschichte und Gesellschaft" (1977). In dieser „praktischen Fundamentaltheologie" geht es ihm „um die konkrete geschichtlich – gesellschaftliche Situation von Subjekten, um ihre Erfahrungen, um ihre Leiden und Kämpfe und ihre Widersprüche" (Metz 1978, 3). Zu diesen möchte er sprechen „von jener solidarischen Hoffnung auf den Gott der Lebenden und der Toten, der alle Menschen ins Subjektsein vor seinem Angesichte ruft" (Metz 1978, 3). Aufgabe der Theologie ist es demnach „vom Gott Jesu zu reden, indem sie den Zusammenhang der christlichen Botschaft mit der gegenwärtigen Welt sichtbar zu machen und ihre Überlieferung in dieser Welt als unabgegoltene und gefährliche Erinnerung auszudrücken sucht" (Metz 1978, 78). Christliche Theologie wird zur Kreuzes-Theologie, die durch die Kategorien Erinnerung, Erzählung und Solidarität eine Hoffnungsperspektive für die Marginalisierten offen halten möchte. Trotz Anerkennung einer argumentativen Theologie sieht Metz hier doch die Gefahr einer Verobjektivierung und Entfremdung von der Lebenswirklichkeit. Bedeutsam ist für ihn deswegen die Rückbindung jeder theologischen Reflexion auf die Ebene des Erzählens: „Eine rein argumentative Theologie, die sich ihren Ursprung in erzählender Erinnerung nicht ständig neu vergegenwärtigt, führt angesichts der menschlichen Leidensgeschichte zu jenen tausend Modifikationen in ihrer Argumentation, unter denen unversehens jeder identifizierbare Inhalt christlichen Heils erlischt" (Metz 1978, 190).

Das Motiv des Leidens erfährt seine besondere Brisanz, wenn es um das unübersehbare Leid geht, das mit der Chiffre „Auschwitz" beschrieben wird. Metz entwickelt in „Memoria passionis. Ein provozierendes Gedächtnis in pluralistischer Gesellschaft" (2006) den Versuch einer „Theologie nach Auschwitz". Vor jeder kognitiven Reflexion über die Frage des Verhältnisses vom Leid des Menschen und der Rede vom guten oder sogar allmächtigen Gott plädiert Metz für eine Sensibilisierung für das Leid, für eine „Leidempfindlichkeit". Nur diese und nicht die Rede von einer „Sündenempfindlichkeit" ist einer Theologie im Angesicht der Schoa angemessen. Mitleid, „Compassion" wird zum Schlüsselbegriff des Spätwerkes von Metz. Damit entwickelt er eine neue Form einer politischen Theologie, die davon ausgeht, „dass die Katastrophe von Auschwitz zur inneren Situation der christlichen Gottesrede gehört" (Metz 2006, 255). Statt metaphysischer Letztbegründung und idealistischen Geschichtskonstruktionen möchte Metz die Geschichte eschatologisch offen halten: „Universalismus und Wahrheitsfähigkeit ihrer derart exponierten Gottesrede sucht diese fundamentale Theologie vor allem durch die Kategorie der memoria passionis im Sinne des ‚Eingedenkens fremden Leids' zu sichern. Für sie gibt es die Geschichte im Sinn einer wahrheitsfähigen Großerzählung nur als Passionsgeschichte der Menschheit … Sehr früh hat die neue Politische Theologie die anamnetische Basis ihres Logos, ihrer Rede von Gott und seinem Christus – in der Gestalt ‚gefährlicher Erinnerung' – betont und das Thema ‚Geschichte' im Konzept ‚Zukunft aus dem Gedächtnis des Leidens' behandelt" (Metz 2006, 255 f.).

8.2.4.3 Theologische Sprach- und Handlungstheorie

Mit dem Werk von Helmut Peukert (geb. 1934) verbindet sich ein Paradigmenwechsel in der deutschsprachigen Theologie. Nicht nur dass in seinem Hauptwerk „Wissenschaftstheorie, Handlungstheorie, Fundamentaltheologie" (1976) die Hinwendung der Geisteswissenschaften zur Linguistik für die Theologie nachvollzogen wird. Es ist vielmehr insbesondere die Erweiterung der linguistischen Pragmatik zur Sprechakttheorie und Handlungstheorie. John R. Searle hatte auf die zu unterscheidenden Ebenen einer Sprachhandlung hingewiesen. Neben der informellen Seite beschreibt Sprache als „illokutionärer Akt" nicht nur eine Handlung, sondern vollzieht diese durch Sprache selbst. Searle demonstriert dies am Beispiel des Versprechens (vgl. Searle 1977 84 ff.). Die theologische Sakramentenlehre könnte auf den gleichen Ansatz verweisen, indem durch das Wort in Verbindung mit der Materie die sakramentale Handlung selbst vollzogen wird. John L. Austin erweiterte diesen Ansatz um die Dreidimensionalität jeder Sprachhandlung (vgl. Austin 1972): die verbale Äußerung („lokutionärer Akt"), die mit der Sprache vollzogene Handlung („illokutionärer Akt") und die durch die Handlung hervorgerufene Wirkung („perlokutionärer Akt"). Durch die Integration dieser Sprechakttheorie in eine umfassende Kommunikationstheorie durch Jürgen Habermas (vgl. Habermas 1982) entstehen auch der Theologie neue Möglichkeiten der Argumentation. Zentral ist dabei die Wiederentdeckung der Theologie als kritische Reflexion einer vorausgegangenen Glaubenspraxis. Nur zu häufig hatte sich theologische Argumentation von dieser Basis getrennt und war zu einer zwar logisch stimmigen aber lebensfernen Welterklärung geworden. Nicht nur können jetzt biblische Texte, wie z. B. Gleichnisse, als kommunikative Handlungen verstanden und erschlossen werden. Fundamentaltheologisch kann generell nach den Regeln und Normen einer auf Erfahrung bezogenen Wahrheitsfindung gefragt werden. Wenn Habermas die Normen diskursiver Wahrheitssuche in den Normen der Alltagskommunikation findet wie z. B. in der Unterscheidung zwischen zweckgerichtetem instrumentell-technischem Handeln und kommunikativem Handeln, dann wird jede theologische Aussage zu befragen sein, welchem Sprachtypus sie zuzurechnen ist. Werden mit ihren Aussagen z. B. im Bereich der Schöpfungstheologie Fragen nach der kausalen Entstehung von Welt und Mensch zu beantworten gesucht (vgl. das Model einer „Schöpfung aus dem Nicht") oder sind damit existentiell-kommunikative Fragen angesprochen (was lässt letztlich menschliches Leben gelingen? Wie erfährt sich der Mensch als „Geschöpf"?). Die ebenso für das Gelingen jeder Kommunikation vorauszusetzenden Kriterien der Aufrichtigkeit, der Reziprozität der Rollen der Gesprächspartner und deren herrschaftsfreier Umgang miteinander zeigt dann ein Modell konsensueller Wahrheitsfindung, das auch für die Theologie modellhaft sein könnte (vgl. Pauly 1989). Die Konzilsidee des Mittelalters mit ihrer Vorstellung einer synodalen Wahrheitssuche könnte dabei Vorbild sein. Der Anspruch auf Wahrheit ist dabei gekoppelt mit der Nachprüfbarkeit ihres Begründungszusammenhangs und ihrer Entstehungsbedingungen: Haben sich alle von einem Problem Betroffenen an der Wahrheitssuche aktiv beteiligen können oder diskutieren die einen die Fragen und Antworten der anderen? Die Idee einer universalen Kommunikationsgemeinschaft eröffnet einer Ekklesiologie neue Möglichkeiten einer inhaltlichen Begründung wie einer strukturellen Neuorientierung. Peukert fragt allerdings auch nach den Grenzen der Kommunikationstheorie von Habermas, wenn es sich um die Opfer der Geschichte handelt. Wie sind diese in eine universale Kommunikationsgemeinschaft zu integrieren? Dies ist eine Frage, die bereits Metz mit seinem Ansatz einer umfassenden „compassion" reflektierte.

Edmund Arens hat es auf vielfältige Weise unternommen, diesen handlungstheoretischen und kommunikationstheoretischen Ansatz kritisch aufzunehmen, zu erweitern und ihn für theologische Grundlagenforschung fruchtbar zu machen. Neben seiner Deutung der Gleichnisse als „Kommunikative Handlungen" (1982) und einer neuen theologischen Handlungstheorie verstanden als „Christopraxis" (1992) wendet er den handlungstheoretischen Rahmen auch verstärkt auf eine generelle Theorie der Religion an (vgl. „Gottesverständigung. Eine kommunikative Religionstheologie", 2007).

8.2.4.4 Eugen Drewermann (geb. 1940)

Wie kaum ein anderer Theologe des 20. Jahrhunderts erreicht Eugen Drewermann (geb. 1940) ein Millionenpublikum. Angetrieben von einem Praxisschock, der ihn bei seinen ersten Versuchen ereilte, das universitär erworbene theologische Wissen in den Alltag der Seelsorge zu übersetzen, erkennt er, „dass vielleicht all die Worte, die Bilder und die Glaubenslehren, die ich als Theologe gelernt hatte, stimmen mochten, aber die Art, wie sie angewandt wurden, in mein Leben einbezogen worden sind, so nicht stimmen konnten" (Drewermann 1988, Bd. I, 169). Durch eine eigene psychoanalytische Ausbildung lernt er zunächst einmal die Fragen zu verstehen, auf die Theologie und Kirche eine Antwort zu geben suchen. Erste Frucht dieses die Theologie, Philosophie und Psychoanalyse vermittelnden Arbeitens ist sein Werk „Strukturen des Bösen. Die jahwistische Urgeschichte in exegetischer, psychoanalytischer und philosophischer Sicht" (1977). Alle Disziplinen der Theologie werden von Drewermann einer psychoanalytischen Betrachtung unterzogen. Ausführliche Kommentare der Evangelien, ein dreibändiges Werk „Psychoanalyse und Moraltheologie" (1982–1984) und seine umfangreichen Werke zur Dogmatik werden zum Gesprächsangebot für Theologie, Kirche und auch für zahlreiche an theologischen Fragen interessierte Laien. Daneben erscheinen Deutungen der Märchen aus der Sammlung der Brüder Grimm, eine Neuinterpretation altägyptischer Texte („Ich steige hinab in die Barke der Sonne. Alt-ägyptische Meditationen zu Tod und Auferstehung", 1989) und ein Roman über Giordano Bruno und dessen Leistung und Scheitern beim Versuch, neuzeitliches Wissen auch unabhängig vom mittelalterlichen Weltbild auszusprechen. Kirchenintern auf Kritik stieß sein Werk „Kleriker" (1989). In diesem „Psychogramm eines Ideals" sucht Drewermann ideologische Verkrustungen im Priesterbild der Gegenwart und gleichzeitig Alternativen dazu aufzuzeigen.

Zahlreiche Anfragen aus dem Bereich der theologischen Fachwissenschaft richteten sich an Drewermanns Anfragen: Wie werden die Leistungen der historisch-kritischen Forschung gewürdigt? Können die in der Neuzeit ausgebildeten unterschiedlichen theologischen Disziplinen alle nach derselben psychoanalytischen Methode untersucht und bewertet werden? Eine kirchenamtliche Verurteilung mit dem Entzug der kirchlichen Lehrbefähigung erfolgt 1991, die Dispens vom Priesteramt schließt sich 1992 an.

Die Leistung Eugen Drewermanns besteht darin, biblische Texte und theologische Aussagen vielen Menschen wieder als Angebot einer Antwort auf deren existentielle Fragen erschlossen zu haben. Methodisch arbeitet er dabei ähnlich der Lehre von den Archetypen in der Tiefenpsychologie von Carl Gustav Jung (1875–1961) Grundparadigmen menschlichen Erlebens und dessen psychischer Verarbeitung heraus: „In allen Menschen lebt ein unbewusstes Wissen um ein Absolutes, das in allen Menschen gegenwärtig ist und aus dem alles Bewusste hervorgeht, und nur auf dieser Ebene des Archetypischen ist eine hermeneutische Verbindung über die zeitliche Distanz von Jahrtausenden hinweg denkbar und möglich. Auf der Ebene der Archetypen allein zeigt sich ... die Gemeinsamkeit aller starken Gefühle von Freude und Traurigkeit, die Erfahrung von Geburt und Tod ..., an dieses Ensemble ist anzuknüpfen, um die ewige Gültigkeit auch der religiösen Riten und Symbole zu verstehen" (Drewermann 1984, Bd. I, 70). Nicht die formale Berufung auf Erkenntnisse exegetischer Forschung aber auch nicht das Festhalten von Glaubenssätzen, die unter bestimmten kultur- und religionsgeschichtlichen Rahmenbedingungen formuliert wurden, vermag demnach den Menschen in ihren Nöten und Fragen zu helfen: „Nur eine Methode, die hinter die äußere Wirklichkeit vorzudringen vermag, wird die Ausdrucksformen der Religionen in der Vergangenheit als etwas bleibend Gültiges verstehen können" (Drewermann 1984, Bd. I, 51). Nicht das methodische Ausschalten des erkennenden Subjektes wie bei der Forschung im Bereich der Naturwissenschaften ist theologisch zielführend: „Man versteht ... das Historische nur, wenn man seine Wiederkehr in der Gegenwart, mithin seine Relevanz für die Gegenwart aufweist, und umgekehrt: man versteht das Historische nur, wenn man sich selbst in den Geschichten der Vergangenheit wieder entdeckt" (Drewermann 1984, Bd. I, 58). Die anthropologische Wende der Theologie hat insofern in der Theologie Eugen Drewermann eine Weiterentwicklung erfahren, als alle biblischen wie dogmatischen Aussagen als Deutungen existentieller Erfahrung gedeutet werden. Dieser Erfahrung gegenüber haben sie sich zu bewähren. Auch Strukturen und Ämter im Rahmen der Ekklesiologie werden als mögliche „Hilfsmittel" zur seelischen Gesundung des Menschen erkannt, deren konkrete Formen aber nicht per se zu definieren, sondern nur in ihrer Funktion für das Heil des Menschen stets neu reflektiert und ausgestaltet werden müssen (vgl. Pauly 2001, 261–281).

8.2.4.5 Gotthold Hasenhüttl (geb. 1933)

Gotthold Hasenhüttl (geb. 1933) geht in seinem theologischen Neuansatz von der Maxime Rudolf Bultmanns aus, dass von Gott reden heißt, vom Menschen zu reden. Vor jeder theologischen Reflexion bedarf es deswegen einer Bestimmung des anthropologischen Grundverständnisses. Nach den zahlreichen theologie- und philosophiegeschichtlichen Versuchen, das Wesen des Menschen metaphysisch oder durch Rekurs auf Bewusstsein, Materie oder Leistung zu bestimmen, beschreibt Hasenhüttl eine relationale Anthropologie. Statt den Menschen a priori zu definieren und Grund, Wesen und Ziel seines Lebens aus den jeweils substituierten Begründungszusammenhängen abzuleiten, zeigt sich für ihn im freien, ungeschützten relationalen Lebensprozess selbst das Wesen des Menschen: „Der Mensch ist nur Mensch, wenn er sich im Vollzug verwirklicht" (Hasenhüttl 2001, Bd. II, 127). Gegen eine existentialistisch-individualistische Engführung zeigt dieser Vollzug aber seine grundsätzlich relationale Dimension: „Den Sinn und die Identität findet der Mensch im konkreten Vollzug seiner relationalen Existenz, indem er ein liebender, d. h. sinngebender und wertschöpfender

Mensch ist, der sich niemals aus sich selbst verstehen kann, sondern nur in Beziehung und sich daher beschenkt weiß" (Hasenhüttl, 2001, Bd. II, 146). Bedeutsam ist für diesen Lebensprozess die Dimension der Erfahrung. Wenn allerdings bereits eine Erfahrung im Bereich des Gegenständlichen dialektisch ist, d. h., wenn Erfahrungsgegenstand und erfahrendes Subjekt durch ihre Begegnung eine neue Dimension der Wirklichkeit erschließen, so geschieht dieser Prozess in besonderer Weise in der personalen Begegnung: „Das personale Du bringt mich mir selbst als Person entgegen, und ich empfange mich als Person von der Person des anderen als Geschenk. Diese Angewiesenheit auf das Du ist für die menschliche Person konstitutiv und stellt den grundlegenden gesellschaftlichen Bezug des Menschen dar. In der Beziehung zwischen Personen entscheidet sich das Dasein des jeweils anderen, ob es vermenschlicht oder in unmenschliche Situationen gestoßen wird" (Hasenhüttl 2001, Bd. I, 701). Diese anthropologische Wende Hasenhüttls stellt somit den traditionellen metaphysischen Prinzipien nicht den Menschen als neue fixe Basis von Begründungszusammenhängen und Deduktionen gegenüber. Er verzichtet vielmehr auf alle Fixierungen und stellt den freien, offenen und stets gefährdeten Lebensvollzug des Menschen ins Zentrum seiner Theologie. Auch hier geht er somit von der konkreten Lebenspraxis als Basis aller theologischen Rede aus.

Diesem anthropologischen Ansatz korrespondiert theologisch die Rede vom Gottesprädikat. Zunächst auch hier die Lebenspraxis als Basis: „Gott begegnet in der Sprache des Lebens, die Erfahrung ist, und nur dort" (Hasenhüttl 2001, Bd. I, 118). Gott kommt insofern überhaupt nur zur Sprache, wo diese Erfahrung nicht durch Willensakt oder kognitive Abstraktion verlassen wird. Sonst bleibt er „im ‚Jenseits' und ist für den Menschen uninteressant. Seine Bedeutung liegt nur noch darin, eine intellektuelle Begründung zu geben, warum menschliches Sein ist, aber diese Begründung ist leer und wertlos, weil sie ein Begriffsspiel ist" (Hasenhüttl 2001, Bd. I, 701). Analog den biblischen Gleichnisgeschichten können aber nach Hasenhüttl Alltagssituationen beschrieben werden, die mit „Reich Gottes" prädiziert werden können: „Wo ein Mensch sich dem anderen erschließt, wo er offen ist für neue Möglichkeiten und den anderen in seiner Annahme aufatmen lässt, da wird Gott gegenwärtig, weil Liebe geschieht. Im Ereignis der Liebe wird letzte Wirklichkeit sichtbar" (Hasenhüttl 2001, Bd. I, 703). Aber auch hier darf Liebe nicht romantisch verklärt werden, sondern wird zurückgebunden an die konkrete gesellschafts-politische Erfahrungsbasis des Menschen: „Die Gottesrede ist … eine Theorie des praktischen Einsatzes für gerechte Verhältnisse … Gott ist nicht ‚überall' und ‚nirgends', sondern nur wo Befreiung in Liebe geschieht und dieses Geschehen unmenschliche Verhältnisse zu menschlichen transformiert" (Hasenhüttl 1985, 102). In Bibel und Tradition sind diese Erfahrungen in schriftlicher Weise niedergelegt. In der Begegnung mit ihnen können dann neue Erfahrungen gemacht und dadurch auch neue Lebensmöglichkeiten des Einzelnen wie ganzer gesellschaftlicher Gruppen erschlossen werden.

Insofern erweitert sich die Perspektive des Werkes von Hasenhüttl ausgehend von Arbeiten über Bultmann (1963) und Jean-Paul Sartre (1972) über Untersuchungen über charismatische und insofern nicht hierarchische Formen der Glaubensgemeinschaft (1969) bis hin zur Analyse außereuropäischer religiöser Praxis und deren theologische Reflexion in „Freiheit in Fesseln. Die Chancen der Befreiungstheologie" (1985) und „Schwarz bin ich und schön. Der theologische Aufbruch Schwarzafrikas" (1991; vgl. Pauly 2005).

8.2.4.6 Theologische Aspekte zur Postmoderne

Der Übergang der Moderne zur so genannten Postmoderne erfordert neue theologische Antworten und Konzeptionen (vgl. Vattimo 1998). Insbesondere die großen Brüche des 20. Jahrhunderts wie Holocaust und Gulag zerstörten die großen „Metaerzählungen" der Religion, des Kommunismus oder des Humanismus, mit denen über Jahrhunderte die Lebenserfahrungen der Menschen erzählt und insofern auch gedeutet wurden (vgl. Lyotard 1994). Der mit der Moderne einhergehende Optimismus einer zielgerichteten Geschichte mit einem wachsenden Fortschritt in der Naturbeherrschung, der Hoffnung auf das Auffinden neuer Ressourcen zur Verbesserung der Lebensqualität möglichst vieler und einem damit in Verbindung gesetzten vertieften Lebenssinn ist nicht zuletzt im Hinblick auf die Opfer der Geschichte nicht mehr haltbar. Statt großer Sinnentwürfe ist die Lebenswelt des postmodernen Menschen parzelliert, statt Einheitlichkeit finden sich Mehrdimensionalität, Pluralismus und Vielfalt der Perspektiven. Das Misstrauen gilt allen letzten Prinzipien; selbst der Begriff des Menschen kann nicht als unhinterfragbare Basis gelten (vgl. die Rede vom „Tod des Menschen" bei Michel Foucault 1974). Die theologische Wertung dieser Situation bleibt ambivalent. Einerseits zählt auch das Christentum zu den „Metaerzählungen", die in ihrem Scheitern vor den Katastrophen des 20. Jahrhunderts erkannt werden: „Dem postmodernen Denken bleibt der Glaube an Christus im Grunde weitgehend fremd" (Ruhstorfer 2007, 23). Andererseits aber gilt für einige Denker: „Die Dynamik der Postmoderne führt aber in ihrem Ende zu einer Annäherung von Denken und Religion", denn: „An der Grenze der Postmoderne erscheint in neuer Weise Jesus Christus als Grund der Geschichte" (Ruhstorfer 2007, 23).

Gianni Vattimo (geb.1936) erkennt einerseits die Eindimensionalität des rein technisch-instrumentellen Handelns in der Moderne. Sind auch Erklärungsmodelle und Plausibilitätsstrukturen im Bereich der Naturwissenschaft in ihrer geschichtlichen Genese und Bedingtheit erkannt, dann bedarf es spätestens bei der Frage nach der Anwendung naturwissenschaftlicher und medizinischer Erkenntnisse einer Basis für eine ethische Diskussion. Diese greift auf eine Ressource von Wertvorstellungen zurück, die von der Naturwissenschaft und Medizin selbst nicht begründet oder regeneriert werden kann. Andererseits werden auch geistesgeschichtliche Projekte wie die Philosophie des Atheismus als „Metaerzählungen" erkannt und insofern als monokausale Erklärungsmuster abgelehnt. Insofern fordert Vattimo den Verzicht sowohl auf Affirmation wie auf Negation als letzte Prinzipien (vgl. Vattimo 1997 und 2004). Mit den Worten von Ruhstorfer: „Wenn aber die Schwächung ein konstitutives Merkmal postmodernen Denkens ist, dann werden damit die philosophischen Grundlagen des Atheismus als Verneinung Gottes aufgelöst". Insofern kann sich nach dem „Tod des metaphysischen Gottes" und auch nach der Infragestellung des Atheismus der Blick erneut für den „Gott der Bibel" öffnen. In der „Kenosis", dem Abstieg Gottes vom Himmel auf die Erde und in seiner Menschwerdung, erkennt Vattimo eine Chiffre, die auch die Geschichte des abendländischen Denkens beschreibt. In ihr sieht er metaphorisch ausgesprochen die Weltwerdung der Welt wie die Freiheit des Menschen. Es stellt sich allerdings die Frage, ob sich nicht hier wieder eine Universalerklärung für in sich sehr differente Vorgänge findet: „Damit scheint Vattimo aber Gefahr zu laufen, die heilige Schrift zum Passepartout für einen ganzen Kulturkreis gemacht zu haben" (Ruhstorfer 2007, 29).

8.2 Aufbruchsbewegungen in der Katholischen Theologie und Kirche

Jacques Derrida (1930–2005) sieht in jedem metaphysischen Entwurf eine Vereinnahmung und insofern die nicht akzeptable Ausübung von Herrschaft. Bereits in der Philosophie des Vorsokratikers Parmenides und dessen Unterscheidung zwischen Sein und Nichtsein (vgl. Parmenides 1974, 14 = B 2) werden die Weichen für die Entwicklung der ganzen europäischen Geistesgeschichte gestellt. „Die Identität des Seienden mit sich selbst und der Ausschluss seines Anderen gilt als Ausgangspunkt des abendländischen Denkens schlechthin, das in letzter Konsequenz zur Vernichtung des Anderen, des zum abendländisch-griechisch-christlich Fremden, führte" (Ruhstorfer 2007, 32). Insofern wäre es Aufgabe einer Theologie der Postmoderne, nach Ausdrucksgestalten christlich-gedeuteter Erfahrung auch außerhalb der griechischen Metaphysik zu suchen. Die seit dem Hellenismus aufzeigbare „Symbiose zwischen Religion und Metaphysik" (Habermas 2003, 259) einschließlich des damit einhergehenden Eurozentrismus des Christentums scheint an ein Ende zu gelangen.

Michel Foucault (1926–1984) fragt nach den Opfern jedes Diskurses. Bestimmt jede Gesellschaft z. B. die Kriterien von Gesundheit und Krankheit, von sexuellen Normen und von Straftaten in konkreten geschichtlichen Kontexten je neu, so wird dadurch über jeweils bestimmte Menschen Macht ausgeübt und diese durch die jeweiligen Definitionen des Normalen bzw. Unnormalen ausgegrenzt. Dazu gehört auch, Menschen „im Blick auf ein Ideal zu normalisieren und in der Hoffnung auf einen ‚neuen Menschen' zu normieren" (Ruhstorfer 2007, 41).

Auch eine postmoderne Philosophie hat Respekt vor dem Deutungspotential der Religionen wie z. B. dem „Glutkern" (Habermas 2003, 260) der Theodizee-Frage nach dem unabgegoltenen Leid: „Sie weiß, dass die Entweihung des Sakralen mit jenen Weltreligionen beginnt, die die Magie entzaubert, den Mythos überwunden, das Opfer sublimiert und das Geheimnis gelüftet haben. So kann sie von der Religion Abstand halten, ohne sich deren Perspektive zu verschließen" (Habermas 2003, 261). Die Aufgabe der Theologie besteht insofern darin, das in Schrift und Tradition niedergelegte Potential an Welterschließung und Sinndeutung so mit dem Menschen der Moderne zu korrelieren, dass durch diese Begegnung die Menschen stets Neues und Sinnvolles für sich und andere erfahren: nicht die Wiederholung des Immer-Gleichen, sondern Einmaliges und Neues, nicht Abstraktes, sondern Konkretes, nicht Deduziertes, sondern Erfahrenes, nicht die Ableitung allen Lebens und Denkens aus letzten unhinterfragbaren Prinzipien, keine Beschränkung auf eine Bewusstseinstheologie, sondern ein den Menschen mit Leib und Seele ansprechendes Angebot – dies alles durch eine dialogische und konsensuelle Suche nach Möglichkeiten der Übersetzung der Inhalte der Tradition in die Lebenswirklichkeit des sozial, politisch und auch ökonomisch konstituierten Menschen der Gegenwart. Habermas selbst nennt ein anschauliches Beispiel: „Die Übersetzung der Gottesebenbildlichkeit des Menschen in die gleiche und unbedingt zu achtende Würde aller Menschen ist eine solche rettende Übersetzung" (Habermas/Ratzinger 2005, 32).

9. Außereuropäische Theologien

Thomas Schreijäck

Außereuropäische Theologien und die durch sie entstandene Art und Weise von Kirche-sein haben zu einem neuen kirchlichen Bewusstsein und einer neuen Wahrnehmung von Kirche in der Welt geführt. Das II. Vatikanische Konzil hat durch seine Beschlüsse die Grundlagen für diesen Weg von der „Westkirche zur Weltkirche" geschaffen (vgl. Rahner/Vorgrimler 29. Aufl. 2002; Bühlmann 1984), der als Prozess seit über 40 Jahren voranschreitet und die Präsenz und Gesichter der Kirche weltweit prägt (vgl. Vellguth 2005; Kößmeier/Bross 2006). Hinzu kommt, dass die Mehrheit der Katholiken inzwischen in der so genannten südlichen Hemisphäre lebt, in Ländern und Kontinenten mit alten Kulturen und demografisch jungen Völkern. Weil die Mehrheit der Bevölkerung des Südens in Armut und marginalisiert lebt, stellen sie Theologie und Kirche vor enorme Aufgaben. Diese Völker und ihre Lebensräume sind nach dem II. Vatikanischen Konzil keine Missionen mehr, sondern eigenständige Ortskirchen, Teilkirchen der universalen Kirche, die ihre Aufgaben selbstständig übernehmen. Das Wahrnehmen dieser Tatsache war die Geburtsstunde der Rede von der „Dritten Kirche" oder „Kirche der Dritten Welt", auch „Kirche des Dritten Jahrtausends", die zugleich die Anerkennung der Umgestaltung von der Uniformität zur Pluriformität mit sich brachte und mit der Losung „Einheit in der Vielfalt" Ernst machte (vgl. Bühlmann 1984 15 f.).

Die Herausforderung, lebendige Kirche zu sein und Kirche zu leben und die Botschaft des Evangeliums vom „Gott des Lebens" inmitten von Armut und Ausbeutung, von Unterdrückung und Missachtung der Menschenrechte glaubwürdig zu verkünden, führte zur Entwicklung der Theologie der Befreiung, deren legitime Anliegen vereinzelt inzwischen auch in lehramtliche Schreiben eingegangen sind (vgl. *Evangelii nuntiandi* 1975 und *Redemptoris missio* 1990).

9.1 Zum Selbstverständnis der Befreiungstheologien

Die Befreiungstheologie nahm ihren Anfang in der zweiten Hälfte der 1960er Jahre in Lateinamerika, nachdem schon im Jahr 1955 die I. Generalversammlung des Lateinamerikanischen Episkopats in Rio de Janeiro/Brasilien stattgefunden hatte, in deren Umfeld der Lateinamerikanische Bischofsrat (*Consejo Episcopal Latinoamericano*, CELAM) mit Sitz in Bogotá/Kolumbien gegründet wurde (vgl. Dussel 1988, 200 f.; Meier Hg., 2008). Ausgehend und inspiriert von diesem lateinamerikanischen theologischen und kirchlich-pastoralen Aufbruch hat sich weltweit, insbesondere in den so genannten Ländern der Dritten Welt, eine Vielzahl von Theologien der Befreiung entwickelt. Da es sich um eine kontext- und praxisbezogene Art und Weise des Theologietreibens handelt, gibt es sowohl in Lateinamerika selbst als auch in

9.1 Zum Selbstverständnis der Befreiungstheologien

Afrika, Asien, dem Pazifik bzw. Ozeanien und den USA jeweils unterschiedliche befreiungstheologische Ansätze, die sich auf eine jeweils eigene Realität und deren Herausforderungen beziehen und sich daher bis heute unterschiedlich darstellen (vgl. Fornet-Betancourt Hg. 1997a; Füssel 1991 149 f.). Der universalkirchliche Prozess vollzieht sich also notwendig als ein ortskirchlich-partikularer Prozess; dennoch sind sich diese Bewegungen in ihrem Grundanliegen einig. Die Vielgestaltigkeit des weltweiten befreiungstheologischen und kontextuelltheologischen Prozesses ist breit dokumentiert (vgl. Missionswissenschaftliches Institut Missio Hg. 1993–2000).

Als Theologie aus der Perspektive der Armen, der Marginalisierten und der Opfer tritt die Theologie der Befreiung überall dort in Erscheinung, wo Unterdrückung in sozio-politischer, sozio-ökonomischer und sozio-kultureller sowie geschlechtsspezifischer (vgl. exemplarisch Támez 1997; Aquino 1997; Heidemanns 2003; Mananzan 2004b; Rösener 2002), ethnischer und religiöser Hinsicht herrscht und diese im Lichte des Evangeliums reflektiert wird. Sie versteht sich als prophetische Stimme, die sich auf den Schrei von Millionen Unterdrückter, Entrechteter, Armer, Verelendeter und von Verfolgung und Folter geschundener und vielfach auch ermordeter Menschen hin erhebt und daraus Konsequenzen für die pastorale und kirchliche Praxis einklagt. Theologie und Kirche nehmen die Perspektive der Armen ein, deren Armut „viele Gesichter" hat, und stellen sich in deren Dienst. Das heißt nicht, etwas *für* die Armen zu tun, sondern im gemeinsamen Prozess Volk Gottes zu werden und Gottes Reich, das Reich des Lebens zu verkündigen (vgl. Gutiérrez 10. Aufl. 1992, 21). Die Armen sind nicht *Objekte* der Verkündigung und Praxis des Evangeliums, sondern *Subjekte*, vorrangige Adressaten und zugleich Protagonisten der frohen Botschaft. Gottes besondere Liebe und Nähe zu den Armen, wie sie in den Seligpreisungen (Mt 5,3.12) und in der gesamten jesuanischen Praxis zum Ausdruck kommt, ist eine befreiende Botschaft, und zwar in einem ganz umfassenden, keinesfalls ausschließlich auf das Jenseits bezogenen Sinn.

Gustavo Gutiérrez, der „Vater der Theologie der Befreiung", spricht von einer wirklichen und vollen Befreiung. Sie meint zugleich eine äußere Befreiung *von* politischer und sozialer Misere, die als strukturelle Sünde wahrgenommen und angeklagt wird, die Befreiung *zum* neuen Menschen und zu einer neuen Gesellschaft (neue Ethik) und die Befreiung *in* Jesus Christus als Ermöglichung des Lebens in Gemeinschaft mit ihm, der Grundlage aller Geschwisterlichkeit (vgl. Gutiérrez 1984). Solche Befreiung ist „unverdientes Geschenk, das bis an die letzte Ursache aller Sklaverei, bis an die Sünde rührt und deshalb dem ganzen Prozess seine Einheit gibt. Befreiung in Christus ist ein umfassendes Geschehen, das die verschiedenen Seiten des Menschen umgreift" (Gutiérrez 10. Aufl. 1992, 100 f.; Sobrino 1998; vgl. auch Suess 2001).

Hier zeigt sich eine fundamental veränderte Perspektive der Theologie, nämlich die der Völker an der Peripherie mit ihren Visionen und Hoffnungen (vgl. Gutiérrez 1984), ein optionales und prophetisches Verständnis des Theologietreibens und die Vision einer Kirche, die als glaubende, feiernde und pastoral aktive Gemeinschaft Zeugnis für das angebrochene eschatologische Reich Gottes ablegt. In diesem Sinne „ist Befreiung ein integraler Begriff [und] meint den Prozess der Selbstwerdung des Menschen in einem bestimmten Projekt ganzheitlichen Lebens […] Das Projekt Gottes ist der Entwurf ganzheitlichen Lebens in Christus" (Klinger 1990, 166).

9.2 Lateinamerika

9.2.1 Zur historischen Entwicklung in Lateinamerika

Das II. Vatikanische Konzil (1962–65) bot mit seinen Erneuerungsbestrebungen im Blick auf Theologie und Kirche, gerade auch durch seine weltkirchliche Ausrichtung und die Wertschätzung der Ortskirchen, *die* Anknüpfungsmöglichkeit für die Entwicklung der Theologie der Befreiung in Lateinamerika, um dann zu einer der bedeutendsten nachkonziliaren Bewegungen in Theologie und Kirche zu werden (vgl. Fornet-Betancourt Hg. 1997a; Schreijäck 2001; ders. 2004a; ders. Hg., 2007a).

Nachdem Gustavo Gutiérrez im Jahr 1968 erstmals in einem Vortrag in Chimbote/Peru von der Theologie der Befreiung gesprochen hatte, wurde sie mit ihrem programmatischen Charakter in die Dokumente der Gesamtlateinamerikanischen Bischofsversammlung in Medellín/Kolumbien (1968) aufgenommen. Darin wird die Mitverantwortung am Umwandlungsprozess der Völker und des Kontinents betont und der (religiösen) Erziehung dabei eine Schlüsselrolle zugewiesen: „Die lateinamerikanische Erziehung ist aufgerufen, für unseren Kontinent eine Antwort auf die Herausforderungen der Gegenwart und der Zukunft zu geben. Nur so wird sie fähig sein, unsere Menschen von den kulturellen, sozialen, wirtschaftlichen und politischen Knechtschaften zu befreien, die sich unserer Entwicklung entgegenstellen" (*Die Kirche in der gegenwärtigen Umwandlung Lateinamerikas im Lichte des Konzils* 1968, 49 f.; vgl. Schreijäck 2001). Das umfassende Befreiungs-Verständnis i. S. der Ermöglichung von Leben und i. S. eines integralen Prozesses ist durch den Begriff der ganzheitlichen Entwicklung in der Enzyklika *Populorum Progressio* (1967) inspiriert worden; der Terminus Befreiung wird seitens des Lehramts erstmals in dem Apostolischen Schreiben *Evangelii nuntiandi* (1975) erwähnt. Die Gesamtlateinamerikanische Bischofsversammlung von Puebla/Mexiko (1979) übernimmt den Begriff der Befreiung von Medellín und bestätigt nachdrücklich seine Bedeutung und Richtigkeit für die theologische und kirchlich-pastorale Arbeit (vgl. *Die Evangelisierung Lateinamerikas in Gegenwart und Zukunft* 1979). Das „Auftauchen [Einbrechen, d. V.] der Armen in die Geschichte" (Gutiérrez 10. Aufl. 1992, 22) ist für einen ganzen Kontinent zentrales „Zeichen der Zeit", Befreiung wird zum umfassenden Deute- und Verstehenshorizont von Theologie und Kirche, und die Armen, Kleinen und Schwachen werden zu tätigen Subjekten ihres Schicksals. Sie nehmen ihr Recht in Anspruch, über ihren Glauben nachzudenken, der sie im Befreiungskampf stärkt – „eine Bedingung dafür, um aus der Sicht der Armen Gott als Befreier verkünden zu können" (Klinger 1990, 168 f.).

Dies und die Einbeziehung sozialwissenschaftlicher Theorien und Methoden zur Analyse der Realität haben vielfach zum Ideologie- und Marxismus-Vorwurf geführt (vgl. Greinacher 1985; Metz 1986; Rottländer 1986), auch Kritik von lehramtlicher Seite blieb nicht aus. Die Instruktionen der Kongregation für die Glaubenslehre *Über einige Aspekte der „Theologie der Befreiung"* (1984) (vgl. Venetz/Vorgrimler Hg. 1985) und *Über die christliche Freiheit und die Befreiung* (1986; vgl. Metz Hg. 1986, 161 f.) bilden Höhepunkte des Konflikts mit Rom. Doch nicht nur auf kirchlich-lehramtlicher, sondern auch auf weltpolitischer Ebene wurde durch die ideologischen Konzepte und militärischen Strategien der nordamerikanischen Regierungen (bes. in der Ära Reagan und Bush) Druck und Kontrolle auf die Theologie der Befreiung ausgeübt (vgl. Duchrow u. a. Hg. 1989, 131–160 und 189–206).

Die Geschichte der Befreiungstheologie weist zahlloser Märtyrer/innen auf, von einfachen Menschen aus dem Volk und von Bischöfen gleichermaßen (vgl. Weckel 1998; Meier Hg. 1999; ders. Hg., 2008).

9.2.2 Optionen und Methode

Allen Befreiungstheologien gemeinsam sind ihre vorrangigen (nicht ausschließlichen) Optionen und ihre Vorgehensweise. Die drei Fundamentaloptionen sind die vorrangige Option für die *Armen* (im o. g. umfassenden Sinn, wobei die Option für den armen (ethnisch, kulturell) *Anderen* eine immer größere Rolle spielt; (vgl. Knauth/Schroeder Hg. 1998, 62; Schreijäck Hg., 2003a; Senft 1997), die vorrangige Option für die *Jugend* (die Mehrheit der Bevölkerung in der so genannten Dritten Welt und die Zukunft von Welt und Kirche) und die besondere Förderung und Pflege der *Basisgemeinden*, die ihre Verantwortung im gesellschaftlichen Kontext verstärkt wahrnehmen. Hier sollen Bewusstseinsbildungsprozesse angestrengt werden, um strukturelle Ursachen des Elends zu erkennen und gemeinsam zu verändern (vgl. den befreiungspädagogischen Ansatz von Paulo Freire 1971 1996).

Denjenigen zum Wort zu verhelfen, die keine Stimme haben, setzt voraus, sich mit ihnen zu solidarisieren und sie auf ihrem befreienden Weg zu begleiten. Das bedeutet, die Theorie der Praxis nachzuordnen und zuerst auf den Schrei der Armen zu hören, ihre konkrete Situation wahrzunehmen und zu analysieren. „Die Theologie ist also immer der zweite und nie der erste Schritt. Der erste Schritt ist das Engagement in der geschichtlichen Befreiungs-Praxis und die darauf bezogene Verkündigung des Wortes Gottes. […] Der eigentliche erkenntnistheoretische Bruch mit den traditionellen Denkfiguren in der Theologie der Befreiung liegt also in der Anerkennung des Primates der Praxis für die Verifikation der Wahrheit theologischer Rede" (Füssel 1991, 151; vgl. auch Mette/Müller 2005).

Die methodische Grundentscheidung der Theologie der Befreiung erfolgt im Dreischritt: vom sozialanalytischen *Sehen* (mithilfe der Sozial- und Humanwissenschaften) zum theologischen *Urteilen* (hermeneutische Vermittlung) bzw. zur Deutung im Lichte des Evangeliums, das wiederum in ein pastoral-politisches *Handeln* mündet, das verändernd auf die Situation einwirken soll.

Dieser praxeologische Ansatz geht nicht davon aus, dass Befreiung im beschriebenen Sinn durch menschliches Handeln möglich ist. Vollgültige und umfassende Befreiung wie die der Exodus-Erfahrung Israels (Ex 3,7f; vgl. C. Boff 1983; Boff/Boff 1986) ist Sache der von Gott geschenkten Gnade (Gratuität). Sie ermöglicht aber auch solidarisches Engagement und fordert dazu auf.

9.2.3 Themen

Perspektive und Methode der Theologie der Befreiung geben auch zentralen Themen der Theologie, Pastoral und Katechese ein je eigenes Profil (vgl. Ellacuría/Sobrino Hg. 1995/96;

Schreijäck Hg. 1991; Weber/Fuchs 2007). Bekannt wurde beispielsweise das Bibel-Teilen, bei dem der biblische Text in der Gemeinschaft ins Gespräch kommt, in Gebet und Meditation, im Lesen und Deuten, sodass er unter Einbeziehung der eigenen Erfahrung und des Alltags im gemeinsamen Handeln fruchtbar gemacht wird (vgl. Mesters 1983).

In der Christologie wird der historische Jesus favorisiert; die Nachfolge Jesu und seine Reich-Gottes-Verkündigung stehen im Zentrum. So wird Kirche in der Gemeinschaftserfahrung zum Volk Gottes, das solidarisch, missionarisch und prophetisch in der Welt – und dabei immer im Horizont des Reiches Gottes – wirkt. Ekklesiologisch wird daher von Kirche als „Ekklesiogenesis" gesprochen, deren Aufgabe es ist, das Transzendente in der Geschichte als Wirklichkeit aufscheinen zu lassen (vgl. L. Boff 1986; Sobrino 1998; Codina 1990).

Die Schöpfungsspiritualität stellt die Welt als Schöpfung und Geschenk Gottes dar, sodass Ökologie für die Theologie der Befreiung früh zum Thema wird. Zur Schöpfungsfreude und -bewahrung gehört auch die Heiligkeit und Wertschätzung von Vielfalt in der Natur (Biodiversität), bei den Menschen, Kulturen und Religionen. Befreiungstheologisch meint Spiritualität eine Haltung aus der Gewissheit der Gegenwart Gottes in allem, besonders in den Armen (vgl. Bonnín Hg. 1984), die sich als „Gebet in Aktion", in der Christopraxis ausdrückt (vgl. Sobrino 1989; Gutiérrez 1986; C. Boff 1986).

Kooperationen über konfessionelle und z. T. religiöse Grenzen hinweg sind selbstverständlich und angesichts der Folgen neoliberaler Marktwirtschaft und der mit ihr einhergehenden Globalisierung aktuell besonders notwendig. Gegenwärtig stehen ökologisches Ethos (vgl. exemplarisch L. Boff 1997; ders. 2002), Herausforderungen durch direkte und strukturelle Gewalt, Arbeitsmigration, Verstädterung und pastorale Präsenz in den städtischen Agglomerationen (z. B. Mexiko City, São Paulo, Lima) im Zentrum theologischer Praxis und Reflexion.

9.2.4 Weitere Entwicklung der Befreiungstheologie und theologische Aktualisierungen in Lateinamerika

Trotz des Aufbruchcharakters der Theologie der Befreiung, trotz ihrer weltweit wichtigen Rolle in der nachkonziliaren Kirchen- und Theologiegeschichte und trotz der Märtyrer in der Befreiungsbewegung gilt die Theologie der Befreiung heute vielfach als „überholt". Doch auch angesichts regressiver bzw. klerikalistischer Tendenzen (bemerkbar am Anstieg Opus Dei-naher bzw. erklärter Mitglieder bei Bischofsernennungen in Lateinamerika) hat in befreiungstheologisch inspirierter Glaubenspraxis das vatikanische Verständnis von Kirche als Volk Gottes Bestand, dass nämlich Kirche von allen Getauften getragen und gestaltet wird, zu denen Frauen und Männer, Junge und Alte, Fremde und Andere gehören. Nicht die Beschwörung der Anfänge, sondern das dynamisch-transformatorische Potential der Befreiungstheologie gilt es zu veranschlagen, denn „Praxis wird als permanente Transformation bestimmt, die ihr energetisches Potential dem Zwischen von Kirche und Reich Gottes verdankt" (Schreijäck 2001, 2105).

Die Frage, wie angesichts von Leid und Elend von einem „Gott des Lebens" gesprochen werden kann, ist nach wie vor aktuell. „Noch immer geht vom Christentum Lateinamerikas eine faszinierende Ausstrahlung aus, auch wenn es um die Theologie der Befreiung stiller geworden ist. Die gesellschaftliche Realität in den verschiedenen Ländern hat sich verändert [...]. Doch das Grundproblem, wie nämlich vom Evangelium her auf die millionenfache Verniemandung und Ausgrenzung von Menschen reagiert werden kann, ist geblieben" (Schoenborn 2003, 30). Beispielsweise wird für den Kontext Brasilien dokumentiert, dass die Mehrheit der Armen angesichts der vertikalen Klassenhierarchie kein gesellschaftliches Mitsprache- und Mitgestaltungsrecht habe und dass Gewalt und Marginalisierung unaufhaltsam anstiegen (vgl. hier und nachfolgend Beozzo/Susin 2002, 242 f.). Der vom Geist des II. Vatikanischen Konzils und von Medellín inspirierten Kirche und Bischofskonferenz gelänge es aber bis heute, sich auf dem gesamten Kontinent insbesondere in sozialen Fragen oder auch über ihre Pastoral in der so genannten Landlosenbewegung Gehör zu verschaffen. Pastorale Aktionen und Konzepte für Obdachlose, Straßenkinder und marginalisierte Frauen in den Millionenagglomerationen sowie der kirchliche Einsatz im Dialog mit den indigenen Gesellschaften zeige Erfolg (zur frühen Inkulturationsdebatte vgl. die Dokumente der IV. Gesamtlateinamerikanischen Bischofsversammlung in Santo Domingo (1992) *Neue Evangelisierung. Förderung des Menschen. Christliche Kultur;* Schreijäck Hg. 1992; zur Entwicklung und Geschichte des Begriffs vgl. Frei 1990a; Suess 2004).

Aktuell stellen das Eintreten für die Würde der Frau und die ethnische Würde, insbesondere die der indigenen und afro-amerikanischen Bevölkerung, elementare pastorale Aufgabenfelder dar; auf gesamtkontinentaler Ebene werden verschiedene Konzeptionen zur indigenen Pastoral (*Pastoral Indígena*) entwickelt. Seit den 1990er Jahren stehen zudem die Globalisierung und ihre wirtschaftlichen, ökologischen und ethischen Krisen sowie deren soziale Folgen und Orientierungsverluste im Mittelpunkt des theologischen Interesses. Die sich explosionsartig ausbreitenden charismatischen Erneuerungs- und Pfingstbewegungen, die vielfach als militante *Gegenkirchen* auftreten und dabei Heil und Sinn versprechen, eröffnen ein weiteres Feld kirchlich-pastoraler Aktion (vgl. exemplarisch das Themenheft *Pfingstbewegung und Basisgemeinden in Lateinamerika* 2000; Sayer 2004).

Die Frage, was Kirche und Theologie dazu beitragen können, dass Menschen als Subjekte mit Verarmung, Rückzug des Staates aus öffentlichen und sozialen Räumen, Privatisierung insbesondere in der Bildung und im Gesundheitswesen, mit der Transnationalisierung von Kapital und Unternehmen und damit verbundener Arbeitslosigkeit und Arbeitsmigration sowie ständig anwachsender Gewaltbereitschaft umgehen können, ist nach wie vor eine befreiungstheologische Frage und Gegenstand der aktuellen theologischen Reflexion in Lateinamerika. Diese versteht sich als eine theologische Weiterentwicklung des optionalen und prophetischen, befreiungstheologisch fundierten Ansatzes in der Geschichte und Gesellschaft Lateinamerikas (vgl. Susin Hg., 2001; Tamayo/Bosch Hg., 2001; Schreijäck Hg., 2007). Die V. Gesamtlateinamerikanische Bischofsversammlung in Aparecida/Brasilien hat dies 2007 mit Nachdruck bestätigt (vgl. *Aparecida* 2007).

Die „befreiungstheologische Flaute" geht also nicht ursächlich von den Protagonisten aus, sondern hat bei genauerem Hinsehen ihren Grund vorrangig im Fehlen der Gesprächspartner hierzulande (Deutschland und Europa). Anders stellt sich der Prozess im US-amerikanischen Kontext dar. Dort kam es Ende der 1980er Jahre veranlasst durch die größte Minderheitengruppe in den USA, den so genannten *Latinos* zur Herausbildung der „Latino-Theologie" (vgl. Fornet-Betancourt Hg., 2002).

9.2.5 Indianische/Indigene Theologie

Die wohl bedeutendste Weiterentwicklung der Theologie der Befreiung in Lateinamerika seit den 1990er Jahren ist die Indianische/Indigene Theologie, die aus einem neuen Selbstbewusstsein der Ureinwohner (*Indígenas*), der verschiedenen Ethnien und kulturellen Gemeinschaften erwächst. Theologie wird nun noch differenzierter in nationalen und regionalen kulturellen Kontexten und zugleich auf gesamtkontinentaler Ebene entwickelt, wobei sie nicht nur die Perspektive der Armen, sondern im Besonderen die der armen (kulturell) Anderen einnimmt (vgl. zum „Einbruch der indigenen Völker in Kirche und Theologie" Fornet-Betancourt Hg. 1997b; Lopez Hernández 2001a; ders. 2001b; Schreijäck 2003b; ders. 2005). Auch hier gilt, dass aufgrund der vielfältigen indigenen Kulturen mit ihren unterschiedlichen Sprachen, Traditionen und Kosmovisionen von Theologien im Plural gesprochen werden muss. Bei gemeinsamen Kongressen treten Vertreterinnen und Vertreter unterschiedlicher Kulturen in einen Dialog zwischen Kulturen und Religionen, zwischen Indigener/Indianischer Theologie und Christentum ein, um gemäß ihrer Haltung der „differenzierten Konvivenz" mit den aus ihren jeweiligen Traditionen abgeleiteten politischen, sozialen, kulturellen und religiösen Ordnungsstrukturen und Lebensprojekten einen gemeinsamen Beitrag zur Humanisierung in einer globalisierten Welt sowohl auf weltgesellschaftlicher als auch auf weltkirchlicher Ebene zu leisten (Mexiko 1990, Panama 1993, Bolivien 1997, Paraguay 2002, Brasilien 2006). Ihre Mythen gelten ihnen als gültige Wahrheiten, ihre lebendigen gemeinschaftsbildenden und -erhaltenden Traditionen und Symbole erfahren neue Wertschätzung und nehmen Einfluss auf die Reflexion des Evangeliums, die Artikulation ihres Kirche-seins und ihre Liturgien. Zugleich wollen die Indígenas ihre Glaubenserfahrung an die Weltkirche weitergeben und in Austausch und Zusammenarbeit mit nicht indigenen Menschen und deren Theologien zum Wohl der gesamten Menschheit beitragen (vgl. Schreijäck 2004b; ders. 2007b).

Beispielsweise hatte der IV. Ökumenische Lateinamerikanische Kongress zur Indigenen/Indianischen Theologie (Asunción/Paraguay 2002), der unter dem Titel *Auf der Suche nach der Erde ohne Leid/Übel* stattfand (vgl. Schreijäck 2002), eine schöpfungstheologische Ausrichtung auf der Basis der indianischen Kosmosvision von der Erde, die durch die Interrelation und Balance der drei Dimensionen von Erde, nämlich als Lebensraum und Leben ermöglichende Natur, als sorgsam zu bebauende und zu nutzende Erde und als Raum des sozialen Lebens gekennzeichnet ist. Erde und Mensch, ebenso wie die Menschen untereinander, sogar das Göttliche zu den Menschen, sind aufeinander verwiesen. Relationalität, Intersubjektivität und Reziprozität sind die Charakteristika dieser Religiosität (i. S. von Verbundenheit) und Theologie. Wenn also die Erde nach dem Maßstab größtmöglichen Profits von transnationalen Konzernen ausgebeutet wird, Monokulturen die Biodiversität verdrängen, der Zugang zu Trinkwasser privatisiert, Umwelt und Lebensraum zerstört und Ureinwohner vertrieben werden, wird dies nicht nur als Unrecht und ökologisches Problem erkannt, sondern auch theologisch als Entweihung der Erde und entmenschlichendes System, das dem göttlichen Heilsplan zuwiderläuft, interpretiert. In der Schlussbotschaft des Kongresses heißt es unter Punkt 2, dass „es der Traum von der Erde ohne Leid [ist], der uns immer am Leben gehalten hat, der uns hat aufstehen lassen, der uns vorwärts gehen lässt und der uns befähigt, unsere

Schritte, unser Handeln, unsere Botschaft, unseren Glauben und unsere Solidarität zusammenzubinden" (vgl. Schreijäck 2002; ders. 2003b).

Selbstbewusst wird im Schlussdokument des V. Treffens (Manaus/Brasilien 2006), das den Titel *Die Kraft der Kleinen und Schwachen: Leben für die Welt* trug (vgl. Schreijäck 2006b), formuliert: „Als Alternative zum neoliberalen System, das das Leben einebnet und zerstört, bieten wir indigenen Gemeinschaften den Völkern der Erde die Weisheit an, mit der wir die Natur kultivieren und erhalten, unser traditionelles Wissen über ganzheitliche Heilmethoden sowie unsere spirituelle Kraft, die uns hilft, die Geschichte zu gestalten" (Schreijäck 2006a).

Gerade angesichts der Bedrohung durch militante Sekten und evangelikale Kirchen sowie charismatische Pfingstbewegungen sollte die Kirche Teología India als historische Chance für die Weltkirche begreifen und nicht wegen lehramtlicher Bedenken das Vertrauen der indigenen Kirchenmitglieder vorschnell aufs Spiel setzen.

9.2.6 Zur Rezeption der Befreiungstheologie

Trotz der kontextuellen Bindung wurde die Theologie der Befreiung weltweit rezipiert. Sie fordert Kirche und Theologie als eine Seh- und Hörschule heraus, fragt das Konkretwerden des Glaubens an und beleuchtet das Verhältnis zwischen dem Evangelium und der jeweiligen gesellschaftlichen Wirklichkeit. Die Entdeckung der sozialen und politischen Dimension des Glaubens sprengt die für unseren Kontext typische privatisierte Religion bürgerlicher Innerlichkeit auf und provoziert zur Zeugenschaft für die Botschaft vom Gott des Lebens und seines Reiches (vgl. für den deutschsprachigen Raum Fornet-Betancourt Hg. 1997a, Bd. 3; zu EATWOT im deutschen und europäischen Kontext vgl. Evers 1990). Einflüsse dieses Ansatzes zeigen sich auch im westlich-europäischen Raum in der kirchlichen Solidaritätsarbeit, in kirchlichen Hilfswerken und in verschiedenen Nichtregierungsorganisationen, ganz besonders ist jedoch die Feministische Theologie von der Theologie der Befreiung inspiriert worden. Als perspektivische Theologie versteht sie sich in ihren Anfängen als Teil und Weiterführung der Theologie der Befreiung, insofern sie Theologie aus der Perspektive der Frauen als Reflexion befreiender Praxis treibt.

Ein eigenes befreiungstheologisches Profil entwickelten die Kontinentalkirchen und -theologien in Afrika und Asien.

9.3 Afrika

9.3.1 Historische Entwicklung und kontextuelle Bedingungen

Wie für Lateinamerika gilt auch für Afrika, dass durch das II. Vatikanische Konzil die entscheidenden Impulse für einen Aufbruch in theologischer und kirchlich-pastoraler Perspektive ausgelöst wurden. Wichtige historische Ereignisse für den afrikanischen Aufbruch und bestimmend für die Entwicklung auch eines neuen theologischen Selbstbewusstseins vor dem Konzil waren die Gründung der Zeitschrift *Présence Africaine* (1947) und die durch sie veranstalteten Kongresse der schwarzafrikanischen Künstler und Schriftsteller 1956 in Paris und 1959 in Rom (vgl. Mveng 1988), die im Zeichen der so genannten *Négritude* (politischer Begriff der 1930er Jahre für afrikanische Selbstbestimmung, wider das Integrations-/Assimilationsangebot der *Francité*) standen. Bedeutsam wurden zudem im Jahr 1956 das Seminar über *Afrika und das Christentum* in Accra/Ghana sowie die Veröffentlichung des Dokuments *Des Prêtres noirs s'interrogent* einer Gruppe schwarzafrikanischer und haitianischer Theologen, das als erste befreiungstheologische Publikation in Afrika gilt. Hier wurde jeweils die Rolle der Missionskirchen und des kolonialen Christentums kritisch hinterfragt, zugleich sollte die Aufgabe und Bedeutung des Christentums im gegenwärtigen sozio-politischen und sozio-kulturellen Kontext Afrikas angemessen bestimmt werden (vgl. Abeng 2005, 136 f.). Ab der ersten Hälfte der 1960er Jahre fanden in Kinshasa (heute Hauptstadt der Republik Kongo) wichtige theologische Kongresse statt, die jedoch, bedingt durch das koloniale Erbe, das sich auch in den innerafrikanischen Sprachgrenzen widerspiegelt, nicht als einheitlicher afrikanischer theologischer Aufbruch bewertet werden können. Theologische Entwicklungen vollzogen sich in sprachlichen und politisch-geographischen Großräumen; sie werden (unter Einbeziehung Madagaskars) in englisch- und französischsprachige Kontexte eingeteilt, wobei Südafrika eine eigene Rolle spielt. Die Länder nördlich der Sahel-Zone sind vor allem islamisch geprägt und waren daher in den theologischen Entwicklungsprozess nicht einbezogen.

Angeregt durch die 1976 in Dar-Es-Salaam/Tansania einberufene konstituierende Versammlung der *Ecumenical Association of Third World Theologians* (EATWOT) kam es ein Jahr später in Accra zur Gründung der afrikanischen *Association Oecuménique des Théologiens Africains* (AOTA; vgl. Mveng 1988, 357).

9.3.2 Themen und Methoden

Ungeachtet der verschiedenen geographischen, sprachlichen und organisatorischen Voraussetzungen lassen sich dennoch gemeinsame Themen ausmachen, die für die Entwicklung eines afrikanischen theologischen und kirchlich-pastoralen Aufbruchs wesentlich sind. Zu ihnen zählt die Einbeziehung der afrikanischen Religionen und Kulturen in theologische Überlegungen, daher auch Fragen der Inkulturation und der Befreiung; darüber hinaus sind biblische Themen und der Umgang mit der Bibel, auch Christologie, Ekklesiologie und Liturgie ebenso wie die Ökumene von herausragender Bedeutung (vgl. Mveng 1988, 355). Entsprechend dem Selbstverständnis afrikanischer Theologen und Theologinnen gewinnen diese Bereiche in den Ansätzen einer „Inkulturationstheologie", in Feministischer Theologie ebenso wie in einer besonders durch den Rassismus in Südafrika entstandenen „Schwarzen Theologie" ihr spezifisches afrikanisches befreiungstheologisches Profil.

Die für Befreiungstheologien charakteristische Einheit aus gesellschaftskritischer und theologischer Reflexion und sozial-pastoraler Aktion als eine Befreiungsbewegung gilt auch für den afrikanischen Kontext. Auch der Gemeinschaftsaspekt und das Kirchenverständnis als Volk Gottes bestimmen die afrikanische Befreiungstheologie maßgeblich. Engelbert Mveng tritt mit Bezug auf die Einleitung zur Erklärung von Accra (1977) für die bedrohte innere afrikanische Einheit ein, die auch für die theologische Bewegung entscheidend ist: „Wir wissen, die *afrikanische Einheit* [Hervorhebung im Original] ist eine Einheit von Geist und Seele. Es ist eine in ihrer geschichtlichen Realität untrennbare Einheit. Sie überwindet sogar die geographischen Schranken der zwischenmenschlichen Kommunikation. Unsere Einheit ist Einheit in aktiver Teilnahme an der Gemeinschaft des ganzen Gottesvolkes. Sie verflüchtigt sich nicht im Nebel unbestimmter Allgemeingültigkeit. Wir haben aber auch erkannt: Die Einheit unseres Volkes ist bedroht! Wir beklagen alle diese Umstände, die die Festigkeit unserer tief verwurzelten Einheit zu erschüttern suchen, ganz gleich, ob es sich um wirtschaftlichen Boykott, um Manipulationen durch die etablierte Macht oder sogar um den Einbruch besonderer Lebensweisen handeln [sic!]" (Mveng ebd., 353).

Das spezifisch afrikanische theologische Verständnis erscheint als mehrdimensional bzw. multiperspektivisch, als „eine Theologie des Volkes", deren Protagonisten nicht akademisch fixiert sind, sondern sich durch die Verarbeitung von Erfahrungen des alltäglichen Lebens qualifizieren. Wie im lateinamerikanischen Modell werden diese Erkenntnisse und Erfahrungen erst im zweiten Schritt in eine theologische Sprache gefasst. Zugleich ist die afrikanische Theologie eine die ganze Wirklichkeit Afrikas ausdrückende Theologie unter Einbeziehung der Geschichte der Unterdrückung, der Sklaverei, der Kolonisierung bis zu heutigen Formen von Gewalt, Rassismus, Missachtung der Menschenrechte, Krankheiten (HIV/AIDS) und politischen und wirtschaftlichen Verwerfungen, die mit Hilfe der Theologie und Pastoral bewusst gemacht, reflektiert, bearbeitet und überwunden werden sollen.

9.3.3 Mission/Evangelisierung

Die Evangelisierung der afrikanischen Kultur ist als Inkulturationsprozess im Horizont der christlichen Befreiungsbotschaft zu verstehen, genauer: als Inkarnation des Christentums in Afrika, sodass traditionelle afrikanische Kultur und Religion nicht verworfen, sondern durch die jesuanische Botschaft von der Befreiung kritisch-kreativ transformiert werden.

Angesichts des „notorisch religiösen" (J. Mbiti) afrikanischen Habitus und der multireligiösen Wirklichkeit Afrikas (mit länderspezifischen Unterschieden; v. a. sind die christlichen Kirchen und der Islam, aber auch traditionelle afrikanische Religionen sowie Sekten und heute v. a. Pfingstkirchen vertreten) kann dies nur in ökumenischer Gesinnung und Bereitschaft zur Versöhnung und Solidarität geschehen, die nicht zuletzt eine spirituelle Befreiung mit einschließen muss, sozusagen als konkrete Schritte im Aufbau des Reiches Gottes, dem Reich der Seligpreisungen. Für die Herausbildung einer afrikanischen christlichen Theologie, näher für Christologie und Ekklesiologie, sind verschiedene Quellen zugleich relevant: „die Bibel, die traditionellen Religionen, die afrikanische Anthropologie, die unabhängigen Kirchen und das afrikanische Kulturerbe" (Mveng 1988, 359).

Die Bibel, die nach afrikanischem Verständnis die Botschaft des Heils schlechthin enthält, gilt allen Menschen, Regionen und Völkern. Afrikanische Bibellektüre offenbart den Gott der Bibel als den Gott der Armen, der Befreiung (vgl. Mbiti 1987). Darüber hinaus hat die afrikanische Befreiungstheologie stets betont, dass es ihr – mit der Intention, sich so von der lateinamerikanischen Befreiungstheologie abzugrenzen – in ihrem Verständnis von Befreiung um ein umfassendes Verständnis gehe, das den seelischen Bereich ebenso berücksichtige wie den sozial-politischen.

Inkulturation des Evangeliums in Afrika bedeutet im Besonderen die Einbeziehung der traditionellen Ahnenverehrung, die, einst abgetan als Aberglaube, heute unter dem Stichwort „anamnetische Solidarität" dem christlichen Theologietreiben durchaus wichtige Impulse zu geben vermag. Im Zentrum der negro-afrikanischen Kultur steht die konkrete Gemeinschaft, die sich in der Familie, der Sippe und im Stamm in der Spannung von Tradition (Vergangenheit) und Zukunft in der Gegenwart bewähren muss, die durch Riten, Gesten und Sprache die Verbindung mit den Ahnen aufrecht hält und über das Schicksal der Gemeinschaft entscheidet (vgl. Ela 1987). Von hier aus erschließt sich die theologische Rede von Christus als „Proto-Ahn" für eine afrikanische Christologie und einer von ihr inspirierten „christologisch-eucharistischen" Ekklesiologie. „Wenn Jesus Christus der Proto-Ahn ist, Quelle des Lebens und des Glücks, so geht es darum, die memoria seiner passio, mors et resurrectio zu artikulieren, indem man alle Handlungen des Menschen darauf zurückführt. Jesus Christus wird so zum einzigen Anziehungspunkt, einmal erhöht, zieht er alles an sich (Joh 12,32) und konsekriert durch sein Kreuz die ganze von den Ahnen so sehr ersehnte humanitas africana" (Bujo 1986, 93).

Die Wertschätzung der Tradition gehört unverzichtbar zum Befreiungsprozess. „Befreiung war und ist eine Befreiung zur Fülle des Lebens. Zu diesem Zweck sind die Satzungen der Ahnen wichtig, die samt ihren Gesten und Worten wiederholt werden. Noch einmal sei betont, daß diese Wiederholung sich nicht statisch vollzieht. Man hat es nicht nur mit Zukunftsgestaltung durch Übernahme des Vergangenen zu tun, sondern mehr: Es ist möglich, eine neue Tradition zu schaffen durch einen Vorfall, der die ‚Urvätertradition' durchbricht und einen Neuanfang darstellt, an den man sich nunmehr halten soll und kann und von dem man aus die Urtradition exegesiert [sic!]. [...] Wer die befreiende Dimension der afrikanischen Religion wiederherstellen will, muss in gründlicher Studie die Grundelemente ans Tageslicht fördern, die durch Kolonisation, Missionierung und das moderne technische Zeitalter aus dem Gleichgewicht gebracht wurden oder gar aus dem Bewusstsein geschwunden sind, wiewohl sie den modernen Afrikaner latent in seinem Handeln beeinflussen" (Bujo 1985, 138).

Eine zeitgemäße Evangelisierung kann von diesem kulturell gebundenen Verständnis nicht absehen und muss ihre befreiende Dimension durch geschwisterlich-solidarische Begegnung in der und durch die afrikanische Gemeinschaft suchen. Ekklesiologisch wird sie die „Proto-Ahn-Lebenskraft" und das „proto-ancestrale Leben" als Quelle und zugleich als einen lebendigen und authentischen Prozess begreifen, der Kirche als Volk Gottes, als Leib Jesu Christi versteht, der nicht für sich selbst und statisch existiert, sondern sich realisiert „nach dem Gesetz von Geben und Nehmen [... um die] Werte zu fördern, die die Wiedergabe des Lebens in allen Bereichen unterstützen und so befreiend wirken" (ebd., 118). Weil zur afrikanischen Auffassung von Gemeinschaft immer die Fremden gehören, hat eine afrikanische proto-ancestrale Ekklesiologie gleichsam universalen Charakter. Afrikanisches Kirche-Sein realisiert sich dialogisch, gastfreundlich, konkret, symbolisch und initiatorisch unter Einbeziehung des ‚Palavers', des typischen afrikanischen Kommunikationsmusters (vgl. Ozankom 1999). „Das Gelingen des Zusammenlebens in dieser Gemeinschaft setzt nach afrikanischem Verständnis voraus, daß die Mitverantwortung aller und der Dialog unter den Mitgliedern der Großfamilie praktiziert werden. Hierzu stellt die afrikanische Tradition ein Instrument zur Verfügung, nämlich das Palaver, dessen Analogon die christliche Lehre vom consensus fidelium ist" (ebd., 419 f.). Eine Debatte über Ämter und Dienste wird sich im Horizont dieser Auffassung unvermeidlich anschließen.

Anstelle der Sakramentalisierung des christlichen Mysteriums wird es bei der Neuevangelisierung Afrikas darauf ankommen, die Inkarnation des Christentums als Inkulturationsprozess anzuerkennen und wie Papst Paul VI. bei seinem Besuch in Kampala/Uganda 1969 die Afrikanisierung den Afrikanern als ureigenste Aufgabe zu überlassen (vgl. Ela 1987, 160).

9.3.4 Aktuelle Herausforderungen und theologisch-pastorales Anliegen

Zu den größten gegenwärtigen – durch Globalisierung, Neoliberalismus und Kulturwandel hervorgerufenen – Herausforderungen in Afrika zählen, wie in Lateinamerika und Asien auch, der stetig zunehmende Einfluss evangelikaler Kirchen, Sekten und Erweckungsbewegungen, der so genannten afro-christlichen Kirchen und Pfingstbewegungen. Nicht weniger wichtig sind die interreligiösen Aufgaben im Bereich des Dialogs mit dem Islam. Hinzu kommen die vielfältigen und zahlreichen Krisen, die durch Naturkatastrophen, Kriege, Verletzungen der Menschenrechte, das Problem der Migration, Korruption, Epidemien und gewalttätige Konflikte um politische und wirtschaftliche Macht verursacht werden (vgl. Messi Metogo Hg., 2006).

Vor dem Hintergrund der aktuellen Situation Afrikas bestehen theologische Positionen mit Nachdruck darauf, dass nach ihrem Verständnis Inkulturation des christlichen Glaubens als bloßer Rekurs auf die Orthodoxie eine fundamentale Fehleinschätzung darstellt und einen Irrweg weist. Angemessen seien indes die Erkenntnis und Akzeptanz der Herausforderungen, die sich aus der Kontinuität der Bedeutung des Glaubensbekenntnisses einerseits und aus der Diskontinuität der Konzepte seiner Vermittlung andererseits ergeben. Mit anderen Worten bedeutet dies, dass Inkulturation immer mehr meint als die rechte Lehre, der einige kontextuelle Besonderheiten im Nachvollzug eingeräumt werden. Inkulturation „ist in erster Linie konkretes Leben, offen für das Evangelium und von ihm belebt. In diesem Sinne ist sie eine christliche Orthopraxis. Diese ‚Orthopraxie' ist keine Anwendung des Offenbarungsgehaltes auf das praktische Leben – weit gefehlt. Sie ist eher das, was die konkrete Kommunikation des Offenbarungsgehaltes ermöglicht. […] Gott nimmt die Menschheit in jeder ihrer Erscheinungsformen ernst, deren eigener Zusammenhang allein den Offenbarungsvorgang als Kommunikationsprozess ermöglicht. Daraus folgt, dass die korrekte Praxis eine vermenschlichende Praxis ist" (Kinkupu 2006, 438). Dieses Verständnis von Orthopraxie spitzt die Position der Bischöfe und Theologen aus Afrika und Madagaskar auf der Bischofssynode über Fragen der Evangelisierung (*Die Evangelisierung in der Welt von heute* 1974) noch einmal zu; sie widersprachen der Vorstellung, Afrika müsse der Kirche angepasst und eingegliedert werden und formulierten eine eindeutige Option für eine Theologie der Inkarnation und der Inkulturation (vgl. ebd., 433). Daher verwundert es auch nicht, dass die neuesten theologischen Entwürfe vorrangig eine „Lebenstheologie" fordern, die einen authentischen Beitrag aus afrikanischer Perspektive darstellt, die das prophetische Potential des Evangeliums als „Leben" und „Ort der Hoffnung" artikuliert.

Ein so verstandener Inkulturationsprozess des Evangeliums, d. h. die daraus resultierende Orthopraxie, hat eine vorrangig ethische Dimension, die kritisch-konstruktiv, z. B. in Zusammenhang mit dem afrikanischen Ideal der (Groß-)Familie, unter gewandelten Bedingungen neu entworfen werden muss. Kirche wird als *Familie Gottes* gedeutet, die gegen die Götzen und Strukturen des Todes als Trägerin des Lebens eine prophetische und befreiende Botschaft lebt und verkündet und sich auf diese Weise im Kampf für Lebensqualität engagiert. Das macht das jeweils persönliche Engagement des Einzelnen als Familienmitglied notwendig, nämlich aus der Perspektive des Evangeliums für sich und so für die Gemeinschaft auch in politischen und sozioökonomischen Zusammenhängen Zeugnis abzulegen (vgl. Ela 2003; Mana 2005). Dass Kirche als Familie Gottes die Errichtung lebendiger kirchlicher Gemeinschaften und kirchlicher Basisgemeinschaften (mit je eigenen regionalen Besonderheiten) voraussetzt, ist hochbedeutsam für die nachkonziliare afrikanische Ekklesiologie und Pastoral (vgl. Weber/Fuchs 2007, 171–255). Deshalb verwundert es nicht, dass die afrikanischen Bischöfe in ihrer Botschaft zur Synode von 1974 darauf hinweisen, dass Basisgemeinschaften in ihren verschiedenen Formen zu den wichtigsten Kirchenstrukturen gehören und von ihnen als „das einzige Mittel für eine authentische Evangelisierung und für die Inkulturation der afrikanischen Kirche" (Ela 2003, 338) gesehen werden. Deshalb sagen sie: „In diesen Gemeinschaften, die die Zellen der Kirche als Familie sind, wird man dazu ausgebildet, die Erfahrung der Brüderlichkeit konkret und wahrhaftig zu leben [...]. Diese individuellen Kirchen als Familien haben die Pflicht, die bürgerliche Gesellschaft umzuwandeln" (ebd., 337).

Zeitgenössische Theologie in Afrika ist also immer auch Praktische Theologie. „Die Inkulturation als christliche Orthopraxie ist nichts anderes als ein Aneignungsprozess der Offenbarungsbotschaft in unseren Kulturen, der sich in der Schaffung christlicher Reflexe konkretisiert, im ethischen Handeln des Alltags als Kommen der Gnade. Die Kirchen Afrikas, die sich für die Inkulturation entschieden haben, müssen zu Zeuginnen und Dienerinnen des Lebens werden" (Kinkupu 2006, 440).

9.4 Asien

9.4.1 Historische Entwicklung und kontextuelle Bedingungen

Was für Afrika und Lateinamerika hinsichtlich der theologischen und pastoralen sowie kirchlichen Entwicklung gesagt wurde, trifft zu großen Teilen auch für Asien zu. Politisch maßgeblich für den asiatischen Prozess waren die Unabhängigkeitserklärungen der verschiedenen asiatischen Staaten und die damit verbundenen Veränderungen im 20. Jahrhundert. Für die theologische und kirchliche Entwicklung stellten auf katholischer Seite wiederum das II. Vatikanische Konzil und die damit verbundenen Aufbrüche und Neuansätze die Weichen, für die evangelischen und orthodoxen Kirchen wurde die Gründung des Ökumenischen Rates der Kirchen relevant (vgl. Rzepkowski 1992, 30 f.).

Dennoch haben es die christlichen Theologien und Kirchen in Asien mit je eigenen und bisweilen ganz anderen Umständen und Herausforderungen zu tun, wie z. B. der Tatsache, dass das Christentum in Asien, außer auf den Philippinen, als Minderheitenreligion existiert. Darüber hinaus ist es mit dem Makel belastet, die Religion der Kolonialherrschaften zu sein, die die ursprünglichen Kulturen und Religionen missachtet und marginalisiert hat, und dies, obwohl das Christentum selbst asiatischen Ursprungs ist (vgl. Balasuriya 1988, 365; Evers 2003, 20; Weber/Fuchs 2007, 60. 259 f.). Hinzu kommt als Charakteristikum einer asiatischen Theologie, dass sie einen Lebens-, Geschichts- und Kulturraum mit immensen geographischen, historischen, kulturellen und religiösen Dimensionen und Heterogenitäten zu berücksichtigen hat bzw. in diesem angesiedelt ist, sodass sie sich nach innen ausdifferenzieren muss (für China vgl. Gutheinz 1987, ders. 2001 und Ko Ha Fong 2003; für Indien vgl. D'Sa 1987, ders. 2006 und Wilfred 2001; für Japan vgl. Terazono 1987 und Okano 2001; für den pazifisch-ozeanischen Raum vgl. Ahrens 2003 und May 1991). Nicht alle Länder des asiatischen Raumes gehören zur so genannten Dritten Welt (z. B. Japan; dementsprechend ist die japanische keine Dritt-Welt-Theologie, vgl. Frei 1990c) und entsprechend verschieden sind Selbstverständnis, Gestalt und Einfluss von Theologie und Kirche. Auch wird die Ausübung der christlichen Religion in unterschiedlichen Ländern und Regionen von Seiten des Staates teils begünstigt, teils erschwert (z. B. in China).

Das neue asiatische Gesicht der Theologie verdankt sich dem aktiven Engagement der Christinnen und Christen in politischen und gesellschaftlichen Initiativen und Reformbewegungen, im Kampf um Menschenrechte, im Einsatz für die Demokratie und für die Menschenwürde bis hin zu so genannten Befreiungsbewegungen aus sozio-ökonomischen und sozio-kulturellen Strukturen im Namen und im Lichte des Evangeliums. Neben der herausragenden Bedeutung des II. Vatikanischen Konzils war es besonders die Gründung der *Vereinigung Asiatischer Bischofskonferenzen* (*Federation of Asian Bishops' Conferences*, FABC) in Manila 1970 aus Anlass der Asienreise von Papst Paul VI., von der aus die entscheidenden Impulse für die asiatischen Kirchen zu einer gemeinsamen Grundlage für Theologie und pastorale Aktion entwickelt wurden. Die FABC sieht die gemeinsame Aufgabe der asiatischen Kirchen in einem dreifachen Dialog, nämlich dem Dialog mit den Kulturen, dem Dialog mit den Religionen und dem Dialog mit den Armen als Fundamentaloption im „sozialen Apostolat" (Evers 2003, 21). Vorrangige Orte für die Praxis sind die *Basic Human Communities*, die aufgrund ihres vielfach interreligiösen Charakters das spezifische asiatische Gesicht der klassischen *Basic Ecclesial Communities* prägen. Sie sind die Orte, an denen der Dialog des Lebens, Kommunikation und Inkulturation stattfinden und die Option für die Armen praktiziert wird (vgl. Weber/Fuchs 2007, 263 f.).

Eine Stärkung dieser Entwicklung brachte schließlich auch die Asiensynode im Jahr 1998, die trotz Minderheitensituation und immer wieder aufkeimendem religiösen Fundamentalismus von Seiten der großen Weltreligionen Hinduismus, Buddhismus und Islam sowie der Zunahme von militanten Sekten und evangelikalen Kirchen zur Entwicklung und Prägung der Kirche Asiens als eigenständige Kirche beigetragen hat. Die Bedeutung dieser Entwicklung der Länder Asiens in weltkirchlicher Perspektive ist eindrucksvoll und umfassend, auch den zentralasiatischen Raum der ehemaligen Sowjetunion einbeziehend, belegt (vgl. Evers 2003).

9.4.2 Typologien, Themen und Methoden

Trotz der sich zum Teil erheblich unterscheidenden Kontexte und religiösen Bedingungen in Asien haben sich charakteristische Züge der asiatischen Theologie und Kirche herausgebildet, die das Gesicht dieses kontinentalen Lebensraumes maßgeblich prägen und als befreiungstheologischen *locus theologicus* qualifizieren. Methodisch schlägt sich das in der Erkenntnis und Einbeziehung der Sozialwissenschaften für Pastoral und Katechese ebenso nieder wie in der Forcierung des interreligiösen Dialogs und seinen Auswirkungen auf den Glauben der

Menschen und die Grundvollzüge der Kirche in Zeugnisgeben, Diakonie und Liturgie. Damit werden neben Bibel und Tradition, soziale Wirklichkeit und Volksfrömmigkeit zu Grundlagen der Evangelisierung in Asien. Engagement und Partizipation zählen – analog zu Afrika und Lateinamerika – zu den Generatoren der asiatischen Orthopraxie.

In den überwiegend armen Ländern Asiens werden so die am stärksten Marginalisierten, die Armen und die Frauen, zu Subjekten des Theologietreibens. Der Einsatz für Menschenrechte, Frieden, Gerechtigkeit und Freiheit wird theologisch auch unter Einbeziehung der Werte anderer Religionen und Philosophien begründet und vollzogen (vgl. Bischofberger 1990). Auf diese Weise werden Tradition und Schrift in der Begegnung und im Dialog mit anderen und anderem einer kritischen Revision unterzogen und unter Berücksichtigung eines jeweiligen Kontextes kreativ und konstruktiv weiterentwickelt. Dabei ist das „asiatisch-kritische Prinzip" leitend, das den Bezugsrahmen bildet für institutionelle, hermeneutische, missionstheologische und erzieherische Fragen. Die sich daraus ergebenden Themenbereiche heutiger asiatischer Theologie werden im Horizont der Gottesbeziehung und der Menschenbeziehung („Der Mensch und das Heilige"), der Schöpfungsgemäßheit in der Lebenshaltung und -gestaltung („Der Mensch in der Natur") und der Umwandlung der Welt in der neuen Schöpfung in Christus („Der Mensch in Gesellschaft und Geschichte") beschrieben und entfaltet (vgl. Frei 1990c, 57 f.).

Maßgeblich und in allen Ländern gleichermaßen nachhaltig für die eigenständige Entwicklung einer asiatischen Theologie und Kirche ist die befreiungstheologisch ausgerichtete vorrangige Option für die Armen, die aber jeweils wiederum kontextuell, d. h. länderspezifisch geprägt, umgesetzt wird. Beispiele dafür sind der Einsatz für die *Dalits* (die „Unberührbaren", aus dem hinduistischen Kastensystem Ausgeschlossenen) in Indien (vgl. Wilfred 2001), der Einsatz für Demokratie in Südkorea (Minjung-Theologie; vgl. You-Martin 1999), der politische Widerstand auf den Philippinen, die jeweils von unterschiedlichen Gruppen in ökumenischer Gesinnung getragen werden. Nicht selten führt dieses Engagement zu politischer Repression und zum Vorwurf der Staatsfeindlichkeit mit Inhaftierungen, sogar bis zum Martyrium (vgl. Balasuriya 1988, 367 f.; Evers 2004).

Theologie und Kirche als Anwälte für die Armen in Asien begründen eine asiatische Kirche der Armen, die aus ihrer Perspektive Bibel und Tradition im Horizont des Gottes Jesu überdenken und als aktiven Beitrag in das politische und gesellschaftliche Leben der asiatischen Länder einbringen. Das Zusammenspiel von Aktion und Kontemplation, genährt aus christlichen und asiatischen Traditionen, Mystik und Gebet, fördern asiatische Formen ganzheitlicher Existenz im Horizont des methodischen Dreischritts von Aktion – Reflexion – Aktion (vgl. exemplarisch Mananzan 2004a; D'Sa 2006). Neue Formen der Liturgie in Asien als Ergebnis des Zusammenlebens und des Dialogs unter den Religionen, das Streben nach Harmonie, der Zusammenschluss in so genannten Basiseinheiten als Ort für den Aktions-Reflexions-Prozess und die Entwicklung feministischer Perspektiven und Bewegungen in Kirche und Gesellschaft tragen zum Gesicht einer asiatischen Kirche und zum Profil einer Befreiungstheologie bei, „die asiatisch, christlich, dialogisch, befreiend und feministisch ist" (Balasuriya 1988, 370; vgl. auch Mananzan 2004b; Beltran 1988; ders. 2007).

9.5 Kontextuell-befreiungstheologisches Selbstbewusstsein im ökumenischen Horizont – EATWOT

9.5.1 Theologie von der Rückseite der Geschichte aus

Zu den zentralen theologischen Begriffen in den Theologien und Kirchen der so genannten Dritten Welt im Anschluss an die Dokumente und Impulse des II. Vatikanischen Konzils gehört neben Befreiung und Inkulturation auch der Begriff „Kontextuelle Theologie". Neuere Forschungen datieren die Anfänge dieses Begriffs, der auf die „Ortsgebundenheit" der Theologie aufmerksam macht, auf das Jahr 1972 (vgl. Frei 1990b, 143). Kontextbezogenheit und die Entwicklung kontextueller Theologien bestimmten auch das Selbstverständnis von Theologen der Dritten Welt aus allen Kontinenten, die sich 1976 im Rahmen der 5. Vollversammlung des Weltkirchenrates in Dar-Es-Salaam erstmals offiziell versammelten und die *Ecumenical Association of Third World Theologians* (EATWOT) gründeten (vgl. Torres 1983; Camps 1990; Missionswissenschaftliches Institut Missio Hg. 1999; Estermann 2002). Das Hauptanliegen von EATWOT bestand bei ihrer Gründung und besteht bis heute darin, sich vom dominierenden Anspruch der westlichen Theologie, universell zu sein, zu emanzipieren. Stattdessen soll der jeweilige konkrete Kontext stets bewusst sein und Einfluss darauf nehmen, wie Theologie getrieben, Pastoral praktiziert und Kirche gelebt wird. Die Paradigmen für die Umsetzung hat sich EATWOT – trotz lebhafter Diskussionen und durchaus sich wiederholender Konflikt beladener Prozesse auf den verschiedenen Zusammenkünften, Konferenzen und Vollversammlungen seit der Gründung der Vereinigung programmatisch verordnet. Der dadurch sichtbar gewordene Bruch mit der traditionellen Theologie – EATWOT-Theologen sprechen vom „radikalen Bruch in der Epistemologie" (vgl. Collet 1990b, 311) –, der jedoch in weltkirchlicher Perspektive als Gewinn bewertet werden muss, wird zusammenfassend so beschrieben: „Die geschichtliche Wirklichkeit steht nicht am Ende der Theologie, sondern ist erster Akt der Theologie geworden. Theologen in den nichtwestlichen Kontinenten und Regionen sind nicht länger von ihren westlichen Kollegen abhängig. Subjekte der Theologie sind an erster Stelle befreiungsbewusste Arme. Weltreligionen und Volksfrömmigkeit haben das Recht, in der Theologie mitzusprechen. Die Einheit von Theologie und Spiritualität ist wiederhergestellt worden. Es gibt eine dialektische Relation zwischen Orthopraxie und Orthodoxie. Der Pluralismus in der Theologie ist eine bleibende Errungenschaft. Theologie, Streit und Märtyrertum gehören zusammen – die Tatsachen beweisen es. Die Theologie wird weniger intellektualistisch sein und mehr narrativ, liturgisch, künstlerisch und gesellschaftlich sichtbar in neuen, freieren und gerechteren menschlichen Verhältnissen" (Camps 1990, 199 f.).

Die vorrangigen theologischen Probleme der Dritten Welt wurden am Beginn des neuen Jahrhunderts in den Herausforderungen durch die kapitalistische Globalisierung, den Kulturimperialismus und die stetig zunehmende Umweltzerstörung sowie die Ausbeutung der natürlichen Ressourcen gesehen. Deshalb wurden auf der so genannten Silberjubiläumsversammlung in Quito/Ekuador 2001 die drei Schwerpunkte „indigene Theologien, interreligiöser Dialog und Gender-Frage" vereinbart (vgl. Estermann 2002). Indigene Theologien und besonders Gender-Fragen werden im Anschluss an die Gründung von EATWOT als

Einbruch der Dritten Welt als Subjekte in die Weltkirche jetzt als „Einbruch im Einbruch" beschrieben (vgl. Mananzan 2004b, 27–43). Dieser Einbruch geschah mit der 1. Interkontinentalen Frauenkonferenz 1986 in Oaxtepec/Mexiko vor Beginn der Vollversammlung, nachdem bereits 1983 eine Kommission für Theologie aus der Sicht von Frauen aus der Dritten Welt gegründet, die Arbeit jedoch zunächst in einzelnen kontinentalen Treffen aufgenommen worden war.

9.5.2 Geschichte und Arbeitsweise

Mit der Gründung von EATWOT wurde auch ein Arbeits- und Strukturprogramm beschlossen, das sowohl in zeitlicher als auch in thematischer und geographisch-kontextueller Hinsicht umgesetzt werden sollte. Alle fünf Jahre sollte eine Vollversammlung einberufen werden. Die Konferenzen haben im Anschluss an die Gründungsversammlung im Jahr 1976 in Delhi/Indien (1981), in Oaxtepec/Mexiko (1986), in Nairobi/Kenia (1992), in Tagaytay (Manila)/Philippinen (1996), in Quito/Ecuador (2001) und zuletzt in Johannesburg/Südafrika (2006) stattgefunden.

Aus allen Konferenzen ging eine Schlusserklärung hervor (vgl. Missionswissenschaftliches Institut Missio Hg. 1999). Über die Vollversammlungen hinaus wurden regionale, interkontinentale bzw. zielgruppenspezifische Konferenzen, wie z. B. Afrika-, Asien- oder Lateinamerikakonferenzen sowie die Dialog-Konferenz zwischen Theologinnen und Theologen aus der so genannten Dritten und Ersten Welt in Genf (1983), weiterhin regionale bzw. kontinentale und interkontinentale Frauenkonferenzen sowie interkontinentale Dialog-Treffen, Konsultationen und Workshops abgehalten (vgl. Collet Hg. 1990; Missionswissenschaftliches Institut Missio Hg. 1999). Die jeweiligen Schlusserklärungen der aufgeführten Veranstaltungen folgen dem methodischen Ansatz der Befreiungstheologie und heben wiederholt hervor, dass sie sich der Praxis der Befreiung als erstem Schritt verschreiben (vgl. Amstutz 1990).

EATWOT bildet – trotz immer wieder aufgetretener Spannungen und Unterschieden zwischen den Beteiligten eine gemeinsame Plattform für die theologische Diskussion. Diese wurde ab 1986 auch mit Theologinnen und Theologen aus den sozialistischen Ländern der so genannten „Zweiten Welt" geführt. Aufmerksamkeit verdient das Selbstverständnis von EATWOT in seiner doppelten Perspektive *ad intra* und *ad extra*. In einen 7-Punkte-Papier wurden 1996 zur 20-jährigen Bestandsaufnahme von EATWOT Selbstverständnis und Selbstverpflichtung für die weitere Arbeit formuliert. Dazu gehören die befreiungstheologische Ausrichtung, die Wertschätzung der Weisheit und Sprache der Völker, der Dialog zwischen akademischer Theologie und Befreiungstheologie, Wertschätzung und Partizipation der indigenen Völker, Einbeziehung der Völker des Pazifik, der Karibik und Westasiens im Einsatz für Menschenrechte, Gerechtigkeit und Befreiung (vgl. Missionswissenschaftliches Institut Missio Hg. 1999, 328 f.). Abschließend heißt es in dem Papier: „Es ist sicherzustellen, daß mindestens 20 % der Mitglieder zwischen 25 und 40 Jahre alt sind und 50 % Frauen sind. Die Theologie, die Hermeneutik, die Erfahrung, die symbolische Ausdrucksweise von Frauen sowie ökologische Fragestellungen werden Beachtung finden. Sie werden das Anliegen, Ansätze, Kämpfe und Diskurse von EATWOT verändern" (ebd., 329).

10. Feministische Theologie

Monika Jakobs

Das Anliegen feministischer Theologie darzustellen, ist fast 30 Jahre nach dem Erscheinen der deutschen Ausgabe von Mary Dalys „Jenseits von Gottvater, Sohn & Co" ein schwieriges Unterfangen geblieben, und das nicht nur, weil es – wie schon oft betont – „die" feministische Theologie nicht gibt. Einerseits sind sowohl die stärkere gesellschaftliche und kirchliche Präsenz von Frauen ebenso wie von „Frauenthemen" selbstverständlicher geworden, andererseits sind viele Vorbehalte, nicht zuletzt gegen den Begriff „Feminismus" selbst, geblieben. Denjenigen, die feministische Theologie als partikularistische Sondertheologie wild gewordener Weiber abtaten, kommt das Verschwinden der gesellschaftlichen und kirchlichen Frauenbewegung ebenso entgegen wie die Einstellung einer jüngeren und mittleren Frauengeneration, für die Feminismus, wenn überhaupt bekannt, ein überholter Kampfbegriff ist, der Frauen mehr hindert als fördert.

Feministische Theologie ist keine Sonderdisziplin, sondern wendet die bis dahin nicht zum Zuge gekommene Perspektive von Frauen auf alle Bereiche der Theologie an. Es ist im Rahmen des folgenden Beitrags nicht möglich, den inzwischen sehr umfangreichen Ertrag der feministisch-theologischen Forschung auch nur überblickshaft angemessen darzustellen. Stattdessen werden exemplarische, innovative Themen sowie Probleme und Konfliktlinien der feministischen Theologie aufgezeigt.

Ziel des vorliegenden Überblicks ist es, die Implikationen von Feminismus als theologischer Kategorie dazulegen, die Entwicklung der feministischen Theologie bis hin zum Gender-Paradigma anhand exemplarischer Schlüsselthemen und Schlüsselbegriffe aufzuzeigen und die bleibende Bedeutung elementarer Themen und Methoden feministischer Theologie zu reflektieren. Entsprechend beansprucht die Literaturliste keine Vollständigkeit.

10.1 Entstehung und Anspruch der feministischen Theologie

Der Beginn der feministischen Theologie in den USA wird gewöhnlich auf die 1970er Jahre datiert. Im deutschsprachigen Raum wird sie 10 Jahre später sichtbar; zu nennen sind *Gott hat nicht nur starke Söhne* der niederländischen Theologin Catharina Halkes von 1980 und die im selben Jahr erschienene deutsche Übersetzung des 1974 in den USA herausgekommenen *Beyond God the Father* von Mary Daly. Die US-amerikanische Entwicklung bleibt auch in der Folgezeit für die feministische Theologie von großer Bedeutung.

Verschiedene gesellschaftliche, kirchliche und theologische Spuren führen zur feministischen Theologie hin.

Die sog. „Frauenfrage" ist bereits ein Thema des 19. Jahrhunderts. In den verschiedenen politischen und kirchlichen Frauenvereinen ging es einerseits um tätige Caritas, z. B. für Dienstbotinnen und verwahrloste Kinder, andererseits um das Erkämpfen von Bildungsmöglichkeiten und politischer Teilhabe für Frauen. (Schenk 1980) Frauenbild und politische Stoßrichtung der verschiedenen Vereine waren vom gesellschaftlichen Milieu bestimmt (z. B. bürgerlich, sozialistisch, katholisch u. a.) und deshalb kontrovers. Die bürgerliche und liberale Frauenbewegung etwa ist geprägt durch eine Ausrichtung auf Gleichberechtigung von Frauen und Männern in allen Bereichen, besonders Bildung, Eherecht und politische Teilhabe (Wahlrecht), während kirchliche Gruppen karitative Aktivitäten für das angemessene Betätigungsfeld von Frauen hielten.

Die Zweite oder Neue Frauenbewegung der 1970er Jahre entstand als Reaktion auf die Erfahrungen mit den politischen Befreiungsbewegungen jener Zeit. Zwischen den revolutionären Idealen und der erlebten praktischen Missachtung von Frauen bestand eine Kluft, welche die politischen Ideale unglaubwürdig werden ließ. Erste feministische Themen waren die Selbstbestimmung des eigenen Körpers und der Sexualität sowie die Gewalt gegen Frauen. Die Zweite Frauenbewegung war aber auch der Ort, an dem feministische Theoriebildung stattfand. Neben den von der politischen Linken angeprangerten bürgerlichen und kapitalistischen Herrschaftsstrukturen wurde der Zeigefinger auf das Patriarchat gelegt. Es wurde gestritten um das, was eine Frau überhaupt ausmacht und die politische Reflexion auch des Privatlebens eingefordert. Diese Diskussionen verliefen sehr kontrovers. Festzuhalten ist jedoch, dass der Feminismus sich als eine *politische* Theorie versteht, die auf der Analyse des Geschlechterverhältnisses sowie auf der „Praxis des Befreiungskampfes von Frauen" beruht. (Schwarzer 1984, 43).

Auf katholisch-kirchlicher Seite waren durch das II. Vaticanum Hoffnungen im Hinblick auf die Öffnung der Kirche im Allgemeinen und auf eine Veränderung der Stellung von Frauen in der Kirche im Besonderen wach geworden. Gaudium et Spes erwähnt ausdrücklich die Gleichstellung von Frauen und Männern. „Da alle Menschen eine geistige Seele haben und nach Gottes Bild geschaffen sind, da sie dieselbe Natur und denselben Ursprung haben, da sie, als von Christus Erlöste, sich derselben göttlichen Berufung und Bestimmung erfreuen, darum muß die grundlegende Gleichheit aller Menschen immer mehr zur Anerkennung gebracht werden. (...) Es ist eine beklagenswerte Tatsache, daß jene Grundrechte der Person noch immer nicht überall unverletzlich gelten; wenn man etwa der Frau das Recht der freien Wahl des Gatten und des Lebensstandes oder die gleiche Stufe der Bildungsmöglichkeit und Kultur, wie sie dem Mann zuerkannt wird, verweigert" (GS 29). Katholische Frauen fühlten sich hierdurch ermutigt, auch die Frage nach dem Priesteramt für Frauen zu stellen (Daly 1970, Schüssler 1964, Raming 1973). Von feministischer Theologie im Sinne eines grundlegenden Perspektivenwechsels auf die gesamte Theologie kann man hier noch nicht sprechen. In der ökumenischen Bewegung war die Frauenfrage seit der Gründung des Ökumenischen Rates der Kirchen (ÖRK) 1948 ein kontinuierliches Thema. Im Hinblick auf eine explizite feministische Theologie kann die Sexismuskonsultation des ÖRK 1974 in Berlin als entscheidender Wendepunkt angesehen werden.

Wegbereitend für die feministische Theologie war auch das Aufkommen der politischen Theologie und der südamerikanischen Befreiungstheologie. Es ist kein Zufall, dass die Verbreitung feministischer Theologie in Deutschland der in der politischen Theologie angesiedelten Dorothee Sölle zu verdanken ist, die lange Zeit am Union Theological College in New

York lehrte. Zwar wurde in der politischen Theologie die Situation von Frauen zunächst nicht eigens reflektiert; die Auffassung, dass christlicher Glaube nicht allein die Angelegenheit einer privaten Spiritualität und persönlicher Heilsgewissheit sei, sondern eine politisch und gesellschaftlich relevante Positionierung darstellt, ist grundlegend auch für feministisch-theologisches Denken.

Feministische Theologie will die Selbstartikulation und die ausdrückliche Reflexion der Situation von Frauen in der Theologie fördern. Dieser neue Blick hat zunächst viel Kritisches hervorgebracht und eine unübersehbare Anzahl von Leerstellen aufgezeigt. Die Spannbreite reicht von der stillschweigenden Nichtberücksichtigung bis hin zu expliziter Abwertung von Frauen. Für die feministischen Theologinnen bedeutete dies die teilweise schmerzhafte Auseinandersetzung mit der eigenen religiösen Tradition, begleitet von der Frage, wie eine christliche religiöse Identität für Frauen überhaupt möglich ist, ob die jüdisch-christliche Tradition genug Potential für frauenfreundliche Spiritualität besäße, ob und inwieweit es möglich sein würde, sich als Teil und in der Kontinuität dieser Tradition zu verstehen. Hier ist ein erster Scheideweg für die Feministische Theologie auszumachen, denn die Antwort auf diese Frage fiel nicht einheitlich aus. Für einige erschienen Christentum und Feminismus unvereinbar. Im Spektrum des postchristlichen Feminismus hat besonders die Zuwendung zu einer weiblichen Gottheit eine große Rolle gespielt. Die wissenschaftliche Weiterentwicklung des feministisch-theologischen Diskurses fand jedoch innerhalb der christlichen und jüdischen Theologie statt.

10.2 Zugänge

10.2.1 Der kritische Blick auf patriarchale Religion

Ausgangspunkt des Feminismus ist die Überzeugung, dass das Geschlechterverhältnis ein ökonomisches, politisches, soziales, kulturelles und symbolisches Ungleichgewicht von Macht und Einfluss zu Ungunsten von Frauen beinhaltet. Demnach ist das Geschlecht eine zentrale, je nach Ausprägung des Standpunktes sogar die entscheidende, Kategorie von Ungerechtigkeit. Die Benachteiligung von Frauen aufgrund ihres Geschlechts bezeichnet man als Sexismus.

Grundlage des Sexismus ist eine dualistische Konstruktion der Geschlechtlichkeit, in der die beiden Pole unterschiedlich bewertet werden. Die Geschlechterdualität wird mit anderen Dualismen wie Spiritualität/Körperlichkeit, Immanenz/Transzendenz, Licht/Dunkel, Kultur/Natur, Vernunft/Gefühl, öffentlich/privat, rein/unrein usw. gleichgesetzt. Hieraus wird ein Geschlechtscharakter abgeleitet, die „Natur der Frau", welche zur Legitimation der Diskriminierung von Frauen dient.

Der Sexismus zeigt sich sozialstrukturell im Patriarchat. Es ist ein Herrschaftssystem, das von Männern sozial, symbolisch und strukturell dominiert wird. Gemeint ist jedoch nicht eine Herrschaft aller Männer über alle Frauen, sondern eine Herrschaftspyramide, in der auch andere Koordinaten wie soziale Zugehörigkeit, Beruf, materielle und kulturelle Ressourcen, Hautfarbe und religiöse Prägung eine Rolle spielen.

Benachteiligung von Frauen ist nicht immer offensichtlich. Die Dominanz des Männlichen und die Selbstverständlichkeit, mit der das Allgemeinmenschliche darin repräsentiert zu sein scheint, führen zum sog. Androzentrismus. Damit wird ausgedrückt, dass die Partikularität des männlichen Standpunktes nicht mehr reflektiert wird. Besonders deutlich wird das in der Sprache: „Alle Menschen sind Brüder." Eine androzentrische Haltung kann Frauen ausschließen, indem ihre Belange nicht berücksichtigt werden, oder sie können „mitgemeint" sein; damit macht androzentrische Sprache Frauen unsichtbar. Auf der wissenschaftlichen Ebene wird Androzentrismus durch den Allgemeinheitscharakter und den Universalitätsanspruch wissenschaftlicher bzw. theologischer Aussagen verdeckt. Wenn aber diese Erkenntnisse nur von einem Geschlecht herkommen, weibliche Erfahrungs- und Lebenszusammenhänge und ihre Deutung durch Frauen ausgeblendet werden, kann nicht von einer allgemeinen Erkenntnis ausgegangen werden.

Für feministische Theologie ist es von Bedeutung, wie sich der christliche Glaube zu patriarchalen Strukturen verhält. Lässt sich die „gleiche Würde der Frauen im Abbild Gottes und die Wiederfindung ihres vollen Personseins im Verständnis von Erlösung" (Ruether 1984, 17) christlich-theologisch buchstabieren? Hat das Christentum Ressourcen, den theologischen Androzentrismus zu überwinden?

Der Feministischen Theologie geht es nicht um den Anspruch einer neuen, „wahren" Universalität; vielmehr werden Frauen als Subjekte menschlichen Forschens und Wissens eigens einbezogen; ebenso wird männliche Einsicht als eine spezifische gewürdigt. Feministische Hermeneutik bedeutet, dass im Sinne einer kritischen Wissenschaftstheorie das Erkenntnisinteresse und die Wege der Erkenntnisgewinnung offen gelegt werden müssen; eine neutrale Erkenntnis ist nicht möglich.

Feministische Theologie ergreift ausdrücklich Partei für Frauen, benennt Benachteiligung und arbeitet auf eine Befreiung hin, welche die soziale und politische Ebene sowie die Ebene symbolischer Repräsentation umfasst. Die Vision der Befreiung beschränkt sich jedoch nicht auf Frauen; Ziel ist vielmehr eine umfassende Befreiung aller Menschen.

In der feministischen Theologie wird das aufklärerische Ideal der Selbstbestimmung des Subjekts, das in der Theologie des 20. Jahrhunderts durchaus reflektiert wird, nun auch im Hinblick auf die konkrete Situation von Frauen aufgenommen.

10.2.2 Erfahrung und Kontextualität

Feministische Theologie hat das Ziel, weibliche Erfahrung theologisch sichtbar und fruchtbar zu machen. Jedoch erweist sich die Kategorie „weibliche Erfahrung" dort als problematisch, wo sie die unterschiedlichen ethnischen und sozialen Realitäten von Frauen und damit Hierarchien innerhalb desselben Geschlechts nicht abbildet. Indem man sich auf einen allgemeinen, universalen weiblichen Erfahrungsbegriff beruft, droht man der (vorher kritisierten) Ontologisierung des Geschlechts zu erliegen. Afroamerikanische Theologinnen beklagten die Vereinnahmung der feministischen Theologie durch „weiße Mittelschichtsfrauen", die sich weigerten, den Rassismus als eine ebenso prägende Unterdrückungserfahrung anzusehen wie den Sexismus, und die sich damit ihrer Verantwortung im Hinblick auf den Rassismus nicht stellten. Ihren eigenen theologischen Ansatz bezeichnen sie als *womanist theology* (Williams 1993).

Schon Christina Thürmer-Rohr hatte mit ihrer Mittäterschaftsthese vor der Generalisierung weiblicher Erfahrung gewarnt (Thürmer-Rohr 1990). Patriarchat, missverstanden als eindimensionale Männerherrschaft führt zu simplen Zuschreibungen, bei denen die Männer als Täter auf Seiten der Macht stehen, Frauen als Opfer jedoch auf Seiten der Ohnmacht. Außerdem tritt die politische Dimension des Feminismus leicht in den Hintergrund, weil jede/r als unmittelbar Betroffene sich als Expert/in für das Geschlechterverhältnis fühlt und strukturelle Aussagen individuell persönlich interpretiert werden: „Ich fühle mich als Frau nicht unterdrückt." „Meine Frau hat freiwillig die Hausfrauenrolle übernommen".

Die grundlegende Bedeutung von Erfahrung für die (feministische) Theologie kann nur unter der Maßgabe der Kontextualisierung aufrechterhalten bleiben (Leicht u. a. 2003, 25–41. 357–376). Sie zeigt sich in einer Vielfalt feministischer theologischer Ansätze, die die Partikularität von Erfahrung auf den verschiedenen Kontinenten eigens thematisieren (asiatische, afrikanische, Mujerista Theologie etc.).

Dass es auch europäische feministische Theologie nicht im Singular gibt, zeigen die Jahrbücher der ESWTR (Europäische Gesellschaft für Theologische Forschung von Frauen). Im Band 4/1996 heißt es: Was bedeutet es heute, (feministische) Theologin zu sein? Die Frage stellt sich sehr unterschiedlich etwa aus italienischer, griechischer oder niederländischer Sicht. „Brauchen wir eine Theologie der Frauen in der ‚Zweiten Welt,‛"? fragt die polnische Theologin Elzbieta Adamiak (ESWTR 11/ 2003 7–23). Sie betont die unterschiedlichen konfessionellen Kontexte, die Ausformungen des Kommunismus und die Vergangenheitsbewältigung in den ehemaligen Ostblockländern, die nicht über einen Kamm zu scheren sind. Band 15/2007 schließlich trägt den Titel „Skandinavische Kritik angloamerikanischer feministischer Theologie".

In den einschlägigen Überblicksartikeln wird die Vielfalt der feministischen Theologien immer wieder betont. Sicherlich gibt es feministische Theologie nicht im Singular. Die Vielfalt und die Betonung der Unterschiede birgt jedoch dann die Gefahr des Bedeutungsverlustes in sich, wenn feministische Theologinnen nur noch als Vertreterinnen partikularer, einzigartiger Rahmenbedingungen wahrgenommen werden und nicht als solche, die einen relevanten Beitrag zur Theologie leisten. Damit wird das Anliegen der feministischen Theologie geschwächt. Die Aufgabe, Frauen als theologische Subjekte zu betrachten, eine befreiende religiöse Praxis für Frauen und Männer zu finden, eine theologische Forschung, in der Frauen sichtbar sind, ist bleibender Anspruch und Herausforderung der feministischen Theologie.

Kontextualisierung bedeutet, dass faktische Differenzen unter Frauen wahrgenommen werden müssen. Feministische Theologie ist nicht „Frauentheologie", nicht „an das Geschlecht gebundene, sondern Geschlecht problematisierende Theologie." Dabei setzt sie bei der „Brüchigkeit weiblicher Identitäten an (…), die sich aus dem gesellschaftlichen Status von Frauen ergibt, der völlig widersprüchlich ist." (Meyer-Wilmes 1996, 10)

10.2.3 Feministische Theologie und befreiende religiöse Praxis

Feministische Theologie ist wie kaum eine andere mit dem Ziel einer veränderten religiösen Praxis verbunden und daher auf großes Interesse an der kirchlichen Basis gestoßen. Zur bleibenden Motivation feministisch-theologischer Suchbewegung trägt nicht nur die theoretische Auseinandersetzung bei, sondern auch die Sehnsucht nach einer neuen, befreienden Spiritualität, authentischen Glaubensgemeinschaften und neuen liturgischen Formen. „Wir brauchen nicht nur die rationale, theoretische Diskussion über diese Veränderungsprozesse, sondern auch Symbole und symbolische Handlungen als Wegbereiter und Deutungshilfen (…)" (Radford Ruether 1988, 14).

Die Frage nach christlicher Identität und religiöser Beheimatung erweist sich als praktische, wenn Frauen nämlich in liturgischen Vollzügen keine Anknüpfungs- und Identifikationsmöglichkeit finden, weil ihre Erfahrungen nicht benannt werden.

Die Erkenntnisse feministischer Theologie fanden schnell Aufnahme in der kirchlichen Frauenarbeit, z. B. in Form von Bibel-, Gesprächs- oder Liturgiegruppen und in Vorträgen. Betrachtet man den Wandel eines kirchlichen Verbandes wie etwa der KFD, so ist beim Frauen- und Familienbild, bei den inhaltlichen Angeboten bis hin zum eigenen Selbstverständnis der Einfluss feministischer Theologie zu spüren. Bemerkenswert sind auch solche Frauengruppen, die außerhalb des kirchlichen Rahmens versuchen, eine neue liturgische Sprache und angemessene liturgische Formen zu entwickeln. Dabei spielt die Leiblichkeit als Thema wie als Ausdrucksform, etwa im Tanz, eine bis dahin ungewohnte Rolle (Schaumberger/Massen 1986, 192–211; Radford Ruether 1988). Hierfür wird auch die Bezeichnung „Frauenkirche" verwendet, um auszudrücken, dass sich auch dort Kirche ganz verwirklicht.

Die enge Verbindung zur Praxis hat auf die wissenschaftliche Methodologie zurückgewirkt, namentlich im Bereich der Praktischen Theologie, wo man sich des Repertoires der Biografie- und Alltagsforschung sowie qualitativer Sozialforschung bedient, um gelebte Religion von Frauen angemessener beschreiben zu können (Franke u. a. 2002; Klein 1994).

10.3 Themen

10.3.1 Gleichberechtigung: Die Forderung nach dem Zugang zum Priesteramt

Im Nachklang zum Zweiten Vaticanum hegten viele Frauen (und Männer) die Hoffnung, die Zulassungsbeschränkungen für die Priesterweihe würden bald aufgehoben. Dieses Thema beschäftigt seitdem Frauen und Männer im kirchlichen Dienst und ist ausdrückliches Anliegen der 1986 gegründeten Initiative „Maria von Magdala" (www.mariavonmagdala.de). Leitidee ist die volle Gleichberechtigung von Frauen und Männern in der Kirche. Eine umfassende Studie legte 1973 Ida Raming vor. Insgesamt ist der wissenschaftliche Diskurs über den Ausschluss von Frauen vom priesterlichen Amt zurückhaltend geblieben, auch weil von kirchlicher Seite mehrfach betont wurde, dass die Frage nicht offen und eine Diskussion nicht erwünscht sei. Die nächste Generation der feministischen Theologinnen, die seit den 80er Jahren publizierten, war nicht bereit, sich an einem ihrer Einschätzung nach unfruchtbaren Konflikt abzuarbeiten. Bezeichnend ist, dass im „Handbuch Feministische Theologie" (Schaumberger/Maassen 1986), dem ersten Überblick für den deutschen Sprachraum, dieses Thema ganz fehlt. Vielfach war man auch der Überzeugung, dass das Amtsverständnis erst grundsätzlich überdacht werden müsse, da es seiner Struktur nach patriarchal angelegt sei. Man hielt es für dringlicher, sich der inhaltlichen Erforschung der theologischen Kerninhalte zu widmen.

Es ist interessant, dass Ida Raming und ihre Mitstreiterin Iris Müller zu den Frauen gehören, die sich im Jahre am 29. 6. 2003 auf einem Schiff auf der Donau zu römisch-katholischen Priesterinnen weihen ließen. An dieser Thematik lässt sich ein erster Generationenkonflikt in der feministischen Theologie aufzeigen. Er fand einen vorläufigen Abschluss darin, dass Raming im gleichen Jahr ihr Abonnement der feministisch-theologischen Zeitschrift *Schlangenbrut* (Nr. 83/ 2003, 44 f.) kündigte, weil diese über die Ordination kritisch berichtete: „Wir haben für unseren so dringend notwendigen Kampf für Gleichberechtigung, Zugang von Frauen zu allen geistlichen Ämtern in der römisch-katholischen Kirche, den wir seit Jahrzehnten führen, in Ihrer Zeitschrift keine Unterstützung gefunden."

Durch den zunehmenden Priestermangel und im Zusammenhang mit kirchlichen Aufgaben für Laien wird derzeit die Frage nach einem Diakonat für Frauen immer wieder einmal diskutiert. Diese Diskussionen sind meist pastoral motiviert (Ansorge 1990).

10.3.2 Frauen in der Bibel

Die Bibel gehört zu den am besten erforschten Bereichen feministischer Theologie.

Ganz im Sinne der Frage nach einer möglichen christlichen Identität ging es zunächst um das Sichtbarmachen von Frauen in der Bibel. Im Alten Testament wurde die Bedeutung der Mirjam neben Moses hervorgehoben, die der Erzmütter neben den Erzvätern, die Existenz von Prophetinnen und weisen Frauen (Schottroff/Wacker 1998; Fischer 1994; 2002; 2006). Man fand heraus, dass auch Jüngerinnen Jesus folgten, Frauen als die ersten Zeuginnen der Auferstehung überliefert sind, eine wichtige Rolle beim Aufbau der urchristlichen Gemeinden spielten und dass die Bilder für das Reich Gottes oft der Erfahrungswelt von Frauen entlehnt sind. In der kirchlichen Praxis der Frauenarbeit ist die Erinnerung an biblische Frauengestalten nach wie vor wichtig.

Eine besondere Bedeutung kommt der Neudeutung von Maria, der Mutter Jesu, zu, die nicht mehr als unerreichbar reine Jungfrau und Mutter gesehen wird, sondern als ‚normale' Frau, die durch ihre außergewöhnliche Mutterschaft in ihrem eigenen Glaubensleben herausgefordert wird und in den biblischen Texten eine eigene Entscheidung erkennen lässt. Das Interesse für Maria blieb nicht auf den katholischen Kontext beschränkt; evangelische Frauen hoben hervor, dass durch sie wenigstens *ein* weibliches Element im Glaubenskosmos prominent vertreten sei. Mulack schließlich sah in ihr nicht nur die Mutter Jesu, sondern einen vitalen Überrest einer Göttintradition, die „geheime Göttin des Christentums" (Mulack 1985).

Diese kompensatorisch ausgerichtete Arbeit entspricht stark dem Bedürfnis nach religiöser Selbstvergewisserung, zumal kirchliche Verlautbarungen eine eindeutige positive Bewertung der Kompetenz, Leistungen und Lebensformen von Frauen immer noch vermissen lassen. Die Gefahr einer ausschließlich auf Identifikation angelegten Bibelforschung und -pastoral jedoch besteht in einer unzulässigen Enthistorisierung, wenn nämlich in der Bibel genannte Frauen aus heutiger Sicht vorschnell ‚verstanden' bzw. positiv bewertet werden. (Jakobs 1996)

Schließlich wurde auch Jesus in seiner Rolle als Mann neu gesehen. Es wurde hervorgehoben, dass er in seinem Sprechen und Handeln respektvoll mit Frauen umging. Als paradigmatisch gelten die Perikopen von Jesu Begegnung mit der blutflüssigen Frau und mit der Frau am Jakobsbrunnen. Dabei scheute er sich nicht, geltende religiöse Grenzen zu überschreiten und den Unmut seiner Zeitgenossen hervorzurufen. Swidler bezeichnet Jesus gar als „Feminist" (Swidler 1978; Moltmann-Wendel 1980). Auch hier kann man von einer Vereinnahmung sprechen, die dem historischen Abstand nicht gerecht wird. Die feministische Neudeutung der Person entfachte eine leidenschaftlich geführte Diskussion um den Antijudaismus in der feministischen Theologie, da die positive Bewertung Jesu undifferenziert in Abgrenzung zur einseitig patriarchal verstandenen jüdischen Religion vorgenommen werde (Schottroff/Wacker 1996).

10.3.3 Feministische Hermeneutik

Die „Entdeckung" von Frauen in der Bibel brachte eine Menge pastoral ausgerichteter Literatur hervor, die feministische Bibelforschung entwickelte sich jedoch rasant in eine andere Richtung. Die Methoden von Textkritik und Literarkritik wurden feministisch genutzt und Übersetzungen überprüft. Dabei konnte eine Reihe wichtiger Korrekturen angebracht werden. Falsche Übersetzungen konnten aufgedeckt und unsachgemäße Interpretationen korrigiert werden (Schottroff/Wacker 1998).

Daneben wurde intensiv um den Ansatz feministischer Hermeneutik der Bibel diskutiert. Schüssler Fiorenza warnt davor, steinbruchartig in der Bibel nach solchen Texten und Traditionen zu suchen, die der eigenen Auffassung entgegen kommen. (Schüssler Fiorenza 1988). Anders als etwa Rosemary Radford Ruether, Letty Russell oder Phyllis Trible sucht sie nicht nach einer als maßgeblich zu erklärenden befreienden Tradition in der Bibel, gegenüber der andere Überlieferungen zweitrangig seien, sondern entwickelt eine feministische Hermeneutik für den gesamten biblischen Textkorpus.

Wenn Frauen sich selbst, und damit sind auch die „Vorfahrinnen" gemeint, als Subjekte der Theologie ernst nehmen, geht es darum, die Bibel konsequent aus feministischer Perspektive zu betrachten (Schüssler Fiorenza 1988). Dabei darf kein neuer Kanon innerhalb des Kanons erstellt werden, wobei alte durch neue Autorität ersetzt würde. Erkenntnistheoretisch wird hier das umgesetzt, was Habermas mit der Deklaration des Erkenntnisinteresses gemeint hat. Es ist das Interesse an der Erfahrung der Frauen, die Bibel lesen oder gelesen haben, sowie an der Frauenerfahrung, die sich in der Bibel niederschlägt.

Es genügt nicht, nur die Texte anzusehen, in denen Frauen ausdrücklich erwähnt sind. Schüssler Fiorenzas *Hermeneutik des Verdachts* geht von zwei Grundannahmen aus: Erstens, biblische Sprache sei androzentrisch. Frauen werden i. d. R. nur dann erwähnt, wenn es sich um etwas Außergewöhnliches handelt, oder weil sie ein Problem darstellen. So kann man davon ausgehen, dass Frauen auch dann präsent sind, wenn sie nur ‚mitgemeint' waren. Zweitens ist die biblische Tradition insgesamt patriarchal geprägt, bedingt durch ihre kulturelle Einbettung. Umso bemerkenswerter sind dann diejenigen Stellen, in denen diese Haltung kritisch kommentiert wird, wie in Gal 3,28.

Eine feministische Hermeneutik des Verdachts ist auf historische Rekonstruktion angewiesen, die das Geschlechterverhältnis sowie die zeitgenössischen Denkweisen und Diskurse mitberücksichtigt. Eine Hermeneutik des Erinnerns sucht über den Text hinaus zu den historischen Konflikten und der Lebenswelt von Frauen vorzudringen und damit Geschichte, z. B. die Geschichte des Christentums, nicht nur als Geschichte von Männern zu rekonstruieren.

Die Beurteilung, ob und in welcher Weise ein Text normative Geltung beanspruchen kann, hängt vom Standpunkt der Leserin/Interpretin bzw. der Interpretationsgemeinschaft ab. Insofern kann auch die Frage, ob das Christentum emanzipatorisch oder patriarchalisch sei, nicht objektiv beantwortet werden. Für Schüssler Fiorenza bedeutet das: aus feministischer Sicht kann ein Text, der patriarchale Strukturen rechtfertigt, keine göttliche Autorität beanspruchen. Ein letzter Schritt der Hermeneutik ist schließlich die kreative Aneignung biblischer Texte.

Die Hermeneutik des Verdachts bezieht sich nicht nur auf den Bibeltext, sondern berücksichtigt zusätzlich die Rezeptionsgeschichte innerhalb und außerhalb der Bibel. Dabei spielt die Hinzunahme bisher unbekannt gebliebener Interpretationen wie auch die jüdische Deutung eine wichtige Rolle.

Der Ertrag feministischer Bibelforschung kann in diesem Rahmen nicht annähernd angemessen präsentiert werden. Von wissenschaftspolitischem Interesse ist in unserem Zusammenhang die 2006 erschienene „Bibel in gerechter Sprache", die von namhaften Exegeten und Exegetinnen verantwortet wird. Sie präsentiert den Vorschlag einer geschlechtergerechten Bibelübersetzung, berücksichtigt den jüdisch-christlichen Dialog und bemüht sich um eine angemessene Wiedergabe von Begriffen, die soziale Ausgrenzung betreffen. Es ist der Versuch, die entsprechenden wissenschaftlichen Erkenntnisse der Bibelwissenschaften bei der Übersetzung zu berücksichtigen. Den Anspruch, nun die „einzig richtige" Übersetzung zu präsentieren, lehnen die Initiatorinnen und Initiatoren ab.

Wurde im Vorfeld das Projekt durch Spenden und die unentgeltliche Übersetzungsarbeit ermöglicht, so überraschte das enorme Echo, das dieses Projekt hervorrief und innerhalb kürzester Zeit eine Neuauflage notwendig machte. Noch überraschender aber war die polemische Kritik an der Übersetzung, sowohl von Fachkollegen wie auf den Leserbriefseiten überregionaler Zeitungen, in der die wissenschaftliche Eignung der Beteiligten massiv bezweifelt wurde. Sieht man von legitimen diskussionswürdigen Punkten ab, hat diese Auseinandersetzung gezeigt, dass feministische Hermeneutik, wenn sie konsequent auf den heiligen Text bezogen wird, offensichtlich tatsächlich revolutionär sein kann, wie Schüssler Fiorenza behauptet. Der Rückzug auf die „Worttreue" – die von den Kritikern in besonderer Weise für die Lutherübersetzung in Anspruch genommen wird, obwohl diese selbst einem ständigen Revisionsprozess unterliegt –, verbirgt die Weigerung, heutiges Verständnis mit dem Text zu konfrontieren und sich der traditionellen Inanspruchnahme gewisser Formulierungen (insbesondere der Gottesnamen) für Herrschaftsinteressen zu stellen.

10.3.4 Historische Forschung

Neben den Bibelwissenschaften ist die historische Frauenforschung, auch im Bereich Kirchengeschichte, als einer der ertragreichsten Bereiche feministischer Theologie anzusehen.

Die neuere methodische Entwicklung in der Geschichtswissenschaft (Sozial- und Alltagsgeschichte, Oral History, Mentalitätsgeschichte) kommt dem Interesse feministischer Forschung entgegen (Maurer 2003). Der mentalitätsgeschichtliche Ansatz beispielsweise ermöglicht es, das Phänomen weiblicher Frömmigkeit zu erforschen, ein Thema, das sich nicht ausschließlich über Amts- und Funktionsträger erschießen lässt. Die religiös-gesellschaftliche Bedeutung von Frauen von der frühen Neuzeit bis zum 19. Jahrhundert erscheint hier in einem neuen Licht.

Für das Mittelalter ist die Erforschung der weiblichen Mystik mit ihren Protagonistinnen (Hildegard von Bingen, Teresa von Avila, Catherina von Siena u. a.) wichtig geworden. Hier hat sich gezeigt, dass Frauen theologische Standpunkte entwickelten, niederschrieben und mit Nachdruck vertraten. Zu erwähnen ist daneben die Neubewertung weiblicher Orden und ordensähnlicher Vereinigungen (z. B. Beginen) im Hinblick auf alternative Lebensformen für Frauen wie auch der Beitrag dieser Orden zur Bildung von Mädchen und Frauen.

Auch die feministische Kirchengeschichtsforschung versucht zunächst, blinde Flecken im Hinblick auf Frauen zu bearbeiten. „Nur selten wird damit allerdings der Anspruch verbunden, die große Meta- oder Meistererzählung der Kirchengeschichte grundlegend zu verändern, sondern es wird eine additive und kompensatorische Forschung betrieben" (Gause 2006, 3). Der thematische Zugang erfolgt über einzelne Frauengestalten, über die Erschließung der Alltagsgeschichte von Frauen, über die Rolle von Frauen in den großen historischen Umwälzungen, z. B. der Reformation. Daneben wird versucht, eine Geschichte der Weiblichkeit in der symbolischen Ordnung zu erstellen.

Wie bereits bei der feministischen Exegese, so zeigt sich auch hier, wie das Interesse an der religiösen Identität historische Forschung motiviert. So beklagten Feministinnen, die traditionelle Geschichtsschreibung sei nur eine „His-story", notwendig sei es, eine „Her-Story" zu erzählen. Historische Forschung wird, wie Gause zutreffend feststellt, stark vom „Identitätsbedürfnis der jeweiligen Gruppen" geprägt, was allerdings nicht nur auf Frauen zutrifft, sondern auf Volksgruppen, Kirchen, Nationen und viele andere (Gause 2006, 3). Das Bedürfnis, Frauen als wichtige Leitfiguren der Kirchen- und Theologiegeschichte zu entdecken, birgt die Gefahr unzulässiger Idealisierung in sich, wie es sich vor allem in populärwissenschaftlichen Darstellungen beobachten lässt.

10.3.5 Systematische Theologie

10.3.5.1 Aspekte feministischer Christologie

Die Christologie führt ins Zentrum des christlichen Glaubens. Schon Daly stellte die Frage, was die exklusive Menschwerdung Gottes in einem Mann für Frauen bedeute (Daly 1980) Sie diene als Legitimation für die gesellschaftliche wie die Geschlechterhierarchie. Tatsächlich hat die Tatsache der Männlichkeit Jesu viele Theologen daran zweifeln lassen, ob Frauen tatsächlich in gleichem Ausmaß gottebenbildlich sein können wie Männer. Dabei wird darauf hingewiesen, dass schon im Mittelalter darüber diskutiert wurde, ob Jesus nicht als Frau hätte inkarniert werden können (Wiethaus 1991). Schließlich ist die Männlichkeit Jesu eines der hauptsächlichen Argumente für die Nichtzulassung von Frauen zum Weiheamt gewesen.

Dabei ist die Frage eines männlichen Erlösers für Frauen keine Frage der Biologie, sondern eine der Wirkmächtigkeit des Symbolischen. Es kommt darauf an, was Jesus, der Mann, wesentlich repräsentiert. In einer patriarchalen Herrschaftschristologie wird die biologische Tatsache zu einer ontologischen gewendet.

Am anderen Ende des christologischen Spektrums ist die Neuinterpretation Jesu als „untypischer", frauenzugewandter Mann angesiedelt, einem Mann, der die Strukturen des Patriarchats überwindet und dessen Männlichkeit deshalb nicht mehr von Bedeutung ist. Nicht nur feministische Exegetinnen haben im Übrigen darauf hingewiesen, dass das Neue Testament selbst eine Vielfalt christologischer Deutungen enthält, wie z. B. die menschenfreundliche, lebenszugewandte Weisheitschristologie (Strahm/Strobel 1991).

Ein zweiter Punkt der Auseinandersetzung betrifft die Deutung der Passion Jesu als freiwilliger Sühnetod, die in der gelebten Frömmigkeit für Frauen existenziell wichtig wurde, weil auch ihnen eine Haltung des Erduldens von Leid und Gewalt als besondere weibliche Tugend nahe gelegt wurde, außerdem beispielhaft verkörpert von der schmerzenreichen Mutter Gottes. Eine so akzentuierte Kreuzestheologie bietet das Ertragen von Leiden und Unrecht als Identifikationsmöglichkeit mit Christus an, bestärkt aber Frauen in einer unterwürfigen, unkritischen Frauenrolle. Für Strobel steht die Kreuzestheologie für Gewaltverherrlichung und ist deshalb abzulehnen (Strobel, in: Strahm/Strobel 1991).

Neuerdings wird aber, gerade im Rahmen der Befreiungstheologie und in Auseinandersetzung mit einer Kultur, in der das Scheitern keinen Platz hat, Kreuzestheologie neu interpretiert. Betont wird einerseits der Aspekt von Solidarität im Leiden wie auch der Gedanke, dass christliche Erlösung unvermeidbares Leiden nicht negiert, sondern integriert.

In einer dritten Argumentationslinie wurde herausgestellt, dass in der Christologie die Menschlichkeit Jesu trotz gegenteiliger dogmatischer Festlegung gegenüber der Göttlichkeit theologisch nicht zum Tragen kam. Carter Heyward konzipiert eine Christologie, die das Menschsein Jesu ernst nimmt (Heyward 1986). Jesus ist als Erlöser hier nicht der einsame Held, sondern lebt beispielhaft Beziehung als dynamis Gottes und zeigt damit, dass das Reich Gottes schon angebrochen ist. Hier verschiebt sich der Akzent von der heilbringenden Person zum heilbringenden Handeln.

In diese Linie lassen sich auch die christologischen Deutungen lateinamerikanischer, afrikanischer und asiatischer Frauen einordnen. Sie sind Christologien „von unten", deren Ausgangspunkt die konkrete – und je nach Kontext sehr unterschiedliche – Erlösungsbedürftigkeit der Menschen ist. Um die Tragweite des Erlösungshandelns Jesu Christi darzustellen, greifen sie auf eine kulturell und sozial bedeutsame Sprache zurück: So ist Jesus „Gefährte afrikanischer Frauen, Heiler asiatischer Frauen, Befreier lateinamerikanischer Frauen" (Strahm 1997; Kalsky 2000). Damit Christologie existenziell bedeutsam und lebenswirksam werden kann, muss sie kontextuell sein. Die Inkarnation Gottes wird hier nicht exklusiv, sondern inklusiv verstanden. „Jesus ist der Christus, Inkarnation der Leben spendenden göttlichen Kraft/Macht„ (...) die göttliche Kraft ist überall dort gegenwärtig, wo Befreiung aus Unterdrückung und Unrecht, wo Erlösung aus entfremdeter Menschlichkeit geschieht und Verwundetes geheilt wird, wo sich Menschwerdung Gottes fortsetzt im Leben und Handeln all jener Frauen und Männer, die gemeinsam am (...) Aufbau des Reiches Gottes mitwirken" (Strahm 2002, 309).

Eine einheitliche „feministische" Christologie lässt sich nicht ausmachen. Insbesondere die Auseinandersetzung mit der Kreuzestheologie und die Betonung der Notwendigkeit fortwährender christologischer Inkulturation sind kontroverse Themen, die über die feministische Fragestellung weit hinausreichen.

10.3.5.2 Themen feministischer Ethik

Die Kritik am theologischen Androzentrismus kann in der feministischen Ethik gut veranschaulicht werden. Die traditionelle Ethik hat relevante Erfahrungen von Frauen nicht berücksichtigt und unter dem Anspruch des Universalismus männlich geprägte Positionen vertreten.

Paradigmatisch hierfür ist die Kohlberg-Gilligan-Debatte (Praetorius 2003). In Kohlbergs viel rezipierter Stufentheorie des moralischen Urteils erreichen (ursprünglich nicht in die Untersuchung einbezogene) weibliche Probandinnen nicht das moralische Urteilsniveau von Männern. Die höchste Stufe äußert sich in kontextunabhängigen Prinzipien, durch Unabhängigkeit von Konventionen und Beziehungen und durch die Orientierung an einem autonom gedachten Gewissen. Gilligan sieht hierin aber nicht das Problem der Frauen, sondern einer von einem männlichen Sozialcharakter geprägten androzentrischen Forschung, bei der Sorge für andere nicht dem Erwartungshorizont entspricht und daher abgewertet wird. Eine Beziehungsmoralität hat hierin keinen Platz. In der breiten Debatte, die bis heute anhält, sind aus feministisch-theologischer Sicht die Konsequenzen für das Menschenbild wichtig. Gibt es eine geschlechtsbezogene Moralität und ist die eine der anderen überlegen? Würde in dieser Sicht die traditionelle Minderbewertung der weiblichen Moralität zu einer Überlegenheit?

Ein weiteres Thema feministischer Ethik ist das Sündenverständnis. Plaskow kritisierte 1975 in „Sex, sin and grace" eine protestantische Ethik, in der Selbstverleugnung gepriesen und Hybris als *die* menschliche Grundsünde angesehen wird. Hybris jedoch, so Plaskow, sei eine typisch männliche Verfehlung, für Frauen hingegen sei es wichtig, den Weg aus der Selbstverleugnung zum Selbstbewusstsein zu finden (Plaskow 1975).

Weiterhin wird in der feministischen Ethik der strukturelle Aspekt der Sünde betont. „Nach biblischem Verständnis ist Sünde nicht bloß ein privates oder persönliches Übel (beispielhaft dargestellt in der sexuellen Verfehlung), sondern sie bedeutet primär die mächtigen geschichtlichen Verflechtungen des Bösen, auch wenn die Menschen durch ihr individuelles Verhalten mitschuldig sind" (Ruether 1984, 17). Sünde manifestiert sich in ungerechten Strukturen, zu deren Erhaltung auch Frauen beitragen können. Von daher erschließt sich auch die Mittäterschaftsthese von Thürmer-Rohr (Thürmer-Rohr 1990). Indem Frauen viele Bereiche formaler Macht kaum zugänglich sind, können sie der Versuchung erliegen, sich ausschließlich als Opfer anzusehen. Damit werden einerseits die komplexen Machtverhältnisse, in die jeder Mensch verstrickt ist, nicht anerkannt, andererseits die Möglichkeit verneint, sich selbst und andere zu ermächtigen und damit Welt verantwortlich mit zu gestalten (Praetorius 2005, Moser 2007).

Zentrale Themen der feministischen Ethik sind von Anfang Macht und Gewalt gewesen. Schon in der säkularen Frauenbewegung ist physische, psychische oder sexuelle Gewalt an Frauen ein wichtiges Thema gewesen; ein typisches Frauenthema auch insofern, als man sich fortwährend gegen seine Banalisierung (Gewalt gegen Frauen sei lediglich eine private Beziehungstat; das Ausmaß der Gewalt würde überschätzt) zur Wehr setzen musste. Für feministische Ethikerinnen ging es darum, weibliche Körperlichkeit ethisch-theologisch und nicht nur aus Männersicht zu thematisieren (wie z. B. bei der kirchlichen Diskussion um den Schwangerschaftsabbruch). Die medizinischen Möglichkeiten haben Fragen der Reproduktionsmedizin wie auch der plastischen Chirurgie aufgeworfen. Durch die Globalisierung und die neoliberale Ökonomie stellen sich Probleme von Prostitution und Menschenhandel in neuer Sicht.

Es geht einerseits darum, die komplexen Verstrickungen von Macht aufzuzeigen, an denen auch Frauen teilhaben können, andererseits den Unterschied zwischen Täter/innen und Opfern nicht zu verwischen und Sünde vorschnell zu tilgen.

10.4 Institutionalisierung

10.4.1 Feministische Theologie an den Universitäten

Feministische Theologie entwickelte sich zunächst an der kirchlichen Basis, in Orten der kirchlichen Frauenbewegung und Frauenbildung und wurde von engagierten Theologiestudentinnen an die Hochschulen gebracht, als private Lesekreise oder in Arbeitsgruppen von Hochschulgemeinden. Gelesen wurde vor allem die amerikanische Literatur. Für sie stellte sich die Frage nach der Institutionalisierung feministischer Theologie an den Universitäten, weil die entsprechenden Inhalte nicht Teil der Lehre oder der Prüfungen waren. In ihrem Studienplan hatte feministische Reflexion keinen Platz; auch hatten sie praktisch keine Gelegenheit, von einer Theologieprofessorin unterrichtet zu werden; der akademische Kontext war männlich geprägt. Der erste Schritt der Institutionalisierung war die Etablierung von feministischen Lehraufträgen – auf hartnäckige Initiative dieser Studentinnen hin. Sie fanden an einer Reihe von Universitäten statt, z. B. in Münster, Frankfurt, Kassel, Würzburg, Freiburg, Luzern. Parallel dazu wurde es leichter möglich, Qualifikationsarbeiten bis hin zu Dissertationen im Bereich feministischer Theologie zu schreiben. Einige Studentinnen hatten neben der wissenschaftlichen Arbeit im engeren Sinne mit dem Misstrauen ihrer akademischen Lehrer gegenüber dem Thema zu kämpfen; für die Aufgeschlosseneren unter ihnen war es ein willkommener Zugang zu bisher Unbekanntem.

Auch war man sich nicht darüber einig, wie weit eine Eingliederung feministischer Wissenschaft in den universitären Betrieb überhaupt möglich sei, ohne die politischen Ziele zu kompromittieren. In den Sozialwissenschaften hatte es eine leidenschaftliche Diskussion über die Alternative „Frauenforschung" – in Anlehnung an die amerikanischen „Women's Studies" versus feministische Forschung gegeben. Alice Schwarzer schrieb, Frauenforschung sei ein großer Irrtum: „Frausein aber ist eben an sich noch lange kein Programm! Und Frauenforschung auch nicht" (Schwarzer 1984, 44). Sie wollte damit nicht die Forschung von Frauen diskreditieren, sondern betonen, dass sie als feministische Forschung untrennbar mit den politischen Zielen der Frauenbewegung verbunden sei. Wenn Frauen andere Frauen erforschen, könne das durchaus reaktionären Zielen dienen; feministische Forschung sei demgegenüber kritisch und politisch. Die „Methodischen Postulate zur Frauenforschung" von Maria Mies sind der Schlüsseltext in dieser Debatte (Mies 1984). Erfahrungen von Frauen ließen den Forschungsbetrieb nicht unverändert, deshalb sei eine kompensatorische Forschung sinnlos. Weil Frauen in der Forschung zu frauenbezogenen Themen Betroffene und Forschende zugleich seien, müsse das forschungsmethodische Postulat der Objektivität, d. i. die Trennung zwischen Subjekt und Objekt, aufgegeben werden. Die subjektive Betroffenheit sei eine Ressource, die der wissenschaftlichen Erkenntnis diene und die viel besser als „objektive" Wissenschaft (die zudem dem Androzentrismusverdacht unterlag) zur Verbesserung der Gesellschaft im Sinne der Aufhebung von Unterdrückung beitragen könnte. Gefordert war bewusste Parteilichkeit. „Sie [die Wissenschaftlerinnen] werden vor allem die Borniertheit, Abstraktheit, politische Impotenz und Arroganz des etablierten Wissenschaftlers ablegen und lernen, dass die die Beschäftigung mit Wissenschaft nicht ein Privileg [...] ist, sondern dass die Kreativität der Wissenschaft von ihrer Verankerung in lebendigen Lebensbezügen abhängt" (Mies 1984, 13).

Die Mies'schen Postulate blieben nicht unwidersprochen. Thürmer-Rohr wies in ihrer Replik die Vermischung der moralischen und methodischen Seite als wissenschaftlich inakzeptabel zurück (Thürmer-Rohr 1984). Zudem kritisiert sie die Verallgemeinerung der Frauenerfahrung (qua Unterdrückung). Diese hier nur kurz angedeutete Kontroverse hat in der feministischen Theologie in dieser Weise nicht stattgefunden. Sie zeigt aber die Vorbehalte gegenüber einer Einbindung der Theologie in die Institution, und zwar von Seiten derjenigen, die sie betreiben und derer, die Verrat an den Errungenschaften objektiver Wissenschaft witterten.

Feministische Theologinnen haben sich de facto im Rahmen der akademischen Forschung der anerkannten Methoden bedient, sie allenfalls weiterentwickelt. Viele der damaligen Initiandinnen haben inzwischen akademische Karrieren gemacht, viele Frauen betreiben inzwischen theologische Forschung. Nicht alle verstehen sich als feministisch.

Eine andere Frage war die, ob es wünschenswert sei, die Etablierung eines eigenen feministischen Lehrstuhls anzustreben. Da feministische Theologie eine Querschnittaufgabe, nicht aber eine theologische Disziplin ist, lag ein geeignetes Profil für einen solchen Lehrstuhl nicht auf der Hand. Würde es reichen, dass die Lehrstuhlinhaberin eine Frau sei, die Theologie betreibt, oder müsste man sicherstellen, dass sie die „richtige" Einstellung mitbringt? Würde eine solche Institutionalisierung Universitätsleitungen zu einer Feigenblatt-Politik verführen, dass man „Alibi-Frauen" bevorzugt, die feministische Anliegen nicht vertreten?

Bei den verwirklichten Dozenturen, Professuren und Forschungsstellen haben sich diese Befürchtungen nicht bewahrheitet; als Problem hat sich vielmehr herausgestellt, dass diese „Institutionalisierungen" in Zeiten knapper Ressourcen keine starke Lobby hatten und deshalb gekürzt oder aufgegeben worden sind.

Eine Ausnahme bildet bisher die Professur für Feministische Theologie an der Augustana-Hochschule in Neuendettelsau. 1983 wurde an der katholischen Universität Nijmegen ein besonderer Lehrstuhl für „Feminismus und Christentum" an der theologischen Fakultät errichtet; ihre erste Inhaberin war Catharina Halkes. An der Universität Frankfurt fanden von 1990–1999 viel beachtete Ringvorlesungen mit feministisch-theologischen Themen statt, an der Universität Luzern/Schweiz findet seit 1985 in jedem Semester ein Lehrauftrag zur theologischen Frauenforschung statt. In Bonn wurde 1997 der neue Lehrstuhl für Altes Testament und Theologische Frauenforschung mit Irmtraud Fischer besetzt. Fischers Wechsel nach Graz 2004 wurde zum Anlass genommen, die Professur in eine Arbeitsstelle für theologische Genderforschung umzuwandeln; sie wird derzeit von der Kirchenhistorikern Gisela Muschiol geleitet. Seit 1998 ist Marie-Theres Wacker Professorin für Altes Testament und theologische Frauenforschung. „Die Arbeitsstelle Feministische Theologie und Genderforschung ersetzt seit dem 01.08.2007 das Seminar für Theologische Frauenforschung, das 9 Jahre nach seiner

Gründung und als letztes seiner Art in Deutschland geschlossen wurde", heißt es auf der Webseite der Arbeitsstelle.

Als nicht-universitäre Institution wurde 1994 das Frauen-, Studien- und Bildungszentrum der EKD in Gelnhausen eröffnet, das 2007 dem Arbeitsbereich Gender des Comenius-Instituts in Münster zugeordnet wurde und in Hofgeismar ansässig sein wird (www.ekd.de/fsbz). Obwohl hauptsächlich an den Bedürfnissen der kirchlichen Bildungsarbeit orientiert, ist es als Ort der Reflexion und Weiterentwicklung feministischer Theologie – besonders im Hinblick auf Liturgie und Institutionalisierung – von großer Bedeutung.

Die Blütezeit der Institutionalisierung feministischer Theologie an den Universitäten scheint nur von kurzer Dauer gewesen zu sein; allerdings finden sich sowohl an katholischen wie an evangelischen Fakultäten Professorinnen durchaus mit feministischem Profil. Diese Entwicklung ist dafür verantwortlich, dass die theologische Frauenforschung inzwischen reichhaltige wissenschaftliche Frucht gebracht hat.

10.4.2 Feministisch-theologische Zeitschriften

Elisabeth Schüssler Fiorenza und Judith Plaskow gründeten 1985 das *Journal of Feminist Studies in Religion* mit zweimal jährlicher Erscheinungsweise, die erste akademisch ausgerichtete feministisch-theologische Zeitschrift. Bereits seit 1983 erscheint in Münster viermal jährlich *schlangenbrut – zeitschrift für feministisch und religiös interessierte frauen*. Sie ist als Projekt engagierter junger Theologinnen entstanden, die damit ein Forum für feministische Theologie eröffnen wollten. An der Entwicklung ihres äußeren Erscheinungsbildes – vom „handgemachten" Layout zu einer professionellen Gestaltung – lässt sich in gewisser Weise die Entwicklung der feministischen Theologie in Deutschland sinnlich nachvollziehen. Der Name der Zeitschrift war bewusst kämpferisch gewählt, sollte aber auch „die Vieldeutigkeit der Frauengeschichte und des Frauenlebens spiegeln. Zwischen der Schlange als altem Symbol von Weisheit und Leben und patriarchalen Fantasien, die die Schlange als Inbegriff der sündigen Weiblichkeit abbilden, sollte und konnte etwas Neues entstehen" (www.schlangenbrut.de). Die Beiträge der Zeitschrift greifen aktuelle Debatten in der feministischen Theologie auf und viele der Autorinnen sind renommierte Wissenschaftlerinnen; *schlangenbrut* ist jedoch kein wissenschaftliches Publikationsorgan.

Ein schweizerisches Pendant zur *schlangenbrut* ist die in der Schweiz erscheinende *Fama*, die seit 1985 ebenfalls vierteljährlich erscheint. „Der Name FAMA – lateinisch: Gerücht, öffentliche Meinung, Rede, guter oder schlechter Ruf – war Programm: Die Herausgeberinnen wollten sich einmischen in die öffentliche Diskussion, ihre Meinung kundtun als feministische Theologinnen, Themen aufgreifen, die in der (kirchlichen und theologischen) Männerpresse keinen Platz hatten. Die FAMA wollte zudem Forum und Netzwerk sein für Frauen, die den Aufbruch wagten aus einer von Männern geprägten Kirche und Gesellschaft, wollte Informationen anbieten und Verbindungen weben" (www.fama.ch). Sowohl Fama wie Schlangenbrut sind autonome Frauenprojekte und werden ehrenamtlich betrieben. Die Redakteurinnen sind in der Mehrzahl katholische und evangelische Theologinnen. Sie verstehen sich als Kommunikations- und Diskussionsforum, die keine bestimmte Richtung der feministischen Theologie vertreten. In den letzten Jahren finden sich vermehrt Beiträge jüdischer und muslimischer Autorinnen. Das Anliegen des interreligiösen Gesprächs hat stark an Bedeutung gewonnen.

Als wissenschaftliches Publikationsorgan der Feministischen Theologie hat sich das *Jahrbuch der Europäischen Gesellschaft für Theologische Forschung von Frauen* etabliert, dessen Band 15 zuletzt erschienen ist. Es enthält Beiträge von ESWTR-Mitgliedsfrauen. Seine besondere Qualität liegt darin, europäische theologische Vielfalt abzubilden.

Seit 2000 erscheint die Internet-Zeitschrift *Lectio difficilior* als europäische Fachzeitschrift für feministische Exegese, Hermeneutik und zugeordnete Forschungsbereiche Sie erscheint halbjährlich in Bern und wird von Silvia Schroer und Tal Ilan herausgegeben.

Alle feministisch-theologischen Zeitschriften sind überkonfessionell und haben einen interdisziplinären Zugang.

Feministisch-theologische Themen werden auch von anderen theologischen Fachzeitschriften gelegentlich aufgenommen. Besonders zu erwähnen ist hierbei *Concilium*, wo seit 1980 in loser Folge feministisch-theologische Themenhefte erscheinen, bis 2007 insgesamt 14. Besonders die frühen Ausgaben „Frauen in der Männerkirche?" (4/1980) und „Frauen – unsichtbar in Theologie und Kirche" (6/1985) sowie das nicht ausschließlich feministisch orientierte Heft „Gottvater?" (3/1981) enthielten wichtige Beiträge, welche die feministisch-theologische Diskussion bekannt machten und anregten.

10.4.3 Wissenschaftliche Vereinigungen

Aus den Arbeitskreisen der 80er Jahre entwickelte sich mit den Jahren eine Vielzahl regionaler, nationaler und internationaler Vereinigungen mit unterschiedlichen Schwerpunkten (kirchenpolitisch, praktisch-theologisch, wissenschaftlich).

Für die wissenschaftliche feministische Theologie ist die ESWTR (Europäische Gesellschaft für theologische Forschung von Frauen) als wichtigste zu nennen. Die Gesellschaft wurde 1986 in der Schweiz gegründet und zählt heute über 500 Mitglieder aus fast allen europäischen Ländern. Schon vor der Erweiterung der Europäischen Union wurden intensive Kontakte zu Theologinnen aus den Ostblockstaaten gepflegt. Auch der Austausch mit Theologinnen aus Nord- und Südamerika sowie aus Asien gehört zum festen Bestandteil der Zusammenkünfte. Neben den Treffen der nationalen und der Fachgruppen finden alle zwei Jahre mehrtägige internationale Treffen an unterschiedlichen europäischen Orten statt (www.eswtr.org).

In einer wissenschaftlichen Vereinigung konkretisiert sich die Diskussion feministische Theologie versus Frauenforschung wie auch die Frage nach der Differenz (s. Kap. 10.5.1) auf eine spezifische Weise. Dass es der ESWTR von Anfang an wichtig war, internationale Breite und Vielfalt einzuholen, entschied sie sich gegen das Wort „feministisch" in ihrem Namen, weil das in den meisten Mitgliedsländern zu Akzeptanzproblemen geführt hätte, da es als zu kämpferisch, sektiererisch und männerfeindlich wahrgenommen wird. Noch im ESWTR-Jahrbuch 2005 erklärt Elisabeth Parmentier die weitgehende Abwesenheit französischer Theologinnen in der ESWTR damit, dass die „feministische Theologie" in Frankreich nicht so sichtbar sei, weil ein partnerschaftlicher Weg gewählt worden sei, der auf Dialog, Gegenseitigkeit und der Solidarität zwischen Frauen und Männern gründe. Will eine Organisation wie die ESWTR eine möglichst breite Mitgliedschaft haben, so muss sie auf politische Zielsetzungen verzichten. Das Kriterium dieser Mitgliedschaft ist dann tatsächlich die biologische Geschlechtszugehörigkeit. Allerdings unterscheidet die Erfahrung und die Atmosphäre einer wissenschaftlich-intellektuellen vielfältigen Frauenwelt, wie sie bei den internationalen Konferenzen möglich ist, die ESWTR durchaus von anderen wissenschaftlichen Vereinigungen.

Für viele der Frauen ist aber die Präsenz der ESWTR (z. B. bei internationalen Treffen 1997 in einem griechisch-orthodoxen Zentrum auf Kreta) ein wichtiger Aspekt der Sichtbarkeit von Frauen in ihren eigenen Kirchen bzw. Ländern. Insofern wird hier eine politische Aufgabe erfüllt.

10.5 Gender: ein Paradigmenwechsel in der Theologie?

10.5.1 Gleichheit und Differenz

Was unterscheidet die Geschlechter und welche Konsequenzen haben diese Unterscheidungen für das Menschenbild? Führt die Kritik an einer männlich geprägten Religion zu einem weiblichen Sonderweg oder zu einer integrativen Vision? Sind Geschlechtsunterschiede in einer integrativen Vision noch von Bedeutung? Wie verhalten sich Geschlechtsunterschiede zu kulturellen, religiösen, politischen oder anderen Unterschieden?

In der feministischen Theologie wird das dualistische Menschenbild kritisiert, in dem Frauen Männern wesensmäßig untergeordnet sind. Der Gleichheitsfeminismus in der Tradition von Simone de Beauvoir hat die biologistischen Fehlschlüsse des dualistischen Menschenbildes entlarvt. Sie hat die Unterscheidung zwischen „sex" (biologisches Geschlecht) und „gender", (Geschlechtsrolle) eingeführt, eine Unterscheidung, welche Annahme sog. Geschlechtscharaktere und die Ontologisierung von Geschlecht ablehnt. Es wird bestritten, dass zwischen dem als „natürlich" vorausgesetzten Geschlecht (sex) und den Frauen und Männern zugeschriebenen gesellschaftlichen Geschlechterrollen ein kausaler Zusammenhang besteht. Insbesondere die Gebärfähigkeit der Frau diente dazu, den Aktionsradius von Frauen zu begrenzen und ihnen „weibliche" Eigenschaften zuzuschreiben, die sie wiederum unter Beweis stellen sollten, um als richtige Frau zu gelten. Die Unterscheidung zwischen „sex" und „gender" war ein wichtiges Instrument des Gleichheitsfeminismus in seinem politischen Kampf um volle Teilhabe von Frauen an der Demokratie, an den Bildungsinstitutionen und am Zugang zum gesamten beruflichen Spektrum.

Beauvoir sah die Freiheit der Frau vor allem in der Transzendenz von gesellschaftlichen wie auch leiblichen Begrenzungen. Ihr wurde – nicht ganz zu Unrecht – vorgeworfen, in ihrem Idealbild orientiere sie sich an einem aufklärerischen entkörperlichten männlichen Subjekt, was letztendlich die Abwertung gelebten Lebens von Frauen beinhalte. Insbesondere die Mutterschaft, so lautete die Kritik, würde abgewertet. In der Tat ist der Gleichheitsfeminismus hier an eine Grenze geraten.

Dagegen zeigt sich eine Entwicklung, die man mit „Neue Weiblichkeit" bezeichnete. Hier werden gerade die Eigenschaften, die Frauen zugeschrieben werden wie Fürsorglichkeit, Empathie, Emotionalität, Naturverbundenheit, Kommunikativität, Machtferne und fehlende Aggression als besonders positiv herausgestellt. Im sog. Ökofeminismus gelten die Frauen als diejenigen, die vermögen, die Erde vor dem ökologischen Desaster zu bewahren. Die logische theologische Konsequenz hieraus ist die Göttin.

Die italienische Philosophinnengruppe Diotima steht prominent für den Differenzfeminismus (Diotima 1999). Im Zentrum ihrer symbolischen Ordnung steht die Mutter, kritisiert wird die Orientierung an einer männlich definierten Freiheit, die Angleichung an männliche Standards. Universalität, so heißt es, sei nichts anderes als eine männliche Projektion, welche die Differenz auslöscht. Frauen nehmen sich gegenseitig als Autorität wahr und sehen im Netz weiblicher Beziehungen einen Ausdruck von Freiheit und die Quelle des Göttlichen.

10.5.2 Dekonstruktion der Zweigeschlechtlichkeit

Gender hat in den Geisteswissenschaften vielfach den feministischen Zugang – dort, wo dieser überhaupt rezipiert wurde – abgelöst. Dass Genderforschung an den Universitäten ein breiteres Echo findet, hat seinen forschungspolitischen Grund u. a. in den größeren Ressourcen, die neuerdings dafür zur Verfügung stehen. Die Genderforschung bezieht sich auf die Geschlechterverhältnisse insgesamt, umfasst aber letztlich auch mehr als „Frauen und Männer". Sie zielt darauf ab, die Prägung der Weltwahrnehmung durch die Norm der Zweigeschlechtlichkeit zu dekonstruieren.

Zentral ist dabei der Bedeutungswandel des Begriffs „gender" von der feministischen Theorie hin zur Genderforschung. Für den feministischen Ansatz war die Unterscheidung zwischen „sex" und „gender" die Grundlage.

Die Trennung zwischen „sex" und „gender" wurde von Judith Butler 1991 grundlegend in Frage gestellt (Butler 1991). Weil das Verständnis des geschlechtlichen als biologischer Körper immer gesellschaftlich-kulturell vermittelt sei, gibt es keinen unverstellten Zugang zum biologischen Körper. Biologische Beschreibungen sind lediglich eine „Konstruktion, die die Fiktion des Natürlichen" bewirken (Bussmann/Hof 1995, 24). Geschlecht ist für Butler „eine Weise, seinen Körper zu existieren" (Butler 1991, 64), eine Seinsform, die durch das Handeln fortlaufend reproduziert oder auch neu konstruiert wird („Doing Gender"), so dass nicht zwei, sondern eine Vielzahl von Geschlechtern aufscheinen. Geschlecht „hat" man nicht, man „tut" es.

Weil das Geschlecht „getan" wird, erweisen sich Geschlechtsidentitäten oft als fragil und uneindeutig. Sie sind nur im Vollzug zu erfassen. In der sog. „queer theology" wird durch das Spiel mit geschlechtlichen Attributen und durch gezielte Provokation oder Verwirrung versucht, eine Kultur jenseits der Zweigeschlechtlichkeit zu schaffen (Rakel, in: Leicht u. a. 2003, 32).

Die Grenzen des Geschlechts bestimmt also nicht die Anatomie, sondern das „Gewicht kultureller Institutionen, die per Konvention die Anatomie interpretiert haben" (Butler 1991, 64). In diesem Verständnis verschmelzen Sex und gender zu einem neuen umfassenden Verständnis von Geschlecht. Der neue Genderbegriff zielt auf die Reflexion über die Konstruktion und Funktionsweise von Geschlecht und Zweigeschlechtlichkeit.

Die These von der Konstruktion des Geschlechts wird kontrovers diskutiert. Zwar hat sie durch den Körperdiskurs der Geschichtswissenschaft und in der Soziologie Unterstützung erhalten (Bowald 2002, Sarasin 2001); ihre Plausibilität ist jedoch in der Alltagskommunikation und angesichts der medialen Renaissance des geschlechtlichen Biologismus schwer zu vermitteln.

10.5.3 Von der feministischen Forschung zur Genderforschung

Grenzen der traditionellen Frauenforschung haben sich dort gezeigt, wo Frauenthemen nicht in den umfassenderen Kontext des Geschlechterverhältnisses gestellt worden waren. Da Frauen- und Männerleben aufs engste miteinander verknüpft sind, muss diese Verknüpfung berücksichtigt werden. Die Berücksichtigung der sozialen, kulturellen und ökonomischen Kontexte ist für feministische Forschung ebenso unverzichtbar wie der Kontext des „anderen", männlichen Geschlechts.

Genderforschung nimmt das Geschlechterverhältnis als Ganzes in den Blick und dekonstruiert die darin enthaltene Opposition. Gleichzeitig analysiert sie den Einfluss der Kategorie „Geschlecht" in ihrer sozialen, kulturellen und politischen Realität als Mechanismus der Hierarchisierung (Hof in: Bussmann/Hof 1995, 21). Das impliziert auch eine „konsequente Historisierung" von Männlichkeit und Mann-Sein. „Männlichkeit als Lebenspraxis, Einstellung und Habitus ist nicht angeboren, sondern – in Analogie zu Simone de Beauvoirs These ‚Wir werden nicht als Frauen geboren, sondern dazu gemacht' – gemacht" (Conrad 2003, 145).

Wird Gender als soziale Konstruktion gedacht, so eröffnen sich neue Möglichkeiten im Hinblick auf Kontinuität und Wandel des Verständnisses von Geschlecht. Es kann erklärt werden, wie die einzelne Person sich an einer solchen Konstruktion beteiligt. Das gilt für Weiblichkeit ebenso wie für Männlichkeit. Mit Bourdieu könnte man hier von einem erlernten Habitus sprechen. Er geht der Frage nach, wie dominante Männlichkeit weiter gegeben wird. „Durch eine permanente Formierungs-, eine Bildungsarbeit, konstruiert die soziale Welt den Körper als vergeschlechtlichte Wirklichkeit und in eins als Speicher von vergeschlechtlichenden Wahrnehmungs- und Bewertungskategorien, die wiederum auf den Körper in seiner biologischen Realität angewendet werden" (Bourdieu 1997, 167 f.).

Durch die Gender-Fragestellung sind neue Themen ins Zentrum gerückt bzw. wieder aufgenommen worden. In der Auseinandersetzung mit dem Konstruktivismus sowie aktuellen gesellschaftlichen Entwicklungen (Schönheitskult) wird das Thema „Körper" in der Geschichtswissenschaft, Soziologie und Philosophie diskutiert. In der Theologie sind eine Reihe von Studien im Bereich Bibel, Kirchengeschichte, Religionspädagogik und Ethik erschienen (Ammicht-Quinn 1999; Bowald 2002, Kuhlmann 2004).

Des Weiteren etabliert sich derzeit eine breite Männerforschung, die sich mit den unterschiedlichen Rollenperspektiven von Jungen und Männern auseinandersetzt. Das Diktum von Simone de Beauvoir, dass Frauen nicht als Frauen geboren, sondern dazu gemacht werden" wird in Bezug auf Männer neu buchstabiert. Das Referenzwerk von Robert Connell trägt in der deutschen Übersetzung den Titel *Der gemachte Mann*. So gibt es keine eindeutige Männlichkeit, sondern Männlichkeiten – *Masculinities*, so der englische Originaltitel – die in der Gesellschaft hierarchisiert sind. Im Bereich der Pädagogik und Religionspädagogik, besonders im Hinblick auf Jugendarbeit, wird die Jungen- und Männerforschung stark rezipiert (Knauth 2002). Auch für das Neue Testament liegt eine Monografie vor. (Moore u. a. 2003).

10.6 Entwicklungslinien feministisch-theologischen Denkens exemplarisch: Die Frage nach Gott

Die Diskussion um die Gottesfrage ist paradigmatisch für die Entwicklungen in der feministischen Theologie bis hin zum Genderdiskurs.

Die Abwesenheit weiblicher Bilder für Gott in der Theologie motivierte Forschungsaktivitäten, die durch die kompensatorisch orientierte Suche nach weiblichen oder frauenbezogenen Gottesvorstellungen geprägt waren. Die Ergebnisse zeigten, dass sowohl die biblische wie die kirchliche Tradition eine größere Vielfalt bereithalten, als es die Theologie bis dahin wahrgenommen hatte. Begriffe wie „Ruach" und „Schechina" repräsentieren weiblich geprägte Gottesvorstellungen, bei Hosea und Jesaja werden Gott mütterliche Aktivitäten zugeordnet (Mollenkott 1985; Wacker 1987). Dies ging einher mit der „Entdeckung" und Aufwertung biblischer Frauengestalten insgesamt. Die Weisheitstheologie weist mit vielfältigen Bezügen auf die Lebenswelt von Frauen hin und zieht sich bis ins NT als Weisheitschristologie weiter. Es wurde nachgewiesen, dass die dritte Person der Trinität in der Ruachvorstellung des Alten Testamentes wurzelt und erst spät „vermännlicht" worden sei. Schließlich wurde betont, dass der Vatergott Jesu durchaus mütterliche Züge trage und keineswegs patriarchal vereinnahmt werden könne (Überblick: Jakobs 1993). Dabei hat sich jedoch auch herausgestellt, dass ausdrücklich weibliche Formulierungen nur einen kleinen Teil im Gesamten ausmachen, wobei die Quantität allerdings auf dem Hintergrund der Überlegungen einer Hermeneutik des Verdachts (vgl. 10.3.3) keinen Rückschluss auf die tatsächliche Bedeutung erlaubt.

Der entscheidende Punkt bei der geschlechtlichen Repräsentation des Gottesbildes ist aber nicht eine quantitativ gleiche Verteilung beider Geschlechter, sondern die Frage sowohl nach der gesellschaftlichen Funktion wie nach der psychologischen Wirkung solcher Bilder. Bei Mary Daly heißt es: „Wenn Gott männlich ist, (…) muss das Männliche Gott sein" (Daly 1980, 33). Es sei kein Zufall, dass man sich z. B. in einer patriachalen europäischen Gesellschaft Gott nicht als eine schwarze Frau vorstellt, m. a. W.: Weil sich in der Vorstellung von Gott die herrschenden Werte und Prinzipien einer Gesellschaft spiegeln, trägt diese dazu bei, existierende Hierarchien zu stützen. Auf der individuell psychologischen Ebene bewirkt ein ausschließlich männliches Gottesbild ein negatives Selbstbild von Frauen und verhindert, dass sie ihren Anteil an gesellschaftlicher Macht, Einfluss und Status einklagen. Ähnlich kritisiert Sölle die Verknüpfung von Vatergott und Gehorsamskultur (Sölle, 1982).

Theologisch annehmbare sprachlich-pastorale Lösungen der Gottesanrede haben sich durch den kompensatorischen Weg außer dem nicht befriedigenden „Gott, unser Vater und unsere Mutter" nicht ergeben. Die bloße Ergänzung des Männlichen durch das Weibliche birgt die Gefahr wie rein männliche Gottesbilder, das Abbild mit dem Bezeichneten gleichzusetzen. Auch die Familienmetaphorik kann sich als begrenzend und eng erweisen.

Die kompensatorische Forschung konnte den Verdacht, dass die jüdisch-christliche Tradition eben doch grundsätzlich und unveränderbar patriarchal geprägt sei, bei vielen nicht ausräumen. In der Göttintheologie wird dem Androzentrismus der Gynozentrismus entgegengesetzt. Sie scheint wie keine andere Vorstellung die Wertschätzung des Weiblichen in allen seinen Dimensionen zu repräsentieren, vom weiblichen Körper bis hin zu „weiblichen" Werten wie Umsorgen, Nähren, Mütterlichkeit und Verantwortung für die Natur. Mit der Göttintheologie ging eine Renaissance der Matriarchatstheorien des 19. Jahrhunderts einher. Das Matriarchat wird als ein „goldenes Zeitalter" beschrieben, in der die Menschen schöpferisch sein konnten und friedlich miteinander lebten; die übergeordnete Position von Frauen habe nicht zu Machtmissbrauch geführt. Außerdem habe das Leben im Einklang mit der Natur und ihren Zyklen stattgefunden. Leben und Tod wurden als ein immerwährender Kreislauf von und zu Mutter Erde angesehen. In der Praxis der Göttinspiritualität spielt das zyklische Zeitverständnis eine maßgebliche Rolle und wird in Feiern gemäß der Jahreszeiten, Mondphasen, des weiblichen Monats- und Lebenszyklus zelebriert. Häufig werden Elemente aus dem Hexenkult sowie magische und intuitive Elemente in den Kult integriert.

In der Göttinspiritualität zeigt sich eine radikale Abwendung von der jüdisch-christlichen Tradition wie auch von der akademischen Theologie. Als prominente Vertreterinnen sind in den USA Starhawk und in Deutschland die ehemalige evangelische Theologin Elga bzw. Helga Sorge bekannt geworden. Über die quantitative Verbreitung lassen sich keine Angaben machen.

Die Göttin bietet eine umfassende Identifikation für Frauen an; sie bleibt nicht äußerlich, sondern ist „in mir." Gisela Matthiae bemerkt dazu kritisch: „Die Rede von der ‚Göttin in mir' erschien mir immer schon als eine nahezu unmenschliche Überhöhung als weiblich gedachter Eigenschaften" (Matthiae 2000, 20).

Neben den historischen Einwänden, die das Matriarchat betreffen, und der Skepsis gegenüber magischen Praktiken ist die Göttintheologie wegen des idealisierten Frauenbildes und wegen ihres unreflektierten Naturromantizismus kritisiert worden. Die Wertschätzung von Frauen wird ausschließlich von ihrer potenziellen Mutterrolle abgeleitet, was eine enorme Verengung des Frauenbildes bedeutet. Außerdem ist die Verknüpfung von Göttinverehrung und Matriarchat keineswegs zwingend; die Vorstellung einer Göttin kann ohne weiteres mit Frauendiskriminierung einhergehen, wie sich an Beispielen aus dem Hinduismus zeigen lässt.

Gottesvorstellungen jenseits der Zweigeschlechtlichkeit finden sich bei Mary Daly und der schon erwähnten Carter Heyward. (10.3.5.1) Daly umschreibt das Göttliche als „wahres Sein" und wehrt sich gegen die „Materialisation von Geist". Es wird erreicht durch einen Akt der Transzendenz, der es Menschen ermöglicht, jenseits fremdbestimmter, instrumenteller Vorstellungen ihre wahre Menschlichkeit zu entdecken. Dieser Prozess hat keinen „Wellnesscharakter", sondern besteht in der schmerzhaften Ablösung von falschen, da entfremdenden Bildern und Erwartungen, einem „Fall ins Nichts" (Daly 1980). Von der Struktur her lehnt sich der Gedanke an die Passionstheologie an; neu ist jedoch die radikale Interpretation im Hinblick auf Frauen. Die Theologin Mary Daly hat sie schließlich aus dem Christentum herausgeführt.

Anders Carter Heyward. Für sie ist Gott „Macht in Beziehung" (Heyward 1986). Die zentrale Bedeutung von Beziehung sieht sie in der Praxis des Handelns Jesu grundgelegt, in seinem Umgang mit Gott und den Menschen. Anderseits ist „Beziehung" der Schlüsselbegriff sowohl für Frauenbefreiung wie für eine universal gedachte Befreiung. „Durch die feministische Bewegung habe ich gelernt, unsere Macht in Beziehung als Gott zu erfahren, zu erkennen und auch Gott zu nennen" (Heyward 1986, 30). Wie Daly präsentiert auch Heyward kein konkretes Gottesbild. Das einzige Bild sieht sie in Jesus, denn in ihm „wird die Realität (…) beziehungshaft dargestellt" (Ebd., 74).

Gisela Matthiae schließlich hat mit der *Clownin Gott* einen Ansatz präsentiert, der das bekannte paulinische Motiv von den „Narren in Christo" (1 Kor 4,10) aufnimmt. Nachfolge Jesu muss in den Augen der Ungläubigen als Torheit erscheinen (Matthiae 1999). Die Figur des Clowns überschreitet unablässig Grenzen, indem er vorgegebene Rollen nachahmt/spiegelt, dadurch zu produktiver Verwirrung beiträgt und damit im Lachen die Rolle dekonstruiert; ein befreiendes, beschämendes oder aber entlarvendes Lachen. Das Spiel „macht darauf aufmerksam, dass ... Gefühle, Verhaltensmuster und Regeln menschliche Produkte, ‚gemacht' oder ‚konstruiert' sind" (Matthiae 2000, 18). „Die Clownin *Gott*" ist eine Metapher, die Rollen und Konstruktionen dekonstruiert. Das Problem des männlichen Gottesbildes ist nämlich, so Matthiae, das Problem eines exklusiven Gottesbildes, das keine Vielfalt zulässt. In der Figur der Clownin kristallisiert sich diese Vielfalt, allerdings nicht als Nebeneinander des Vielen, sondern als ständige Dekonstruktion und Neukonstruktion von Rollen. Auch in der Bibel, so Matthiae, werden Zuhörerinnen und Zuhörer immer wieder aufgefordert werden, ihr Denken umzudrehen. Das Kleine ist groß, die Armen sind in Wirklichkeit reich, die Letzen werden die Ersten sein etc. In der Clownin zeigt sich die Ebenbildlichkeit von Gott und Mensch in besonderer Weise, denn sie ist weder weiblich noch männlich, sondern sie sprengt diese Kategorien. Die Figur der Clownin umfasst jedoch nicht nur geschlechtliche Aspekte, sondern auch die Frage des Scheiterns und Neubeginns.

10.7 Was bleibt? Feministische Theologie im theologischen und gesellschaftlichen Diskurs

Was bleibt? Es gibt heute eine Generation von gut ausgebildeten theologischen Wissenschaftlerinnen und eine Anzahl von Theologieprofessorinnen an den Universitäten.

Aber: Die Dynamik der Frauenbewegung ist verflacht. Bei den Studierenden hat das Interesse an feministisch-theologischen Themen nachgelassen. In der gesellschaftlichen Diskussion um Geschlechtsrollen gibt es immer wieder Roll-backs hin zum Biologismus der Geschlechter. Wenn man den Konstruktivismus zu Ende denkt, kann man zu dem Schluss kommen, dass bei der Vielfalt der Geschlechter der Frauenbewegung ihr Subjekt abhandengekommen ist.

Trotzdem bleibt die feministische Theologie unaufgebbar:
- Es hat sich gezeigt, dass in der feministischen Theologie eine Reihe von weitreichenden Problemen thematisiert worden sind, die in der heutigen Theologie nicht mehr umgangen werden können. Zu denken ist an die Diskussion um den Antijudaismus (Röckemann 2004).
- In der feministischen Theologie verwirklicht sich eine Ökumene, die so selbstverständlich ist, dass sie nicht thematisiert werden muss. Allerdings ist diese Ökumene nicht naiv. In der kritischen Reflexion der weiblichen Erfahrung sind die Voraussetzungen für den Umgang mit Differenz unter Frauen geschaffen worden, der gesamtkirchlich beispielhaft ist.
- Feministische Theologie hat sich früh um das Anliegen des interreligiösen Dialogs gekümmert; heute ist es wieder notwendig zu betonen, dass in einem solchen Dialog, wo er institutionalisiert wurde, beide Geschlechter repräsentiert sein sollten.

- Die kompensatorische Seite der Forschung ist bei weitem nicht ausgeschöpft. Auch wenn Jüngerinnen und Mystikerinnen inzwischen zum Allgemeingut theologischer Bildung gehören, so ist das Gesamtbild der religiösen Tradition immer noch weitgehend männlich geprägt. Den von Virginia Woolf beklagten Mangel an Fakten gibt es immer noch (Conrad 2003, 124).
- Elisabeth Hartlieb verortet die Feministische Theologie auch im Kontext zunehmender Säkularisierung einerseits und religiösem Fundamentalismus andererseits und sieht hier eine neue Aufgabe: „Wir wollen eine gute, zukunftsfähige Theologie für die Kirchen und die Leute, die nicht mehr in den Kirchen sind, machen. ... Religion ist ein gesellschaftliches Thema geworden, das wir als Feministinnen nicht den Konservativen überlassen wollen" (Hartlieb 2005, 29).

Auch die politischen Anliegen des Feminismus bzw. der feministischen Theologie haben sich bedauerlicherweise noch nicht erledigt. Zweigeschlechtlichkeit ist weltweit nach wie vor für viele Frauen Schicksal, weil ihre Chancen und Lebensmöglichkeiten qua Geschlecht massiv eingeschränkt sind. Ontologische Annahmen über das Wesen der Frau, ihren Charakter, ihre Fähigkeiten, ihre Sexualität prägen nach wie vor reales Leben von Frauen. Um geschlechtsspezifische Benachteiligung benennen zu können, braucht man ein begriffliches Instrumentarium. Die Genderperspektive darf nicht dazu führen, dass Frau (und, so muss man wohl hinzufügen: nicht-dominierende Männer) wieder in der wissenschaftlichen Unsichtbarkeit verschwinden.

Literaturverzeichnis

1. Geschichte der Theologiegeschichte

Andresen, Carl/Ritter, Adolf M. (Hg.): Handbuch der Dogmen- und Theologiegeschichte, 3 Bde., Göttingen 2. Aufl. 1998.
Baur, Ferdinand Christian: Lehrbuch der christlichen Dogmengeschichte (1847), Darmstadt 1974.
Beyschlag, Karlmann: Grundriss der Dogmengeschichte, Darmstadt 1982 ff.
Ebeling, Gerhard: Die Geschichtlichkeit der Kirche und ihrer Verkündigung als theologisches Problem, Tübingen 1954.
Harnack, Adolf, von: Lehrbuch der Dogmengeschichte, 3 Bd., (1885), Darmstadt 1964.
Hauschild, Wolf-Dieter: Art. Dogmengeschichtsschreibung, in: TRE Bd. 9, Berlin u. a. 1982, S. 116–125.
Kantzenbach, Friedrich Wilhelm: Evangelium und Dogma. Die Bewältigung des theologischen Problems der Dogmengeschichte im Protestantismus, Stuttgart 1959.
Kasper, Walter: Tradition als theologisches Erkenntnisprinzip, in: Löser, Werner u. a. (Hg.): Dogmengeschichte und katholische Theologie, Würzburg 1985, 376–403.
Lehmann, Karl: Dogmengeschichte als Topologie des Glaubens. Programmskizze für einen Neuansatz, in: Löser, Werner u. a. (Hg.): Dogmengeschichte und katholische Theologie, Würzburg 1985, 513–528.
Löser, Werner u. a. (Hg.): Dogmengeschichte und katholische Theologie, Würzburg 1985.
McGrath, Alister E.: Der Weg der christlichen Theologie, München 1997.
Ratzinger, Josef: Das Problem der Dogmengeschichte in der Sicht der katholischen Theologie, Köln/Opladen 1966.
Seeberg, Reinhold: Lehrbuch der Dogmengeschichte, 2 Bde., (1895 f.), Darmstadt 1974.

2. Biblische Theologie

Backhaus, Knut/Häfner, Gerd: Historiographie und fiktionales Erzählen. Zur Konstruktivität in Geschichtstheorie und Exegese (Biblisch-Theologische Studien 86), Neukirchen-Vluyn 2007.
Cebulj, Christian: Ich bin es. Studien zur Identitätsbildung im Johannesevangelium (SBB 44), Stuttgart 2000.
Cebulj, Christian: Johannesevangelium und Johannesbriefe, in: Schmeller, Th.: Schulen im Neuen Testament? Zur Stellung des Urchristentums in der Bildungswelt seiner Zeit (HBS 30), Freiburg 2001, 254–342. 349–351.
Dohmen, Christoph: Gottes unerkennbare Gegenwart. Der Spannungsbogen zwischen Offenbarung und Mysterium, Bibel und Kirche 63 (1/2008) 6–12.
Frankenmölle, Hubert: Frühjudentum und Urchristentum. Vorgeschichte – Verlauf – Auswirkungen (4. Jahrhundert v. Chr. bis 4. Jahrhundert n. Chr.), Stuttgart 2006.
Frankenmölle, Hubert: Matthäus: Kommentar 1, Düsseldorf 2. Aufl. 1999.
Gaarder, Jostein: Durch einen Spiegel, in einem dunklen Wort, München 1996.
Gnilka, Joachim: Theologie des Neuen Testaments (Herders Theologischer Kommentar zum Neuen Testament, Supplementband 5), Freiburg 1994.
Gnilka, Joachim: Paulus von Tarsus. Apostel und Zeuge (HThK. NT, Suppl. VI), Freiburg 1996.
Kähler, Martin: Der sogenannte historische Jesus und der geschichtliche, biblische Christus (2. Aufl. 1896), neu herausgegeben von E. Wolf, München 4. Aufl. 1969.
Klauck, Hans-Josef: Anknüpfung und Widerspruch. Das frühe Christentum in der multireligiösen Welt der Antike, München 2002.
Porsch, Felix: Kleine Theologie des Neuen Testaments, Stuttgart 1995.
Radl, Walter: Das Evangelium nach Lukas. Kommentar (Teil I): 1,1–9,50, Freiburg 2003.
Schenke, Ludger: Das Markusevangelium, Stuttgart 1988.

Schnackenburg, Rudolf: Die Person Jesu Christi im Spiegel der vier Evangelien (HThK Suppl. I/1. 2), Freiburg 1993.
Stemberger, Günter: Das klassische Judentum. Kultur und Geschichte der rabbinischen Zeit, München 1979.
Theißen, Gerd: Das Neue Testament, München 2002.
Theobald, Michael: Gott, Logos und Pneuma. „Trinitarische" Rede von Gott im Johannesevangelium, in: Klauck, H. J. (Hg.): Monotheismus und Christologie. Zur Gottesfrage im hellenistischen Judentum und im Urchristentum (QD 138), Freiburg 1992, 41–87.
Weiser, Alfons: Theologie des Neuen Testaments II: Die Theologie der Evangelien, Stuttgart 1993, 45.
Wengst, Klaus: Bedrängte Gemeinde und verherrlichter Christus. Ein Versuch über das Johannesevangelium, München 1990.
Wengst, Klaus: Das Johannesevangelium (ThKNT 4,1), Stuttgart 2000.

3. Patristik

Beck, Edmund (ed. und übers.): Epraem Syrus, 20 Bde., Louvain 1955–79.
Brown, Peter: Augustin of Hippo, Berkeley and Los Angeles 1969.
Campenhausen, Hans von: Griechische Kirchenväter, Stuttgart 8. Aufl. 1993.
Campenhausen, Hans von: Lateinische Kirchenväter, Stuttgart 7. Aufl. 1995.
Chitty, Derwas J.: The Desert a City, Oxford 1966.
Harnack, Adolf von/Preuschen, Erwin: Geschichte der altchristlichen Litteratur bis Eusebius, 1. Tl. (mit Preuschen, Erwin) Leipzig 1893; 2. Tl. in 2 Bd. Leipzig 1897/1904 (Nachdruck 1958).
Hall, Stuart G: Doctrine and Practice in the Early Church, London 1991.
Kelly J. N. D.: Early Christian Doctrines, London 1958.
Klein, Wassilios (Hg.): Syrische Kirchenväter, Stuttgart 2004.
Markschies, Christoph: Arbeitsbuch Kirchengeschichte, Tübingen 1995.
Markschies, Christoph: Origenes und sein Erbe: Gesammelte Studien, Berlin 2007.
Lucas, Leopold: Zur Geschichte der Juden im vierten Jahrhundert, Berlin 1910 (2. Aufl. Hildesheim 1985).
May, Gerhard und Greschat, Katharina (Hgg.): Marcion und seine kirchengeschichtliche Wirkung, Berlin – New York 2002.
Murray, Robert: Symbols of Church and Kingdom, Cambridge 1975.
Ramsey, Boniface (Übers. und Erl.): John Cassian: The Conferences, New York 1997.
Thümmel, Hans Georg: Die Kiche des Ostens im 3. und 4. Jahrhundert, Berlin 1988.
Zingerle, Pius: Sechs Homilien des heiligen Jacob von Sarug, Bonn 1867.

4. Das Mittelalter

Anselm von Canterbury: Monologion, Proslogion. Die Vernunft und das Dasein Gottes, hgg. v. Lambert Schneider und Peter Bachem, Köln 1961.
Bauer, Dieter R./Fuchs, Gotthard (Hg.): Bernhard von Clairvaux und der Beginn der Moderne, Innsbruck 1996.
Bernhard von Clairvaux: Sämtliche Werke, hgg. v. Gerhard B. Winkler, Innsbruck 1990–1999.
McCormick, Michael: Origins of the European Economy. Communications and Commerce A. D. 300–900, Cambridge 2001.
Dressler, Fridolin: Petrus Damiani. Leben und Werk, Rom 1954.
Eco, Umberto: Kunst und Schönheit im Mittelalter, München 3. Aufl. 1995.
Flasch, Kurt: Das philosophische Denken im Mittelalter. Von Augustin zu Machiavelli, Stuttgart 1986.
Franz, Gerhard: Spätromanik und Frühgotik, Baden-Baden 1969.
Fuhrmann, Horst: Einladung ins Mittelalter, München 2000.
Gössmann, Elisabeth: Antiqui und Moderni im Mittelalter. Eine geschichtliche Standortbestimmung, München 1974.
Gombocz, Wolfgang L.: Die Philosophie der ausgehenden Antike und des frühen Mittelalters (Geschichte der Philosophie IV), München 1997.
Grabmann, Martin: Die Geschichte der scholastischen Methode. 2 Bde., Freiburg 1909 und 1911.

Grabmann, Martin: Mittelalterliches Geistesleben. Abhandlung zur Geschichte der Scholastik und Mystik. 2 Bde., München 1926 und 1936.
Heinzmann, Richard: Philosophie des Mittelalters, Stuttgart 1992.
Jantzen, Hans: Ottonische Kunst, Reinbek 1959.
Markschies, Christoph: Gibt es eine „Theologie der gotischen Kathedrale"? Nochmals: Suger von Saint-Denis und Sankt Dionys vom Areopag, Heidelberg 1995.
Panofsky, Erwin: Die Renaissancen der europäischen Kunst, Frankfurt a. M. 1990.
Panofsky, Erwin: Gotische Architektur und Scholastik. Zur Analogie von Kunst, Philosophie und Theologie im Mittelalter, Köln 1998.
Pevsner, Nikolaus: Europäische Architektur, München 1963.
Sedlmayr, Hans: Die Entstehung der Kathedrale. Baukunst, Mystik, Symbolik, Graz 2. Aufl. 1988.
Tatarkiewicz Wladyslaw: Geschichte der Ästhetik. 3 Bde., Basel/Stuttgart 1979–1987.

5. Die Theologie im Zeitalter der Reformation, der katholischen Reform und der Konfessionalisierung

Calvin, Johannes: Opera omnia, Genf 1962 ff. (zit.: COR)
– Unterricht in der christlichen Religion. Institutio christianae religionis. Nach der letzten Ausgabe übersetzt und bearbeitet v. O. Weber, Neukirchen-Vluyn 5. Auflage 1988.
Courth, Franz: Die Sakramente. Ein Lehrbuch für Studium und Praxis der Theologie, Freiburg–Basel–Wien 1995.
Erasmus v. Rotterdam: Ausgewählte Schriften, hrsgg. v. W. Welzig, Bde. 1–8, übers. u. eingeleitet v. G. B. Winkler, Darmstadt 1967.
– Opus epistolarum, hrsgg. v. Percy S. Allen u. a., Bde. 1–12, Oxford 1905–1958.
Faber, Eva-Maria: Einführung in die katholische Sakramentenlehre, Darmstadt 2002.
Filser, Hubert: Ekklesiologie und Sakramentenlehre des Kardinals Johannes Gropper. Eine Glaubenslehre zwischen Irenik und Kontroverstheologie, Münster 1995.
Filser, Hubert: Dogma, Dogmen, Dogmatik. Eine Untersuchung zur Begründung und zur Entstehungsgeschichte einer theologischen Disziplin von der Reformation bis zur Spätaufklärung, Münster 2001.
Filser, Hubert/Leimgruber, St. (Hg.): Petrus Canisius. Der Große Katechismus, ins Deutsche übersetzt und kommentiert von Hubert Filser und Stephan Leimgruber (= Jesuitica, Bd. 6), Regensburg 2003.
Härle, Wilfried/Wagner, Harald: Theologenlexikon. Von den Kirchenvätern bis zur Gegenwart, München 2. Auflage 1994.
Hauschild, Wolf-Dieter: Die Bewertung der Tradition in der lutherischen Reformation, in: Wolfhart Pannenberg/Theodor Schneider (Hg.), Verbindliches Zeugnis I. Kanon – Schrift – Tradition, Freiburg i. Br. – Göttingen 1992, 195–231.
Iserloh, Erwin: Geschichte und Theologie der Reformation im Grundriß, Paderborn 3. Aufl. 1985.
Jung, Martin. H./Walter, Peter (Hg.): Theologen des 16. Jahrhunderts. Humanismus – Reformation – Katholische Erneuerung. Eine Einführung, Darmstadt 2002.
Kappes, Michael/Lück, Christhard/Sattler, Dorothea/Simon, Werner/Thönissen, Wolfgang: Trennung überwinden. Ökumene als Aufgabe der Theologie, Freiburg–Basel–Wien 2007.
Klueting, Harm: Das Konfessionelle Zeitalter. Europa zwischen Mittelalter und Moderne. Kirchengeschichte und Allgemeine Geschichte, Darmstadt 2007.
Körner, Bernhard: Melchior Cano De locis theologicis. Ein Beitrag zur theologischen Erkenntnislehre, Graz 1994.
Kühn, Ulrich: Christologie (UTB 2393), Göttingen 2003.
Luther, Martin: Werke. Kritische Gesamtausgabe, Weimar 1883 ff. (zit.: WA).
Leinsle, Ulrich G.: Einführung in die scholastische Theologie (UTB 1865), Paderborn–München–Wien–Zürich 1995.
Leonhardt, Rochus: Grundinformation Dogmatik (UTB 2214), Göttingen 2001.
Lohse, Bernhard: Luthers Theologie in ihrer historischen Entwicklung und in ihrem systematischen Zusammenhang, Göttingen 1995.
Melanchthon, Philipp: Opera quae supersunt omnia, hrsgg. v. K. G. Bretschneider und H. E. Bindseil, Bde. 1–28 (CR 1–28), Halle/Saale oder Braunschweig 1834–1860, Repr. New York/N. Y. 1963 (zit.: CR).

– Loci communes 1521. Lateinisch-Deutsch, übers. und mit kommentierenden Anm. versehen von H. G. Pöhlmann, Göttingen 2. Auflage 1997 (zit: LC).
Pfeilschifter, Georg (Hg.): Acta reformationis catholicae (= ARC), Bd. 6, Regensburg 1974.
Rohls, Jan: Geschichte der Ethik, Tübingen 1991.
Schulz, Hans-Joachim: Bekenntnis statt Dogma. Kriterien der Verbindlichkeit kirchlicher Lehre (= QD 163), Freiburg–Basel–Wien 1996.
Thönissen, Wolfgang (Hg.): Lexikon der Ökumene und Konfessionskunde, Freiburg–Basel–Wien 2007.
Wagner, Harald: Dogmatik, Stuttgart 2003.
Wallmann, Johannes: Kirchengeschichte Deutschlands seit der Reformation, Tübingen 2. Auflage 1985.
Theologie und Frömmigkeit im Zeitalter des Barock, Tübingen 1995.
Walter, Peter/Jung, M Martin H. (Hg.), Theologen des 17. und 18. Jahrhunderts. Konfessionelles Zeitalter – Pietismus – Aufklärung. Darmstadt 2003.
Zwingli, Huldrych: Sämtliche Werke, hrsgg. v. E. Egli u. a., Bde. 1–14, Berlin 1905–1991, CR 88–101 (zit.: Z).

6. Das Zeitalter der Aufklärung und deren Folgen bis zur Französischen Revolution

Bartholomäus, Wolfgang: Einführung in die Religionspädagogik, Darmstadt 1983.
Battenberg, Friedrich: Das Europäische Zeitalter der Juden, 2 Bde. Darmstadt 1990.
Bertrand, Régis: Modelle und Entwürfe zum christlichen Leben, in: Geschichte des Christentums, hrsgg. von Jean-Marie Mayeur u. a., dt. Ausgabe hrsgg. v. Norbert Brox, Bd. IX: Das Zeitalter der Vernunft, Freiburg 1998, 823–931.
Beutel, Albrecht: Aufklärung in Deutschland, Göttingen 2006.
Borgstedt, Angela: Das Zeitalter der Aufklärung, Darmstadt 2004.
Brecht, Martin: August Hermann Franke und der Hallische Pietismus, in: ders. u. a. (Hg.): Geschichte des Pietismus, Bd. I, Göttingen 1993, 440–539.
Brecht, Martin: Die Bedeutung der Bibel im deutschen Pietismus, in: ders. u. a.: Geschichte des Pietismus Bd. IV: Glaubenswelt und Lebenswelt, Göttingen 2004, 102–120.
Brecht, Martin u. a. (Hg.): Geschichte des Pietismus, Bd. I: Der Pietismus vom siebzehnten bis zum frühen achtzehnten Jahrhundert, Göttingen 1993.
Brecht, Martin: Philipp Jakob Spener. Sein Programm und dessen Auswirkungen, in: ders. u. a. (Hg.): Geschichte des Pietismus, Bd. I., Göttingen 1993, 278–389.
Denzinger, Heinrich/Hünermann, Peter (Hg.): Kompendium der Glaubensbekenntnisse und kirchlichen Lehrentscheidungen. Lateinisch – Deutsch. Freiburg u. a. 37. Aufl. 1991.
Essen, Georg/Striet, Magnus (Hg.): Kant und die Theologie, Darmstadt 2005.
Fischer, Norbert (Hg.): Kant und der Katholizismus. Stationen einer wechselhaften Geschichte, Freiburg u. a. 2005.
Fischer, Norbert: Reduktion der Religion auf Moral? Gregor Leonhard Reiner O. Praem. (1756–1807) und seine Präsentation von Kants Religionslehre, in: Fischer, Norbert (Hg.): Kant und der Katholizismus. Stationen einer wechselhaften Geschichte, Freiburg u. a. 2005, 283–302.
Gawlick, Günter: Hermann Samuel Reimarus, in: Greschat, Martin (Hg.): Die Aufklärung, Stuttgart u. a. 1983, 299–311.
Gerhards, Albert/Kranemann, Benedikt: Einführung in die Liturgiewissenschaft, Darmstadt 2006.
Gestrich, Christof: Art. Deismus, in: Theologische Realenzyklopädie, Bd. VIII, Berlin–New York 1981, 392–406.
Göbel, Christian: Kants Gift. Wie die Kritik der reinen Vernunft auf den Index Librorum Prohibitorum kam, in: Fischer, Norbert (Hg.): Kant und der Katholizismus. Stationen einer wechselhaften Geschichte, Freiburg u. a. 2005, 91–137.
Goldie, Mark Adrian: John Locke, in: Greschat, Martin (Hg.): Die Aufklärung, Stuttgart u. a. 1983, 105–119.
Graetz, Heinrich: Geschichte der Juden. Von den ältesten Zeiten bis auf die Gegenwart (1870), 11 Bde. Neuausgabe Berlin 1998.
Greschat, Martin (Hg.): Die Aufklärung, Stuttgart 1983.
Hinske, Norbert: Andreas Metz (1767–1839). Zur Kontinuität des katholischen Frühkantianismus, in: Fischer, Norbert (Hg.): Kant und der Katholizismus. Stationen einer wechselhaften Geschichte, Freiburg u. a. 2005, 303–314 (= Hinske 2005b).
Hinske, Norbert: Kant im Auf und Ab der katholischen Kantrezeption. Zu den Anfängen des katholischen Frühkan-

tianismus und seinen philosophischen Impulsen, in: Fischer, Norbert (Hg.): Kant und der Katholizismus. Stationen einer wechselhaften Geschichte, Freiburg u. a. 2005, 189–206 (= Hinske 2005a).

Hornig, Gottfried: Lehre und Bekenntnis im Protestantismus, in: Handbuch der Dogmen- und Theologiegeschichte, Bd. III, 71–146, Göttingen 2. Aufl. 1998.

Hornig, Gottfried: Johann Salomo Semler, in: Greschat, Martin Hg.: Die Aufklärung, Stuttgart 1983, 267–279.

Kant, Immanuel: Der einzig mögliche Beweisgrund zu einer Demonstration des Daseins Gottes, in. ders.: Werke in zehn Bänden, hrsgg. von Wilhelm Weischedel, Bd. II, Darmstadt 1981, 621–738.

Kant, Immanuel: Grundlegung zur Metaphysik der Sitten, in: ders.: Werke in zehn Bänden, hrsgg. von Wilhelm Weischedel, Bd. VI, Darmstadt 1981, 7–102.

Kant, Immanuel: Kritik der praktischen Vernunft, in: ders.: Werke in zehn Bänden, hrsgg. v. Wilhelm Weischedel, Bd. VI, Darmstadt 1981, 105–300.

Kant, Immanuel: Kritik der reinen Vernunft, in. ders.: Werke in zehn Bänden, hrsgg. v. Wilhelm Weischedel, Bd. IV, Darmstadt 1981.

Kant, Immanuel: Kritik der Urteilskraft, in: ders.: Werke in zehn Bänden, hrsgg. v. Wilhelm Weischedel, Bd. VIII, Darmstadt 1981, 235–620.

Kant, Immanuel: Die Religion innerhalb der Grenzen der bloßen Vernunft, in: ders.: Werke in zehn Bänden, hrsgg. v. Wilhelm Weischedel, Bd. VII, Darmstadt 1981, 645–879.

Lehner, Ulrich L.: Theologia Kantiana ac Benedicta. Die Benediktiner Ildefons Schwarz und Ulrich Peutinger und ihr Verhältnis zu Kant, in: Fischer, Norbert (Hg.): Kant und der Katholizismus. Stationen einer wechselhaften Geschichte, Freiburg 2005, 234–262.

Lübbe, Hermann: Religion nach der Aufklärung, Graz u. a. 1986.

Maier, Johann: Das Judentum. Von der biblischen Zeit bis zur Moderne, Bindlach 3. Aufl. 1988.

Mcgrath, Alister E.: Der Weg der christlichen Theologie, München 1997.

Meyer, Dietrich: Zinzendorf und Herrnhut, in: Brecht, Martin u. a. (Hg.): Geschichte des Pietismus Bd. II, Göttingen 1995, 5–106.

Paul, Eugen: Geschichte der christlichen Erziehung, Bd. II: Barock und Aufklärung, Freiburg 1995.

Piepmeir, Rainer: Art. Aufklärung, philosophisch, in: Theologische Realenzyklopädie, Bd. VI, 575–615, Berlin–New York 1979.

Pütz, Peter: Die deutsche Aufklärung, Darmstadt 1978.

Raffelt, Albrecht: Kant als Philosoph des Protestantismus – oder des Katholizismus? In: Fischer, Norbert (Hg.): Kant und der Katholizismus. Stationen einer wechselhaften Geschichte, Freiburg u. a. 2005, 139–159.

Rauscher, Josef: Sebastian Mutschelle (1749–1800): Ein Mann ganz nach dem sittlichen Gesetze der Vernunft – ist ein Mann nach dem Herzen Gottes", in: Fischer, Norbert (Hg.): Kant und der Katholizismus. Stationen einer wechselhaften Geschichte, Freiburg u. a. 2005, 207–222.

Reimarus, Hermann Samuel: Apologie oder Schutzschrift für die vernünftigen Verehrer Gottes, hrsgg. v. Gerhard Alexander, 2 Bde. Frankfurt a. M. 1972.

Ruhstorfer, Karlheinz: Christlicher Offenbarungsglaube und Kirchlichkeit in der kritischen Philosophie Kants, in: Fischer, Norbert (Hg.): Kant und der Katholizismus. Stationen einer wechselhaften Geschichte, Freiburg u. a. 2005, 58–81.

Schmidt, Martin: Pietismus, Stuttgart u. a. 1972.

Scholder, Klaus: Ursprünge und Probleme der Bibelkritik im 17. Jahrhundert. Ein Beitrag zur Entstehung der historisch-kritischen Theologie, München 1966.

Schütz, Werner: Geschichte der christlichen Predigt, Berlin u. a. 1972.

Schwaiger, Clemens: Matern Reuß (1751–1798): Kants Apostel im aufgeklärten Franken, in: Fischer, Norbert (Hg.): Kant und der Katholizismus. Stationen einer wechselhaften Geschichte, Freiburg u. a. 2005, 223–233.

Schweitzer, Albert: Geschichte der Leben-Jesu-Forschung, 2 Bde., Tübingen 1977.

Seckler, Max: Aufklärung und Offenbarung, Freiburg u. a. 1981 (= Christlicher Glaube in moderner Gesellschaft, Teilband 21, hrsgg. v. Franz Böckle u. a.).

Sirovátka, Jakub: Den Alleszermalmer zermalmt? Der Streit um Kant: Josef Weber, Stattlers „Anti-Kant" und Bischof Sailer, in: Fischer, Norbert (Hg.): Kant und der Katholizismus. Stationen einer wechselhaften Geschichte, Freiburg u. a. 2005, 263–282.

Smend, Rudolf: Gotthold Ephraim Lessing, in: Greschat, Martin (Hg.): Die Aufklärung, Stuttgart u. a. 1983, 281–297.

Spinoza, Baruch de: Theologisch-Politischer Traktat, bearb., eingel. u. hrsgg. v. Günter Gawlick, Hamburg 1984.

Striet, Magnus: „Erkenntnis aller Pflichten als göttliche Gebote". Bleibende Relevanz und Grenzen von Kants Religionsphilosophie, in: ders./Essen, Georg (Hg.): Kant und die Theologie, Darmstadt 2005, 162–186.
Vierhaus, R. (Hg.): Aufklärung als Prozess, Hamburg 1988.
Wendel, Saskia: Nicht naturalisierbar: Kants Freiheitsbegriff, in: Essen, Georg/Striet, Magnus (Hg.): Kant und die Theologie, Darmstadt 2005, 13–45.
Winter, Aloysius: Kann man Kants Philosophie christlich nennen?, in: Fischer, Norbert (Hg.): Kant und der Katholizismus. Stationen einer wechselhaften Geschichte, Freiburg u. a. 2005, 33–57.

7. Das 19. Jahrhundert: Die Entdeckung der Geschichtlichkeit

Anz, Wilhelm: Idealismus und Nachidealismus, in: Flückinger, Felix/Anz, Wilhelm: Theologie und Philosophie im 19. Jahrhundert, Göttingen 1975, 99–212.
Aubert, Roger: Die Katholische Kirche und die Revolution, in: Jedin, Hubert (Hg.): Handbuch der Kirchengeschichte, Bd 6/1, Freiburg u. a. 1971, 3–104.
Barth, Karl: Die protestantische Theologie im 19. Jahrhundert (1947), Zürich 5. Aufl. 1985.
Bartholomäus, Wolfgang: Einführung in die Religionspädagogik, Darmstadt 1983.
Böttigheimer, Christoph: Immanuel Kant in den deutschsprachigen Schulen des 19. Jahrhunderts, in: Fischer, Norbert (Hg.): Kant und der Katholizismus. Stationen einer wechselhaften Geschichte, Freiburg 2005, 323–350.
Dantine, Wilhelm/Hultsch, Erik: Lehre und Dogmenentwicklung im Römischen Katholizismus, in: Handbuch der Dogmen- und Theologiegeschichte, Bd. III, Göttingen 2. Aufl. 1998, 289–425.
Denzinger, Heinrich/Hünermann, Peter (Hg.): Kompendium der Glaubensbekenntnisse und kirchlichen Lehrentscheidungen. Lateinisch – Deutsch, Freiburg u. a., 37. Aufl. 1991.
Feiner, Shmuel: Haskala – Jüdische Aufklärung. Geschichte einer kulturellen Revolution, Hildesheim 2007.
Feuerbach, Ludwig: Das Wesen des Christentums, in: ders.: Gesammelte Werke, hrsgg. v. Werner Schuffenhauer, Bd. V, Berlin 1984.
Finkenzeller, Josef: Joseph Kleutgen (1811–1883), in: Fries, Heinrich/Schwaiger, Georg (Hg.): Katholische Theologen Deutschlands im 19. Jahrhundert, 3 Bde., München 1975, Bd. II, 318–344.
Grabmann, Martin: Die Geschichte der katholischen Theologie seit dem Ausgang der Väterzeit (1933), Darmstadt 1974.
Graetz, Heinrich: Geschichte der Juden. Von den ältesten Zeiten bis auf die Gegenwart (1870), Bd. XI, Berlin 1998.
Harnack, Adolf von: Dogmengeschichte (1889/1891), Tübingen 8 Aufl. 1991.
Harnack, Adolf von: Lehrbuch der Dogmengeschichte (1886), 3 Bde., Darmstadt 5. Aufl. 1964.
Harnack, Adolf von: Marcion. Das Evangelium vom fremden Gott (1921), Darmstadt 3. Aufl. 1996.
Hegel, Eduard: Georg Hermes (1775–1831), in: Fries, Heinrich/Schwaiger, Georg (Hg.): Katholische Theologen Deutschlands im 19. Jahrhundert, 3 Bde., München 1975, Bd. II, 303–322.
Hegel, Georg Wilhelm Friedrich: Phänomenologie des Geistes, in: ders.: Werke in zwanzig Bänden, Bd. III, Frankfurt a. M. 1976.
Hegel, Georg Wilhelm Friedrich: Vorlesungen über die Philosophie der Religion, in: ders.: Werke in zwanzig Bänden, Bd. XVI u. XVII, Frankfurt 1980.
Hirscher, Johann Baptist: Textauswahl, in: Keller, Erwin: Johann Baptist Hirscher, Graz u. a. 1969, 91–383.
Hornig, Gottfried: Lehre und Bekenntnis im Protestantismus, in: Andresen, Carl/Ritter, Adolf M. (Hg.): Handbuch der Dogmen- und Theologiegeschichte, Bd. III, Göttingen 2. Aufl. 1998, 71–288.
Hünermann, Peter: Franz Anton Staudenmaier (1800–1856), in: Fries, Heinrich/Schwaiger, Georg (Hg.): Katholische Theologen Deutschlands im 19. Jahrhundert, 3 Bde., München 1975, Bd. II, 99–128.
Hünermann, Peter: Der Durchbruch geschichtlichen Denkens im 19. Jahrhundert, Freiburg u. a. 1967.
Jakobs, Manfred: Liberale Theologie, in: Theologische Realenzyklopädie Bd. XXI, Berlin u. a. 1991, 47–68.
Kantzenbach, Friedrich Wilhelm: Gestalten und Typen des Neuluthertums, Gütersloh 1968.
Kantzenbach, Friedrich Wilhelm: Theologie in Franken. Der Beitrag einer Region zur europäischen Theologiegeschichte, Saarbrücken 1988.
Keller, Erwin: Johann Baptist Hirscher, Graz u. a. 1969.
Keller, Erwin: Johann Baptist Hirscher (1788–1865), in: Fries, Heinrich/Schwaiger, Georg (Hg.): Katholische Theologen Deutschlands im 19. Jahrhundert, 3 Bde., München 1975, Bd. II, 40–69.

Kierkegaard, Sören: Der Augenblick, Düsseldorf 1959 (= ders.: Gesammelte Werke, hrsgg. v. Emmanuel Hirsch u. a., Abteilung XXXIV).
– Die Krankheit zum Tode, Düsseldorf 1957 (= ders.: Gesammelte Werke, hrsgg. von Emmanuel Hirsch u. a., Abteilung XXIV und XXV).
– Einübung im Christentum, Düsseldorf 1955 (= ders.: Gesammelte Werke, hrsgg. v. Emmanuel Hirsch u. a. Abteilung XXVI).
Köster, Norbert: Der Fall Hirscher. Ein Spätaufklärer im Konflikt mit Rom?, Paderborn 2007.
Kupisch, Karl: Deutschland im 19. und 20. Jahrhundert, Göttingen 1966.
Marx, Karl: Thesen über Feuerbach, in: Karl Marx/Friedrich Engels: Studienausgabe, hrsgg. v. Iring Fetscher, Bd. I, Frankfurt 1990, 138–140.
– Zur Kritik der Hegelschen Rechtsphilosophie. Einleitung, in: Karl Marx/Friedrich Engels: Studienausgabe, hrsgg. v. Iring Fetscher, Bd. I, Frankfurt 1990, 21–33.
Minz, Karl-Heinz: Die Trinitätstheologie bei Matthias Joseph Scheeben, Frankfurt 1982.
Möhler, Johann Adam: Textauswahl, in: Scheele, Paul-Werner: Johann Adam Möhler, Graz u. a. 1969, 73–366.
Müller, Wolfgang W.: Matthias Joseph Scheeben. Von der Lebendigkeit des trinitarischen Gottes, in: Neuner, Peter/Wenz, Gunther (Hg.): Theologen des 19. Jahrhunderts, Darmstadt 2002, 204–218.
Neuner, Peter: Ignaz von Döllinger. Katholizität und Antiultramontanismus, in: ders./Wenz, Gunther (Hg.): Theologen des 19. Jahrhunderts, Darmstadt 2002, S. 75–93.
Oberhofern Bernd: Albrecht Ritschl. Die Wirklichkeit des Gottesreiches, in: Neuner, Peter/Wenz, Gunther (Hg.): Theologen des 19. Jahrhunderts, Darmstadt 2002, S. 193–203.
Paul, Eugen: Matthias Joseph Scheeben (1835–1888), in: Fries, Heinrich/Schwaiger, Georg (Hg.): Katholische Theologen Deutschlands im 19. Jahrhundert, 3. Bde., München 1975, Bd. II, 386–408.
Pritz, Joseph: Anton Günther (1783–1863), in: Fries, Heinrich/Schwaiger, Georg (Hg.): Katholische Theologen Deutschlands im 19. Jahrhundert, 3 Bde., München 1975, Bd. I, 348–375.
Plongeron, Bernhard: Die Geburt einer republikanischen Christenheit/1798–1801): Abbé Grégoire, in: Concilium, Jg. 25, 1989, 19–28.
– Die Moderne – ein Kind der Revolution, in: ders. (Hg.): Aufklärung, Revolution, Restauration (1750–1830), in: Geschichte des Christentums, hrsgg. v. Jean – Marie Mayeur u. a., Bd. 10, dt. Ausgabe hrsgg. v. Norbert Brox u. a., Bd. X, Freiburg 2000, S. 305–618.
Rief, Josef: Johann Sebastian von Drey (1777–1853), in: Fries, Heinrich/Schwaiger, Georg (Hg.): Katholische Theologen Deutschlands im 19. Jahrhundert, 3 Bde., München 1975, Bd. II S. 9–39.
Ritschl, Albert: Die christliche Lehre von der Rechtfertigung und Versöhnung (1867), 3 Bde. Hildesheim u. a. 1978.
Rohls, Jan: Ferdinand Christian Baur. Spekulation und Christentumsgeschichte, in: Neuner, Peter/Wenz, Gunther (Hg.): Theologen des 19. Jahrhunderts, Darmstadt 2002, 39–58.
Scheele, Paul – Werner: Johann Adam Möhler, Graz u. a. 1969.
Scheele, Paul – Werner: Johann Adam Möhler (1796–1838), in: Fries, Heinrich/Schwaiger, Georg (Hg.): Katholische Theologen Deutschlands im 19. Jahrhundert, 3 Bde., Bd. II, München 1975, 70–98.
Schleiermacher, Friedrich Daniel Ernst: der christliche Glaube nach den Grundsätzen der evangelischen Kirche im Zusammenhang dargestellt, 2 Bde., in: ders.: Kritische Gesamtausgabe, hrsgg. v. Hans – Joachim Birkner u. a., Berlin/New York 1980, (erste Abteilung: Schriften und Entwürfe, Bd. VII, in zwei Teilbänden).
Schleiermacher, Friedrich Daniel Ernst: Über die Religion. Reden an die Gebildeten unter ihren Verächtern, in. ders.: Kritische Gesamtausgabe, hrsgg. v. Hans – Joachim Birkner u. a., Berlin/New York 1984, (erste Abteilung: Schriften und Entwürfe, Bd. II, 185–326).
Schäfer, Rolf: Ritschl, Albrecht, in: Theologische Realenzyklopädie Bd. XXIX, Berlin u. a. 1998, 220–238.
Schulz, Walter: Philosophie in der veränderten Welt, Pfullingen 1972.
Schupp, Franz: Die Evidenz der Geschichte. Theologie als Wissenschaft bei J. S. Drey, Innsbruck 1970.
Schwaiger, Georg: Ignaz von Döllinger (1799–1890), in: Fries, Heinrich/Schwaiger, Georg (Hg.): Fries, Heinrich ders. (Hg.): Katholische Theologen Deutschlands im 19. Jahrhunderts, 3 Bde., München 1975, Bd. III, 9–43.
Troeltsch, Ernst: Die Absolutheit des Christentums und die Religionsgeschichte (1902/1912), hrsgg. v. Rendtorff, Trutz u. a., in: ders. Kritische Gesamtausgabe, hrsgg. v. Graf, Friedrich Wilhelm u. a., Bd. V, Berlin u. a. 1998.
Wagner, Harald: Johann Adam Möhler. Die Kirche als Organ der Inkarnation, in: Neuner, Peter/Wenz, Gunther (Hg.): Theologen des 19. Jahrhunderts, Darmstadt 2002, 59–74.
Weiß, Otto: Der Modernismus in Deutschland. Ein Beitrag zur Theologiegeschichte, Regensburg 1995.

Wenz, Gunther: Friedrich Daniel Ernst Schleiermacher. Sinn und Geschmack fürs Unendliche, in: Neuner, Peter/ Wenz, Gunther (Hg.): Theologen des 19. Jahrhunderts, Darmstadt 2002, 21–38.
Winiger, Josef: Ludwig Feuerbach. Denker der Menschlichkeit, Berlin 2004.
Wolfinger, Franz: Johannes Evangelist von Kuhn (1806–1887), in: Fries, Heinrich/Schwaiger, Georg (Hg.): Katholische Theologen Deutschlands im 19. Jahrhundert, 3 Bde., München 1975, Bd. II, 129–162.

8. Theologien im 20. Jahrhundert

Arens, Edmund: Christopraxis. Grundzüge theologischer Handlungstheorie, Freiburg 1992.
Arens, Edmund: Gottesverständigung. Eine kommunikative Religionstheologie, Freiburg 2007.
Arens, Edmund: Kommunikative Handlungen. Die paradigmatische Bedeutung der Gleichnisse Jesu für eine Handlungstheorie, Düsseldorf 1982.
Austin, John L.: Zur Theorie der Sprechakte, Stuttgart 1972.
Barth, Karl: Der Christ in der Gesellschaft (1920), in: Moltmann, Jürgen (Hg.): Anfänge der dialektischen Theologie, Bd. I, München 1995, 3–37.
Barth, Karl: Einführung in die evangelische Theologie (1962), Zürich 2. Auflage 1977.
Barth, Karl: Die Kirchliche Dogmatik, Bd. I/1, Zollikon 5. Aufl. 1960.
Barth, Karl: Die protestantische Theologie im 19. Jahrhundert (1947), Zollikon, 5. Aufl. 1985.
Barth, Karl: Der Römerbrief. Vorwort zur zweiten Auflage (1922), in: Moltmann, Jürgen (Hg.): Anfänge der dialektischen Theologie, Bd. I, Gütersloh 6. Aufl. 1995, 105–118.
Bethge, Eberhard: Dietrich Bonhoeffer. Eine Biographie, München, 7. Aufl. 1989.
Bloch, Ernst: Das Prinzip Hoffnung, 3. Bde., (1959), Frankfurt 4. Aufl. 1977.
Bonhoeffer, Dietrich: Akt und Sein. Transzendentalphilosophie und Ontologie in der systematischen Theologie, München 1988 (= Dietrich Bonhoeffer: Werke Bd. II).
Bonhoeffer, Dietrich: Nachfolge, München 1994 (= Dietrich Bonhoeffer Werke Bd. IV).
Bonhoeffer, Dietrich: Sanctorum communio. Eine dogmatische Untersuchung zur Soziologie der Kirche, München 1986 (= Dietrich Bonhoeffer: Werke Bd. I).
Bonhoeffer, Dietrich: Widerstand und Ergebung. Briefe und Aufzeichnungen aus der Haft, München 1998 (= Dietrich Bonhoeffer Werke Bd. VIII).
Bultmann, Rudolf: Die Entmythologisierung der neutestamentlichen Verkündigung, in: ders.: Kerygma und Mythos, Bd. I, Hamburg 1967, 15–48.
Bultmann, Rudolf: Jesus (1926), Gütersloh, 3. Aufl. 1977.
Bultmann, Rudolf: Karl Barths „Römerbrief" in zweiter Aufl. (1922), in: Moltmann, Jürgen (Hg.): Anfänge der dialektischen Theologie, Bd. I, Gütersloh, 6. Aufl. 1995, S. 119–142.
Bultmann, Rudolf; Religion und Kultur (1920), in: Moltmann, Jürgen (Hg.): Anfänge der dialektischen Theologie, Bd. II, München, 4. Aufl. 1987, 11–29.
Congar, Yves: Der Laie. Entwurf einer Theologie des Laientums, Stuttgart 3. Aufl. 1964.
Denzinger, Heinrich/Hünermann, Peter (Hg.): Kompendium der Glaubensbekenntnisse und kirchlichen Lehrentscheidungen, Lateinisch – Deutsch, Freiburg 37. Aufl. 1991.
Derrida, Jacques: Gewalt und Metaphysik. Essay über das Denken Emmanuel Levinas, in: ders.: Die Schrift und die Differenz, Frankfurt 5. Aufl. 1992, 121–235.
Derrida, Jacques: Glaube und Wissen. Die beiden Quellen der Religion an den Grenzen der bloßen Vernunft, in: ders./Vattimo, Gianni (Hg.): Die Religion, Frankurt 2001, 9–106.
Drewermann, Eugen: Strukturen des Bösen. Die jahwistische Urgeschichte in exegetischer, psychoanalytischer und philosophischer Sicht, 3 Bde., Paderborn 1977.
Drewermann, Eugen: Tiefenpsychologie und Exegese, Bd. I/II Olten 2004.
Drewermann, Eugen: Wort des Heils – Wort der Heilung, Bd. I, Düsseldorf 1988.
Eicher, Peter: Der Klerikerstreit. Die Auseinandersetzung um Eugen Drewermann, München 2. Aufl. 1990.
Foucault, Michel: Die Ordnung der Dinge, Frankfurt 1974.
Johannes XXIII.: Baronius (1907), Einsiedeln 1961.
Jüngel, Eberhard: Art.: Barth, Karl (1886–1968), in: Theologische Realenzyklopädie, Bd. V, Berlin u. a. 1980, 251–268.
Jüngel, Eberhard: Gott als Geheimnis der Welt, Tübingen 1977.

Jüngel, Eberhard: Gottes Sein ist im Werden (1966), Tübingen 3. Aufl. 1976.
Jüngel, Eberhard: Tod, Stuttgart 1971.
Kaufmann, Ludwig/Klein, Nikolaus: Johannes XXIII. Prophetie im Vermächtnis, Zürich 1990.
Habermas, Jürgen/Ratzinger, Josef: Dialektik der Säkularisierung. Über Vernunft und Religion, Freiburg 2005.
Habermas, Jürgen: Theorie des kommunikativen Handelns, 2 Bde., Frankfurt 1981.
Habermas, Jürgen: Zeitdiagnosen. Zwölf Essays, Frankfurt 2003.
Härle, Wilfried: Der Aufruf der 93 Intellektuellen und Karl Barths Bruch mit der liberalen Theologie, in: Zeitschrift für Theologie und Kirche, Jg. 72, 1975, 207–224.
Hasenhüttl, Gotthold: Freiheit in Fesseln. Die Chance der Befreiungstheologie, Olten 1985.
Hasenhüttl, Gotthold: Glaube und Mythos, 2 Bde., Mainz 2001.
Hasenhüttl, Gotthold: Der Glaubensvollzug. Eine Begegnung mit Rudolf Bultmann aus katholischem Glaubensverständnis, Essen 1963.
Hasenhüttl, Gotthold: Schwarz bin ich und schön. Der theologische Aufbruch Schwarzafrikas, Darmstadt 1991.
Hebblethwaite, Peter: Johannes XXIII. Das Leben des Angelo Roncalli, Zürich 1986.
Lill, Marcel: Zeitlichkeit und Offenbarung. Ein Vergleich von Martin Heideggers „Sein und Zeit" mit Rudolf Bultmanns „Das Evangelium des Johannes", Frankfurt u. a. 1987.
Lubac, Henri, de: Der Glaube des Teilhard de Chardin, Wien u. a. 1968.
Metz, Johann Baptist: Glaube in Geschichte und Gesellschaft, Mainz 2. Aufl. 1978.
Metz, Johann Baptist: Memoria passionis. Ein provozierendes Gedächtnis in pluralistischer Gesellschaft, Freiburg 2006.
Metz, Johann Baptist: Zur Theologie der Welt, Mainz 1973.
Moltmann, Jürgen: Der gekreuzigte Gott. Das Kreuz Christi als Grund und Kritik christlicher Theologie, München 3. Aufl. 1976.
Moltmann, Jürgen: Theologie der Hoffnung (1964), München 10. Aufl. 1977.
Pannenberg, Wolfhart: Anthropologie in theologischer Perspektive, Göttingen 1983.
Pannenberg, Wolfhart: Metaphysik und Gottesgedanke, Göttingen 1988.
Parmenides: Die Anfänge der Ontologie, Logik und Naturwissenschaft. Die Fragmente hrsgg., übers. u. erläutert v. Ernst Heitsch, München 1974.
Pauly, Wolfgang: Gelebter Glaube – verantworteter Glaube. Perspektiven und Personen, Landau 2. Aufl. 2001.
Pauly, Wolfgang: Wahrheit und Konsens. Die Erkenntnistheorie von Jürgen Habermas und ihre theologische Relevanz, Frankfurt u. a. 1989.
Pauly, Wolfgang: Zwischen Mythos und Moderne. Das theologische Anliegen Gotthold Hasenhüttls, in: Orientierung, Jg. 69, Zürich 2005, 91–94.
Pesch, Otto Hermann: Das zweite Vatikanische Konzil. Vorgeschichte, Verlauf, Ergebnisse, Nachgeschichte, Würzburg 1993.
Pesch, Rudolf/Lohfink, Gerhard: Tiefenpsychologie und keine Exegese. Eine Auseinandersetzung mit Eugen Drewermann, Stuttgart 1988.
Peukert, Helmut: Wissenschaftstheorie, Handlungstheorie, Fundamentale Theologie. Analysen zu Ansatz und Status theologischer Theoriebildung, Frankfurt 1978.
Rahner, Karl: Geist in Welt (1939), Freiburg 1995 (= Karl Rahner: Sämtliche Werke Bd. II).
Rahner, Karl: Grundkurs des Glaubens. Studien zum Begriff des Christentums (1976), (= Karl Rahner: Sämtliche Werke Bd. XXVI).
Rahner, Karl: Hörer des Wortes, Freiburg 1997 (= Karl Rahner: Sämtliche Werke Bd. IV).
Ruhstorfer, Karlheinz: Christologie, Paderborn u. a. 2007.
Schüssler, Werner/Sturm, Erdmann: Paul Tillich. Leben, Werk, Wirkung, Darmstadt 2007.
Searle, John R.: Sprechakte. Ein sprachphilosophischer Essay, Frankfurt 1971.
Teilhard de Chardin, Pierre Die Entstehung des Menschen, München 1961.
Teilhard de Chardin, Pierre: Der Mensch im Kosmos, München 7. Aufl. 1964.
Thoma, Clemens: Christliche Theologie des Judentums, Aschaffenburg 1978.
Tillich, Paul: Die Kunst und das Unbedingt-Wirkliche (1959), in: ders.: Die religiöse Substanz der Kultur. Schriften zur Theologie der Kultur, Stuttgart 1967, 356–368 (= Paul Tillich Gesammelte Werke Bd. IX).
Tillich, Paul: Mut und Transzendenz. Der Mut, sich zu bejahen als bejaht (1952), in: ders.: Sein und Sinn, Stuttgart 1969, 117–139.
Tillich, Paul: Das religiöse Symbol (1930), in: ders.: Die Frage nach dem Unbedingten, Stuttgart 1964, 196–212 (= Paul Tillich: Gesammelte Werke, Bd. V).

Tillich, Paul: Die sozialistische Entscheidung (1933), in: ders.: Christentum und soziale Gestaltung. Frühe Schriften zum Religiösen Sozialismus, Stuttgart 1962, 219–365, (= Paul Tillich: Gesammelte Werke Bd. II).

Tillich, Paul: Systematische Theologie, 3 Bde., Stuttgart, 6. Aufl. 1979.

Tillich, Paul: Was ist falsch in der „Dialektischen" Theologie? (1935), in: ders.: Der Protestantismus als Kritik und Gestaltung, Stuttgart 1962, 247–262 (= Paul Tillich: Gesammelte Werke Bd. VII).

Tillich, Paul: Wesen und Wandel des Glaubens (1961), in: ders.: Offenbarung und Glaube, Stuttgart 1970, 111–196 (= Paul Tillich: Gesammelte Werke Bd. VIII).

Trillhaas, Wolfgang: Die evangelische Theologie im 20. Jahrhundert, in: Vorgrimler, Herbert u. a. (Hg.): Bilanz der Theologie im 20. Jahrhundert, Bd. II, Freiburg u. a. 1969, 91–124.

Vattimo, Gianni: Das Ende der Moderne, Stuttgart 1998.

Vattimo, Gianni: Glauben – Philosophieren, Stuttgart 1997.

Vattimo, Gianni: Jenseits des Christentums. Gibt es eine Welt ohne Gott?, München u. a. 2004.

Vorgrimler, Herbert: Karl Rahner verstehen. Eine Einführung in sein Leben und Denken, Freiburg 1988.

Willam, Franz Michel: Vom jungen Angelo Roncalli zum Papst Johannes XXIII. Eine Darlegung vom Werden des Aggionamento-Begriffs 1903–1907 als Leitidee für das II. Vatikanische Konzil und die Durchführung seiner Beschlüsse, Innsbruck 1967.

Ziebertz, Hans-Georg/Simon, Werner (Hg.): Bilanz der Religionspädagogik, Düsseldorf 1995.

9. Außereuropäische Theologien

Abeng, Nazaire Bitoto, Afrikanische Mythen, Riten und Lebensformen in der Begegnung mit Islam, Christentum und Moderne. Das Beispiel Kamerun, Frankfurt a. M. 2005.

Ahrens, Theodor, Konversionen. Christwerden – Christsein in den politischen, gesellschaftlichen und kulturellen Umbrüchen im pazifischen Raum, in: Thomas Schreijäck (Hg.), Religionsdialog im Kulturwandel. Interkulturelle und interreligiöse Kommunikations- und Handlungskompetenzen auf dem Weg in die Weltgesellschaft, Münster u. a. 2003, 213–237.

Amstutz, Josef (1990a), Das Gesellschaftsverständnis der EATWOT-Dokumente, in: Giancarlo Collet (Hg.), Theologien der Dritten Welt. EATWOT als Herausforderung westlicher Theologie und Kirche, Immensee 1990, 201–244.

– Ders. 1990b, Erneuerte missionarische Spiritualität, in: Giancarlo Collet (Hg.), Theologien der Dritten Welt. EATWOT als Herausforderung westlicher Theologie und Kirche, Immensee 1990, 269–296.

Aquino, María Pilar, Feministische Theologien, in: Raúl Fornet-Betancourt (Hg.), Befreiungstheologie: Kritischer Rückblick und Perspektiven für die Zukunft, Bd. 2, Mainz 1997, 291–323.

Balasuriya, Tissa, Neuaufkommende asiatische Befreiungstheologien, in: Concilium 24 (1988), H. 5, 365–372.

Beltran, Benigno P., Philippinische Theologie in ihrem kulturellen und gesellschaftlichen Kontext, Düsseldorf 1988.

– Ders., Müllberg und Umweltkirche. Interkulturelle, theologische, pastorale und pädagogische Perspektiven auf den Philippinen, Berlin 2007.

Beozzo, José Oscar/Susin, Luiz Carlos, Brasilien: Volk und Kirchen, in: Concilium 38 (2002), H. 3, 241–244.

Bischofberger, Otto, Exkurs: Das Befreiungspotential in den östlichen Religionen, in: Giancarlo Collet (Hg.), Theologien der Dritten Welt. EATWOT als Herausforderung westlicher Theologie und Kirche, Immensee 1990, 245–268.

Boff, Clodovis, Theologie und Praxis, München–Mainz 1983.

– Ders., Mit den Füßen am Boden: Theologie aus dem Leben des Volkes, Düsseldorf 1986.

Boff, Leonardo, Kirche: Charisma und Macht, Düsseldorf 5. Aufl. 1985.

– Ders., Jesus Christus, der Befreier, Freiburg–Basel–Wien 1986.

– Ders./Boff, Clodovis, Wie treibt man Theologie der Befreiung?, Düsseldorf 1986.

– Ders., Was für Theologien gibt es in der Dritten Welt?, in: Concilium 24 (1988), H. 5, 342–352.

– Ders., Theologie der Befreiung und Ökologie: Alternative, Gegensatz oder Ergänzung?, in: Raúl Fornet-Betancourt (Hg.), Befreiungstheologie: Kritischer Rückblick und Perspektiven für die Zukunft, Bd. 2, Mainz 1997, 339–349.

– Ders., Schrei der Erde – Schrei der Armen, Düsseldorf 2002.

Bonnín, Eduardo (Hg.), Spiritualität und Befreiung in Lateinamerika, Würzburg 1984.

Bühlmann, Walbert, Weltkirche. Neue Dimensionen. Modell für das Jahr 2001, Graz–Wien–Köln 1984.

Bujo, Bénézet, Afrikanische Theologie in ihrem gesellschaftlichen Kontext, Düsseldorf 1986.

Camps, Arnulf, Die Ökumenische Vereinigung von Dritte-Welt-Theologen 1976–1988: ein komplizierter Bruch, in:

Giancarlo Collet (Hg.), Theologien der Dritten Welt. EATWOT als Herausforderung westlicher Theologie und Kirche, Immensee 1990, 183–200.

Codina, Victor, Vorwärts zu Jesus zurück, Salzburg 1990.

Collet, Giancarlo (Hg.) 1990a, Theologien der Dritten Welt. EATWOT als Herausforderung westlicher Theologie und Kirche, Immensee 1990.

– Ders. 1990b, „Theologie von der anderen Seite der Erde". Der Beitrag von EATWOT für das Verständnis der Theologie, in: ders. (Hg.), Theologien der Dritten Welt. EATWOT als Herausforderung westlicher Theologie und Kirche, Immensee 1990, 297–313.

– Ders. 1990c, Zur Theologiegeschichte Lateinamerikas, in: ders. (Hg.), Theologien der Dritten Welt. EATWOT als Herausforderung westlicher Theologie und Kirche, Immensee 1990, 101–131.

Donders, Joseph G., Afrikanische Befreiungstheologie. Eine alte Kultur erwacht, Olten 1986.

D'Sa, Francis X., Gott der Dreieine und der All-Ganze, Düsseldorf 1987.

– Ders., Regenbogen der Offenbarung. Das Universum des Glaubens und das Pluriversum der Bekenntnisse, Frankfurt a. M. 2006

Duchrow, Ulrich/Eisenbürger, Gert/Hippler, Jochen (Hg.), Totaler Krieg gegen die Armen. Geheime Strategiepapiere der amerikanischen Militärs, München 1989.

Dussel, Enrique, Die Geschichte der Kirche in Lateinamerika, Mainz 1988.

Ela, Jean-Marc, Mein Glaube als Afrikaner. Das Evangelium in schwarzafrikanischer Lebenswirklichkeit, Freiburg – Basel – Wien 1987.

– Ders., Gott befreit. Neue Wege afrikanischer Theologie, Freiburg – Basel – Wien 2003.

Ellacuría, Ignacio/Sobrino, Jon (Hg.), Mysterium Liberationis. Grundbegriffe der Theologie der Befreiung, 2 Bde., Luzern 1995–1996.

Estermann, Josef, Fünfte EATWOT-Generalversammlung Quito, in: Neue Zeitschrift für Missionswissenschaft 58 (2002), 301 f.

Evers, Georg, Rezeption der EATWOT-Theologie in Europa, in: Giancarlo Collet (Hg.), Theologien der Dritten Welt. EATWOT als Herausforderung westlicher Theologie und Kirche, Immensee 1990, 315–333.

– Ders. (Hg.), Die Länder Asiens (= Kirche und Katholizismus seit 1945, Bd. 5, hrsgg. v. Erwin Gatz), Paderborn 2003.

– Ders., Neuer Blick auf das Martyrium in den Missionskirchen Asiens, in: Thomas Schreijäck (Hg.), Werkstatt Zukunft. Bildung und Theologie im Horizont eschatologisch bestimmter Wirklichkeit, Freiburg – Basel –Wien 2004, 418–427.

Fornet-Betancourt, Raúl (Hg.) 1997a, Befreiungstheologie: Kritischer Rückblick und Perspektiven für die Zukunft, 3 Bde., Mainz 1997.

– Ders. (Hg.) 1997b, Mystik der Erde. Elemente einer indianischen Theologie, Freiburg–Basel–Wien 1997.

– Ders. (Hg.), Glaube an der Grenze. Die US-amerikanische Latino-Theologie, Freiburg–Basel–Wien 2002.

Frei, Fritz 1990a, Inkulturation, in: Giancarlo Collet (Hg.), Theologien der Dritten Welt. EATWOT als Herausforderung westlicher Theologie und Kirche, Immensee 1990, 162–182.

– Ders. 1990b, Kontextuelle Theologie, in: Giancarlo Collet (Hg.), Theologien der Dritten Welt. EATWOT als Herausforderung westlicher Theologie und Kirche, Immensee, 142–161.

– Ders. 1990c, Theologie in Asien, in: Giancarlo Collet (Hg.), Theologien der Dritten Welt. EATWOT als Herausforderung westlicher Theologie und Kirche, Immensee 1990, 51–100.

– Ders. (Hg.), Inkulturation zwischen Tradition und Modernität. Kontexte – Begriffe – Modelle, Freiburg i. Schweiz 2002.

– Ders., Die Inkulturation des christlichen Glaubens in die Gegenwartskulturen aus der Perspektive der Missionswissenschaft, in: Thomas Schreijäck (Hg.), Christwerden im Kulturwandel. Analysen, Themen und Optionen für Religionspädagogik und Praktische Theologie, Freiburg – Basel – Wien 2001, 183–199.

Freire, Paulo, Pädagogik der Unterdrückten. Bildung als Praxis der Freiheit, (erstm. Stuttgart 1971), Hamburg 1996.

Füssel, Kuno, Theologie der Befreiung, in: Peter Eicher (Hg.), Neues Handbuch Theologischer Grundbegriffe, Bd. 5, München 1991, 147–158.

Goldstein, Horst (Hg.), Kleines Lexikon zur Theologie der Befreiung, Düsseldorf 1991.

Greinacher, Norbert (Hg.), Konflikt um die Theologie der Befreiung, Zürich–Einsiedeln–Köln 1985.

Gutheinz, Luis, Chinesische Theologie, in: Karl Müller/Theo Sundermeier (Hg.), Lexikon missionstheologischer Grundbegriffe, Berlin 1987, 53–58.

– Ders., China im Aufbruch. Kultur und Religionen Chinas und das Christentum, Frankfurt a. M. 2001

Gutiérrez, Gustavo, Die historische Macht der Armen, München-Mainz 1984.
– Ders., Aus der eigenen Quelle trinken. Spiritualität der Befreiung, München–Mainz 1986.
– Ders. Theologie der Befreiung, Mainz 10. Aufl. 1992.
Heidemanns, Katja, ChristInwerden und ChristInsein aus der Sicht von Frauen. Überlegungen zu Dringlichkeit und Voraussetzungen interkultureller Kompetenz aus feministisch-theologischer Sicht, in: Thomas Schreijäck (Hg.), Religionsdialog im Kulturwandel. Interkulturelle und interreligiöse Kommunikations- und Handlungskompetenz auf dem Weg in die Weltgesellschaft, Münster u. a. 2003, 37–65.
Kinkupu, Léonard Santedi, Für die Inkulturation der Glaubenslehre in das afrikanische Christentum, in: Concilium 42 (2006), H. 4, 433–442.
Klinger, Elmar, Armut: eine Herausforderung Gottes, Zürich 1990.
Knauth, Thorsten/Schroeder, Joachim (Hg.), Über Befreiung, Befreiungspädagogik, Befreiungsphilosophie und Befreiungstheologie im Dialog, Münster 1998.
Ko Ha Fong, Maria, Christ-sein in China am Beginn des 21. Jahrhunderts, in: Thomas Schreijäck (Hg.), Religionsdialog im Kulturwandel. Interkulturelle und interreligiöse Kommunikations- und Handlungskompetenzen auf dem Weg in die Weltgesellschaft, Münster u. a. 2003, 183–194.
Kößmeier, Norbert/Bross, Richard (Hg.), Gesichter einer fremden Theologie. Sprechen von Gott jenseits von Europa, Freiburg–Basel–Wien 2006.
Kollbrunner, Fritz, Auf dem Weg zur afrikanischen Theologie, in: Giancarlo Collet (Hg.), Theologien der Dritten Welt. EATWOT als Herausforderung westlicher Theologie und Kirche, Immensee 1990, 39–50.
López Hernández, Eleazar 2001a, La teología india en la globalización actual, in: Luiz Carlos Susin (Hg.), El mar se abrió. Treinta años de teología en América Latina, Maliaño 2001, 102–107.
– Ders. 2001b, Mi itinerario teológico-pastoral al lado de mis hermanos indígenas, in: Juan-José Tamayo/Juan Bosch (Hg.), Panorama de la Teología Latinoamericana, Estella 2001, 317–336.
Mana, Kä, Wiederaufbau Afrikas und Christentum. Afrikanische Theologie für eine Zeit der Krise, Luzern 2005.
Mananzan, Mary John 2004a, Commitment and Contemplation (Mystik und Politik), in: Thomas Schreijäck (Hg.), Werkstatt Zukunft. Bildung und Theologie im Horizont eschatologisch bestimmter Wirklichkeit, Freiburg–Basel–Wien 2004, 428–435.
– Dies. 2004b, Religionen und Frauen in Asien. Wege zu einer lebensfördernden Spiritualität, Frankfurt a. M. 2004.
May, John D'Arcy, Christus Initiator – Theologie im Pazifik, Düsseldorf 1991.
Mbiti, John, Bibel und Theologie im afrikanischen Christentum, Göttingen 1987.
Meier, Johannes (Hg.), Die Armen zuerst! 12 Lebensbilder lateinamerikanischer Bischöfe, Mainz 1999.
– Ders. (Hg.), Lateinamerika und Karibik (= Kirche und Katholizismus seit 1945, Bd. 7, hrsgg. v. Erwin Gatz), Paderborn 2008.
Messi Metogo, Éloi (Hg.), Gesichter des Christentums in Afrika (= Concilium 42 (2006), H. 4).
Mesters, Carlos, Vom Leben zur Bibel von der Bibel zum Leben, 2 Bde., München – Mainz 1983.
Mette, Norbert/Müller, Hadwig, Theologien der Befreiung, in: Peter Eicher (Hg.), Neues Handbuch theologischer Grundbegriffe, Bd. 4, München 2005, 294–305.
Metz, Johann Baptist (Hg.), Die Theologie der Befreiung: Hoffnung oder Gefahr für die Kirche?, Düsseldorf 1986.
Missionswissenschaftliches Institut Missio (Hg.), Jahrbuch für Kontextuelle Theologie, Frankfurt a. M. 1993–2000.
– Dass. (Hg.), Von Gott reden im Kontext der Armut. Dokumente der Ökumenischen Vereinigung von Dritte-Welt-Theologinnen und -Theologen 1976–1996, Freiburg–Basel–Wien 1999.
Müller, Karl/Sundermeier, Theo (Hg.), Lexikon missionstheologischer Grundbegriffe, Berlin 1987.
Mveng, Engelbert, Die afrikanische Befreiungstheologie, in: Concilium 24 (1988), H. 5, 353–364.
Okano, Haruko K., Christliche Theologie im japanischen Kontext, Frankfurt a. M. 2001.
Ozankom, Claude, Christliche Botschaft und afrikanische Kultur. Zur Bedeutung der afrikanischen Tradition in der afrikanischen Theologie am Beispiel des Kongo, Neuried 1999.
Pfingstbewegung und Basisgemeinden in Lateinamerika, Themenheft Weltmission heute 39, 2000.
Populorum Progressio: Rundschreiben Papst Pauls VI. vom 26. März 1967, Recklinghausen.
Rahner, Karl/Vorgrimler, Herbert, Kleines Konzilskompendium, Freiburg–Basel–Wien 29. Aufl. 2002.
Rösener, Christiane, Vom Brot, das mehr wird durch teilen. Feministische Theologien aus Nord und Süd im Dialog, Frankfurt a. M. 2002.
Rottländer, Peter (Hg.), Theologie der Befreiung und Marxismus, Münster 1986.
Rzepkowski, Horst, Lexikon der Mission. Geschichte. Theologie. Ethnologie, Graz–Wien–Köln 1992.
Santa Ana de, Julio, Die Situation der lateinamerikanischen Theologie, in: Concilium 24 (1988), H. 5, 373–386.

Sayer, Josef, Zur Sektenproblematik in Lateinamerika und ihren Auswirkungen auf die katholische Kirche, in: Thomas Schreijäck (Hg.), Werkstatt Zukunft. Bildung und Theologie im Horizont eschatologisch bestimmter Wirklichkeit, Freiburg–Basel–Wien 2004, 406–417.
Scannone, Juan Carlos, Weisheit und Befreiung – Volkstheologie in Lateinamerika, Düsseldorf 1992.
Schoenborn, Ulrich, Companheira der Hoffnung: Maria von Nazareth, in: Orientierung 67 (2003), H. 3, 30–34.
Schreijäck, Thomas (Hg.), Pastoral der Befreiung. Eindrücke einer praktisch-theologischen Forschungsreise nach Peru. Arbeitsmaterialien für die Fortbildung; in Kooperation mit Josef Sayer und Werner Tzscheetzsch, Altenberg 1991.
– Ders. (Hg.), Die indianischen Gesichter Gottes, Frankfurt a. M. 1992.
– Ders., Theologie der Befreiung, in: Norbert Mette/Folkert Rickers (Hg.), Lexikon der Religionspädagogik, Bd. 2, Neukirchen-Vluyn 2001, 2097–2107.
– Ders., Auf der Suche nach der Erde ohne Leid, in: Orientierung 66 (2002), H. 18, 189–193.
– Ders. 2003a, Religionsdialog im Kulturwandel. Interkulturelle und interreligiöse Kommunikations- und Handlungskompetenzen auf dem Weg in die Weltgesellschaft, Münster u. a. 2003.
– Ders. 2003b, Weisheit und Prophetie aus Amerindia, in: Markus Witte (Hg.), Der eine Gott und die Welt der Religionen. Beiträge zu einer Theologie der Religionen und zum interreligiösen Dialog, Würzburg 2003, 365–384.
– Ders. 2004a, 35 Jahre Befreiungstheologie in Lateinamerika (Medellín 1968–2003). Praktisch-theologische und religionspädagogische Erkundungen in weltkirchlicher Absicht, in: Klaus Diepold/Klaus König (Hg.), Perspektiven der Eine-Welt-Religionspädagogik, Münster7Hamburg–London 2004, 41–59.
– Ders. 2004b, El Pueblo Mapuche – Menschen der Erde. Dignifikation des Mapuche-Volkes, in: ders. (Hg.), Werkstatt Zukunft. Bildung und Theologie im Horizont eschatologisch bestimmter Wirklichkeit, Freiburg–Basel–Wien 2004, 392–405.
– Ders., Theologie in Lateinamerika, indianische/indigene, in: Gisela Welz/Ramona Lenz (Hg.), Von Alltagswelt bis Zwischenraum. Eine kleine kulturanthropologische Enzyklopädie, Münster-Hamburg-London 2005, 128–131.
– Ders. 2006a, „… aus dem Herzen der Maloca Amazoniens …". Schlussbotschaft des V. Lateinamerikanischen Treffens von Teología India, in: Orientierung 70 (2006), H. 17, 187–188.
– Ders. 2006b, Die Kraft der Kleinen und Schwachen – Leben für die Welt. V. Lateinamerikanisches Treffen von Teología India in Manaus/Brasilien (2006), in: Orientierung 70 (2006), H. 17, 185–187.
– Ders. (Hg.) 2007a, Stationen eines Exodus, 35 Jahre Theologie der Befreiung in Lateinamerika, Ostfildern 2007.
– Ders. 2007b, Indigene Theologie, in: Beate-Irene Hämel/Thomas Schreijäck (Hg.), Basiswissen Kultur und Religion. 101 Grundbegriffe für Unterricht, Studium und Beruf, Stuttgart 2007, 66 f.
– Ders. 2007c, Arbeitshilfen aus den Bereichen Anthropologie, Kultur, Kirche und Theologie in Lateinamerika, in: ders. (Hg.), Stationen eines Exodus. 35 Jahre Theologie der Befreiung in Lateinamerika, Mainz 2007, 241–250.
– Ders. (Hg.), Theologie interkulturell. Glaubenskommunikation in einer gewandelten Welt, Paderborn 2008.
Sekretariat der Deutschen Bischofskonferenz (Hg.) 1968, *Die Kirche in der gegenwärtigen Umwandlung Lateinamerikas im Lichte des Konzils*. Sämtliche Beschlüsse der II. Generalversammlung des Lateinamerikanischen Episkopates, Medellín 24. 8. –6. 9. 1968, Bonn.
– Dass. (Hg.), Apostolisches Schreiben „*Evangelii nuntiandi*" von Papst Paul VI. an den Episkopat, den Klerus und alle Gläubigen der Katholischen Kirche über die Evangelisierung in der Welt von heute, 8. Dezember 1975, Bonn.
– Dass. (Hg.) 1979, *Die Evangelisierung Lateinamerikas in Gegenwart und Zukunft. Dokument der III. Generalkonferenz des Lateinamerikanischen Episkopates*, Puebla 26. 1.–13. 2. 1979, Bonn.
– Dass. (Hg.) 1990, Enzyklika *Redemptoris Missio* von Papst Johannes Paul II. über die fortdauernde Gültigkeit des missionarischen Auftrages, 7. Dezember 1990, Bonn.
– Dass. (Hg.) 1992, *Neue Evangelisierung. Förderung des Menschen. Christliche Kultur*. Schlußdokument der 4. Generalversammlung der lateinamerikanischen Bischöfe in Santo Domingo, Dominikanische Republik, 12.–28. Oktober 1992, Bonn.
– Dass. (Hg.) 1995, Nachsynodales Apostolisches Schreiben *Ecclesia in Africa* von Papst Johannes Paul II. an die Bischöfe, Priester, Diakone, Ordensleute und alle gläubigen Laien über die Kirche in Afrika und ihren Evangelisierungsauftrag im Hinblick auf das Jahr 2000, 14. September 1995, Bonn.
– Dass. (Hg.) 1999a, Nachsynodales Apostolisches Schreiben *Ecclesia in America* von Papst Johannes Paul II., 22. Januar 1999, Bonn.
– Dass. (Hg.) 1999b, Nachsynodales Apostolisches Schreiben *Ecclesia in Asia* von Papst Johannes Paul II. an die Bischöfe, Priester, Diakone, Ordensleute und alle gläubigen Laien über Jesus Christus, den Erlöser und seine Sendung der Liebe und des Dienstes in Asien: „damit sie das Leben haben und es in Fülle haben" (Joh 10,10), 6. November 1999, Bonn.

- Dass. (Hg.) 2007, *Aparecida 2007*. Schlussdokument der 5. Generalversammlung des Episkopats von Lateinamerika und der Karibik, 13.–31. Mai 2007, Bonn.
Senft, Josef, Anerkennung des Anderen. Paradigma sozialethischer und religionspädagogischer Bildung, in: Orientierung 61 (1997), H. 3, 28–30.
Sobrino, Jon, Geist, der befreit. Anstöße zu einer neuen Spiritualität, Freiburg–Basel–Wien 1989.
- Ders., Christologie der Befreiung, Mainz 1998.
Suess, Paulo, Weltweit entwurzelt. Das Inkulturationsparadigma auf dem Prüfstand – Lateinamerika und Brasilien vor den Herausforderungen des „dritten Subjekts", Frankfurt a. M. 2001.
- Ders., Inkulturation und Dialog. Nachlese und Horizont eines unbequemen Paradigmas, in: Thomas Schreijäck (Hg.), Werkstatt Zukunft. Bildung und Theologie im Horizont eschatologisch bestimmter Wirklichkeit, Freiburg–Basel–Wien 2004, 375–391.
Susin, Luiz Carlos (Hg.), El mar se abrió. Treinta años de teología en América Latina, Maliaño 2001.
Tamayo, Juan-José/Bosch, Juan (Hg.), Panorama de la Teología Latinoamericana, Estella 2001.
Támez, Elsa, Zur feministischen Hermeneutik der Befreiung, in: Raúl Fornet-Betancourt (Hg.), Befreiungstheologie: Kritischer Rückblick und Perspektiven für die Zukunft, Bd. 2, Mainz 1997, 45–58.
Terazono, Yoshiki, Japanische Theologie, in: Karl Müller/Theo Sundermeier (Hg.), Lexikon missionstheologischer Grundbegriffe, Berlin 1987, 185–193.
Torres, Sergio, Die Ökumenische Vereinigung von Dritte-Welt-Theologen, in: Missionswissenschaftliches Institut Missio (Hg.), Herausgefordert durch die Armen. Dokumente der Ökumenischen Vereinigung von Dritte-Welt-Theologen 1976–1983, Freiburg–Basel–Wien 1983, 9–25.
Ukpong, Justin, Theologische Literatur aus Afrika, in: Concilium 24 (1988), H. 5, 387–392.
Vellguth, Klaus, Eine neue Art Kirche zu sein. Entstehung und Verbreitung der kleinen christlichen Gemeinschaften, Freiburg– Basel– Wien 2005.
Venetz, Hermann-Josef/Vorgrimler, Herbert, Das Lehramt der Kirche und der Schrei der Armen. Analysen zur Instruktion der Kongregation für die Glaubenslehre über einige Aspekte der „Theologie der Befreiung", Freiburg–Münster 1985.
Weber, Franz/Fuchs, Ottmar, Gemeindetheologie interkulturell. Lateinamerika – Afrika – Asien, Ostfildern 2007.
Weckel, Ludger, Um des Lebens willen. Zu einer Theologie des Martyriums aus befreiungstheologischer Sicht, Mainz 1998.
Wilfred, Felix, An den Ufern des Ganges. Theologie im indischen Kontext, Frankfurt a. M. 2001.
You-Martin, Choon-Ho, Hanpuri der Frauen. Initiation, Inkulturation und Identitätssuche im multireligiösen Kontext Südkoreas aus der Perspektive der Frauen, in: Thomas Schreijäck (Hg.), Menschwerden im Kulturwandel. Kontexte kultureller Identität als Wegmarken interkultureller Kompetenz. Initiationen und ihre Inkulturationsprozesse, Luzern 1999, 424–444.

10. Feministische Theologie

Ammicht-Quinn, Regina: Körper – Religion – Sexualität. Theologische Reflexionen zur Ethik der Geschlechter, Mainz 1999.
Ansorge, Dirk: Der gegenwärtige Forschungsstand, in: Berger/Gerhards (Hg.): Liturgie und Frauenfrage, St. Ottilien 1990, 31–65.
Beauvoir, Simone de: Das andere Geschlecht. Sitte und Sexus der Frau, Reinbek 1951.
Becker, Sybille u. a (Hg.): Das Geschlecht der Zukunft. Frauenemanzipation und Geschlechtervielfalt, Stuttgart 2000.
Berger, Teresa/Gerhards, Albert (Hg.): Liturgie und Frauenfrage, St. Ottilien 1990.
Bibel in gerechter Sprache, hrsgg. v. Ulrike Bail, Frank Crüsemann, Marlene Crüsemann, Ehard Domay, Jürgen Ebach, Claudia Janssen, Hanne Köhler, Helga Kuhlmann, Martin Leutzsch, Luise Schottroff, Gütersloh 2006.
Bourdieu, Pierre: Die männliche Herrschaft, in: Dölling, Irene/Krais, Beate (Hg.): Ein alltägliches Spiel. Geschlechterkonstruktion in der sozialen Praxis, Frankfurt/M. 1997.
Bowald, Béatrice u. a. (Hg.): KörperSinnE: Körper im Spannungsfeld von Diskurs und Erfahrung, Bern 2002.
Braun, Christina von/Stephan, Inge (Hg.): Gender-Studien. Eine Einführung, Stuttgart 2. Aufl. 2006.
Bussmann, Hadumod/Hof, Renate (Hg.): Genus – zur Geschlechterdifferenz in den Kulturwissenschaften, Stuttgart 1995.

Butler, Judith: Variationen zum Thema Sex und Geschlecht, in: Nunner-Winkler, Gertrud (Hg.): Weibliche Moral, Frankfurt a. M. 1991, 56–76.
Connell, Robert: Der gemachte Mann. Konstruktion und Krise von Männlichkeiten, Opladen 1999 (Masculinities, 1995).
Conrad, Anne: Frauen- und Geschlechtergeschichte, in: Maurer, Michael (Hg.): Neue Themen und Methoden der Geschichtswissenschaft (Aufriss der Historischen Wissenschaften; 7), Stuttgart 2003, 230–293.
Daly, Mary: Kirche, Frau und Sexus, Freiburg 1970.
Daly, Mary: Jenseits von Gottvater, Sohn & Co. Aufbruch zu einer Philosophie der Frauenbefreiung, München 1980 (Beyond God the Father, 1973).
Dutz, Freddy; Fünfsinn, Bärbel; Plonz, Sabine (Hg.): Wir tragen die Farbe der Erde. Feministische Theologie in Lateinamerika, Hamburg 2004.
Eckholt, Margit/Heimbach-Steins, Marianne (Hg.): Im Aufbruch – Frauen erforschen die Zukunft der Theologie, Ostfildern 2003.
Fischer, Irmtraud: Die Erzeltern Israels: feministisch-theologische Studien zu Genesis 12–36 Berlin; New York 1994.
Fischer, Irmtraud: Gotteskünderinnen: zu einer geschlechterfairen Deutung des Phänomens der Prophetie und der Prophetinnen in der hebräischen Bibel Stuttgart 2002.
Fischer, Irmtraud: Gotteslehrerinnen: weise Frauen und Frau Weisheit im Alten Testament, Stuttgart 2006.
Franke, Edith/Matthiae, Gisela/Sommer, Regina (Hg.): Frauen Leben Religion. Ein Handbuch emoirisher Forschungsmethoden, Stuttgart–Berlin–Köln 2002.
Gage, Mathilda Joslyn: Woman, Church & State, Watertown/Mass. 1980 (Reprint der Originalausgabe 1893, Übers. des Zitats: MJ).
Gause, Ute: Kirchengeschichte und Genderforschung. Eine Einführung in protestantischer Perspektive, Tübingen 2006.
Gilligan, Carol: Die andere Stimme. Lebenskonflikte und Moral der Frau, München 1984.
Gössmann, Elisabeth u. a. (Hg.), Wörterbuch der Feministischen Theologie, Gütersloh 2. Aufl. 2002.
Günter, Andrea (Hg.): Feministische Theologie und postmodernes Denken. Zur theologischen Relevanz der Geschlechterdifferenz, Stuttgart 1996.
Halkes Catharina: Gott hat nicht nur starke Söhne, Gütersloh 1980.
Hartlieb, Elisabeth: „Wir haben guten Grund, viel zu hoffen". Interview, in. Schlangenbrut 23 (2005), Nr. 90, 29–32.
Heyward, Carter. Und sie rührte sein Kleid an. Eine feministische Theologie der Beziehung, Stuttgart 1986 (Orig. 1984).
Jakobs, Monika. Frauen auf der Suche nach dem Göttlichen. Die Gottesfrage in der feministischen Theologie, Münster 1993.
Jakobs, Monika: Mit Freuden und mit Schmerzen. Was von feministischer Bibelhermeneutik gelernt werden kann, in: Reformatio 45 (1996) H. 2, 132–139.
Jakobs, Monika: Gender in der Theologie – Neuer Wein in alten Schläuchen?, in: Egger u. a. , WoMan in Church. Kirche und Amt im Kontext der Geschlechterfrage, Münster 2006, 7–29.
Johnson, Elizabeth A.: Ich bin, die ich bin. Wenn Frauen Gott sagen, Düsseldorf 1994.
Jost, Renate: Professur für Feministische Theologie an der Augustana Neuendettelsau, www.augustana.de, aufgerufen am 27. 7. 2007.
Kalsky, Manuela: Christaphanien. Die Re-Vision der Christologie aus der Sicht von Frauen in unterschiedlichen Kulturen, Gütersloh 2000.
Klein, Stephanie: Theologie und empirische Biographieforschung. Methodische Zugänge zur Lebens- und Glaubensgeschichte und ihre Bedeutung für eine erfahrungsbezogene Theologie, Stuttgart 1994.
Klein, Stephanie: Erfahrung – (auch) eine kritische Kategorie der Praktischen Theologie, in: Nauer, Doris u. a (Hg.), Praktische Theologie, Stuttgart 2005, 128–135.
Klinger, Elmar: Christologie im Feminismus. Eine Herausforderung der Tradition, Regensburg 2001.
Knauth, Thorsten/Bräsen, Frie/Langbein, Ekkehard/Schrioder Joachim (Hg.): KU – weil ich ein Junge bin, Gütersloh 2002.
Kuhlmann, Helga: Leib-Leben theologisch denken. Reflexionen zur theologischen Anthropologie, Münster 2004.
Leicht, Irene; Rakel, Claudia; Rieger-Goertz, Stefanie (Hg.): Arbeitsbuch Feministische Theologie. Inhalte, Methoden und Materialien für Hochschule, Erwachsenenbildung und Gemeinde, Gütersloh 2003.
Matthiae, Gisela: Clownin Gott. Eine feministische Dekonstruktion des Göttlichen, Stuttgart 1999 (Zusammenfassung: Dies., Clownin Gott, in: schlangenbrut 18 (2000), nr. 71, 18–21).

Maurer, Michael (Hg.): Neue Themen und Methoden der Geschichtswissenschaft (Aufriss der Historischen Wissenschaften; 7), Stuttgart 2003.
Meyer-Wilmes, Hedwig: Zwischen lila und lavendel. Schritte feministischer Theologie, Rgensburg 1996.
Meyer-Wilmes, Hedwig: Rebellion auf der Grenze. Ortsbestimmung feministischer Theologie, Freiburg Br. 1990.
Mies, Maria: Methodische Postulate zur Frauenforschung, in: Beiträge zur feministischen Theorie und Praxis 7 (1984) H. 11, 7–25 (Wiederabdruck in: Leicht/Rakel/Rieger-Goertz 2003, cd-rom 3.2.1).
Mollenkott, Virginia R.: Gott eine Frau? Vergessene Gottesbilder der Bibel, München 1985.
Moltmann-Wendel, Elisabeth: Ein eigener Mensch werden. Frauen um Jesus, Gütersloh 1980.
Moore, Stephen/Capel Anderson, Janice: New Testament Masculinities, Leiden 2003.
Moser, Maria Katharina: Opfer zwischen Affirmation und Ablehnung. Feministisch-ethische Analysen zu einer politischen und theologischen Kategorie, Wien 2007.
Mulack, Christa: Maria: die geheime Göttin im Christentum, Stuttgart 1985.
Plaskow, Judith: Sex, Sin and grace, Yale 1975.
Plaskow, Judith: Feminist Anti-Judaism and the Christian God, in: JFSR 7/2 (1991), 99–108.
Praetorius, Ina: Frauenforschung in der Ethik, in: Leicht u. a. (Hg.): Arbeitsbuch Feministische Theologie, Gütersloh 2003, cd-rom 10.1.1.
Praetorius, Ina: Handeln aus der Fülle: postpatriachale Ethik in biblischer Tradition, Gütersloh 2005.
Raming, Ida: Der Ausschluss der Frauen vom priesterlichen Amt, Köln – Wien 1973.
Röckemann, Antje: Wie hältst du's mit – – –? Die Sara-Hagar-Religionen in 20 Jahrgängen Schlangenbrut, in: Schlangenbrut 22 (2004) Nr. 85, 38–40.
Rieger-Goertz, Stefanie: Feministische Theologien, in: NHTHG 1, München 2005, 355–367.
Radford Ruether, Rosemary: Die theologische Herausforderung des Feminismus, in: Orientierung 48 (1984) Nr. 2, 17–20.
Radford Ruether, Rosemary: Sexismus und die Rede von Gott. Schritte zu einer anderen Theologie, Gütersloh 1985.
Radford Ruether, Rosemary: Unsere Wunden heilen – unsere Befreiung feiern. Rituale in der Frauenkirche, Stuttgart 1988.
Sarasin, Philip: Reizbare Maschinen. Eine Geschichte des Körpers 1765–1914, Frankfurt am Main 2001.
Saiving Goldstein, Valerie: The Human Situation. A Feminine View, in: Journal of Religion 40 (1960), 100–112.
Schaumberger, Christine; Maassen, Monika (Hg.): Handbuch feministische Theologie, Münster 1986.
Schenk, Herrad: Die feministische Herausforderung. 150 Jahre Frauenbewegung in Deutschland, München 1980.
Scherzberg, Lucia: Sünde und Gnade in der feministischen Theologie, Mainz 1991.
Scherzberg, Lucia: Grundkurs feministische Theologie, Mainz 1995.
Schottroff, Luise/Wacker, Marie-Theres (Hg.), Kompendium Feministische Bibelauslegung, Gütersloh 1998.
Schottroff, Luise; Schroer, Silvia; Wacker, Marie-Theres (Hg.): Feministische Exegese. Forschungserträge zur Bibel aus der Perspektive von Frauen, Darmstadt 1995.
Schottroff, Luise/Wacker, Marie-Theres (Hg.), Von der Wurzel getragen. Christlich-feministische Exegese in Auseinandersetzung mit Antijudaismus, Leiden–New York–Köln 1996.
Schüssler, Elisabeth, Der vergessene Partner, Düsseldorf 1964.
Schüssler Fiorenza, Elisabeth: Emanzipation aus der Bibel. Gegen patriarchalisches Christentum, in: Evangelische Kommentare 16 (1983), 195–198.
Schüssler Fiorenza, Elisabeth: Zu ihrem Gedächtnis … Eine feministisch-theologische Rekonstruktion der christlichen Ursprünge, Mainz–München 1988.
Schwarzer, Alice: Feministinnen sind Piratinnen, in: Emma Nr. 4 (1984), 43–46.
Sölle, Dorothee: Vater, Macht und Barbarei. Feministische Anfragen an autoritäre Religion, in: Brooten, Bernadette; Greinacher, Norbert (Hg.): Frauen in der Männerkirche, Mainz–München 1982, 149–157.
Strahm, Doris/Strobel, Regula (Hg.): Vom Verlangen nach Heilwerden. Christologie in feministisch-theologischer Sicht, Fribourg–Luzern 1991.
Strahm, Doris: Vom Rand in die Mitte. Christologie aus der Sicht von Frauen in Asien, Afrika und Lateinamerika, Luzern 1997.
Strahm, Doris: Feministische Christologien, in: Gössmann u. a. (Hg.), Wörterbuch der feministischen Theologie, Gütersloh 2. Auflage 2002, 306–313.
Swidler, Leonard: Jesu Begegnung mit Frauen. Jesus als Feminist, in: Moltmann-Wendel, Elisabeth (Hg.): Frauenbefreiung. Biblische und theologische Argumente, Mainz München 3. Aufl. 1978, 203–219.

Thürmer-Rohr, Christina: Der Chor der Opfer ist verstummt. Eine Kritik an den Ansprüchen der Frauenforschung, in: Beiträge zur feministischen Theorie und Praxis 7 (1984) H. 11, 71–84.

Thürmer-Rohr, Christina: Vagabundinnen. Feministische Essays, Berlin 5. Aufl. 1990. [Zitate nach: Leicht/Rakel/Rieger-Goertz, cd-rom 3.2.2]

Wacker, Marie Theres (Hg.): Der Gott der Männer und die Frauen, Düsseldorf 1987.

Wacker, Marie-Theres; Zenger, Erich (Hg.): Der eine Gott und die Göttin. Gottesvorstellungen des biblischen Israel im Horizont feministischer Theologie Freiburg Br. 1991.

Wacker, Marie-Theres: Differenz, Solidarität und die Frage nach Gott. Literatur zur Theologischen Forschung von Frauen, in: Theologische Revue 100 (2004) 5, 353–368.

Wacker, Marie-Theres; Rieger-Goertz, Stefanie (Hg.), Mannsbilder. Kritische Männerforschung und theologische Frauenforschung im Gespräch, Berlin 2006.

Wagener, Ulrike: Ethik/Moral, in: Gössmann, Elisabeth u. a (Hg.), Wörterbuch der feministischen Theologie, Gütersloh 2. Aufl. 2002, 121–124.

Wallach-Faller, Marianne/Brodbeck, Doris/Domhardt, Yvonne: Die Frau im Tallit. Texte zum jüdischen Feminismus, Zürich 2000.

Williams, Delores: Sisters in the Wilderness. The Challenge of Womanist God-Talk, New York 1993.

Wiethaus, Ulrike: Jesus Christus – theologiegeschichtlich, in: Gössmann u. a (Hg.), Wörterbuch der feministischen Theologie, Gütersloh 2. Aufl. 2002, 304–306.

Wendel, Saskia: Affektiv und inkarniert. Ansätze deutscher Mystik als subjekttheoretische Herausforderung, Regensburg 2002.

Wendel, Saskia: Feministische Ethik zur Einführung, Hamburg 2003.

Zeitschriften:

Schlangenbrut: Streitschrift für feministisch und religiös interessierte Frauen, Münster (ab 1983).

Fama: feministisch-theologische Zeitschrift, Basel (ab 1985).

Journal of feminist studies in Religion (JFSR), Atlanta, Ga. (ab 1985).

Jahrbücher der Europäischen Gesellschaft für Theologische Forschung von Frauen von 1/1993–15/2007 Leuven.

Lectio difficilior: European electronic journal for Feminist Exegesis, Theol. Fakultät der Universität Bern (ab 2000); http://www.lectio.unibe.ch.

Autorinnen und Autoren

Bernhard Braun, Dr. theol, Assistenzprofessor, geb. 1955, forscht und lehrt im Fach Christliche Philosophie an der Universität Innsbruck. Er arbeitet in der Erwachsenenbildung und organisatorisch im Kunst- und Museumsbereich. Schwerpunkte: Philosophie- und Kulturgechichte, politische Philosophie, Kunstphilosophie. Aus der Erwachsenenbildung enstand zuletzt: Das Feuer des Eros. Platon zur Einführung (2004).

Christian Cebulj, Dr. theol., geb. 1964, Studium der Katholischen Theologie in Augsburg, München und Paris, 1991–1994 Ausbildung zum Pastoralreferenten in München, 1994–1998 Wiss. Hilfskraft an der TU Dresden, 1998 Promotion in Neutestamentlicher Exegese an der Universität München, 1998–2000 Wiss. Mitarbeiter am DFG-Projekt „Schulbildungen im 1. Jh. n. Chr." der TU Dresden und Wiss. Mitarbeiter an der Universität Augsburg, 2001–2008 Wiss. Ang. an der Universität Koblenz-Landau (Campus Landau), demnächst Abschluss eines religionspädagogischen Habilitationsprojektes zum Thema 'Identitätsbildende Bibeldidaktik', seit 2008 Professor für Religionspädagogik an der Theologischen Hochschule Chur (Schweiz).

Hubert Filser, Dr. theol., apl. Professor, Privatdozent, geb. 1959, Studium an der Hochschule für Philosophie SJ München und an der Kath.-Theol. Fakultät der Universität München, Lizentiat in Theologie und Philosophie, 1994 Promotion, 2000 Habilitation, Veröffentlichungen: Ekklesiologie und sakramentenlehre des Kardinals Johannes Gropper (1995); Dogma, Dogmen, Dogmatik. Eine Untersuchung zur Begründung und zur Entstehungsgeschichte einer theologischen Disziplin von der Reformation bis zur Spätaufklärung (2001); Petrus Canisius: Der Große Katechismus. Übersetzt und kommentiert zusammen mit Stephan Leimgruber (2003); Kircheneinheit und Weltverantwortung. Festschrift für Peter Neuner, hrsgg. zusammen mit Chr. Böttigheimer (2006). Forschungsschwerpunkte: Theologische Erkenntnislehre, Gottes- und Trinitätslehre, Ökumenische Theologie.

Monika Jakobs, Dr. phil, Prof. für Religionspädagogik und Katechetik des religionspädgogischen Instituts RPI an der Universität Luzern/Ch, geb. 1959, Arbeitsschwerpunkte: Religionsunterricht im Vergleich, religiöse Kompetenz, Katechese, Gender in der Religionspädagogik, Veröffentlichungen: Frauen auf der Spur nach dem Göttlichen (1993); Religiosität als biographische Verarbeitung von Religion. Religionssoziologische Perspektiven, in: Hans-Ferdinand Angel u. a.: Religiosität. Anthropologische, theologiosche und sozialwissenschaftliche Klärungen, (2006), 116–132; Ist Zweigleisigkeit der Dritte Weg? Aktuelle Entwicklungen des schulischen Religionsunterrichts in der Schweiz, in: Theo – web. Zeitschrift für Religionspädagogik, 6/2007, H1, 123–133.

Petra Heldt, Dr. theol., geb. 1951, Dozentin für Patristik, Jerusalem. Arbeitsschwerpunkte: Geschichte der frühen Kirche, patristische Exegese, die Schriften der spätantiken syrischen Kirchenautoren. Neuere Veröffentlichungen: Constructing Christian Communal Identity in Early Patristic Writers in: Marsha L. Dutton and Patrick Terell Gray (eds.): One Lord, One Faith, One Baptism. Studies in Christian Ecclesiality and Ecumenism, 2006, pp. 20–41; Art. „Origin", in: Jewish Encyclopedia (2006); The new Testament Apocrypha, in: David Aune (ed.): The Blackwell Companion to the New Testament (2008).

Wolfgang Pauly, Dr. phil, Dipl. Theol., geb. 1954, Studium der Katholischen Theologie, Philosophie und Germanistik in Saarbrücken, Tübingen und Trier, Staatsexamen für das Lehramt an Gymnasien, Akad. Direktor am Institut für Katholische Theologie der Universität Koblenz-Landau, Campus Landau, Veröffentlichungen u. a.: Wahrheit und Konsens. Die Erkenntnistheorie von Jürgen Habermas und ihre theologische Relevanz (1989); Glauben lernen heute. Der Katechismus der Katholischen Kirche auf dem Prüfstand (1994, zus. mit Helmut Fox); Gelebter Glaube – Verantworteter Glaube. Personen und Perspektiven (1997, 2. Aufl. 2001); Befreite Liebe – Verantwortete Liebe. Eine sexualethische Handreichung (1999). Schwerpunkt in Forschung und Lehre: Systematische Theologie und Religionswissenschft.

Thomas Schreijäck, Prof. Dr., geb. 1953, Professor für Pastoraltheologie, Religionspädagogik und Kerygmatik am Fachbereich katholische Theologie der J. W. Goethe-Universität Frankfurt a. M., 1. Vorsitzender von Theologie interkulturell e. V.

Arbeitsschwerpunkte u. a.: Christwerden im Kulturwandel; Interkultureller und interreligiöser Dialog in Praktischer Theologie und Religionspädagogik; Praktische Theologie im Kontext der aktuellen Entwicklung Lateinamerikas.

Veröffentlichungen: Menschwerden im Kulturwandel (Hg.). Kontexte kultureller Identität als Wegmarken interkultureller Kompetenz. Initiationen und ihre Inkulturationsprozesse (1999); Religion im Dialog der Kulturen (Hg.). Kontextuelle religiöse Bildung und interkulturelle Kompetenz (2000); Christwerden im Kulturwandel (Hg.). Analysen, Themen und Optionen für Religionspädagogik und Praktische Theologie (2001); Religionsdialog im Kulturwandel (Hg.). Interkulturelle und interreligiöse Kommunikations- und Handlungskompetenzen auf dem Weg in die Weltgesellschaft (2003); Werkstatt Zukunft (Hg.). Bildung und Theologie im Horizont eschatologisch bestimmter Wirklichkeit (2004); Basiswissen Kultur und Religion (Hg.). 101 Grundbegriffe für Unterricht, Studium und Beruf, in Kooperation mit B.-I. Hämel, (2007); Stationen eines Exodus (Hg.). 35 Jahre Theologie der Befreiung in Lateinamerika (2007).